KB011712

〈유라시아 국가 역사 · 문화 탐방〉 시리즈 4

코자크와
우크라이나의 역사

미하일로 흐루셉스키 저
허 승 철 편역

 문예림

저 자   **허 승 철**(고려대학교 교수)

미국 브라운대학교 슬라브어학 박사(1988)
미국 하버드대학교 러시아연구소 연구교수(1988-1990)
건국대학교 러시아학과 교수(1992-1996)
고려대학교 노어노문학과 교수(1996-)
한국 우크라이나학회장(2003-2006)
주 우크라이나 대사(2006-2008)

[저서]   《우크라이나어-한국어 사전》(공저, 2007)
《나의 사랑 우크라이나》(2008)
《Geopolitical Transformation in Eurasia》(공저, 2009)
《우크라이나의 이해》(공저, 2009)
《한국어-우크라이나어 사전》(공저, 2011)
《우크라이나 현대사》(2011)
《사고와 언어(비고츠키 저)》(공역, 2013)
《우크라이나의 역사》(편역, 2015)
《벨라루스의 역사》(편역, 2015)
《조지아의 역사》(편역, 2016)
《호랑이 가죽을 두른 용사》(역, 2017)

<유라시아 국가 역사·문화 탐방> 시리즈 4

코자크와 우크라이나의 역사

초판 발행 2022년 3월 23일
초판 인쇄 2022년 4월 8일

저자   허승철
발행인   서덕일

펴낸곳   도서출판 문예림
주소   경기도 파주시 회동길 366(서패동) (10881)
전화   (02)499-1281~2
팩스   (02)499-1283
홈페이지   http://www.bookmoon.co.kr
E-mail   info@bookmoon.co.kr

출판등록   1962. 7. 12 제2-110호
ISBN   978-89-7482-885-1(93920)

서 문

　이 책은 미하일로 흐루솁스키의 《삽화가 들어있는 우크라이나의 역사》(Illustrirovanaia Istoriiia Ukrainy, Иллюстрированная Истрия Украина, Илюстрована Історія України)를 읽기 쉽게 축약하여 번역한 편역본이다. 우크라이나어 원본은 1913년 키예프에서 출판되었고, 러시아어 번역본이 같은 해 상트 페테르부르그에서 출간되었다. 이 책은 국내에서는 2016년 6월 《우크라이나의 역사》 1, 2권으로 번역되어 출판되었지만, 1,300쪽이 넘는 방대한 분량으로 인해 학생들이나 일반 독자들이 읽기가 쉽지 않은 것이 사실이다. 1941년 미국에서는 흐루솁스키의 원본을 축약하여 편집한 번역본 《A History of Ukraine》(Yale University Press, 1941)이 나왔다. 영어본은 내용이 때로 중복되고 문장이 매끄럽지 않은 원본에 비해서 일반 독자들이 읽기에 훨씬 수월하게 편집되었다. 본 편역본은 영어본의 구성과 텍스트를 바탕으로 일반 독자들이 큰 어려움 없이 읽을 수 있도록 쉬운 문장으로 번역하고 주해는 최소로 하였으며, 일부 내용은 첨삭하여 편집하고 영어본의 일부 오류도 바로 잡았다.

　편역본의 제목을 《코자크와 우크라이나의 역사》라고 한 것은 국내에 《우크라이나의 역사》라는 제목의 번역본과 편역본이 2종 이미 나와 있고, 이 책의 핵심 부분이 코자크의 역사이기 때문이다. '우크라이나' 역사의 일부인 '코자크'의 역사를 제목 앞에 붙인 것은 일견 모순된 것처럼 보이지만, 저자의 방대한 지식과 역사관이 가장 잘 드러난 부분이 '코자크' 시대이고, 코자크의 정치문화가 현대 우크라이나 정치에 그대로 계승되고 있다는 편역자의 판단이 나름 작용을 했다. 편역자는 대학에서 '우크라이나 지역학' 수업을 하면서 우크라이나를 제대로 이해하려면 코자크 시대의 내부적 정치문화와 대외관계를 깊이 있게 살펴보아야 한다고 늘 강조한다. 현재 우크라이나를 둘러싸고 벌어지고 있는 국제적 긴장과 내부적 정치 혼란을 이해하고자 하는 학자나 학생은 코자크 시대부터 공부해야 한다는 것이 편역자의 지론이다.

이 책과 편역자의 졸저 《우크라이나 현대사: 1914-2010》(고려대학교 출판부, 2011)를 연결해서 읽으면 우크라이나 역사 전 시기에 대한 그림을 그릴 수 있다고 본다. 우크라이나는 피상적으로 보면 인종, 언어, 문화에서 러시아와 유사점이 너무 많아서 러시아에 대한 지식만으로도 충분히 이해할 수 있는 나라라는 착각을 하기 십상이다. 그러나 우크라이나 국민성, 정치문화는 고유의 특성이 있고, 정치문화는 러시아보다는 동유럽 국가들과 유사한 면이 많기 때문에 우크라이나를 제대로 알고, 우크라이나-러시아 관계를 객관적으로 이해하기 위해서는 우크라이나 역사와 국민성, 정치문화에 대한 깊이 있는 공부가 선행되어야 한다. 이런 노력을 하는 사람들에게 이 책이 작은 도움이 되기를 희망한다.

이 책의 원고를 꼼꼼이 읽고 필요한 수정을 해주고 고유명사 표기에 조언을 해준 정영주 박사와 고려대 박사과정 손재은양에게 감사

를 표한다. 상업적 고려를 떠나 옛 소련 지역을 포함하여 특수 지역
의 언어, 문화, 지역학 책을 꾸준히 출간해 온 문예림의 서덕일 대표
님께 다시 한 번 깊은 감사의 말씀을 올린다.

2017년 6월 5일
편역자 허 승 철

저자 소개

미하일로 흐루솁스키(Mykhailo Serhiy-
ovych Hrushevsky, Михайло Сергійович
Грушевський)

흐루솁스키는 1866년 9월 17일 당시 러시아제국 안에 있었던 홀
름(Kholm, 현재 폴란드 영토이며 Chełm으로 불림)에서 태어났다.
양친 모두 성직자 집안 출신이었다. 부친 세르히 흐루솁스키는 키
예프신학교 교수였는데, 그가 쓴 교회슬라브어 교재는 러시아의 여
러 학교에서 교재로 사용될 정도로 유명했다. 1869년부터 아버지
가 카프카즈 지역의 장학관으로 발령되면서 미하일로는 스타브로폴
(Stavropol)과 블라디카프카즈(Vladikavkaz)에서 어린 시절을 보냈
고, 조지아의 수도 트빌리시(Tbilisi)의 김나지움에서 수학했다. 우크
라이나 언어, 역사, 민요 등에 깊은 관심이 있었던 아버지 덕분에 미
하일로는 어려서부터 우크라이나 민족문화와 '민족감정'에 대한 관심
을 자연스럽게 키웠다. 청소년 시절에는 문학에 관심을 갖고 시와 단
편소설을 쓰기도 했지만, 코스토마로프, 쿨리쉬, 막시모비치 등의 저
작을 탐독하면서 역사에 깊이 빠져들었다. 1866년 키예프대학교 역
사학부에 진학한 미하일로는 당시 가장 영향력 있던 역사학자였던
안토노비치에게 큰 영향을 받는다. 안토노비치도 미하일로를 수제자
로 삼고 철저한 사료 중심의 연구 방법을 훈련시켰다. 흐루솁스키는

대학 2학년 때 과제물로 쓴 '16세기 후반 남부 러시아 지배자들의 성(城)'이 대학 논문집에 실릴 정도로 역사 연구에 재능을 보였으며, 3학년 때 쓴 '야로슬라브 사후 14세기까지의 키예프 지방의 역사'라는 논문으로 최우수 졸업상을 받았다. 석사과정에 진학한 흐루솁스키는 안토노비치의 지도 아래 문서고 자료 연구를 수행해서 '바르 귀족 연구: 역사적 개관'이라는 논문을 완성했다.

할리치아 우크라이나인들의 끈질긴 노력으로 르비프대학에 우크라이나 역사 전공이 생기자 초대 학과장으로 안토노비치가 추천되었으나, 연로한 안토노비치는 수제자인 흐루솁스키를 이 자리에 추천했다. 흐루솁스키는 강의와 연구에 열의를 쏟는 동시에 '타라스 셰브첸코학회' 활동에 적극 참여하여 역사 분야 활동에 큰 족적을 남겼다. 학회 저널인 '학보'(Zapiski)의 편집장을 맡아 연 1회 발간되던 학술지를 격월간으로 발간하였고, '우크라이나-루스 사료집' 발간에도 앞장섰다. 1897년 '타라스 셰브첸코학회' 회장을 맡은 흐루솁스키는 1913년까지 학회를 이끌었다. 그의 최대의 업적은 10권으로 발행된 《우크라이나-루스 역사》이다. 1898년부터 출간되기 시작한 이 대작은 우크라이나인들의 큰 사랑을 받았고, 폴란드를 비롯한 유럽 역사학계에서 높은 평가를 받았으나 러시아제국 정부는 이 책을 판매금지 시켰다. 흐루솁스키는 스키타이족을 비롯한 스텝 유목민족문화로부터 키예프 루스, 코자크 시대를 우크라이나 역사의 중심적 축으로 생각했고, 할리치아-볼히냐공국이 키예프 루스의 정통 후계자라고 보았다. 이것은 키예프 루스의 법통이 볼로디미르-수즈달을 거쳐 모스크바공국으로 이어지는 것으로 보는 러시아 역사학계와 거리를 두는 것이다. 그는 소위 '노르만 이론'을 반대하고 루스의 기원을 슬라브인들에게서 찾았으며, 16-17세기 보그단 흐멜니츠키의 봉기와 폴란드-리투아니아의 지배에 대한 코자크의 반란을 종교적 운동이라기보다는 민족적, 사회적 운동으로 해석했다.

역사 연구에서 뛰어난 업적을 내면서 흐루솁스키는 정치 운동에도 적극 관여하기 시작했다. 할리치아 지역의 폴란드 지배에 반대하면서 서부 우크라이나와 동부 우크라이나의 통합에 관심을 기울였고, 1899년에는 저명한 희곡작가 이반 프란코와 함께 민족민주당(National-Democratic Party)의 공동 발기인이 되었다. 1905년 혁명 기간 중에는 상트 페테르부르크와 할리치아, 키예프를 오가며 활동했으며, 이후 두마의 '우크라이나 클럽'의 조언자 역할을 했다. 1906년부터는 활동 근거지를 키예프로 옮겨 '우크라이나 학술협회'를 창설하고 강연과 학술탐사에 집중했다. 1차 대전이 발발하자 러시아 당국은 흐루솁스키를 체포하여 모스크바로 이송한 후 철저히 감시를 했다. 그는 이러한 연금 상태에서 《우크라이나-루스 역사》 집필에 집중했다. 1917년 2월 혁명이 일어나자 연금에서 풀려난 흐루솁스키는 키예프로 돌아왔다. 임시 정부 성격을 맡은 중앙라다는 그의 귀환 전인 3월 4일 그를 의장으로 선출했다. 흐루솁스키는 우크라이나의 완전한 독립보다는 러시아연방 내에서의 자치 획득을 정치 목표로 삼았고, 이러한 노선에서 4차에 걸쳐 '우니베르살'을 공표했다. 11월 볼셰비키 혁명이 일어나자 중앙라다는 3차 우니베르살을 통해 '우크라이나 민족공화국' 설립을 선언했고, 1918년 1월 22일 4차 우니베르살에서 공화국의 독립을 선포했다. 볼셰비키의 공세에 밀려 키예프에서 철수했던 중앙라다는 독일–오스크리아군의 도움으로 키예프로 돌아왔으나 4월 29일 독일 점령군이 중앙라다를 강제로 해산하고 스코로파드스키를 수반으로 한 헤트만 정부를 수립하면서 정치활동을 중단할 수밖에 없었다. 볼셰비키가 우크라이나를 장악하자 흐루셉스키는 망명길에 올랐고, '우크라이나 사회혁명당'의 해외지부 대표격으로 활동했다. 1924년 우크라이나로 귀환한 흐루셉스키는 소비에트 우크라이나공화국의 과학아카데미 활동에 전력하며 정치와 거리를 두었다. 그러나 흐루셉스키는 1930년 소련당국에 체포되어 모스크바 근교로 이송되었고, 이때부터 건강이 급속히 악화되고 시력도 잃기 시작하였다. 1934년 북부 코카사스의 키슬로보드스크(Kislovodsk)에서 사인이 불분명한 가운데 사망했다.

*고유명사 표기에 대한 설명

우크라이어 인명, 지명을 우리말로 옮길 때 가장 문제가 되는 원음 /r/는 /ㅎ/로 표기하였고(할리치아, 체르니히프 등), 어말의 /v/는 무성음화하여 /프/로 표기하였다(키예프, 하르키프 등). 그러나 인명 중 러시아역사에 포함되어 국내에 이미 알려진 고유명사는 기존의 표기를 유지했다(야로슬라브, 이고르 등. 볼로디미르는 예외). 모음은 우크라이나어 원 발음을 따르는 것을 원칙으로 했으나 러시아어 발음으로 널리 알려진 것은 일부 러시아식 발음을 따랐다.

목 차

• 서 문 ·· 3

• 저자 소개 ·· 6

*1*부 국가생활 이전 시기

1장 문명의 여명 ·· 18

    1. 역사와 역사 이전

    2. 고대와 인류의 도래

      2.1 신석기 시대

      2.2 청동기, 철기

2장 그리스인과 스키타이인 ·································· 23

    1. 그리스 식민도시들

    2. 스텝 유목민족들

      2.1 스텝 유목민족의 이동

      2.2 스텝 유목민족의 생활

    3. 슬라브족의 정착지

3장 첫 우크라이나인들 ·· 31

    1. 우크라이나인들(안테족)의 이동

    2. 우크라이나 부족들

    3. 우크라이나인들의 관습과 신앙

      3.1 우크라이나인들의 관습

      3.2 생활양식과 신앙

    4. 가족과 종족, 공동체

    5. 상업과 교역

2부 키예프공국 시대

4장 키예프공국의 설립 ·· 45

  1. 키예프 전통

  2. 키예프 연대기

  3. 루스

  4. 루스의 초기 원정

   4.1 루스의 초기

   4.2 올렉 공

  5. 이고르와 올가

  6. 스뱌토슬라브와 아들들

5장 키예프공국 ··· 66

  1. 볼로디미르(블라디미르) 대공

  2. 기독교 수용

  3. 문화적 발전

  4. 페체네그족과의 전쟁

  5. 볼로디미르의 후계자들

6장 키예프공국의 쇠락 ··· 81

  1. 야로슬라브

  2. 야로슬라브의 후계자들

  3. 폴로베츠족의 침입

  4. 지방 자치

  5. 여러 공국들

  6. 키예프의 멸망

7장 할리치아 공국 ··· 99

  1. 로만 공후

  2. 로만의 왕조

  3. 타타르(몽골)의 침공

  4. 타타르의 굴레

　　5. 다닐로 왕

　　6. 다닐로 후손이 통치한 할리치아-볼히냐

*3*부 폴란드-리투아니아 지배 시대

　8장 폴란드-리투아니아 지배 시기의 우크라이나 ·················· 122

　　1. 우크라이나로의 리투아니아의 팽창

　　2. 할리치아-볼히냐의 분할

　　3. 폴란드와 리투아니아 연합

　　4. 리투아니아 대공의 새로운 정책

　　5. 동등한 권리를 위한 투쟁

　　6. 모스크바공국의 간섭

　9장 코자크의 발흥 ····································· 136

　　1. 할리치아의 반란과 우크라이나 민족주의의 시작

　　2. 코자크의 발생

　　3. 코자크의 활동과 초기 원정

　　4. 시치의 창설

　　5. 코자크 조직

　10장. 코자크의 융성 ································· 158

　　1. 폴란드에 의한 동부와 서부 우크라이나의 통합

　　2. 16세기 말 코자크 집단의 성장

　　3. 1590년대의 코자크의 전쟁

　11장 초기 코자크의 반란과 교회 통합 ····························· 171

　　1. 1596년 전쟁

　　2. 우크라이나 민족 자치의 쇠퇴와 부흥을 위한 노력

　　3. 교육의 발전

　　4. 형제단

　　5. 교회 통합

　　6. 교회 통합 반대 투쟁

4부 코자크 시대

12장 코자크와 키예프의 부활 ················· 201

　　1. 루브니 전투 이후의 코자크

　　2. 코자크의 조직

　　3. 코자크의 해상 공격

　　4. 폴란드와 코자크의 협상: 헤트만 사하이다치니

　　5. 우크라이나 민족문화의 중심지로서 키예프의 부활

　　6. 교회의 새로운 성직자 체계

13장 코자크들이 수행한 전쟁 ················· 234

　　1. 호틴 전투와 사하이다치니의 전사

　　2. 폴란드 정부 내의 분열

　　3. 우크라이나의 계획과 1625년 전쟁

　　4. 1630년 전쟁

　　5. 폴란드 왕의 궐위 기간

　　6. 술리마와 파블륙

　　7. 오스트랴닌 전투와 코자크에 대한 압제

14장 흐멜니츠키 봉기와 우크라이나의 해방 ··········· 265

　　1. 1648년 혁명

　　2. 우크라이나의 독립 전쟁

　　3. 외국과의 동맹

　　4. 모스크바의 보호령

　　5. 러시아와 스웨덴 사이에서

　　6. 헤트만 국가

　　7. 하디아치 연합

　　8. 모스크바와의 전쟁

15장 분해와 쇠퇴 ······················· 307

　　1. 우크라이나의 양분

　　2. 도로셴코의 구상

3. 도로셴코의 몰락

4. 몰락(Ruina)

5. '대추방'과 서부 우크라이나의 새 헤트만 국가

6. 헤트만 국가의 상황

16장 이반 마제파 ·· 338

1. 장교회의와 코자크 사회

2. 마제파의 통치

3. 파열 직전

4. 스웨덴과의 동맹

5. 마제파의 패배

6. 오를릭의 시도

5부 코자크와 우크라이나 자치의 종결

17장 헤트만 국가와 우크라이나 자치의 종결 ······················· 371

1. 헤트만 자치의 제한

2. 헤트만 정부 1차 해체와 폴루보토크

3. 헤트만 정부의 부활과 헤트만 아포스톨

4. 제 2차 헤트만 정부 철폐

18장 동부 우크라이나의 러시아 예속 ······························· 396

1. 로주몹스키 헤트만 정부

2. 헤트만 정부의 구조와 사회적 관계

3. 자유공동체

4. 동부 우크라이나의 문화 - 문학과 교육

5. 동부 우크라이나의 민족 생활

19장 코자크의 마지막 봉기들 ······································ 421

1. 서부 우크라이나의 문화 쇠퇴

2. 자카르파치아 지역

3. 우안 지역

4. 하이다마키 봉기

5. 콜리이 봉기

20장 코자크의 해산 ·· 446

1. 헤트만 제도의 최종적 해체

2. 자포로지아 시치의 파괴

3. 헤트만 국가의 종말

6부 우크라이나의 소생

21장 민족적 부흥 ··· 463

1. 할리치아와 부코비나의 오스트리아 합병

2. 폴란드의 종말과 우크라이나 우안 지역의 러시아 병합

3. 서부 우크라이나 르네상스의 시작

4. 동부 우크라이나의 르네상스

5. 민족주의 사상과 계몽적 민주주의의 태동

22장 민족주의의 고양 ·· 484

1. 러시아령 우크라이나의 우크라이나 문학서클과 키릴-
   메포디이 형제단

2. 할리치아의 민족 부흥 운동과 1848년

3. 1848년의 부코비나와 카르파치아 우크라이나, 1850년대의 반동

4. 러시아령 우크라이나에서 일어난 새로운 운동

5. 할리치아와 부코비나의 민족주의 운동과 친러시아 운동

23장 민족해방을 위한 투쟁 ····································· 506

1. 키예프의 '호로마다'와 1876년 칙령

2. 1890년대 할리치아의 정치 운동

3. 오스트리아령 우크라이나의 민족운동과 문화운동

4. 러시아령 우크라이나의 첫 해방

5. 1차 대전 직전의 러시아령 우크라이나

24장 우크라이나 독립 ·· 527

1. 1차 세계 대전과 우크라이나

2. 러시아 혁명과 우크라이나의 해방

3. 러시아연방 내에서의 우크라이나 자치 확보를 위한 투쟁

4. 우크라이나 민족공화국

5. 독립 우크라이나

6. 키예프의 봉기

7. 독립을 유지하기 위한 전쟁

부록 I

1918년부터 1991년까지의 역사 ···································· 565

1. 스코로파드스키와 헤트만 정부

2. 러시아 내전 시기의 우크라이나

3. 1920년대의 우크라이나

4. 대기근과 1930년대의 우크라이나

5. 2차 대전 전까지의 서부 우크라이나

6. 2차 대전과 우크라이나

7. 전후 복구와 1960-70년대의 우크라이나

8. 1980년대의 우크라이나와 소련의 붕괴

부록 II

우크라이나 역사 연표 ···································· 592

1부 국가생활 이전 시기

1장 문명의 여명

1. 역사와 역사 이전

이 우크라이나 역사책은 고대 그리스의 '역사'라는 단어의 의미를 그대로 살리는 것을 목표로 한다. 즉 그것은 땅(land)과 사람(people)의 이야기이다. 다른 지역에 대한 오래된 이야기와 마찬가지로 우크라이나에 대한 가장 오래된 정보는 여러 세대를 거쳐 내려온 구전(口傳)이다. 이후에 연대기와 암송용으로 만들어진 노래와 시가 나오면서 지식을 좀 더 정확하게 전달하는 방법이 나타났다. 그리고 그 다음에 역사학자들이 이전의 자료들을 영구적 자료로 남기고, 자신들이 산 시대의 기록을 첨가하는 의식적 노력을 하였다. 따라서 기록된 이야기들은 많은 여백을 가지고 있고, 기록된 시기가 다르다. 오래된 문헌과 연대기들은 종종 파괴되거나 분실되었고, 자신들의 과거를 얼마나 잘 보존했는지도 각 민족별로 차이가 났다.

후에 우크라이나라고 알려진 나라에 문자 기록을 하는 기술은 기원후 1,000년 직전에 기독교와 함께 전파되었다. 문자가 사용되기 시작하자 이야기를 담은 문헌들이 나타났다. 그러나 10세기 이후에 기록된 문헌들도 그 정확성은 상당히 제한적이었다. 이전 시기에 대한 사람들의 기억에 기초해 기록된 문헌들이 많다. 우크라이나의 초기 역사에 대한 우리의 정보는 이웃 국가, 특히 그리스의 저자들에게서 온 것이 많다. 그러나 로마인들, 아랍인들, 그리고 이후에 독일인들도 기여한 바가 있다. 우크라이나 지역에 대한 가장 오래된 기술은 기원전 7세기로 거슬러 올라가고, 좀 더 자세한 기술들은 기원전 5세기부터 나타났다. 그러나 아직 우크라이나 민족이 존재하지 않았기 때문에 이 기록들은 흑해 연안 지역에 대한 기술이 대부분이다. 우크라이나 지역에 거주하는 사람들에 대한 외국 사람들의 기록은 훨씬 이후 시기인 기원후 4세기에 나타났다. 이 시기를 역사의 여명기라 부를 수 있다. 이런 관점에서 보면 우크라이나인들에 대한 역사는 약 1,500년, 아니면 약 50세대에 대한 기록이라 볼 수 있고, 해안 지역에 대한 기록은 이보다 약 1,000년 정도 역사가 길다고 볼 수 있다.

　문헌 기록이 존재하기 이전 우크라이나 지역에 거주하는 사람들의 생활에 대해서는 동굴이나 매장지에서 출토되는 많은 유물들이 말해준다. 도구, 연장, 용기, 탄화된 재, 인간 거주지의 흔적, 음식, 뼈와 기타 유물들이 이에 포함된다. 우크라이나인들 생활양식의 주요 모습은 오늘날까지 이어져 오는 오래된 기록에 남아있는 고대 우크라이나의 생활관습으로도 추측할 수 있다. 이러한 풍습들은 사람들이 이 풍습을 잊거나, 조상들이 그 풍습을 지켜왔다는 이유 말고도 왜 이것을 계승해야 하는지 이유를 모를 때까지 오랜 세월 동안 계승되어 왔다. 어떤 정보들은 어휘의 어원에서 추론할 수 있다. 예를 들어 '스코트(skot, 가축)'란 단어는 오래 전에 돈이나 부를 뜻했다. 왜냐하면 당시에는 어떤 사람이 가진 재산을 가축의 수로 환산했기 때문이다. 당시에는 가축을 다른 용품과 교환하거나, 가축으로 다른 물건을 구입할 수 있었다. 역사학자들은 이런 식으로 1,000년, 2,000년, 3,000년 전부터 사람들의 생활이 어떻게 변해 왔는지, 우크라이나의 초기 정착자들은 어떤 생활을 영위했는지, 당시 사람들은 어떻게 욕구를 충족했는지를 상당한 정확성을 가지고 얘기할 수 있다. 옛날 사람들이 철기나 다른 금속 문화를 발달시키기 전이나, 씨를 뿌리고 가축을 사육하기 이전의 먼 옛날에 대해서도 얘기할 수 있다. 역사학자들은 먼 옛날 사람들이 어떤 고난을 당했고, 이를 어떻게 극복해 내고 좀 더 풍요롭고 편안한 생활을 하게 되었는지도 추측할 수 있다.

2. 고대와 인류의 도래

인류가 처음 나타났을 때 바다가 우크라이나에서 물러나며 육지가 나타났다. 이전에 모든 지역을 덮고 있던 바다는 제3기(Tertiary period) 후기에 오늘날의 흑해, 아조프해, 카스피해 연안지역만 덮고 있었다. 아조프해와 카스피해 사이에 존재하는 거대한 소금 늪지(solonchaks)와 다른 증거로 유추해 보면 이 세 바다는 당시에 하나의 바다를 이루고 있었다. 카르파치아 산맥과 크림반도 남부의 산악지대, 코카사스 산맥들은 서서히 평야에서 융기하여 홍적기(鴻積期)(Diluvial period) 후반에 우크라이나의 지형은 현재의 모습을 갖추기 시작했다. 그러나 생명체에 큰 영향을 미친 마지막 변화기를 지나야 했는데, 그것은 빙하기였다.

우크라이나에 거주했던 최초의 인류의 흔적은 빙하기가 물러날 때로 거슬러 올라간다. 이러한 흔적은 사람들이 건조한 동굴에 거주해서 뼈나 다른 유물들이 잘 보존되어 있는 프랑스나 독일에서보다 적게 발견된다. 우크라이나에는 이러한 인류가 살았던 동굴이 많지 않다.

우크라이나에서 발견된 인류의 최초의 거주지 흔적은 키예프의 키릴립스카 거리에 있다. 이 유명한 유적지는 진흙 벽돌을 만들기 위해 흙을 파내던 중 발견되었다. 2에이커가 조금 넘는 지역의 지하 40-70피트 아래 사암층에 두터운 노란 흙 아래에서 유물들이 발견되었다. 제일 아래층에서는 100개 이상의 상아를 포함하여 맘모스의 뼈가 발견되었다. 위층에서는 현재 우크라이나에서는 사라진 사자, 하이에나, 곰의 뼈가 나왔다. 뼈들의 일부는 사람의 손에 의해 태워지거나 부셔졌고, 뼈들과 함께 숯, 석기 등이 발굴되었다. 좀 더 이후의 거주지는 체르니히프주(州) 데스나Desna 강변 미진Mizyn 지역에서 발굴되었다. 다른 거주지로는 폴타바주 혼치Hontsi 근처의 우다이 Udai 강변에서 발견되었다. 이런 유적지들은 홍적기 후반부에 우크라이나에 이미 사람들이 살고 있었다는 것을 보여준다.

2.1 신석기 시대

홍적기가 끝나고 빙하가 녹아 하천을 이루며 흐르면서 우크라이나의 생활은 현재와 아주 유사한 형태를 띠기 시작했다. 인류는 주로 돌로 자신의 도구를 만들었지만, 이전보다 훨씬 정교한 석기를 만들기 시작했다. 이전에는 가축이나 가금류(家禽類)를 기르지 않았지만 신석기 시대가 되면서 가축을 기르게 되어 육류와 우유를 섭취하게 되었고, 인류의 오랜 반려 동물인 개도 키웠다. 진흙으로 식기를 빚은 다음 불에 구워 사용했다. 주거지도 좀 더 발전되었다. 먼저 땅을 얕게 판 다음 사방을 흙으로 쌓아 벽을 만들었다. 벽은 막대기와 진흙을 사이사이 넣은 잔가지로 보강한 다음 지붕을 덮었다. 인류는 땅을 갈아 씨를 뿌리고, 수확한 곡식은 맷돌로 갈아 빵을 굽고 죽을 만들었다.

신석기 시대는 구석기 시대만큼 오래 지속되지는 않았지만, 우크라이나 모든 지역에 흔적을 남겼다. 신석기 시대부터 다양한 도구와 식기, 매장터가 나오고, 일부 지역에서는 원시 오두막집(huts)과 작업장(workshops), 방어 요새를 갖춘 부락의 흔적이 발견되었다. 죽은 사람은 몇 개의 돌판으로 만든 석관이나 봉분이 만들어진 무덤에 매장되었다. 어떤 때는 시신 전체가 매장되었고, 어떤 때는 화장을 한 다음 재와 유골이 진흙으로 만든 항아리에 담겨 매장되기도 하였다.

2.2 청동기, 철기

금속 중 인류가 가장 먼저 도구로 사용한 것은 구리이다. 구리가 제일 먼저 사용된 것은 동광에서 구리를 제련하는 것이 가장 쉬웠기 때문이다. 그러나 순수한 구리는 너무 부드러워 도구로 쓰이기에 적합하지 않았다. 그래서 구리에 납을 1:9 비율로 섞어 만든 청동이 훨씬 강도가 강해 이것으로 도구와 무기를 만들어 쓰기 시작했다. 유럽지역에서 구리와 청동은 약 기원전 2,000년 전부터 쓰이기 시작했고, 약 1,000년 후 철기가 사용되기 시작했다. 금은 훨씬 이전 시기부터 알려졌고 은은 나중에 사용되었다.

다뉴브 강 연안지역과 남쪽의 흑해 연안으로부터 우크라이나에 구리와 청동기가 도착했다. 우크라이나에서는 동광이 발견되지 않았고, 청동기는 해안지역과 드니프로 강을 따라 이어진 교역로를 따라 퍼져나갔다. 우크라이나에 철기가 사용되기 시작한 것은 약 기원전 1,000년경이고 주로 지중해 지역의 철기 문화가 전파된 것으로 보인다. 철기 문화가 전래된 경로는 몇 가지가 있다. 먼저 지중해로부터 흑해 연안을 거쳐 들어오거나, 흑해에서 먼저 아시아 지역으로 가서 이란을 거쳐 스텝 지역을 통해 들어온 것으로 보인다. 일부 철기는 헝가리가 위치한 다뉴브 강 유역이나 알프스 지역으로부터 들어온 것으로 추정된다. 이 지역도 지중해 지역의 영향 아래 철기 문화가 발달했다. 마지막으로 유럽 지역, 특히 독일인들의 거주 지역으로부터도 철기가 도입되었다. 고대 우크라이나 언어에는 독일어에서 온 단어들이 있다. 독일인들도 로마나 부분적으로 켈트인들로부터 철기 문화를 받아들였다.

2장   그리스인과 스키타이인

1. 그리스 식민도시들

기원전 7세기나 아니면 더 이르게 기원전 8세기에 그리스인들은 흑해 연안에 정착하기 시작했다. 이들은 내전과 전쟁을 피해 그리스 여러 도시를 떠나 먼 외국 땅에 정착했다. 그리스인들은 그 이전에도 교역을 위해 흑해 연안을 방문했다. 이들은 장신구를 가져와서 현지 산품들과 교환했다. 시간이 지나면서 이들 중 일부는 우크라이나 땅에 영구히 정착했다. 이런 식으로 그리스 식민 도시들이 우크라이나 남부 흑해 연안을 따라 연이어 생겨났다. 초기 식민정착지 중 가장 중요한 곳 몇 곳을 나열하면, 드네스트르 강 어귀의 티라스Tyras, 드니프로 강 어귀의 올비아Olbia, 현재의 세바스토폴 인근의 헤르소네수스 Chersonesus, 현재도 같은 이름을 가지고 있는 크림반도 북부의 페오도시아Theodosia, 케르치Kerch의 판티가파움Panticapaum, 케르치 해협 맞은편의 파나고리아Phanagoria, 로스토프 강의 타나이스Tanais 등이다.

헤르소네수스의 그리스 유적

그리스인들은 정착하는 곳마다 자신들의 생활양식을 토착화했다. 이들은 곡식의 씨앗을 뿌리고, 포도밭을 일구고, 물고기를 잡고, 동시에 이웃들과 교역을 했다. 이들은 그리스 와인과 올리브유, 그리스 옷과 옷감, 금과 은으로 만든 섬세한 장식품, 화려하게 장식된 그리스 화병을 팔았다. 이에 대한 댓가로 현지 주민들로부터는 곡식, 가죽, 모피, 그리고 다른 토산품과 노예를 얻어서 그리스의 고향 도시에 팔았다. 그리스인들은 상품을 가지고 내륙 깊숙이 들어가 북쪽 먼 지방까지 갔다. 키예프, 폴타바, 하르키프 주변의 오래된 무덤에서는 그리스 식민 도시국가의 동전과 와인, 오일이 담긴 항아리, 화병, 그리스 장인들이 만든 다양한 금은 세공품이 출토되었다.

이러한 물건들과 함께 그리스의 예술이 우크라이나로 들어왔다. 당대의 최고의 장인들이었던 그리스인들은 현지 주민들에게 자신들의 지식과 기술을 전수하고, 관습과 습관도 전파했다. 기원전 5세기 중반 올비야에 잠시 머물렀던 헤로도토스Herodotus는 스킬라스(Skylas)라는 이름을 가진 스키타이인 지도자 이야기를 남겼다. 그의 어머니는 그리스 도시에서 온 사람으로 아들에게 그리스어로 말하고 쓰는 법을 가르쳤다. 그리스식 생활양식을 너무 좋아한 이 인물은 올비야를 자주 방문했다. 그는 수행원들을 교외에 남겨두고 혼자 그리스인들 사이에서 그리스인처럼 한동안 살다가 스키타이인들에게 돌아갔다. 그는 올비야에 집도 지어놓고 현지에서 부인을 얻었는데, 그의 이중생활을 안 스키타이인들은 반란을 일으켜서 그의 동생을 지도자로 삼고, 자신의 관습을 버린 스킬라스를 죽였다.

이와 반대로 많은 부족들은 그리스식 생활방식을 전적으로 수용해서, 그리스인들과 결혼하고 그리스인들의 신앙과 관습을 채택했다. 이렇게 그리스 식민 도시가 존속하는 동안 그리스인들이 도입한 개혁이 지역 전체에 퍼졌다. 그리스인들이 로마에 복속되자, 로마의 영향력이 그리스 식민 도시를 통해 우크라이나에 들어왔다. 이러한 과정은 흑해 연안의 그리스 식민 도시들이 기원 후 3–4세기 호전적인 유목민들에 의해 공격당할 때까지 계속되었다.

2. 스텝 유목민족들

2.1 스텝 유목민족의 이동

그리스인들은 이전에 흑해 연안에 살던 현지 주민들을 키메리아인들Cimmerians이라고 불렀지만 이들에 대해서는 아는 바가 많지 않았다. 호머의 '오디세이(14장)'에서는 우크라이나를 서리와 안개가 지속되는 곳으로 묘사했다. '일리아드(13장 1부)'에서는 우크라이나 스텝에 사는 유목 부족들에 대해 '제우스신이 주로 우유를 먹고 사는 귀족적인 히페몰기족Hippemolgi이 사는 땅과 주로 남자들로 구성된 아비족Abii이 사는 먼 곳의 땅을 응시했다.'라고 썼다.

후에 다른 작가들은 스텝 지역에 사는 거주민들에 대해 훨씬 자세한 기록을 남겼다. 페르시아인들과 관계가 있는 이란계의 부족들이 이곳에 살았고, 일부는 흑해와 코카사스 스텝 지역에 오래 전에 정착했는데, 중앙아시아로부터 온 투르크계 부족들이 이곳에 새로 정착했다. 스텝에 거주하는 부족들 중 일부는 곡물을 재배하여 먹고 사는 농부들로 구성되었다. 다른 부족들은 진정한 유목민으로서 가축떼를 이동하며 살았다. 이들의 음식은 육류와 우유, 치즈였고 이들은 현재의 칼미크족Kalmycks이나 노가이족Nogais처럼 텐트를 치고 생활했다.

기원전 7-6세기와 5세기 후반까지 스키타이인Scythians들이 스텝을 장악하였고, 주변의 모든 부족들도 스키타이족으로 불리게 되었다. 스키타이인들의 세력이 약화되면서 사르마트인들Sarmatians이 스텝 지역을 장악했다. 기원전 4-3세기 스텝의 모든 유목 민족들은 사르마트족이라고 불리게 되었다. 기원후로 넘어오면서 알란족Alans이 주도 세력으로 등장했고, 기원후 1-2세기에는 이 명칭이 널리 사용되었다.

끊임없는 전쟁으로 스텝 지역에 거주하는 유목부족들은 세력이 약화되었고, 투르크계 부족에게 밀려 투르케스탄에서 들어오는 유목민족에게 자리를 내주어야 했다. 이러한 압박을 받자 스텝 지역의 유목민족들은 서쪽으로 이동해야 했다. 카스피해 지역에서 돈 강 지역으로, 돈 강 지역에서 드니프로 강 유역으로, 여기서 다시 다뉴브 강 유역으로 이동했다. 일부 부족은 다뉴브 강 중류의 헝가리 평원으로 이동했고, 일부는 드니프로 강 북부로 이동했다. 그러나 이들은 스텝에서의 유목생활에 길들어 있어서 산림지역 깊숙이 들어가지는 못했다. 이렇게 이란 지역에 기원을 둔 유목민족들은 스키타이인들이 우크라이나 지역에 들어온 것을 시발로 약 1,000년 간 이 지역에 머물다가 서쪽으로는 고트족Goths, 동쪽으로는 훈족Huns의 압박을 받고 사라졌다. 이들의 잔여 세력만이 돈 강 유역, 코카사스 산맥 지역, 크림반도 지역 등에 고립되어 남았다. 코카사스 지역에는 오세트인 Ossetes이라는 민족이 남아있는데, 이들은 초기 스텝 정착 민족이었다가 산악 지역으로 이동해 간 민족이다.

2.2 스텝 유목민족의 생활

유목민족 중 지배적 역할을 하는 부족들은 통상 야만적이고 호전적이었으며, 약하고 순종적인 부족들은 이들에 복종했다. 헤로도토스는 흑해 연안에 사는 그리스인들로부터 들은 스키타이인들의 호전적 습

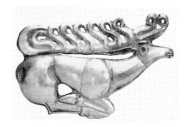

스키타이족의 유물

관을 기술했다. 스키타이인들은 자신들이 전쟁에서 처음 죽인 적의 피를 마셨다. 적의 머리는 대장에게 바쳐졌으며, 적의 머리를 가져온 병사만이 전리품을 나눠가질 권리를 가졌다. 적을 가장 많이 죽인 전사는 큰 영예를 받았으며 축제에서 두 배의 와인을 받았다. 스키타이인들은 적들의 머리를 벗겨 말의 고삐에 매달거나 장식품을 만들었다. 거주지의 모든 구역에는 전쟁의 신에게 바쳐진 성소가 있으며 오래된 칼이 전쟁의 신의 상징으로 놓여 있었다. 스키타이인들은 매년 전쟁의 신을 기리는 의식을 치렀으며 동물을 제물로 바쳤고, 포로 백 명 당 한 명씩 끌어내어 죽인 다음 술잔에 피를 모으고, 이 피를 자신들의 칼에 부었다.

부족의 우두머리가 죽으면 많은 사람들이 같이 희생되었다. 시체가 부패하는 것을 방지하기 위해 사자(死者)의 내장을 비운 다음 향

이 나는 풀을 넣은 후 마차에 싣고 자신들에게 종속된 부락들을 순회했다. 각 부락에서는 주민들이 나와 장례행렬을 맞았고, 자신의 머리를 자르거나 한쪽 귀에 상처를 내거나 팔, 이마, 코에 상처를 내어 슬픔을 표시했다. 이렇게 마을을 돈 다음 우두머리의 시신을 드니프로 강변에 묻었다. 우두머리의 부인 중 한 명과 가신과 시종들 중 한 명도 죽여서 우두머리의 무덤 옆에 매장했다. 그의 말들도 죽여서 같이 매장했고, 금은 접시들도 같이 매장했다. 우두머리가 죽은 지 일 년 되는 날 50명의 종과 50마리의 말이 살육되어 내장이 비어지고 왕겨로 채워진 다음 우두머리의 무덤 옆에 묻혀서 그의 경비병 역할을 하게 했다. 이 이야기는 헤로도토스가 지어낸 것이 아니라, 드니프로 강변에 그가 서술한 방식으로 만들어진 무덤들이 발견된다.

이런 야만적 관습 말고도 스텝의 유목민들은 좋은 관습도 가졌다. 스키타이인들의 우정과 친구에 대한 헌신은 유명하다. 전쟁이 많았던 야만적 시기에 진실한 친구를 갖는 것은 아주 좋은 일이었다. 한 전사가 진실하고, 충성스럽고 용감한 친구를 찾으면 이들은 형제를 맺는 의식을 치렀다. 각자의 팔을 베어 흘린 피를 컵에 담은 다음 이 피로 두 사람의 칼을 적신 다음 같이 이 피를 마신 후 손을 마주쳤다. 이런 의식을 치른 후에 두 사람은 형제보다 더 가까운 사이가 된다.

3. 슬라브족의 정착지

수백 년 동안 스키타이족, 사르마트족, 알란족이 우크라이나 스텝 지역을 이동하며 거주했다. 카르파치아 산맥 지역에는 이들과 연관이 있는 군소 부족인 소위 트라키아족Thracians이 거주했다. 이들은 후에 왈라크족(Wallachs, Rumanians)이 되었다. 이 부족들 중에는 베세족Besses, 코스토복족Kostoboks, 카르프족Carps이 있었는데, 카르파치아란 이름은 후자에서 나왔다. 카르파치아 산맥 아래 할리치아 지역에는 원 정착지에서 북쪽으로 이동해 온 바스타르나이족Bastarians이라고 알려진 게르만계 부족이 거주했다. 당시 슬라브계 민족은 훨씬 더 동쪽과 북쪽의 드니프로 강 유역인 키예프 근처와 좀 더 상류 지역에 거주했고, 볼히냐와 폴레샤, 드니프로 강 너머에도 거주했을 가능성이 있다. 헤로도토스가 네우리족Neuri, 안드로파기족Androphagi이라고 지칭한 부족은 고대 슬라브족일 가능성이 크다. 그는 스키타이인들이 사는 지역 북쪽에 스키타이족이 아닌 부족이 살고 있다고 언급했다. 다른 연대기에는 드니프로 강 중류, 현재의 키예프 지역에 거주하는 민족을 아마도코이족Amadokians이라고 지칭했다. 문명화된 그리스인들과 로마인들은 먼 지역에 사는 이러한 부족들에 대한 정보를 거의 갖지 못했다.

1–2세기 로마의 기록을 보면 슬라브족이 거주하는 부락들이 북쪽으로 팽창하여 리투아니아인들과 독일인들 거주지의 이웃인 발트해 지역까지 뻗어 있었다는 것을 알 수 있다. 이 지역에 사는 부족을 독일인들은 베네테족Venetes이라고 불렀다. 비스툴라Vistula 강 서쪽에 거주한 게르만계 민족인 고트족이 이들의 서쪽 이웃이 되었다. 슬라브 부족의 동쪽에는 발트해 연안의 리투아니아인들이 있었고, 그 너머에는 핀란드계 부족들이 거주했다. 당시 핀란드계 부족들은 볼가 강 전 유역을 장악하고 살고 있었다. 이들은 후에 슬라브족과 혼합되고, 슬라브족의 언어에 동화되어 대러시아족으로 편입되었다. 키예프 인근과 서쪽에는 장례터라고 알려진 매장터가 넓게 산재해 있다. 무덤에서는 유골이 발견되기도 하고, 유골을 태운 재만 발견되기도

한다. 사자와 함께 식기와 다른 생활용품이 같이 매장되었고, 기원전 1-2세기 이후에는 로마 동전이 출토되기도 한다.

슬라브족은 아주 이른 시기부터 이 지역에 거주하였지만, 4세기 게르만족이 자신들의 정착지를 떠나 이동하고, 훈족이 남쪽 지역의 부족들을 몰아내면서 스텝 지역에 슬라브족의 대규모 정착지가 형성되기 시작했다. 비스툴라 강, 오데르 강, 엘베 강 유역에 거주하던 게르만족들은 오랜 기간에 걸쳐 서서히 남쪽으로 이동해 갔다. 기원전 3세기 게르만계 부족인 바스타르나이족이 카르파치아 지역으로 이동했고, 여기서 다시 다뉴브 강 지역으로 이동해 갔다. 기원후 2세기 고트족은 비스툴라 강 유역에서 남쪽으로 이동해 갔다. 근처에서 적절한 정착지를 찾지 못한 이들은 계속 남쪽으로 내려가 흑해지역으로 이동하여 그곳에 살던 알란족을 쫓아내고, 다뉴브 강에서 아조프해에 이르는 지역을 차지했다.

4세기 말 투르크계 민족인 훈족이 침입해 오면서 고트족은 대혼란에 빠졌다. 훈족은 알란족을 격파한 다음 카스피해와 아조프해 인근에 정착한 후 고트족을 공격했다. 고트족의 왕 헤르마나릭Hermanaric은 훈족의 잔학성에 겁을 먹고 자신의 백성들의 멸망을 보느니 자살을 택했다. 훈족은 광범위한 지역을 유린하며 주민들을 공포에 떨게 했다. 당대의 사람들은 훈족이 사람으로 여겨지지 않을 만큼 잔혹하고 흉포하다고 기술했다. 고트족은 스스로를 방어해 보려고 하였으나, 첫 패배 이후 감히 훈족에게 대항할 생각을 못하고 다뉴브 강을 넘어 도망쳤고, 남은 주민들은 항복했다. 훈족은 현재의 헝가리 서쪽 지역까지 진출하면서 남아 있던 고트족을 데리고 갔다. 고트족의 일부만이 아조프해, 크림반도, 코카사스 해안에 남게 되었다. 이렇게 되자 서쪽과 남쪽의 넓은 지역이 무주공간이 되어 슬라브족이 이동할 수 있게 되었다. 슬라브족들은 남쪽과 서쪽으로 이동하며 이 지역을 차지했다. 현재의 폴란드인, 체코인, 슬로박인, 거의 소멸된 폴라비아인Polabian, 포모리안인Pomorian의 조상인 서슬라브족은 발트해 연안에 정착하며 비스툴라 강, 오데르 강, 엘베 강 너머의 게르만족을 압박했다. 현재의 불가리아인, 세르비아인, 슬로베니아인의 조상인 남슬라브족은 카르파치아 산맥을 넘어 다뉴브 강 지역으로 이동하여 발칸 지역으로까지 내려왔다. 현재의 우크라이나인들의 조상인 남동슬라브족은 서슬라브족과 남슬라브족이 비워준 공간으로 이동했다. 이들은 훈족이 휩쓸고 지나간 남쪽의 스텝지역과 인근 지역으로도 이동했다. 우크라이나 부족들이 슬라브 부족 전체와 구별되는 별개의 민족으로 불린 것은 이 시기부터이다.

3장   첫 우크라이나인들

1. 우크라이나인들(안테족)의 이동

  슬라브족이 가까운 거리에 사는 동안 그들은 한 언어를 쓰고, 후에 훨씬 넓은 지역에 흩어져 살 때보다 유사한 생활양식을 유지했다. 그러나 그들 사이에도 차이가 존재했고, 이러한 다른 점은 이들이 팽창해 나간 후 훨씬 커졌다. 슬라브족 지역에 식민도시를 건설할 때부터 슬라브족에 대한 기록을 남긴 그리스인들은 비잔틴과 경계한 남쪽 지방과 다뉴브 강변, 발칸 지역에 사는 슬라브인들과 드네스트르 강변과 드니프로 강 동쪽, 아조프해 너머에 살던 슬라브인들을 구별해 후자를 안테족Antae이라고 불렀다.

안테족에 대한 가장 오래된 기록은 훈족 침입 직후인 4세기 비잔틴 저자들이 쓴 것이다. 안테족이 나타나면서 우크라이나 부족들의 역사적 생활이 시작되게 되었다. 고트족의 역사가였던 요르다네스Jordanes는 고트족의 왕 비니타르Vinitar가 안테족과 벌인 전쟁에 대한 흥미로운 기록을 남겼다. '비니타르'라는 이름 자체가 뜻하는 '베네테족을 물리친 승리자'를 뜻하고 베네테족은 슬라브족을 일컫는다. 첫 전투에서 안테족은 고트족을 물리쳤지만, 비니타르는 이에 위축되지 않고 전쟁을 계속했다. 그는 결국 안테족을 제압하여 그들의 공후인 보즈(Bozh)와 다른 족장들을 포로로 잡았다. 안테족에게 공포감을 일으키기 위해 그는 포로들을 십자가형에 처했다. 그러나 훈족이 나타나 안테족을 보호하고 비니타르를 격파했다.

비니타르와의 전쟁은 아마도 안테족이 흑해 스텝 지역을 처음으로 차지하면서 고트족과 처음으로 조우하게 된 사건이었을 것이다. 그러나 고트족과의 전쟁이나 다른 지역 부족들과의 충돌도 이들이 이동하는 것을 막지는 못했다. 스텝 지역에서 서로 전투를 벌이는 부족 사이에서 살면서 안테족은 훈족과 손을 잡고 약탈 원정을 벌였다. 안테족은 훈족과 연관이 있으며 후에 발칸 반도에 정착하는 볼가르족Bolgars과 손을 잡기도 했다.

호전적인 부족들 사이에 살면서 우크라이나인들은 농사를 짓지 않았다. 이들은 곡물을 경작하지 않으며 형편없는 움막에서 비참한 삶을 영위했다. 이들은 초기의 그리스인들처럼 철제 갑옷도 없었고 손에 잡히는 것은 무엇이든 무기로 삼아 전투를 치렀다. 이들은 조직된 집단으로 공격을 하지 않고, 잠복하고 있다가 기습 공격을 하고, 공격 후에는 적을 유인하기 위해 흩어져 도망갔다. 이들은 활발하게 활동하며 어려움을 잘 견디고, 물속도 마다하지 않고 자신들을 잘 숨기는 재주로 그리스인들의 감탄을 자아냈다. 안테족은 약탈을 하기 위해 비잔틴 지역을 침범했는데, 때때로 비잔틴제국은 다른 적들을 공격하는데 이들을 고용하기도 했다. 530년대에 안테족과 다뉴브 강에 거주하는 슬라브인들 사이에 일어난 전쟁은 후자의 공격에 시달리던 비잔틴 정부의 사주에 의해 일어났을 가능성이 크다. 이후에 그리스 역사가들은 6세기 말에 비잔틴이 안테족을 사주하여 슬로베니아를 공격한 사실을 기록했다.

이 시기 다른 그리스 역사학자인 메난데르Menander의 기록에는 안테족이 6세기 중반 우크라이나 땅을 침범한 아바르족과 투쟁한 이야기가 나온다. 아바르족은 안테족을 제압하고 많은 포로를 잡고 이 땅을 유린했다. 아바르족의 파괴적인 침입은 우크라이나 주민들의 기억에 오래 남았다. 키예프 연대기에는 오브리족Obri(아바르족)이 볼히냐 지역에 거주하는 슬라브 부족인 둘립족Dulibs을 얼마나 잔혹하게 다루었는지를 기록하고 있다. 이들은 여자들까지 마차에 매어 끌고 갔다. '이 오브리족은 기골이 장대하고 용감하다. 그러나 신은 이들을 멸망시켜 모두가 죽었고, 한 명도 남지 않았다.'라고 기록되어 있다. 그러나 이들은 멸망한 것이 아니라 헝가리 지역으로 이동해 갔다.

2. 우크라이나 부족들

아바르족의 침입 같은 고난은 이미 여러 시련에 익숙해 있던 우크라이나인들을 위축시키지 않았다. 이들은 스텝 지역에 계속 머무르며 동쪽으로는 아조프해 인근까지 진출하였고, 서쪽으로는 다뉴브 강까지 나아갔다. 7세기 카스피해 인근 스텝 지역에 이전의 다른 지역보다 덜 잔혹한 하자르족Khazars이 거주하고 있었기 때문에 우크라이나인들의 지역적 팽창이 가능했다고 볼 수 있다. 하자르족은 카스피해와 아조프해 도시들과 교역을 하며 큰 이익을 보고 있었기 때문에 평화와 안정을 유지하는 게 이익이 되었다. 하자르족이 우크라이나 스텝 지역을 위협하는 투르크계 유목민들을 제어했기 때문에 이 지역의 생활은 평화롭고 안전했다. 우크라이나인들은 새로 정착한 부락에서 농사와 교역에 종사하며 번영을 누렸고, 덜 호전적이 되었다. 이러한 발전은 좋은 면도 있었지만 그렇지 않은 면도 있었다. 하자르족이 약화되고 호전적인 투르크계 유목민들이 우크라이나인들의 평화로운 생활을 위협했을 때, 우크라이나인들은 이를 막아낼 힘을 가지고 있지 못했다. 이들은 스텝 지역을 포기하고 안전한 지역으로 숨어들어갔다. 일부는 산림지역으로 들어가고 일부는 북부나 서부 산악 지역으로 이주해 갔다. 이곳에서 이들의 생활은 비옥한 스텝 지역에서만큼 윤택하지 못하였다.

이 시기에 대한 기록은 전해져 오고 있는 것이 거의 없다. 7세기 초반 슬로베니아인들과 아바르족의 공격을 막아낼 수 없었던 그리스인들은 북쪽 경계에 대한 방어를 포기했다. 약 3백 년간 이 지역에 대한 기록은 없었다. 602년 안테족에 대한 언급이 마지막이고 7-8세기 안테족의 이름은 더 이상 언급되지 않는다. 10세기 중반 스텝 지역의 생활에 대한 기록을 모은 콘스탄티네 포르피로게니투스 Constantine Porphyrogenitus는 안테족을 언급하지 않고 대신 남부 지역에 거주하는 여러 슬라브 부족을 언급하고 있다. 이들은 울리치족 Uliches, 드네블랴네족Derevlians, 루차네족Luchans 그리고 키예프 인근의 루스족Rus이다.

이 부족들에 대한 보다 자세한 설명은 약 백년 뒤인 11세기 말에 기록된 키예프 연대기에 나온다. 이 기록에 보면 드니프로 강 동쪽 지류인 데스나Desna 강, 세임Seym 강, 술라Sula 강변에는 세베랴네족(Sivers, Siverians)이라는 큰 부족이 거주했다. 이들은 이미 체르니히프Chernihiv, 노브호로드−시베르스키Novhorod−Siversky, 루베치Lubech, 페레야슬라프Pereyaslav 같은 큰 도시를 건설하고 살았다. 드니프로 강 대안의 키예프 근처에는 루스라고도 알려진 폴랴네족Polians이 살고 있었다. 좀 더 동쪽 테테레프Teterev 강, 우샤Usha 강, 호린Horyn 강 유역의 울창한 삼림에는 '숲속 거주자'란 의미의 데레블랴네족Derevlians이 살고 있었고, 프리퍄트Prepet 강 너머에는 '습지 거주자'란 의미의 드레고비치족Drehoviches이 살고 있었다. 슬루치Sluch 강 너머 볼히냐Volhynia 지역에는 둘레브족이 거주했다. 드니프로 강 하구 흑해 연안에는 울리치족이 살고 있었고, 서쪽의 드네스트르Dniester 강 유역에는 티베르츠족Tivertses이 거주했다. 돈Don 강 유역, 아조프해 연안, 카르파치아 산맥 아래 할리치아Halicia 지역에는 어느 부족이 살고 있는지는 연대기에 언급이 없다. 아마도 여기에 살고 있던 부족도 슬라브계 부족이고, 아마도 후에 우크라이나 민족이 된 남동부 슬라브족이 살았을 것이다.

3. 우크라이나인들의 관습과 신앙

3.1 우크라이나인들이 관습

우크라이나 부족들은 서로 다른 관습과 생활양식을 가진 것으로 연대기 작가들은 서술하고 있다. '각 부족은 관습과 법률과 조상으로부터 물려받은 전통을 가지고 있다.'라고 기록되어 있다. 그러나 이러한 차이는 크지 않았고, 다양한 부족이 공통으로 가지고 있던 관습이 많았다. 우크라이나인들이 곡식을 재배하고 이것을 중요한 생계수단으로 삼았던 것은 분명하다. 이것은 '생계수단'을 의미하는 '지토(zhito)'라는 단어를 곡물을 지칭하는 데 사용한 것을 보아도 잘 알 수 있다. 우크라이나 땅에서 곡물 재배는 철제 기구가 사용되기 훨씬 이전으로 거슬러 올라간다. 예를 들어 연대기에 '그들은 야생 동물이나 가축처럼 산다.'라고 기록된 외진 지역에 사는 데레블랴네족도 땅을 경작하고 씨를 뿌리며 곡식을 생계수단으로 삼았다. 데레블랴네족과 세베랴네족의 무덤에서는 낫과 호밀, 귀리, 보리, 밀 같은 곡식이 발견된다. 기록에는 메밀을 제외한 현대의 모든 곡물이 언급되고, 쟁기, 써레, 괭이, 삽, 도리깨 같은 농기구 이름이 나온다. 땅을 가는 방법과 함께, 씨 뿌리는 법, 도리깨질 하는 법, 키질하는 법도 기록되어 있다. 곡식을 재배하고 제분하는 방법은 현대와 큰 차이가 없었고, 맷돌을 이용하여 곡식을 갈았다.

몇 종류의 가축이 사육되었지만 가금류는 적었다. 많은 우크라이나인들이 양봉을 해서 많은 꿀을 얻었다. 꿀과 밀랍을 팔았고, 공후들에게 이것을 세금으로 냈다. 숲속에 사는 사람들은 속이 빈 나무줄기에 구멍을 내어 벌집을 만들었다. 농업이 자리를 잡으면서 생계의 주요 방법이었던 사냥은 중요성을 잃어갔다. 사람들은 육류보다 모피를 얻기 위해 사냥을 했으며, 사냥은 부유한 귀족이나 공후들의 위락이 되었다.

야생동물과 야생 조류가 풍부하였고, 목초지와 풀밭에서 가축을 키우는 것도 쉬웠다. 이때 사람들은 지금보다 더 많은 육류를 섭취했을 것으로 믿어진다. 그래도 빵, 죽, 삶은 채소가 주가 된 채식위주의 식단이 일반적이었을 것으로 여겨진다. 빵은 효소로 부풀려져서 화덕에 구워졌다. 육류는 주로 삶아서 먹었다. 음료는 꿀로 만든 음료나 술이 주류였다. 가난한 사람이나 공후나 가릴 것 없이 꿀물을 많이 마셨다. 한 연대기 작가는 볼로디미르 대공이 하인들에게 명하여 가난한 사람들에게 빵, 육류, 꿀물 통, 크바스(kvas)를 나누어주도록 한 일화를 기록했다. 이 시기의 사람들은 아마포로 된 셔츠와 바지를 입었다. 발에는 가죽 장화나 신발을 신었고, 머리에는 모피나 털실로 짠 모자를 썼다. 부자들은 그리스나 아랍에서 수입된 비단으로 만든 옷을 입었고, 금이나 수단(繡緞)으로 옷을 장식했다. 우크라이나의 공후들이 비잔틴 궁정과 가까워지자 이들은 비잔틴의 의복과 유행을 모방했고, 이것을 보야르(boyar)라고 불린 귀족들과 부유한 주민들이 본을 땄다.

3.2 생활양식과 신앙

이 시기에 우크라이나인들과 접촉한 외국인들은 우크라이나인들의 관용성과 친근성을 칭송했다. 프로코피우스가 안테족과 슬로베네족을 묘사한 이야기가 특히 흥미롭다. 우크라이나인들은 이방인들에게 친절하여 이들을 따뜻이 맞았고, 자신에게 해가 닥치지 않는 한 이들을 멀리까지 따라와 전송했다. 부인들은 남편에게 충실하여 남편이 죽으면 종종 따라 죽었다. 우크라이나인들은 자유를 소중히 여겨 남의 권위에 복종하거나 종복이 되는 것을 싫어했다. 이후의 작가들도 우크라이나인들과 다른 슬라브 부족들의 특징에 대해 비슷한 방식으로 서술했다. 이들은 용감하고 호전적이며 이들이 힘을 합치면 상대하여 싸우기가 힘들었다.

우크라이나인들은 즐거운 생활을 영위하며 오락을 즐겼고, 축하할 일이 있으면 노래와 춤과 놀이로 이를 경축했다. 연대기 작가는 부락 전체가 '춤추며 악마적 노래를 부르는 것'을 비판했는데, 이러한 것은 이전의 원시종교와 연관이 깊었기 때문이다. 결혼식은 '춤과 노래와 손뼉 치는 것으로' 축하했다. 한 비잔틴 역사가는 키예프의 병사들이 춤과 음주로 며칠 밤을 새우는 것을 기록했다. 그는 '루스는 술 마시는 것에서 즐거움을 찾는다. 이들은 술 없이는 살 수 없다.'라고 볼로디미르 대공은 자신의 세례식에서 말했다고 한다. 원시적 축제나 이후의 기독교 축제에는 질펀한 음주가 꼭 따랐다. 이러한 여유 있고 밝은 습성은 관습과 법률에도 반영되었다. 고대 우크라이나의 법률에는 사형제도가 없었고, 비잔틴인이나 고대 독일인들에게 흔했던 다리나 귀, 코를 자르는 형벌도 없었다. 후에 비잔틴 종교 서적뿐 아니라 법률을 도입한 교회 사제들이 사형제를 도입하려 하자 주민들은 이를 거부했다. 죄를 진 사람은 벌금을 물거나 감옥에 갇히거나 노예가 되어 자신의 죗값을 노동으로 갚게 했지, 중죄인이라 하더라도 사형에 처하지는 않았다. 그러나 이러한 규칙은 전쟁 때는 적용되지 않았다. 전쟁 때 적을 죽이는 것은 신의 뜻이라고 여겼다.

우크라이나인들은 태양이 주는 빛과 따뜻함, 식물의 성장을 숭상하고 존경했다. 프로코피우스는 안테족과 슬로베네족은 오직 하늘의 신인 '스바로그Svaroh'만을 숭상했다고 기록했다. 후에는 빛의 신이 여러 가지 다른 이름으로 불렸다. 태양에게는 '호르스Khors'와 '모든 좋은 것을 주는 자'라는 의미의 '다쥐보그Dazhboh'라는 이름을 붙였다. 천둥의 신은 '페룬Perun', 불의 신은 하늘의 빛과 불의 신인 스바로그의 아들이라는 의미로 '스바로지치Svarozhich'로 불렸다. '벨레스(Veles 또는 Volos)'라고 불린 '가축의 신' 또는 '동물의 보호자'도 중요한 신 중의 하나였다. 이 모든 신은 '좋은' 또는 '복(福)'을 의미하는 '보그(boh)'로 불렸다. 이 단어에서 '부유한(bohaty)', '곡식(zbizhe)', '가난한(ubohy)'이라는 단어도 파생했다. '보그'는 '모든 부귀영화의 제공자'를 의미하기도 했다. 주민들은 기독교가 도입된 후에도 이 모든 신들을 믿었지만 각 신들의 능력은 성자들의 이름으로 대체되었다. '페룬'과 관련된 모든 믿음은 '성 엘리야'에게 '벨레스'와 관련된 것은 '성 블라스'에게 전이되는 식으로 원시신의 정체성이 성자들에게 옮겨갔다. 이러한 뛰어난 신들 이외에도 고대 우크라이나인들은 '베스(bes)'라고 불리는 요정과 같은 많은 잡신을 가지고 있었다. 이 단어는 꼭 사악한 존재를 뜻하는 것은 아니었는데, 후에 기독교사제들이 악마적 영을 이러한 존재들에 가미시켰다. 고대 우크라이나인들은 늪지, 숲, 들판, 연못에 사는 이러한 존재들을 숭배하거나 이들에게 제물을 바쳐야 이들이 해를 끼치지 않는다고 생각했다. 기독교 도입 초기에 사제들은 주민들이 베스와 습지, 우물에 공양물을 바치고, 숲속과 물가에서 기도를 한다고 기록했다. 현재에도 이런 오래된 믿음이 이어져 죽은 사람의 영혼이 집안이나 마당에 살고, 물에 익사한 사람의 귀신은 물의 요정이 되었다고 믿고 있기도 하다.

고대 우크라이나인들은 인간의 생명이 죽음으로 끝난다고 보지 않았다. 죽은 사람도 생을 계속 영위하며 사람들 사이에 그들의 모습을 보인다고 믿었다. 그래서 망자를 화나게 하거나 해로운 일을 하지 못하게 하려면 죽은 사람을 위해 화려한 장례를 해주어야 한다고 생각했다. 장례 때에는 시신과 함께 여러 생활 도구와 동물, 어떤 때는 망자의 부인을 무덤 옆에서 죽여 같이 매장했다. 이러한 장례 풍습은 922년 하자르족과 볼가 강의 볼가르족을 방문하고 돌아온 한 아랍 사람이 기록으로 남겼다. 애곡하는 사람들은 루스의 상인이었던 망자에게 가장 좋은 옷을 입히고, 그를 배 위에 누인 후 그 위에 장막을 치고, 그 옆에 그가 가지고 다니던 무기와 음식과 음료를 놓았다. 그러고 나서 여종들에게 그와 같이 죽어서 그의 저승길을 동행해서 낙원의 아름다운 녹색 정원에서 그와 같이 살 사람이 없는지 물었다. 한 여종이 이에 동의하자 바로 그녀를 죽여서 망자 옆에 그녀를 뉘었다. 사람들은 두 마리의 말을 조각내어 잘랐고, 두 마리의 소, 개 한 마리, 암탉과 수탉을 각각 한 마리씩 배에 넣은 다음 배를 불태웠고, 장례에 참석한 사람들은 화장을 치른 자리에 흙무덤을 만들었다. 이러한 설명은 9세기−10세기 무덤에서 나온 매장물과 일치한다. 우크라이나의 일부 지역에서는 시신이 무덤 안에 매장되었고, 다른 지역에서는 화장된 후 흙으로 덮었다. 다른 곳에서는 화장된 후 유골을 모아 단지에 넣고 그 위에 봉분을 만들었다.

4. 가족과 종족, 공동체

　가족은 대가족제도가 주류를 이루었다. 19세기만 해도 우크라이나 일부 지역에는 20명 내지 30명 식구가 있는 가족들이 있었다. 아버지가 죽은 후 아들들은 가정을 떠나지 않고 장남이나 어머니의 지휘 아래 공동으로 땅을 경작했다. 이러한 가족을 '친족(rod)'이라고 불렀다. 키예프 연대기 작가는 '모든 사람은 자신의 친족과 같이 살고, 각 친족은 친족이 직접 관리하는 주거지가 있다.'라고 기록했다.

이전 시기에 이 친족의 규모는 더 컸고, 멀리 떨어져 사는 일가친척도 친족의 구성원이라고 여겨졌다. 시간이 지나면서 이 친족의 연대가 약해지고, 혈연적 유대보다는 이웃이 중요해졌다. 서로 가까이 거주하는 가족들이 여러 가지 일을 협동으로 수행하였다. 이들의 '원로(stari)'들의 '공동 회의체(veche)'가 주요한 결정을 내렸다. 후에 동부 우크라이나나 카르파치아 산맥 지역에서 각 친족은 독립적으로 '자작 농장(khutor)'을 경작하며 살았다.

한 마을에 사는 사람들은 공동의 노력을 들여 해자와 흙방벽으로 둘러쌓인 '호로드(horod, 방책이라는 뜻)'을 세웠다. 위협이 닥칠 경우 노인과 어린이들, 여자들과 주요한 재산을 이 '방책' 안으로 가져와 보호했다. 공후 시대에는 한 친족이나 더 많은 사람이 도피처로 삼을 수 있는 작은 요새들이 건설되었다. 요새들의 대부분은 평소에는 비어 있었으나 점차 주거의 중심지가 되었다. '방책' 주변에는 '오스토르흐(ostorh)'라고 불리는 요새로 방어되는 부락이 생겨났다. 상인들이 이곳으로 들어와서 장을 열고, 관리들과 부자들, 유력가들이 '오스토르흐' 안에 주거를 정하기 시작했다. 시간이 지나면서 '호로드'는 지역 전체의 중심지가 되었다. '호로드 주민들이 내린 결정은 인근 지역 부락들에도 적용되었으며, '호로드'의 명칭이 인근에 사는 모든 주민들의 명칭이 되었다. 고대 종족인 둘레브족은 사라지고 대신 '부자네족Buzhans', '볼리냐네족Volynians'이라는 명칭이 생겨났는데, 이 이름은 부즈스크(Buzhsk)와 볼린(Volyn)이라는 도시의 명칭에서 생겨난 것이다. '체르니히프족(Chernihiv)'과 '페레야슬라프족(Pereyaslav)'이라는 명칭이 이전에 세베랴네족(Siverians)이 살던 지역에 생겨났고, 데레블랴네족(Derevlians)이 살던 지역에서는 '투로프족(Turov)'과

'핀스크족(Pinsk)'이란 명칭이 생겨났다.

5. 상업과 교역

일부 도시가 다른 도시보다 크게 성장한 데는 상업과 교역로가 중요한 역할을 했다. 내륙 지역과 흑해의 그리스계 식민도시들, 카스피해와 투르케스탄 일부 지역들 간에 교역이 활발하게 진행된 것은 잘 알려져 있다. 우크라이나인들이 최종적으로 현재의 우크라이나 지역을 차지하면서 이러한 교역은 이들이 담당하게 되었다. 먼저 이들은 크림반도와 다뉴브 강 연안의 그리스계 도시와 교역을 했지만, 곧 비잔틴제국과 우크라이나에서는 차르호로드라고 불린 제국의 수도인 콘스탄티노플과 교역을 했다. 우크라이나인들은 밀랍, 꿀, 노예 등을 수출하고, 당시 비잔틴인들을 지칭하는 '그리스인들'로부터는 고급 옷, 금은 제품들, 와인, 자기류를 수입했다. 그러나 페체네그족이 스텝 지역을 침입하면서 교역로는 위험해졌고, 이로 인해 상품들은 무장 호위를 받은 대규모 카라반을 형성하여 수송하였다. 카라반이 상품을 콘스탄티노플까지 운송한 방법에 대해 비잔틴 황제 콘스탄티네 프로피로게니투스가 기록을 남겼다. 겨울 동안 드니프로 강 연안 울창한 숲에서 목재를 잘라 배를 만든 다음, 봄이 되면 이 배를 강에 띄워 하류에 있는 키예프 등의 도시로 보내 그 전 해에 사용된 키와 삭구를 설치한 후 본격적인 항해를 준비했다. 이러는 동안 상인들은 운송할 상품들을 모았다. 6월이 되면 운송 선단이 키예프를 떠났다. 선단은 3일을 항해한 후 비티체프Vitichev에 일단 정박하여 뒤에 오는 배들을 기다렸다가 다시 드니프로 강 하류로 나아갔다. 항해 중에는 약탈을 위해 길목에 잠복해 있을 가능성이 큰 페체네그족에 대한 경계를 늦추지 않았다. 특히 드니프로 강 급류 지역이 위험했다. 폭포와 바위가 많은 급류 지역에서는 배가 파손되고 침몰할 위험이 컸으므로 상인들은 배와 상품을 육지로 이동시켰다. 노예 시장으로 끌려가는 노예들은 줄에 묶인 채로 배를 끌고 상품을 날랐고, 상인들은 이들을 감시하며 동시에 불시에 닥칠지도 모를 페체네그족의 습격을 경계했다.

　호송단의 급류 지역을 무사히 통과하면 후에 코자크의 호르치차 Khortitsa 요새가 건설되는 성 그레고리 섬에서 잠시 휴식을 취했다. 높은 참나무 아래에서 빵과 고기를 예물로 바치며 감사예배를 드리고, 최종 목적지까지 무사 항해를 기원했다. 지금 베레잔Berezan으로 불리는 섬에서 다시 한 번 야영을 한 다음 드니프로 강과 흑해가 만나는 어귀에 다다른다. 다음에 카라반은 흑해 연안을 따라 항해를 하며 콘스탄티노플로 향한다. 콘스탄티노플 외곽 성 마마트St. Mamat 성당 인근의 항구가 우크라이나 상인들을 위한 전용 항구로 지정되었고, 이 항구에는 종종 수백 명의 우크라이나 상인들이 활동했다.

　당시 상인들은 장사뿐만 아니라 자신과 상품을 지킬 수 있는 능력이 있어야 했다. 따라서 이들은 상인이며 동시에 전사였고, 종종 약탈에 가담하기도 하였다. 비잔틴 황제들은 이러한 전사-상인들을 좋아하지 않았지만, 키예프 공후들을 두려워해서 이들의 교역을 막지도 못했다. 대신 비잔틴 황제들은 이들에게 전사가 아니라 무역상임을 보증하는 신임장을 요구했고 이들의 활동을 감시했다. 우크라이나 상인들은 정해진 문을 통해서만 콘스탄티노플 성안으로 들어올 수 있었고, 한 번 50명 이내의 인원만 비잔틴 관리의 인솔을 받아 입궁했다.

우크라이나의 교역은 다른 방향으로도 진행되었다. 현재 아스트라한이 위치한 볼가 강 어귀 이틸Itil에 있던 하자르족의 수도와도 많은 교역이 이루어졌다. 이곳에서는 아랍과 페르시아 상품을 얻을 수 있었다. 카간(kagan, khan)이라고 불리는 하자르의 지도자들의 노력 덕분에 이들의 수도는 많은 나라의 상인들이 상품을 가지고 모이는 교역의 중심지가 되었다. 이곳에서는 먼 곳에서부터 낙타로 운송되어 오거나 배로 카스피해를 건너 들어온 화려한 의복과 옷감, 유리와 금속 제품을 사고팔 수 있었다. 이틸과 현재의 카잔 인근인 볼가 강의 볼가르족의 도시들과의 교역으로 만족할 수 없었던 우크라이나 상인들은 카스피해를 내려가 페르시아의 도시까지 가거나 유명한 아랍 칼리프의 시장까지 진출하였다. 이들은 비잔틴제국에 팔던 것과 동일한 상품을 팔았고, 동방의 상품들을 고향으로 가져오거나 서슬라브족의 땅과 독일인들이 사는 지역까지 내다 팔았다. 이러한 방법으로 아랍의 화폐가 대량으로 우크라이나 땅으로 들어왔다.

안전한 교역을 수행하기 위해서 상인들이 전사와 같은 방어력을 보유해야 했다는 사실로부터 우크라이나의 상업 중심지는 정치적 중심지이자 군사 중심지가 되어야 했다는 것을 쉽게 유추할 수 있다. 이런 여건에서 키예프는 우크라이나의 가장 크고 중요한 중심지가 되었다. 드니프로 강변에 위치해 있고, 지류인 프리퍄트 강과 데스나 강이 키예프 위에서 드니프로 강과 합류했다. 콘스탄틴 프로피로게니투스가 남긴 기록을 보면 모든 수운(水運)은 키예프로 모였고, 키예프는 자연스럽게 우크라이나의 군사, 정치 중심지가 되었다.

2부 키예프공국 시대

4장 키예프공국의 설립

1. 키예프 전통

키예프의 초기 연대기에는 키예프의 기원에 대한 여러 이야기가 기록되어 있다. 한 기록에 따르면 드니프로 강 너머에 크이Kyi라는 사람이 통치하는 성이 있었다. 한 전설에 의하면 그와 그의 두 동생 쉬첵Shchek과 호립Khoriv은 현재의 키예프의 자리에 정착지를 건설하고, 그곳의 이름을 맏형의 이름을 따서 지었다. 크이는 후에 십일조 교회(Tithe Church)가 세워진 도시의 옛 구역에 살았고, 쉬첵은 그의 이름을 딴 언덕에 있는 키릴 거리(Cyril Street)에 거주했다. 호립은 호리비차Khorivitsa 언덕에 산 것으로 전해진다. 키예프 근교의 레베드Leved 강은 그들의 막내 누이동생인 레베드의 이름을 따온 것으로 믿어진다. 이들은 공동 방어를 위해 크이가 살던 언덕에 요새를 짓고 이곳을 키

크이, 쉬첵, 호립, 레베드 동상

예프[1]라고 이름 지었다. 폴랴네족의 왕자들은 이 형제들의 후손인 것으로 전해졌다.

키예프에 거주하던 폴랴네족은 왕자들도 없었고 군대도 없었기 때문에 이웃의 데레블랴네족과 다른 부족들의 공격에 시달렸다. 드니프로 강 동쪽에 사는 부족들로부터 공물을 받아오던 하자르족은 폴랴네족에게서도 공물을 받았고, 키예프의 각 가구는 칼 한 개씩을 공물로 바쳐야만 했다. 그러나 하자르족의 원로들은 이러한 공물을 상서로운 물건으로 받아들이지 않았고, 언젠가는 폴랴네족이 자신들과 자손들을 지배할 것이라고 예언했다. 그 이유는 하자르족은 한쪽에만 날이 있는 칼을 쓰는 데 반해 폴랴네족은 양쪽에 날이 선 칼을 사용하기 때문이었다.

키예프 왕조의 기원에 대해 정확히 알 수 없는 것은 분명하다. 기원이 불분명한 다른 지역에 대한 전설도 확대되면서 크이와 그의 후손들의 이름은 키예프의 부락들의 이름에서 따왔을 가능성이 크다. 이와 유사한 예로 하르키프는 하르코Kharko라는 이름을 가진 인물이 세웠고, 체르니히프는 체르니하Cherniha라는 사람이 세웠다는 전설이 있다. 상상력에 근거한 과거에 대한 사실의 재구성은 우크라이나뿐만 아니라 다른 나라에서도 흔하게 찾아볼 수 있다.

아스콜드Askold, 디르Dir, 올렉Oleg 같은 초기 키예프의 왕자들의 이름이 전해내려 오는 것은 그들의 무덤이 지금까지 보존되어 있기 때문이다. 이고르 공에 대해서 알려진 것은 그가 스뱌토슬라브Sviatoslav의 아버지이고 그의 부인의 이름이 올가(Olga, Helga)라는

---

1) 키예프라는 이름은 '크이'가 세운 도시라는 뜻이다. 키예프의 우크라이나식 발음은 크이프(Kyiv, Київ)임.

것이 전부이다. 이후의 왕자들과 다른 지배자들에 대해서는 더 많이 알려져 있지만, 초기 지배자들의 왕조와 언제 그들이 지배했는지 정확히 말하는 것은 어렵다. 몇 명에 대해서는 전설이 남아있지만, 다른 사람들에 대해서는 이름과 무덤 이외에는 전해져 오는 것이 없다. 일부 전설적 기록들은 첫 공후는 크이이고, 아스콜드, 디르, 이고르, 이고르의 군사령관인 올렉이 그 뒤를 이었다고 주장한다. 이러한 전설과 전승을 바탕으로 초기 연대기 저자들은 키예프공국의 역사를 쓰려고 시도하였지만, 가장 오래된 초기 연대기의 내용이 정확히 전해져 오지 않는다. 여러 연대기가 써지면서 많은 수정이 가해진 것은 물론이고, 초기 공후들에 대한 이야기도 서로 많이 차이가 난다. 이런 이유로 초기 연대기들의 내용은 크게 신뢰하기 어렵다.

모든 키예프의 전승들은 크이를 키예프 도시의 창설자로 해서 키예프 왕조의 역사를 추적하는 듯하다. 그러나 10세기에 키예프의 궁정에는 많은 수의 스칸디나비아 출신이 있었다는 사실을 근거로 일부 연대기 저자들은 키예프에 바랴그(Variag)라고 알려진 이 북방 부족 전사들이 키예프의 초기 공후들이었다는 이야기를 썼다. 이러한 연대기 중 하나는 기록을 크게 바꿔 초기 키예프 공후들뿐만 아니라 루스(Rus)라는 명칭조차도 이 스칸디나비아인들에게서 유래했다는 설을 내세웠다. 루스라는 이름은 원래 폴랴네족들이 차지하고 있던 지역을 지칭했으나 후에는 키예프공국이 지배하던 영역 전체를 지칭하게 되었다. 전술한 연대기의 저자는 키예프의 공후들을 섬기던 바랴그들이 '루스'라고 불렸는데, 이러한 이유로 루스라는 이름이 키예프공국과 폴랴네족들을 지칭하는 말로 사용되었다고 주장한다.

2. 키예프 연대기

  현재까지 보존되어온 키예프 연대기는 루스–우크라이나의 기원과
초기 공후들을 다음과 같이 기술하고 있다. 크이 일가는 폴랴네족들
을 통치했지만 종국적으로는 사멸되어 키예프는 통치자가 없는 지역
이 되었다. 바랴그 전사였던 아스콜드와 디르 형제는 키예프의 권력
을 잡고 자신들이 공후가 되었다. 이 시기 노브호로드를 통치하던 바
랴그는 다른 많은 슬라브족들과 핀족들을 지배하고 있었다. 이들은
크리비치족Kriviches과 메레족Meres들로부터 공물을 받아왔으나 시간
이 지나자 이들을 몰아내었다. 이후 무정부 상태가 계속되자 북부의
슬라브 부족들은 바랴그에게 새로운 통치자를 보내 줄 것을 요청하
였다. 이 요구에 응해서 류릭Rurik, 시네우스Sineus, 트루보르Truvor가
스칸디나비아지역에서 전사들과 함께 와서 노브호로드의 영역을 통
치했다. 이들은 자신들의 통치 영역을 넓히기 위해 휘하 장군들을 인
근 지역으로 파견했다. 이 장군들 중에 아스콜드와 디르가 있었고,
이들은 드니프로 강을 따라 남진하여 키예프에 도착하였다. 키예프
에 지도자가 없는 것을 발견한 이들은 키예프를 차지하고 공후가 되
었다. 그러나 이들은 오랜 기간 권좌에 있지는 못하였다. 류릭의 아
들인 이고르와 그의 군사령관인 올렉이 드니프로 강 유역의 여러 도
시들을 점령하고 키예프도 점령하면서 이들의 통치는 끝이 났다. 이
고르가 꾸민 음모에 의해 아스콜드와 디르는 살해당했다. 이고르는
이 살인을 다음과 같이 정당화했다. "너희들은 공후도 아니고 왕손도
아니다. 공후인 내가 통치하는 것이 정당하다." 아스콜드의 무덤은
키예프의 드니프로 강 유역에 남아있다. 이고르는 이렇게 키예프를
통치하기 시작하였고, 바랴그는 노브호로드뿐만 아니라 키예프도 통

치하게 되었다. 연대기 저자는 이렇게 해서 '루스'라는 이름이 사용되기 시작했다고 적고 있다.

한 연대기 저자가 최초의 키예프 연대기를 이렇게 수정했지만, 후세의 역사가들은 이 설명을 액면 그대로 받아들였다. 그러나 이러한 설명은 많은 의문을 자아낸다. 이 연대기 저자는 몇 가지 사실에 대해 정확한 지식 없이 단지 추측만으로 기술했다. 예를 들어 그는 올렉이 이고르 수하의 군지휘관이 아니라 키예프의 공후였다는 것을 알지 못했다. 그렇다면 아스콜드와 디르는 바랴그 전사였고, 이고르는 노브호로드를 통치하는 바랴그 왕의 아들이었다는 사실을 어떻게 믿을 수 있겠는가? '루스'라는 이름이 노브호로드의 바랴그를 통해 키예프에 들어왔다면 이 이름이 폴랴네족의 나라인 키예프뿐만 아니라 노브호로드에도 적용되었어야 했다. 이에 더해 노브호로드에서 온 다른 두 그룹이 짧은 기간에 연이어서 키예프의 통치자가 되었다는 것도 믿기 어렵다. 아스콜드와 디르가 통치자가 된 지 몇 년 지나지 않아 이고르와 올렉이 그들을 대치하였다는 사실은 쉽게 납득이 가지 않는다. 우리가 키예프 연대기의 설명을 그대로 믿을 수 없고, 다른 기록도 없기 때문에 우크라이나의 초기 역사는 불분명하게 남아있다.

3. 루스

9세기와 10세기에 키예프와 인근에 사는 사람들뿐 아니라 외국에서도 우크라이나의 공후들과 전사들을 루스(Rus) 또는 루스키(Ruski)라고 불렀다. '루스'라는 이름이 바랴그에 의해 스웨덴에서 들어왔다는 연대기 작가의 추정은 사실과 어긋난다. 왜냐하면 스웨덴에는 이러한 이름을 가진 부족이 없고, 스웨덴인들은 우크라이나에서 이러한 명칭으로 불린 적이 없기 때문이다. 우리가 이 명칭의 기원을 알 수 없다고 해서 이 명칭의 기원에 대해 함부로 추측해서는 안 된다. 그러나 이 명칭이 키예프와 밀접한 관련이 있고, 9세기와 10세기 외국 자료에서는 루스와 루스 전사 집단이 키예프를 수도로 삼고 있던 키예프공국의 통치자들과 공후 전사들을 지칭한다는 것은 분명하다.

9세기 아랍의 한 저자는 루스를 다음과 같이 묘사했다. "이들은 농토도 마을도 농장도 가지고 있지 않다. 이들은 주로 모피, 특히 담비 교역으로 먹고 산다. 루스는 슬라브족 마을을 공격하여 사람들을 포로로 잡아 이틸과 볼가르Bolgar에서 노예로 판다. 루스 가족이 아들을 낳으면 검을 아기 옆에 놓고 이렇게 말한다. '나는 너에게 아무 재산을 주지 못하지만, 이 검으로 얻는 모든 것이 너의 재산이 될 것이다.'"

이웃의 부족들은 루스의 키예프공국을 병사들과 상인들의 나라로 여겼다. 루스는 인근 지역을 공격하여 약탈하고 노예들을 잡아 시장에 내다 팔았다. 상인은 바로 전사이고, 전사는 전쟁에서 얻은 노획물을 팔거나 장신구, 무기와 맞바꾸었다. 우크라이나인들의 교역의 중심지인 키예프는 나라의 군사적 중심지이기도 했다. 앞에 서술한 아랍 저자보다 약 백 년 뒤 사람인 콘스탄티네 프로피로게니투스는 우크라이나의 생활 방식에 대한 서술을 남겨놓았다. "11월 초면 공후들은 모든 부하들을 데리고 키예프를 떠나 남쪽 지역으로 가서 슬로베네인들, 데레블랴네인들, 드레고비치인들, 크리비치인들, 세베랴네인들과 다른 슬라브 부족들로부터 세금을 거두어들인다. 이런 식으로 그들은 겨울을 보내고, 드니프로 강의 얼음이 녹는 4월에 키예프로 돌아온다. 여기서 이들은 배를 준비하여 드니프로 강을 따라 바다로 나가 비잔틴제국의 도시로 가서 교역을 한다."

9세기-10세기의 키예프공국 전사들은 현지 주민과 이주해 온 바랴그인들로 구성되었다. 10세기 전반에는 키예프의 궁정에 너무나 많은 바랴그 가신들과 군지휘관들이 있어서 현지 주민들을 압도할 정도였다. 907년, 911년, 944년에 기록된 비잔틴의 공식 문서에 남아있는 키예프 대공의 사절과 가신들의 명단에는 슬라브 이름보다 스칸디나비아 이름이 더 많았다. 키예프 대공의 궁정에도 많은 수의 바랴그 신하들이 있었다. 이 시기 노르웨이와 스웨덴은 무정부 혼란 상태였기 때문에 이러한 불안정한 정세로 인해 많은 부족장들과 부하들은 다른 나라로 가서 직접 지도자가 되거나 현지 지도자의 가신이 되었다.

11세기 야로슬라브공이 죽을 때까지 우크라이나 통치자들 밑에는 많은 수의 스칸디나비아 출신 가신들이 있었다. 이들은 용감하고 담대하며 싸움을 마다하지 않는 전사들이었고, 자신들이 있는 나라와 주민들과 좋은 관계를 맺고 있어서 자신들의 주군에게 충성했다. 키예프공국에 너무나 많은 스칸디나비아인들이 있어서 나라 전체가 스칸디나비아 북유럽국가로 여겨지기도 했다. 이런 이유로 인해서 전술한 대로 키예프 연대기 저자는 '루스'라는 명칭이 스웨덴에서 온 것이라는 소설 같은 이론을 만들어냈다.

4. 루스의 초기 원정

4.1 루스의 초기

9세기에는 초기 키예프공국의 공후들의 이웃국가 원정에 대한 이야기가 많이 나온다. 침략자들이 흑해 연안과 콘스탄티노플에서 시노페Sinope에 이르는 소아시아 지역 해안을 자주 약탈하고 아마스트리스Amastris 시를 공격했다. 〈아마스트리스의 성 조지 생애(Life of St. George of Amastris)〉가 현재까지 전해져 내려오고, 〈수로즈(수그데아)의 성 스테판 생애(Life of St. Stephen of Surozh)〉에는 공후 브라블린Bravlin의 지휘 아래 루스가 크림반도의 남부 해안을 어떻게 공략했는지가 묘사되어 있다. 흑해 연안의 비잔틴제국 도시들이 자주 공격을 당하자 비잔틴 정부는 839년 키예프의 공후들과 조약을 맺었다. 조약이 체결된 후 비잔틴 황제는 독일 황제에게 루스 사절들이 안전하게 고국으로 귀환할 수 있도록 요청했다. 당시 비잔틴에서 루스 땅으로 가는 가장 가까운 길은 적들에 의해 막혀있었다. 이러한 조약에도 불구하고 비잔틴 지역에 대한 루스의 공격은 곧 재개되었고, 860년의 공격이 가장 컸다. 약 만 명의 병력이 200척의 보트에 나눠 타고 콘스탄티노플을 공격했다. 당시 비잔틴 황제는 소아시아 지역을 공격하느라 수도를 비워놓고 있었다. 침략자들이 외곽 지역을 공격하기 시작하자 겁에 질린 주민들은 성 안으로 들어와 피신했다. 주민들의 공포를 무마시키기 위해 콘스탄티노플 총대주교는 성모 마리아 상을 들고 성곽을 돌도록 했다. 이 행진과 기도가 기적을 일으켜서 루스들이 돌아갔다는 말이 돌았다. 이 성물을 바다에 담그자 무서운 폭풍이 일어나 적들이 돌아갔다는 전설이 뒤에 생겨났다. 그러나 사실은 황제가 소아시아 지역에서 돌아온다는 소식을 듣고 침략자들은 전투를 피하기 위해 퇴각한 것이었다.

콘스탄티노플에 대한 이러한 과감한 공격은 비잔틴으로 하여금 루스를 회유하도록 만들었다. 이들은 비단과 금으로 장식된 의복 등 화려한 선물을 루스의 공후들에게 보내 이들의 환심을 사려고 했다. 사절단을 따라 간 정교회 주교는 루스 사람들 일부를 기독교로 개종시켰다. 그리스의 전승에 따르면 루스 주민들은 기적을 요구했다고 한다. 이들은 주교에게 성경을 불에 던져 넣으라고 했고, 만일 성경이 불에 타지 않으면 세례를 받겠다고 했다. 주교는 이들이 요구하는 대로 했고, 성경은 불에 손상이 되지 않았다. 이것을 보고 많은 사람들이 세례를 받았다고 한다. 이와 유사한 성경과 관련된 기적들이 연대기에 여러 번 나타나는 것을 주목할 필요가 있다.

비잔틴제국의 도시들에 대한 공격 외에도 루스 집단은 때때로 카스피해 연안을 침략하였다. 870년에 카스피해 남부 해안 지역에서 자행된 학살은 후에 타바리스탄[2] 역사(history of Tabaristan)를 쓴 아랍 작가에 의해 기록되었다. 910년에도 공격이 있었고, 이후에도 여러 차례 루스의 침략이 자행되었다.

루스의 생활양식에 대한 기록은 많이 남아 있다. 그러나 비잔틴이나 아랍 저자들은 전사들과 공후들이 자신들을 어떻게 불렀는지에 대한 설명을 하고 있지 않다. 9세기 아랍 자료와 독일 연대기에 의하면 839년 자신들의 궁전에 도착한 우크라이나 공들이 자신들을 카간(kagan)이라고 불렀다고 기록하였는데, 이 명칭은 당시나 그 이후에

---

2) 현재 이란의 북부 지역

우크라이나 공후들을 지칭할 때 자주 사용되는 명칭이었다. 볼로디미르 대공도 이 명칭으로 불렸다.

860년의 콘스탄티노플 공격 기록을 담은 비잔틴 사료를 접한 키예프 연대기 작가들은 이 공격이 당시 키예프의 지도자였을 것으로 추정되는 아스콜드와 디르에 의해 수행되었다고 전제했다. 이러한 원정이 키예프의 정치 세력에 의해 주도되었는지 아닌지를 떠나 이러한 전제는 근거가 없는 것이 아니다. 당시 키예프는 이러한 원정을 수행할 만한 충분한 힘을 가지고 있었다. 콘스탄티노플의 포티우스Photius 총대주교는 한 설교에서 860년의 공격은 인근 지역의 부족들을 성공적으로 정복한 루스가 자신들의 능력을 과시하기 위해 저지른 일이라고 설명했다.

944년 비잔틴 황제와 이고르 공이 맺은 조약에서 이고르는 자신 말고도 20명의 '대공과 대귀족(great boyar)'들을 콘스탄티노플에 사절단으로 보낸다고 언급했다. 수십 년 후 거의 비슷한 수의 사절단이 올가 공주를 수행하여 비잔틴의 수도를 방문했다. 올렉이 맺은 조약에 키예프 대공에게 많은 수의 귀족과 관리들이 복종하고 있다고 언급된 것은 올렉이 아주 넓은 지역을 통치하고 있었다는 사실을 알려준다. 940년 이후 이고르란 이름을 가진 키예프의 한 공후와 그의 젊은 아들 스뱌토슬라브가 드니프로 강을 따라 이어진 교역로의 북쪽 끝인 노브호로드의 통치자가 되었다. 이 교역로의 남쪽 끝도 키예프 지도자들 손에 들어 있었다. 이러한 사실은 크림반도와 흑해 연안 원정과 케르치해협(Straits of Kerch)에 위치한 트무토로칸Tmutorokan도 루스의 공후들이 통치했다는 사실로 입증된다. 터키인들의 침공과 이로 인한 흑해 연안 스텝지역의 거주민의 멸절로 남부 지역 교역로에 대한 키예프의 통제는 막을 내린다.

10세기에 키예프의 통치자는 세베랴네인들의 영토에 총독을 파견했다. 돈 강 지역도 점차 점령되면서 카스피해로 가는 길이 열렸다. 동쪽으로는 볼가 강 유역의 모든 동슬라브인 거주지와 핀란드인 거주지, 서쪽으로는 리투아니아 땅이 키예프 대공의 지배하에 들어왔다. 후에 키예프공국에 속하게 되는 모든 영역은 이미 올렉 공의 지배 아래 들어왔지만, 이 영토에 대한 그의 권력 장악은 확고하지 못했다.

4.2 올렉 공

브라블린, 아스콜드, 디르 같은 키예프 초기 지도자에 대한 정보는 거의 남아 있지 않다. 키예프 연대기 저자는 아스콜드와 디르에 대한 이야기는 들었지만 이들에 대한 믿을 만한 정보는 제공해 주지 못했다. 이들이 노브호로드에서 키예프로 온 형제이고, 이들이 콘스탄티노플 원정을 이끌었고, 올렉이나 이고르에 의해 밀려났다는 것은 추측에 불과할 뿐이다. 아스콜드와 디르는 형제가 아니었고, 이들이 공동으로 키예프를 통치했다는 것은 사실이 아닐 가능성이 크다. 아스콜드의 무덤 위에 교회가 세워졌다는 사실은 그가 그리스 주교들이 우크라이나를 방문하여 '많은 사람들에게 세례를 주었을' 때 키예프를 통치했었다는 것을 시사한다. 얼마 지나 아랍 작가인 마수디 Masudi는 디르에 대해 언급하고 있다. 아마도 그는 아스콜드보다 오래 살았지만, 연대기가 본격적으로 기록되기 시작한 야로슬라브 시대에는 잊힌 존재가 되었을 가능성이 크다. 그러나 10세기 초에 키예프를 통치한 올렉은 사람들의 기억 속에 생생히 남아서 여러 노래와 구전에 그의 이름이 나온다. 사람들은 그가 뛰어난 용사였을 뿐만 아니라 벌레나 새, 맹수로 변신할 수 있는 마법적 능력을 가진 사람으로 묘사한다. 이런 전승 속에 진짜 올렉의 모습은 파묻혀 버렸다.

초기 연대기에는 올렉과 관련된 전설이 많이 담겨 있다. 모든 기록은 그를 뛰어난 지혜를 가진 사람으로 묘사한다. 다행히도 991년 올렉이 비잔틴과 체결한 조약이 온전히 보존되어 있어서 10세기 초 그가 키예프를 지배하고 있었다는 사실을 증명하고 있다. 연대기는 907년에 체결된 다른 조약에 대한 내용도 담고 있다.

연대기 작가는 이 조약들이 올렉이 콘스탄티노플을 공격한 이후 체결되었다고 기록하고 있다. 올렉은 907년 그의 부대 전체와 그가 지배하고 있던 부족들의 지원병을 이끌고 콘스탄티노플로 원정을 떠났다. 비잔틴 주민들은 그가 상륙하는 것을 막기 위해 보스포러스 해협에 쇠사슬로 된 줄을 걸었다고 한다. 그러나 올렉은 이들의 꾀를 무력화시키는 기지를 발휘했다. 그는 병사들에게 '배에 바퀴를 달도록' 명령한 후 바람이 돛에 강하게 불자 전속력으로 콘스탄티노플 성문으로 돌진했다고 한다. 이 광경에 놀란 비잔틴인들은 올렉에게 무슨 공물이라도 바칠테니 도시를 파괴하지는 말아달라고 부탁했다. 올렉은 이를 받아들여 각 병사와 키예프, 체르니히프, 페레야슬라프와 다른 도시에 남아 있는 공후들에게 은 6푼트[3]씩을 바칠 것을 요구하였다. 올렉은 비잔틴 주민들에게 유명한 비잔틴의 천으로 돛을 만들어 바치도록 명령했다. 승리의 증표로 올렉과 그의 지휘관들은 자신들의 방패를 콘스탄티노플 성문에 매달아 놓았다.

---

3) 고대 러시아의 중량 단위로 1푼트는 041킬로그램임.

이러한 이야기를 전적으로 믿을 수는 없지만, 그러나 907년과 911년 조약에서 비잔틴인들이 크게 양보한 것을 보면 루스가 비잔틴 지역을 성공적으로 공격했다는 것을 추측할 수 있다. 그러나 이 공격 대상이 콘스탄티노플이 아닐 수도 있다. 이 조약에 대한 보상으로 올렉은 자신의 전사들이 비잔틴 황제를 위해 복무할 수 있도록 허용했다.

아랍의 역사학자 마수디의 기록에서 알 수 있는 것은 루스가 비잔틴과 강화를 한 후 바로 동쪽으로 눈을 돌려 정복과 약탈을 이어갔다는 사실이다. 913년 말 루스는 카스피해 지역에 대규모 원정대를 파견했다. 각각 100명의 병사를 실은 500척의 배가 돈 강을 따라 내려간 후 이 배를 육지로 이동시켜 볼가 강으로 옮긴 다음 카스피해에 가서 남부 연안의 부유한 상업 지역인 타바리스탄Tabaristan을 공략했다. 원정대는 그 지역 병사들이 원정 중이어서 무방비 상태였던 도시를 마음대로 공략하고 약탈했다. 그러나 원정대는 귀환하는 길에 매복해 있던 하자르 군대에게 공격을 받아 큰 손실을 입었다. 연대기에는 이 사실이 기록되어 있지 않지만 이 원정과 다른 원정에 대한 기억은 민요에 남아 전해져 왔다.

5. 이고르와 올가

이고르(재위 914-945년)가 올렉의 뒤를 이어 키예프의 통치자가 되었다. 올렉이 비잔틴과 맺은 조약이 보존되어서 그의 통치시기에 대한 상세한 정보가 전해져 내려온다. 올렉의 콘스탄티노플과 카스피해 지역 원정에 대한 자세한 기록이 남아 있다. 올렉의 치세 초기는 자신의 왕권을 강화하고 자신에게 충성하지 않는 관리들과 지방과 부족들을 복종시키는 데 집중했다. 이러한 목표가 달성되자 올렉은 강력하고 충성심이 강한 군대를 양성했다. 그는 군사적 명성과 노획물을 얻기 위해 부유한 나라를 공격하고 먼 곳까지 원정하는 것을 마다하지 않았다.

올렉이 비잔틴과 조약을 맺은 후 두 나라는 우호적 관계를 맺고 국내의 반란 진압과 외국의 공격을 서로 돕기도 했다. 콘스탄티네 포르피로게니투스의 회고록에는 910년 아랍 원정에 참여한 700명의 루스 병사들에게 금 100푼트를 지불한 설명이 기록되어 있다. 이러한 사건은 민요에도 실려 있다.

940년이 될 무렵 비잔틴과 루스의 조약은 효력이 상실되었고, 이고르는 콘스탄티노플에 대규모 원정을 감행했다. 비잔틴에서는 루스인들이 약 만 척의 보트를 타고 공격해 온 것으로 설명하지만, 이것은 과장된 서술이 분명하다. 이고르는 비잔틴 해군이 아랍군을 공격하고 있던 시점을 골라 공격을 개시했다. 그는 거의 방해를 받지 않고 콘스탄티노플에 다다랐지만, 비잔틴은 보스포러스 해협을 봉쇄하기 충분한 숫자의 배들을 모았고, 그리스의 대포를 이용하여 방어전을 펼쳤다. 비잔틴 군대의 항전을 제압하지 못한 루스군은 콘스탄티노플 인근에서 철수하여 소아시아 연안을 공격하였다. 연안의 여러 도시를 공격하여 도시를 유린하고 주민들을 죽이고 노획물을 획득했다. 그러나 이들의 행운은 곧 막을 내려, 급히 귀환한 비잔틴 해군이 이들을 격퇴시켰다. 원정 자체는 큰 성공을 거두지 못하였지만 루스의 공격으로 혼이 난 비잔틴이 그들에게 큰 공물을 바치기로 했다고 선전했다. 루스와 비잔틴 사이에 944년에 체결된 새 조약의 내용을 보면 비잔틴 황제는 비잔틴의 승리를 이용하여 루스 상인들의 특권을 제한했다. 이와 동시에 이고르는 크림반도에 있는 비잔틴 도시들을 공격하지 않기로 약속했다.

944년에 루스는 카스피해 연안으로 원정을 감행하여 성공을 거두었다. 이 원정에 대해서는 많은 기록이 현지의 문서들에 남아있다. 후에 유명한 페르시아 시인 니자미Nizami는 이 원정을 환상적 문체로 기록한 시를 남기었다. 한쪽에는 코끼리에 올라 탄 구만 명의 키예프 대공의 군대가 있고, 이에 맞서 자신의 도시를 공격한 루스군을 징벌하기 위해 온 알렉산더 대왕의 군대가 출정했다. 일곱 차례의 전투 끝에 알렉산더 대왕은 침략자들을 격퇴한다. 역사적 사실을 들여다보면 루스군은 수적으로 열세였지만, 많은 노획물을 얻은 후 큰 손실을 입지 않고 귀환하는 데 성공한다. 지난 번 귀환 길에 잠복한 군대에게 공격받아 큰 손실을 입은 것을 교훈 삼아 이번에는 북부 코카서스를 돌아가는 길을 택하였다. 루스 원정군은 쿠라Kura 강까지 올라가 당시 아랍의 수중에 있던 카라바흐 지역을 통과하여 귀환하였다. 이들은 이 지역을 공격하여 장악한 후 이 지역에 머물며 쿠라 강가에 있는 베르다Berda를 수도로 삼았다. 이 지역을 근거로 루스군은 인근 지역을 여러 달 동안 공격하다가 병사들 사이에 전염병이 발생하자 이 지역을 떠나 고국으로 귀환했다. 전염병은 현지에서 나는 과일을 너무 많이 먹어서 발생한 것으로 전해졌다.

이 시기 우크라이나인들의 생활에 대한 서술은 장황한 외국 원정 기록보다 훨씬 흥미를 끄는 주제이지만, 안타깝게도 이러한 정보는 아주 드물다. 이고르의 조약과 콘스탄티네 포르피로게니투스의 기록을 보면 키예프의 공후들은 북쪽으로는 노브호로드, 동쪽으로는 볼가 강 유역의 도시들에 이르는 광대한 지역의 지배권을 갖고 있었던 것이 분명하다. 초기 연대기에는 키예프 공후들이 어떻게 이웃 부족

들과 싸워 이들을 복속시키고 공물을 바치도록 했는지에 대한 기록
이 실려 있다. 또한 복속된 제후들과 총독들이 키예프의 지배자들에
대항하여 자주 반란을 일으킨 사실도 기록되어 있다. 병사의 일상에
대한 묘사도 우크라이나와 다른 나라 민요에 보존되어 있다. 오래된
우크라이나의 성탄절 민요에는 공물을 거두기 위한 험지 원정에 대
한 이야기가 담겨 있다. 각 마을을 돌아다니며 거두어들인 공물이 어
떻게 분배되는지도 나온다. 공후는 가장 좋은 것을 골라 갖는 반면에
병사들은 남은 것을 취해야 하는 것에 대한 불평도 나온다.

　이고르의 비잔틴 공격이 가장 주목을 받는 원정이었지만, 그의 아
들 스뱌토슬라브의 원정으로 루스인들은 많은 이익을 얻었다. 이 시
기에 키예프공국 내부에서도 변화가 일어나고 있었다. 우리는 이에
대해 정확한 사실을 알 수는 없지만 시적인 서술을 통해 당시 어떤
일이 일어나고 있었는지에 대한 전반적 이해를 할 수 있다.

　연대기에 의하면 이고르는 울리치족과 데레블랴네족과 전쟁을 벌
였다. 울리치족은 오랜 기간 이고르의 공격을 막아냈다. 울리치족의
도시인 페레시첸Peresichen은 3년 간 완강히 공격을 견뎌냈지만 3년
이 끝나갈 무렵 기아에 시달려 항복을 했다. 이고르는 울리치족에서
받은 공물의 대부분을 군사령관인 스베넬드Sveneld에게 주었고, 이에
대해 이고르의 측근들은 스베넬드가 너무 많은 공물을 차지했다고
불평한 기록이 남아있다. 이들은 '우리는 거의 헐벗다시피 했는데,
스베넬드의 병사들이 새 갑옷과 무기를 받았다'라고 불평했다. 측근
들은 다시 원정을 가서 데레블랴네족에게 더 많은 공물을 받아서 이
것을 자신들과 나누자고 이고르를 졸랐다.

　이고르는 이들의 청원을 듣고 원정을 한 후 돌아왔다. 데레블랴네

족은 너무 복종을 잘해 이고르는 첫 원정 때보다 더 많은 공물을 받아냈다. 스베넬드의 병사들이 전한 말에 의하면 이고르는 소수의 인원과 공물을 나누기 위해 많은 병사들을 일찍 귀환시켰다. 이고르가 더 많은 공물을 착취하기 위해 다시 온다는 말을 들은 데레블랴네족은 지도자인 말Mal의 주도하에 부족회의를 열었다. 이들은 이렇게 말했다. "늑대가 양을 훔치기 시작하고 아무도 그 놈을 죽이지 않으면 늑대는 곧 양떼 전체를 없애 버린다. 이것은 이고르의 경우도 마찬가지다. 만일 우리가 이고르를 죽이지 않으면 그는 우리 전체를 멸망시킬 것이다.' 데레블랴네족은 사절을 이고르에게 보내 그에게 더 이상 자신들을 괴롭히지 말 것을 요구하며 '왜 당신은 다시 원정을 오려 하는가. 우리는 우리가 바칠 공물을 다 바쳤다."라고 불평했다. 그러나 이고르는 이들의 간청에 귀를 기울이지 않고 원정을 떠났다. 이스코로스텐Iskorosten의 데레블랴네 주민들은 바다로 나가 이고르의 소수의 군대를 공격하여 이들을 격퇴했다. 이고르를 사로잡은 이들은 그의 몸을 잘라 조각을 낸 후 굽어진 나무들에 묶은 다음, 나무를 휘었다가 풀어서 그의 몸이 튕겨나가게 했다.

어린 아들 스뱌토슬라브의 섭정이 된 이고르의 미망인인 올가(재위 945-960년?)는 남편의 죽임에 대한 복수를 하는 것이 자신의 첫 임무라고 생각했다. '스스로 복수하지 않는 자는 신도 복수를 돕지 않는다.'라는 슬라브족의 오래된 격언이 있었다. 그녀가 남편을 죽인 데레블랴네족에게 어떻게 머리를 써서 현명하게 복수했는지에 대해서는 여러 전설이 전해져 온다.

한 전설에 따르면 올가는 자신들의 공후의 청혼을 전하려고 온 데레블랴네족의 대표들을 산 채로 매장했다. 다른 전설에는 대표들을 목욕탕에 넣어 압사시켰다고 전해진다. 또 다른 전설은 대표들을 따뜻하게 영접한 올가가 이들을 만취하게 만든 다음 죽였다고 전한다. 또 다른 이야기에는 올가가 데레블랴네족에게 직접 원정을 가서 그 나라를 유린한 다음 일부 주민은 죽이고, 일부는 노예로 삼았으며 이고르가 부과한 것보다 훨씬 과중한 공납을 부과했다고 전해져 온다. 공물을 받자 2/3는 키예프의 국고로 귀속시키고, 나머지 1/3의 공물은 미망인의 할당 몫으로 자신이 취했다. 올가는 데레블랴네족의 이스코로스텐 시를 포위한 다음 각 가구에 비둘기 세 마리와 참새 세 마리를 공물로 바치는 것을 화평의 조건으로 내걸었다. 주민들이 이 공물을 바치자 올가는 병사들에게 새의 발에 불을 묶은 다음 다시 날려 보내도록 명령했다. 새들은 각자 집으로 돌아가자 밀집으로 된 지붕에 불이 붙으면서 도시 전체가 화염에 쌓였다. 새나 동물들에 의해 도시가 불에 탄 전승(傳承)은 다른 나라에서도 종종 발견된다.

당시의 관습에 따라 올가는 종교적으로 미망인으로서의 역할을 훌륭히 수행했다. 그녀는 자식들을 잘 양육하고 국가를 현명하게 다스렸으며, 비잔틴 황제가 그녀에게 청혼을 했지만 재혼을 하려고 하지 않았다. 우크라이나의 전승에서 올렉이 현명한 공후의 모델이 된 것처럼 올가는 현명한 여공후의 모델로 존경받았다. 교회 지도자들도 기독교를 받아들인 올가를 존경하고 전적으로 지원했다. 그녀는 궁정에 사제들을 두었고, 기독교 전통에 따라 자신의 장례를 치러줄 것을 요구했다. 이러한 깊은 신앙심 때문에 그녀는 사후 성녀로 시성되었다.

6. 스뱌토슬라브와 아들들

이고르와 올가의 아들인 스뱌토슬라브(재위 960-972년)도 부모만큼 민간의 전승과 전설에 많은 이야기를 남긴 인물이다. 그는 마법사의 신통술을 부리는 사람이 아니라 모든 일에서 솔직하고 개방적인 용맹하고 성실한 기사로 기억되었다. 그는 약탈과 노획물에 신경 쓰지 않고 군사적 영예를 가장 소중히 여겨서 그의 병사들은 그를 영웅적인 공후로 존경했다.

연대기에는 스뱌토슬라브가 동쪽으로 원정하여 북부 코카사스와 남동부 우크라이나에 거주하고 있던 하자르족, 체르케스인들(Circassians, Kasohi), 오세티아인들(Ossetes, Yasians)을 공격한 기록이 남아 있다. 그는 뱌티치족을 공격하여 이들이 하자르족 대신에 키예프에 공물을 바치도록 만들었다. 아랍 저자들의 기록을 보면 루스 전사들이 이틸과 볼가르 같은 하자르족과 볼가르족의 부유한 도시와 상업 중심지를 공격하였다고 나와 있다. 이렇게 돈 강 입구와 아조프해 연안의 맹주가 되었고, 카스피해로 나가는 길을 얻게 되었다.

페르시아와 아랍 지역에 대한 원정이 예상되었지만, 스뱌토슬라브는 그 대신에 발칸 반도의 불가리아로 원정하기로 결정했다. 당시 불가리아를 점령하길 원했던 비잔틴 황제 니케포루스Nicephorus는 스뱌토슬라브를 이용하여 자신의 목적을 달성하기로 하고 그를 설득했다. 비잔틴 황제의 부추김을 받은 헤르소네수스 출신의 칼로키르 Kalokir라는 자가 스뱌토슬라브에게 접근하여 공동으로 출병할 것을 제안했다. 그는 제안하기를 스뱌토슬라브는 불가리아를 지배하고, 그 자신은 비잔틴 황제의 자리를 노린다고 했다. 야망이 큰 스뱌토슬라브는 미끼를 물듯 이 제안을 받아들여 불가리아 원정에 나섰다. 그는 불가리아를 점령하면 발칸 지역 전체를 장악할 수 있고, 그 다음으로 1세기 반 전 불가리아의 위대한 황제 시메온Simeon이 그랬던 것처럼 콘스탄티노플로 가는 길을 열 수 있다고 믿었다.

968년 스뱌토슬라브는 대군을 이끌고 불가리아를 침공했다. 다뉴브 강변에 있는 도로스톨(Dorostol, Silistria)에서 스뱌토슬라브는 불가리아군을 격파하고 불가리아 동부를 장악했다. 그는 툴체아Tulcea 인근의 프레슬라프Preslav를 수도로 정했다. 이 시점에 그는 키예프로부터 유목민족인 페체네그족이 키예프를 포위했다는 다급한 연락을 받는다. 스뱌토슬라브가 군대를 이끌고 키예프로 돌아오자 귀족들은 그가 조국을 비운 것을 비난했다. "오 공후여, 당신은 외국 땅을 탐내느라 자신의 땅을 잊었습니다. 우리는 왕후와 왕자들을 데리고 간신히 페체네그족의 손에서 벗어났습니다."라고 비판했다. 그러나 페체네그족을 물리친 후 불가리아에 대한 애착을 버릴 수 없었던 스뱌토슬라브는 다시 불가리아 출정 준비를 했다. 나이가 많이 든 그의 모친 올가는 자신이 살 날이 얼마 남지 않은 것을 알고 아들에게 자신을 떠나지 말 것을 간청했다. 그러나 이 청원을 한 후 얼마 되지 않아 올가는 사망했다.

스뱌토슬라브는 장남 야로폴크Yaropolk를 키예프의 공으로 임명하고 둘째 아들 올렉을 오브루치Ovuruch의 공후로 임명하여 데레블랴네족을 통치하게 했다. 스뱌토슬라브가 젊은 시절 공후로 있었던 노브호로드의 주민들은 그의 아들 중 한 명이 와서 통치해 주기를 요청하였으나, 아들 중 누구도 이를 원하지 않았다. 최종적으로 키예프 귀족 중 한 명인 스뱌토슬라브의 애인 말류샤Malusha의 형제이며 키예프의 귀족인 도브리냐Dobrinia가 노브호로드 주민들을 설득하여 말

류사의 어린 아들인 볼로디미르를 공후로 초청하도록 했다. 스뱌토슬라브는 이를 받아들여 도브리냐를 볼로디미르의 섭정으로 노브호로드에 파견했다. 키예프와 오브루치에도 나이 어린 야로폴크와 올렉을 위해 섭정이 파견되었다.

이렇게 각 지역의 공후들을 임명한 후 스뱌토슬라브는 불가리아 원정길에 올랐다. 불가리아에 도착하자 그는 인근 발칸 지역을 추가로 점령할 목적으로 새롭게 군대를 조직하고 무장을 시켰다. 그러나 군인 황제 치미스케스Tzimiskes가 통치하던 비잔틴제국은 스뱌토슬라브가 맡고 있던 불가리아의 보호자의 역할에 대해 간섭하고 나섰다. 비잔틴 황제가 스뱌토슬라브에게 이전에 불가리아 왕들이 바치던 것과 같은 공납을 바칠 것을 요구하자, 그는 콘스탄티노플 원정을 감행했다. 그러나 치미스케스는 그리스 대포로 무장된 함대를 다뉴브 강 하구로 보내 키예프에서 증원군이 오는 것을 막은 후, 루스 부대 주둔지를 우회해 산악지역을 통과해 프레슬라브를 점령했다. 도로스톨에 오래 농성하던 스뱌토슬라브는 벌판에서 비잔틴 군과 결전을 벌였다. 그러나 몇 번의 전투에서 스뱌토슬라브의 부대는 큰 패배를 당했다. 비잔틴과의 강화 조건으로 그는 이전 원정에서 잡은 포로들을 석방하고, 불가리아에서 철수하며 크림반도의 그리스계 도시들을 공격하지 않고 비잔틴의 동맹국이 되기로 했다. 이러한 조건에 동의한 후 그는 식량을 공급받고 우크라이나로 회군하는 것이 허락되었다. 스뱌토슬라브는 자신이 당한 손실을 만회할 계획을 세웠을 것이 분명하지만, 페체네그족들이 드니프로 강의 지류를 잇는 곳에서 잠복하며 그를 기다렸다. 그는 강의 하구에서 겨울을 났지만, 봄이 되어 식량이 동이 나자 그는 포위망을 뚫고 나오려고 했다. 그러나 그는 페체네그족에 잡혀 살해되었고, 페체네그족은 그의 두개골로 잔을 만들어 술을 마셨다. 그 잔에는 '그는 외국 땅을 탐했지만, 자신의 땅을 잃었다'라고 새겨졌다고 전승은 전한다.

5장 키예프공국

1. 볼로디미르(블라디미르) 대공

972년 스뱌토슬라브가 죽자 그이 아들들 간에는 왕위를 계승하기 위한 권력 투쟁이 벌어졌다. 야로폴크(재위 972-978년)는 데레블랴네족을 통치하고 있던 자신의 동생 올렉을 공격하였다. 오브루치 근처에서 벌어진 전투에서 야로폴크에게 패한 올렉의 군대는 도망갔다. 올렉은 도망을 가다가 말에서 떨어져 군마에 밟혀 죽었고, 오브루치 근처에 매장되었다. 전투에서 승리한 야로폴크는 데레블랴네족의 거주 지역을 병합했다.

야로폴크의 승리 소식이 노브호로드의 볼로디미르에게 전해지자 그는 올렉과 같은 운명을 피하려고 스칸디나비아로 도망을 쳐서 바랴그 군대의 도움을 요청했다. 야로폴크는 주인이 없는 노브호로드를 점령한 후 보야르를 봉신으로 임명하여 노브호로드와 인근 지역을 통치하도록 했다. 얼마 후 볼로디미르는 바랴그 군대와 같이 돌아와서 야로폴크가 임명한 봉신을 쫓아내고 자신의 이복형에 대한 보복 원정을 준비했다. 이웃한 폴로츠크공국을 점령하여 자신의 아들 이쟈슬라브Iziaslav에게 넘긴 후 볼로디미르는 야로폴크를 공격했다. 야로폴크는 항복을 했지만 속임수에 넘어가 죽임을 당했다. 노브호로드에서 키예프에 이르는 수로를 장악한 볼로디미르(재위 978-1015년)는 제국을 건설하고자 하는 야심찬 계획에 착수했다.

먼저 그는 여러 부족과 인근 지역을 점령하여 자신의 영토에 편입시켰다. 이 과정에서 그는 뱌티치족과 라디미치족의 영역과 할리치아를 병합했다. 몇 년이 지나지 않아 그는 한때라도 키예프공국에 속해 있었던 모든 지역을 통합했다. 자신의 지배권을 강화하기 위해 볼로디미르는 정복한 지역의 공후들을 제거하고 이 자리에 자신의 아들들을 앉혔다. 그는 많은 첩을 거느리고 있었기 때문에 그가 큰 영토를 차지한 후에도 공후로 임명할 아들이 부족한 적은 없었다. 아들이 나이가 어릴 때는 충성심 강한 보야르를 섭정으로 임명했다.

볼로디미르는 노브호로드 공후로 아들 야로슬라브를 임명하였고, 후에 비쉐슬라브Visheslav가 그 뒤를 이어 받았다. 폴로츠크Polotsk는 아들 이쟈슬라브Iziaslav에게, 스몰렌스크는 스타니슬라브Stanislav에게, 투로프는 스뱌토폴크Sviatopolk에게, 아마도 할리치아를 포함한 서부의 볼로디미르(볼히냐)는 브세볼로드Vesvolod에게 주었다. 돈강 지역과 크림, 수도인 트무토르칸을 포함한 코카사스 지역은 므스티슬라브가 맡았다. 볼가 강 상류를 포함한 로스토프 지역은 야로슬라브에게 주었다가 후에 보리스에게 맡겼다. 오카 강 유역의 무롬Murom 지역은 글렙Gleb에게 통치를 맡겼다. 볼로디미르 자신은 드니프로 강 유역의 우크라이나 중심부를 직접 맡아 통치했고, 새로 정복한 지역과 아들들에게 맡기지 않은 지역도 직접 통치했을 가능성이 크다.

볼로디미르가 광대한 제국을 건설해 가는 과정은 연대기에 '루스의 땅을 모으는 것'으로 묘사되었다. 이를 위해 많은 유혈과 인명의 희생이 따랐다. 특히 젊은 시절의 볼로디미르는 가혹하고 때로는 잔학한 지도자로 묘사되었다. 연대기를 쓴 신앙심 깊은 수도사들은 볼로디미르가 기독교를 받아들인 후 바뀐 인격을 강조하기 위해 젊은 날의 잔학성을 강조했을 가능성이 크다. 그러나 볼로디미르가 무력과 위협, 암살, 전쟁으로 제국의 기초를 놓은 것은 사실이다.

제국을 건설한 후 볼로디미르는 제국의 수성과 조직에 큰 노력을 기울였다. 그는 자신이 통합한 지역의 통치를 위해 혈연적 관계가 없는 공후나 귀족, 총독을 임명하는 대신 자기 아들들을 임명하면서 키예프공국의 왕조를 탄생시켰다. 한편으로는 볼로디미르의 후계자인 왕자들, 다른 한편으로는 각 지역의 주민들과 전사들은 루스 국가의 통일이 볼로디미르 왕조의 임무라는 사상을 내세우는 것이 서로에게 이익이 된다고 생각했다. 볼로디미르와 그의 후손들이 키예프공국을 통치하여야 하고, 볼로디미르의 후손 외에는 이러한 역할을 맡아서는 안 된다는 일반적 동의가 있었다. '왕조 이념'은 국가의 통일성과 단결성을 강조하면서 내부적 통합을 강화시켰다. 볼로디미르는 이러한 바탕 위에 기독교를 수용함으로써 국가적 통합성을 강화시켰다. 기독교는 광대한 지역에 퍼진 그의 제국을 하나로 묶는 국교가 되었다.

2. 기독교 수용

기독교는 기원 후 몇 백 년 사이 흑해 연안과 다뉴브 강 하구에 전파되었고, 이곳으로부터 상인들과 여행자들에 의해 느리게 북쪽으로 전파되었다. 9세기 중에 기독교가 우크라이나의 주요 상업도시에 뿌리를 내리고 있었다는 것은 의심할 여지가 없다. 860년대 루스인들에게 파견된 그리스 정교 선교사들은 많은 사람들에게 세례를 베풀어서, 얼마 안 있어 종교적 필요를 채우기 위해 주교가 파견되었다. 10세기 초반 키예프의 저지대 지역에 엘리야 성당이 만들어졌다는 기록도 있고, 이고르와 비잔틴 사이에 체결된 조약에는 이고르의 군대가 원시종교 숭배자와 기독교인으로 구성되었다는 기록이 있다.

볼로디미르 대공 초상

수도 키예프와 궁정에는 많은 수의 기독교인이 있었다. 전승에는 이고르의 부인인 올가도 비잔틴으로 가서 세례를 받았다고 전해지지만, 연대기나 콘스탄티노플의 기록 어디에도 그녀의 방문과 세례에 대한 기록이 없다. 아마도 그녀는 키예프에서 세례를 받았을 가능성이 크다. 올가는 세례를 받은 후 아들인 스뱌토슬라브도 세례를 받도록 권했으나 그는 이를 거절했다. 그러나 스뱌토슬라브가 원정을 다니는 동안 키예프에 남아서 기독교도가 된 할머니의 돌봄을 받고 있던 그의 아들들은 어린 시절부터 기독교를 접하게 되었다. 이들 중 한 명이 볼로디미르였다. 그러나 그는 제국을 건설하는 데 많은 시간을 보낸 후에야 자신의 국가를 기독교화시키는데 시간을 쏟을 수 있었다.

연대기에 의하면 여러 나라에서 사신들이 와서 볼로디미르에게 자신들 종교의 장점을 설파했다. 볼가 강 볼가르족은 이슬람을, 하자르족은 유대교를, 독일인들은 가톨릭을, 비잔틴인들은 그리스 정교를 전달하려고 애썼다. 볼로디미르도 직접 여러 나라에 사절단을 보내 각 종교에 대해 알아보고 자신에게 보고하도록 했다. 콘스탄티노플에 파견된 사절단은 그리스 정교가 가장 뛰어나다고 보고했다. 보야르들은 다음과 같이 보고했다. "그리스 정교가 최고입니다. 왜냐하면 누구보다 현명하신 올가 왕후가 이 종교를 받아들였기 때문입니다." 계속된 이야기에 따르면, 볼로디미르는 세례를 받기로 결정했지만 비잔틴인들 손에 세례를 받는 것은 자존심이 상하는 일이었기 때문에 전쟁의 승리를 통해 세례를 요구하는 방법을 택하기로 했다. 그는 크림반도의 그리스계 도시들을 공격하여 점령했다. 이러한 승리로 대담해진 볼로디미르는 당시 비잔틴의 공동 황제였던 바실Basil과 콘스탄티네Constantine에게 사절을 보내 그들의 누이동생 안나Anna와의 결혼을 허락해 줄 것을 요구했다. 만일 이를 거절하는 경우 콘스탄티노플로 진군하겠다고 위협했다. 공동 황제는 그가 세례를 받는 것을 전제 조건으로 결혼을 허락했다. 이미 그리스 정교에 호감을 갖고 있던 볼로디미르는 기꺼이 기독교를 받아들이겠다고 답했다.

　공동 황제는 안나를 헤르소네수스로 보냈지만 볼로디미르는 결혼식을 미루었다. 그가 눈병을 앓자 안나 공주는 그가 기독교를 받아들이면 눈병이 나을 것이라고 설득했다. 이 말을 듣고 볼로디미르가 세례를 받자 기적과 같이 눈병이 나았고, 볼로디미르는 안나와 결혼식을 올렸다. 그는 몇 명의 그리스 정교 사제를 키예프로 데리고 와서 키예프 주민들과 나라 전체가 세례를 받도록 했다. 이 동화 같은 이야기 속에는 몇 가지 역사적 사실이 들어있다. 볼로디미르가 안나에게 청혼할 당시 그는 제국을 건설하는 데 힘을 쏟고 있었다. 국가의 구조를 강화하고 자신의 권위를 높이기 위해 그는 비잔틴의 도움이 필요했다. 비잔틴제국과 수도 콘스탄티노플은 '새로운 로마(New Rome)'로 불리고 있었다. 비잔틴은 '구 로마(Old Rome)'가 전성기를 지난 후라 문화와 영예와 권력의 중심지로 여겨지고 있었다. 당시 많은 왕조나 제국 건설자들은 혼인으로 비잔틴과 선을 대어 왕권을 강화하려고 노력했다. 이고르와 같은 시기에 재위했던 콘스탄티네 황제의 회고록에는 헝가리인, 하자르족, 루스인들의 지도자들이 비잔틴에 도움과 특혜를 제공하는 대가로 왕관과 제왕의 문장(紋章)(emblem)을 원했고, 안나 공주와의 결혼을 요구했던 것으로 나온다. 볼로디미르도 이러한 공후 중의 하나였다.

비잔틴 황제들이 그에게 이러한 기회를 제공하였다. 비잔틴의 장군인 바르도스 포카스Vardas Phocas가 반란을 일으켜 콘스탄티노플로 진격해 왔다. 위기에 처한 황제들은 볼로디미르에게 도움을 요청했다. 그는 황제들이 여동생 올가의 결혼을 허락하고 왕관과 왕의 문양을 주는 것을 조건으로 내걸고 도움을 주기로 했다. 오랜 시간이 지나 볼로디미르는 이 왕관을 받았고, 모스크바 차르들은 이 왕관의 상속자임을 내세웠다. 이 왕관이 몇 십 년 후 볼로디미르의 증손자인 모노마흐의 대관식에 사용되었고, 이 왕관은 모노마흐의 왕관으로 알려져 있다.

볼로디미르는 비잔틴에 6,000명의 병력을 보내 반란을 진압하는 것을 도왔고, 이 병사들은 계속 남아 비잔틴 황제를 위해 복무했다. 위기를 넘기자 황제들은 여동생을 자신들이 야만인들로 여기는 사람에게 주는 것을 수치스럽게 생각하고 자신들이 한 약속을 지키지 않았다. 그러자 볼로디미르는 크림반도의 그리스계 도시들과 부락들을 공격했다. 이전의 루스 공후들도 이 지역을 공격했고, 비잔틴은 여러 번의 조약을 통해 키예프인들이 이 지역을 침탈하지 않는다는 약속을 받았었다. 볼로디미르는 대군을 이끌고 루스인들에게는 코르순Korsun

으로 알려진 크림의 수도인 헤르소네수스를 포위하였다. 견고한 성벽으로 방어된 도시를 공격하기가 어렵게 되자 볼로디미르는 성으로 공급되는 수로를 다른 데로 돌려서 주민들이 항복하게 만들었다(989년). 비잔틴에서 다시 반란이 일어나 헤르소네수스를 도울 수가 없게 되자 볼로디미르는 헤르소네수스뿐만 아니라 크림 전체의 주인이 되었다. 비잔틴 황제들은 자신들이 한 약속을 지켜야 했고, 안나 공주를 헤르소네수스로 보내서 결혼식을 올리게 했다. 볼로디미르는 '공주에 대한 신랑의 결혼 선물'로 헤로소네수스를 비잔틴에 돌려주었다.

이러한 사건들이 벌어지는 동안 볼로디미르의 세례식은 조용히 이루어졌다. 여러 자료에 따르면 세례식은 헤르소네수스, 키예프, 혹은 키예프 인근의 바실례프Basilev(현재의 바실키프)에서 이루어졌다. 그러나 그는 크림 원정을 떠나기 3년 전 이미 세례를 받았을 가능성이 크다. 그는 세례명을 처남의 이름을 따서 바실Basil로 지었다.

3. 문화적 발전

볼로디미르는 기독교를 수용한 후 모든 노력을 기울여 기독교가 자신이 지배하는 영역 전체로 퍼져나가게 했다. 그는 키예프공국이 비잔틴에 최대한 가깝게 가서 비잔틴의 문화와 영광을 같이 누릴 수 있기를 바랐다. 현명한 정치인이었던 그는 화려한 의식과 사제 제도가 있는 새로운 신앙이 확고히 뿌리를 내리면, 새로운 문학, 교육, 예술도 발전할 것으로 생각했다. 그리스정교는 키예프공국에서 빠르게 확산되었다. 다른 나라에서와 마찬가지로 국교는 국가와 대공 자신의 권위를 높여주는 주요한 정치적 수단이 되었다.

연대기에 따르면 볼로디미르가 크림 원정에서 키예프로 귀환한 후 그는 키예프 언덕의 왕궁 근처에 있는 모든 원시종교 우상과 동상을 파괴하도록 명령했다. 일부는 쓰러뜨려 조각을 내었고, 일부는 불에 태워버렸다. 가장 중요한 우상인 페룬은 말 꼬리에 묶어 키예프 시내를 끌고 가며 주민들이 막대기로 우상에 매질을 하게 한 후 드니프로강에 던졌다. 이 우상을 제거한 다음 날 볼로디미르는 모든 주민을 강가로 나오게 했다. 주민들은 옷을 벗고 강물로 들어갔고 사제들은 강가에 서서 세례기도를 외었다. 이렇게 해서 시 전체가 세례를 받았고, 비슷한 세례 의식이 많은 다른 도시에서도 진행되었다. 아마도 세례 의식과 함께 정교회 가르침에 대한 교육도 있었을 것으로 추정된다. 이미 정교회 사제들이 들어와 활동을 하고 있었기 때문에 이러한 종교 교육은 어려움 없이 진행되었을 것이다. 많은 주민들은 이미 기독교에 대한 얕은 지식이라도 가지고 있었다.

동시대인을 포함한 몇몇 연대기 작가들은 볼로디미르가 살아 있었던 동안 '국가 전체'가 기독교로 개종했다고 기록했다. '새 종교에 대한 사랑 때문이 아니라 공포 때문에 세례를 받은 사람도 많았다'라는 기록도 있다. 기독교가 공식적으로 도입된 후 교회가 세워지고 사제들이 교육을 담당했다. '볼로디미르는 지도층의 자녀들을 모아서 책에서 지식을 얻도록 만들었다'라고 기록되었다. 새로운 교회를 건설하고 장식하기 위해 비잔틴의 장인들이 초빙되어 왔고, 이들은 새로운 사회계급을 형성했다. 건축가, 화가, 대장장이 등 많은 기술자들이 들어왔고, 키예프 주민들은 이들로부터 새로운 기술을 배웠다. 교회와 연관된 비잔틴의 문물과 교육이 키예프공국에도 뿌리를 내렸다.

이러한 문화적 개화는 처음에 대도시에서 진행되었고, 도시 밖이나 낙후된 시골에서는 새 종교가 서서히 뿌리를 내렸다. 그러나 기독교가 정식으로 국교가 되면서 문화는 정치 조직과 나란히 발전했다. 이때부터 공국 내의 모든 부족들은 하나의 왕조, 군대, 법률뿐만 아니라 기독교로 통합되었다. 제국은 새로운 신앙과 교회 조직, 키예프의 대주교에 복종하는 사제의 위계 조직으로 단합이 강화되었다. 이러한 모든 조직들이 협조하면서 교육이 크게 발전했다. 기독교를 받아들이기 이전에는 교육과 문화에서 페르시아와 아랍의 영향이 강했다. 그러나 그리스 정교가 도입되면서 국가 종교의 공식 지원을 받는 그리스식 교육이 주도적 역할을 하게 되었다. 이때부터 오랜 기간 키예프공국에 통합된 동유럽 지역에는 루스-비잔틴 문화가 지배적 위치를 차지했다. 볼로디미르가 도입한 새로운 문화적 영향은 우크라이나 뿐만 아니라 벨라루스 지역, 북쪽으로 모스크바 지역까지 퍼져나갔다. 새 종교로 이 지역들의 연계성과 우호적 감정이 더욱 강화되었다. 사제집단과 지배 왕조는 서로 밀접히 협력하며 이질감을 뿌리 뽑고 통합성을 강화하는 노력을 기울였다.

정치적으로, 문화적으로 볼로디미르의 통치 시기는 우크라이나 역사에서 가장 중요한 시기로 볼 수 있다. 그가 시작한 과업은 그의 아들 야로슬라브가 잘 계승하여 발전시켰다. 당대의 연대기 작가들은 기독교를 받아들인 후 볼로디미르의 성격이 완전히 바뀌고 그가 다른 사람이 되었다는 사실을 강조한다. 이보다 중요한 것은 그의 왕국에 확고한 문화적, 정신적 기초가 확립된 것이다. 그는 지배층과 주민 사이의 관계가 보다 자애로워야 한다고 생각했고, 이전부터 한층 높은 수준의 질서가 확립되었다.

통치 후반기에 볼로디미르는 주변 국가들과 많은 전쟁을 벌이지 않고 평화적 관계를 유지했다. 그는 이전보다 내치에 많은 노력을 쏟

앉다. 그는 자주 군지휘관, 사제, 주민들의 '원로들'과 회의를 열어 더 나은 법률과 조례의 제정과 집행 방법을 논의했다. 그가 참석하건 참석하지 않건 매일 궁정에서 연회가 열려 귀족들, 군지휘관들, 관리들, 부유한 주민들이 모였다. 축일에는 성대한 국가적 연회가 열려서 수백 개의 솥에 꿀술이 빚어지고, 잔치는 며칠을 두고 진행되었다. 가난한 사람들에게는 돈을 나누어 주었고, 병자들과 불구자들에게는 음식이 하사되었다. 다른 시기에도 가난한 사람들이 궁정에 초대되었고, 불구자들의 집에는 빵, 고기, 생선, 꿀, 크바스가 공급되었다. 연대기는 이러한 자선행위를 볼로디미르의 기독교로의 회심 덕분으로 돌리기도 하지만, 여기에는 정치적 목적과 국가생활의 새로운 사조가 있었다. 주민들은 볼로디미르가 일으킨 전쟁과 잔혹한 행위를 잊고, 그 대신 그의 친절한 행위를 기억하게 되었다. 멀리 떨어진 모스크바 지역에서도 그의 행위가 알려져서 민요에서 그는 자애로운 왕이자 '밝은 해'로 추앙되어 불렸다.

4. 페체네그족과의 전쟁

볼로디미르 대공, 또는 교회에서 부르듯이 성(聖) 볼로디미르 시기는 주민들의 기억에 밝고 행복한 시기로 남았다. 그러나 승리한 싸움들, 광범위한 영토 병합, 비잔틴 공주와의 결혼과 기독교의 수용, 비잔틴 문화의 전파 등에도 불구하고 그의 노년은 실제에 있어서는 암담한 현실로 가려졌다. 강한 적들이 우크라이나를 침입해 와서 볼로디미르는 온 힘과 능력을 다해도 이들이 키예프를 유린하는 것을 막을 수 없었다.

9세기 초부터 투르크계 유목민과 다른 유목민들의 동쪽으로부터 침입해 와서 우크라이나 스텝 지역을 유린했다. 9세기 중반 야만적이고 탐욕스런 마자르족Magyars은 우크라이나를 통과해 지나가며 부락들을 파괴하고, 불 지르고 약탈을 했다. 이들은 주민들을 잡아 비잔틴 상인들에게 노예로 팔아넘겼다. 860년부터 880년까지 시기에는 또 다른 투르크계 유목민족인 페체네그족이 볼가 강 유역의 자신들의 본거지를 떠나 하자르족의 영역을 침범해 왔다. 하자르족은 이들을 막아내지 못하고 멸망했다. 페체네그족은 마자르족보다 더 야만스러웠다. 페체네그족에 의해 우크라이나 스텝지역에서 쫓겨난 마자르족은 오늘날 헝가리 지역인 다뉴브 강 중류 지역에 정착했다. 페체네그족이 돈 강과 다뉴브 강 사이에 정착한 후 이들은 마자르족보다 훨씬 철저하게 우크라이나 마을들을 습격하여 유린했다. 올렉과 이고르가 통치하던 10세기 초 우크라이나인들은 흑해 지역에서 쫓겨나 평화와 피난처를 찾아 서쪽과 동쪽으로 이동해야 했다. 스뱌토슬라브 시기에 페체네그족은 우크라이나인들을 흑해 연안에서 몰아냈을 뿐만 아니라 이들을 추격해 북쪽으로 올라오기 시작했다. 968년 스뱌토슬라브가 처음으로 불가리아 원정을 떠났을 때 페체네그족은 키예프를 공격하여 포위했다. 이들이 드니프로 강의 항해를 막아 상인들은 무장을 하고도 북쪽으로 이동할 수가 없었다.

스뱌토슬라브는 여러 차례 외국 원정을 하였지만, 페체네그족을 제압하는 데는 실패했다. 볼로디미르 대공 시절에도 상황은 나아지지 않았다. 연대기에 쓰여 있는 대로 '이들을 상대로 한 전쟁은 끝날 줄을 몰랐다.' 페체네그족이 키예프를 포위하자 볼로디미르는 이들을 현재의 페레야슬라프가 있는 트루베즈Trubezh 지역에서 맞아 싸웠다. 양측 군대가 정면으로 싸우는 대신 선발된 전사들이 결투를 벌이는 형식으로 승부를 가렸다. 우크라이나의 젊은 전사가 페체네그 전사를 이기자 볼로디미르는 이 지역을 '영광을 쟁취했다.'는 뜻으로 페레야슬라프라고 이름 지었다. 페체네그족이 키예프 아래의 빌호로드Bilhorod를 포위하자 주민들은 자신들이 10년을 버틸 수 있는 식량을 가지고 있다고 내세워서 포위를 풀게 만들었다. 한 번은 원정길에 나선 볼로디미르가 소수의 병사들과 함께 페체네그 대부대를 만났는데, 그는 치열한 싸움 끝에 포위를 뚫고 나와 한 다리 밑에 숨어 목숨을 구했다. 이 탈출에 대한 감사의 표시로 그는 바실키프에 교회를 만들었다.

키예프 주변도 안전하지가 못해 주민들은 종종 피난처를 찾아 숲속으로 들어가 숨었다. 수도의 방어를 강화하기 위해 볼로디미르는 세 겹으로 흙 방어벽을 쌓았는데, 그 잔해가 아직도 스투흐나Stuhna 와 페레야슬라프 지역에 보인다. 페체네그족에게 가는 길에 키예프를 지나가게 된 체코의 선교사는 성벽마다 경비병이 서 있는 철문이 있다고 기록했다. 이러한 강력한 요새는 스투흐나, 세임, 투르베즈, 술라Sula 강변을 따라 건설되었고, 북쪽의 주민들을 데려다가 이 요새를 지키게 하였다. 외곽 지역의 인구가 급격히 줄어들고, 중요한 지역인 드니프로 강 유역이 황폐화한 것이 틀림없어 보인다. 그의 영역에 대한 이러한 위협이 한창 고조될 때 볼로디미르는 죽었다. 페체네그족이 술라 강을 건너오고 있다는 보고가 올라왔을 때 그는 이미 죽음을 기다리며 병상에 누워 있었다. 그는 자신의 아들 보리스를 보내 적들을 상대하게 했는데, 이 전투의 결과가 어떻게 되었는지 잘 알려지지 않은 채 보리스는 1015년 사망했다.

5. 볼로디미르의 후계자들

볼로디미르는 자신의 왕국을 많은 아들들에게 분배함으로써 왕국 전체를 키예프에 좀 더 굳게 묶어 놓을 수 있을 것으로 믿었고, 어느 정도는 이것이 뜻대로 이루어졌다. 볼로디미르 자신이 형제들로부터 땅을 빼앗은 것처럼 그의 아들들도 아버지의 예를 따랐다. 각 왕자는 자신의 형제가 가진 땅을 조금이라도 더 차지하거나 아니면 볼로디미르가 그랬던 것처럼 땅 전체를 차지하려고 했다. 볼로디미르 생전에도 이미 아들 중 몇 명은 복종을 하지 않고 반항을 했다. 특히 드레고비치족을 지배하며 투로프를 통치하던 스뱌토폴크(키예프 공후 재위 1015-1019년)와 노브호로드를 통치하던 야로슬라브(키예프 공후 재위 1019-1054년)가 그러한 예였다. 볼로디미르가 죽자 이 아들들의 야망은 전쟁을 불러왔고 이들은 각자 아버지의 지위를 차지하여 우크라이나 전체의 지배자가 되려 했다.

아버지가 죽을 때 키예프 외곽의 비스호로드Vishorod에 있었던 스

뱌토폴크가 제일 먼저 살육을 시작했다. 그는 볼로디미르가 가장 아끼고, 키예프와 왕좌를 물려받을 것으로 기대되었던 보리스를 죽였다. 스뱌토폴크의 추종자들은 보리스의 동생인 글렙도 죽였다. 이들은 헝가리로 도망가던 스뱌토슬라브를 카르파치아 산맥에서 잡아 흐레베네프Hrebenev 근처에서 죽였다. 이곳에는 스뱌토슬라브를 기리는 비석이 남아 있고, 보리스와 글렙은 순

보리스와 글렙 성상화

교자로 시성되었다.

죽은 형제들의 원한을 복수하겠다고 나선 야로슬라브는 바랴그 군대와 함께 키예프로 진군하였고, 다급해진 스뱌토폴크는 외국의 원조를 요청하였다. 그는 자신의 처남인 폴란드의 '용맹왕' 볼레스와프를 키예프로 불러들였고, 페체네그족을 용병으로 고용하였다. 3년 반 간의 전쟁 기간 동안 키예프의 주인은 여러 번 바뀌었고, 시는 화재와 약탈로 큰 피해를 입었다. 두 진영 간의 결전은 페레야슬라프 인근 알타Alta 강변에서 치러졌다. 이 전투에서 야로슬라브가 승리하였고, 패배한 스뱌토폴크는 서쪽으로 달아나 '체코인들과 랴그인들(폴란드인들)'에게로 도망가서 다시는 돌아오지 못했다. 이렇게 해서 야로슬라브가 키예프의 주인이 되었다. 이 전투에 대한 이야기는 아이슬란드까지 퍼져서 우크라이나의 형제 간의 전쟁에 참가한 바랴그 전사 에이문트Eimund를 기리는 영웅담에서도 전해진다.

승리한 야로슬라브는 오랜 기간이 지나지 않아 복수의 칼날을 피하지 못한다. 트무토르칸의 공후인 그의 동생 므스티슬라브는 하자르족과 오세트족의 용병도 가담한 군대를 동원하여 드니프로 강을 넘어 공격해 왔다. 야로슬라브는 바랴그 용병들과 함께 체르니히프 근처에서 므스티슬라브와 큰 전투를 치렀으나 패배했다. 승리한 므스티슬라브는 제국을 둘로 나눌 것을 제안했다. 키예프를 포함한 드니프로 강 서쪽 지역은 야로슬라브가 지배하고, 동쪽 지역은 므스티슬라브가 통치하기로 하였다. 이러한 합의가 이루어진 다음 두 형제는 평화롭게 지내며 동맹을 유지했다. 므스티슬라브는 체르니히프를 수도로 삼았고, 여기에 '성 구세주 성당(Church of Holy Savior)'을 건설했다. 이 성당은 현재까지 우크라이나에 남아 있는 가장 오래된 성

체르니히프의 성 구세주 성당

당이다. 그는 주민들로부터 많은 존경을 받았고, 민요에 '기골이 장대하고 붉은 뺨과 큰 눈을 가졌으며, 전투에서는 용감하지만 개인적 생활에서는 점잖고, 병사들을 아껴서 자신의 재산을 아낌없이 나누어주고, 모든 병사를 잘 먹고 마시도록 했다.'고 기억된다. 그러나 1036년 므스티슬라브는 후계자를 남기지 않고 갑자기 죽었다. 이렇게 되자 서쪽의 폴로츠크를 제외한 우크라이나 땅 전체는 다시 야로슬라브의 수중에 들어오게 되었다.

6장 키예프공국의 쇠락

1. 야로슬라브

므스티슬라브가 죽고 야로슬라브가 아버지가 지배했던 영역 전체를 차지했을 때 그의 지배권을 강화해주는 몇 가지 사건이 일어났다. 남쪽에서는 페체네그족의 세력이 소멸되었고, 서쪽에서는 폴란드 세력이 약화되었다. 페체네그족은 서쪽에서 온 새로운 유목민의 공격을 받았는데, 토르크족Torks과 폴로베츠족Polovitsians이 그들이었다. 1036년 페테네그족은 후퇴하면서 길목에 있던 키예프를 공격했는데 시 근교에서 벌어진 전투에서 큰 패배를 맛보았다. 현재 성 소피아 성당이 세워진 곳에 야로슬라브는 새로운 도시를 건설했다. 페테네그족의 잔존 세력은 다뉴브 강을 건너 이주해 갔고, 더 이상 우크라이나 스텝 지역에 나타나지 않았다. 이들의 자리를 처음에는 토르크족이 차지했고, 다음으로는 폴로베츠족이 차지했다.

남쪽에 덜 호전적인 이웃을 두게 된 야로슬라브는 서쪽 국경에 좀더 신경을 썼다. 서쪽에서는 10세기 말 폴란드가 세력을 확장하고 있었다. 폴란드인이 거주하고 있던 지역만 지배하는 것에 만족하지 않은 폴란드 왕은 영역을 확장하여 우크라이나 지역으로 팽창하려고 하였으며, 특히 폴란드인과 우크라이나인이 섞여 사는 지역에 눈독을 들였다.

볼로디미르 대공은 폴란드의 용맹왕 볼레스와프와 전쟁을 벌였다. 이후 볼로디미르 아들들 사이에 내전이 진행될 때 볼레스와프는 야로폴크를 지원하는 동시에 연대기에 '붉은 도시들(Cherven cities)'이라고 언급된 우크라이나 서부 도시들을 점령했다. 야로슬라브가 내전의 승리자가 되자 그는 잃어버린 영토를 다시 찾는 작업을 시작했다.

1025년 볼레스와프가 죽자 폴란드도 볼로디미르 사후 우크라이나와 비슷하게 무정부 상태에 빠졌다. 야로슬라브와 므스티슬라브는 힘을 합쳐 잃어버린 영토를 탈환하는 전쟁을 벌여 폴란드를 유린하고 폴란드인들을 포로로 잡아왔다. 1030년대 폴란드는 혁명에 휩싸였다. 왕들과 공후들, 귀족들이 쫓겨나고 기독교가 말살되었다. 1039년 볼레스와프의 손자인 카지미에시가 폴란드로 돌아와서 점차 질서를 잡아갈 때까지 혼란은 계속되었다. 카지미에시는 독일 황제와 야로슬라브의 도움을 받아 권력을 장악해 갔다. 야로슬라브는 자신의 딸을 볼레스와프와 결혼시키고 그의 보호자가 되었으며, 여러 번 지원군을 보내 반란을 진압하는 것을 도왔다. 당시 폴란드는 너무 힘이 약해 야로슬라브는 잠재적 적의 힘을 키워준다는 생각을 하지 못했다.

유럽에서 가장 강한 군주 중 한 명이 된 야로슬라브는 유럽에서 여러 군주들과 우호적 관계를 맺었다. 그가 여러 번 도움을 받은 스칸디나비아 국가들과는 가장 가까운 관계를 유지했다. 그는 스웨덴 왕 올라프Olaf의 딸 잉기게르다Ingigerda와 결혼을 하여 인척이 되었다. 스웨덴 공주는 이리나Irina라는 기독교 이름으로 개명했다. 오랜 기간 우크라이나에 거주했던 유명한 전사인 노르웨이의 왕세자 하랄 하르드라다(Haral Hardrada, Harold the Bold)는 야로슬라브의 딸인 엘리자베스Elizabeth와 결혼했다. 야로슬라브의 또 다른 딸 안나Anna는 프랑스 왕 앙리 1세의 두 번째 부인이 되었다. 남편보다 오래 산 안나는 자신의 아들이 왕(필립 1세)이 되자 정치에 적극 관여하였고, 국가 서류에 '여왕 안나'라는 키릴 문자 서명을 썼다.

키예프 왕조의 여러 공후들은 독일, 헝가리, 비잔틴 왕가와 결혼했고, 특히 비잔틴 왕족과의 관계는 중요했다. 1040년대 루스 상인이 콘스탄티노플에서 살해당하는 사건이 일어나자 야로슬라브는 이를 이용해 비잔틴을 위협하여 루스가 이전에 누리던 상업적 특권을 얻어내는 기회로 이용했다고 당대의 비잔틴 기록은 전하고 있다. 그는 아들 볼로디미르를 사령관으로 한 루스와 바랴그 혼성군을 보내 콘스탄티노플을 공격했다. 이것이 루스의 마지막 콘스탄티노플 원정이 되었는데, 원정군은 비잔틴 대포에 큰 피해를 입었고, 볼로디미르는 빈손으로 귀환할 수밖에 없었다. 그러나 시간이 지나면서 양국 사이의 우호관계가 다시 회복되었다.

야로슬라브는 대외관계에서 적지 않은 성공을 거두었지만, 그의 가장 큰 치적은 내치에서 이루어졌다. 그는 볼로디미르가 시작한 국가건설에 더욱 힘을 기울였고, 여기에서 그가 보여 준 능력으로 큰 명성을 얻었다. 그는 기독교의 전파를 적극 지원하였고, 교회 조직을 강화했으며, 교육과 비잔틴 문화 전파에 힘을 쏟았다. 페체네그족과의 전쟁에서 승리한 다음 그는 키예프에 새로운 성당을 짓고, 성벽 방어를 강화했으며 새로운 대문을 설치했다. 성문 옆에는 '성수태고지 교회(Church of Annunciation)'를 세웠다. 그는 전통에 따라 신시가에 자신과 아내의 수호천사인 '성 게오르기 성당'과 '성 이리나 성당'을 세웠다.

그는 다음으로 자신의 치세 동안 가장 웅장한 건물인 '성 소피아 성당' 건설을 시작했다. 그는 비잔틴 건축가와 예술가를 초빙하여 성당을 건축하고 장식을 맡겼다. 제단과 중앙 원형지붕은 모자이크로 장식하고 다른 부분에는 아름다운 성화를 그려 넣었다. 우크라이나

성 소피아 성당 내부

내에 있는 비잔틴 건축의 뛰어난 모델인 이 성당은 19세기에 조잡하게 재건되었지만 기본 구조는 원형 그대로 오늘날까지 남아 있다. 이후에 지어진 성당들은 비잔틴 예술을 공부한 현지인들이 지었기 때문에 우크라이나 건축 양식 연구에 도움을 준다. 그러나 이 성당들은 성 소피아 성당만큼 잘 보존되지 않았다.

키예프 연대기에 따르면 야로슬라브는 기독교 신앙 전파에 큰 노

성 소피아 성당

력을 쏟아서 수도사가 양성되고 수도원들이 건축되었으며, 야로슬라브 자신이 예배 의식을 존중했다. 그는 많은 필사가를 동원하여 그리스어로 쓰인 교회 관련 문헌들을 현지어로 번역했다. 야로슬라브는 노브호로드로 가서 상류층 자녀 300명을 모아 '책을 가지고 학습하게 만들었다'라고 연대기는 기록하고 있다. 이와 유사한 교육이 모든 큰 도시에서 실시되었다.

내정에서 야로슬라브는 사법제도와 법률 강화를 위한 개혁을 성공적으로 추진한 군주로 기억된다. 부패한 관리로부터 주민들을 보호하기 위해 그는 세리가 걷어 들이는 세

루스카 프라브다 필사본

금과 공납의 양을 분명히 규정했다. 루스의 법전인 '루스카 프라브다 (Ruska Pravda)' 전체는 야로슬라브의 명령으로 만들어졌다. 지금까지 전해 내려오는 법 조항들 중, 복수의 권리가 제한되고 살인이나 상해에 대해서도 벌금형을 부과하는 이 법령의 첫 구절들만이 야로슬라브 시대에 만들어진 것이다. 그러나 이것도 야로슬라브가 직접 제정한 것이 아니라 당시의 법률적 관행을 성문화한 것이다. 야로슬라브는 왕조의 기초를 놓은 공후로 기억된다. 그가 통치하던 시기는 전체적으로 이후 우크라이나에 닥친 재난과 비교하여 태평성대로 볼 수 있다.

2. 야로슬라브의 후계자들

야로슬라브는 자신의 아버지 볼로디미르처럼 자신이 통합한 루스의 영역을 아들들에게 나누어 주었다. 그는 여러 지역을 누가 상속하는지에 대해 상세한 명령을 내렸기 때문에 그가 죽은 후 바로 큰 혼란이 일어나지는 않았다. 그는 키예프의 왕좌는 장자인 이쟈슬라브Iziaslav가 상속하는 것으로 유언했다. 그러나 일설에 의하면 그는 가장 사랑하는 아들 브세볼로드Vsevolod가 최종적으로 키예프를 물려받기를 바랐다고 한다. 연대기에 따르면 야로슬라브가 공국을 분배해 줄 때 아들들이 서로 평화롭게 지내며 장자인 키예프 대공에게 복종할 것을 명했다고 한다. 야로슬라브의 아들들은 아버지의 유지를 따르지 못했다. 아들들은 하나같이 자신이 물려받은 영역에 만족하지를 못하고, 자신들의 아버지와 할아버지가 그런 것처럼 나라 전체를 수중에 넣으려고 했다. 장자가 죽어서 자신에게 키예프를 통치할 순서가 돌아오기를 아무도 기다리지 않았기 때문에 내전이 발생했다. 주민들은 실망하여 공후들이 나라의 이익을 생각하지 않는다고 불평했고, 공후들이 폴로베츠족을 불러들여 싸움에 가담시키는 것을 비판했다. 야로슬라브의 가장 큰 업적인 '루스 땅 통합'은 그의 아들들이 성취하지 못했고, 손자들은 더욱 이에 모자랐다.

시간이 지나면서 공후의 숫자는 수백 명으로 늘어났고, 이들은 왕국을 쪼개고 또 쪼갰다. 그러나 이들은 볼로디미르와 스뱌토폴크가 한 것처럼 자신의 형제들을 죽이는 것을 수치스럽게 생각했다. 그러나 지방 공후들이 각 지역에 뿌리를 내리고 지역 주민들의 도움을 받았기 때문에 수많은 지방 공후들을 제거하는 것은 이전보다 훨씬 힘들어졌다. 시간이 지나며 각 도시가 독자적 생활을 영위하며 자체의 행정조직과 궁정을 가지게 되었고, 중앙의 대공에게는 공물을 바치는 것으로 충성을 보였다. 주민들은 자기들이 사는 지역의 지도자가 자주 바뀌는 것을 반대하고 도시의 관리를 맡고 주민들을 진심으로 돌보는 지역 왕조를 선호하게 되었다. 새로운 지도자와 행정의 변화를 피하기 위해 주민들은 다른 공후들이 자신들의 공후를 몰아내지 못하게 이들을 방어했다. 이러한 결과로 우크라이나는 각기 독자적인 왕가가 지배하는 여러 지역으로 분할되었다. 키예프의 공후는 명목적으로만 가장 권위가 있는 지도자였고, 각 공후는 그와 완전히 독립된 상태에서 자신들의 지역을 통치했다.

야로슬라브의 아들들과 조카들은 이러한 어려움을 모르고 국가의 통일성을 회복하려고 노력하였다. 키예프를 상속받은 야로슬라브의 장자 이쟈슬라브는 이러한 과업을 수행할 만한 능력과 담력이 없었다. 그는 자신의 동생인 체르니히프의 스뱌토슬라브와 페레야슬라프의 브세볼로드와 힘을 합쳐 군소 공후들의 영역을 빼앗으려 했다. 그러나 이러한 목표를 어느 정도 달성하자 이들 사이에 분쟁이 발생했다. 키예프에서 이쟈슬라브의 권위가 흔들리는 틈을 타서 스뱌토슬라브와 브세볼로드는 공동 전선을 폈고 얼마 지나지 않아 좋은 기회를 맞게 되었다.

페체네그족 대신에 토르크족이 우크라이나 남부 스텝 지역을 차지했다. 그러나 세력이 약한 이들은 곧 폴로베츠족에게 밀려나 서쪽으로 쫓겨 갔다. 1060년 토르크족을 몰아 낸 폴로베츠족은 우크라이나인들이 거주하는 부락으로 다가왔다. 1062년 폴로베츠족은 페레야슬라프를 공격하여 브세볼로드를 격파했다. 1068년 폴로베츠족이 다시 공격해 오자 브세볼로드는 형제들에게 도움을 청해 공동으로 침략자를 막아내려고 했다. 그러나 이번에도 폴로베츠족이 승리하여 드니프로 강 유역 전체를 유린했다.

전투에서 패배하고 돌아온 키예프 주민들은 시장터에서 회의를 열고 농촌 지역을 유린하고 있는 폴로베츠족에게 반격을 가하기로 결정했다. 주민들은 이쟈슬라브에게 말과 무기를 제공해 줄 것을 요청했으나 이쟈슬라브는 이를 거부했다. 다시 주민들의 회의가 열리자 이쟈슬라브와 그의 군사령관인 코스냐츠코Kosniachko에 대한 불만이 폭발했다. 바로 반란이 일어났고, 일부 주민들은 당시 키예프 감옥에 갇혀 있던 폴로츠크의 공후 브세슬라브를 자신들의 지도자로 옹립하려고 했다. 겁을 먹은 이쟈슬라브는 폴란드로 도망갔고, 다음 해 봄 자신의 처남인 폴란드 왕 볼레스와프의 군대를 데리고 키예프로 돌아왔다. 그는 키예프 주민들을 상대로 전투를 치를 용기가 없었지만, 스뱌토슬라브나 브세볼로드 모두 키예프의 왕좌에 오르기를 거부하자 그는 다시 왕위를 차지하고 반란 주모자들을 잔혹하게 처형했다. 이쟈슬라브의 권력이 약한 것을 알아차린 스뱌토슬라브와 브세볼로드는 연합하여 1073년 키예프를 공격하여 이쟈슬라브를 쫓아내고 그의 영역을 나누어 가졌다.

스뱌토슬라브 2세(재위 1073-1076년)의 치세는 그가 죽으면서 짧게 끝났다. 이쟈슬라브가 다시 폴란드의 도움을 등에 업고 귀환했지만 1078년 그가 죽으면서 그의 통치도 끝났다. 그는 스뱌토슬라브의 아들인 자신의 조카 올렉과 싸우다가 죽었는데, 이러한 상황은 당시 종종 일어났다. 이렇게 해서 브세볼로드(재위 1078-1094년)가 키예프의 권좌를 물려받게 되었다. 그는 가능한 많은 공국들의 땅을 차지하고, 스뱌토슬라브나 이쟈슬라브의 아들들에게는 가능한 한 적은 땅을 남기려고 했다. 그의 조카들은 쉽게 자신들의 권리를 포기하지 않았다. 조카들 중 가장 세력이 강한 올렉은 폴로베츠인들을 불러 들여 자신들의 땅을 되찾으려 했다. 16년 간 재위하면서 브세볼로드는 소위 '땅을 빼앗긴' 공후들과 싸움을 치르느라 한시도 편할 날이 없었다.

3. 폴로베츠족의 침입

브세볼로드가 죽자 그의 아들 볼로디미르 모노마흐Volodimir Monomakh가 체르니히프의 공후가 되었고, 이쟈슬라브의 아들인 스뱌토폴크(재위 1094-1113년)는 키예프의 권좌를 물려받았다. 이들은 각 지역을 정통성이 있는 상속자들에게 돌려줌으로써 평화와 질서를 되찾으려고 했다. 이 사이 불안한 정세를 이용하여 폴로베츠족은 우크라이나 땅을 침략하여 철저히 유린해서 남부 스텝 지역은 잠시도 평화로운 시기를 갖지 못하였다. 이 지역의 주민들은 땅을 경작하며 정상적 생활을 해나는 것이 불가능했다. 새로 침략해 온 폴로베츠족은 이전의 페테네그족보다 훨씬 탐욕스럽고 파괴적이었다.

스뱌토폴크가 키예프의 왕위에 오르자마자 폴로베츠족이 침입하여 트리필랴Tripillia에서 치러진 전투에서 스뱌토폴크, 볼로디미르 모노마흐, 그의 동생인 로스티슬라브의 연합군을 격파했다. 로스티슬라브는 전투 중 스투흐나Stuhna 강에 익사하여 전사했다. 폴로베츠족은 키예프 인근 지역을 유린하고 약탈했다. 폴로베츠족은 토르체스크Torchesk 성을 오랜 기간 포위하여 항복을 받아내고 많은 노획물과 포로를 데리고 돌아갔다. 폴로베츠족의 세력을 본 올렉은 이들과 연합하여 체르니히프를 공격했다. 모노마흐는 이들과 대항하기 위해 출정했으나 드니프로 강 양안에서 자신과 스뱌토폴크에게 가해진 공격을 받고 페레야슬라프로 후퇴했다. 많은 부락의 주민들이 안전한 곳을 찾아 북쪽으로 이주해 가면서 농촌 지역은 황량해졌다. 궁지에 몰린 모노마흐와 스뱌토폴크는 '땅을 빼앗긴' 공후들과 화평을 맺기로 했다. 1097년 이들은 모든 공후들을 초빙하여 루브체 호수(Lubche Lake)에서 회의를 열었다. 이 회의에서 모든 공후는 유산으로 물려받은 땅을 보유하고 다른 사람의 간섭을 받지 않고 통치하기로 결정했다. 그러나 이러한 결정에도 불구하고 분쟁이 끝나지는 않았다. 루브체 회의 직후 내란이 발생하여 몇 년간 지속되었다. 그러나 유목민들이 다시 공격해 오자 공후들의 단합이 다시 이루어졌다. 1103년부터 1111년까지 거의 매년 폴로베츠족에 대한 공격이 성공적으로 이루어져서 폴로베츠족은 많이 약화되었다. 폴로베츠족은 스텝 깊은 지역으로 숨어들어가거나 더 이상 약탈을 하지 않았다.

유목민족들의 침입과 약탈은 우크라이나인들의 생활에 지울 수 없는 흔적을 남겼다. 페체네그족은 이미 우크라이나의 정치, 문화생활의 중심지인 드니프로 중부 유역을 심하게 파괴했다. 폴로베츠의 공격으로 혼란은 더 커졌다. 많은 주민들이 생활의 근거지로부터 쫓겨나고 가진 것을 모두 잃었다. 농민들이 가장 큰 희생을 치렀다. 농민들은 재산을 모두 잃고 큰 빚을 지거나 노예가 되었다. 이전에 자유농민이었던 많은 주민들이 노예(kholop)가 되거나 계약 노동자(zakup)가 되었다. 작은 농장들은 사라지고, 공후나 귀족들이 소유한 대영지가 나타나서 많은 농민들이 전적으로 혹은 부분적으로 노예가 되어 일했다. 푸티블(Putivl)의 공후의 영지가 공격받아 점령당했을 때 7백 명의 노예가 끌려가기도 했다. 1120년에 만들어진 법전에는 당시의 이러한 상황을 반영하여 노예에 대한 자세한 규정이 포함되었다. 스뱌토폴크 2세가 죽자 키예프에서는 봉기가 일어났다. 스뱌토폴크로부터 특혜를 받았던 유대인들이 구타당했고, 관리와 부자들이 공격을 받았다. 공포에 질린 귀족들은 공후들 중 주민들이 신망을 가장 많이 받고 있던 볼로디미르 모노마흐(재위 1113-1125년)를 키예프의 공후로 초빙했고, 그는 이를 받아들였다. 그가 키예프의 왕이 되어 처음으로 취한 행동은 빌린 돈에 대한 이자를 낮추고, 주민들의 불만과 부자들을 혐오하는 이유를 알아내는 것이었다. 이러한 상황에서 드니프로 강 유역 지역의 번영은 불가능했고, 우크라이나 생활의 중심부의 문화, 정치 생활도 쇠퇴할 수밖에 없었다.

4. 지방 자치

　루브체 회의가 공후들 사이의 내분을 완전히 종식시키지는 못했지만, 몇 가지 원칙은 지켜져서 질서의 변화를 가져왔다. 각 공후가 유산을 지킬 권리를 보장받자, 연장자인 공후들도 젊은 공후들의 유산을 인정해 주었다. 각 공후들의 유산을 보장해 주는 제도는 능력 있는 공후들에게 큰 이득을 가져다주었다. 이들은 자신의 영역을 발전시키며 점차 독립성을 갖게 되었다. 어떤 지역에서는 주민들이 공후를 자주 바꿔서 한 공후 집안이 독자적 지배력을 갖는 것을 막았다. 이러한 지역에서는 주민들의 의회와 여기서 선출된 주민대표들이 실질적 통치자가 되었다. 노브호로드가 이런 지역에 속했다.

　많은 지역이 점차 정치적 독립을 확대해 갔지만, 아직 많은 것을 공통으로 보유했다. 키예프의 법률 체계는 가장 먼 지역에도 효력을 미쳤다. '루스카 프라브다'에 담겨진 법령과 모노마흐 시대의 법령을 이후 시대의 법령과 비교해도 큰 차이를 발견할 수 없다. '루스카 프라브다'와 리투아니아의 법령을 비교해도 유사한 점이 많이 발견된다. 리투아니아 법령은 당시 가장 큰 자치를 누리고 있던 폴로츠크의 법령에 바탕을 둔 것이다.

동굴수도원 내부

법령과 행정만 우크라이나 전 지역을 통해 단일성을 보인 것이 아니라, 문학, 문화, 관습도 유사성을 잃지 않았다. 키예프공국이 쇠망하기 전 200년 동안 비잔틴-루스의 관습과 문화는 계속 수도로부터 퍼져나갔다. 단일 신앙과 하나의 체계를 가진 단일 교회도 내부적 통일성을 유지하는 데 크게 기여했다. 모든 교회는 키예프의 대주교에게 복속되었고, 여기에서 많은 수의 교회 관리자와 마을 사제들이 파견되었다. 키예프 동굴 수도원(페체르스키 수도원Pechersky Lavra)에서만 30-40명의 주교가 양성되어 파견되었다. 11세기 중반에 세워진 이 수도원은 수도원장 페어도시우스(Abbot Theodosius) 시기에 크게 융성하여 키예프 왕국의 가장 중요한 수도원이 되었다.

5. 여러 공국들

야로슬라브의 뒤를 이어 키예프의 왕좌에 오른 아들들과 손자들은 11세기 후반과 12세기 초 키예프의 권위가 쇠락하고 왕국이 분해되는 것을 막기 위해 모든 노력을 기울였다. 이들의 노력은 때로는 왕국의 분열을 늦추기도 하고, 때로는 그것을 재촉하기도 했다.

가장 먼저 키예프에서 분리된 곳은 로스티슬라브의 왕조가 통치하던 할리치아(Galicia, Halichina)였다. 로스티슬라브는 아마도 아버지가 죽은 후 할리치아 지방을 하사받았지만, 곧 이곳에서 쫓겨났다. 할리치아는 이웃한 볼히냐와 함께 키예프 대공 이쟈슬라브의 아들 스뱌토폴크의 수중에 들어갔다. 로스티슬라브의 세 아들, 볼로다르Volodar, 바실코Vasilko, 류릭Rurik은 장성하자 브세볼로드에게 많은 어려움을 안겨서, 1084년 브세볼로드는 스뱌토폴크에게서 이 지역을 빼앗아 세 아들에게 아버지의 유산을 넘겨주었다. 이후 할리치아에서는 스뱌토슬라브의 왕조가 확실히 자리를 잡았고, 아들들이 분할하여 통치했다. 페레므이슬Peremysl 부근의 서부 지역은 류릭이, 즈베니호로드Zvenihorod를 수도로 한 중앙 지역은 볼로다르가, 테레보블Terebovl을 중심으로 한 남부 지역은 바실코가 맡아 통치했다. 이들에게 도전한 스뱌토폴크는 목숨을 잃었고, 이것은 로스티슬라브 왕조에 간섭하는 사람은 어떤 운명을 맞을 수 있는지를 보여주는 사건이 되었다. 세 아들은 능력 있는 정치가였으며, 탐욕스런 이웃 국가들로부터 자신들의 땅을 방어할 수 있는 능력을 보여주었다. 이들에게 가장 큰 골칫거리는 폴란드인들과 헝가리인들, 이 지역을 다시 자신들의 공국과 통합시키고 싶어하는 친척들인 키예프-볼히냐의 공후들이었다.

볼로다르의 아들인 볼로디미르코Volodimirko(재위 1124-1153년)는 뛰어난 정치력을 발휘하여 자신의 조카들을 서부 지역에서 쫓아내고 모든 지역을 통합하여 직접 지배함으로써 왕조의 세력을 강화했다. 통합 이전에도 할리치아는 많은 주민들이 모여 사는 큰 지역이었다.

폴로베츠족의 약탈로부터 비교적 자유로웠던 할리치아는 평화 속에 번영을 구가했다. 이런 여건 속에 한 지도자를 중심으로 통합되자 할리치아는 우크라이나의 모든 지역 중 가장 강력한 세력을 갖게 되었다. 할리치아의 지도자들은 이웃 국가들의 내정에도 간섭하지 않았고 이웃 국가들이 자신들의 공국에 간섭하지 못하도록 했다. 그러나 할리치아의 귀족들은 주민들과 공후들의 힘을 약화시키며 꾸준히 세력을 확장했다.

볼로디미르코의 아들인 야로슬라브(재위 1152-1187년)는 우크라이나의 공후들 중 특히 뛰어났다. 중세 우크라이나의 서사시 중 가장 유명한 '이고르 원정기(Song of the Legion of Ihor)'의 일부 시구절은 그에 대한 칭송을 담고 있다. 이 시에서는 그는 '높은 황금 보좌에 앉아서 헝가리(카르파치아) 산맥을 그의 강철 같은 군대로 지키며 왕에게로 가는 길과 다뉴브로 나가는 대문을 막고 있다.'라고 묘사되었다. 그러나 할리치아에서 그는 자신의 가족 문제에 간섭하는 귀족들에게 복종해야 했다.

할리치아의 뒤를 이어 체르니히프 지역도 키예프공국에서 떨어져나왔다. 이러한 분리는 키예프의 스뱌토슬라브 2세 때 일어났다. 체르니히프의 핵심 왕가는 스뱌토슬라브 2세의 아들인 올렉이 형성했다. 활동력 강하고 능력 있는 올렉 가문에 주민들은 전적인 지지를 보냈다. 그러나 지나치게 큰 야망이 올렉과 후계자들의 가장 큰 약점이 되었다. 이들은 체르니히프만을 통치하는 데 만족하지 않고 키예프와 페레야슬라프의 주인이 되고자 했으며, 후에는 할리치아도 탐을 냈다. 이러한 시도로 말미암아 끊임없이 이웃 공국들과 전쟁을 치른 체르니히프는 자주 패배하면서 큰 희생을 치렀다.

체르니히프 왕가가 크게 불어나면서 왕자들은 계속해서 영역을 좀 더 작은 지역으로 나누고 또 나누어야 했다. 그러나 다행스럽게도 이러한 과정은 전쟁 없이 평화롭게 진행되었다. 가장 오래된 체르니히프가 첫째 도시였고, 노브호로드-세베르스키가 두 번째로 중요한 도시가 되었다. 체르니히프의 공후가 키예프를 점령하자, 체르니히프를 서열상 두 번째에 있는 공후에게 양도하고, 세 번째 공후는 노브호로드-세베르스키를 차지한 일이 두 번이나 있었다. 12세기 중반 키예프를 차지하려는 투쟁 과정에서 두 개의 공국이 추가로 떨어져 나갔다. 하나는 페레야슬라프이고 다른 하나는 투로프-핀스크Turov-Pinsk였다. 페레야슬라프는 작은 공국이었고 폴로베츠족의 반복적인 침입을 받아 폐허 상태에 있었다. 키예프와 체르니히프의 공격을 막아낼 수 없었던 페레야슬라프의 주민들은 모노마흐가 세운 북쪽의 수즈달Suzdal 공국의 공후들 중 자신들의 지도자를 고르기로 했다. 그러나 수즈달은 너무 멀리 떨어져 있어서 두 지역을 통합하는 것은 불가능했고, 페레야슬라프의 주민들은 수즈달 공후의 명목적 통치 하에 독립적 생활을 영위했다. 그러나 이러한 위상은 한 가지 큰 불이익을 가져왔다. 스텝의 유목민족들과 싸울 때 페레야슬라프는 이웃의 슬라브 공국들의 도움을 받을 수 없었던 것이다. 그러나 이러한 환경에도 불구하고 페레야슬라프 주민들은 정치적으로 독립을 유지하는 것을 선호했다.

같은 시기에 규모가 크고, 부유하고 방어가 굳건한 볼히냐도 키예프에서 떨어져 나갔다. 키예프로부터 분리된 다음 볼히냐의 공후들은 몇 차례에 걸쳐 키예프를 정복하려고 시도하였다. 이러한 시도가 일시적 성공을 거두면 볼히냐의 공후는 키예프로 옮겨 가고 볼히냐의 통치권은 동생에게 넘겼다. 그러나 12세기 후반 키예프공국이 여러 공국으로 분열되자 볼히냐의 공후들은 키예프에 대한 욕심을 버리고 폴란드인들과 리투아니아인들의 공격으로부터 볼히냐를 방어하는 데 신경을 쓰게 되었다. 볼히냐는 볼로디미르Volodimir와 루츠크Lutsk 공국으로 분할되었고, 이후에 더 작은 공국들로 쪼개어졌다. 이러한 반복적인 영토 분할로 인한 무정부 상태는 12세기 말 볼로디미르의 로만Roman 공이 이 지역을 통합하면서 끝이 났다. 그의 후계자들이 볼히냐와 할리치아를 통합하여 강력한 단일 공국을 만들면서 볼히냐는 전성기에 들어서게 되었다.

6. 키예프의 멸망

다른 공국들로부터 독립적이 되기를 원했던 도시와 공국으로서의 키예프도 모노마흐 왕가의 공후들을 자신들의 지도자로 선택했다. 이 왕가의 창시자인 볼로디미르 모노마흐(재위 1113-1125년)는 강력한 지도자임과 동시에 능력 있는 정치인이었다. 그는 키예프를 확고하게 장악했고, 그의 뒤를 이은 아들 므스티슬라브(재위 1125-1132년)도 그랬다. 그러나 므스티슬라브가 죽은 후 그의 아들들은 삼촌들과 삼각 권력 투쟁을 벌였고, 이로 인해 키예프는 거의 무정부 상태에 빠졌다. 체르니히프의 공후 브세볼로드는 이 기회를 이용하여 키예프를 점령하였다. 키예프를 차지하려는 투쟁이 격심해질수록, 루스의 가장 오래된 공후 자리를 차지하려는 경쟁자들이 많이 나타났다. 이런 면에서 키예프의 명성이 오히려 키예프의 몰락을 촉진했다.

키예프의 주민들은 처음에 므스티슬라브의 아들인 이쟈슬라브와 로스티슬라브를 전적으로 지원했다. 주민들은 몇 차례에 걸쳐 이들을 대신해 원정에 나서기도 했다. 그러나 공후들이 권력 투쟁을 멈추지 않자 주민들은 이에 간섭하지 않기로 했고 상황은 더 악화되었다. 능력 있는 공후가 키예프의 왕좌를 차지하면 세력이 약한 공후들이 도전을 하지 않았기 때문에 당분간 평화로운 시기가 지속되었다. 그러나 그렇지 않은 시기에는 혼란상이 극에 달해 공후들이 매년이 아니라 몇 달, 몇 주 만에 바뀌는 일이 자주 발생했다. 이러한 지도자 교체는 무력으로 진행되었기 때문에 농촌 지역은 약탈되고, 농업과 상업은 피폐해졌다. 서로 경쟁하는 공후들이 폴로베츠족을 끌어들였기 때문에 주민들의 피해는 더욱 커졌다. 이 무자비한 유목민족은 농촌지역을 약탈하며 수많은 주민들을 죽이고, 많은 수를 노예로 잡아갔다. 이들은 한 번 공후의 요청으로 습격을 하면, 그 다음에는 자기들 마음대로 돌아와 노략질을 했다. 1170년대와 1180년대에 특히 폴로베츠족의 침략이 잦아서 키예프와 페레야슬라프 지역이 가장 큰 피해를 입었다. 우크라이나의 생활환경은 거의 절망적일 정도로 악화되었다. 상인들과 대상을 보호하기 위해서는 대규모 군대를 스텝지역에 파견해야 했고, 국경 지역을 지키기 위해서도 극단적 조치가 필요했다.

모노마흐 시기와 마찬가지로 젊고 용맹한 공후들은 폴로베츠족을 정벌하기 위해 원정대를 보냈다. 1185년 노브호로드-세베르스키의 이고르 공후는 형제들과 함께 큰 부대를 이끌고 폴로베츠족을 치기 위해 스텝 지역으로 갔으나 큰 패배를 당해 이고르 자신이 포로로 잡히고 말았다. 이 비극적인 이야기는 '이고르 원정기'에 자세히 서술되어 있다. 로스티슬라브 2세와 마찬가지로 로스티슬라브 3세와 류릭도 원정을 시도했다. 그러나 주민들의 전적인 지지를 받았던 모노마흐나 스뱌토폴크에 비해 이 공후들의 군사력은 너무 약했다. 우크라이나 자체의 국력도 크게 약화되었다. 교역과 상업이 크게 위축되면서, 주민들, 특히 부유한 주민들이 안전을 찾아 북쪽 지역이나 볼히냐, 할리치아로 계속 이주해 갔다. '이고르 원정기'에 나오는 탄식은 우크라이나의 죽어가는 정치적 생활에 대한 장송곡처럼 들린다. "어둠이 카얄라Kayala 강의 빛을 덮어버렸다. 표범 떼처럼 폴로베츠놈들이 루스의 땅을 돌아다니고 있다. 영광의 자리는 수치가 차지해 버렸고, 고난이 시작되었다."

　루스 땅에는 더 많은 고난이 닥쳤다. 모스크바 왕가의 창시자인 그레고리(유리) 모노마흐의 자손들은 볼가 강 유역에 근거지를 잡았다. 이곳에서 이들은 자신들의 권력을 강화하기 위해 키예프공국의 권력과 명성을 약화시키는 일들을 본격적으로 하였다. 유리의 아들인 안드레이는 1169년 키예프를 정복하기 위해 군대를 보내는 문제로 일어난 공후들 간의 갈등을 이용했다. 이 공격은 성공을 거두었고, 여러 날 동안 승리자들은 교회와 수도원을 약탈했다. 병사들은 성상화와 희귀 문헌, 예복들, 교회 종들을 약탈하여 자신들의 북쪽 근거지로 가져갔다. 침략군은 많은 주민들을 죽이거나 포로로 잡아 데려갔다. 이렇게 키예프를 점령한 다음 안드레이는 힘이 약한 공후들만이 키예프를 관할하여 키예프의 세력과 명성이 더욱 추락하도록 했다. 1180년대 우크라이나의 공후들 사이에 질서가 어느 정도 회복되자 키예프는 서로 우호적 관계에 있던 체르니히프의 스뱌토슬라브와 로스티슬라브 왕가의 류릭이 분할하여 통치했다. 1203년 안드레이의 동생인 브세볼로드는 자신의 사위 로만으로 하여금 키예프를 공격하게 하여 다시 한 번 혼돈과 파괴의 시기가 닥쳤다.

7장   할리치아 공국

1. 로만 공후

북쪽 수즈달의 공후들이 키예프 공후들의 세력을 약화시키고 키예
프공국을 쇠멸시키려고 많은 노력을 기울였지만, 이들의 계획은 생
각대로 실현되지 않았다. 이들이 키예프공국에 큰 타격을 가하는 동
안 우크라이나 서쪽 지역에는 새로운 정치 세력의 중심지가 등장하
고 있었다. 이곳에 새로 생긴 공국은 키예프공국처럼 우크라이나 전
체를 장악하지는 못했지만, 이후 약 1세기 동안 인구가 밀집한 서부
지역에 정치적으로 독자적인 세력을 구축하였다. 이 강력한 공국은
키예프공국의 이쟈슬라브 2세Iziaslav II의 손자이고 므스티슬라브 2
세의 아들인 볼히냐의 로만 볼로디미르(Roman of Volodimir)에 의해
건설되었다.

로만이 정치에 뛰어들었을 때 키예프공국은 이미 정치적 위력을
급속히 상실해 가고 있었다. 이런 상황 때문에 그는 선조들처럼 키예
프의 왕좌를 장악하려 하지 않고 서쪽의 할리치아로 눈을 돌렸다. 그
곳에서는 세력이 막강하고 부를 소유한 귀족들이 권좌를 차지한 야
로슬라브의 아들들과 세력 투쟁을 벌이고 있었다. 로만은 반란을 일
으킨 귀족들과 연합하였고, 이곳의 공후인 볼로디미르를 쫓아낸 귀
족들은 로만을 초청하여 권좌에 앉혔다. 로만은 할리치아가 너무 마
음에 들어 자신의 영역인 볼히냐를 자기 동생에게 넘겼다. 그가 리투
아니아계 부족들을 가혹하게 다룬 것은 널리 알려졌다. 후에 한 리투
아니아 역사가는 로만이 전투에 패배한 리투아니아인들을 멍에를 매
어 쟁기를 끌고 가게 한 것과 비유할 수 있을 정도로 가혹하게 징벌

했다고 서술했다. 그가 원정을 나가 폴로베츠인들을 정벌한 것을 칭송하는 노래는 아직도 할리치아 지방에서 불린다.

권좌에서 쫓겨난 볼로디미르는 수 세기 동안 물산이 풍부하고 풍광이 아름다운 할리치아를 탐냈던 헝가리 왕에게 군사적 도움을 요청했다. 할리치아는 당시 귀한 물산으로 여겨졌던 소금과 다른 광물들이 풍부했다. 헝가리 왕은 볼로디미르를 왕위에 복귀시킨다는 명분으로 그를 데리고 할리치아를 침공하였지만, 수도인 할리치Halich에 도착하자마자 볼로디미르를 감옥에 가두고 자신의 아들인 앙드라슈를 대신 왕위에 앉혔다. 감옥에서 탈출하는데 성공한 볼로디미르는 폴란드인들과 독일인들의 원조와 현지 주민들의 도움을 받아 왕위를 다시 차지하는데 성공했다. 할리치아 주민들은 도망간 자신들의 공후들보다 더 압제가 심한 헝가리의 지배를 벗어나고 싶어 했다. 로만은 왕위를 계승할 권리를 가진 왕자 중 한 명이었으나 귀족들은 그를 달가워하지 않았다. 그는 폴란드의 공후가 된 친척들의 도움을 받아 할리치아를 침공했다. 그러나 이번에는 볼로디미르가 장악한 자기 아버지의 유산을 잃지 않도록 조심스럽게 행동했다.

두 번째로 할리치아의 권좌를 장악한 로만은 귀족들과 오랜 기간 투쟁을 벌였다. 당시에 기록을 담긴 폴란드의 연대기 작가 카들루벡Kadlubek은 격앙된 문체로 로만이 어떻게 귀족들의 영지를 빼앗고 지주들을 죽였는지를 기술했다. 로만은 '벌을 죽이지 않고는 마음 놓고 꿀을 얻을 수 없는 법이다'라고 말했다고 한다. 로만이 저질렀다고 서술된 잔혹한 행위의 많은 부분은 카들루벡이 지어냈을 가능성이 크지만, 귀족들을 가혹하게 징벌한 덕분에 일반 주민들 사이에서 로만의 인기는 크게 치솟았다. 그때까지 큰 권력을 가진 할리치아의 귀족들은 주민들에게 전횡을 부렸지만, 이들을 심판할 수 있는 방법이 없었다. 귀족들은 군대와 궁정과 주요한 관직을 마음대로 통제하며 아무도 두려워하지 않았고, 나라를 자신들이 통제하기 위해 공후를 수시로 갈아치웠다. 할리치아 연대기가 공후의 관점에서 기록되었고, 귀족에 대한 편견을 피할 수 없는 것은 사실이지만, 귀족들에 대한 많은 불만을 기록했고, 음모, 이기심, 거만함을 귀족들의 특징으로 기술하고 있다. 귀족과의 투쟁에서 로만이 주민들의 일방적인 지지를 받았다.

로만이 막강하고 양심적인 공후이면서 누구도 자신의 권위를 침해하게 놔두지 않는다는 소문이 널리 퍼졌다. 당시의 폴란드와 비잔틴 연대기 작가들에 의하면 로만의 인기는 우크라이나뿐만 아니라 이웃 국가들로도 널리 퍼졌다. 로만의 명성을 본 우크라이나의 주민들은 질서를 회복하고, 소귀족들을 통제하고, 음모와 투쟁을 종식시키고, 폴로베츠인들과 다른 적들을 제압하고 자신들의 생활을 좀 더 낫게 향상시켜 줄 군주를 찾았다고 생각했다.

자신의 영역에서 지위를 확고하게 한 로만은 키예프로 눈을 돌렸다. 그곳에서는 브세볼로드가 꾸민 음모로 나라가 혼란에 빠져서 외부 사람이 정복하기 쉬운 상황이 벌어지고 있었다. 그가 키예프 공인 장인 류릭을 치기 위해 원정을 가자, 공후들의 싸움에 간섭하지 않는 것을 원칙으로 하고 있던 키예프의 주민들이 로만을 위해 성문을 열어주었다. 이들은 힘이 막강하고 야망이 큰 로만이 키예프의 이전의 영광을 복원시켜줄 수 있을 것이라고 기대했다. 그러나 이들의 기대는 이루어지지 않았다. 혼란에 빠진 키예프에 오래 머무는 것이 바람직하지 않다고 생각한 로만은 자신의 동생 야로슬라브를 키예프의 지도자로 임명한 다음 키예프를 떠났고, 후에는 류릭의 아들인 로스티슬라브를 키예프의 지도자로 임명했지만 키예프는 여전히 로만의 권위에 복종했다. 당대의 연대기 저자들은 로만에게 '대공(Grand Prince)', '차르(Tsar)', '전(全)루스의 통치자(Autocrat of All Rus)'라는 명칭을 붙여 주었다. 그러나 1205년 로만이 폴란드의 공후들과 싸우던 중 갑자기 사망함으로써 그의 큰 계획은 이루어지지 못하였다. 우크라이나의 정치적 세력을 부흥시키는 희망은 로만의 죽음으로 끝났지만, 할리치아-볼히냐 이중공국(Dual Principality)이 탄생하게 되었다.

2. 로만의 왕조

로만이 죽자 두 어린 아들이 로만의 뒤를 이었다. 다닐로Daniel는 세 살이었고, 바실코Vasilko는 한 살에 불과했다. 통치권은 이들의 젊은 엄마의 손에 맡겨졌고, 그녀는 로만의 친구이자 동맹이었던 헝가리 왕 앙드라슈 2세에게 보호를 요청했다. 헝가리는 우크라이나 카르파치아 지역을 점령한 것처럼 오랜 기간 동안 카르파치아 산맥을 넘어서 우크라이나 할리치아 지방을 점령하기를 원했다. 로만 유족의 초청을 이용하여 헝가리 왕은 할리치아의 보호자 역을 자처하고 나섰다. 그는 할리치아의 수도인 할리치에 헝가리 부대를 주둔시키고 '할리치아와 볼로디미라(Volodimira)의 왕'이라는 명칭을 취했다. 헝가리 왕의 보호 아래 로만의 후계자들과 귀족들이 할리치아를 통치하게 되었다.

함부로 도전할 수 없었던 로만이 사라지자 할리치아의 귀족들은 머리를 들기 시작했다. 그들은 할리치아의 왕좌를 차지하고 싶어 하는 여러 공후들과 협상을 시작하고 이들을 할리치로 불러들였다. 이들 중 가장 야망이 컸던 것은 스뱌토슬라브 왕가의 이고르의 두 아들이었다. 귀족들의 지원을 무기로 이들은 할리치아의 공동 통치자가 되었지만, 기가 센 할리치아 귀족들을 쉽게 제압할 수 없었다.

귀족들이 이고르의 두 아들을 몰아낼 음모를 꾸몄고, 이를 눈치 챈 이들은 음모자들을 죽이기로 하였다. 두 아들은 음모에 가담한 귀족들을 죽였는데, 연대기에 의하면 그 수가 수백 명에 이르렀다고 한다. 살아남은 귀족들은 힘을 합쳐 두 아들에게 반기를 들었고, 1211년 헝가리 왕의 도움을 받아 이들 두 형제를 체포하여 교수형에 처했다. 이러한 일은 우크라이나 땅에서 처음으로 일어났다. 이전에는 정변이 일어나도 공후를 처단하지는 않았다. 이러한 일을 경험한 후에 귀족들은 군주가 너무 강해지려 하면 이들을 제거하게 되었다.[4] 이런 식으로 귀족들은 권력을 자신들 손에서 놓지 않고 계속 강력한 세력을 유지하기로 마음먹었다. 헝가리 왕은 자신의 이름을 내세우며 귀족들이 할리치아를 통치하도록 허용했기 때문에 일부 할리치아 귀족들은 헝가리 왕의 보호를 받는 것이 더 유리하다고 생각했다. 일부 귀족들은 스스로가 할리치아의 통치자가 되기를 원했는데, 실제로 이러한 시도가 한 번 일어났다.

로만의 후손들이 자신에게 대항할 수 없다고 생각한 헝가리 왕은 할리치아를 병합하기로 했다. 이를 위해 그는 1214년 폴란드 대공 레셱Leszek과 동맹을 맺었다. 앙드라슈 왕의 아들 콜로만Koloman은 레셱의 딸과 결혼한 후 교황이 보내 준 왕관을 쓰고 할리치에서 왕위에 올랐다. 레셱은 스스로 페레므이슬Peremysl과 베레스트Bereste 지

---

4) 역주 - 절대군주가 출현하거나 한 사람에게 권력이 집중되는 것을 싫어하는 것은 현대 우크라이나의 정치문화에도 그대로 이어지고 있음.

방을 취하고, 로만 가문은 볼히냐의 일부 지방만을 통치하도록 하였다. 그러나 이러한 구도는 오래 지속되지 않았다. 헝가리 왕 앙드라슈와 동맹인 폴란드 사이에 분쟁이 일어났고, 우크라이나 교회를 로마교회로 통합시키려는 시도로 할리치아에 폭동이 일어났다. 앙드라슈 왕은 교황에게 자신의 아들 콜로만을 왕으로 즉위시키는 대가로 교회 통합을 이루겠다고 약속했지만 주민들은 로마가톨릭을 받아들이려 하지 않았다. 레섹은 류릭의 조카이자 뛰어난 전사로 이름을 떨치던 므스티슬라브를 회유하여 콜로만을 공격하게 했다. 므스티슬라브는 할리치아에서 헝가인들을 몰아냈다. 그러나 짧게 지속된 헝가리의 지배는 아주 흔적이 없이 사라진 것이 아니었다. 약 100년 후 두 나라는 할리치아와 볼히냐를 차지할 목적으로 다시 동맹을 맺었다. 폴란드는 할리치아를 차지한 후 폴란드가 강대국에 분할된 1772년까지 할리치아를 차지했다.

로만의 아들인 다닐로와 바실코는 계속 이어지는 전쟁, 반란, 음모 속에서 성장했다. 이들은 여러 번 고국을 떠나 외국으로 피신해야 했다. 그러나 로만에 대한 기억으로 충성을 유지했던 귀족들은 어린 자식들의 미래에 대한 믿음을 가지고 이들의 명예와 권리에 대해 존경을 보이며 이들을 양육했다. 이 두 아들은 성장한 후 할리치아의 지도자의 책무를 맡아 자신들의 조국을 통일하는데 온 힘을 쏟았다. 이 목표를 이루는 과정에서 이들은 수많은 장애를 만났지만 이들은 이에 굴복하지 않았다.

폴란드와 헝가리의 동맹 조약으로 다닐로와 바실코는 볼히냐의 일부 지역에 대한 통치권만 부여받았다. 그러나 이곳에서 이들은 자신들의 기초를 확고하게 다졌다. 그 지역의 귀족들은 이들에게 충성을 바쳤고, 로만에 대한 존경스런 기억을 간직한 지역 주민들도 로만의 아들들을 전적으로 지원했다. 볼히냐의 다른 공후들은 로만의 아들들과의 투쟁에서 패망하거나 죽었다. 1230년이 되자 로만의 두 아들은 볼히냐 전역을 장악하게 되었고, 용자 므스티슬라브(Mstislav the Daring)가 죽은 후 헝가리 왕과 적대적인 귀족들을 상대로 할리치아를 탈환하기 위한 투쟁을 시작했다.

귀족들의 전제와 전횡과 이기심을 혐오한 할리치아의 주민들도 다닐로를 지원하고 나섰다. 아버지의 뒤를 이어 두 아들도 동쪽으로 키예프를 향해 지배권을 넓혀가려는 시도를 하였다. 1240년 타타르가 키예프를 공격하자 다닐로 휘하 장군이 키예프 방어 전투에 참여했고, 이후에는 다닐로가 직접 군대를 이끌고 타타르의 지배로부터 키예프와 다른 우크라이나 지역을 해방시키려고 시도하였다. 할리치아와 볼히냐를 성공적으로 통일한 후 다닐로는 우크라이나 전체를 통일시키려고 노력하였다. 이러한 대담한 목표를 수행하는데 그는 훨씬 유리한 위치에 있었다. 그는 아버지 로만과 다르게 볼히냐 전체를 통치하고 있었고, 12세기 마지막 25년 간 동부 우크라이나 지역의 공후들의 세력은 현저히 약화되어 있었다. 그러나 타타르들이 이 계획을 좌절시켰다

3. 타타르(몽골)의 침공

중앙아시아 스텝 지역의 야만적 유목민족은 오랫동안 우크라이나의 발전을 가로막았다. 이미 침략한 부족들이 문명화되거나, 우크라이나 주민들과의 접촉으로 약화되면 새로운 군대가 서쪽으로 밀려들어 왔다. 이번에는 몽골−타타르로 구성된 보다 잔혹한 몽골 군대가

유럽을 침략해 왔다. 침략군이 스스로 기록을 남겼기 때문에 이전의 공격보다 새로운 침략에 대한 보다 자세한 기록은 잘 보존되어 있다. 몽골군은 아무르 강 남부 유역에 살던 부족으로부터 유래하였다. 이들은 오랜 기간 큰 세력을 갖지 않았고, 이웃한 투르크족들에게 종속된 부족으로 살아왔다. 그러나 12세기 말 테무친이라는 이름을 가진 뛰어난 군사지도자가 주변의 투르크계, 타타르계 부족들의 방해를 물리치고 몽골족을 통일하였다.

1206년 테무친은 '하늘의 제왕'이라는 의미의 징기스칸Genghis-Khan으로 선언되었다. 그는 탕구트Tangut왕국과 중국 북부와 투르케스탄을 정복한 후 남동 유럽을 침략했다. 징기스칸 수하의 장군인 수부타이Subuday는 1220년 남부코카서스를 침략하였고, 데르벤트Derbent로 가는 길에 조지아를 침공하였다. 폴로베츠족은 야샨족Yasians, 시르카시족Circassians과 다른 부족들과 연합하여 몽골군에 대항했으나 1222년 수부타이는 폴로베츠족을 격멸하고 돈 강 하류의 그들의 주거지를 약탈했다.

위기에 처한 폴로베츠족은 당시 우호적인 관계를 맺고 있던 우크라이나의 공후들에게 도움을 청했다. 폴로베츠의 칸 호탄Khotan의 딸과 결혼한 용자 므스티슬라브 공은 자신의 영향력을 발휘하여 다른 공후들을 설득하여 몽골군에 대항하여 같이 싸우기로 하였다. 그는 만일 자신들이 폴로베츠족을 돕지 않으면 이들이 몽골군과 연합하게 될 것이라고 다른 공후들을 설득했다. 이러한 논리는 어느 정도 근거가 있었다. 그러나 폴로베츠족을 도우러 나선 우크라이나 공후들은 너무 무모한 작전을 펼쳤다. 이들은 우크라이나 전체에서 군대를 모은 후 몽골군을 찾아 스텝지역으로 너무 깊이 진군했다. 1224년 아조프해로 흘러들어 가는 작은 강인 칼카Kalka 강변에서 양측 사이의 큰 전투가 벌어졌다. 우크라이나 부대들은 용감하게 싸웠지만, 공포에 질린 폴로베츠 부대들이 도망가면서 적전분열이 일어났다.

키예프의 므스티슬라브 3세 공은 이 전투에 직접 참가하지 않았지만, 칼카 강변에 설치한 진영이 몽골군에게 포위당했다. 그는 다른 공후들의 도움을 받지 못했지만 용감하게 저항하였고, 최종적으로 우호적 태도를 보인 몽골군 부대에 항복했다. 그러나 이 부대는 그를 다른 지휘관들에게 넘겼고, 므스티슬라브와 포로로 잡힌 다른 공후들은 몽골군이 연회를 열며 춤추는 나무판 밑에 깔려 죽었다. 이 승리 후 몽골군은 동쪽으로 방향을 틀어 볼가 강 유역을 유린한 후 투르케스탄 지역으로 사라졌다. 몇 년 동안 이들에 대한 소식을 들을 수가 없었다. 그동안 몽골군은 흑해 지역을 점령할 계획을 세우며 가장 좋은 시기가 오기만 기다리고 있었다.

1227년 테무친이 죽고 그가 점령한 영역은 그의 아들들이 분할해서 가졌다. 이들은 자신들 중에 선출된 대칸(Great Khan)의 지도 아래 제국을 다스리기로 하였다. 제국의 서쪽 지역은 흑해 지역을 점령하는 야심에 찬 계획을 가지고 있던 테무친의 손자인 바투에게 할당되었다. 1236년 바투와 노년에 이른 수부타이가 원정길에 나섰다. 이들의 부대 중 몽골인은 소수였고, 주력은 우크라이나 연대기에 타타르로 불린 투르크계 병사였다.

원정대는 카스피해와 아랄해 사이의 스텝 지역에서 출발했다. 타타르군은 먼저 볼가 볼가르족(Volga Bolgars)이 거주하던 지역을 공격하여 유린했다. 그 후 흑해 지역으로 방향을 틀어 폴로베츠족과 운명을 건 결전을 치르기로 했다. 이 원정은 2년이 걸렸고, 전투에서 패한 폴로베츠족은 서쪽으로 도망하여 주로 헝가리 지역에 정착했다. 타타르군은 다음으로 북부 코카서스 지역을 점령한 후 1239년 가을 우크라이나에 대한 공격을 시작했다. 이들은 기습으로 키예프 바로 아래 드니프로 강변에 있는 페레야슬라프를 공격하여 도시를 유린한 후 포로로 잡힌 모든 사람들을 죽였다. 사제들은 죽이지 않는 몽골군의 전통을 깨고 주교도 살해했다. 다른 타타르부대는 체르니히프 지역을 공격했다. 체르니히프의 공후는 병력을 모아 타타르군에 항전했으나 큰 손실을 입고 후퇴했다. 타타르군은 체르니히프 시를 약탈한 후 불태웠다.

타타르군 지휘관인 만케(Khan Manke)는 키예프로 진군했다. 할리치아 연대기를 보면 만케는 드니프로 강 너머에서 키예프를 바라보면서 감탄을 멈추지 않았다고 한다. 그는 키예프에 항복 조건을 제시했고, 겁을 먹은 공후들이 도망갔는데도 불구하고 키예프 주민들은 항복을 거부했다. 타타르군의 첫 공격이 시작되자 남은 공후들은 힘을 모아 방어전을 펼쳤지만, 두 번째 공격 앞에서는 겁을 먹고 각기 흩어져 도망갔다.

1년이 지난 후 1240년 말 타타르군은 키예프를 정복하는 것을 우선 목표로 삼고 다시 진군해 와서 키예프 인근 언덕에 진을 치고 키예프를 포위했다. 이 포위 과정은 연대기에 생생하게 기록되어 있다. 타타르군은 주민들 사이에 공포를 조성하기 위해 여러 방법을 썼다. 나무 도끼를 만드는 소리와 낙타의 울음과 말의 울음소리가 너무 커서 시내에서는 말하는 소리를 알아듣기 어려울 정도였다. 페레야슬라프와 체르니히프의 재앙을 이미 들었지만 다가올 위험에도 아랑곳하지 않고 키예프 주민들은 군사령관인 드미트로Dmitro의 지휘 하에 용감하게 방어전을 펼쳤다. 바투는 드니프로 강에 면한 성벽을 공략하기로 결정했다.

타타르군은 도시와 성을 포위하는데 발군의 능력을 발휘했다. 낮밤을 가리지 않고 이들은 공성기로 성벽을 두드렸다. 성벽이 무너지기 시작하자 드미트로가 지휘하는 주민군은 인의 장벽으로 성벽의 무너진 부분을 막았다. 타타르군은 성벽을 부수는 데는 성공했지만 너무 지쳐서 만 하루를 쉬기로 했다. 이 시간을 이용하여 키예프 주민들은 볼로디미르 대공 성당으로 후퇴하여 이곳의 방어를 강화한 후 저항을 펼치기로 했다. 그러나 요새는 너무 허술하게 급조되어 타타르군은 성당을 쉽게 장악했다. 그러자 요새 안의 주민들은 성당의 발코니로 몰렸고, 무게를 견디지 못한 발코니가 무너지면서 수많은 사람이 건물더미에 깔려 죽었다. 키예프가 함락된 1240년 12월 6일은 중세왕국 키예프 역사의 마지막 장이 되었다. 남아있던 키예프 군대의 운명에 대해서는 아무것도 알려진 것이 없다. 바투는 드미트로를 죽이지 않고 살려주었는데 이는 그의 '용맹성' 때문이라는 이야기가 전해진다. 후에도 키예프는 타타르군의 공격으로 많은 희생을 치렀다. 두 번의 잔인한 공격과 약탈, 다른 작은 공격들을 견뎌낸 키예프에게 1240년의 공격은 가장 잔혹한 것이었다.

키예프의 포위와 공략에 소비한 시간을 만회하기 위해 타타르군은 폴로베츠족의 추격에 나섰다. 이들은 키예프 지역과 볼히냐, 할리치아를 저항을 받지 않고 통과하여 헝가리에 다다랐다. 키예프가 함락되고 무서운 몽골군이 서쪽으로 진군한다는 소식은 수많은 공후, 귀족, 주민들에게 큰 공포를 불러일으켜서 이들은 어디든지 피난처가 있는 곳으로 도망갔다. 서쪽으로 진군하면서 바투는 몇몇 도시에는 속임수를 썼다. 몽골군은 저항 없이 항복한 성을 접수하여 노획물을 얻은 다음 거주민들을 살육했다. 저항하는 도시가 나타나면 몽골군은 이를 우회했다. 바투는 볼히냐의 수도인 볼로디미르Volodimir를 기습 공격하여 주민들 모두를 살육했다. 연대기의 기록을 보면 볼로디미르의 교회는 시체로 가득 찼고, 살아 있는 사람은 한 명도 찾을 수 없었다. 할리치와 다른 많은 도시들도 약탈자들의 손에 떨어졌다.

다른 몽골군 부대는 폴란드, 실레지아, 모라비아 지역을 공략했고, 저항하는 군대는 모두 도륙했다. 바투는 주력군을 이끌고 솔로나Solona 강가를 통해 헝가리를 침공하여 헝가리군을 물리치고 헝가리를 장악했다. 바투는 이곳에 머무르기를 원했으나, 대칸이 죽었다는 소식을 접하자 그 자리에 오르고 싶었던 바투는 대칸 선출과정에 관여하기 위해 아시아 지역으로 회군했다. 1242년 봄 몽골군은 우크라이나 지역을 빠르게 통과하여 동쪽으로 갔다. 대칸이 되지 못한 바투는 카스피해와 아조프해 지역의 스텝에 정착하기로 했다. 바투와 그의 군대는 볼가 강 하류에 자리를 잡고 현재의 차레프Tsarev 근처에 사라이Sarai 시를 건설했다. 바투의 군신들은 서쪽으로 뻗어 나와 드니프로 강까지 왔다. 바투는 수즈달과 우크라이나 공후들을 수도인 사라이로 오게 하며 자신에게 충성을 약속하게 했다. 바투는 점령한 모든 지역에 부하들을 보내 공물을 수집하게 했다. 우크라이나와 모스크바 지역은 역사의 암흑기로 들어섰다.

4. 타타르의 굴레

공후들과 귀족들이 타타르군을 피해 도망가자 주민들은 기존 체제의 잔학한 통제와 압제에서 벗어날 수 있는 기회를 얻게 되었다. 바투의 부대가 우크라이나를 처음 침공한 1240-1241년 겨울부터 부락 전체가 타타르군에게 항복하는 일이 자주 일어났다. 주민들은 농산물을 공물로 바치고 타타르군의 지배를 인정하며 충성을 맹세했다. 공후들의 지배에 진력이 난 이들은 자신들이 선택한 장로들이 마을을 이끌어가기를 바랐다. 이러한 상황은 우크라이나의 공후들을 제거하려는 타타르에게도 이익이 되었다. 공후들의 힘을 약화시키는 것은 점령한 지역을 통제하는데 도움을 주었다. 지도자나 군대가 없이 분리된 각 마을은 반란을 일으킬 수가 없었다. 이러한 '자유 부락들'로부터 타타르군은 농산물로 공물을 받고 주민들 스스로가 부락을 운영해 나가도록 해주었다.

이러한 혁명적 기운이 얼마나 넓게 퍼져나갔는지는 정확히 알 수는 없지만 소위 '타타르 주민(Tatar people)'이라는 명칭이 생겨났다. 할리치아의 대공 다닐로는 공후국가의 질서를 교란하는 이러한 주민들이 일으킨 반란을 진압하기 위해 자주 출정했다. 볼히냐와 키예프 주 사이 슬루치Sluch 강, 호린Horyn 강, 테테레프Teterev 강, 부흐Buh 강 유역에서 이러한 반란이 자주 일어났고, 다닐로는 이를 진압하기 위해 출정했다. 이러한 움직임이 드니프로 강 하류 지역으로도 확산되었을 가능성이 크지만, 이것이 상류 지역에까지 영향을 미쳤는지에 대해서는 정보가 없다. 타타르는 이러한 움직임이 가능한 지역에서는 주민들을 고무하고 지원했다.

공후들과 귀족들에 대한 반란은 이미 쇠락해 가고 있던 드니프로 강 유역 지역의 공후국 체제를 더욱 약화시켰다. 일부 공후들은 바투에게 키예프를 통치할 권한을 부여해 달라고 요청했다. 수즈달의 야로슬라브 공이 이러한 요청을 한 첫 공후였다. 그는 자신의 지역뿐만 아니라 키예프 지역도 통치하게 해줄 것을 간청했다. 이러한 사실이 알려지자 다른 공후들도 경쟁적으로 바투에게 자신들이 탐을 내는 지역을 통치할 수 있게 해달라고 요청했다. 이들은 아마도 주민들의 대규모 반란 가능성과 타타르가 공후체제를 없애고 자신들의 지역을 직접 통치하지 않을까 두려워했다. 체르니히프의 미하일 공은 타타르로부터 체르니히프 지역을 통치할 권한을 인정받았지만, 타타르 전통에 따라 불로 자신을 정화하고 칸의 조상들 초상 앞에 머리를 조아리는 것을 거부했다가 살해를 당했다.

오랜 기간 동안 키예프는 통치 공후가 없어서 주민들이 스스로 정부를 운영했다. 페레야슬라프와 체르니히프의 공후도 오랜 기간 부재했다. 이 지역의 공후들은 타타르를 피해 북쪽의 뱌티치족Viatiches의 옛 거주지로 이주해 갔다. 13세기 후반과 14세기에 공후들의 숫자는 늘어났지만, 정치적 권력을 이미 상실한 이들은 대지주의 지위에 만족해야 했다. 드니프로 상류 지역의 공후, 귀족, 사제들도 다른 지역으로 이주하는 것이 바람직하다고 생각했다. 그러나 일반 주민들은 공후와 귀족들의 지배를 받을 때보다 타타르 지배체제 아래서 더 큰 해를 받지 않았다. 특히 타타르 칸들은 질서를 유지하며 행정을 펼쳤고, 자신들에게 복종하는 주민들에게 해를 가하지 않고, 우크라이나 공후와 귀족들보다 가벼운 세금을 매겼기 때문에 환영을 받았다. 토착 지역을 떠난 상류층은 구질서가 아직 살아 있는 지역, 특히 우크라이나 북부와 서부 지역으로 이주했다. 그들은 이주하면서 서적, 성상화, 예술품과 다른 문화적 산물들을 가지고 갔기 때문에 이 지역들, 특히 드니프로 하류 지역의 문화 발전은 크게 낙후되게 되었다. 문화의 잔재는 주로 수도원에만 남게 되었다. 일반 주민은 생계를 유지하는데 모든 노력을 기울였기 때문에 문화와 예술에 신경을 쓸 수 없었고, 예술이나 문학을 후원할 사람도 없었다. 지역 역사에 대한 관심도 사라져 버려서 타타르가 지배하던 시기에 대해서 남아 있는 정보가 거의 없다.

5. 다닐로 왕

드니프로 강 유역 지역에서 정치적, 문화적 생활이 쇠퇴하는 동안 내홍을 극복하고 강력하고 독자적인 세력을 형성한 할리치아-볼히냐 지역은 세력이 강성해졌다. 바투가 침입했다가 물러간 직후인 1245년 다닐로와 바실코는 할리치아의 왕위를 차지한 마지막 외부인이었던 로스티슬라브를 몰아냈다. 그는 헝가리 왕의 사위로서 헝가리군의 지원을 받다서 왕위를 차지하고 있었다. 그를 몰아낸 후 할리치아에는 평화의 시기가 도래하여 이전처럼 다닐로는 할리치아를, 그의 동생 바실코는 볼히냐를 통치했다. 두 형제는 우애를 유지하였고, 이렇게 밀접한 동맹관계에서는 이들이 통치하는 두 지역 사이의 경계가 사실상 무의미했다.

타타르의 침공으로 많은 것이 파괴되었지만, 각 지역의 사회, 정치적 질서는 크게 훼손되지 않았다. 칸과 타타르가 서쪽의 이 지역에 대해 실질적 지배권을 행사하는지에 대한 의문이 한동안 제기되기도 했다. 그러나 이러한 의문은 오래 지속되지 않았다. 1245년 타타르는 다닐로에게 할리치아의 수도인 할리치의 지배권을 타타르로부터 인정받은 다른 공후에게 양도할 것을 요구했다. 다닐로는 만일 타타르의 우월권을 인정하지 않으면 타타르는 계속 자기 자리를 노리는 다른 공후들을 내세워서 큰 곤경에 처하게 될 것이라는 것을 깨달았다. 그는 수치와 슬픔을 무릅쓰고 칸에게 복종의 예를 하기 위해 타타르 금칸국으로 갔다. 칸은 다닐로를 예의를 갖추어 맞았지만, 그가 자신의 봉신(vassal)에 불과한 것을 깨닫게 했다. 연대기 작가는 다닐로의 충성 표시에 감동한 칸이 다닐로에게 타타르와 다른 유목민들이 마시는 발효 우유인 쿠미스(Kumys)를 마시게 했다는 이야기를 전하고 있다. 칸은 '당신은 이제 타타르가 되었으므로 우리가 마시는 것을 마실 수 있다.'고 말한 것으로 전해진다. 다닐로는 통치권을 인정받았지만 자신이 칸의 종이라는 것을 인정해야 했다. 그가 고국에 돌아오자 그를 맞으러 나온 동생과 아들들은 '그가 당한 수치를 듣고 다 같이 울었지만, 그가 살아서 돌아온 것을 기뻐했다.'라고 기록에 남아있다. 다닐로가 타타르인들에게 복종의 예를 한 것은 눈물과 수치를 가져왔지만, 그의 방문으로 인해 그의 지위는 한층 강화되었다. 타타르의 보복을 두려워해서 그의 이웃국가 중 어디도 그에게 적대적 태도를 보이지 않았다. 유럽 전체는 타타르가 다시 서진(西進)을 하지 않을까 큰 공포에 떨었다.

다닐로는 '타타르의 굴레(Tatar yoke)'를 더 감내할 수가 없어서 이들의 지배를 벗어나서 키예프 지역을 해방시킬 적당한 기회가 오기만을 기다렸다. 키예프 지역의 주민 자치 운동은 다닐로에게 큰 위협이 되었다. 타타르는 할리치아-볼히냐 지역에서도 유사한 운동이 일어나도록 고무시켰고, 이에 동조하는 주민들이 나타나기 시작했다. 다닐로는 이러한 운동을 압제하여 타타르의 보호권을 제거하기로 하였다. 그는 타타르 지도부를 만나기 위해 동쪽으로 가는 길에 역시 칸에게 가고 있던 교황의 사절단을 만났다. 사절단은 교황이 타타르에 대한 전쟁을 준비하기 위해 유럽의 모든 기독교 국가를 조직하고 있다고 알렸다. 이들은 교황의 우월권을 인정하고, 그의 동생이 군사적 지원을 얻기 위해 교황청과 협상을 시작할 것을 권유하였다.

그러나 이러한 군사적 원조를 제공하는 것은 교황의 능력 밖의 일이었다. 대신에 교황은 할리치아의 공후들에게 가톨릭교회를 받아들일 것을 설득하고, 이렇게 되면 다닐로를 왕으로 즉위시킬 것이라고 말했다. 다닐로는 타타르를 자극할까봐 이 제안을 받아들이는 것을 주저했으나, 그의 가족들은 그를 설득하여 제안에 동의하게 했다. 1253년 교황의 사절단이 할리치아로 와서 도로히친Dorohichin에서 다닐로를 왕으로 즉위시켰다. 그러나 다닐로는 교황이 약속한 군사 원조를 제공할 능력이 없다는 것을 알자마자 교황청과의 관계를 단절했다. 우크라이나 교회를 로마 교회와 통합하는 것은 주민들 사이에 반란의 기운을 전파했다. 주민들은 다닐로가 교황과 가까워지지 못하게 하기 위해 그의 아버지 로만이 교황청이 제공하는 왕관과 성 베드로의 검(sword of St. Peter)을 거부한 사실을 상기시켰다. 로만은 자신의 검을 교황 사절단에게 보여주며 자신이 이 검을 가지고 있는 한 다른 검은 필요 없다고 말했다고 한다.

이러는 동안 다닐로와 타타르의 관계는 크게 악화되었다. 이웃국가인 폴란드와 헝가리로부터 지원을 받을 희망이 없다는 것을 깨달은 다닐로는 단독으로 타타르에 대한 공격을 감행하기로 결정했다. 1254년 그는 병력을 타타르와 '타타르 주민들'에게 보내 공격을 시작했다. 그러나 공격을 받은 부락들은 항복을 하지 않았고, 항복을 하였다 하여도 다닐로의 군대가 떠나면 바로 반란을 일으켰다. 다닐로는 자치 운동을 진압하지 않으면 이것이 우크라이나 전체로 퍼져나가고 정치적 통제력이 무너질 것을 염려했다. 다닐로는 저항하는 부락을 불태우고 그에게 복종을 거부하는 주민들은 노예로 만들기로 결정했다. 리투아니아 왕 민다우가스Mindaugas를 동맹으로 얻은 다닐로는 키예프 공략을 준비하였다. 그러나 리투아니아군이 약속한 시간에 도착하지 않아서 원정은 연기되었다. 그가 다시 원정 준비를 하였을 때는 이미 상황이 크게 변해서 타타르를 공격하는 것이 소용없게 되었다.

다닐로를 징벌하기 위해 전방을 책임지고 있던 타타르군 장군은 병력을 볼히냐로 파견했다. 그러나 이 부대는 너무 약해 쉽게 격퇴되었다. 후에 타타르는 부룬다이를 지휘관으로 하는 더 큰 부대를 파견하였다. 부룬다이는 폴란드를 치러 가는 길이라고 선언하며 기만전술을 폈다. 부룬다이가 볼히냐 국경에서 최후통첩을 보냈을 때 다닐로와 바실코는 바실코 딸의 결혼식 연회를 즐기고 있었다. 타타르군에 의한 파괴를 피하기 위해 두 형제는 다시 한 번 금칸국의 수도로 가서 충성을 맹세해야 했다. 이번에는 더 이상 타타르에 대항하는 것을 막기 위해 모든 도시의 성벽을 헐도록 칸이 명령했다. 다닐로가 가장 아끼는 도시인 홀름Kholm만이 명령을 제대로 이해하지 못한 구실을 대고 성벽을 보존했다. 요새를 상실한 것은 다닐로에게 크나큰 손실이었다. 그의 원대한 계획은 달성되지 못하였고, 이웃한 기독교 국가들도 타타르에 대항하려는 다닐로를 돕지 않았다. 폴란드와 리투아니아 도시들을 병합시킴으로써 자신의 영역을 넓히려는 계획도 수포로 돌아갔다. 모스크바공국의 공후들과는 달리 다닐로는 타타르의 지배를 고분고분 받아들이지 못하였고, 자신이 당한 수모를 이기지 못하고 와병하여 그는 1264년 사망하였다.

6. 다닐로 후손이 통치한 할리치아 – 볼히냐

다닐로가 달성하려다 이루지 못한 계획은 그의 후손들에게 넘겨졌으나 이들도 이를 성취하는데 실패했다. 할리치아–볼히냐공국은 오래 살아남지 못했지만, 존속하는 동안은 큰 권력을 누리며 지역에서 중요한 역할을 했다. 공국은 우크라이나의 나머지 지역을 병합하지도 못했고, 서쪽으로 뻗어나가지도 못했다. 동쪽에서는 타타르가 이들의 길목을 막았고, 서쪽의 국가들은 할리치아–볼히냐공국으로 통합되기에는 너무 이질적이었다.

다닐로의 아들들은 리투아니아의 왕좌를 탐냈다. 아들 중의 하나인 슈바르노Shvarno는 리투아니아 대공의 자리를 차지하는데 성공했으나 얼마 안 있어 죽었다. 시간이 흐르면서 할리치아의 공후들은 리투아니아에 대한 영향력을 상실하였고, 오히려 리투아니아의 지도자들이 볼히냐–할리치아 땅을 넘보면서 위험한 이웃국가가 되었다. 타타르도 무정부 상태가 되어 내부에서 세력 다툼을 위한 투쟁이 벌어질 때마다 자주 소요를 일으켰다. 전체적으로 보아 볼히냐–할리치아에서의 타타르의 굴레에 의한 탄압은 동부 우크라이나나 모스크바 지역에 비해서는 훨씬 약한 상태였다. 타타르는 볼히냐–할리치아공국의 내부 문제에는 관여하지 않고 주기적으로 공물을 걷는데 만족했다.

다닐로의 둘째 아들인 바실코가 아버지의 왕위를 이었지만 오래 살지 못하였다. 바실코가 죽자 평화로운 시대가 끝나고 내부 분란이 일어났다. 다닐로의 아들 중 레오Leo가 가장 야망이 컸다. 르비프(Lviv, Lwow, 폴란드명 Lemberg)라는 도시명은 그의 이름에서 나왔다. 그는 인근의 폴란드 도시들을 점령하려는 꿈을 꾸었고, 크라코우Cracow의 지배자가 되려고 했지만, 그의 계획은 수포로 돌아갔다. 그는 헝가리의 무정부 상태를 이용하여 카르파치아-우크라이나(Carpatho-Ukraine) 지역을 탈환하려고 했지만 이도 이루지 못했다.

볼히냐는 바실코의 아들인 볼로디미르가 통치했다. 그는 능력 있는 지도자였고, '서적을 애호하는(lover of books)' 공후였다. 연대기에는 '그와 같은 철학자는 우리 땅에 다시 나타나지 않을 것이다'라고 기록하고 있다. 그러나 그는 내성적 성격의 소유자였고 건강이 나빠 어려움을 겪었다. 14세기 초 로만의 왕가는 볼히냐와 할리치아 전체에서 멸절되고, 볼히냐는 레오의 아들인 게오르기(유리)의 수중에 들어갔다. 그의 황실 문양에는 그의 할아버지가 그랬던 것처럼 '루스의 왕(King of Rus)'이라는 문구가 들어갔다. 그는 강한 군주였고, 능력 있는 행정가였다. 그의 통치하에 혼란스러웠던 나라는 다시 평화와 번영의 길로 들어섰다고 폴란드와 우크라이나 사료 모두 기록하고 있다.

이 시기에, 아니면 이미 레오가 통치하던 시기에 중대한 사건이 일어났는데, 그것은 루스의 교회가 두 개의 대주교 관구로 나뉜 것이다. 키예프에 대한 타타르의 계속적인 공격 때문에 대주교는 수즈달-모스크바 지역에 있는 것을 선호하다가 1299년 대주교는 키예프를 완전히 떠났다. 할리치아의 공후들은 1303년 콘스탄티노플의 총대주교로부터 할리치아에 새로운 교구를 설치할 수 있다는 허가를 받았다. 드니프로 강 지역의 주민들은 이전의 대주교에게 계속 충성하고 있었기 때문에 이 조치로 우크라이나 주민들을 연합하는 중요한 종교적 연대가 크게 약화되었다.

게오르기의 뒤를 이어 두 아들, 안드레이와 레오가 왕위에 올라

1320년까지 통치하였으나 둘 다 일찍 죽고 말았다. 이들은 아들을 남기지 않아 할리치아-볼히냐는 위험한 상황에 처하게 되었다. 이웃 국가들은 할리치아-볼히냐를 분할할 기회를 엿보고 있었다. 그러나 공국 내에서 내분이 일어나지는 않았다. 귀족들은 선왕들의 가까운 친척인 폴란드의 볼레스와프Bolesłav를 새 지도자로 선출했다. 그는 가톨릭 세례를 받았지만, 그리스 정교로 개종하고 자신의 할아버지를 숭앙하여 그리고리(유리) 2세라는 정교도 이름을 채택했다. 1325년 그는 할리치아-볼히냐의 왕위에 정식으로 올랐다. 그러나 새로운 통치자는 어려운 상황에 부딪쳤다. 그는 외국인이었고 이로 인해 여러 의심을 받았다. 귀족들은 그가 왕위에 오르는데 자신들에게 큰 빚을 졌으므로 귀족들이 그의 후견자가 되어야 하고, 실질적 통치는 자신들이 해야 한다고 생각했다. 이러한 요구가 마음에 들지 않은 그리고리 2세는 외국인들, 특히 체코인들과 독일인들로 측근을 채웠다. 이러한 행동은 상황을 더 악화시켰다. 그리고리 2세가 정교회를 뿌리 뽑고 가톨릭으로 대체하기 위해 가톨릭교회의 이익을 위해 일하고 있다는 소문이 돌았다. 자신들의 도구가 되는 것을 거부한 그리고리-볼레스와프에게 불만을 품은 귀족들은 이러한 소문을 더욱 확산시켰고 그에 대한 반감을 부추겼다.

할리치아-볼히냐공국 내의 내분을 알아차린 폴란드와 헝가리는 이 공국을 차지하기로 했다. 1339년 폴란드 왕 얀 카지미예스Jan Kazimierz와 헝가리 왕 카롤Carol 사이에 할리치아를 점령하여 양분한다는 비밀 협정이 맺어졌다. 이것은 1214년 폴란드-헝가리 조약의 재판이었다. 헝가리 왕은 다닐로가 어린 시절 헝가리 왕이 그의 보호자 역할을 하였으므로 헝가리가 할리치아를 차지해야 한다고 생각했다. 그러나 새로운 비밀 협정에서 두 왕은 둘 중 하나가 상속자 없이 죽게 되는 경우 다른 사람이 할리치아를 차지하기로 합의하였다. 헝가리의 왕은 폴란드가 우크라이나의 다른 지역을 점령하는데 군사적 도움을 주기로 약속했다.

이러는 와중에 그리고리 2세에게 불만이 커진 귀족들은 할리치아-볼히냐의 공주와 결혼한 리투아니아의 류바르트Liubart 대공에게 도움을 청하고 그를 자신들의 지도자로 세울 음모를 꾸몄다. 이러한 밀약을 세운 후 귀족들은 1340년 4월 7일 그리고리 2세에게 독약을 먹였다. 바로 반란이 일어나 그리고리가 데리고 온 많은 외국인 가톨릭교도들이 살해당했다. 류바르트는 볼로디미르 시에서 볼히냐의 공후로 즉위했다. 할리치아는 류바르트를 자신들의 공후로 인정한 귀족들이 직접 통치했다. 귀족 중 한명이었던 드미트로 데드코Dmirto Dedko가 할리치아의 실질적 통치자가 되었다.

그리고리-볼레스와프가 살해되었다는 소식이 헝가리와 폴란드에 전해지자, 두 국가는 비밀 협정에 따라 할리치아를 침공했다. 폴란드군은 카지미예스 왕이 직접 이끌었고, 헝가리군대는 군사령관인 빌레름Willerm이 지휘했다. 헝가리-폴란드 연합군의 침략을 안 할리치아 총독 데드코는 바로 타타르에게 도움을 요청했다. 타타르군이 할리치아를 도우러 올 것을 염려한 카시미예스는 겁을 먹고 회군을 했다. 그는 너무 서둘러 철군하느라 자신이 진군하면서 획득한 노획물도 버리고 돌아갔다. 타타르군이 폴란드를 상대로 대규모 원정을 준비하고 있다는 소식이 전해졌다. 이 소식에 너무 놀란 폴란드 왕은 데드코와 바로 협상을 시작하여 타타르가 폴란드를 공격하지 않도록 해달라고 부탁하고, 다시는 할리치아를 공격하지 않겠다고 약속했다. 이렇게 해서 할리치아-볼히냐는 잠시 동안 위험에서 벗어날 수 있었다. 그러나 타타르의 위협이 사라지자 카지미예스는 자신의 약속을 깨고 교황에게 자신의 사면을 청원했다. 그는 할리치아를 공격할 시간을 기다렸다. 1345년 카지미예스는 공격을 개시하여 샤녹 Sianok과 다른 지역을 점령하였지만, 류바르트와 강화협정을 체결하지 않으면 안되었다. 류바르트는 1349년까지 명목적으로 할리치아의 통치자로 남았다. 카시미예스는 타타르를 설득하여 자신의 공격에 간섭하지 않는다는 약속을 받아내고, 다시 한 번 공격을 시도하여 할리치아와 볼히냐 일부 지역을 점령했다. 이로 인해 폴란드와 리투아니아 사이에 전쟁이 일어났고, 할리치아-볼히냐는 독립을 잃고 우크라이나 주민들은 리투아니아-폴란드 연합 시대라는 새로운 정치적 상황에 처하게 되었다.

이렇게 14세기 중반 우크라이나 땅의 정치적 독립은 종말을 맞게 되었다. 폴란드가 할리치아를 점령했고, 볼히냐는 일시적으로 리투아니아의 한 지방이 되었다. 키예프, 체르니히프와 다른 공국들은 타타르의 지배로부터 자유를 얻자마자 리투아니아 대공의 수중에 떨어지게 되었다.

3부

폴란드 - 리투아니아 지배 시대

8장 폴란드-리투아니아 지배 시기의 우크라이나

1. 우크라이나로의 리투아니아의 팽창

13세기 후반과 14세기 전체를 걸쳐 리투아니아 공후들의 세력은 아주 빠른 속도로 처음에는 이웃한 벨라루스, 그 다음으로는 우크라이나로 뻗어왔다. 오랜 기간 유럽에서 가장 낙후되고 보잘 것 없었던 리투아니아인들은 세력이 커지는 독일기사단의 위협을 받았다. 이를 물리치기 위한 투쟁을 벌이면서 리투아니아인들은 놀라운 조직력을 갖추게 되었고, 좀 더 고급 문명을 가진 이웃한 슬라브 지역으로 자신들의 세력을 확대하기에 이르렀다. 13세기 중반 리투아니아의 민다우가스가 팽창 정책을 추진하자 역시 이웃국가로 세력을 넓히려던 할리치아의 다닐로 왕의 저항을 불러일으켰다. 다닐로는 민다우가스를 굴복시키기 위해 튜톤기사단과 폴란드와 동맹을 맺었다. 이 위기를 피하기 위해 민다우가스는 다닐로의 아들 로만이 몇 개의 리투아니아 부락을 차지하는 것을 허용했다. 몇 년 후 민다우가스의 아들 보이셸크Voishelk는 다닐로의 다른 아들 슈바르노가 자신의 뒤를 이어 리투아니아의 공후 자리를 차지하는 것을 인정했다. 그러나 얼마 지나지 않아 1264년 슈바르노는 죽었고, 다닐로의 다른 아들들은 이러한 상황을 잘 활용하지 못하였다. 민다우가스의 영역은 다른 리투아니아 공후들에게 넘어갔고, 이들은 팽창 정책을 다시 추진했다.

14세기 초 25년 동안 벨라루스의 대부분 지역을 장악한 리투아니아의 공후들은 우크라이나 지역도 병합할 준비를 했다. 다닐로 왕조의 말기에 리투아니아인들은 부흐 강 상류의 프리퍄트Pripet 강과 핀스크 강 유역을 장악했다. 비트Vid라는 이름을 가진 리투아니아 공후는 폴리시아를 차지했다. 1320년대 게디미나스Gedyminas 시기에 키예프가 리투아니아인들 수중에 들어갔지만 지역의 공후들은 타타르의 지배권을 인정했다. 우크라이나 귀족들이 게디미나스의 아들인 류바르트를 할리치아의 공후로 선출하면서 우크라이나 지역으로의 리투아니아의 팽창은 가속도가 붙었다. 이런 움직임은 우크라이나인들이 리투아니아인들에 대해 크게 적대감을 느끼지 않았다는 것을 반증한다. 벨라루스와 우크라이나 지역을 장악한 후 리투아니아의 군소 공후들은 그 지역의 관습과 문화에 재빨리 적응했다. 이들은 '우리는 기존의 관습을 파괴하고 새로운 관습을 들여올 생각이 없다'며 가능한 큰 변화를 일으키려 하지 않았다. 이들은 그리스 정교를 받아들이고 우크라이나어나 벨라루스어와 지역 관습을 받아들였다. 자신들의 공후들의 권력 투쟁과 부패한 타타르의 지배에 역겨움을 느낀 많은 우크라이나의 도시와 부락들도 새로운 변화를 환영했다. 세력이 강한 리투아니아 공후들이 자신들을 안전하게 지켜줄 수 있을 것이라고 믿었다. 우크라이나 공후들은 자신들의 권력을 잃는 것을 받아들일 수 없었지만, 종종 수도에서 통치하는 우크라이나 대공의 권위를 인정하는 조건으로 자신들의 지위를 유지했다. 이렇게 해서 서서히 피를 흘리는 전쟁 없이 우크라이나 지역들은 차례로 리투아니아 지배하에 들어갔다. 이러한 변화는 너무도 조용히 일어나서 우크라이나 역사 자료들도 리투아니아의 교묘한 세력 확장에 대해 자세히 언급하지 않았다.

전술한대로 류바르트는 1340년 할리치아의 공후가 되었다. 그는 1349년 이 지역이 폴란드에 점령될 때까지 할리치아를 통치했고, 이웃한 볼히냐는 자신이 죽을 때까지 40년을 더 통치하였다. 1350년대 리투아니아의 대공 알기드라스Algidras는 자신의 영역을 동쪽과 남쪽으로 넓혀 브랸스크와 북부 체르니히프, 노브고르드-세베르시크, 스타로두프Starodub를 장악하고 리투아니아 왕자들을 지역 통치자로 임명했다. 1360년 경 알기드라스는 키예프의 마지막 공후 페오도르Theodore를 권좌에서 내려오게 하고, 자신의 아들 볼로드미르를 그 자리에 앉혔다. 키예프공국은 오랜 기간 타타르의 착취로 경제가 파산 상태에 있었지만 여전히 가장 큰 공국으로서 정치적 중요성을 잃지 않고 있었다. 키예프를 자신들의 자산으로 여전히 생각한 타타르는 페오도르를 자신들의 가신으로 보호하려고 하였지만, 내분과 무질서로 세력이 크게 약화된 타타르는 리투아니아의 팽창에 제대로 저항할 수 없었다. 알기드라스는 남쪽 방향으로 진군하여 타타르군을 물리치고, 키예프뿐만 아니라 역시 타타르의 영향력 아래 있던 포돌랴를 점령했다. 알기드라스의 조카들이 포돌랴 지방 도시들의 공후로 임명되었으며 타타르의 공격으로부터 도시를 방어하기 위해 도시들을 요새화했다. 한동안 포돌랴의 주민들은 문제를 일으키지 않기 위해 타타르에게 때때로 공물을 바쳤고, 이 지역은 여전히 타타르의 영향력 아래 있는 것으로 간주되었다. 다른 지역도 사정은 크게 다르지 않았다. 그래서 키예프의 공후인 볼로디미르의 동전에는 타타르의 문양이 새겨져 있었다. 그러나 타타르는 더 이상 키예프공국의 내정에 간섭하지 못하게 되었고, 리투아니아 왕조의 공후들이 타타르를 대신하여 통치하기 시작했다.

2. 할리치아 – 볼히냐의 분할

리투아니아 공후들은 운이 좋게 큰 저항을 받지 않고 우크라이나 동부지역을 병합했다. 리투아니아는 저항할 군사력이 없어서 자발적으로 리투아니아의 지배를 받아들이는 지역만을 병합했고, 지배하는 지역이 광범해서 리투아니아 왕국은 조직적으로 지배되지 못하였다. 이러한 상황을 이용하여 이미 프러시아의 리투아니아계 부족과 레트족을 점령한 튜톤기사단과 리보니아의 '검의 기사단(Brothers of the Sword)'은 리투아니아를 점령할 계획을 가지고 계속해서 리투아니아를 공격했다. 리투아니아 공후들은 동쪽에서는 국경 지역의 도시들을 차지하려는 모스크바공국과 전쟁을 치러야 했다. 이러한 여건에서 우크라이나를 방어하기 위한 큰 도움을 주는 것은 불가능했다. 류바르트가 서부 우크라이나 지역을 차지하려는 폴란드와 헝가리와 힘든 싸움을 하는 동안 다른 공후들은 간헐적 도움만 줄 수 있었다. 폴란드와 헝가리 연합군의 침공을 받고 류바르트에게 충분한 지원을 받지 못한 할리치아는 결국 폴란드 수중에 떨어지고 말았다.

류바르트의 명목적 지배를 받으며 할리치아는 1349년까지 자치를 유지했다. 그러나 폴란드 왕 카지미예스는 기습 공격을 감행하여 할리치아를 점령하고 볼히냐의 일부를 병합했다. 이러한 도전에 직면한 리투아니아 공후들은 류바르트를 도와 출병하여 할리치아를 탈환하려고 했다. 그러나 할리치아를 폴란드로부터 다시 빼앗아 오는 것은 실패했고, 대신 폴란드 지역을 계속 약탈하며 카지미예스를 괴롭혔다. 자신의 영역을 지키기 위해 폴란드 왕은 헝가리의 왕 루이 Louis와 다시 동맹을 결성하고, 로마의 교황으로부터 재정적 지원을 받았다. 폴란드와 헝가리는 최소한 우크라이나의 벨즈Belz와 홀름 지역이라도 점령하려고 하였다. 1352년 벌어진 벨즈 공방전은 기억할 만하다. 벨즈의 주민들은 폴란드와 헝가리의 대규모 연합군에 주눅이 들지 않고 영웅적인 저항을 펼쳤다. 이 지역 총독은 항복 조건을 협상하면서 시간을 끌어 요새를 강화하고, 성 주변의 해자를 깊이 팠다. 충분한 방어 준비가 끝났다고 판단한 총독은 적에게 항복하지 않을 것이라고 통보했다. 아침 일찍부터 시작된 전투는 정오까지 지속되었는데, 목 깊이까지 오는 해자에 빠진 폴란드-헝가리군은 많은 희생을 치렀다. 머리에 부상을 입은 헝가리의 루이 왕은 말에서 떨어져 거의 목숨을 잃을 뻔했다. 헝가리군이 먼저 퇴각하고 곧이어 폴란드군도 퇴각하면서 벨즈 공방전은 끝났다. 이 원정이 끝난 후 카지미예스는 할리치아만 병합하고 볼히냐는 류바르트의 지배하에 두기로 했다. 할리치아를 점령한 다음 카지미예스는 이 지역의 반폴란드 주민들을 몰아내고 폴란드인을 대거 이주시켜 할리치아에 정착하게 했다. 이들에게 많은 특권과 특혜를 주기 위해 카지미예스는 우크라이나 귀족들의 지위를 박탈하고 이들의 영지를 몰수했다. 류바르트는 할리치아를 되찾기 위해 여러 번 시도를 했지만 뜻을 이루지 못했다. 이러한 양측의 투쟁은 30여 년 간 지속되었다.

리투아니아가 계속 폴란드를 공격하자 카지미예스는 튜톤기사단, 리보니아기사단과 비밀 협정을 맺고 두 방향에서 리투아니아를 공격하기로 했다. 1366년 폴란드는 남쪽으로부터 볼히냐를 공격했고, 독일 기사단은 북쪽으로부터 리투아니아를 공격했다. 폴란드는 벨즈, 홀름, 볼로디미르를 장악했지만, 벨즈와 홀름은 폴란드의 지배를 벗어나는데 성공했다. 카지미예스는 1370년 죽을 때까지 볼로디미르를 장악했다. 카지미예스가 죽자 류바르트는 볼로디미르를 다시 장악했다. 헝가리의 루이 왕과 폴란드는 다시 류바르트를 상대로 전쟁을 벌여 벨즈와 홀름 지역을 할리치아에 병합시켰다. 헝가리의 루이왕은 할리치아를 폴란드에 넘겨 줄 생각이 없었다. 그는 할리치아를 헝가리의 한 주로 만든 뒤 실레시아의 공후 중 한 사람인 브와디스와프Vladislav에게 통치하도록 넘겨주었다. 그는 헝가리 정부의 보호 아래 1372년부터 1378년까지 할리치아를 통치했다. 루이스는 브와디스와프를 다른 직책에 임명해서 전근시키고 할리치아를 헝가리 정부와 군이 직접 통치하도록 했다. 1382년 루이가 죽자 폴란드 귀족들은 그의 딸인 야드비가Yadviga를 폴란드의 여왕으로 즉위시켰다. 헝가리에서는 혁명이 일어났고, 폴란드는 군대를 보내 할리치아를 다시 점령했다. 이렇게 해서 할리치아는 1387년 폴란드에 다시 병합되었다. 헝가리 정부는 이에 대해 항의를 했으나 군대를 동원해 폴란드에 대항하지는 못했다.

3. 폴란드와 리투아니아 연합

할리치아와 볼히냐를 둘러싼 리투아니아와 폴란드의 각축이 어떻게 끝날지는 아무도 예상할 수 없었다. 그러나 폴란드와 리투아니아가 리투아니아 대공이 지배하는 연합국가를 이루면서 상황은 반전되었다. 리투아니아 대공은 폴란드 왕이 되면서 리투아니아를 폴란드에 영구히 병합시켰다. 이것은 폴란드 귀족들의 꾀에서 나온 작품이었다. 헝가리의 영향에서 벗어날 목적으로 폴란드 귀족들은 헝가리왕의 어린 딸인 야드비가를 폴란드 왕으로 앉혔다. 이제 귀족들은 야드비가의 남편감을 찾았는데, 자신들의 이익을 방해하지 않을 사람을 원했다. 야드비가는 오스트리아의 왕자 빌헬름Wilhelm과 이미 약혼이 되어 있었지만 귀족들은 그를 남편감으로 생각하지 않았다. 이들은 리투아니아의 젊은 대공 요가일라(Jogaila. 폴란드식 이름 – 야기에워)를 점찍어 두고 있었다. 귀족들은 요가일라가 자신들 덕분에 폴란드의 왕이 되면 이에 대한 감사의 표시로 귀족들의 말을 잘 따를 것으로 생각했다. 요가일라는 귀족들이 내건 조건을 모두 받아들여 귀족들을 실망시키지 않았다. 요가일라는 리투아니아를 가톨릭 국가로 만들고 자신도 그리스 정교를 포기하고 로마가톨릭으로 개종할 것이라고 약속했다. 그는 자신이 직접 나서서 폴란드가 잃어버린 영토도 되찾을 것이라고 장담했다. 결혼 합의에 가장 중요한 조건은 '리투아니아와 리투아니아가 획득한 우크라이나 영토를 영구히 폴란드에 병합시킨다'는 것이었다. 1385년 4월 15일 리투아니아에서 맺어진 크레보 조약은 '크레보 연합(Union of Krevo)'으로 불린다. 이 연합은 동유럽 정세에 적지 않은 영향을 끼쳤다.

  이 조약이 성립된 후 폴란드 귀족들은 야드비가와 요가일로의 결혼을 하루 빨리 성사시키려고 서둘렀다. 그러나 이를 위해 귀족들은 적지 않은 난관을 극복해야 했다. 야드비가의 어머니는 약혼자 빌헬름을 서둘러 당시 폴란드의 수도인 크라코우로 오게 해서 야드비가의 남편으로 크라코우에 거주하게 했다. 그러나 귀족들은 빌헬름을 크라코우에서 추방해 버렸다. 야드비가는 빌헬름을 좇아가 그를 되돌아오게 하려 하였으나 귀족들은 그녀를 강제로 돌아오게 했다. 그녀와 빌헬름의 결혼은 무효로 선언되었고, 폴란드의 가톨릭 사제들은 폴란드와 가톨릭을 위해 그녀가 요가일라와 결혼해야 한다고 설득했다. 이렇게 해서 결혼이 성립되었고, 할리치아는 폴란드에 병합되었다. 이제 귀족들은 리투아니아에 속한 벨라루스와 우크라이나 땅을 영구히 폴란드에 병합시킨다는 요가일라의 약속이 이행되기를 기다렸다.

리투아니아 대공국은 이제 독립국으로서 더 이상 존재하지 않았고, 리투아니아에 속한 모든 외국 영토는 폴란드의 일부가 되게 되었다. 폴란드 귀족들의 독촉을 받은 요가일라(재위 1386-1390년)는 벨라루스와 우크라이나 지역을 통치하고 있는 모든 리투아니아 공후들은 자신과 아내, 자식들에게 충성을 서약하도록 요구하고, 그 시점부터 그들이 다스리는 지역은 폴란드 왕국의 일부가 된다고 선언했다. 리투아니아 공후들은 요가일라를 이미 자신들의 주군으로 인정했으므로 그에게 충성을 서약하는 문서를 만들어 서명했다.

시간이 지나자 리투아니아 공후들과 귀족들은 이러한 연합으로 자신들의 모든 권리를 잃게 될 수 있다는 것을 알고 크게 동요하기 시작했다. 요가일라의 사촌인 비타우타스Vytautas가 국가연합에 불만을 가진 세력의 우두머리를 맡았다. 그는 이미 두 차례나 자신의 유산(patrimony)을 지키기 위해 요가일라를 상대로 전쟁을 일으킨 바 있었다. 1392년 요가일라는 그에게 리투아니아를 떼어주고 대공 지위도 넘겨주었다. 폴란드에 대한 양보에 화가 난 리투아니아 공후들과 귀족들의 불만을 이용하여 비타우타스는 스스로를 리투아니아 대공국의 대공으로 칭하고 요가일라를 상대로 전쟁을 벌일 준비를 했다.

그러나 타타르를 치기 위해 원정을 떠난 비타우타스는 보르스클라 (Vorskla) 전투에서 크게 패배하면서 자신의 계획을 접어야 했다. 폴란드와 리투아니아를 분리하는 대신 그는 1400년 요가일라와 조약을 맺어 리투아니아는 자신이 통치하는 독립국으로 남고, 대신 요가일라와 그의 후손들이 폴란드의 왕권을 차지하는 것을 인정했다. 리투아니아와 폴란드의 연합 관계는 크레보 조약에 명시된 것처럼 밀접하지 않았지만, 리투아니아는 폴란드에 종속되었고, 이러한 관계는 리투아니아에 포함된 모든 지역의 내정에 부정적 영향을 미쳤으며 우크라이나가 특히 큰 영향을 받았다.

4. 리투아니아 대공의 새로운 정책

요가일라와 비타우투스가 제일 먼저 한 일은 리투아니아에 속한 큰 공국들의 지위를 약화시키는 것이었다. 우크라이나의 각 지역을 지배하던 리투아니아계 공후들은 지역 문화를 존중하였다. 각 지역은 상당한 수준의 자치를 누리고 있었고, 정교회 신앙도 굳건히 지켜지고 있었다. 비타우타스와 요가일라는 큰 영향력을 가진 공후들을 작은 공국으로 이동시켜 이들의 세력을 약화시켰다. 이들이 통치하던 지역은 중앙에서 직접 통치하거나 공후를 자주 바꿔 누구도 세력을 쌓지 못하게 하였다. 최종적으로는 세습 공후들 대신 중앙에서 임명된 총독들이 이 지역을 관할하도록 했다.

1393년 체르니히프 지역을 통치하고 있던 공후 드미트로 코리부트Dmitro Koribut는 통치권을 잃었고, 페도르Fedor도 먼저 루츠크의 통치권을 잃은 다음 볼히냐 전체를 내주어야 했다. 이에 대한 보상으로 그는 체르니히프 관할권을 제안 받았으나 이를 거절하자, 비타우타스는 군대를 보내 그로부터 포돌랴의 관할권을 강제로 빼앗았다. 귀환하는 길에 키예프 인근을 지나게 된 그는 그곳의 공후인 볼로디미르를 추방했다. 페도르는 헝가리군과 왈라키아군의 도움을 받아 자신의 영역을 지키려 했으나, 1394년 비타우타스는 페도르가 없는 틈을 타서 포돌랴의 주요 도시들을 점령하고 총독들을 임명하여 다스리게 했다.

2년 동안 주요 공후들이 모두 이런 식으로 제거되었다. 키예프는 유능한 행정가인 스키르하일로Skirhailo 공이 관리하도록 맡겨졌으나 그는 직무를 맡은 지 얼마 되지 않아 죽고 말았다. 15세기 초 우크라이나에서는 라트노Ratno, 핀스크, 초르토라이스크Chortoraisk, 스타로두프, 오스트로흐 같은 군소 공국만 이전 체제를 어느 정도 유지하였지만, 공국이라기보다는 대영지와 유사하게 되었다. 이 공국들은 넓은 지역에 펼쳐 있었지만 정치적 중요성은 갖지 못했다. 우크라이나는 이제 리투아니아의 한 지역으로 전락하여 중앙의 직접 통제를 받게 되었다. 크레보 연합 이후 이러한 정책은 우크라이나에 큰 변화를 가져왔고, 우크라이나는 폴란드를 모델로 변화되었다.

원시종교 숭배자인 리투아니아를 가톨릭으로 개종시킨 후 요가일라는 앞으로 가톨릭으로 개종한 귀족만이 특권을 누릴 수 있다고 선언했다. 그는 가톨릭 신봉 귀족들로 구성된 새로운 특권 계급(pan)을 만들려고 했다. 1413년의 호로들라(Horodla) 헌장에 의해 이들만이 정부의 고위직을 맡을 수 있게 되었다. 그리스 정교 신앙을 고수하고 있던 모든 공후들과 귀족들은 우크라이나와 벨라루스에서 지위를 잃었다. 폴란드에서 이미 적용되고 있던 독일식 도시 자치법규인 마그데부르크(Magdeburg) 법이 주요 도시에 적용되었다.[5] 종교 문제 때문에 정교도를 신봉하는 우크라이나인들은 도시 의회에 진출할 수 없었을 뿐 아니라 시민의 권리를 제대로 누릴 수도 없었다. 정교회는 아직 용인되고 있었지만 모든 정부 지원을 잃어버렸다. 일부 도시에서 정교도 주민들은 큰 차별대우를 받았다. 할리치아, 홀름, 벨즈의 정교회 사제들이 가장 큰 희생을 치렀다. 1412년 가톨릭 신앙에 대한 열성을 보이고 싶었던 요가일라는 페레므이슬의 아름다운 정교회 성당을 압류하여 가톨릭교회로 넘겼다. 그곳에 안장되어 있던 공후들의 시신은 화장되었다. 요가일라와 비타우타스는 리투아니아 내의 정교도는 우크라이나에서 탄압한 것처럼 그렇게 심하게 탄압하지는 않았다.

5. 동등한 권리를 위한 투쟁

정치적 변화와 정교도에 대한 탄압에 큰 불만을 품은 우크라이나인들과 벨라루스인들은 자신들의 권리를 확보하기 위해 적당한 기회가 오기만을 기다렸다. 1430년 비타우타스가 죽자 정교도 공후들은 좋은 기회가 왔다고 보았다. 그러나 요가일라와 폴란드 귀족들은 이를 이용하여 리투아니아 대공국의 존재를 소멸시키고, 우크라이나를 폴란드의 완전한 소유물로 만들려고 했다. 이들은 비타우타스가 죽으면서 자신의 왕국을 요가일라에게 맡겼다는 거짓 소문을 퍼뜨려서 리투아니아를 거저 손에 넣으려고 했다. 그러나 리투아니아 주민들이 스비트리하일로Svitrihailo를 자신들의 대공으로 뽑으면서 이 시도는 물거품으로 돌아갔다. 폴란드는 카지미예스 왕이 탐냈던 할리치

---

5) 중세 독일에서 도시의 자치권을 보장한 법으로 영주인 대주교와 투쟁하여 자치권을 획득한 마그데부르그시가 효시가 됨.

아-볼히냐와 다른 지역을 리투아니아로부터 얻어내려고 했다. 요가일라는 특히 포돌랴에 큰 관심을 두었다. 포돌랴를 둘러싼 리투아니아와 폴란드의 갈등이 폭발하여 1431년 전쟁이 일어났다. 요가일라는 폴란드의 대군을 이끌고 부흐 강을 건너 볼히냐의 수도인 볼로디미르를 점령하고, 포돌랴의 중심지인 루츠크로 가서 인근에 있던 스비트로하일로의 부대를 격퇴시켰다. 그러나 루츠크의 성당을 방어하던 유르쉬Yursh가 이끌던 부대는 폴란드군의 공격을 방어해 냈다. 그는 강화를 요구하며 시간을 벌어 요새를 강화한 후 저항을 계속했다. 그는 몇 차례나 폴란드군의 공격을 막아냈다. 공방전이 오래 지속되고, 스비트로하일로가 튜톤기사단의 원조 약속을 받아내자 폴란드군은 서둘러 강화조약을 맺었다. 그러나 리투아니아군은 강화조약에 서명함으로써 폴란드를 약화시킬 절호의 기회를 잃게 되었다. 동맹인 튜톤기사단이 이때 폴란드 공격을 시작했다. 폴란드와 리투아니아 사이의 강화로 폴란드는 포돌랴 지방에서 획득한 땅을 병합하였고, 리투아니아는 볼히냐를 계속 보유하게 되었다.

6. 모스크바공국의 간섭

볼히냐를 지배하게 된 리투아니아 귀족들은 우크라이나인들에게 큰 양보를 하였다. 볼히냐의 공후들과 귀족들은 자신들의 땅을 자유롭게 운영할 수 있는 권리를 받았다. 키예프도 볼로디미르의 아들인 알렉산드르의 관할 하에 자치를 보장받았다. 1454년 알렉산드르의 뒤를 이어 키예프의 통치자가 된 세멘Semen은 리투아니아, 폴란드 모두와 우호적 관계를 유지했다. 1470년 세멘이 죽자 리투아니아는 그의 자손들이 공후직을 잇는 것을 막고 키예프를 일반 지방주로 만든 다음 리투아니아 태생인 하쉬토브트Hashtovt를 총독으로 내려 보내려고 했다. 키예프 주민들은 이러한 결정에 강렬히 반대했다. 키예프의 공후직을 둘러싼 갈등으로 우크라이나와 벨라루스에서는 리투아니아에 대한 큰 반감이 일어났다. 알렉산드르의 후손인 미하일 오렐코비치Mikhail Olelkovich는 친척과 다른 공후들과 공모하여 자신의 처남인 몰다비아의 스테판공에게 도움을 요청했고, 모스크바공국의 이반에게도 지원을 요청했다. 미하일은 키예프의 권좌뿐만 아니라 리투아니아 대공 자리도 노렸다. 이들이 공모한 반란은 사전에 발각되었고, 공모자 중 한 사람인 빌나Bilna의 공후는 모스크바공국으로 도망갔다.

폴란드의 가톨릭 세력을 등에 업고 리투아니아인들이 정교도 신자들을 심하게 압박하자 이들도 정교도 국가인 이웃의 왈라키아와 모스크바공국의 지원을 기대했다. 우크라이나인들과 벨라루스인들이 모스크바공국에 기울자 모스크바에서는 리투아니아와 겨루어 우크라이나와 벨라루스 지역을 차지하려는 욕구가 생겼다. 그러나 모스크바의 이러한 의도를 알아차리고서도 리투아니아 지배층은 자신들의 정책을 바꾸려고 하지 않았다. 이러한 정책은 모스크바공국과 리투아니아의 국경 지역에 위치한 체르니히프에 큰 영향을 주었다. 체르니히프는 공국의 지위를 잃고 대영지로 전락했는데, 1470년대-1480년대의 과격한 정책의 영향으로 모스크바공국에 충성을 선언했다. 리투아니아 대공 자리에 오른 알렉산드르는 국경지역의 소공국들과 도시들이 모스크바공국으로 넘어가는 것을 막기 위해 모스크바공국의 공주와 결혼하고 1494년 모스크바가 국경지역 도시들을 차지하지 않겠다는 서약을 받아냈다. 이 시기에 알렉산드르는 요셉을 새로운 대주교로 임명하고 그리스 정교 교회들을 가톨릭교회로 전환시키는 정책을 적극 추진했다. 리투아니아 내 정교도들이 처형당하고 강제로 가톨릭으로 개종시키고 있다는 소문이 돌기 시작하자 1500년 많은 우크라이나 공후들이 리투아니아 정부를 비난하고 모스크바에 충성을 서약했다. 종교 문제가 개입되자 모스크바공국은 1494년의 서약을 무효로 하고 우크라이나의 압제받는 정교도 공후들과 그들의 영토를 보호하겠다고 나섰다. 짧은 기간 안에 체르니히프 전 지역이 모스크바에 충성을 서약했다. 모스크바의 대공은 리투아니아에 '신의 도움으로 기독교 신앙을 수호하기 위해' 리투아니아를 공격한다고 선언했다. 러시아는 세베르스크 지방을 병합하고 이때부터 우크라이나 전체를 리투아니아로부터 '해방시키는' 꿈을 꿨다. 이렇게 되자 리투아니아 정부는 강제적으로 정교도 주민을 가톨릭으로 개종시키는 작업을 중단했다.

1505년 리투아니아 대공 알렉산드르가 와병하여 젊은 나이에 죽자, 리투아니아 귀족들은 그의 동생인 지기문트Sigismund를 새 대공으로 선출했다. 이들은 알렉산드르 밑에서 큰 권력을 휘두른 우크라이나 출신의 가신 흘린스키Hlinsky를 제거하려고 하였고, 그는 투로프로 가서 지방 공후와 주민들을 선동하여 반란을 일으켰다. 그는 모스크바공국에 지원을 요청하고 자신의 동맹인 크림 칸을 설득하여 동시에 리투아니아를 공격하고자 하였다. 그러나 1507년 출병한 모스크바군이 우크라이나를 떠나 벨라루스로 이동하자 흘린스키는 독자적으로 할 수 있는 일이 없었다. 이러한 상황을 지켜본 투로프의 귀족들도 흘린스키측에 가담하지 않았다. 그는 여러 도시 중 모지Mozy 한 곳만 장악하였고, 이곳에서 리투아니아의 영지들을 자주 공격하고 약탈했다. 흘린스키의 반란을 제압하기 위해 지기문트와 폴란드는 콘스탄틴 오스트로즈키Constantine Ostrozky 공이 지휘하는 큰 군대를 보냈다. 이러한 대군을 맞설 수 없었던 흘린스키와 동료들은 모스크바공국으로 도망을 갔다.

9장 코자크의 발흥

1. 할리치아의 반란과 우크라이나 민족주의의 시작

동부 우크라이나의 귀족들이 모스크바공국의 도움을 기대할 때, 서부 우크라이나, 특히 할리치아는 자신들의 불행한 상황을 벗어나기 위해 몰다비아의 도움을 청했다. 종교와 슬라브 문화로 우크라이나와 밀접한 관계에 있었던 몰다비아공국은 14세기 중반에 세워졌다. 15세기에 스테판 대공(재위 1457-1504년)의 뛰어난 영도 아래 국경을 확장하고 터키 술탄 모함메드Mohammed의 공격을 물리쳤다. 몰다비아 내의 루마니아계 주민들은 종교, 교육, 예술에서 우크라이나와 유사한 불가리아 문화의 영향을 받았다. 이런 관계로 포돌랴, 할리치아, 그중 특히 남부 할리치아 지방은 몰다비아와 밀접한 관계를 맺고 있었고, 어려움을 겪을 때면 몰다비아의 도움을 요청했다. 15세기 말과 16세기 초 몰다비아의 공후들은 우크라이나의 부코비나 Bukovina 지방을 통치하고 있었고, 포쿠티아Pokutia라고 불리는 할리치아 남부 지방을 폴란드로부터 빼앗을 생각을 하고 있었다. 몰다비아에 기대를 걸고 있던 할리치아의 우크라이나인들은 스테판 대공을 크게 존경했다.

1490년 상세한 내용은 전해지지 않지만 무카Mukha라는 사람이 주
도한 중요한 운동이 일어났다. 당대 사람들은 '왈라키아의 무카라는
사람이' 포쿠티아의 농민들을 선동하여 9천 명에 달하는 군대를 조직
한 후 폴란드 귀족들의 영지를 공격했다고 전한다. 농민들뿐만 아니
라 우크라이나 귀족들도 무카의 봉기에 가담했다. 이러한 사실은 봉
기에 가담한 우크라이나 귀족들이 영지를 몰수당했다는 문서 기록으
로도 알 수 있다. 무카는 멀리 할리치까지 점령하고 드네스트르 강을
넘어 로하틴Rohatyn까지 노렸다. 폴란드 귀족들은 그의 빠른 진격에
겁을 먹었고, 폴란드 왕은 자신의 귀족들뿐만 아니라 프러시아에게
도 도움을 요청했다. 무카가 이끄는 반란군이 드네스트르 강을 건널
때 폴란드군이 공격하여 많은 반란군이 익사했고, 무카는 간신히 도
망쳤다. 후에 다른 역사가가 남긴 기록에 의하면 무카가 또 한 번 반
란을 일으키려고 하였으나, 그의 소재를 파악한 폴란드군은 무카가
머물고 있는 집의 여주인을 매수하여 그를 사로잡았다고 한다.

　　다른 기록에 의하면 스테판은 우크라이나의 합법적 지도자라 참칭
하는 사람을 선동하여 할리치아 지방에서 반란을 일으키게 했다고
한다. 1509년 몰다비아의 군사령관(voyvoda) 보그단Bohdan이 할리치
아를 침공하였을 때 이전 무카의 반란에서와 마찬가지로 많은 우크
라이나 귀족들이 그의 편을 들었다. 그러나 원정이 실패로 막을 내리
자, 공격에 가담했던 우크라이나 귀족들은 왈라키아 군대를 따라 몰
다비아로 갔고, 이들의 영지는 몰수되었다. 이러한 사건은 몰다비아
의 도움을 얻어 할리치아를 폴란드의 굴레로부터 해방시키려는 우크
라이나 '영토회복운동(irredentism)'의 한 예이다. 그러나 몰다비아의
군사력이 너무 약했기 때문에 이런 시도는 실패로 돌아갔고, 할리치

아의 우크라이나인들은 이전보다 훨씬 더 압제에 시달려야 했다. 그러나 자신들의 권리를 방어하려는 노력은 계속되었고, 이러는 가운데 민족 생활을 위한 기초가 서서히 만들어져 갔다.

할리치아에 거주하는 우크라이나인들의 상황은 낙담스러웠다. 볼히냐와 키예프 같이 문화 생활을 유지할 부유한 우크라이나 지주가 없었다. 부유한 지주들은 14세기-15세기에 사라졌거나 아니면 폴란드인들에게 재산을 몰수당했다. 남은 지주들은 폴란드인과 결혼하면서 국적을 바꾸고 가톨릭으로 개종했다. 이렇게 해서 정교회와 연결된 모든 길이 막혔고, 정교도의 서약은 법원에서 받아들여지지 않았다. 정교회 신앙을 고수하고 있던 소지주들과 농촌 귀족들은 교육을 받지 못하고 조직이 되지 않아 영향력을 잃었다. 우크라이나 민족 생활의 유일한 대변자인 정교회는 심한 탄압을 받았다. 15세기 중반 할리치아의 우크라이나 교회 대주교 자리가 비게 되자, 폴란드 왕은 대주교청의 재산을 할리치아 원로에게 위탁하고, 종교 업무는 르비프의 가톨릭 대주교가 수행하게 했다. 이 조치에 항의하는 정교회 사제들은 위협을 받거나 물리적 탄압을 받았다. 정교회 체제를 다시 확립하려는 시도가 할리치아의 민족 생활의 부활의 시발점이 되었다. 이러한 운동은 1520년대 키예프의 대주교가 할리치아 교구에 정교회 주교를 임명할 것을 요구하면서 상당한 힘을 얻었지만, 일부 귀족들에게 뇌물을 제공하고서야 이 청원에 대한 동의를 얻을 수 있었다. 폴란드의 왕과 왕비조차도 종교적 양보를 해주는 조건으로 뇌물을 받았다. 정교회 주교를 허락받는 조건으로 할리치아인들은 보나Bona 왕비에게 황소 200마리를 약속했다. 르비프의 가톨릭 대주교가 정교회 일에 간섭하지 않는 조건으로 110마리의 황소를 추가적으로 왕과 왕비, 여러 귀족에게 바쳐야 했다. 최종적으로 왕의 동의를 얻기 위해 140마리의 황소를 추가로 바쳤다.

이런 성과를 거두게 된 데는 르비프의 우크라이나 시민들의 노력이 큰 역할을 했다. 이 시기부터 르비프 시민들은 자신들에 대한 부당한 대우의 철폐를 요구하는 청원을 계속 제기했다. 시의 관리로 봉직하거나 장인들의 길드에 가입하지 못하게 하는 제도, 우크라이나 구역 이외에서는 사업을 하거나 재산을 취득하는 것을 금지하는 제도, 공개적으로 자신들의 종교적 의식을 거행하지 못하게 하는 제도 등을 철폐해 줄 것을 요구했다.

르비프의 우크라이나인들은 자신들이 겪는 종교적 차별 대우의 철폐를 영향력 있는 지주들을 통해 제기했다. 이중 당시 가장 영향력이 컸던 볼히냐의 대지주 콘스탄틴 오스트로즈키가 대표적 인물이었다. 그는 군사적 업적으로 폴란드 궁정에서 크게 존경을 받았고, 이에 대한 보상으로 가장 중요한 지역 중 하나인 트로키Troki의 군사총독을 맡고 있었다. 우크라이나인들은 뇌물이나 선물도 마다하지 않고 자신들의 시민적 권리를 되찾기 위해 모든 노력을 기울였지만 그 성과는 미미했고, 이전의 차별대우가 이들을 무겁게 짓눌렀다.

우크라이나인들이 계속 투쟁을 진행한 결과, 1539년 르비프에 정교회 주교직을 얻게 됨으로써 민족운동은 큰 성과를 거두게 되었다. 정교회는 다시 시민들의 권리를 보호할 수 있는 자치적 기관이 되었고, 교회의 형제회(brotherhood) 조직은 전국적 조직으로 성장했다. 형제회의 기원은 원시종교 시기까지 거슬러 올라갈 수 있는 오래된 전통이었다. 기독교가 도입되면서 원시종교 시대의 형제회는 교회로 들어오게 되었고, 모든 민족적 축제 행사를 주관했다. 소위 '브라트치니(bratchiny)'라는 축제에서는 꿀술을 빚고 손님들에게 입장료를 받았다. 이렇게 모아진 돈은 교회의 후원 기금으로 쓰였다. 후에 폴란드-리투아니아 정부가 시 정부를 독일 모델로 개혁하자, 우크라이나 시민들은 법적 인정을 받기 위해 이전의 교회 형제회를 개혁했다. 가장 오래된 형제회로는 벨라루스 빌나의 형제회와 우크라이나의 르비프 형제회가 유명했다. 르비프의 우크라이나 구역 내의 '성모승천교회(Church of the Assumption)'와 밀접한 관계에 있던 르비프 형제회는 르비프에 주교관구가 인정된 시기에 개혁을 하였다.

형제회는 성모승천교회를 모델로 개편되었다. 새 제도에서는 교회에 소속된 귀족은 입회가 허락되지만 자의로 이 조직을 떠날 수는 없었다. 이러한 형제회들이 우크라이나 민족의 조직자가 되었다. 자신들이 특권을 갖지 못한 것에 불만을 품은 르비프의 상인들, 특히 가장 진보적이고 영향력 있는 상인들은 형제회와 교회 조직의 활동에 큰 기대를 갖고 재정적 지원을 아끼지 않았다. 이에 반해 아무 권리도 갖지 못한 농민들은 문화 운동에서 큰 역할을 할 수 없었다. 르비프의 형제회들, 특히 성모승천교회 자매 형제회는 다른 도시에도 형제회를 설립하는데 활발한 노력을 기울였다. 할리치아 우크라이나의 보호자인 몰다비아 공후들도 형제회 활동에 관심을 갖고 후원하여 정교회와 '자신들의 친구'인 형제회에 축제에 사용되는 꿀술과 맥주를 구입하는 돈과 양고기를 보내주었다. 시간이 지나면서 형제회는 나라 전체에 확산되어 민족적 통합을 위한 중심기관 역할을 했다.

2. 코자크의 발생

리투아니아에 대한 봉기가 실패로 끝난 후, 동부 우크라이나 지역의 공후들과 귀족들은 리투아니아 정부의 호의를 사기 위해 한동안 조용하게 지냈다. 그러나 서부 우크라이나 지역의 주민들은 몰다비아의 반란의 실패에도 불구하고 새로운 활동을 위한 조직을 시작했다. 처음에는 이러한 운동의 중요성을 깨달을 수가 없었고, 아무도 이 새로운 움직임이 대공들과 귀족들이 민중의 지지를 얻지 못해 실패한 과제를 달성할 것이라고 예측하지 못했다. 서부 지역에서는 폴란드 귀족들의 반대에 부딪쳐 지속되지 못한 이 운동이 동부 지역에서 계속 진행되리라고 예상하는 것도 힘들었다. 그러나 우크라이나 변경지역에서 발생한 코자크야말로 우크라이나 민족운동의 시발점을 제공한 새로운 요소가 되었다.

우크라이나 주민들은 15세기 말에 격화된 크림타타르의 공격에 대한 대책을 마련해야 했다. 앞에 서술한 대로 바투가 이끈 타타르 세력은 그 영향력을 오래 지속시키지 못하였다. 13세기말에 이미 와해의 조짐을 보였고, 14세기가 되어 칸의 가족들이 서로 우위를 차지하려 싸우기 시작하면서 와해의 속도는 빨라졌다. 몽골 세력 간에 내분이 지속되면서, 볼가 강 유역을 차지한 소위 금칸국이라고 불리는 가장 큰 부족이 15세기에 결정적으로 세력이 약화되었다. 크림과 드니프로 남부, 드네스트르 지역을 자치하고 있던 금칸국의 서부 지역 분파는 1430년 금칸국에서 떨어져 나온 다음 크림반도를 본거지로 별도의 한국을 만들었다. 금칸국에서 제일 먼저 떨어져 나온 것은 하지-게라이Hadji-Gerai였다. 이렇게 분리 독립을 하는 과정에서 하지-게라이는 리투아니아공국의 도움을 청했지만, 리투아니아공국은 다른 일에 몰두하느라 새로운 변화의 중요성을 인식하지 못하고 크림칸국에 도움을 주거나, 금칸국과의 관계를 끊을 생각을 하지 못하였다. 상황이 이렇게 되자 하지-게라이의 아들인 멩글리-게라이 Mengli-Gerai는 모스크바공국과 우호적 관계를 맺고, 오스만 터키의 가신국이 되었다. 모스크바는 새로운 관계를 이용하여 멩글리-게라이로 하여금 리투아니아를 공격하게 하였다. 멩글리-게라이는 먼저 폴란드-리투아니아공국의 지배하에 있던 우크라이나 지역을 마음대로 유린했다. 리투아니아는 모스크바와 전쟁 중이었고, 내분도 일어나 크림타타르의 공격에 제대로 반격을 하지 못하였다. 우크라이나 지역의 대공들은 나름대로 방어에 나섰으나 폴란드-리투아니아 정부의 지원 없이는 크림타타르를 격퇴할 수 없었다. 1482년 모스크바 대공인 이반 3세의 포상 약속에 자극된 멩글리-게라이는 북쪽으로 진격하여 키예프를 공격하여 점령하고 주변 지역을 약탈하였다. 그는 키예프의 성 소피아 성당에서 약탈한 황금 성배를 이반 3세에게 자랑스럽게 보냈다.

이러한 군사적 성공을 거둔 후 그는 몇 년에 걸쳐 포돌랴 지방을 여러 차례 공격했다. 폴란드의 왕은 부코비나 공격에 실패하여 터키와 적대 관계가 되었다. 그러자 타타르와 터키군, 왈라키아군은 폴란드의 영토인 폴레샤와 할리치아 지방을 연합해서 공격했다. 크림타타르들은 드니프로 강 북부 지역으로 원정대를 보냈으나, 우크라이나 서북부의 세베르스크 지방을 점령할 생각을 하고 있던 모스크바공국은 크림타타르로 하여금 공격을 중단하도록 했다. 크림타타르들은 키예프 지역을 폐허로 만들어 놓고 철수했고, 다음으로 볼히냐와 벨라루스 지방으로 눈을 돌렸다. 크림타타르들은 이따금 패배를 겪기도 했는데 흘린스키와 오스트로즈키에 의해 격퇴되었다. 그러나 크림타타르들은 대부분 공격에 성공해서 많은 전리품을 챙겼다. 우크라이나 전 지역은 약탈과 이로 인한 공포에 시달렸다. 타타르에게 짓밟힌 주민들의 불만과 탄식은 민요에 남아 아직까지 전해진다.

리투아니아 정부는 크림타타르와 싸울 생각을 하기보다는 매년 공물과 선물을 보내서 타타르를 회유하려고 했고, 모스크바공국을 공격하도록 선동했다. 결국 크림타타르는 모스크바공국과 리투아니아 공국의 영토 모두를 약탈했다. 크림타타르는 무자비하게 약탈을 자행하여 키예프 지역의 드니프로 강 양안 지역은 완전히 황폐화되었다. 이 지역의 몇몇 요새에 남아 생활한 주민들은 사냥과 농업으로 근근이 생활했다. 바투의 약탈보다 크림타타르의 우크라이나 약탈은 훨씬 무자비해서 우크라이나는 몇 세대 동안 이 후유증에서 벗어나지 못하였다. 드니프로 강 하류 지역은 완전히 황폐화되어 몇 십 년 동안 야생 동물들만이 사는 지역이 되었다.

이러한 기름진 야생 지역이 '우크라이나'라는 이름을 얻게 되었다. '우크라이나'는 변경지역을 뜻한다.[6] 이곳이 기독교 문명 세계의 변경지역이었기 때문에 이런 이름을 얻게 된 것이다. 이 지역은 지주도 없고, 주인도 없었기 때문에 사람들을 끌어 모았다. 16세기에 쓰인 기록들을 보면 이 지역의 자연적 풍요로움을 과장한 이야기들로 가득 차 있다. 토양은 너무 기름져서 백 배나 소출을 내고, 매년 파종할 필요도 없었다. 가을에 파종한 씨로 다음 해 여름 두 번, 세 번 추수를 할 수 있었다. 쟁기를 들판에 3, 4일만 놓아두면 그 사이 풀이 너무 자라 찾을 수가 없고, 목초지는 방목한 소들이 보이지 않고 뿔

---

6) '우크라이나'의 어원은 '변경지역', '접경지역'을 뜻하는 '오크라이나(okraina)'에서 온 것으로 추정됨. 인도유럽어 조어(祖語)에서 *krei−'는 '자르다, 절단하다'를 뜻하고, 이것이 슬라브어의 'krai'가 되면서 '끝', '변경', '지방'을 뜻하는 단어가 됨. 현대 우크라이나어에서는 '크라이나(kraina)'라는 단어가 '국가, 나라'를 뜻함.

만 겨우 보일 정도로 풀이 높이 자랐다. 꿀벌들은 나무뿐만 아니라 동굴에도 꿀을 저장해 놓아 꿀로 된 샘이 심심치 않게 발견된다. 강에는 고기가 넘쳐 송어와 다른 물고기들이 바다로부터 헤엄쳐 올라오고, 칼을 강물에 던지면 너무 많은 고기 때문에 흙 위에서와 같이 칼이 똑바로 서있을 정도였다. 야생 수소와 말들은 얼마든지 죽여서 가죽을 얻을 수 있고, 육류가 너무 흔해 던져 버릴 정도이다. 겨울에 숲으로 이동해 오는 야생 오리는 수천 마리씩 잡을 수가 있다. 봄이면 남자 아이들이 오리, 거위, 두루미, 백조의 알을 보트에 가득 실어 가져온다.

물론 이런 얘기는 과장으로 가득 찼지만, 당시에 키예프 지역에 대한 사람들의 인상이 어땠는지 잘 보여준다. 이 지역은 타타르의 위협을 무서워하지 않고 자유를 위해 투쟁하며, 지주의 간섭이 없이 기름진 땅을 일구려는 용감한 사람들을 끌어들였다. 매년 봄이 되면 키예프 지역 폴레샤, 북부 볼히냐와 벨라루스로부터 이주자들이 이 남부 지역으로 몰려와 사냥과 어획, 양봉을 하며 살았다. 이 지역 거주자들이 늘어나면서 이들은 스스로 무장 조직을 만들어 이른 봄이면 스텝 지역으로 들어갔다. 그곳에서 늦은 가을까지 농사를 하고 수렵을 하다가 많은 양의 꿀, 물고기, 모피, 말, 소들을 얻어 집으로 돌아오고는 했다. 정부 관리들이 이들이 귀향하는 길을 막아서고 있다가 가장 좋은 물건들을 세금으로 거두어들였다. 이렇게 되자 용감한 사람들은 겨울에도 귀향하지 않고 스텝에서 생활하거나, 드니프로 하류 지역의 버려진 요새에서 생활했다. 일부 사람들은 남쪽 스텝 지역에서 여름만을 지내고 자신의 농장에서 생활했고, 일부는 스텝을 항구적인 거주지로 만들었다. 많은 사람들은 이러한 방식으로만 생계를 이어갈 수 있었고, 스텝 지역의 요새들은 이들을 보호하는 역할을 했다.

이런 생활양식은 '코자크 생활양식(kozatstvo)'이라고 불리게 되었고, 이런 식으로 살아가는 사람을 코자크라고 불렀다.[7] 원래는 어획, 사냥, 양봉을 위해 야생지로 나가는 원정을 뜻했으나, '터키나 타타르 목동들을 약탈하는 사람들'로 뜻이 바뀌었다. 타타르의 공격을 항시 경계하면서 이 우크라이나 개척자들은 충분한 힘을 가졌다고 생각되면 타타르를 공격했다. 이들은 타타르가 방목하는 양떼를 습격하거나, 터키나 아르메니아 대상들을 공격하고, 술탄에게 공물을 가져가는 리투아니아나 모스크바공국 사절단을 습격했다. 그리고 터키와 타타르의 작은 부락들도 자주 습격했다. 코자크는 이런 식으로 스텝 지역에서 사는 사람들을 가르키는 명칭이었다. 코자크는 터키어에서 나온 단어지만 이전에는 약탈을 생계로 삼은 폴로베츠인들을 지칭하는 용어이기도 했다. 처음에는 유목 생활을 하는 타타르를 지칭하는 말로 쓰이다가 후에는 우크라이나 약탈자를 가르키게 되었다.

'코자크'라는 명칭은 15세기가 되어 스텝 지역 거주 우크라이나인들을 지칭하는 용어로 역사 자료에 쓰였지만, 스텝 지역의 약탈은 오래된 관행이었다. 이러한 우크라이나인들의 조상은 고대의 안테족이었고, 이들은 불가르족, 아바르족과 함께 비잔틴제국을 약탈하였다. 이들은 폴로베츠족이 주도권을 잡던 시기에는 스텝의 떠돌이였고, 12세기-13세기에는 할리치아에서 밀려나 드니프로 강이나 드네스트르 강 지역에서 수렵 생활을 하던 사람들이었다. 이들은 '이고르 전기'에도 그 용맹성이 언급된 전사들이었다.

---

7) 코자크의 어원은 '자유인, 방랑자'를 뜻하는 터키어 'qazaq'에서 왔음.

3. 코자크의 활동과 초기 원정

14세기와 15세기에 흑해 연안 초원지대에 거주하였던 코자크들은 아마도 타타르였을 것이다. 그러나 그들의 기원에 대해서는 확실히 알려진 것이 없다. 우크라이나 코자크에 대한 최초의 명확한 정보는 15세기 말로 거슬러 올라간다. 1492년 크림칸국의 칸은 키예프인들과 체르카시인(코자크)들이 티아히냐Tiahinia 근교에서 타타르의 배를 약취한 것에 대한 불만을 표시했다. 리투아니아 대공 알렉산드르는 이 사건과 관련하여 우크라이나 지역의 코자크들을 조사하겠다고 약속했다. 다음해에 체르카스 영주 보그단 흘린스키공이 드니프로 강어귀에 있는 터키의 오차키프Ochakiv 요새를 파괴하자, 칸은 그와 그의 부하들을 코자크라고 불렀다. 1499년 키예프에 수여된 도시인증장(Charter)에는 코자크들은 수렵을 위해 우크라이나 북부 지역에서 초원지역으로 진출하여 많은 날생선과 염장 생선을 가지고 키예프로 귀환한 사람들로 묘사하였다. 코자크들이 여러 생업과 활동에 나선 것은 분명했다. 그들은 초원의 교역자, 약탈자, 터키 요새 공격을 위해 영주들이 고용한 병사들로 알려졌다. 16세기 초에는 이러한 원정과 관련된 기록에 코자크들이 자주 언급된다.

이 당시에 코자크라는 명칭은 특정한 계급이 아니라 직업을 지칭했기 때문에 이들이 널리 알려지지는 않았다. 코자크에는 마을주민(townspeople), 농민, 장교와 심지어는 소수의 귀족과 대공들도 포함되어 있었다. 순수하게 코자크라고 불릴 수 있는 사람은 비교적 소수였고, 키예프 남부의 드니프로 강 유역의 길을 따라 몇몇 부락을 차지하고 있었다.

후에 유명한 전선 지휘관들이 코자크라는 이름으로 불리게 되었는데, 이중 가장 중요한 사람은 다쉬코비치Dashkovich와 란츠코론스키 Lantskoronsky였다. 다쉬코비치는 1510년부터 1535년까지 키예프와 체르카시의 영주였고, 란츠코론스키는 같은 시기 포돌랴의 영주였다. 이 두 사람은 최초의 코자크 헤트만으로 인정되지만, 실제에 있어서 이들은 코자크 지원자들을 동원하여 초원 지대의 터키와 타타르 정착지를 공격한 전선 지휘관들이었다. 접경지역 영주들, 주요 장교들, 저명한 우크라이나인들, 심지어 포돌랴의 폴란드 지주들이 오스트로즈키공의 지휘 아래 원정에 참여했다. 이들은 정식 코자크 병사들이 아니었다. 오히려 이들은 코자크들에게 초원 지역에서의 행동의 자유과 전리품과 재산을 보장해 주는 대가로 공물을 요구하여 일반 코자크들을 화나게 했다. 당시에는 타타르 정착지와 터키 도시들 공격에 나선 진짜 코자크들은 간헐적으로 문헌에 나타났고, 대신 이들에 대한 언급이 더 많았다.

1540년대의 우크라이나의 기록에 남은 코자크 지도자들로는 체르카시의 마슬로Karpo Maslo, 페레야슬라프의 빌로우스Yatsko Bilous, 브라티슬라프의 안드르쉬코Andrushko와 레순Lesun 등이 있다. 연대기 기록자들은 이들의 습격에 대해 큰 관심이 없었던 듯하다. 마슬로의 오차키프 요새 공격은 언급조차 되지 않았다. 그러나 그들은 란츠코론스키의 오차키프 요새 공격과 다쉬코비치의 타타르 공격에 대해서는 큰 관심을 보였다. 후의 역사가들이 이 두 번의 원정을 코자크의 첫 군사작전으로 기록한데 반해, 당대인들은 그들을 코자크라고 부르지 않았다.

진정한 코자크라고 불릴 수 있는 사람들은 '코자크'로서 이름을 떨치고, 큰 전리품을 노리고 타타르 정착지를 공격한 지주나 장교가 아니라, 가난하고, 학대받고, 거주할 곳 없지만, 용맹스러운 변경지역 우크라이나인들이었다. 이들은 변경지역 영주들과 장교들의 압제에서 벗어나기 위해 모든 수단을 강구했다. 영주들과 장교들이 지배하는 곳에서는 자유를 찾을 수가 없었다. 그러나 수가 많지 않은 코자크들의 봉기는 대개 실패로 끝나고 말았다. 드니프로 강 상류 지역의 도시(volost)에 자리를 잡기가 어려웠던 코자크들은 초원지역으로 나가 새로운 생활에 적응하며 부대들을 조직했다. 1550년경부터 변경지역의 영주들은 주민들이 스텝지대로 이주해가면서 세수가 감수하고 있다고 불평했다. 이들은 '육류와 물고기, 꿀'을 얻으며 생활하면서도 그 특권에 대해 세금을 내지 않는다고 말했다. 그러나 스텝 지역의 생활은 험난했고, 종종 굶주림에 시달리기도 했다. 코자크들은 타타르에 의해 죽임을 당하기도 하고 노예로 잡혀가기도 했다.

4. 시치의 창설

어려운 상황이 지속되자 귀족 코자크의 숫자는 늘지 않고, 평민 코자크들의 수만 늘어갔다. 지주들 밑에서 농노 생활을 하거나, 도시 관리들에게 압제받는 사람들이 평민 코자크가 되었다. 이들은 자유를 얻기 위해서는 스텝의 열악한 환경은 얼마든지 견뎌낼 준비가 되어있었다. 코자크들은 타타르의 공격을 방어하기 위해 '시치'(sich)라고 불리는 작은 요새들을 건설했고, 부대들 사이의 연대를 강화했다. 이들은 점차 성장해 '급류 너머'라는 뜻을 가진 자포로지아에 근거지를 둔 드니프로 하류 지역의 주인으로 코자크 집단을 형성했다.[8] 드

8) 자포로지아 – '급류 너머(za porogi)의 땅'이란 뜻이며 자포로지아 지역은 '야생의 들판(Dzikie polia)'라고도 불림.

니프로 강 급류 지역은 코자크들에게 안전한 장소를 제공했다. 이 지역은 한편으로는 리투아니아와 폴란드 장교와 관리들에게로부터 멀리 떨어져 있었고, 다른

자포로지아 시치(관광지로 복원된 모습)

한편으로는 울창한 숲, 급류, 폭포가 강을 따라 공격해 오는 터키의 배들을 막아주었다.

　1550년경 코자크의 평범한 지도자 중의 한 사람인 비쉬네베츠키 Dmitro Vishnevetsky가 자포로지아에 요새를 건설하기 시작했다. 코자크들의 방어 요새의 역할뿐만 아니라 주변 국가로부터 인정받는 정치적 중심지의 역할을 담당할 목적으로 요새 건설이 이루어졌다. 비쉬네베츠키는 1540년 귀족 코자크로 출발하였다. 다른 부유한 귀족 코자크들은 코자크 생활을 일종의 부업으로 시작했기 때문에, 다른 일이 생기면 코자크 생활을 포기한 데 반해, 비쉬네베츠키는 자포로지아 요새를 견고히 건설하여 타타르의 공격으로부터 코자크를 보호하고, 터키와 타타르를 격퇴하여 드니프로 강 유역의 주인으로 자리 잡을 생각을 하였다. 요새를 짓는다는 생각은 새로운 것이 아니었다. 1520년에 이미 우크라이나 변경지역 영주들은 코자크들을 보호하고, 타타르에 대한 국경 방어 역할을 맡기기 위해 요새를 건설해야 한다고 건의했다. 그러나 폴란드 정부는 이러한 계획을 재정적으로 지원할 여유가 없었기 때문에 이 계획을 실행에 옮길 수 없었다.

호르치차 섬과 급류지역

1530년대 다쉬코비치는 폴란드-리투아니아 궁정에 우크라이나 방어를 위해 드니프로 급류 지역에 요새를 세우고 코자크 부대를 주둔시켜야 한다고 요청했으나, 이 또한 이루어지지 않았다. 결국 정부가 실행하지 못한 요새 건설 프로젝트가 변경지역 우크라이나인들에 의해 이루어지게 된 것이다.

호르치차 섬

1552년 비쉬네베츠키는 호르치차Khortitsia 섬에 요새를 건설하고 부대를 주둔시켰다. 그는 폴란드 왕과 리투아니아 대공 아우구스트Sigismund August에게 보급품 지원을 요청했고, 동시에 터키의 양해를 구하려고 시도했다. 그는 터키로 직접 가서 협상을 하였는데, 지원을 요청했거나 크림타타르에 대한 터키의 보호를 반대하는 설득을 했을 것으로 추정된다. 그가 외교적 임무에 성공했는지는 알려져 있지 않다. 한 가지 분명한 사실은 타타르의 반응을 두려워한 폴란드-리투아니아 정부는 일체 지원을 하지 않았다는 것이다. 대신에 정부는 비쉬네베츠키의 야망을 다른 데로 돌리기 위해 코자크들을 리보니아Livonia 원정에 파견했다.[9]

상황이 이렇게 되자 비쉬네베츠키는 모스크바공국과 연맹을 추구했다. 그는 양측이 군사력을 합하면 자신들을 괴롭혀 온 크림칸국을 격파할 수 있고, 크림칸국으로부터 공물을 받을 수 있다고 제안했다. 1556년 모스크바는 이 제안을 받아들여 지원군을 파견하였고, 코자크는 크림타타르를 공격했다. 코자크와 모스크바 연합군은 드니프로 강을 따라 내려가 요새화된 아슬람−케르멘Alsam−Kerman과 오차키프를 공격했다. 그들은 요새를 점령하는 데는 실패했지만, 많은 수의 타타르와 터키인을 죽이거나 포로로 잡았다. 크림칸국의 칸은 이 작전에 격노하여 코자크 사령부를 공격하기로 결정했다. 그는 먼저 비쉬네베츠키를 불렀으나 그가 이에 따르지 않자 그 해 겨울 전 병력을 동원하여 호르치차 요새 공격에 나섰다. 3주간 호르치차 요새 포위 공격에 나섰으나 성공을 거두지 못하고 아무 성과 없이 귀환했다. 비쉬네베츠키는 폴란드 왕에게 타타르 공격에 대한 성공적 방어 사실을 알리고 탄약과 보급품을 보내줄 것을 요청하였으나, 폴란드 왕은 여전히 양측의 싸움에 간섭하기를 꺼렸다. 이듬해 여름 칸은 재차 공격을 해왔다. 그러나 이번에는 터키군이 배를 타고 드니프로 강을 따라 올라왔고, 왈라키아군도 동맹으로 가담시켰다. 이들 연합군은 호르치차 요새를 공격하였고, 이번에는 요새 점령에 성공했다. 비쉬네베츠키는 보급품이 바닥났고, 많은 코자크들이 도망을 쳤다. 그는 남은 병력을 이끌고 체르카시로 철수했다.

---

9) 리보니아 전쟁(1558–1583년) – 모스크바공국의 이반 4세가 서유럽과의 무역로를 열 목적으로 발트 해로 진출하기 위해 리보니아(현재의 라트비아, 에스토니아) 기사단을 공격함으로써 발생한 전쟁. 초기에는 모스크바가 쉽게 승리했으나, 폴란드, 스웨덴 동맹군의 반격으로 모스크바공국이 큰 피해를 입고 이 지역을 상실함. 러시아는 18세기 초(1710년) 표트르대제가 대북방전쟁(Great Northern War)에서 승리함으로써 이 지역을 되찾음.

폴란드-리투아니아의 지원을 기대할 수 없다고 판단한 비쉬네베츠키는 다시 모스크바공국을 찾아가 타타르에 대항한 동맹을 맺을 것을 요청했다. 모스크바의 지원을 얻는데 성공한 그는 1558년 모스크바군을 지휘하여 크림칸국 공격에 나섰다. 크림칸국의 칸은 반격할 용기를 내지 못하고 전 부족을 데리고 페레코프Perekop로 철수했다. 비쉬네베츠키는 점령한 아슬람-케르멘에서 여름을 보내고 코자크와 모스크바군을 페레코프로 보내 타타르군을 몰아낼 계획을 세웠다. 그러나 비쉬네베츠키가 드니프로 지역을 차지하기를 원치 않았던 모스크바공국은 자신들의 장교들을 보내 크림칸국을 공격하기로 하고, 비쉬네베츠키는 카프카즈쪽 방향에서 크림반도를 공격하도록 하였다가 원정 작전 자체를 취소해 버렸다. 모스크바공국과 리투아니아는 협상에 실패하여 리보니아에서 새로운 전쟁에 돌입했고, 양측 모두 크림타타르와 동맹을 맺으려고 하고 있었다. 모스크바의 지원을 기대할 수 없다는 것을 깨달은 비쉬네베츠키는 1561년 우크라이나 지역으로 돌아왔다. 얼마 후 왈라키아에서 내분이 발생하자 한 그룹이 비쉬네베츠키의 지원을 요청하였고, 이를 받아들여 왈라키아로 간 그는 배신을 당하여 왈라키아군에 체포되었다. 그들은 비쉬네베츠키를 콘스타티노플로 보냈고 그는 거기서 죽음을 맞았다. 그의 죽음에 대해서는 우크라이나와 주변 나라에 여러 얘기가 떠돌았다. 한 이야기에 따르면 그는 갈비뼈에 연결한 줄에 3일을 매달려 있었지만 그는 선처를 요구하지 않았다. 오히려 고문자들에게 욕을 하고 모하메드를 저주하자 화가 난 터키인들은 그를 총살했다. 비쉬네베츠키 생애와 업적에 대한 기억은 우크라이나인들의 민요에 남아 있고, 그 민요에서 그는 '바이다(Baida)'라고 불린다. 비쉬네베츠키는 자신이 목표한 바를 이루지 못하고 죽었지만 그의 노력은 헛되지 않았다. 코자크들은 그가 남겨놓은 것을 가지고 투쟁을 계속했다. 그의 정책은 후계자들에 의해 계속 추구되었다. 코자크들은 충분한 힘을 모을 때마다 주변국에 대한 공격을 계속했다. 16세기 후반 코자크의 숫자가 급격히 늘어나면서 코자크들의 군사적, 정치적 활동 범위도 확대되었다. 코자크들은 대담성과 용맹성으로 이름을 떨치면서 정체성에 대한 자각을 한 집단이 되었다.

5. 코자크 조직

탄약과 돈도 없이 거의 맨 손으로 터키와 싸운 코자크들의 용맹을 가볍게 평가해서는 안 된다. 터키인들은 우크라이나를 황폐하게 만들고 주변 국가들을 복속시켰다. 우크라이나뿐만 아니라 모든 동유럽 국가들이 오스만 터키의 정복과 타타르의 약탈의 위협에 시달렸다. 크림타타르는 남동부 유럽을 마음대로 공격하여 수많은 사람을 잡은 후, 이들을 크림의 노예시장에 넘겼다. 이들은 노예시장에서 팔려서 터키, 이태리, 프랑스, 스페인, 아프리카 북부 해안 지역으로 보내졌다. 16세기 중반 한 리투아니아인은 기록하기를 '이들은 크림의 노예 시장, 특히 카파Kaffa에서 노예로 팔렸다.[10] 이 불행한 사람의 무리들은 노예가 된 후 카파항에서 배에 태워졌다. 이런 노예무역으로 인해 카파항은 우리의 피를 먹고사는 이교도 괴물로 불리기에 마땅했다.'라고 기록되기도 했다.

---

10) 카파(Kaffa)는 현재의 크림반도 해안도시 페오도시아(Feodosia)임. 13세기 후반 제노아 상인들이 이 도시를 금칸국에서 매수하여 국제적 무역 중계항으로 활용함. 14세기 중반 유럽을 휩쓴 흑사병은 금칸국에서 발원하여 이 도시를 통해 유럽으로 전파된 것으로 믿어짐.

노예로 팔려간 사람들의 고통과 고향땅에 대한 그리움은 민중 문학 작품의 주제로 널리 쓰였다. 운명의 장난으로 부유한 지주 신분에서 가난한 노예로 떨어지거나, 신앙심 깊은 기독교도가 이교도 터키인이 되기도 하였다. 무슬림이 된 오빠에 의해 노예가 된 누이의 이야기나 무슬림이 되어 조국을 잊은 아들의 노예로 팔려간 어머니의 이야기도 있다. 여러 세대를 거쳐 우크라이나인들이 처한 처지에 대한 많은 이야기들은 동포들의 감정을 자극했다. 우크라이나 음유시인(kobzar)들은 이러한 이야기를 '노예의 시편(詩篇)'이라고 불렀다.

　흑해 연안 도시의 부유한 터키, 타타르 노예 상인들은 타타르 비적들에게 자금을 제공해 주고 노예무역에서 고금리를 받았다. 코자크들은 이러한 노예 사냥꾼들과 노예 상인들을 우크라이나 스텝지역에서 몰아내는 것을 자신들의 과제로 여겼고, 후에는 노예무역으로 부를 쌓은 부자들의 도시와 궁정을 공격하는 것을 목표로 삼았다. 코자크들은 노예로 잡혀간 주민들을 해방시키는 것에서 큰 만족을 찾았다. 이러한 코자크들의 활동은 압제받는 우크라이나 주민들에게 새로운 희망을 주었다. 이미 서술한 대로 초기단계에는 변방지역의 관리들이 재정지원을 했다. 그러나 16세기 중반 관리들의 반대에 부딪치자 코자크들은 독자적으로 터키와의 전쟁에 나섰다. 폴란드와 터키 정부는 우크라이나 변경지역의 관리들이 코자크들을 지원하여 보호하고, 터키인들이 타타르인들에게 하는 것처럼 전리품을 나눠 갖는다는 것을 알고 있었다. 그러나 이런 지원은 비밀리에 이루어졌고, 코자크 원정에서 큰 역할을 하지는 않았다. 민중들은 코자크의 힘에 대한 믿음을 갖기 시작했다. 코자크들은 민중의 영웅이 되었고, 그들의 전공(戰功)은 많은 민요와 민담에 기록되어 기념되었다. 코자크 운동이 커가면서 모든 방면에서 코자크에 가담하려는 지원자들이 모여들었다.

얼마동안 변방지역 총독들의 요청에 의해 폴란드 정부는 코자크를 지원하여 크림타타르를 물리치려고 노력하였다. 폴란드 정부는 드니프로 하류 지역에 코자크부대를 주둔시켜서 타타르의 공격을 저지하려고 했다. 그러나 크림타타르족이 자신들의 부락에 대한 코자크의 약탈을 구실삼아 공격을 합리화하자, 정부는 겁먹은 태도를 보였다. 1540년부터 폴란드 정부는 변경지역 관리들에게 더 이상 코자크를 지원하지 말 것과 코자크들을 등록시켜 엄격한 관리를 실시할 것을 여러 번 지시했다. 코자크들은 전리품을 노리고 스텝지역을 공격하지 못할 뿐 아니라 타타르로부터 빼앗은 전리품을 가지고 있으면 처벌을 받게 하였다. 그러나 변경지역 관리들은 이러한 지시에 큰 주의를 기울이지 않았다. 그들은 크림타타르들이 코자크를 두려워한다는 것을 잘 알았다. 크림타타르를 잠잠하게 할 수 있는 것은 오직 코자크뿐이라는 사실도 깨달았다. 따라서 관리들은 코자크들의 원정을 제지하지 않았고, 전리품에 대한 권리를 주장하는 경우도 있었다. 코자크들은 자신들의 활동에 제재가 가해지려고 하면, 자신들의 본거지를 버리고 완전한 자유를 찾아 스텝 지역 남쪽으로 이동했다. 폴란드 정부는 코자크에 대한 호구조사를 시도하기도 하였지만, 상시 코자크로 생활하는 숫자가 얼마 되지 않아 조사에 실패했다. 1552년 처음으로 코자크 등록제를 실시했을 때는 500명의 코자크을 찾아내는 것도 어려웠다. 당시에는 이미 도시 거주자, 농민들, 귀족 등 다양한 사람들이 코자크에 포함되어 있었다.

폴란드 정부는 코자크를 통제하려고 계속 노력을 기울였고, 코자크들에 대한 특별 행정기구를 만들 작정을 했다. 1560년 터키는 다시 한 번 폴란드에 코자크 공격에 대한 불만을 전달했고, 그 결과 폴란드 왕은 코자크들이 드니프로 강을 올라와 국경지대 요새에 근무하며 급여를 받을 것을 명령했다. 코자크의 규율을 잡기 위해 폴란드 왕은 폴란드 헤트만과 법관들을 임명했다. 이러한 조치가 가능해진 것은 대부분의 코자크가 거주하는 키예프주가 당시 폴란드에 귀속되었기 때문이다. 폴란드가 임명한 두 관리는 정부에 복종하는 코자크뿐만 아니라, 등록되지 않고 급여도 받지 않는 자유 코자크들도 통제할 권한을 위임받았다. 그러나 정부가 등록코자크들에게 약속한 급여를 지급하지 않았기 때문에 이 관리들은 아무 힘을 쓸 수가 없었다. 많은 수를 차지하는 비등록코자크들은 폴란드 정부의 통제를 받는 것을 거부하고 자신들이 원하는 방식으로 생활했다. 이러는 동안 전선에서는 다시 활발한 충돌이 일어났다. 크림타타르들이 계속 마을들과 도시들을 공격하자, 코자크들은 비쉬네베츠키의 뒤를 이어 타타르 진영과 터키 도시들을 공격하여 반격을 했고, 왈라키아 내전에 관여했다. 비쉬네베츠키의 빈자리를 대신하는 새로운 지도자로 볼히냐의 지방 공후인 루진스키Bohdan Ruzinsky가 부상했다. 그는 비쉬네베츠키와 마찬가지로 크림칸국을 공격하기 위해 모스크바에 군수품 지원을 요청했고, 크림타타르에 대한 용감한 전투 수행으로 우크라이나에 널리 알려졌으나 아슬람-케르만 공략 작전에서 전사하고 말았다.

왈라키아 원정에서 가장 큰 공을 세운 지도자는 피드코바Ivan Pidkova였다. 그는 1577년 왈라키아를 점령했다. 그러나 크림타타르의 보호자 역할을 하는 오스만 터키를 만족시키기 위해 폴란드는 그를 체포하여 르비프에서 참수형에 처했다. 그러나 그의 처형도 크림타타르에 대한 코자크들의 공격에 위협이 되지 못하였다.

폴란드 정부는 코자크들에게 원정 공격을 중단하도록 지시하고, 이를 위반하는 경우 징벌을 내린다는 서면 명령을 내렸다. 또한 계속 새로운 관리를 파견하여 코자크들을 왕에 충성하도록 등록시키고, 코자크 전체를 통제하여 크림타타르와 터키에 대한 공격을 중단시키려고 노력하였다. 이러한 와중에 폴란드 왕 바토리Stefan Batory가 취한 조치는 새로운 상황을 조성했다. 그는 코자크들을 위한 새로운 총독들을 임명하면서 도시와 농촌 행정을 담당한 관리들에 대한 관리권을 박탈했다. 그러자 코자크들은 코자크 정부 이외에는 자신들을 통제할 정부가 더 이상 존재하지 않는다는 논리를 만들어내고, 폴란드가 파견한 관리들에게 더 이상 복종하지 않고 스스로 선출한 코자크 관리들에게만 복종했다. 또한 폴란드 정부가 급여 지급을 약속하고 고용한 코자크들에게 급여를 지불하지 못하자 다른 문제들이 일어났다. 코자크들은 자신들이 폴란드 왕의 병사라면 폴란드 병사와 똑같은 권리를 누려야 된다는 논리를 만들고, 왕의 선언에 입각하여 자신들이 누릴 특권의 내용을 자신들의 방법으로 만들어야 한다고 주장했다. 이 결과 코자크는 자유인이고 오직 자신들이 선출한 관리에게만 복종하며, 변방의 적들과 싸울 의무를 진다는 사상을 만들어 내었다. 코자크에 가담한 모든 병사는 차별 없이 이 권리를 누려야 한다고 주장했다.

코자크들은 이러한 권리를 보장받기 위해 모든 가능한 방법을 동원했다. 코자크의 숫자가 점점 늘어나고, 크림타타르의 공격으로부터 나라를 방어하기 위해 코자크를 필요로 하게 되고, 우크라이나의 모두가 그들을 두려워하게 되면서 점차적으로 지방 귀족들과 정부

관리들은 코자크의 권리를 인정하기 시작했다. 16세기 말에 많은 사람들이 '코자크의 권리와 특권'이라고 알려진 혜택을 누리기 위해 코자크에 가담하면서 코자크 조직이 크게 강화되었다. 이렇게 해서 코자크집단은 중요한 사회적 세력이 되었다.

10장 코자크의 융성

1. 폴란드에 의한 동부와 서부 우크라이나의 통합

코자크집단이 권위를 얻고, 여러 가지 권리와 특권을 요구하기 시작하자 서부 우크라이나 주민들은 수천 명씩 드니프로 강을 건너 우안 지역으로 이주하거나 코자크 진영에 가담했다. 이렇게 되자 코자크의 숫자는 급격히 늘어나게 되었다. 좌안 지역에서 폴란드 귀족의 압제에 제대로 꽃을 피우지 못한 코자크 문화는 동부 우크라이나 지역에서 코자크집단의 보호 아래 새로운 발전의 기회를 맞게 되었다.

우크라이나 주민들을 대거 코자크가 지배하는 스텝지역으로 이주시킨 계기가 된 첫 번째 사건은 오랫동안 갈라져 있던 동부와 서부 우크라이나가 통합된 것이었다. 1569년 폴란드는 리투아니아로부터 볼히냐, 키예프 지역, 드니프로 강 동안(東岸) 지역을 획득했다. 이러한 영토 통합은 우크라이나인들이 예상하지 못한 것이었고, 이 통합이 어떤 결과를 가져올지는 폴란드 정부도 처음에 제대로 이해하지 못했다. 오랜 기간이 흐른 다음에야 그 결과가 분명해졌다.

1548년부터 지그문트 아우구스투스가 폴란드 왕과 리투아니아 대공을 같이 맡고 있었다. 후사가 없었던 아우구스투스는 승계 문제에 관심을 기울이지 않았다. 이 당시 리투아니아는 모스크바공국과 전쟁 상태에 있었기 때문에 아우구스투스는 폴란드와의 관계를 더욱 밀접하게 하는 것이 리투아니아의 보위에 도움이 된다고 생각했다. 리투아니아 의회의 의석을 차지하고 있던 리투아니아의 소귀족들도 폴란드와의 밀접한 연대를 선호했다. 이들은 폴란드의 군사적 원조뿐만 아니라 폴란드 귀족들이 누리는 것과 같은 조세 면제와 특권을 향유하고 싶어 했다. 리투아니아의 대공과 소귀족들은 대귀족들이 폴란드와의 영구적 국가연합에 반대하지 않도록 힘을 다해 설득했다. 1562년부터 왕은 반복적으로 폴란드와 리투아니아의 연합의회를 소집하고 리투아니아 대귀족들이 참석하도록 독려했으나, 이들은 연합의회와 거리를 두고 있었다. 1568년 말 루블린에서 연합의회가 다시 소집되었고, 리투아니아 대귀족들은 국가연합 논의를 무산시키기 위해 1569년 3월 1일 연합의회를 이탈하고 나왔다. 그러나 이들이 전혀 예상치 못한 사태가 벌어졌다.

폴란드 귀족들은 리투아니아 귀족들의 이탈을 무시하고, 리투아니아 귀족들이 의회를 보이콧함으로써 왕에게 반기를 들었기 때문에 국가연합의 문제는 리투아니아 귀족들 없이 결정되어야 한다고 청원했다. 리투아니아 귀족들이 자신들 국가의 독립을 양보할 생각이 없는 것을 안 폴란드 귀족들은 리투아니아의 독립성을 하루빨리 종식시키기로 했다. 폴란드 귀족들은 왕에게 볼히냐와 피들랴세Pidliashe를 병합하도록 촉구했다. 왕이 리투아니아 귀족들에게 의회로 돌아오지 않는 경우 그들의 재산과 영지를 빼앗을 것이라고 위협하자, 리투아니아 귀족들은 5월 연합의회로 돌아와 두 지역의 합병을 승인했다. 이 조치로 이미 권위가 많이 축소된 리투아니아는 거의 재기 불능의 상태에 빠졌고, 리투아니아 귀족들의 무기력을 본 우크라이나 귀족들도 아무 조치를 취할 수 없었다. 리투아니아 귀족들이 순응하는 것을 본 폴란드 귀족들은 다른 지방도 차례로 병합하기 시작했다. 먼저 브라츨라프가 포돌랴에서 분리되어 폴란드령이 된 볼히냐와 합쳐졌다. 다음으로 키예프 지역의 병합 문제가 대두되자 왕과 많은 의원들은 우려를 표시했다. 모스크바공국과 크림칸국과 접경을 하고 있는 인구가 희박한 넓은 지역을 병합하는 경우 재정 상태가 열악한 폴란드에 큰 짐이 될 수 있다는 것이 염려의 근거였다. 그러나 영토 병합에 대한 유혹을 버리지 못하고 1569년 6월 3일 왕은 키예프 지역의 병합을 공식으로 선언하였다. 키예프 지역의 총독인 콘스탄틴 오스트로즈스키에게는 폴란드 왕에게 충성 서약을 하게 만들어 병합을 완수했다.

1569년 이후 리투아니아는 국가로서의 독립성을 상실하고 폴란드-리투아니아의 한 지역으로 전락했다. 리투아니아는 베레스트와 핀스크 지방을 독자적으로 보유했지만, 이 지역도 폴란드의 강력한 영향력 아래 들어왔다.

우크라이나의 다른 지역을 보면, 세베리아는 모스크바공국의 손에 떨어졌고, 부코비나는 몰다비아에 속했으며, 카르파치아 지역은 헝가리의 지배를 받았다. 40년 후 폴란드는 모스크바공국으로부터 세베리아 지역을 빼앗았다. 이후 짧은 기간이기는 하지만, 부코비나와 카르파치아를 뺀 우크라이나 전 지역이 폴란드의 지배에 들어갔다.

2. 16세기 말 코자크 집단의 성장

아우구스트, 바토리, 지그문트 3세 같은 폴란드 왕들은 코자크를 통제하려고 노력했다. 그 결과 코자크들은 폴란드 왕에게 봉사하는 대신, 자신들이 선출한 관리 이외에는 다른 권력에 복종하지 않고, 군사적 의무 말고는 어떤 책임도 지지 않는다는 것을 당연시 생각했다. 코자크들은 세금을 내거나, 귀족이나 궁정을 위해 노역을 제공하거나, 귀족이나 궁정의 권위에 무릎 꿇을 필요가 없다고 생각했다. 여기서 더 나가 귀족이나 왕의 신하들을 포함해 모든 주민들로부터 전쟁에 필요한 물자를 징발할 수 있다고 생각했다.

폴란드 정부는 유급 군대로 등록된 코자크 요구 사항의 일부를 인정했다. 그러나 정부가 급료를 지불하지 못하게 되자, 왕에게 충성하는 등록코자크들도 일반 코자크들과 뒤섞여 버렸다. 1572년의 첫 등록제도를 시작으로 1578년, 1583년, 1590년에 등록제도를 실시했으나, 등록코자크나 비등록코자크나 구별 없이 타타르에 대한 전쟁에 동원되면서 등록제도는 유명무실해졌다. 코자크 집단은 이 두 그룹의 '권리와 특권'의 차이를 인정하지 않았고, 자신의 의무를 수행하는 모든 코자크는 자유인이고, 오직 코자크집단과 그 지휘부에만 복종하면 된다고 보았다. 이것은 누구나 코자크에 가담하고 군사적 의무를 수행하면 귀족이나 변경지역 총독, 시 관리의 권위에 복종할 필요가 없다는 것을 의미했다. 이러한 원칙이 수립되자 당연한 결과로서 지주에 복종하고 싶어 하지 않는 주민들과 농민들은 코자크가 되었다. 그들은 코자크 관리들을 자신의 상전으로 여겼고, 자신들을 코자크라고 선언하고 귀족들에게 복종하기를 거부했다. 이전에는 코자크로 생활해 온 사람들이 스스로를 코자크로 부르는 것을 꺼려했다. 왜냐하면 코자크는 명예롭지 못한 직업으로 여겨졌기 때문이다. 그러나 지금은 상황이 바뀌어 이제는 주민들이 지주의 압제를 벗어나고 자유를 얻기 위해 코자크에 가담했다. 이 시기에는 '복종하지 않는' 주민들과 농민들이 코자크집단을 구성했다. 1616년 이전의 인구 조사는 온전히 보존되어 있지 않지만, 여러 단편적 자료를 참고하면 1616년 이전 10년 동안 동부 우크라이나 지역의 인구는 계속 증가했고, 그 영역이 북쪽으로는 모스크바공국의 바로 아래까지, 남쪽으로는 야생 스텝지역까지 넓어졌다. 한 사람의 '복종하는' 주민 당 열두 명의 '복종하지 않는' 주민이 있는 촌락들도 있었다. 이러한 지역의 주변은 지주의 권위에 복종하지 않고, 아무에게도 의무를 지지 않는 코자크의 농장들이 산재했다.

이러한 변화의 결과로 귀족들은 '복종적인' 주민들을 좀 더 우호적으로 대하고, 요구 사항을 줄이기도 했다. 일부 도시에서는 주민들이 단지 군역만을 이행하면 되었다. 그러나 이 경우에도 주민들은 통제가 약한 코자크군대에서 군역을 이행했다. 당시의 상황은 모든 주민이 상시 전투에 나갈 준비가 되어 있어야 했고, 스스로를 방어할 무기를 가지고 있어야 했다. 따라서 주민들은 코자크의 의무를 당연한 것으로 여겼고, 다른 어떤 지휘관보다 코자크 장교들의 지휘를 받으며 전투에 나가는 것을 선호했다.

우크라이나에 일어난 이러한 변화는 코자크의 숫자와 그 중요성을 크게 강화시켰다. 코자크는 폴란드의 장원제도에 맞서고, 우크라이나 민중들에게 자유를 약속하고, 귀족세력을 파괴할 수 있는 거대한 사회적 세력이 되었다. 이러한 혁명적 변화로 인해 코자크는 많은 주민들을 끌어들일 수 있게 되었고, 이와 동시에 폴란드 정부와 귀족세력과 오랜 기간 투쟁할 수 있는 기초를 만들어 놓았다. 폴란드는 코자크가 주장한 권리와 특권을 인정하지 않았고, 정부는 코자크의 보호를 받기 때문에 지주로부터 자유로워졌다는 농민들의 주장은 더더욱 받아들이지 않았다. 그러나 16세기 말 25년과 17세기 초 25년 기간 동안 워낙 많은 수의 농민들과 주민들이 코자크에 물밀듯 가담했기 때문에 코자크의 급격한 성장을 막기는 매우 힘들었다.

　전쟁을 주업으로 삼는 순수한 군사적 코자크의 수가 얼마나 증가하였는지는 터키와 타타르에 대한 원정의 빈도와 규모를 보면 알 수 있다. 그들은 변경지역에서의 전투에 더 이상 만족하지 않고 약탈을 위해 스텝지역 깊숙한 곳까지 공격했고, 흑해 지역을 장악했다. 이들의 초기 원정은 주로 육상 원정이었는데, 나중에는 해상 공격을 감행해서 처음에는 크림반도의 도시들에서 시작하여 아나톨리아 연안 지역은 물론, 다뉴브 강을 넘어 콘스탄티노플까지 공격했다. 폴란드 정부가 코자크를 전쟁에 동원하지 않는 기간에는 스스로 터키, 타타르, 왈라키아를 상대로 전투를 벌였다. 폴란드의 바토리왕이 모스크바공국과의 전쟁을 마치고 자신을 지원해 준 코자크군을 해산하자마자, 모스크바공국으로부터 크림칸국 칸에게 돈을 수송하던 사절들이 사마라 근처에서 코자크들에 의해 생포되었다는 소식을 듣기도 했다.

　1583년 봄이 되자 코자크들은 몰다비아의 왕이 될 후보자를 직접 대동하고 왈라키아를 공격했다. 코자크의 원정으로 인해 터키와 전쟁이 발생할 것을 염려한 폴란드의 바토리왕은 코자크들에게 회군을 명령했다. 그러나 코자크들은 드네스트르 강 하구의 터키 도시 티아히냐(Tiahinia, Bendery)를 점령하고 주변 지역 전체를 약탈하였다. 코자크들은 터키 대포와 많은 전리품을 가지고 귀환하였는데, 이 전리품들은 후에 15,000금화를 받고 팔았다는 이야기가 전해진다. 폴란드군이 코자크들을 추격하자, 이들은 대포를 버리고 드니프로 강 너머로 달아났다. 터키에 대한 유화적 제스처로 폴란드군은 약탈의 주동자격인 코자크 몇 명을 르비프에서 터키 사절이 보는 앞에서 처형했다. 이즈음 등록코자크의 숫자를 늘리라는 명령이 내려졌다. 1583년 600명의 코자크가 등록코자크가 되었으나, 이 조치가 상황을 개선시키지는 못하였다. 이 해에 코자크들은 오차키프를 불태워버렸고, 터키에게 다시 막대한 손실을 입혔다. 폴란드 정부가 사건 조사를 위해 조사관을 보내자, 코자크들은 그를 드니프로 강에 익사시켰다.

폴란드의 바토리왕은 코자크들의 공격에 대한 징벌을 내리지 못하고 사망했고, 코자크들은 자신들의 손이 미치는 지역의 터키와 타타르인 정착지를 계속 공격했다. 코자크들은 타타르 공격을 대가로 모스크바공국으로부터 보상을 받았고, 동시에 타타르 칸에게는 타타르가 터키와 전쟁을 하는 경우 도울 준비가 되어있다고 알렸다. 1586년 봄 타타르군이 코자크를 공격하자, 코자크는 드니프로 강을 올라오는 길을 막았고, 타타르군을 격퇴시켰다. 이 공격에 대한 보복으로 코자크들은 오차키프를 다시 공격하여 주둔군을 몰살하고 시를 불태워 버렸다. 다음으로 왈라키아를 재차 침공했는데, 왈라키아 대공이 때를 놓치지 않고 터키에 지원군을 요청하여 코자크를 격퇴시키는데 성공했다. 얼마 있지 않아 코자크들은 배를 건조하고 무장하여 흑해 지역으로 원정을 나가기 시작했다. 코자크들은 크림 반도의 터키 도시인 코즐리프(Kozliv, 현 예파토리아)를 공격하여 약탈하였다. 타타르와의 전투에서 코자크들은 큰 손실을 입지 않고, 전리품을 가득 챙겨 고향으로 귀환했다. 돌아오는 길에 코지크들은 빌호로드(Bilhorod, Akkerman)를 공격하여 불을 놓았다. 이 소식을 듣고 격노한 터키의 술탄은 대규모 부대를 우크라이나로 보냈으나, 코자크는 터키군을 지원하러 오는 타타르군을 격멸시키고 타타르 칸도 전사시켰다. 이렇게 되자 터키는 더 이상 싸울 의욕을 잃고 폴란드가 코자크의 약탈을 통제하는 조건으로 화친을 추구하게 되었다.

1590년 폴란드 정부는 1,000명의 코자크를 등록시켜 드니프로 지역에 머물며 국경을 방어하도록 했다. 비등록코자크는 드니프로 강하류 지역을 떠나 더 이상 그 지역이나 남부 스텝 지역으로 돌아가지 못하게 했다. 이들에게는 보급품을 팔아서도 안 되고, 전리품을 가지고 있다가 적발되면 중형에 처하는 조치를 취했다. 그러나 아무도 이 조치에 주의를 기울이지 않았다. 등록코자크들은 급료를 지급받지 못했기 때문에, 터키와 타타르 지역을 약탈하며 생계를 이어간 자유 코자크들과 같이 무리지어 행동했다. 이러한 코자크의 호전적 에너지는 우크라이나에 코자크의 영향력을 확대하는데 이바지했다.

코자크가 자유로운 집단이라는 인식이 확립되자, 코자크의 영향력은 국경 지역에서 내륙지역으로 확대되었다. 헤트만이나 연대장, 다른 장교들의 지휘를 받는 코자크 부대들은 키예프와 브라츨라브 지역의 지주의 영지 한 가운데 군영을 설치했다. 코자크들이 지주들로부터 보급품을 강취하고, 코자크에 대항하는 지주들의 영지를 공격하는 일이 잦았기 때문에 귀족들은 코자크들에 대한 강한 불만을 표시했다. 많은 주민들이 코자크에 가담하여 영주에게 복종하지 않고 영주들에 대한 봉기를 자주 일으켰다. 브라츨라프에서는 코자크와 주민들이 교회를 점거하고, 대포를 탈취한 후 몇 년 동안 지역을 관할하며 독립적으로 생활했다.

이러한 달갑지 않은 사건들로 긴장된 귀족들은 코자크들을 통제하고 이들이 농노들을 자극하여 봉기를 일으키는 것을 막아달라고 정부에 계속적으로 요청했다. 그러나 폴란드 정부는 다른 급한 일에 몰두하고 있어서 필요한 조치를 취하지 않았고, 몇 년 동안 폴레샤지방까지 포함한 남서부 지역 전체는 코자크의 손 안에 있었다. 귀족들이 코자크를 적대시할 때 마다 전투가 일어났고, 코자크들은 지주들로 하여금 코자크의 힘을 깨닫게 만들어 주었다.

3. 1590년대의 코자크의 전쟁

코자크가 치른 중요한 첫 전쟁의 지휘관은 크리스토프 코신스키 Krishtof Kosinski였다. 그는 전공(戰功)의 대가로 1590년 다른 코자크 지휘관들과 함께 로스Ros 강 주변의 영지를 하사받았다. 그러나 빌라 체르크바 지역의 전 총독(starosta)인 야누쉬 오스트로즈스키Ianush Ostrozhskii, 좀 더 정확히 말하면 그의 가신(namsetnik)이 자신이 이 땅의 주인이라고 주장하며 자신의 군사지역(starostvo)에 포함시켰다. 이 조치에 화가 난 코신스키는 코자크들을 소집하여 빌라 체르크바를 공격하여 오스크로즈키와 가신들의 재산을 약탈하고 빼앗았다. 코자크들은 코신스키가 소유한 다른 성들도 공격하고, 대포를 노획했으며 트리필랴Tripillia성에 거주했다. 폴란드 왕은 몇 명의 귀족과 지역 연대를 지정하여 코자크 봉기를 진압하도록 했다. 그러나 코신스키가 전투를 준비하자 진압군은 코자크와 싸울 생각을 버리고 되돌아가 버렸다. 이 봉기가 성공한 이후 코자크들은 자신들을 대적했던 오스트로즈키와 다른 영주들의 성을 공격하고, 키예프, 페레야슬라프와 다른 도시들을 점령했다. 키예프 주변 지역을 평정한 뒤에 코자크들은 볼히냐 지역으로 가서 주요 지역을 점령했다. 코자크들은 지주들로 하여금 영지와 주민들에 대한 코자크의 통제권을 인정하게 만들고, 군수물자를 제공하게 했으며, 주민들이 코자크에 가담하는 것을 막지 못하게 했다. 오스트로즈키는 코자크로 인해 자신이 몰락할 수도 있다는 것을 깨닫자, 아들과 다른 귀족들을 동원해 코자크에 대한 전투를 준비했다. 폴란드 정부는 종교 문제에 대한 태도를 문제 삼아 이들을 지원할 생각을 하지 않았다. 이렇게 되자 오스트로즈키는 할리치아와 헝가리의 군대를 고용하고 볼히냐 지역 귀족들에게 지원을 요청했다. 이렇게 형성된 귀족 연합군은 퍄트카Piatka 근교에서 전투를 벌여 코자크를 제압하는데 성공했다. 전투에 패한 코자크들은 대포와 탄약을 반환하고, 코신스키를 헤트만직에서 해임할 것을 약속하고 점령한 성들을 귀족들에게 돌려주었다.

코자크들은 '급류 아래' 자포로지아 요새로 돌아오자마자 새로운 전쟁을 준비했다. 1593년 봄에 코자크들은 체르카시를 향해 다시 원정에 나섰다. 자포로지아 코자크들은 지난 전투에서 귀족들을 지원한 체르카시의 비쉬네베츠키공에게 원한을 가지고 있었다. 체르카시 총독 미하일로 비쉬네베츠키(Mykhailo Vyshnevetsky, 드미트로 비쉬네베츠키의 친척)는 코자크의 주요 보급로를 자주 차단했다. 코자크군이 체르카시에 접근하자 비쉬네베츠키는 잠복해 있다가 코자크군을 공격했다. 이 습격으로 코신스키를 비롯한 많은 코자크들이 전사했다. 남은 코자크들은 일단 후퇴하였다가 여름에 다시 공격을 개시했다. 코자크들을 이길 수 없다는 것을 예상한 비쉬네베츠키는 코자크들과 강화를 맺었고, 이후로 체르카시를 통과하는 코자크 보급로는 더 이상 차단되지 않았다. 드니프로 강 유역의 보급로를 통제하고 있었던 비쉬네베츠키가 굴복되면서, 코자크들은 동부 우크라이나 지역의 사실상 주인이 되었다. 오스트로즈키를 비롯한 강력한 지주들이 코자크에게 무릎을 꿇고 코자크 권위를 인정하게 되었다. 코자크들이 농노들의 반란을 선동하고, '복종하지 않는' 주민들을 받아들임으로써 자신들의 계획을 좌절시키자 귀족들은 속으로는 큰 불만을 가지고 있었다. 그러나 폴란드 정부가 다른 전쟁에 정신이 없어서 귀족들을 도울 수 없는 상황이었기 때문에 폴란드군이 지원에 나설 수 있을 때까지 조용히 기다릴 수밖에 없었다. 동부 우크라이나의 주인이 된 코자크는 너무 쉽게, 그리고 짧은 시간에 큰 힘을 얻었기 때문에 새로운 상황에 효과적으로 적응하여 자신들의 입지를 공고히 하는 데 성공하지 못했다. 외국 원정과 약탈에 집중하느라 우크라이나의 행정과 코자크집단의 기초를 닦지 못했다. 폴란드 정부에 대항할 방어력을 갖추는 준비를 게을리 했기 때문에, 시간이 흐르자 폴란드는 코자크의 영향력을 꺾기 시작했다. 코진스키가 전사한 후 그의 자리를 이은 것은 로보다Hrigory Loboda였다. 그는 코자크들의 존경을 받는 노련한 전사였으나 효과적인 정치적 프로그램을 만드는 데는 서툴렀다. 정치적 능력은 시간이 가며 코자크 지휘자들이 서서히 획득하게 되었다. 자포로지아 코자크 외에 다른 코자크 집단이 볼히냐와 브라츨라브 경계지역에서 날리바이코Severin Nalivaiko에 의해 조직되었다. 오스트로흐Ostroh 출신인 날리바이코는 열렬한 우크라이나 민족주의자로 알려진 가문출신이었다. 그의 형제인 사제 다미안Damian은 오스트로흐의 정교회 형제단의 지도자적인 위치에 있었다. 야망이 크고 영예를 갈망하여 코자크의 길을 택한 젊은 날리바이코는 뛰어난 코사크의 자질을 가지고 있었다. 그러나 그는 다른 코자크집단과 협조하여 일을 도모하려 하지 않았기 때문에 때때로 자포로지아 코자크집단과 대립하곤 했다. 자포로지아 코자크들은 코신스키가 치룬 전투에서 날리바이코가 오스트로즈키공을 지원했다고 불만을 나타냈다. 날리바이크는 당시 오스트로즈키와 같이 일하고 있던 상황에서 예기치 않게 전투가 발발하여 오스트로즈키를 버리고 떠날 수가 없었다고 해명했다. 날리바이코는 이 문제를 군사 법정에서 다루는 것에 동의하여 심리가 열렸는데, 여기서 문제는 잘 해결되었다. 그러나 두 코자크집단은 소원한 관계를 유지하였고, 다른 그룹과 협조할 의사를 전혀 보이지 않았다.

이 시기에 서유럽의 지도자들, 특히 교황과 독일 황제는 헝가리를 점령한 터키와의 전쟁을 준비하고 있었다. 코자크가 전쟁 수행에 큰 도움이 될 수 있다는 것을 깨달은 교황과 독일 황제는 각각 사절을 파견했다. 교황의 사절인 크로아티아 사제 코물로비치Komulovich는 코자크를 직접 방문하지 않고 폴란드 관리를 통해 협상을 했다. 그러나 코자크들은 이 폴란드 관리를 무시해 버렸다. 독일 황제의 사절인 라소타Lasota는 1594년 자포로지아를 직접 방문하였다. 그는 당시 코자크들에게서 받은 인상에 대한 흥미로운 기록을 남겼다. 그는 황제의 선물인 황제깃발과 은 나팔, 8천 마르크를 전달하며 코자크들이 터키에 대한 전쟁에 나서줄 것으로 믿었다. 모스크바공국으로부터도 사절이 와서 돈을 전달하며 코자크들의 지원을 얻으려고 시도했다. 당시 코자크가 누구의 지시를 받는지 알지 못했던 독일 황제는 모스크바를 통해 코자크의 지원을 얻으려고 한 것이었다. 독일 황제는 코자크들이 신속히 왈라키아로 진군하여 타타르군이 헝가리로 이동하는 것을 막아줄 것이라고 기대했다. 자포로지아 코자크들은 선물로 받은 돈이 얼마 되지 않아 불만이 있었지만 지원을 약속했다. 그러나 코자크들은 왈라키아를 공격하는 대신 페레코프, 킬리아Kilia, 바바다그Babadah 같은 흑해 연안의 터키 도시들을 공격했다. 날리바이코의 코자크군은 왈라키아를 공격하여 티아히냐를 점령하고 터키와 왈라키아 영지들을 약탈했다. 대규모 터키군이 도착하자 날리바이코는 일시 후퇴했으나, 자포로지아 코자크군의 지원을 받아 터키군을 공격했다. 약 12,000명의 코자크 병력이 이 공격에 참가한 것으로 추정된다. 코자크군은 왈라키아 지역을 초토화시키고 야시Jassy 시를 불태웠다. 코자크는 왈라키아 대공으로 하여금 터키와의 동맹을 끊고 독일과 동맹을 맺도록 했다. 독일 황제는 이러한 전과에 크게 기뻐하였고, 새로운 동맹군이 된 코자크군이 터키와의 투쟁을 계속하도록 요청했다. 코자크들은 왈라키아군과 연합하여 터키 도시들에 대한 공격을 계속 감행했다.

폴란드 정부는 당시 상황을 자국에 최대한 유리하게 이용하기로 하고, 친폴란드 귀족인 모힐라Jeremiah Mohila를 새로운 왈라키아 대공으로 임명했다. 폴란드 정부는 코자크군에게 타타르하고만 전투를 하고 왈라키아는 평화롭게 놔두도록 지시했다. 이 시기에 코자크들은 타타르와 전투를 벌일 의사가 없었으므로 본거지로 귀환하여 휴식을 취했다. 1595년 가을 우크라이나로 귀환하던 날리바이코는 연례 귀족 회의가 열리고 있던 볼히냐의 루츠크에 다다르게 되었다. 날리바이코를 두려워한 귀족들과 주민들은 시 경계까지 나와 그를 맞았고, 그가 시를 공격하지 않는 조건으로 공물을 약속했다. 그러나 공물에 만족하지 못한 날리바이코는 시 외곽을 약탈하였다. 날리바이코는 루츠크에서 벨라루스 지역으로 이동하여 슬루츠크Slutsk 요새를 공격하였고, 대포들을 노획한 뒤, 금화 1만 개를 공물로 받았다. 그의 군대는 북쪽으로 계속 올라가 영지들을 약탈하고 공물을 받아냈다. 그는 주요 거점인 모길레프Mohilev를 공격하였으나 리투아니아군이 그를 기다리고 있다는 소식을 듣고 대포로 방어가 된 볼히냐로 물러났다. 드니프로 지역의 코자크들은 키예프와 폴레샤에 자리를 잡고, 날리바이코가 볼히냐로 귀환했다는 소식을 접하자마자 벨라루스 지역으로 원정을 떠났다. 이런 식으로 자포로지아 코자크군과 날리바이코의 코자크군은 귀족들 사이의 내분과 투쟁을 이용하여 기회가 있을 때마다 공격을 펼쳤고, 오스트로즈키를 비롯한 정교회측 귀족들을 지원하고, 연합교회 사제들과 로마가톨릭교회에 우호적인 귀족들에게는 피해를 입혔다.

11장   초기 코자크의 반란과 교회 통합

1. 1596년 전쟁

코자크들이 정교회를 신봉하는 귀족들을 공격할 때는 폴란드 정부는 간섭을 하려 하지 않았다. 그러나 폴란드 정부의 보호를 받거나 가톨릭을 믿는 귀족들을 공격할 때는 방관하고 있을 수만은 없었다. 몰다비아 전쟁에서 기력이 빠지기는 했지만 당시에는 폴란드군은 외국과의 분쟁에 개입하고 있지는 않았다. 1596년 폴란드 왕은 총사령관 주우켑스키Stanislav Zołkiewski에게 코자크에 대한 응징에 나서도록 명령했고, 동시에 할리치아와 볼히냐 귀족들에게 원정군을 지원하도록 촉구했다. 코자크 부대들은 여러 곳에 흩어져 있었다. 날리바이코 부대는 남부 볼히냐에 있었고, 로보다 부대는 빌라 체르크바에, 자포로지아 코자크들은 벨라루스 원정에 나선 상태였다. 주우켑스키는 신속히 행동을 취하여 코자크 부대를 각개 격파하기로 결정했다. 그는 먼저 경기병대를 동원하여 날리바이코를 공격했다. 날리바이코는 공격을 받자 브라츨라프 지역의 코자크 동료들이 있는 곳으로 침착하게 퇴각했다. 주우켑스키 부대는 그를 추격하며 사람들을 죽이거나 포로로 잡았다. 날리바이코는 주우켑스키와 협상을 시작하고, 동시에 로보다 부대와 연합전선을 펼 준비를 했다. 날리바이코는 브라츨라프성에서 자신을 받아준다는 연락이 올 것을 기대했는데, 그곳 주민들은 폴란드군의 보복을 두려워하여 이미 항복을 하였기 때문에 날리바이코를 받아들일 수 없었다. 브라츨라프 인근에서 주우켑스키는 날리바이코를 거의 잡을 뻔 했으나, 날리바이코는 강의 둑을 터뜨리는데 성공하여 폴란드군의 진격을 늦추었다. 날리바이코는 대포를 강에 버리고, 탄약들은 땅에 묻은 후 솝Sob 강 너머 스텝지역으로 안전하게 피신했다. 이렇게 되자 주우켑스키는 더 이상 그를 추격하지 않았다. 날리바이코는 우만에 잠시 머문 다음 키예프로 향했다. 로보다는 자신의 부대에 샤울라Shaula 휘하의 부대를 포함시켰다. 두 사람은 날리바이코를 받아들일 것인지에 대해 한동안 결정을 내리지 못하였다. 주우켑스키는 날리바이코와 로보다를 분리시키기 위해 노력했다. 그는 로보다에게 폴란드군이 쫓는 것은 날리바이코이고, 자포로지아 코자크들은 안전하게 드니프로 강을 따라 본거지로 돌아갈 수 있다고 회유했다. 그러나 연합 전선을 펴는 게 가장 좋다는 생각을 한 코자크들은 주우켑스키의 제안을 거절하고 날리바이코를 자신들 진영에 받아들이기로 했다. 샤울라는 빌라 체르크바 근처에서 로보다, 날리바이코와 힘을 합쳐 부신스키Kyryk Rozhinsky가 지휘하는 폴란드군의 전위 부대를 거의 전멸시킬 뻔했다. 루진스키는 원래 코자크 부대를 이끌던 소귀족이었으나 코자크들이 자신의 영지인 파볼로츠크Pavolotsky의 농노들을 반란에 나서도록 선동하자 이를 보복할 기회를 찾고 있었다. 주우켑스키의 주력군이 때마침 도착하여 루진스키를 구해주었고, 코자크들을 추격해서 호스트리 카민Hostry Kamin에서 코자크를 공격했다. 코자크들은 마차를 빙 둘러서 연결하여 자신들의 야영지를 요새화하여 폴란드군이 쉽게 공격하지 못하게 했다. 코자크 장교들은 최전방에서 폴란드군과 맞서 싸워 많은 사상자를 냈다. 전투에서 샤울라는 한 팔을 잃어버렸다. 폴란드군도 손실이 커서 더 이상 코자크를 공격할 생각을 하지 못하고 일단 빌라 체르크바로 후퇴했다. 그곳에서 주우켑스키는 폴란드 왕에게 지원병과 보급품을 요청하였다. 4월이 되어 지원군이 도착하자 폴란드군은 재차 공격을 개시했다.

이 시기에 코자크들은 모든 병력을 모아 페레야슬라프에 집결했다. 코자크들은 처자식들이 폴란드군의 인질이 될 것을 염려하여 가족들도 모두 데리고 집결했다. 가족들이 같이 있는 상황을 고려하여 여러 작전 계획이 고려되었다. 일부 코자크는 드니프로 강을 건너 모스크바공국 국경 근처로 이동하자고 제안하였고, 다른 일부는 크림 칸에게 지원을 요청하여 같이 폴란드군에 대항하는 안을 제시했다. 몇몇 소수는 폴란드군에게 항복하는 안도 내놓았으나 지지를 받지 못하였다. 코자크들이 묘안을 차내고 있는 동안 주우켑스키는 드니프로 강을 도강하는 방법을 찾고 있었다. 주우켑스키의 도강 작전에 결정적 도움을 준 것은 키예프 주민들이었다. 폴란드군의 호의를 사기 위해 키예프 주민들은 코자크들 모르게 도강에 필요한 배를 만들고 폴란드군의 도강 작전을 도와주었다. 강 맞은편에 있던 코자크들은 대포를 풀고 방어 준비를 하였다. 주우켑스키는 기만 작전으로 코자크들의 뒤통수를 쳤다. 그는 드니프로 강 아래쪽인 트리필랴에서 도강하는 것처럼 작전을 폈다. 코자크들이 강둑을 방어하기 위해 그쪽으로 이동하자, 주우켑스키는 키예프 바로 아래에서 드니프로 강을 건넜다. 허를 찔린 코자크들은 모스크바공국 국경 지역으로 이동했다. 날리바이코를 적극 추격하지 않은 주우켑스키가 이번에도 무리하게 추격을 하지 않을 것으로 기대했다. 그러나 주우켑스키는 모든 수단을 동원하여 코자크를 진압하기로 마음먹었다. 리투아니아의 지원군이 도착하자 주우켑스키는 자신의 부대의 군사력이 코자크보다 앞선다는 확신을 갖게 되었다. 그가 염려하는 것은 코자크들이 모스크바공국 국경 안으로 들어가거나 돈 강을 넘어 이동하는 것이었다. 그는 시간을 벌기 위해 코자크들과 협상을 벌이면서 한편으로는 비밀리에 스트루스Strus가 지휘하는 경기병 부대를 내륙으로 이동시켜 코자크 부대의 퇴로를 차단하도록 했다. 이 작전은 철저한 보안 속에 이루어졌기 때문에 이동하는 폴란드군 자체도 어디로 향하는지 모르고 있었다. 코자크들은 주우켑스키 부대의 동향을 예의 주시하며 솔로니차Solonitsia와 루브니 사이에서 술라Sula 강을 건넜다. 그들은 강을 건너자마자 다리를 파괴하여 폴란드군의 추격을 막을 생각이었다. 그러나 미리 도착한 스트루스 부대가 코자크들의 진로를 막아서고, 뒤에서는 주우켑스키의 주력군이 추격해오자 코자크들은 크게 당황했다. 코자크들은 솔로니차 강둑에 남아 거기에서 방어진지를 구축하기로 했다. 그들은 방어하기에 좋은 지역을 찾아 사방의 들판을 내려다보는 언덕에 진지를 구축했다. 이 지역의 한쪽 방면은 술라 강의 늪지대로 적군의 접근이 불가능했고, 나머지 방면은 마차를 배치하고, 흙을 쌓고 참호를 파서 방어 진지를 구축했다. 진지 한가운데에는 통나무와 잡풀로 방어벽을 만든 다음 그 안에 대포를 배치했다. 코자크들이 견고한 요새를 구축하고, 약 6,000명의 병사와 거의 비슷한 수의 가족들, 그리고 비전투 주민들이 방어에 나서자 주우켑스키는 포위 작전으로 코자크들의 전의를 꺾을 생각을 했다. 그는 코자크 진지에 포탄을 날리면서도 한편으로는 코자크들의 내분을 유도하기 위한 협상을 시도했다. 폴란드군의 작전은 나름대로 효과를 거두었다. 자포로지아 코자크들과 날리바이코를 추종하는 코자크들 사이의 구원(舊怨)이 되살아나 갈등이 시작되고 유혈 사태도 발생했다. 이러던 중에 한 회의에서는 로보다가 살해되는 일이 벌어졌다. 로보다의 후임으로 날리바이코를 선출하지 않고, 크렘프스키 Krempsky를 새 헤트만으로 선출했다. 자포로지아 코자크들은 날리바이코가 자신들의 헤트만을 죽였다고 믿고 적대감을 풀지 않았다. 포위당한 코자크들은 큰 어려움을 겪었다. 그러나 폴란드군도 어려움을 겪기는 마찬가지였다. 보급품과 식량을 지원받지 못하게 되자 주우켑스키는 코자크들보다 자신의 부대가 먼저 굶어죽을 수도 있다는 생각을 하게 되었다. 이러는 동안 드니프로 지역에서는 피드비소츠키Pidvisotsky가 새로운 코자크 부대를 조직하여 농촌 지역을 공격하며 주우켑스키의 포위를 무력화하기 위해 다가왔다. 드니프로 강 하류 지역에서는 포위에 갇힌 동료들을 구출하기 위해 새로운 코자크 부대가 드니프로 강과 술라 강을 따라 북상하고 있었다. 주우켑스키는 로보다에게 한 것처럼 코자크들을 회유하려 시도하였으나 실패했다. 만일 코자크 지원군이 제때에 도착하면 주우켑스키는 큰 어려움에 처하게 될 것이 분명했다. 그러나 다행히도 포위된 코자크들은 자신들의 원군이 온다는 사실을 모르고 있었다.

주우켑스키는 코자크들을 항복시키기 위해 마지막 시도를 하기로 결정하였다. 그는 가공할 포격을 가한 다음 전격 공격을 계획하는 동시에, 코자크 병사들이 지휘관들을 체포하여 넘기면 무사히 떠나게 해준다고 회유를 하였다. 처자식들의 고통에 마음이 약해져 더 이상 버티기가 힘들다고 생각한 코자크 병사들은 이틀간 포격을 받고 난후 지원군의 도착을 기다리지 못하고 주우켑스키의 투항 제안을 받아들이기로 했다. 주우켑스키는 지휘관의 체포, 대포와 탄약 양도, 독일 황제에게서 받은 깃발과 선물을 내놓을 것을 요구했다. 날리바이코는 몇몇 부하와 함께 탈출을 시도했으나, 코자크들은 그를 체포하여 폴란드군에게 넘겼다. 샤울라와 다른 지휘관들도 같은 운명에 처했다.

코자크들이 주우켑스키의 요구 조건을 받아들이자, 그는 간교하게 추가 조건을 내걸었다. 즉 폴란드 지주들이 전에 자신이 소유했던 코자크들을 다시 농노로 데려갈 수 있도록 하는 조건을 내걸었다. 코자크 병사들은 이 조치가 시행되면 거의 모두가 폴란드 지주에게 다시 복속되어야 하므로 새로운 요구를 받아들일 수가 없었다. 그러자 폴란드군은 무장 해제가 된 코자크들을 무자비하게 살육하기 시작했다. '몇 마일에 걸쳐 죽은 시체만 보였다'라고 한 폴란드 증인이 전할 정도로 잔인한 살육이 자행되었다.

크렘프스키 휘하의 일부 병사들만이 포위를 뚫고 자포로지아 지역으로 도망칠 수 있었고, 피드비보츠키가 이끄는 지원군도 자포로지아로 되돌아갔다. 코자크를 완전히 제압하기에는 병력이 모자랐던 주우켑스키는 포로로 잡힌 코자크들에게 보복을 가했다. 무서운 형벌이 날리바이코에게 가해졌다. 그는 감옥에서 1년 이상 고문을 당한 후 참수형을 당한 후 사지를 절단당했다. 날리바이코의 죽음에 관한 전설은 폴란드와 우크라이나 구석구석에 널리 퍼졌다. 한 속설에 따르면 그는 우크라이나의 왕이 되려고 하였고, 자신을 '날리바이(주정꾼이라는 뜻) 왕'이라고 불렀기 때문에 철로 된 왕관을 쓰고 뜨거운 쇠로 만든 말 위에 태워져 고문을 당했다고 한다.

2. 우크라이나 민족 자치의 쇠퇴와 부흥을 위한 노력

코자크군은 주우켑스키에 의해 완전히 와해되지는 않았지만, 그 세력은 일시 약화될 수밖에 없었고, 드니프로 하류 지역으로 물러날 수밖에 없었다. 이러한 상황은 코자크뿐만 아니라 우크라이나의 민족운동에도 부정적 영향을 끼쳤다. 폴란드가 우크라이나 땅에 로마 가톨릭을 강요하고 주민들은 어느 때보다 코자크의 도움과 보호를 필요로 하는 중요한 시점에 이러한 타격을 당해 영향이 더 컸다. 폴란드는 코자크가 영향력을 잃은 상황을 최대한 이용하여 정교회가 날리바이코와 다른 반란자들을 선동했다고 비난했다. 우크라이나인들이나 벨라루스인들은 단순히 '민간인'으로서 폴란드 귀족의 압제를 피하여 숨을 곳을 찾았기 때문에 이러한 주장에는 아무 근거도 없었다. 코자크들이 루브니 전투에서 패배하지만 않았다면 벌써 16세기 말에 이들은 우크라이나 민족 부흥 운동에 중요한 역할을 했겠지만 이러한 일은 약 25년이 흐른 후에야 가능하게 되었다. 우크라이나 주민들은 아무 도움도 받지 못하고 강제적인 폴란드화에 저항해야 했다. 폴란드 정부가 경제를 황폐화시키고, 농민들을 농노로 전락시키고, 도시를 몰락시키고, 주민들이 상업이나 교역에 종사하지 못하게 하여서 당시 상황이 어느 정도나 비참해졌는지는 이미 서술한 바 있다. 우크라이나인들 중에 유일하게 목소리를 낼 수 있게 허용된 계급은 귀족들이었다. 그러나 폴란드 지주들은 우크라이나 귀족들의 권한도 무력화시키려고 하였다. 조직화되어 있지 않던 우크라이나 귀족들은 폴란드 지주들이 쏟아져 들어오면서 처음부터 밀려나기 시작했다. 서부 우크라이나 지역에서 우크라이나 귀족들은 관직에서 쫓겨나고 재산을 빼앗겼다. 폴란드인들과 대등한 권리와 특권을 누리는 유일한 길은 폴란드화하고 로마가톨릭을 받아들이는 것이었다. 할리치아, 홀름, 포돌랴 같은 지역의 영향력 있는 우크라이나 귀족들은 15세기 말에 벌써 이러한 과정을 밟았다. 16세기가 되자 같은 일이 볼히냐와 드니프로 강 유역 지역에서도 진행되었다.

1569년의 루블린 연합 조약에는 정교회 지주들에게 폴란드 지주와 같은 권한을 준다고 약속되었지만, 이 약속은 지켜지지 않았다. 정교회 지주들이 로마가톨릭으로 개종하고 폴란드화되는 길 이외에는 다른 모든 길이 막혀있다는 사실을 깨닫는 데는 오랜 시간이 걸리지 않았다. 우크라이나 지주들의 요새와 같았던 볼히냐의 지주들을 비롯하여, 소귀족, 지주들이 동화 압력에 차츰 굴복하자 우크라이나 주민들은 우크라이나 민족문화의 방어 역할을 할 수 있었던 유일한 계층을 잃어버리게 되었다.

15세기-16세기의 폴란드-리투아니아의 지배로 종교와 관련된 우크라이나 문화도 크게 퇴보 했다. 정교회와 사제들은 정부의 특별한 대우와 보호를 받았는데, 이제는 정교회를 보호할 정부가 없는 상태가 되었다. 리투아니아 정부뿐 아니라 폴란드 정부도 더욱 강도 높게 정교회를 압제하자 정교회는 쇠퇴하기 시작했고, 정교회와 관련된 전통 문화도 같은 운명을 맞게 되었다. 사제들 중에 학식 있는 사람들을 찾기가 힘들어지고, 정교회 학교는 문을 닫았으며, 문학과 예술적 창의성도 퇴보했다. 정교회를 신봉하는 지주와 상인들이 존재하는 곳에서는 정교회와 교회 문화를 지원하였지만, 이들도 반대파들이 조장하는 정교회 분열 앞에서는 힘을 쓸 수가 없었다. 리투아니아 대공과 폴란드 왕은 소위 '후원제 또는 임명제(patronage, pravo podavannia)'라는 제도를 만들어서 운영했다. 주교나 수도원장이 되려는 사람은 군주들의 허가를 받아야 했다. 두 군주는 정교회 고위직 지원자들이 갖추어야 할 자격을 무시하고, 고위직을 가장 많은 돈을 내는 사람에게 팔거나, 자신들에게 충성하는 사람들에게 나누어 주었다. 이렇게 되자 정교회의 중요한 자리들이 전혀 자격이 없거나, 신앙심이 없는 사람들 차지가 되었다. 이렇게 임명된 사람들은 교회 재산을 착복하여 자신과 가족을 위한 부를 챙기기에 바빴다. 우크라이나 귀족들과 주민들은 이러한 엽관제도를 제거할 수 없었고, 자신들이 기부한 돈이 술주정이 사제나 낭비가들의 주머니만 채워준다는 사실을 알고서는 더 이상 교회를 지원할 생각을 하지 않게 되었다.

　우크라이나 지주들은 폴란드 왕에게 자신들의 종교 문제에 간섭하지 말 것을 청원했으나, 이러한 노력은 헛수고로 끝났다. 16세기의 폴란드 왕의 간섭에 의해 정교회는 분쟁에 휩싸이고 결정적 쇠퇴를 맞게 되었다. 우크라이나 문화의 상징이고, 우크라이나 민족적 통합성의 유일한 대변자이며, 민족문화의 기초인 정교회가 쇠락하자, 우크라이나 문화는 정부의 공식 후원을 받는 폴란드 문화와의 경쟁에서 밀리고, 그 우월성을 더 이상 발휘할 수 없게 되었다. 14세기-15세기의 폴란드 문화는 독일이나 이태리 문화를 모방한 아류였기 때문에 그 수준이 결코 높지를 않았다. 폴란드 문화가 우크라이나 문화를 누르게 된 것은 이것이 정부가 후원하는 공식 문화이고, 민간 및 정부 행정에 편한 문화였기 때문이다. 그리고 라틴 문자로 쓰인 문학과 학교 교육을 통해 보급된 독일과 이태리의 라틴-가톨릭 문화가 그 배후를 받쳐주고 있는 것도 한 이유가 되었다. 우크라이나-비잔틴 문화는 폴란드-리투아니아공국의 관제문화가 새롭게 영향력을 행사하는 상황에서는 이전의 영향력을 되찾을 수가 없었다. 또한 정교회 문화가 역동적이기보다는 정적이어서 교회 생활 이외에는 큰 역할을 하지 못하였고, 원류인 비잔틴 문화도 시대에 뒤떨어진 점이 많았다. 정교회의 보수주의도 폴란드-라틴 문화와의 경쟁에서 밀리게 되는 한 원인을 제공하였고, 폴란드 문화가 새로운 부흥기를 맞는 상황에서는 더욱 그랬다.

16세기 말까지는 폴란드의 가톨릭교회가 제대로 조직화되지 못하였다. 그러나 독일 교회 영향으로 세속적이고 반사제적인 개혁 운동이 귀족 계급 내에서 일어나자 많은 우크라이나인들이 이에 영향을 받았다. 우크라이나인들은 독자적인 반사제적 운동을 경험해 본 적이 없었다. 그러나 독일의 종교 개혁 운동을 받아들인 사람들은 그리스 정교회를 버리고 폴란드의 가톨릭으로 개종하고, 이와 더불어 우크라이나 민족문화도 버렸다. 우크라이나 민중들은 흔히 말하듯 '루스 왕국과 루스의 생활 전통에 따라' 우크라이나가 존재한 처음부터 그들을 단합시키는 기반은 그리스 정교 신앙이라는 것을 잘 알았다. 우크라이나 상류층들은 폴란드이 귀족적 문화의 새로운 도전 앞에서 정교회 신앙을 계속 유지하기가 힘들었고, 더욱이 폴란드가 지배하고 우크라이나가 쇠락한 상황에서는 더욱 그랬다.

16세기 후반에 농사법의 발달과 목재, 곡물, 육류의 수출에 힘입어 지주들은 크게 부유해졌다. 당시의 기록들을 보면 이전에 검소하거나 가난하게 살던 귀족들이 사치스러운 생활을 하는 데 대한 불만들이 많이 나온다. 귀족들은 이전의 수입원 이외에 농노들로부터 거두어들이는 돈 덕분에 호화로운 생활을 할 수 있게 되었다. 이들은 늘어난 수입을 농사법의 개량이나 문화 증진을 위해 쓰지 않고 외양을 꾸미거나 오락과 음주에 낭비했다. 우크라이나와 벨라루스의 신흥 귀족들은 자신들의 문화 증진에 돈을 쓰는 대신 폴란드 풍습을 모방하고 폴란드 귀족과 같은 생활양식을 유지하는데 썼다. 귀족들은 자녀들을 폴란드의 학교에 유학시키고, 이 아이들은 외국 문화에 물들어 자신들의 정교회 신앙을 버리고 완전히 폴란드식으로 동화되어 버렸다. 많은 수의 귀족 자녀가 외국으로 나가 교육을 받았다.

3. 교육의 발전

우크라이나의 애국자들은 민족문화의 쇠퇴를 걱정스런 마음으로 지켜보았다. 그들은 지적이고 풍부한 민족문화의 상실을 걱정하였고, 조국의 문화가 경멸의 대상이 되고, 무지하고 낙후된 문화로 여겨지는 것을 부끄럽게 생각했다. 이런 배경 하에 16세기 말에 우크라이나와 벨라루스의 많은 곳에서 이전에 정교회가 담당했던 교육, 문학, 시민 문화 발전을 위해 헌신하는 사람들이 나타났다. 이러한 노력은 폴란드-리투아니아의 민간 및 정치 수요에 맞는 세속적 교육을 원하고 있는 주민들 모두를 만족시키지는 못하였다. 그러나 애국주의자들은 그리스 정교 신앙만이 우크라이나와 벨라루스의 문화적 지도자들이 설 수 있는 발판임을 믿었고, 그들의 눈에는 정교회에서 멀어진 사람은 민족문화에서 멀어진 것으로 보였다.

16세기 후반이 되자 문화적 부흥의 여러 조짐이 나타났으나, 몇 가지 예만 구체적으로 알려져있다. 우크라이나 국경지역인 자불루디프Zabludiv의 지주인 호드케비치Grigorii Khodkevich라는 사람은 1560년에 인쇄소를 세웠다. 거기에서 우크라이나어로 된 책들이 최초로 찍혀 나왔다. 이 인쇄소에서 일한 인쇄기술자는 인쇄술의 등장으로 긴장한 당국의 단속을 피해 모스크바에서 망명 온 페도로비치Ivan Fedorovich와 므스티슬라브Petro Mstislav라는 두 젊은이였다. 이들은 1569년 설교집을 출간하였고, 1575년에는 시편을 출판하였다. 그러나 이 작업 후 호드케비치는 출판 사업에 관심을 잃었고, 그와 페도로비치는 르비프로 이주해 갔다. 이반 뇌제의 박해를 피해 1560년 볼히냐의 코벨Kovel로 망명한 쿠릅스키Kurpski 공은 주변에 학자들을 모아 비잔틴의 정교회 신부들의 글들을 번역하였고, 우크라이나와 벨라루스의 유력자들과 편지로 교신을 하며 정교회 신앙을 수호할 것과 가톨릭 문화의 유혹에 넘어가지 말 것을 촉구하였다. 세 번째 문화 그룹은 키예프 루스의 오렐코(Olelko) 왕조의 후손인 슬루츠키Gregorii Slutski 공이 조직했다. 그의 영지에는 문학에 관심이 있는 학자들이 모였고, 1581년에는 인쇄소와 학교를 세웠다.

볼히냐의 오스트로흐의 오스트로즈키 공의 영지가 새로운 문화 운동의 중요하고도 지속적인 중심지가 되었다. 그는 애국심으로 이름을 날린 키예프 루스 가문의 후손이었다. 리투아니아의 장교였던 콘스탄틴 오스트로즈키Konstantine Ostrozki 공은 우크라이나 주민들과 정교회의 중요한 보호자였다. 키예프의 총독이었던 그의 아들 바실 오스트로즈키Vasyl Ostrozki도 아버지처럼 재산이 많았는데, 정교회와 우크라이나 문화 사업에 대한 재정 지원을 계속했다. 당시 오스트로흐에서 진행된 사업에 대한 기록은 얼마 남아 있지 않다. 그 이전에 오스트로흐에는 학식이 높은 정교회 사제들이 많이 거주했고, 이들은 초등교육을 시작하고, 당시 사람들이 '3개 언어 학교 - 슬라브어, 라틴어, 그리스어'라고 부른 폴란드의 '아카데미'를 본 딴 고등교육기관을 만들려고 시도했다. 그러나 제한된 교수진을 가지고 많은 과목을 가르칠 수는 없었다. 실력이 뛰어난 학자들을 국내나 그리스어가 사용되는 지역에서 구하는 것은 쉽지 않았다. 그렇다고 유럽에서 비정교회 신자인 교수들을 초빙해 오면 학생들에게 로마가톨릭의 영향을 미칠 염려도 있었다. 학교에서 배출한 젊은 학자들을 유럽에 보내 공부를 시켜서 교수 요원을 양성한다는 생각은 미처 하지 못했다. 간혹 가다가 서유럽에서 공부한 뛰어난 정교회 학자를 초빙할 수 있었는데, 그 한 예가 후에 니세포루스 주교가 된 루카리스Lucaris를 초빙한 것이다. 그러나 고등교육기관이 탄생하여 정교회 그늘 아래에서는 교육이 발전할 수 없다고 비판한 사람들에게 반론을 제기할 수 있는 근거가 마련되었다. 이러한 교육 기관의 설립은 우크라이나의 고등 교육의 효시가 되었다.

학교 교육과 관련되어, 아니면 학교와 별개로 오스크로흐에는 많은 학자들이 모여 여러 개의 형제단(brotherhood)을 만들었다. 그중에는 게라심 스모트리츠키Herasim Smotritski도 있었고, 그의 아들 막심은 후에 세례명인 멜레티 스모리츠키Melety Smotritski로 불렸다. '유일하고 진정한 정교회 신앙'이라는 책을 쓴 바실, 필라렛-브론스키Filaret-Bronski, 크릴릭 오스트로즈키Krilik Ostrozki을 비롯한 다른 여러 학자들이 이 당시 활동했다. 이 그룹들이 한 첫 번째 중요한 일은 성경을 찍어낸 것이었다. 1575년 인쇄기술자 페도로비치가 르비프에서 오스트로흐로 이주해 오면서 이 그룹은 새 힘을 얻게 되었다. 당시로서는 성경의 일부 책만이 슬라브어로 옮겨져 있었고, 성경 전체의 텍스트가 없었기 때문에 성경을 출간하는 것이 쉬운 일이 아니었다. 오스트로즈키는 각 곳에 사람을 보내 그리스어로 된 텍스트와 슬라브어 번역본을 찾아오게 했다. 이 작업에 몇 년이 걸렸고, 그 다음으로 번역에 몇 년이 걸렸다. 드디어 1580년 슬라브어로 된 성경 완역본이 나오게 되어, 슬라브어 출판에 금자탑과 같은 업적이 세워졌다. 다음 20년 동안 학자들은 그리스 정교회 신앙을 옹호하고, 폴란드 정부가 시행하려고 하는 그레고리안(Gregorian) 달력에 반대하고, 마지막으로 교회 통합에 반대하는데 헌신했다.[11]

우크라이나인들은 오스트로흐 그룹의 업적과 학교에 대해 높이 평가했으나, 이후의 일이 어떻게 될 것인가를 알고는 슬퍼하였다. 콘스탄틴 오스트로즈키의 아들들은 가톨릭 교도였다. 정교회를 신봉한 유일한 아들 알렉산드르는 아버지보다 먼저 죽었다. 아버지로부터 막대한 재산을 물려받은 장자 야누쉬Yanuch는 가톨릭 신자가 되었고, 그 대가로 폴란드 정부로부터 중요한 직책을 받았다. 그런 그가 아버지의 문화 사업을 계속할 가능성은 적을 것으로 예상되었다. 모든 예측은 사실이 되었다. 콘스탄틴 오스트로즈키가 죽자, 오스트로

11) 그레고리력(Gregorian calendar)은 현재 세계적으로 통용되는 양력(陽曆)으로, 1582년에 교황 그레고리오 13세가 율리우스력을 개정하여 이 역법을 시행했기 때문에 그레고리력이라고 불림. 이전까지 사용되던 율리우스력의 윤년 길이(128년마다 1일 편차)를 조정하여 3,300년에 1일 편차가 나게 함. 가톨릭 국가들이 그레고리력 제정 후 1년 만에 대부분 이 역법을 시행하였지만, 종교적 이유 때문에 개신교 국가들은 18세기 전반까지, 정교회 국가들은 20세기 초까지도 기존의 율리우스력을 고수함. 러시아는 러시아 혁명 직후 1918년 1월 31일 다음날을 2월 14일로 하여 그레고리력을 채택함(율리우스력과 그레고리력 13일 차이 남).

흐의 문화 사업은 큰 타격을 받게 되었고, 슬루츠크의 상황도 마찬가지였다. 그곳에서는 그리고리 슬루츠키가 죽자 그의 재산은 로마가톨릭 추종자들 손에 들어갔고, 교육 사업은 중단되었다. 다른 귀족들에게 희망을 걸기도 어려웠다. 교육 사업이 너무 늦게 시작되어 뿌리를 내리지 못하였고, 정교회 교육 사업을 세속적 방법으로 밀고 나갈 수도 없었다. 귀족 자녀들은 가톨릭 학교로 진학하였고, 16세기 말에 빌나, 야로슬라프Yaroslav, 루블린과 다른 도시에 세워진 예수회 학교로 많이 진학했고 이들은 열렬한 가톨릭 신봉자가 되었다. 주민들은 '귀족들에게 희망을 걸지 마라'라고 말하며 민족문화를 보존하기 위해 자발적인 노력을 기울이고 자신들의 돈으로 기금을 만들었다. 우크라이나의 르비프와 벨라루스의 빌나의 주민들이 바로 이런 운동의 주인공이 되었다.

4. 형제단

1530년대와 1540년대 우크라이나와 벨라루스의 주민들은 오래된 종교 결사인 형제단을 공식 기구로 인정받으려는 노력을 하였다. 폴란드의 새로운 지방행정 체계에 맞추기 위해 유럽의 수공업 길드를 모방하여 형제단을 개조하였다. 형제단의 외형적 목표는 자신들이 속한 교회의 활동을 지원하고 가난한 사람들을 돕는 것이었지만, 실제적 목표는 우크라이나의 민족적 권리 확보를 위해 투쟁하는 것이었다. 특히 폴란드의 속박이 가장 심했던 르비프 지역에서 이러한 경향이 강했다. 16세기 중반 르비프에서는 정교회 관구의 부활을 위한 투쟁이 시작되었다. 이 관구는 로마가톨릭 대주교가 장악하려고 하고 있었다. 1570년 이후에는 가톨릭과 정교회의 동등한 권리를 요구하는 운동이 벌어졌고, 16세기 말에는 인구가 늘고 교육이 널리 보급되면서 민족적 권리 확보에 대한 의식도 고양되었다. 이러한 노력 덕분에 차별 정책이 다소 완화되기는 했지만, 전체적인 차별 상황은 크게 변화되지 않았다. 주민들은 다음 단계로 그레고리안 달력의 도입에 대한 반대 운동을 펼쳤다. 새로운 역법의 도입을 정교회에 대한 공격으로 간주했고, 자신들의 의사에 반한 강제적인 역법 도입에 강하게 반대했다. 이 문제는 우크라이나인들을 크게 자극하여, 폴란드 귀족, 성직자, 경찰 등과 충돌이 일어났고 많은 사람이 체포되었다. 그러나 우크라이나인들은 굴복하지 않고 저항해서 정교와 문화의 자치를 지켜내는 데 성공했다.

우크라이나 주민들이 민족 교육의 필요성을 절감했을 때, 새로운 운동을 이끈 것은 형제단의 지도자들이었다. 이들은 교육과 문화 보급의 열렬한 옹호자로서 민족문화 보호의 보루인 우크라이나 학교를 육성하려고 노력했다. 그들은 정교회만을 위해 일하는 것은 의미가 없고, 교육의 보급과 학교의 육성 없이는 정교회도 제 기능을 발휘하지 못한다고 여겼다.

1570년 자블루디프에서 온 러시아 인쇄기술자 이반 페도로비치는 르비프 형제단에 도움을 청했다. 그러나 형제단이 불에 탄 형제단 건물 재건 공사에 재정을 쏟아 부어 그를 도울 수 없게 되자, 그는 자신의 인쇄소를 저당 잡혀 유대인들에게 재정 지원을 받았다. 그는 1574년 '사도들의 업적과 서한'(The Acts and Epsitles of the Apostles)이라는 책을 출판한 후 오스트로흐로 이주해서 오스트로즈키의 후원을 받았다. 그는 얼마 후 다시 르비프로 와서 우크라이나어 인쇄소를 설립하려고 노력하다가 1583년 사망했다. 폴란드인들이 그의 인쇄소를 인수하려고 노력하였지만, 르비프 주민들은 이러한 움직임을 방관하지 않았다. 르비프 주교 발라반Gedeon Balaban은 형제단의 도움으로 인쇄소를 인수하였다. 이 과정에서 유대인들에게 자금을 빌려야 했지만, '값진 보물'인 인쇄소를 소유하고 빚을 갚기 위해 우크라이나 전역에 모금 운동을 벌였다. 형제단은 재원이 부족하기는 하였지만, 인쇄소 인수 이외에도 학교, 인쇄소, 빈민구호소를 갖춘 형제단 건물 건립을 계획하고 있었다. 1585년 말 안티옥 총대주교 조아킴Joachim이 르비프를 방문하자 형제단은 그에게 '모든 계층의 아동들에게 교육' 기회를 제공할 수 있는 학교 건립을 도와줄 것을 우크라이나인들에게 호소하도록 요청하였다. 총대주교는 이 요청을 받아들여 서면으로 된 호소문을 만들었다. 르비프 주교 발라단도 정교회 전체에 같은 요청을 하였다.

이러한 고상한 목표를 실현하기 위해 형제단은 조직을 개편하기로 하였다. 연례 만찬회는 폐지되었고, 이후로 형제단 모임은 종교와 세속 교육에 전력하기로 했다. 정례적 업무 회의 다음에는 양서에 대한 독서와 토론이 이어졌다. 형제단 단원들의 윤리적 생활에 대한 감독과 교정이 강화되었고, 기준에 벗어나는 단원은 제명되었다. 신앙과 자기희생 원칙이 형제단 규약의 근간이 되었다.

새 형제단 규약이 조아킴 총대주교에게 봉정되자, 당시 정교회 내의 무질서한 상황을 잘 알고 있던 그는 크게 기뻐하여 형제단에 새로운 책무를 부여해 주었다. 이것 중 하나는 형제단이 정교회 사제들을 감시하여 사제들의 부정행위를 주교에게 보고하고, 규정에 어긋나게 행동하는 사제는 신앙의 적으로 대하도록 하였다. 또한 조아킴은 유사한 모든 형제단 조직은 르비프 형제단 밑으로 들어오도록 하였다. 깊은 고려 없이 형제단에 이러한 권한이 주어졌고, 정교회의 통상 규율에도 어긋났기 때문에 조만간 사제단들과의 충돌이 예상되었다. 그러나 이러한 위험에도 불구하고 이 조치는 2년 뒤 콘스탄티노플 총대주교 예레미야Jeremiah가 우크라이나를 방문하였을 때 다시한 번 인정되었다. 르비프 형제단은 대단한 특권을 인정받았고, 형제단의 활동은 높은 평가를 받아서 다른 지역에서도 열렬한 반향을 일으켰다. 큰 도시나 작은 마을에서도 새로운 형제단이 조직되거나 옛조직이 르비프 형제단을 모델로 재편되었다. 새로운 학교의 지도자로 르비프 형제단 단원들이 초빙되거나, 학생들이 르비프로 파견되었다. 유사한 형제단이 페레므이슬, 로하틴Rohatyn, 호로독Horodok, 베레스트(Bereste, Brest)에 만들어진 것으로 알려졌다. 그리고 홀로호리Holohory와 사타니프Sataniv에는 이보다 작은 형제단 조직이 만들어졌다.

한정된 재원으로 인해 르비프 형제단의 문화 및 출판 활동은 크게 발전하지 못했다. 그러나 오스트로흐에서는 17세기 초 출판과 저술 활동이 왕성하게 벌어져 두드러진 업적을 보였다. 1710년 이후에는 동굴수도원(Monastry of Cave)의 재력의 뒷받침을 받은 키예프가 출판 활동의 중심지가 되었다. 르비프의 학교는 교육기관으로는 우크라이나의 최고 수준은 아니었지만, 나름대로 높은 평가를 받았다. 이 학교의 교수진으로는 르비프 학자들뿐 아니라, 대주교 아르세네이Arseney, 쿠킬(Stefan Kukil, 일명 Zinania)과 그의 형제 라브렌티Lavrenti 등이 포함되어 있었다. 저명한 교육자이자 작가인 스타브로베츠키Starovetsky, 후에 키예프 대주교가 되는 보레츠키Ivan Boretsky도 교육에 관여했다. 르비프나 오스트로흐의 학교는 일종의 엘리트

교육기관으로 여겨지기도 했고, 이 학교의 성공에 힘입어 지방에도 학생들을 가르치는 소규모 학교들이 생겼다. 페레므이슬의 주교와 주민들은 형제단을 만들어 학교 개교를 준비시켰다. '우리 군의 교육 수준은 아주 낮지만, 소귀족 가족이 아이들에게 문자 교육을 시킬 수 있는 선생님을 초빙하기를 원하고 있다.'라고 르비프 형제단에게 편지를 썼다. 이들은 르비프 학교의 졸업생들을 선생님으로 초빙해 달라고 요청하였고, 이들 졸업생 중 일부는 페레므이슬 출신일 가능성이 컸다.

초등 수준과 고급 수준의 학교에서의 교육은 모두 종교적 색채가 강했다. 종교 관련 책을 중심으로 공부하고, 성서와 교회의 가르침에 대한 지식을 쌓는 것을 교육의 목표로 하였다. 그러나 일부 사람들은 학교 교육이 공인된 정통 교회 교육에서 벗어난다고 비판하기도 하였다. 이러한 비판이 나온 것은 당시 가톨릭 학교에서 가르치는 것과 같은 세속 과목에 일부 교육 시간이 할애되었고, 순수한 교회슬라브어 이외에도 구어가 교육 언어로 사용되었기 때문이다. 가장 강력한 반대자 중 한 사람은 할리치아의 비신스키Ivan Vishinsky 사제였다. 그는 르비프 형제단과 논쟁을 벌였고, 자신의 글에서 새로운 교육 방법에 대해 비판하였다. 그의 대중적 인기와 뛰어난 언변에도 불구하고, 교육가들은 그의 비판을 받아들이지 않았다. 교육가들은 예수회 학교의 교육에 대항하는 유일한 교육 방법은 민중들이 쉽게 이해할 수 있는 실용적 지식을 구어로 전달하는 것이라고 믿었다. 이들은 이러한 교육 방법만이 우크라이나의 민족문화가 쇠락하는 것을 막을 수 있다고 보았다. 이러한 사상은 르비프 형제단이 출판한 '계훈(Perestroha)'이라는 이름의 영송(詠誦)에도 실려 있다.

5. 교회 통합

　형제단 운동의 발전은 주교와 사제들과의 충돌로 방해를 받았다. 이미 앞에 지적한대로 형제단에게 주어진 광범위한 특권은 사제들의 이해와 상충하였다. 몇 번의 사건이 있은 다음 정교회 주교들이 가톨릭교회의 보호를 요청했다. 오랫동안 주교들은 자신의 교구의 일을 주인처럼 처리해 왔었다. 총대주교나 대주교도 교구 일에는 거의 간섭하지 않았다. 지난 100여 년 동안 대주교의 권위는 약화되었고, 정교회 대공도 사라졌으며, 정교회 회의도 열리지 않은 상태에서 왕으로부터 주교직을 산 주교들은 자신들의 교구를 정부 외에는 아무의 간섭도 받지 않으며 독자적으로 운영해 오는데 익숙해 있었다. 대개 귀족 출신인 주교들은 평민들, 즉 자신들이 '농민, 구두장이, 말안장 만드는 사람, 모피가공인'라고 부르며 무시한 형제단의 지시를 받을 수 없었다. 주교들은 이 평민들이 교구 업무를 간섭하는 것을 큰 모욕으로 받아들였다.

　르비프 형제단이 총대주교 조아킴의 교구 개혁 정책을 실행하려고 하자, 르비프 주교 게데온 발라반과 갈등이 빚어졌다. 발라반은 학식이 높고, 형제단의 교육 사업을 기꺼이 지원하려 하였지만, 이 '농민들'로부터 교회 문제에 대한 명령을 받는 것은 참을 수가 없었다. 그는 형제단에게 말하기를 요아킴 총대주교는 우크라이나 교회와 아무 상관이 없으며, 그의 결정은 아무 의미가 없다고 비판했다. 형제단이 이 문제를 콘스탄티노플의 총대주교에게 다시 제기하자, 요아킴으로부터 우크라이나 교회의 파행에 대해 이미 들은 콘스탄티노플 총대주교는 형제단과 갈등을 일으킨 죄로 발라반을 주교직에서 해임하고, 그를 파문할 수도 있다고 위협했다. 발라반은 이 결정을 무시하고 형제단을 계속 비난하며 이들의 사업을 방해했다. 콘스탄티노플 총대주교 예레미야가 직접 우크라이나에 와서 상황을 살펴보고 형제단의 입장을 지지했다. 이 결정에 극도로 흥분한 발라반은 자신의 적이었던 르비프 가톨릭 대주교에게 도움을 요청하여 모든 정교회 주교들은 '총대주교의 예속'으로부터 해방시켜 줄 것을 요청했다. 이렇게 해서 발라반은 정교회와 관계를 끊은 첫 주교가 되었다.

이런 분쟁은 총대주교들의 부주의한 지시로 인해 일어났다고 볼수 있다. 그러나 정교회 최고지도자들의 지혜롭지 않은 행동으로 우크라이나 교회에 문제를 일으킨 것은 이번이 처음이 아니었다. 우크라이나의 교회들은 오랜 기간 자체 문제에 대한 외부의 간섭을 받지 않고 지내왔었다. 이전의 총대주교들은 우크라이나의 교회를 지역 주교들의 손에 전적으로 맡겨 놓고 있었다. 그러나 1585년에 안티오크에 총대주교가 나타나고, 1588년 콘스탄티노플에 또 하나의 총대주교가 나타나면서 상황이 바뀌었다. 이 총대주교들은 재정의 어려움을 해결하기 위해 모스크바로 가는 길에 우크라이나에 잠깐 들러서, 지역 사정을 잘 모르는 채로 사소한 교회 문제를 지적하며 성급한 지시를 내렸다. 총대주교들은 교회에 아무 해를 일으키지 않으며 오랜 기간 지속되어 온 사소한 문제들을 크게 확대하고 심한 징벌을 내린 것이다. 예를 들어 우크라이나에서는 두 번 결혼한 사람이 사제가 되거나 다른 교회 업무를 맡는데 아무 문제가 없었다. 그러나 그리스 정교회에서는 이것이 허용되지 않았다. 총대주교들은 이런 사제들의 임명을 불법적인 것으로 보았고, 이런 사제를 데리고 있는 주교들은 처벌한다고 위협하였다. 성격이 과격하고 분별력이 모자라는 콘스탄티노플 총대주교 예레미야는 심지어 대주교 오니시포르 디보

치카를 두 번 결혼하였다는 이유로 해임하였다. 대주교 디보치카는 뛰어난 교회 행정가였다. 예레미야는 우크라이나 교회 문제를 다루는데 있어서 분별력이 없어서 매사에 분쟁을 유발하였다. 그는 툭하면 주교들을 해임한다고 위협하였고, 우크라이나를 떠난 후에도 주교들을 감독하는 비잔틴 감독관을 파견하고 지시를 내려 우크라이나 교회 문제를 간섭하였다. 그는 특별위원을 보내 비잔틴 교회를 위한 헌금도 모금하게 하는 등 많은 혼란을 야기하였다. 독자적인 교회 업무에 길들여져 있던 정교회 주교들은 총대주교의 이런 간섭을 자신들이 교회 업무 권리에 대한 침해로 여기고, 비잔틴의 간섭에서 벗어나기 위한 행동을 취했다. 그것은 폴란드 정부와 가톨릭교회가 오랫동안 갈망해 온대로 총대주교의 관할에서 벗어나 로마 교황의 권위에 복종하는 것이었다.

폴란드가 우크라이나를 통치하기 시작했을 때부터 폴란드 정부는 우크라이나와 벨라루스의 정교회 교회를 로마가톨릭과 연합시키기 위한 노력을 기울였다. 폴란드 왕 카지미예스는 단순히 정교회 사제 대신 가톨릭 사제를 임명함으로써 이 목표를 달성할 수 있다고 믿었다. 지역 귀족들이 이에 반대하자 카지미예스왕은 그리스 정교회에 할리치아를 관할하는 별도의 대주교 관구를 만들고, 더 이상의 조치를 취하지 않았다. 요가일라왕과 비타우타스왕 때부터 폴란드-리투아니아공국은 우크라이나인들이 가톨릭을 수용하도록 새로운 노력을 기울이고, 가톨릭에 호의적이고 복종적인 사제들을 주교에 임명하였다. 이들에게 가톨릭교회 회의에 참석하고, 로마 교황에게 자신들을 받아줄 것을 청원하도록 설득했다. 몇몇 주교들이 폴란드-리투아니아 정부의 명령을 따랐으나, 이들은 곧 사제들과 교인들이 자신들을 따르지 않는 것은 물론, 자신들을 배척할 것이라는 것을 깨달았다. 정부가 계속 주교들에게 교인들을 가톨릭으로 개종시킬 것을 요구하자 주교들은 다음 종교 회의에서 결정이 내려질 때까지 아무런 행동을 하지 않겠다고 답했다. 1439년 프로렌스에서 열린 종교회의에서 우크라이나 정교회는 더 이상 존재할 수 없는 듯이 보였다. 키예프 대주교 이시도르도 가톨릭교회와의 연합에 찬성하였고, 터키에 대항하는 데 필요한 지원을 얻기 위해 비잔틴의 모든 주교와 황제도 이에 동의하였다. 그러나 비잔틴에서나 이시도르의 교구에서 이 결정은 받아들여지지 않았다. 야드비가의 아들인 카지미예스의 모든 노력을 실패로 돌아갔지만, 그의 후계자인 알렉산더는 교회 통합에 큰 열성을 보였다. 그러나 모스크바공국이 '정교회의 형제적 유대'를 강조하며 리투아니아 지역을 하나씩 점령해가자 이에 놀란 폴란드-리투아니아 관리들은 교회 통합 프로젝트를 중단했다.

몇 년 간 이 문제는 더 이상 진전되지 않았다. 그러나 16세기 후반 내부적 규율을 다시 찾은 폴란드 가톨릭계는 정교회 내부의 분열 상황을 이용하여 다시 교회 통합을 시도했다. 정교회 신자들 중에도 정교회 내부 문제를 해결하기 위해서는 가톨릭교회와 연합하는 것이 필요하다고 생각하는 사람들이 있었다. 계속해서 가톨릭 사제들과 주교들이 임명되면, 정교회는 혼란과 어려움에 빠질 것이라는 것이 그들의 논리였다. 이러한 해결을 선호한 사람 중에는 바실-콘스탄틴 오스트로즈키 공도 있었다. 그러나 그와 그의 추종자들은 이러한 결정이 정교회 총대주교와 정교회 전체의 동의하에 이루어져야 한다고 주장했다.

로마가톨릭의 권위에 복종하기로 결정한 주교들은 총대주교가 이를 승인하지 않을 것이고, 교인들도 자신들을 따르지 않을 것을 잘 알고 있었다. 그래서 이들은 자신들의 계획을 비밀스럽게 수행하기로 하고, 일단 일을 저지르면 폴란드 정부가 나서서 주민들이 이 결정을 따르도록 만들 것으로 생각했다. 콘스탄티노플 총대주교가 자신을 함부로 다루는 것에 화가 난 르보프 주교 발라반이 이런 행동을 취한 첫 인물이 되었다. 그는 다른 주교들과 비밀스럽게 연락을 취했고, 이 중 세 명이 1590년 말 비밀 선언문을 만들었다. 이러는 동안 이들은 다른 주교들의 지지도 받아냈다. 대주교 로고자만이 쉽게 결정을 못했는데, 그도 총대주교가 허위 문서에 근거해서 파문을 결정한 상황이었다. 심사숙고 끝에 그도 다른 주교들과 같이 행동하기로 했다. 1594년 말 이 주교들은 로마 교황과 폴란드 왕에게 공동 서한을 보내, 자신들이 로마 교황의 권위에 복종할 것임을 알렸다. 그러나 단 우크라이나 정교회의 규율이 보존되고 정교회 주교들은 가톨릭 주교들과 동등한 권리를 누리는 것을 조건으로 달았다. 폴란드 왕은 크게 기뻐하여 주교들에게 큰 특권을 내리고 지원을 제공하며 보호를 약속했다. 1595년 12월 주교 테를레츠키와 포티는 로마로 갔다. 12월 23일 교황과 모든 추기경이 모인 성회에서 그들은 모든 주교들의 이름을 걸고 로마 교황과 가톨릭교회의 권위에 복종할 것을 선언하고 가톨릭을 받아들였다.

6. 교회 통합 반대 투쟁

주교들은 비밀리에 자신의 계획을 수행했지만, 그들이 한 행동에 대한 소식은 빠르게 퍼져나갔다. 정교회 신자들은 주교들이 자신들의 계획을 바로 실행에 옮기지는 않을 것으로 생각했으므로 크게 걱정하지는 않았다. 이들은 이 문제를 국가 종교 공의회에 회부할 기회가 올 것으로 생각했다. 오스트로즈키는 폴란드 왕에게 국가 종교 공의회가 소집되도록 허락해 줄 것을 간청하였으나 왕의 동의를 얻지 못했다. 정교회의 공인된 리더로서 오스트로즈키는 자신의 지지자들과 협의를 한 후, '배신자'들의 계획을 따르지 말고, 정교회 신앙을 수호하며 교회 통합에 강력히 반대할 것을 촉구하는 편지를 널리 회람했다. 인쇄된 형태로 우크라이나와 벨라루스에 널리 배포된 이 편지는 큰 영향을 가져왔다. 주민들의 반감을 깨달은 르비프 대주교 발라반은 한동안 고심 하다가 교회 통합에서 발을 빼기로 했다. 그는 자신도 모르는 사이에 문서에 이름이 들어갔다고 발뺌을 했다. 페레므이슬 주교 코스피텐스키도 발라반의 뒤를 따랐다. 하지만 폴란드 왕은 연합교회 주교들을 그 어느 때보다 강력히 지원하기로 했다. 콘스탄티노플의 총교구청은 1594년 예레미야의 죽음 후 큰 혼란에 빠져 우크라이나 정교회 신자들은 여기서 지원을 기대할 수 없었다. 이들은 총대주교 니케포러스가 직접 우크라이나에 오도록 간청했다. 그는 우크라이나로 오는 도중 왈라키아에서 폴란드의 지시에 의해 체포되어 구금되었다. 많은 사람들은 코자크의 지원을 기대했다. 코자크들은 1595년 볼히냐에서 연합교회 지지자들을 공격한 바 있었다. 폴란드 정부는 코자크의 움직임을 극도로 경계해서, 1596년 봄 주우켑스키가 모든 병력을 이끌고 우크라이나로 와서 코자크에 대한 감시를 시작했다.

정교회는 이 해 봄에 니케포러스를 석방시키는데 성공하여 공의회를 소집했다. 그는 다른 몇 명의 비잔틴 교회 고위 성직자의 도움을 받아 교회 통합에 반대하고 나섰다. 1596년 10월 6일 폴란드 왕은 정교회와 가톨릭교회의 공식 연합을 선언하기 위해 브레스트에서 정교회 회의를 소집하였다. 사제, 평신도, 형제단과 각 도시의 대표들, 아직 정교회 신앙을 유지하고 있는 귀족 등 많은 정교회 지지자들이 이 회의에 참석했다. 오스트로즈키가 이 지지자들의 대표를 맡았고, 볼히냐의 군사 총독인 그의 아들 알렉산드르도 참석했다. 가톨릭 사제들, 국왕의 사절들과 연합교회 주교들은 교구 예배당에 모였으나, 이 성당이 연합교회 주교인 포티의 관할이었기 때문에 정교회 대표단은 이 예배당으로 오지 않았다. 이들은 다른 건물에서 별도의 모임을 가졌다. 며칠 간 양측은 상대측이 자기네로 와서 합류할 것을 요청하는 연락을 하였으나, 결국은 각각 별도로 회의를 진행했다. 교회 통합에 찬성하는 연합교회 주교들은 이 결정을 따르지 않는 모든 사람을 파문하기로 하였고, 반대로 니케포러스가 이끄는 정교회 대표단은 교회 통합을 받아들인 모든 사람들을 파문하기로 하고, 폴란드 왕에게 연합교회로 간 사제들을 해임하도록 요청했다.

폴란드 왕은 정교회 신자들의 요청을 받아들일 생각이 전혀 없었다. 반대로 왕과 가톨릭교회는 주교들이 선택한 길이 옳다고 주장했다. 종교 문제를 결정하는 것은 주교들의 권한이므로 하위 성직자와 평신도들은 주교들의 결정에 따라야 한다고 주장했다. 교회 문제에 대한 문학적 논쟁도 치열하게 전개되었다. 정교회측은 모든 신자들의 의사를 무시하고 주교들이 종교 문제를 결정할 수 없고, 그런 결정은 공회에서 내려져야 한다는 논리를 내세웠고, 이런 이유로 해서 주교들의 결정은 불법이며 그들은 주교 교구에 대한 모든 권한을 상실했다고 주장했다. 많은 전단과 팜플렛이 만들어졌는데, 이 중 오스트로흐 신학교의 필라레트−브론스키Filaret−Bronsky가 쓴 '답변'(Apocrisis)이 유명했다. 비신스키가 쓴 논문은 유려한 문장으로 이름을 날렸다. 교육 문제에 대해서는 구식 견해를 보였지만, 비신스키는 대중선전가의 자질이 뛰어났고, 선지자와 같은 열정이 있었다. 그의 선전문은 사람들 가슴에 큰 감동을 일으켰다. 그는 '연합교회로 도망간' 주교들이 부도덕한 생활과 귀족적 사치 생활과 자기만족을 위해 왕의 뜻에 복종했다며 강한 공격을 했고, 이런 행위로 이들은 주민들과 형제단과 농노들을 배신했다고 비난했다. 농노들이 겪는 고난을 묘사하며 그는 당시의 가장 뛰어난 문장을 썼고, 그의 선언문은 인쇄되지 않고 필사본으로 퍼져 읽혀졌지만 큰 반향을 일으켰다.

정교회 신자들은 말과 글로 투쟁할 수밖에 없었지만, 그들의 적들은 모든 정부기관을 동원할 수 있었다. 폴란드 왕과 행정관리들, 폴란드 귀족들은 한 목소리로 정교회는 가톨릭으로 전향한 '합법적인' 주교들을 존중해야 한다고 주장하고, 모든 수단을 동원하여 이를 강제화했다. 교회를 뺏고, 정교회의 토지를 압류해서 연합교회에 넘기는 등 여러 악행을 했다. 교회 통합 이전에도 진행된 이런 조치들이 이제는 본격적으로 시행되었다. 연합교회 주교 들 중 가장 열성적이고 영향력이 있으며 가장 무자비했던 것은 포티Potiy였다. 그는 말을 듣지 않는 사람들을 투옥시키는 것을 주저하지 않았고, 이외에도 여러 형벌을 내렸다. 열렬한 연합교회주의자가 아니었던 로고자 대주교가 사망한 후 포티는 그의 교구를 맡아 15년간 정교회를 말살시키기 위해 온갖 노력을 기울였다. 그는 폴란드 정부의 지원을 요청하며, 지주들에게 연합교회 사제만을 임명하여 재정 후원을 하고, 정교회 사제들은 교회를 뺏는다는 위협을 내세워 연합교회로 전향하도록 했다.

폴란드 정부가 처한 어려운 상황을 이용해 1607년 의회의 정교회 대표들은 정교회 사제들만이 정교회의 주교직과 다른 직위를 맡을 수 있게 하는 법안을 통과시켰다. 연합교회 주교들을 교구에서 몰아내는 것이 불가능하다는 것을 깨달은 정교회 사제들은 이 작은 승리에 만족해야 했다. 그러나 열렬한 가톨릭 신자인 지기문트 왕은 이 약속을 지키지 않고, 이전 관행을 되풀이하여 정교회에 연합교회 사제들을 임명하고 모든 지원을 아끼지 않았고, 정교회 사제들은 이들에게 복종하게 만들었다.

정교회 사제들은 투쟁을 계속하였다. 이들은 연합교회 주교들을 자신들의 관리자로 인정하지 않고, 이들이 임명한 사제들도 받아들이지 않았다. 폴란드의 압제가 가장 심했던 할리치아 지역에서는 르비프와 페레므이슬 주교가 전향을 하지 않아 정교회로서는 다행스런 상황이었다. 그러나 연합교회 주교들과 가톨릭 지주들이 장악하고 있던 홀름과 포부자는 최악의 상황에 처했다. 볼히냐와 키예프에서는 지역 지주들이 가톨릭에 대한 정교회의 투쟁을 지원하고 있었다. 폴란드 왕이 우크라이나에서 가장 재산이 많고, 정교회의 아성인 동굴수도원의 니케포로스 투르 수도원장을 해임하자, 키예프 총독인 오스트로즈키는 이 명령을 거부했다. 폴란드 왕이 궁정 관리를 보내 동굴수도원을 빼앗아 연합교회 대주교에게 넘겨주려 하자, 투르 수도원장은 '날리바이칸'이라고 불린 무장 수비대를 조직하여 수도원을 지켰다. 볼히냐의 지디친(Zhidichin) 수도원도 같은 방법으로 지켜냈다.

그러나 앞날을 생각하면 정교회는 큰 불안에 싸였다. 폴란드 왕이 계속 연합교회 사제들을 임명하면 교회의 앞날은 어떻게 될 것인가? 지금의 정교회 주교들과 수도원장이 죽고 나면 누가 이 자리를 채울 것인가? 마찬가지로 정교회와 우크라이나를 지원해 주는 후원자들이 죽게 되면 누가 정교회를 지켜 줄 것인가? 오랜 기간 국왕은 교회의 주요 직위에 연합교회 사제들만을 임명해 왔다. 장기적으로 보아 의회의 우크라이나 지주들도 모두 폴란드화되고 가톨릭 신자가 되면 의회에도 지원을 기대할 수 없었다. 폴란드 상원뿐만 아니라 하원에서도 정교회 귀족들 숫자는 계속 줄어들고 있었다.

우크라이나 귀족들과 지주들의 개종은 정교회의 희망과 계획을 뿌리째 흔들고 있었다. 1610년에 출간된 '애가' 또는 '동방교회의 호소'라는 문서에서 저명한 신학자 멜레티 스모트리츠키가 가장 중요한 가문들을 잃어버린 정교회의 비참한 상황을 강한 어조로 묘사하고 있다. 대공들과 귀족들의 지원이 없으면, 주민들과 교육기관의 입장은 매우 불안정해질 것이다. 브레스트에서는 국왕과 포티 대주교에 의해 형제단이 완전히 해체되었고, 벨라루스의 문화 및 정교회 중심지인 빌나에서는 정교회 교회들이 무력으로 탈취 당했다. 병사들이 교회문을 부수고 난입해 교회 건물을 장악한 다음 이것을 연합교회 측에 넘겼다. 폴란드 왕이 이때 빌나에 와 있었는데 남자, 여자, 어린이 할 것 없이 정교회 교인들이 길에서 왕을 둘러싸고, 돌길에 무릎을 꿇고 앉아 자신들의 신앙을 무력으로 압제하지 말고, 교회를 빼앗아가지 말 것을 호소했으나 이들의 간청은 받아들여지지 않았다.

정교도들은 큰 실망에 싸였다. 이들의 유일한 희망은 언젠가 코자크들이 와서 도움을 주는 것이었다. 코자크들은 루브니 전투 패전의 상처에서 회복 중이었고, 17세기 초 새로운 생활을 시작할 준비를 하고 있었다. 빌나에서 정교회를 완전히 철폐시킨 포티 대주교는 키예프 교구도 같은 방법으로 철폐할 목적으로 1610년 주교를 파견했다.

그러나 코자크 헤트만 티스키네비치Tiskinevich는 정교회 사제들을 복종시키거나 그들을 연합교회로 전향시키려는 시도에 대해 강하게 경고했다. 그는 만일 그런 시도를 하는 경우 주교를 '개처럼' 죽이라고 코자크들에게 명령했다고 전달했다. 이 위협이 효과를 보여 포티의 대리주교는 지역의 종교 문제에 간섭을 하지 않았다. 1612년 그리스의 대수원장이 코자크의 보호를 받으며 키예프로 와서 주교의 역할을 하며 교회들을 봉헌하고 사제들을 서품했다. 연합교회 대주교들이나 폴란드 왕은 코자크를 두려워하여 이런 종교적 활동에 간섭하지 못했다.

우크라이나 주민들은 코자크의 보호를 받으면 안심하고 생활할 수 있다는 것을 깨달았다. 이렇게 해서 우크라이나의 민족 생활은 코자크의 보호 아래 서서히 기지개를 켜갔다.

4부 코자크 시대

12장 코자크와 키예프의 부활

1. 루브니 전투 이후의 코자크

1596년 루브니 전투의 참담한 패배 소식이 전해지자 우크라이나는 슬픔에 빠졌다. 주우켑스키는 코자크족을 완전히 전멸시키는 목적은 달성하지 못하였지만 큰 타격을 가하는 데는 성공했다. 코자크들은 모든 보급품을 빼앗기고, 드니프로 상류의 정착지에서 쫓겨나 하류의 급류지역으로 이동할 수밖에 없었다. 폴란드 의회에서는 코자크 군과 코자크 조직 자체의 모든 권리를 몰수하는 법을 통과시켰다. 설상가상으로 전투 패배의 여파로 코자크들 사이에 내분이 발생했다. 코자크는 두 파로 나뉘어, 강경파는 상실된 코자크 권리를 찾기 위해 폴란드와의 화해적 노선을 선호한 온건파와 충돌했다. 이 내분은 자포로지아 코자크들과 날리바이코 추종자들 사이의 오래된 대립이 연장된 것이었지만, 이번에는 좀 더 심각한 양상을 띠어 충돌과 유혈 사태가 발생했으며, 한 파벌이 다른 파벌에 대항하기 위해 폴란드의 도움을 청하는 지경에 이르렀다. 폴란드인들은 이러한 분열을 즐기며, 코자크 파벌끼리 서로를 살육한 다음 남은 세력은 좀 더 복종적이 될 것으로 기대했다. 그러나 코자크 내부의 무정부 상태는 오래 지속되지 않았다. 1599년 이름이 널리 알려진 헤트만 사메일로 키쉬카Sameilo Kishka가 흑해 지역과 몰다비아를 상대로 한 몇 차례의 원정을 성공적으로 수행하면서 코자크를 통합시켰고, 이 원정이 이전의 코자크 정신을 되살려 놓자 폴란드는 다시 코자크의 지원을 요청하게 되었다.

루브니 전투 패배 이후 헤트만을 맡은 바실레비치Vasilevich, 네츠콥스키Nechkovsky, 바이부자Baibuza는 타타르의 동정에 대해 정보를 제공하며 폴란드 정부의 호의를 사려고 노력했다. 그러나 폴란드는 전쟁을 치르고 있지 않았으므로 코자크의 군사적 지원을 필요로 하지 않았다. 1600년 왈라키아의 미하일Mikhail 대공은 폴란드와 우호적 관계에 있던 몰다비아의 모힐라Mohila 대공을 공격했다. 폴란드 정부는 모힐라를 돕기 위해 코자크의 지원을 요청했다. 사메일로 키쉬카는 민중 전승에서는 터키 감옥의 반란을 주도하여 코자크들을 해방시킨 사람으로 기억되지만, 그는 폴란드와의 전쟁 전에 코자크들이 누린 특권을 되찾기 위해 당시의 상황을 이용한 수완 있는 정치가로 좀 더 높은 평가를 받아야 한다. 폴란드의 장군 자모이스키Zamoiski가 코자크가 몰다비아를 지원할 것을 요청하자 키쉬카는 아무 반응도 보이지 않고 국왕이 직접 도움을 요청하기를 기다렸다. 코자크를 전멸시키려고 시도하고 코자크를 배신자라고 부른 사람은 왕이었기 때문이다. 폴란드 왕은 지금 '배신자들'에게 도움을 요청해야 하는 상황에 처하였다. 키쉬카는 왕의 요청을 받고 헤트만으로서 기꺼이 도움을 제공하겠다고 대답하였지만 서둘러 행동을 취하지는 않았다. 폴란드 지도부는 코자크가 하루빨리 군사적 원조를 제공하도록 설득할 영향력이 있는 사람을 찾기 위해 초조하게 노력했다. 키쉬카는 폴란드 왕에게 지난 모든 행동에 대해 사면을 하고, 코자크의 이전 권리를 회복시켜 주며, 앞으로 정부가 코자크들을 주지사와 다른 관리들의 학정으로부터 지켜준다는 조건 하에서만 전투에 참여한다고 통보했다. 이와 동시에 그는 왕이 조건들을 이행할 것으로 믿었기 때문에 조건의 이행 여부를 떠나 바로 전투에 나갈 것을 코자크들에게 명령했다. 몰다비아 원정은 큰 어려움 없이 수행되었으나, 원정이 끝나기 전에 리보니아에서 폴란드와 스웨덴 사이의 큰 전쟁이 발생했다. 폴란드 정부는 다시 코자크의 도움을 요청할 수밖에 없었고, 키쉬카는 코자크의 불만과 요구사항을 다시 내세웠다. 이번에는 모든 요구 조건이 충족되어 폴란드 의회는 코자크의 해산을 명령한 법령을 취소하고, 코자크에 대한 징벌적 조치도 취소했다. 그리고 일부를 제외하고는 이전의 권리를 회복시켜 주었다.

이러한 상황은 중요한 새로운 출발점이었으므로 키쉬카는 자신의 모든 특권과 권위를 이용하여 코자크 부대가 먼 곳에서 벌어지는 인기 없는 전투에 출정을 하고, 전쟁이 끝날 때까지 전투를 지속하도록 설득했다. 코자크 부대는 큰 손실을 겪었고, 많은 병사들과 말들, 보급품을 잃었다. 키쉬카도 펠린Fellin 포위전에서 전사하고 말았다. 키쉬카가 전사하지 코자크는 여러 명의 헤트만을 빠르게 교체했다. 코자크 장교들은 어려운 상황에서 치르는 전투에 불만이 많았기 때문에 이런 일이 벌어졌다. 그러나 코자크 부대는 전쟁이 끝날 때까지 인내를 가지고 싸웠고, 자신들과 우크라이나의 권리를 좀 더 찾기 위해 '왕에 대한 충성'을 보여주었다. 1603년 전쟁 종료와 함께 귀환한 코자크들은 폴란드인들과 동등한 대우와 우크라이나 땅에 더 이상 폴란드군이 주둔하지 않을 것을 요구하였다. 전쟁에서의 공로에 대한 대가로 완전한 자치뿐 아니라, 귀족들이 누리는 모든 특권과 권리와 1596년 이전에 누렸던 드네프르 강 지역에 대한 지배권을 요구했다.

폴란드 귀족들은 정부에 코자크를 억제할 것을 요구하였으나, 폴란드 정부는 그렇게 할 능력이 없었다. 이 시점에 우크라이나와 폴란드의 많은 귀족들은 우크라이나에 머물고 있는 소위 드미트리 황태자(Tsarevich Dmitri)와 협상을 벌이고 있었다. 드미트리는 차르 이반의 아들임을 참칭하며 모스크바 황제 자리를 노리고 있었다. 폴란드 귀족들과 왕 자신은 모스크바의 혼란을 이용하여 이익을 취할 방도를 찾고 있었다. 그러나 이들은 폴란드가 공개적으로 이러한 혼란에 개입되는 것은 원하지 않았다. 그래서 귀족들이 개별적으로 드미트리를 돕고 있고, 코자크의 지원을 요청한 것은 귀족 개인임을 분명히 했다. 1604년 이후 여러 폴란드 귀족들은 풍부한 전리품을 약속하며 코자크들이 모스크바 원정에 나서도록 했다. 여러 번에 걸쳐 수천 명의 코자크 무리들이 모스크바를 공격하여 전리품을 가득 챙겨서 귀환했다. 모스크바는 1604년에 시작되어 약 10년 간 지속된 소위 '혼란의 시대(Time of Trouble)'를 지나고 있었다.[12] 이 기간 동안 강력한 차르 제국은 전국이 피폐화되고 여러 나라 군대와 코자크의 먹잇감이 되었다. 여러 사람이 차례로 모스크바공국의 황제임을 선언하고 나타났다가 사라졌다. 이들은 폴란드나 리투아니아, 아니면 우크라

---

12) 혼란의 시대(Time of Troubles, 1598~1613년) - 1598년 러시아의 이반 4세가 갑자기 죽으면서 어린 왕자인 표도르의 외삼촌인 보리스 고두노프(재위1598~1605)가 황제에 올랐으나 기근과 귀족들과의 갈등으로 정치적 혼란이 심화되고 고두노프가 급사한 후, 가짜 드미트리(표도르의 동생으로 참칭)가 폴란드군을 이끌고 들어와 황제에 오름. 가짜 드미트리가 슈이스키와 골리친의 쿠데타로 물러난 후 바실리 4세(재위 1606~1610), 공위시대(1610~1613)를 거쳐 로마노프 왕조의 출발로 '혼란의 시대'는 막을 내림.

이나나 돈 코자크의 지원을 받아 공물을 걷고 도시들을 정복했다. 모스크바공국의 도시들은 불길에 타오르고, 겨울의 눈밭은 피로 물들었다. 수탈자들은 우크라이나, 리투아니아, 폴란드로 돈 상자와 보석 장식이 달린 비싼 옷들로 가득 찬 마차들을 몰고 돌아왔다.

상황을 방관하며 모스크바공국의 완전한 파괴를 볼 수 없었던 폴란드 왕은 자신이 차르가 될 생각으로 모스크바로의 진군을 결정했다. 그러나 폴란드 의회는 원정에 필요한 재정 지원을 하지 않기로 결정하여, 1609년 폴란드 왕은 다시 코자크에게 원정에 참여할 것을 요청하였다. 이러자 코자크 자원병이 수백 명, 수천 명 단위가 아니라 수만 명 단위로 원정에 나섰다. 이전과 마찬가지로 코자크군에 가담한 사람들은 폴란드 왕이 자신들을 자유민으로 만들고 자신과 가족, 재산이 아무에게도 종속되지 않으며, 코자크 장교 이외에는 어떤 귀족이나 누구에게도 예속되지 않게 만들 것이라고 믿었다. 지원병을 모집할 때마다 많은 숫자의 주민들이 코자크군에 가담했다.

모스크바공국 공격만으로 만족하지 않고 코자크는 터키와 타타르의 영토, 왈라키아도 공격하고 바다로의 원정도 나섰다. 이러한 원정에 대해 기록한 자료는 드물고 산발적으로 남아있다. 한 예로 1606년의 터키 원정은 바르나Varna를 점령하고 18만 개의 금화를 전리품으로 챙긴 것으로 전해진다. 1608년 가을 코자크는 타타르의 도시 페레코프를 점령하고 분탕질을 하였으며 도시에 불을 놓았다. 다음해에는 16척의 배를 타고 다뉴브 강 하구로 항해하여 이즈마일 Izmail, 킬리아Kilia, 빌호로드Blihorod를 공격하고 불을 놓았지만, 터키군의 공격을 받자 전리품을 챙기지 못하고 도망을 쳤다. 코자크들은 왕성한 에너지를 보이며 주변 국가들을 불안하게 했지만, 점차로 독립성을 축적해가며 억압의 사슬을 끊었다.

폴란드가 가능한 많은 코자크 병사를 확보하려고 한 시기에 '복종하지 않는(disobedient)' 도시민과 농민들의 숫자는 이전 어느 때보다 크게 늘어났다. 이 결과 우크라이나의 많은 지역이 반(半)군사화되었으며 주민들은 코자크에 가담함으로써 지주의 구속으로부터 벗어났다.

2. 코자크의 조직

이 시기에 코자크의 조직과 제도는 제대로 체계를 갖추기 시작했다. 조직은 복잡하지 않았고, 단순하고 자유로웠다. 그러나 코자크의 몸과 영혼을 바친 충성심으로 단결된 강한 능력을 보유하고 있었다. 코자크 조직 내에서 우크라이나인들은 뛰어난 조직 능력과 단순하고 제한된 수단을 가지고 어려운 과제를 수행하는 능력을 보여주었다. 코자크 조직의 중심은 드니프로 강 하구에 위치했다. 이곳은 폴란드 지주와 군대의 영향력이 미치지 않아서 코자크 조직이 자유롭게 발전할 수 있었다. 조직의 중심부는 드니프르 강의 한 섬에서 다른 섬으로 자유롭게 이동하는 자포로지아 시치, 또는 사령부였다.[13] 사령부는 드니프로 강 하구와 이전 거주 지역에 흩어진 코자크 병력을 모두 통솔했다. 아직 사령부는 성이나 요새를 갖고 있지 않았다. 그러나 참호나 잠복지 등은 기록에 언급되었다. 소형의 이동식 포와 다른 전쟁 물자는 비밀스런 은닉처에 보관되었다. 나팔수와 고수(鼓手)가 언급된 것으로 보아 군악대도 있었고, 소중히 보관된 군기와 군자금 금고도 있었고, 말무리와 터키로부터 탈취한 보트와 선박도 있었다.

1590년대에 코자크 통합 부대는 2만 명에 이르는 것으로 평가되었다. 1596년 폴란드와의 전쟁에서 패배하면서 이 숫자는 줄어들었지

만, 몇 년이 지나지
않아 이전 숫자로 회
복되었고, 병사 수가
계속 증가하였다. 코
자크 대부분은 볼로
스티(Volost)라 불리
는 마을 단위로 거주

코자크 가옥

하며 농사를 지었다. 드니프로 강 급류 상류
지역에 마을이 늘어났지만, 봄이나 여름이
되면 수천 명씩 하류 지역으로 이동하여 원
정을 준비하거나, 어업, 사냥, 소금 채취 등
의 일을 하였고, 국경지역에 거주하는 터키
인이나 타타르인들과 교역을 하였다.[14] 겨
울이 되면 이들은 상류의 마을로 돌아왔고,
수백 명의 병력이 남아 '시치'와 전쟁 보급품
을 지켰다. 짚이나 나무로 허름하게 만든 코

코자크 병사

자크 가옥에서 겨울을 나는 것은 쉽지 않았다. 몇 해 겨울을 난 사람
은 경험 많고 용맹한 코자크로 인정되었다.

코자크군은 연대로 나뉘었다. 공식 기록에 따르면, 17세기 초에 폴

---

13) 자포로지아 시치(Zaporoz'ka Sich, Запорозька Січ) – 드니프로 강 하류 지역 호르치차 섬에 최초
로 건설된 코자크의 요새. 통나무를 뾰족하게 잘라 방책을 두른 데서 이름이 연유됨('sech', сѣчь'는
슬라브어에서 '자르다'라는 의미를 지님). 1471년에 최초로 세워져 드니프로 강 유역의 여러 지역에
세워졌다가 1774년 예카테리나 여제 때 러시아군에 점령되어 최종적으로 해체됨.
14) 드니프로 강 급류지역(rapids) – 오늘날의 드니프로페트롭스크 아래에서 시작되어 자포로지아에 이
르는 약 66km의 지역으로 바위가 많고 물의 낙차가 커서(약 55m) 배의 항행이 불가능했음. 이 지
역에 시치를 건설하고 스칸디나비아, 러시아와 터키 지역을 연결하는 교통로의 길목을 장악했음.

란드 정부는 각각 500명으로 구성된 4개 연대를 용병으로 가지고 있었던 것으로 나온다. 그러나 실제로는 연대 수가 더 많았고, 각 연대의 병사 숫자도 더 많았다. 일개 연대가 수천 명의 병사를 보유하는 경우도 있었다. 예를 들어 호틴Khotyn 전투에서는 11개 연대가 동원되었고, 이 중 몇 개 연대는 4,000명의 병력을 보유했다. 각 연대(polk)의 지휘는 연대장(polkovnik)이 맡았다. 각 연대는 고유의 부대기와 나팔수와 고수가 있었고 중대(sotni: 100명이라는 뜻)로 나뉘었다. 각 중대는 분대(desiatki, 10명 부대라는 뜻. kurini라고도 불림)로 나뉘었다. 중대는 중대장이 지휘했고, 분대의 지휘자는 '오타만(otaman)'이라고 불렸다. 헤트만의 지시는 '오사울(osaul)'이라고 불린 참모 장교를 통해 하달되었다. '오보즈니(obozny)'라고 불린 수석 포병 장교는 대포를 관할했다. 대포는 스테판 바토리Stepan Batory가 순례자의 숙소나 다양한 군사적 필요를 위해 제공한 테레흐테미리프 Terekhtemiriv 마을에 공식적으로 보관되었다. 그러나 이 마을이 폴란드에서 가까이 있어서, 대포는 코자크들이 사용하기에 편리하도록 여러 마을에 분산 배치되는 것이 일반적 양태였다. 모든 군사 통신은 '피사르(pysar)'라고 불린 서기관이 관장했다. 코자크 부대 명의의 서한에는 부대 직인(seal)이 찍혔다. 서한에는 통상 '자포로지아 코자크군대(Host)'라는 명칭을 썼는데, '자포로지아 기사단(Zaporozhian Order of Knights)'이라는 이름도 자주 쓰였다. 독일 황제와 협상을 위해 파견된 대표단은 '자포로지아 자유 코자크군대(Free Host of the Zaporozhe)'라는 명칭을 사용했다. 코자크군은 서로를 부를 때 '토바리쉬(tovarish 동지라는 뜻)'라는 호칭을 썼고, 군대 전체는 '토바리스트보(tovaristvo)'로 불렸다.

코자크의 최고 지도자는 헤트만이라고 알려진 선출된 장교가 맡았다. 이 직위를 맡은 지휘관들은 서신 교환에서 헤트만이라는 명칭을 즐겨 사용한 반면, 폴란드 정부는 이들을 '장로들(starshie, elders)', '장교들(officers)', 자포로지아군 장교들(officers of the Zaporozhian army)'라고 불렀다. 흐멜니츠키가 헤트만이라는 공식 칭호를 받은 첫 지휘관이다. 이전에 헤트만이라는 명칭은 폴란드나 리투아니아 최고위 장교에만 사용되었다.

코자크들은 자신들의 지휘자를 직접 선출하는 권한을 매우 중요하게 생각했다. 이 권리가 코자크 자유의 기초가 된다고 생각했다. 1570년의 코자크군 재편 후 폴란드 정부는 코자크들을 관리하기 위한 관리들을 임명하였지만, 코자크들은 이들을 단순히 코자크와의 연락을 위한 파견관(commissioner)으로만 인정했고, 코자크군의 주요 결정에는 일체 관여하지 못하게 했다. 루브니 전투 후에는 이러한 관례에 벗어나는 예외적인 조치가 취해졌다. 내부 분열이 지속되자 코자크들은 '장로'를 파견해 줄 것을 스스로 요청했다. 그러나 1617년에서 1619까지 폴란드 정부가 지휘관을 직접 임명할 의도를 나타내자, 코자크들은 이에 맹렬히 반대했다. 코자크들은 자신들이 선출한 헤트만을 인정할 권한만을 폴란드 정부에게 주고, 정부가 코자크 업무에 관여하는 것을 일체 허용하지 않고, 폴란드 정부의 인정 여부에 관계없이 자신들의 헤트만 선출과 해임을 최종적인 것으로 간주했다. 폴란드 정부는 지휘관 임명에 나름대로 권리를 가지려고 노력했지만 소용이 없었다.

코자크의 중요한 문제는 '장교회의(starshina)'나 '전체회의(rada)'에서 결정되었다. 헤트만, 장교회의, 부대 전체로 구성된 복합 정부 체제는 군사 서한을 보낼 때도 명확하게 표시되었다. 서한은 헤트만뿐만 아니라 장교와 부대 전체의 명의로 작성되었다. 일례로 1600년 헤트만 키쉬카가 폴란드 왕에게 보낸 서한에는 '헤트만 사메일로 키쉬카, 연대장 일동, 중대장 일동, 국왕에 충성하는 코자크 기사들인 자포로지아 코자크군대'라고 서명되었다.

실제에서 헤트만과 부대와의 관계는 일정하지 않아 상황에 따라 변화하였고, 특히 헤트만의 성격, 능력, 영향력 등에 좌우되었다. 헤트만이 유능할수록 전체회의의 중요성은 감소되었다. 그러나 전체회의가 사소한 일까지 논의하기 위해, 특히 전쟁 중에 소집되는 경우는 헤트만이 전폭적 지지를 받지 못한다는 증거로 받아들여졌다. 자신의 힘과 부대원들의 지지를 확신하는 헤트만은 전체회의에서 자신이 원하는 사안만 논의되도록 하였고, 전체회의 밖에서는 전제 군주처럼 통치하였다. 그는 병사의 생사여탈권을 쥐고 있었고, 모든 병사들이 그의 명령에 복종하게 만들었다. 이러한 폭넓은 코자크의 자치적 통치와 엄격한 규율의 결합은 외부인들이 쉽게 이해하기 힘든 전통이었다. 한편에는 한 마디 명령으로 코자크군을 어느 곳에나 파견할 수 있고, 죽음의 전투에도 보낼 수 있는 엄격한 지휘관인 헤트만이 있고, 다른 한편에는 장교들과 헤트만과 직접 협상하고, 그 권위를 장교들도 인정해야 하는 병사 전체회의가 공존했다. 모든 회의는 격식 없이 진행되어 늘 소란스럽고 무질서했다. 병사들끼리 서로 소리치고, 싸우고, 모자를 땅바닥에 던지고, 자신들에게 비굴하게 구는 헤트만은 당장 물러나라고 호통치곤 하였다.

이러한 회의 진행 방식은 오래된 전통의 유산이었다. 규모가 커지면서 코자크 통치 체계는 견고해지고 규율이 잡혀갔다. 헤트만의 권

위는 점점 더 존중되었고, 공식적 존중의 형식도 따랐다. '전체회의'
에서 헤트만이 해임되는 경우는 줄어들었다. 헤트만 취임식 때 '불라
바(Blava)'라 불리는 지휘봉 대신 평범한 갈대줄기(reed)를 헌정하며
기사도적인 충성을 표현하는 것을 보고 외국인들은 감탄과 놀라움을
금치 못하였다.[15] 코자크의 숙적인 폴란드 장군 코네츠폴스키
Koniecpolksy 밑에서 종군하였던 보플랑Beauplan이라는 프랑스인은 다
음과 같이 적었다.[16] "코자크들은 제복 말고는 통일된 것이 없었다.
이들은 활력이 넘치고 현명하며, 체격이 뛰어나고, 더위와 추위, 배
고픔과 목마름을 다 잘 견딘다. 전투에서도 인내와 용맹으로 이름을
날리고, 낙천적이며 죽음을 두려워하지 않는다. 그들은 멋진 외모를
가지고 있고, 주의력이 뛰어나고 강하며, 좋은 건강을 타고 났다. 웬
만해서는 병에 걸리지 않으며 아주 나이가 든 경우가 아니면 병에 걸
려 죽는 일이 드물었다.

그들은 대부분의 경우 코
자크들의 명예의 전당에
서 생을 마친다. 그것은
전쟁터에서 전사하는 것
이다.

불라바

15) 불라바(Blava) - 처음에는 무기로 사용되었거나 후에 지휘관의 지휘봉과 헤트만의 권위의 상징이
   됨. 현재 우크라이나 대통령 취임식 때도 상징적으로 불라바를 받음.
16) 프랑스 태생 지도학자이고 건축가인 보플랑(Guillaume Levasseur de Beauplan, 1600? - 1673년)은
   1630년부터 1648년까지 폴란드군에 포병 장교로 근무하며 코네펠스키의 지휘 아래 코다크 요새
   건설에 참여하고 1639년 우크라이나 지도를 제작함. 우크라이나 생활과 코자크를 묘사한 〈우크라
   이나 기행(Description d'Ukranier)〉이 1651년 프랑스에서 출간되어 당시 코자크 생활과 우크라이나
   의 지리, 경제, 인구에 대한 소중한 정보를 제공함.

3. 코자크의 해상 공격

  모스크바공국 공격으로 풍부한 전리품을 획득하고, 폴란드 귀족들의 선동과 폴란드 정부의 지원을 받은 코자크의 군사적 능력은 이전보다 훨씬 강화되었다. 주우켑스키의 보고에 의하면, 1609년 폴란드 군이 스몰렌스크를 포위할 때 3만 명의 코자크 병력이 왕을 도우러 왔고, 이후에 더 많은 병력이 도착했다. 다른 기록에 의하면 1609년 겨울 모스크바공국 공격 원정에 나서 공국 영토의 여기저기를 돌아다닌 코자크 병사는 4만 명에 이르는 것으로 추정되었다. 원정에 나선 병사의 숫자가 늘어나면서 폴란드 왕에게는 큰 도움이 되었지만 드니프로 급류 하류 지역은 방치되었다. 모든 코자크가 원정에 나선 것은 아니지만 4만 명이나 그 이상의 병력이 동원되었다는 것은 당시 코자크의 병력 수와 군사력이 어느 정도에 이르렀는지를 보여준다.

  1612년 말이 되면서 모스크바공국의 혼란은 가라앉고, 1613년 모스크바는 코자크들과 다른 약탈자들을 몰아내기 시작했다. 전쟁과 약탈에 길들여진 모험가 병사들은 왈라키아와 흑해 연안을 따라 터

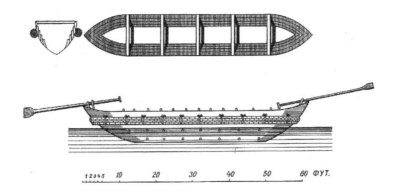

차이카 그림

키 재산을 노리고 새로운 작전을 시작했다. 물론 이전에도 해상 원정은 있었다. 그러나 지금은 규모와 횟수가 크게 늘어났고, 1613년부터 1620년까지는 코자크 원정의 영웅적 기간으로 기록되었다. 코자크들은 '차이카'(Chaika, 터키어로는 chay-강(江), 우크라이나어로는 붉은부리갈매기를 뜻함)라고 불리는 소형 선박을 타고 흑해 전체를 항해하며 터키에 큰 피해를 입혔다. 이 당시 유럽 국가들은 터키 제국을 두려워하고 있었지만, 터키의 술탄들은 코자크의 공격으로 불안에 빠졌고, 콘스탄티노플조차도 안전하지 못하였다.

우크라이나 코자크들은 뛰어난 용기와 전투술로 국제적 명성을 얻었다. 당대의 터키 역사학자는 이들의 작전에 대해 다음과 같이 기술했다. "전 세계를 통틀어 이렇게 용감한 집단은 찾아볼 수 없다. 이들은 자신의 생명을 신경 쓰지 않으며 죽음을 두려워하지 않는다. 항해 전문가들조차 뛰어난 항해술과 용맹성으로 인해 해전에서 코자크보다 더 두려운 적은 없다고 말 할 정도이다." 코자크의 원정을 직접 목격한 당시 콘스탄티노플에 주재한 프랑스 대사도 이들의 용맹성을 칭찬하는데 말을 아끼지 않았고, 터키 해군이 프랑스의 동맹국인 스페인 해군을 공격하기 위해 지중해로 들어가지 못하도록 코자크들에게 5만 탈러(thaler)를 지불할 것을 프랑스 정부에 건의하였다. 코자크 해군 작전의 놀라운 점은 이들이 소수의 병력으로 막강한 터키 해군을 공격한 것이다. 다른 기록에서 보프랭은 코자크 해군 원정에 대해 다음과 같이 말했다.

"먼저 코자크들은 배를 건조하거나 원정에 필요한 물품들을 급류 하류 쪽으로 보낸다. 다음 자신들이 직접 하류로 내려가 배 건조작업에 착수한다. 약 60명의 사람이 배 한 척을 맡아 2주 안에 배를 만든다. 코자크들은 모두 뛰어난 만능 일꾼이다. 배의 골조는 45피트 길이에 10-12피트의 넓이와 깊이로 만든다. 배의 외부는 갈대로 단단히 묶고, 돛대를 양쪽 면에 고정시키고, 10-12개의 노를 준비한다. 갑판은 없어서 파도가 치면 물이 선내로 들어오지만, 갈대로 선체를 묶었기 때문에 가라앉지는 않는다. 5-6천 명의 코자크가 2주 정도 작업을 해서 80-100척의 배를 만든다. 각 배는 50-70명을 태울 수 있다. 각 배의 양 면에는 4-6문의 대포를 설치하고, 건빵, 수수와 다른 식량을 통에 싣는다. 각 배는 나침반을 가지고 있다. 이렇게 장비를 갖추고, 선단을 짠 다음 코자크들은 마스트에 대장기를 단 헤트만의 인도를 따라 드니프로 강 하구로 내려간다. 배들의 간격이 너무 좁아 거의 서로 닿을 듯이 나아간다. 보통 터키 해군은 드니프로 강 하구에 갤리선을 배치하여 코자크들이 흑해로 나오지 못하게 한다. 그러나 코자크들은 달이 없는 어두운 밤을 틈타 바다로 빠져 나온다. 코자크들이 흑해로 나온 것을 발견하면, 터키를 비롯한 주변 국가들은 공포에 떤다. 술탄은 주변국에 위험을 알리기 위해 전령을 보내지만, 코자크들은 3-4일 이내에 아나톨리아 지방에 도착하기 때문에 소용이 없게 된다. 육지에 다다르면 코자크들은 각 배를 지키기 위해 2명씩만을 남겨놓고 나머지 병사는 칼을 들고 도시를 공격하여 정복을 하고 약탈을 한 후 불을 놓는다. 때로는 해안만을 공격하여 전리품을 뺏은 후 귀환하기도 한다.

만일 터키의 갤리선이나 다른 군함을 만나면 코자크들은 다음과 같이 행동한다. 코자크의 배는 수면 위 2피트 반만 올라오므로 이들은 적의 큰 배를 먼저 발견한다. 이들은 돛을 내리고 서쪽에서부터 북쪽으로 나아가며 적함의 동태에서 눈을 떼지 않는다. 한밤중에 코자크들은 전속력으로 적함에 다가가 승선 인원의 절반이 전투를 준비한다. 적들은 갑자기 80-100척의 배에 포위된 것을 발견하게 되고, 큰 저항도 못하고 배가 점령당한다. 포획된 배에서 코자크들은 돈과 군사용품, 옷 등 바다에서 훼손되지 않을 물품들을 뺏은 다음 승무원이 있는 채로 적함을 침몰시킨다. 만일 터키 해군의 갤리선이 낮시간에 코자크 선단을 발견하면 싸움은 어려워진다. 터키 군함은 막강한 화력을 이용하여 코자크 선단을 왕겨처럼 흩어지게 하여 일부는 침몰되고, 살아남은 배들은 도망을 친다. 그러나 이들은 전열을 재정비해 다시 돌아와서 전투를 하고, 일부 병사가 사격하는 동안, 나머지 병사는 소총에 화약을 작약한다. 코자크들은 뛰어난 저격병이다. 그러나 터키 해군의 대포 앞에서는 큰 혼란이 벌어지고, 이러한 경우 약 2/3의 병사가 전사하고, 살아서 귀환하는 병사가 절반이 되지 않는 경우가 많다. 살아서 귀환하는 코자크는 스페인이나 아랍 돈, 융단, 금괴, 비단 옷 등 값비싼 전리품을 챙겨서 온다."

우크라이나 민요에는 해상 원정에 대한 얘기가 전해 내려오는데, 보통은 터키 갤리선에 쇠사슬로 묶여서 노젓는 노예가 된 코자크의 비참함을 묘사한 것이 많다. 이름이 알려지지 않은 옛 시인들은 코자크 배를 난파시키는 흑해의 무서운 폭풍에 대해 시를 썼다. 모스크바 공국 원정이 끝난 다음 해상 원정이 잦았는데, 코자크들은 일년에 몇 차례씩 해상 원정에 나섰다. 이전에 가보지 않은 먼 거리 원정에 나섰고, 터키 선단을 겁 없이 공격하기도 했다. 주우쳅스키의 보고에 의하면 코자크들은 1613년 두 차례 원정에 나서서, 터키에 큰 피해를 입혔다. 술탄은 대선단을 오차키프 항구에 보내, 크림반도의 도시들을 약탈하고 귀환하는 코자크들을 기다리게 했다. 그러나 코자크들은 터키군에 의해 섬멸되지 않고, 반대로 이들이 방심하는 틈을 타 야간 공격을 해서 터키군을 살육했다. 1614년 봄에 코자크는 다시 해상 원정에 나섰으나 바다에서 폭풍을 만나 큰 피해를 입었다. 그러나 위축되지 않고 이 해 여름에 다시 원정에 나서서, 2천명의 병력과 40척의 배가 흑해를 가로질러 트레비존드Trebizond 지역을 공격했다. 이 연안 지역은 풍요로운 도시와 촌락들로 이어져 있었다. 이 지역의 주민들은 '터키가 소아시아를 점령한 후 아무 공격도 받지 않았기 때문에' 외부 공격에 대한 두려움 없이 살고 있었다고 주우쳅스키는 기록했다. 터키의 망명자와 포로들이 내륙으로 들어가는 코자크들의 길안내자 역할을 했다. 코자크들은 '연인의 도시'로 알려진 화려한 도시 시노페를 공격하여 사원을 점령하고 방위병들을 죽인 다음, 거대한 군항에 불을 놓아서 군함들과 갤리선, 소형 선박들이 불길에 휩싸였다. 주민들이 방어 태세를 갖추기 전에 코자크들은 전리품을 잔뜩 챙겨 귀환했다. 이 사실을 안 술탄은 격노하여 총리대신을 처형하라고 명령하였으나 술탄의 처와 딸들의 탄원을 받고 그의 목숨을 살려주기도 하였다. 터키의 선단은 다시 한 번 코자크의 항해로인 오차키프 항구로 공격해 왔는데, 적들의 진로를 안 코자크들은 선단을 둘로 나눠서, 절반은 오차키프 동쪽 해안으로 상륙하여 배들을 육로로 이동시켜 도시 위 편의 드니프로 강으로 옮기려 하였다. 그러나 이 부대는 타타르군의 공격을 받아 많은 병사와 전리품을 잃고 귀환했다. 다른 절반은 오차키프 항에서 터키 해군과 전투를 벌였는데, 여기서도 많은 피해가 발생했다. 배를 가볍게 하기 위해 전리품을 대부분 바다에 버렸지만 부대는 귀환에 성공했다. 터키군은 단지 20명의 코자크를 포로로 잡아 콘스탄티노플로 보내 처벌을 받게 했다. 트레비존드의 주민들이 술탄에게 와서 항의를 하자, 술탄은 직접 복수할 수 있도록 이 포로들을 내주었다.

1615년 코자크는 전년도보다 한층 더 큰 규모의 원정에 나섰다. 이번에는 80척의 배를 동원하여 자신들의 말처럼 '황제의 도시 성벽을 우리 소총의 연기로 얼룩지게 하기 위해' 콘스탄티노플을 공격하였다. 그들은 콘스탄티노플의 두 항구 미제브나Mizevna와 아르히오카Archioca 사이에 상륙하였고, 두 항구에 불을 질렀다. 콘스탄티노플 주변에서 사냥을 하고 있다가 코자크가 지른 불로 수도에서 연기가 나는 것을 본 술탄은 대노하여 터키의 군함들로 하여금 침략자를 즉시 격퇴하도록 명령했다. 그러나 코자크들은 겁먹지 않고 최대한 약탈을 한 다음 여유 있게 전리품을 가지고 퇴각했다. 터키의 갤리선들이 다뉴브 강 하구에서 코자크 선단을 따라잡았지만, 코자크들은 이들을 용맹스럽게 공격하여 격퇴시켰다. 터키 해군 사령관은 부상을 입고 포로가 되었다. 그는 3만 개의 금화를 석방금으로 제시하였지만, 포로로 있는 동안 사망했다. 다른 터키 갤리선들은 도주했다. 코자크들은 포획한 갤리선들을 오차키프 항구로 끌고 와서 터키군이 보는 앞에서 조롱하듯이 불을 질렀다. 그들은 오차키프를 공격한 다음 소떼를 앞세우고 육로로 귀환했다.

치욕적인 패배를 맞본 다음 터키는 코자크들이 흑해로 나오는 것을 허용하지 않기 위해 선단을 드니프로 강 하구에 배치했다. 그러나 용맹한 코자크들이 다시 나서서 전투를 벌여서 이들을 물리쳤고, 다수의 갤리선과 약 100척의 소형 선박을 나포했다. 터키 선단을 격퇴한 후 코자크들은 크림반도 연안의 도시들을 공격하여 약탈을 했고, 우크라이나 노예들의 시장이 번성했던 카파Kaffa 시를 점령하여 많은 우크라이나 노예들을 해방시켰다. 두 번째의 참패 소식이 콘스탄티노플에 다다르자, 공포에 질린 주민들은 우크라이나 포로들에게 어떤 방법으로 앞으로의 코자크 공격을 막을 수 있는지를 물었다. 그들이 어떤 대답을 했는지는 알려지지 않지만, 터키는 우크라이나의 내륙 지역이 카메네츠, 체르카시, 카니프, 빌라 체르크바를 점령하여 터키 부대를 주둔시키는 방법 밖에 없다는 결론에 도달했다.

1616년 가을, 코자크들은 해상 원정에 다시 나섰다. 이번에는 2천 명의 비교적 소규모 병력이 출정하였지만, 원정은 대성공으로 끝났다. 이들은 아나톨리아 지방의 삼순Samsun을 공격하였지만, 해풍으로 인해 선단이 트레비존드 인근 연안으로 밀려가서 코자크들은 거기에 상륙했다. 그들은 육로로 이동한 후 도시를 공격하여 점령하고, 약탈을 한 후 불을 질렀다. 제노아 출신의 제독 치찰리Cicali가 지휘하는 여섯 척의 갤리선과 많은 소형 선박으로 구성된 선단이 공격을 해왔으나, 코자크들은 이들을 물리쳤다. 술탄이 코자크들을 공격하기 위해 오차키프로 함대를 보낸 것을 알아챈 코자크들은 무방비 상태에 있는 콘스탄티노플 외곽을 공격했다. 터키의 방어 노력을 무력화시키고 조롱하며 원하는 만큼 공격을 한 코자크들은 이들의 출현을 전혀 예상 못한 아조프해 연안을 공격한 후, 터키의 군사령관이 기다리고 있는 오차키프를 우회해 드니프로 강 지류와 항구를 이용하여 자포로지아로 귀환했다. 술탄에게 공훈을 보이기 위해 터키 군사령관은 코자크들이 시치를 떠날 때까지 기다렸다가 배로 드니프로 강을 북상하여 급류 지역에까지 진군했지만, 시치를 지키던 수백 명의 코자크들이 겨울을 나기 위해 떠난 빈집만을 정복할 수 있었다. 터키군은 몇 문의 포와 몇 척의 배를 노획한 다음, 이 '전리품'과 함께 콘스탄티노플로 승리자처럼 귀환했으며, 술탄은 무서운 코자크 시치가 파괴된 것으로 믿었다.

4. 폴란드와 코자크의 협상: 헤트만 사하이다치니

코자크들은 터키를 마음대로 농락하고 원정으로 인해 국제적 명성을 얻었지만, 이러한 공격은 폴란드 정부에게 많은 문제를 안겨다 주었다. 터키 도시에 대한 공격이 있을 때마다 술탄은 군사령관에게 국경 지역의 코자크 요새를 파괴하고, 그 자리에 터키 부대 주둔지를 만들어 코자크들을 복속시킬 것을 명령하였다. 군대를 파견하지 않고 지나가는 해가 거의 없었고, 최소한 군대가 파견될 것이라는 소문은 끊이지 않았다. 모스크바공국과의 싸움에서 큰 대가를 치른 폴란드 정부로서는 새로운 군대를 동원하기 위한 자금이 없어서, 실제적으로 몇 년 간 군대가 없는 상황이 지속되었다. 주우켑스키 휘하의 군대는 300명에서 500명에 불과했고, 아무도 보수가 없이는 군역에 종사하려고 하지 않았다. 이런 상황에서 터키가 전쟁을 준비한다는 소문은 폴란드인들을 공포에 떨게 했다. 폴란드는 코자크들이 폴란드 정부의 뜻을 거슬러 원정에 나섰고, 폴란드는 이들을 해산하려하였으나 모스크바공국에서 새로운 부대가 나타나서 원정에 나섰다며 비난을 피해 가려 했다. 터키가 입는 피해의 책임을 전적으로 코자크 탓으로 돌리는 것은 정당하지 않았다. 왜냐하면 폴란드와 몰다비아의 귀족들도 몰다비아 내의 터키인들 문제에 간섭하고 몰다비아로 병력을 보냈기 때문이다. 이러한 공격이 코자크의 해상 원정만큼이나 폴란드에 대한 터키의 적대감을 불러일으키는 데 일조했다.

코자크의 세력을 약화시키기 위해 폴란드는 여러 번 시도를 했다.

1614년 주우켑스키는 코자크들이 자신의 권위에 복종을 하지 않고 원정 준비를 하면 전쟁을 벌이겠다고 위협하고, 군대 동원 준비를 하였다. 그러나 코자크들은 태연하게 페레야슬라프에서 군대를 조직했고, 병력이 없는 주우켑스키의 위협은 헛말로 끝나고 말았다. 폴란드 정부는 지주들을 움직여 주우켑스키에게 군사적 지원을 하게 했다. 1614년 이후 매년 정부 대표가 우크라이나 지주들에게 파견되어 지주들에게 소속된 농민들로 부대를 편성하여 코자크 사이의 질서를 잡게 하려 하였으나 뜻대로 되지 않았다. 코자크들은 한결같이 국왕의 사절들에게 자신들의 정부에 대한 변화를 약속하는 서면 약속을 요구하였다. 그러나 서면 약속이 준비되어도, 대부분의 조항이 코자크의 권리를 제한하고 있었으므로 거절할 수밖에 없었다. 예를 들어 코자크들이 국경을 방어하고, 외국의 평화를 깨뜨리지 않으며, 드니프로 강 하구에 머물고, 만일 그들이 상류로 진출하여 장원으로 나가면 지주들의 권위를 인정할 것 등 받아들이기 어려운 조건이 많았다. 그러면 코자크들은 폴란드 왕에게 직접 사절단을 보내 자신들의 권리를 포기하는 무리한 요구를 하지 말 것을 청원하겠다고 위협하면 협상은 끝나고 만다. 왕의 사절은 코자크들에게 평화를 유지하고 외국을 공격하지 말라고 명령을 하고 떠나면, 코자크들은 약속을 지킨다고 하고는 다시 자신들이 원하는대로 행동했다.

헤트만 사하이다치니Sahaidachny는 폴란드와 전쟁을 하지 않고 조심스럽게 행동하며 폴란드가 전쟁을 위해 코자크를 필요로 하는 때를 기다리는 정책을 취했다. 이와 동시에 그는 우크라이나의 코자크의 세력을 강화하기 위한 노력을 기울였다. 사하이다치니가 처음 알려진 것은 1616년 해상 원정에서 카파를 공격하여 우크라이나인 노예들을 해방시키면서이다. 그러나 그는 이보다 훨씬 이전에 헤트만이 된 것이 분명하다. 왜냐하면 1614년부터 사하이다치니를 유명하게 만든 코자크의 정책 패턴이 보였기 때문이다. 당시 헤트만에 대해서 알려진 정보는 부족하기 때문에 그가 시간 간격을 두고 헤트만으로 일했을 가능성도 크다. 민요에도 그에 대한 이야기는 많이 담겨있지 않다. '그는 자신의 아내를 파이프와 담배와 바꿨다'라는 민요가사가 있지만, 이것은 바이다 비쉬니베츠키를 유랑 가무꾼으로 묘사한 민요만큼이나 신빙성이 없다. 당대의 사람들은 사하이다치니를 코자크를 민족적 대의를 위해 봉사하도록 만든 현명하고 능력이 뛰어난 정치인으로 여겼다. 로보다와 날리바이코에 의해 만들어진 정책들은 사하이다치니 시대에 와서야 열매를 맺기 시작한다. 그의 시대에 와서 코자크 역사의 새로운 시대가 시작되었다고 말할 수 있다.

사하이다치니는 서부 할리치아의 삼비르Sambir 근처에서 지방 귀족의 아들로 태어났다. 그는 폴란드의 압제 때문에 서부 지역을 떠나 우크라이나 중심부로 이주한 사람들의 하나였다. 그래서 그는 우크라이나의 민족적 대의의 수호자가 되었다. 오스트로흐 학교에서 교육을 받은 후 그는 코자크군에 가담했다. 1600년-1601년 코자크 전통에 따라 몰다비아와 리보니아 원정에 참가한 사실을 감안하면, 그는 이미 1590년대에 코자크 병사가 된 것으로 볼 수도 있다. 그의 장년기인 1616년부터 1622년까지 우크라이나의 민족적 투쟁의 전면에 나선 지도자가 되었지만, 그의 젊은 시절에 대해 알려진 바는 거의 없다. 그와 몇 차례 원정을 함께 한 얀 소비에스키에 의하면, 사하이다치니는 항상 운이 따르는 코자크 전사였다. 그는 여러 번 타타르를 격파하여 크림 지역에 경계를 불러 일으켰고, 매번 성공을 거둔 해상 원정을 통해 명성이 높아졌다. 그는 유럽과 아시아 지역의 터키 도시들을 파괴하였고, 콘스탄티노플 외곽을 불타게 만들었다. 그는 용기가 뛰어나 모험을 좋아하고, 죽음을 두려워하지 않는 사람으로 묘사되었다. 공격에서는 늘 선두에 나서고, 퇴각할 때는 마지막에 물러나고, 주의 깊으며 에너지 넘치고 야영지에서도 늘 경계를 게을리 하지 않았다. 다른 코자크들과 다르게 그는 잠을 적게 자고 술에 빠지지 않았으며, 전체회의에서도 자제하며 말을 아꼈다. 부하가 명령을 복종하지 않으면 엄하게 다스려 사형을 언도하는 것도 주저하지 않았다.

사하이다치니는 1617년 모스크바공국과의 전투에서 공을 세워 폴란드 정부의 신임을 얻었다. 폴란드 왕의 입장에서는 코자크의 군사적 지원이 절실했고, 코자크들은 행동에 나설 좋은 기회를 잡아서 폴란드 정부의 모병에 응했다. 국왕의 사절들은 코자크군이 터키에 대한 공격을 중단하고 우크라이나 내의 반란을 선동하지 않도록 압력을 가중시켜서, 코자크 병사 수를 1,000명으로 제한하고 나머지 숫자는 농노 신분으로 되돌아가고, 새로운 병사를 뽑지 않도록 하였다. 전쟁을 피하기 위해 사하이다치니와 그의 참모들은 이 요구를 받아들이기로 일단 동의하였으나, 조약문의 서명을 미루기 위해 몇 가지 불만사항을 제기했다. 다행히도 문서에 서명하기 전에 폴란드 왕은 모스크바공국과 전쟁을 하기로 결정을 하였지만 폴란드 의회는 전쟁에 필요한 자금 지원을 거부하였다. 폴란드 왕은 코자크에게 지원을 요청하였고, '혼란의 시대'에 모스크바공국 귀족들에 의해 차르로 선출된 폴란드 황태자 브와디스와프Władysław는 적은 수의 병력만을 가지고 모스크바를 침공해 군사적 지원이 절실히 필요한 상황이었다. 전쟁에 참전하면 사절단의 요구를 철회시킬 수 있다고 믿은 사하이다치니는 바로 군대를 모집하기 시작했다. 군대 모집을 근거 삼아 코자크군은 1618년 겨울과 봄, 우크라이나를 독립적으로 통치했다. 1618년 여름 사하이다치니는 2만 명의 선발된 병사를 이끌고 브와디스와프를 돕기 위해 모스크바공국으로 진격했다. 그는 도착하자마자 황폐해진 땅을 정복하여 요새와 도시들을 점령했고, 그의 공격을 받고도 도시가 살아나면 기적이라고 불릴 정도로 공포의 대상이 되었다. 코자크군의 지원을 받아 안도한 브와디스와프와 함께 밤을 이용하여 모스크바를 공격하였으나, 공격을 미리 예상하고 결사적으로 항전한 시민들 때문에 모스크바를 점령하는 것은 불가능해졌다. 그러나 그 이후 모스크바공국은 폴란드와의 협상에서 유연한 입장을 취했고, 폴란드 의회에서 파견한 대표단은 이러한 상황을 이용하여 평화 협정을 맺는데 성공했다. 그러나 브와디스와프와 사하이다치니 모두 이 결정을 반대하고 계속 전쟁을 수행하기를 선호했지만 결정을 뒤집을 수는 없었다. 이렇게 해서 모스크바공국과의 전쟁은 끝이 나고 말았다.

1619년 폴란드와 모스크바공국 사이의 전쟁이 끝나자, 폴란드 정부는 코자크를 통제하기 위해 다시 정부사절단을 파견했다. 이번에는 주우켑스키와 폴란드군도 사절단과 함께 갔다. 사절단은 코자크가 병력 수를 줄이고, 해상 원정을 중단하며, 선박들을 불태울 것 등을 요구했다. 전쟁 중에 폴란드 정부가 애원을 하여 2만 명의 코자크가 출병한 것을 감안하면, 1–2천 명을 제외한 나머지 병사들은 다시 농노가 되라고 요구하는 것은 배은망덕이었다. 코자크는 이 요구에 굴복하느니 전쟁을 벌이겠다고 위협했다. 그러나 사하이다치니는 폴란드와 충돌을 피하려고 노력했고, 금화 2만 개를 분배하여 코자크

들을 달랬다. 만 명의 코자크가 기다리는 가운데 협상이 끝나고, 코
자크 병사 수는 3천 명으로 제한된다고 발표되었다. 협상안은 그대
로 서명되었고, 폴란드 사절단은 떠났다. 사하이다치니는 조만간 폴
란드가 다시 코자크들에게 머리 숙일 것이라고 확신하며 때를 기다
렸다. 이 동안 사하이다치니는 폴란드가 이제까지 난폭한 코자크들
에게 당한 것보다 훨씬 더 큰 타격을 폴란드에 가할 준비를 했다.

5. 우크라이나 민족문화의 중심지로서 키예프의 부활

폴란드인들 사이에 사하이다치니는 대범하고 성공적인 전사로 명
성을 떨쳤지만, 우크라이나인들 사이에서는 우크라이나 교육과 문
화, 정교회의 지원자로 평가받았다. 정교회는 우크라이나 민족문화
의 중요한 요소였다. 오스트로흐 신학교 출신인 사하이다치니는 키
예프의 교육과 종교계와 긴밀한 관계를 유지하고 있었다. 당시 키예
프에는 할리치아로부터 이주해온 사람들이 많이 거주하고 있었다.
키예프 사람들은 사하이다치니와 코자크 부대는 우크라이나의 민족
적 대의 달성을 위해 필요한 도움을 줄 것이라고 믿고 있었다.

이러한 상황 아래서 우크라이나 문화에 아주 중요한 시기가 시작
되었다. 수백 년 간 세인들의 관심에서 잊혀 있었고, 문화적, 종교적
중요성을 거의 상실한 키예프가 갑자기 새로운 생명을 찾게 되었다.
16세기에 키예프는 전방의 군대 주둔지였고 소수의 주민만이 남아
있었다. 폐허 속에 남아있는 몇 개의 성당만이 키예프의 옛 영광을
상기시켜 주었다. 가장 큰 사원으로는 동굴수도원(Monastry of Caves)
이 있었고, 푸스틴스코-니콜라예프스키(Pustinsko-Nikolaevsky) 사원
과 미하일로프스키(Mikhailovsky) 수도원도 있었다. 남아 있는 수도

원에서도 이전의 학
문적, 교육적 중요성
은 거의 사라진 상태
였다. 수도원장과 부
수도원장들은 왕으로
부터 직함을 사들였
고, 교육과 주민 교화
에는 신경을 쓰지 않

동굴수도원과 라브라

았다. 수 세기에 걸쳐 기부된 광대한 토지를 비롯한 엄청난 물적 자
원들은 방치되어 있거나 수도사들에게 식량을 제공하는 용도로만 쓰
였다.

교회 통합으로 인해 우크라이나 주민들은 아직 정교회 관할 하에
있는 교회 기구에 기대를 걸고 있었다. 정교회 조직은 폴란드 정부의
영향을 물리치고, 대신 능력 있는 사제들을 양성해야 할 입장에 있었
다. 동굴수도원은 정교회 수도원 중 가장 중요하고 부유한 기관이었
다. 니케포로스 투르Nicephorus Tur가 무력을 동원해 연합교회주의자
들의 점거 시도를 물리친 이후 이 수도원에 주민들의 기대가 몰렸다.

1599년 투르가 사망한 다음, 진정한 애국주의자로 알려진 엘리샤
플레테니츠키Elisha Pletenitsky가 수도원장으로 선출되었다. 우크라이
나 국민들은 우크라이나 민족문화 증진에 큰 역할을 한 그에게 감사
의 기억을 가지고 있어야 한다. 그는 할리치아의 졸로치프Zolochiv에
서 지역 영세귀족의 아들로 태어나서, 약 50세에 수도원장으로 선출
되었다. 당시의 기록을 보면, 그는 수도원의 기강을 다시 잡고, 수도
원의 재산을 청지기의 입장에서 잘 관리한 것으로 나타난다. 그가 수

도사들의 주류와 다른 사치품에 대해 제한을 가하자 수도사들이 불만을 토로하였다. 그는 세력이 커지고 있는 코자크의 보호 아래 새로운 문화적 중심지를 발전시킬 수 있다고 깨달았다. 코자크들은 위험한 시기에 키예프 주민들을 도운 바 있다. 그는 문화 부흥 목적을 위해 자금을 모았다.

1615년 수도원의 자금으로 플레테니츠키는 발라반(Balaban) 출판사을 인수하였다. 할리치아의 로하틴 지역의 스트랴틴Striatyn에 있던 이 출판사는 키예프로 옮겨와 작업을 시작했고, 1616년 첫 책을 출판했다. 이 시기 이전에 이미 그는 할리치아의 저명한 학자들을 키예프로 초빙하였다. 장차 대주교가 되는 이반 보레츠키Ivan Boretsky, 교회 사학자 자하리야 코피스틴스키Zachariah Kopistinsky, 르비프신학교 교수 라브렌티 쿠킬Lawrence Kukil, 출판업자 베린다Berinda 등이 그러한 사람들이고 이외에도 많은 학자들이 이주해 왔다. 키예프의 정교회 내에서 가장 영향력 있는 인물이 된 플레테니츠키는 할리치아에서 온 자신의 친구들을 동굴수도원 뿐만 아니라 정교회의 주요 직위에 임명하였다. 주변에 학식이 뛰어난 친구들을 두고, 사하이다치니에게서도 자신과 같은 이상을 발견한 그는 1615년-1616년 사이 문화 활동을 활발히 펼쳤다. 바로 이 시기에 사하이다치니는 헤트만이 되었다.

출판사가 설립 된 것과 거의 같은 시기에 부유한 귀족 부인인 할쉬카 훌레비치브나Halshka Hulevichivna가 기부한 토지를 기금으로 키예프에 형제단이 결성되었다. 그녀는 기금으로 수도원을 설립하고, 수도원 내에 '귀족과 주민들의 자제들을 위한' 학교와 정교회 순례자들을 위한 여관을 세웠다. 1605년에 만들어진 형제단의 헌장은 이러한 사업을 형제단의 목표로 명시했다. 형제단에는 키예프의 사제들, 특히 형제단의 핵심이 된 플레테니츠키와 그의 측근들, 우크라이나 귀족, 상인 등 모든 계층의 사람들이 참여했다. 사하이다치니와 코자크 부대 전체도 형제단에 가입하여 형제단 활동에 대한 군사적 지원을 했다. 이러한 보호자를 옆에 두고 키예프 주민들은 폴란드 정부의 태도에 신경을 쓰지 않고, 형제단의 활동을 마음대로 지원한 결과, 키예프는 고립되고 낙후된 마을에서 우크라이나 민족문화 생활의 중심지로 빠르게 발전했다.

형제단은 새 기금을 이용하여 '구세주 출현 수도원(Monastry of Epiphany)'을 기증된 땅 위에 건설하고 부속학교를 설립했다. 리비프 신학교 교수였던 보레츠키가 초대 학장으로 취임하였으며, 서적과 필요 문구를 구입하기 위해 르비프를 방문했고, 학교는 1617년에 개교된 것으로 여겨진다. 동굴수도원 출판사는 다른 서적은 다 뒤로 미루고 '정교회 키예프시의 학교의 필요를 충족하기 위해' 학생들의 첫 교재인 기도서(breviary)를 먼저 출간했다. 키예프의 신학교는 르비프 신학교를 모델 삼아 운영되었다. '그리스어-슬라브어'와 '라틴어-폴란드어'를 모두 활용하며 교육을 하였다. 최초의 교재로 사용된 것은 르비프 형제단에서 출간한 그리스어-슬라브어 문법책이었다. 키예프의 귀족과 사제들, 할리치아 출신의 학자들의 지원 덕분에 새로 문을 연 신학교는 처음부터 큰 성공을 거두었다. 1622년 사하이다치니 장례식의 조시(弔詩)의 구절을 보면, 학생들 대부분은 키예프 주민과 정교회 사제(정교회 사제들은 서품 전에 결혼을 해야 함), 우크라이나 귀족들의 자녀들이었다.

출판사도 활발하게 활동했다. 이 시기 이전에 오스트로흐 신학교의 인쇄소가 우크라이나의 출판의 중심 역할을 했다. 1580년부터 1606년까지의 시기에 이 출판사는 우크라이나의 어느 출판사보다 많은 서적을 출간했다. 그러나 1608년 출판사 주인인 오스트로즈키 공이 사망하고, 상속자의 가톨릭교도 아들인 야누쉬가 출판 일에 관심을 포기하면서 출판사는 더 이상 활용이 되지 않았다. 1616년부터 1630년까지의 15년 기간 동안 동굴수도원 출판사는 그때까지 우크라이나에서 출판된 책을 다 합친 것보다 더 많은 책을 출간했다. 풍부한 자금과 헌신적인 직원들을 가지고 있는 출판사는 종이와 다른 출판기기를 생산하기 위한 별도의 공장 건물을 가지고 있었다. 출판사에서 출간한 책이 주로 종교적인 성격의 서적들이었던 것은 사실이지만, 당시의 민족문화의 중심은 교회였다는 것을 유념할 필요가 있다. 형제단은 다른 분야에서도 조직의 영향력을 보여주었다. 형제단의 영향력에 대해서는 포티의 뒤를 이어 연합교회 대주교가 된 루츠키Rutsky가 불만을 나타내었다. 그는 3년 전에 설립된 형제단이 연합교회의 전파를 방해하는 역할을 한다면서, 폴란드 정부의 허가 없이 조직된 형제단이 해산되어야 한다고 건의했다. 그러나 폴란드 정부는 사하이다치니나 코자크부대 등 형제단을 후원하고 있는 세력을 고려하여 형제단 활동을 반대할 수 없었다.

6. 교회의 새로운 성직자 체계

키예프 형제단은 코자크들이 우크라이나의 상류 계층과 처음으로 접촉할 수 있는 기회를 만들어 주었다. 코자크들은 오랜 기간 농민들과 밀접한 관계를 맺어왔다. 농민들은 코자크의 보호를 받았고, 코자크를 통해 자유를 얻을 기회를 찾고 있었다. 또한 코자크 병사 대부분도 농민 계층에서 모집되었다. 우크라이나의 다른 사회 계층은 당시까지도 코자크를 적으로 간주하였고, 파괴적 집단으로 여겼다. 형제단이 코자크의 보호를 받으며 활동을 시작하자, 코자크는 우크라이나 주민들에게 자신들이 일시적 모험가들이 아니라, 고대 루스의 기사적 전통의 용맹한 계승자임을 설명할 수밖에 없었다.

성직자들은 이렇게 설명했다. "코자크들은 그 유명한 (키예프) 루스의 후손들이며 야벳의 자손들이다. 이들은 바잔틴을 육상과 흑해를 통해 공격하였다. 그들은 바퀴가 달린 배를 이용해 콘스탄티노플을 공격한 (키예프) 루스 공인 올렉의 용감한 후손들이다. 이들은 그리스와 마케도니아, 일리리아를 정복한 키예프 루스의 왕 볼로디미르의 후손들이다. 이들의 조상들은 볼로디미르와 함께 세례를 받았고, 콘스탄티노플로부터 기독교를 받아들였다. 오늘날까지도 이들은 이 신앙을 간직하며 살고 있다."

코자크의 보호 아래 초기 활동이 성공적으로 수행되자, 키예프 형제단은 예루살렘 총대주교 테오파네스Theophanes가 우크라이나를 방문하는 것을 이용하여 정교회 교회 체제를 부활시키기로 했다. 1607년 르비프 주교 발라반이 사망하고, 1601년 페레므이슬의 주교 코피스틴스키Kopistinsky도 사망하자, 우크라이나 전체에 리브프 주교 티사롭스키Tisarovsky 한 사람만 남게 되어서, 모종의 조치가 취해지지 않으면 안되는 상황이었다. 그러나 티사롭스키는 속임수를 써서 주교 자리에 오른 사람이었다. 그는 폴란드 왕에게 그리스 가톨릭으로 개종한다는 약속을 하고 주교가 되었지만 이를 이행하지 않고 있는 상태였다. 폴란드 왕과 의회도 자신들이 한 약속을 어기고 정교회 교구에 그리스 가톨릭 주교들을 임명하고 있었다. 우크라이나 주민들은 정교회 사제들을 교회 지도자로 갖지 못하는 상황이 곧 닥치지 않을까 염려하지 않을 수 없었다.

예루살렘 총대주교 테오파네스가 모스크바를 방문한 후 우크라이나를 통해 귀로에 오른다는 소식을 들은 키예프의 지도자들은 그를 키예프로 초빙하여 교육 기관과 문화 시설을 보여주고, 대주교와 주교직 임명을 통해 정교회 제도를 부활하여 줄 것을 청원하였다. 동굴 수도원 설립 기념일을 기리기 위해 키예프에 모인 정교회 신도회의도 이러한 청원을 후원하였다. 그러나 총대주교는 폴란드 왕과 '폴란드인들(Liakis)'을 두려워하여 주저하였고, 사하이다치니는 그의 안전에 대한 보장을 약속하였다. 드니프로 강 하류 지역에서는 보로다브카(Borodavka)가 헤트만으로 선출되었지만, 급류 상류 지역의 코자크는 사하이다치니가 통치하고 있었으므로 그의 말은 믿을 만했다. 지역 귀족들도 사하이다치니의 약속을 지지했다. 테오파네스 총대주교는 결국 요구를 받아들여 1620년 가을과 겨울, 비밀리에 대주교와 다섯 명의 주교를 우크라이나와 벨라루스의 여러 교구에 임명했다. 그는 폴란드인들이 위해를 가할지도 모른다는 염려를 하여 포돌랴를 방문해 달라는 폴란드인들의 요청을 무시하고, 코자크들의 보호를 받으며 몰다비아로 떠났다.

주교들이 임명되기는 하였지만, 이들이 자신들의 직무를 행할 수 있는 법적 권한을 얻기 위한 방안을 찾는 것도 중요한 문제였다. 이들이 교구의 시설과 자산을 인수하여 폴란드 정부의 간섭 없이 직무를 수행할 수 있도록 하기 위해, 키예프 주민과 코자크들은 폴란드 정부가 이들의 도움을 필요로 할 때를 기다려 종교 문제에 대한 양보를 받아낼 생각을 하였다.

폴란드는 이 당시 큰 위기에 직면해 있었다. 폴란드의 게릴라 부대들이 오스트리아 황제 페르디난드 2세를 도와 터키 속령인 트란실바니아를 공격하자, 화가 난 터키의 술탄은 폴란드와 전쟁을 하기로 결정했다. 헤트만 보로다브카 휘하의 코자크들이 콘스탄티노플 교외를 습격하고, 터키의 선원들에게 공포를 조성해 장교들이 갤리선을 움직여 코자크를 격퇴하는 것이 어려운 상황이 되자 폴란드에 대한 터키의 적개심은 더욱 커졌다. 터키는 침입자들을 격퇴할 수 없었다. 코자크들은 반격을 당하지 않고 콘스탄티노플 지역을 유린한 다음 유유자적 귀환하였다. 터키의 술탄은 폴란드를 본격적으로 공격하기로 하고 몰다비아에 군대를 파견했다. 주우켑스키는 휘하의 군사들을 데리고 왈라키아군과 연합하여 방어 작전을 펼칠 생각으로 출병했다. 그러나 주우켑스키 병력이 소수인 것을 보고 실망한 왈라키아인들이 그와 연합 작전을 펼치는 것을 거부하는 바람에 주우켑스키는 다시 돌아올 수밖에 없었다. 터키군은 드네스트르 강 유역에서 폴란드군을 공격하여 전멸시켰다. 주우켑스키는 전투에서 전사하고, 부사령관 코네츠폴스키는 포로로 잡혔으며, 단지 몇 명만이 도망을 칠 수 있었다.

폴란드는 이제 군대가 없는 상황에 처했다. 폴란드인들은 다음해에 시작될 터키의 공격을 앞두고 공포에 떨고 있었다. 터키와 싸우는 법을 알고 있는 코자크들의 도움을 받지 못한 것이 주우켑스키가 패배한 가장 중요한 원인으로 여겨졌다. 보로다브카 휘하에서 약탈을 일삼던 코자크들은 폴란드를 위해 출병을 하지 않았고, 사하이다치니가 지휘하는 코자크들도 주우켑스키가 터키와 싸우는 동안 종교적 사업을 위해 노력을 기울이고 있었다. 주우켑스키는 코자크들을 얕

잡아 보았고, 그 대가로 목숨을 잃게 되었다. 폴란드 정부는 모든 방법을 동원해서 코자크의 지원을 받아내려고 했고, 이들의 마음을 움직이기 위해 예루살렘 총대주교 테오파네스에게 도움을 요청하기까지 했다. 키예프의 지도자들은 정교회 주교들의 권한을 인정받는 조건으로 코자크들이 군사적 지원을 제공하는 것으로 결정했다. 그러나 폴란드 왕과 의회는 이 문제에 대해 양보를 하지 않았다. 1621년 우크라이나의 사절인 드레빈스키Lawrence Drevinsky는 폴란드 의회에서 폴란드 정부의 우크라이나와 벨라루스 주민들에 대한 학대와 압정에 대해 다음과 같이 비판했다.

"폴란드 왕국의 영역과 역사에서 새롭게 만들어진 그리스 가톨릭을 통해 신의 영광이 어떻게 드러났는가? 대도시에는 교회들이 문을 닫고, 교회 재산은 탕진되어 수도원에는 수도사들 대신 소떼가 살고 있다. 리투아니아의 경우를 보자. 여기에서도 똑같은 상황이 벌어지고 있다. 모스크바공국에 가까운 모길레프Mogilev나 오르샤Orsha 같은 국경 지역에서도 교회들이 문을 닫았고 사제들은 추방되었다. 핀스크에서는 레스친스키Leschinsky 수도원이 술집으로 변했다. 어린 아이들은 세례를 받지 못한 채 죽고, 시신들은 교회 장례 없이 매장되고 있다. 남녀는 혼인과 신앙 고백 없이 동거하고, 영성체를 받지 못하고 죽는다. 이것은 신에 대한 모욕이 아니고 무엇인가? 이러한 것이 하나님의 분노를 사지 않겠는가? 다른 부정과 학정의 예를 들어보자. 르비프의 그리스 가톨릭 교인이 아닌 '루스인'들은 도시 안에 거주할 수가 없고, 거래를 마음대로 할 수 없으며, 상인조합(길드)에 들어갈 수 없다. 죽은 사람의 시신은 종교적 의식을 갖추고 시내를 통과할 수 없다. 사제가 병자를 방문하는 것은 불법으로 되어 있지 않은가? 빌나Vilna의 압제는 어떤 수준인가? 이곳에서는 정교회 신자의 시신은 유대인과 타타르인들도 이용하는 도시의 정문을 통과할 수 없다. 시신은 죽은 동물과 쓰레기를 버리기 위해 사용되는 뒷문으로 나가야 한다. 왕은 '루스인'들이 군대의 주력이 되어주기를 원한다. 그러나 이 사람들이 어떻게 자신들을 압제하는 나라를 위해 싸울 수 있겠는가? 우리가 만일 국가 내부의 평화도 유지하지 못한다면 어떻게 외국과 평화를 유지할 수 있겠는가?"

　폴란드 정부는 이러한 불만에 주의를 기울이지 않았다. 폴로츠크 Polotsk 지역의 주교로 임명된 멜레테이 스모트리츠키가 직무를 수행하기 위해 그 지역에 들어가자 그리스 가톨릭 신자들은 격렬히 반대했다. 폴란드 왕은 위험을 고려하지 않고, 보레츠키, 스모트리츠키를 포함한 다른 모든 새로 임명된 주교들을 체포하라는 명령을 내렸다. 코자크의 보호를 받고 있던 주교들은 크게 놀라지는 않았지만, 직무를 수행하기 위해 자신들이 교구에 감히 들어갈 생각도 못하였다. 벨라루스에서도 정교회에 대한 박해가 시작되어, 스모트리츠키를 돕거나 그를 주교로 인정한 사람들은 모두 체포되었고, 사형에 처한다는 왕의 위협에 시달렸다. 실제로 사형에 처해진 사람은 없었지만, 스모트리츠키 자신도 코자크의 보호를 받기 위해 도망쳐 나와야 했다. 이러한 상황이 지속되자, 키예프의 지도자들은 사하이다치니와 뜻을 합쳐, 폴란드 왕이 '정교회 신앙에 대한 만족할 만한 조치를 취할 때까지' 원정에 일체 참여하지 않기로 했다.

13장 코자크들이 수행한 전쟁

1. 호틴 전투와 사하이다치니의 전사

1621년 겨울이 되자 테오파네스 총대주교의 청원을 받고 폴란드 왕의 약속을 믿은 코자크들은 원정을 준비했다. 원정의 첫 단계는 빌호로드를 공격하여 점령하는 것이었다. 그곳에서 코자크들은 많은 포로를 잡고, 3천명의 노예들을 해방시켰다. 코자크들은 이곳으로부터 드니프로 상류 지역의 도시들을 공격하여 말, 화약, 납 등 원정에 필요한 물자를 확보했다. 폴란드 왕의 출병 요청으로 비코자크 주민들에 대한 모든 징발의 면죄부를 받은 것이나 마찬가지였다. 헤트만 보레츠키와 사하이다치니는 코자크의 요구가 수용될 때까지 이런 강제적 징발을 계속하도록 명령했다. 1621년 봄에 폴란드 왕으로부터 지원을 받는 문제를 논의하기 위해 코자크 전체회의가 열렸다. 많은 수의 사제들과 함께 참석한 보레츠키는 빌나에서 주교들에게 가해진

사하이다치니 초상

잔혹행위를 전달한 편지를 읽으며 정교회가 겪고 있는 고난과 박해에 대해 비탄과 분노에 찬 설명을 했다. 이어서 사하아다치니는 예루살렘 총대주교가 보낸 편지에 먼저 입을 맞추고 존경의 표시로 이마에 편지를 붙이자, 코자크들은 함성을 지르며 정교회 신앙을 수호할 것을 결의했다. 다음날 왕의 사절

은 코자크부대가 원정에 나설 것을 촉구하는 연설을 하고, 왕이 보낸 자금을 전달하여 코자크들의 원정 출정에 대한 원칙적인 동의를 받아내었다. 그러나 코자크들은 새로 임명된 주교들을 인정해 주지 않으면 전쟁에 참여하지 않을 것이라는 통보를 하기 위해 지기문트 왕에게 사절을 보내기로 하였다. 테레흐테미리프Terekhtemiriv의 코자크 수도원장인 에제키엘 쿠르체비치Ezekiel Kurtsevich가 사하이다치니를 동행하여 임무를 수행하기로 했다.

코자크들은 원정에 바로 나서고 싶은 유혹을 견디지 못했다. 사하이다치니와 쿠르체비치가 폴란드 왕을 만나러 가고 있는 동안 보레츠키는 코자크군을 이끌고 몰다비아로 가서 부지런히 전리품을 모았으나 매복에 걸려 많은 병사를 잃고 말았다. 사하이다치니의 사절단은 왕을 만났지만, 왕은 우호적 태도를 보이기만 하고 결정적 대답은 회피했다. 전쟁 발발 소식을 들은 사하이다치니는 서둘러 전선으로 떠났다. 사하이다치니가 코자크부대에 돌아오자, 그의 지지자들은 많은 병력을 잃은 보레츠키의 성급함과 무능력을 비난하며 그를 처벌할 것을 요구했다. 이 불운한 헤트만은 직위에서 해임되고 사형이 언도되어 호틴에서 처형되었고, 사하이다치니는 다시 헤트만으로 선출되었다.

코자크의 지휘봉(불라바)을 다시 받은 사하이다치니는 코자크들이 제공한 군사적 원조에 대한 보상으로 우크라이나인들의 권리를 요구해 줄 것을 폴란드 정부에 다시 한 번 요청했다. 그는 이 요구가 받아들여지지 않으면 폴란드군 단독으로 전쟁을 수행하도록 만든다는 위협을 할 수 있었지만, 최후통첩을 보내지는 않았다. 전쟁은 계속 진행되어 폴란드군은 호틴에서 드네스트르 강을 도강하여 터키 요새를

공격하려고 하였다. 그러나 이때 대규모의 터키 부대가 나타나서 폴
란드군을 포위하기 시작했다. 폴란드군은 코자크군이 아직 도착하지
않았기 때문에 터키군의 작전으로 인하여 두 나라 군대가 연합하는
것이 불가능할 것으로 생각하고 공포에 사로잡혔다. 그러나 사하이
다치니는 능숙하게 터키군 방어선을 뚫고 들어와 폴란드군과 연합했
다. 그러나 그는 전투 중 부상을 입고, 이 부상으로 인해 다음해 사
망한다.

코자크군 병력은 40,000명에 달했고, 몇 대 안되는 대포로 무장
하고 있었다. 폴란드군 병력은 35,000명이었는데, 이 중 8,000-
10,000명은 우크라이나 병사들이었다. 코자크군이 도착하면서 폴란
드군의 전투력이 두 배로 증가하였다. 폴란드군은 병력 증가뿐만 아
니라, 코자크군이 터키와 타타르와의 전투 경험이 많았기 때문에 기
뻐했다. 새로 도착한 코자크 병력은 폴란드군과 같이 진영을 치고 터
키군에 맞섰다. 터키군은 코자크군을 먼저 격파하면 폴란드군은 오
합지졸이 될 것이라는 것을 알고 모든 병력을 집중해서 코자크를 공
격했다. 그러나 코자크군은 터키군의 공격을 격퇴했을 뿐만 아니라,
소규모 별동 부대가 대규모 터키군을 공격하고, 야간에는 터키군 진
영에 기습을 가해 터키군을 혼란에 빠뜨렸다.

코자크군은 열악한 보급 조건에도 불구하고 사하이다치니의 엄격
한 통솔 하에 끝까지 전선을 지켰다. 이와 반대로 폴란드 귀족들은
어려움을 견디지 못하고 대규모 병력과 함께 전선을 이탈했다. 폴란
드는 자신들의 운명이 코자크에 달려있다는 것을 깨달았다. 터키의
술탄은 전쟁이 승산이 없어 보이자 폴란드 왕 지기문트에게 강화를
요청하였다. 폴란드 정부는 코자크군이 자신들의 나라를 구한 것을

인정하고, 사하이다치니와 그의 병사들의 용맹성과 인내, 규율, 전투력을 크게 칭송했다.

사하이다치니는 폴란드 왕의 약속을 믿고 우크라이나로 돌아와 다시 한 번 청원서를 보냈다. 코자크족의 이름으로 전쟁 보상금을 4만 금화에서 10만 금화로 늘려줄 것과 전쟁 중에 입은 손실을 보상해 줄 것, 왕과 사제, 지주들의 영지에 코자크가 정착하는 것을 허락하여 줄 것, 종교적 분쟁에 대해 만족할 만한 해결책을 마련해 줄 것을 요구하였다. 그러나 폴란드 귀족이 이러한 요구에 강하게 반대하자, 사하이다치니는 당당하게 요구를 내세우지 못했다. 폴란드 왕은 코자크군의 지원이 더 이상 필요하지 않다고 생각하고, 코자크 문제로 시간을 더 낭비하지 않기로 했다. 그는 폴란드 정부 사절단에 1619년 협정을 연장해서 코자크군의 숫자를 2천 명, 필요에 따라서는 3천 명 선으로 줄이고, 나머지 병력은 농노 신분으로 돌아가도록 명령했다. 종교적 문제에 대해서는 코자크는 이 문제로 결코 탄압을 받지 않았기 때문에 이전의 상황이 변화되지 않을 것이라고 통보했다. 그는 코자크들이 이러한 배은망덕한 요구를 기꺼이 받아들이게 하기 위해, 사하이다치니와 그의 부하들에게 선물을 제공하면 이들이 나서서 동료들을 설득할 것이라고 믿었다.

폴란드는 코자크들의 원정에 대해 보상할 돈이 없었으므로, 아무도 폴란드 정부를 대표하는 자리에 나서지 않으려 했다. 그렇다고 왕의 결정을 통보할 다른 수단을 찾을 수도 없었다. 결국 상황은 전혀 변하지 않았고, 폴란드 정부와 왕은 다시 한 번 코자크를 기만했다.

폴란드 왕은 부상을 입은 사하이다치니를 치료할 의사의 비용을 댐으로써 자신의 감사의 마음을 전하려 했다. 그러나 이 때늦은 호의는 자신의 희망과 계획이 좌절되어 깊은 실망에 빠져 있는 헤트만을 만족시키지 못하였다. 자신의 죽음이 임박한 것을 안 사하이다치니는 유언을 작성하여 자신의 재산을 르비프 형제단과 키예프 형제단과 여타 교육 목적에 쓸 것을 지시하고, 며칠 뒤인 1622년 4월 10일 숨을 거두었다. 사하이다치니의 사망 소식은 우크라이나 애국자들에게 큰 충격이었다. 많은 학생들이 추모사를 썼고, 그가 속했던 교육기관에서는 그의 영웅적 업적과 정교회에 대한 사랑, 주민들의 교육 발전을 위한 그의 노력을 기리고, 그의 발자취를 따르자는 내용을 담은 추모의 책을 발간했다. 이 책은 자포로지아 코자크부대를 칭송하고, 이들도 국가 방위를 위한 사하이다치니의 노선을 따를 것을 촉구했다. 자포로지아 코자크부대와 밀접한 관계를 맺고 있던 사제들도 이러한 방향으로 영향력을 행사했다.

2. 폴란드 정부 내의 분열

사하이다치니의 뒤를 이은 헤트만들은 진심으로 그의 발자취를 따르려고 했다. 그들은 코자크 내부의 문제를 처리하는 동시에, 폴란드 정부를 상대로 정교회 문제에 대한 해결책을 찾도록 압박했다. 또한 폴란드 의회에서 정교회 교도들에 대한 탄압에 대해 항의하는 우크라이나 귀족들에 대해서도 지원을 했다. 그러나 폴란드 왕과 귀족들은 가톨릭교회에 반대하고 동등한 종교적 권리를 요구하여 왕의 명령을 거부하는 코자크와 정교회에 대한 적개심을 극복하지 못하였다.

이 시기에 코자크는 드니프로 하류 지역의 주인 노릇을 하고 있어서, 병력 수를 줄이고 남은 인원은 농노 신분으로 돌아가라는 왕의 명령을 거부했다. 오히려 반대로 이들은 병력 수를 10만 명까지 늘일 수 있으며, 왕이 약속을 지키지 않는 경우 왕과 폴란드에 어려운 상황을 만들 수 있다고 위협했다. 코자크들은 해상 원정을 계속하여 터키인들을 공포에 떨게 했다. 당시 콘스탄티노플에 주재한 프랑스 외교관의 말에 따르면, '해상에 코자크 배 네 척이 나타났다는 말은 흑사병보다도 더 큰 공포를 자아냈다'고 한다. 폴란드 정부는 분노에 가득 찼다. 우크라이나의 폴란드 대지주들은 코자크에 대해 조치를 취해 줄 것을 정부에 요구했다. 귀족들은 코자크들을 통제하지 못하고 늘 위험 속에 생활하며, 민중 봉기가 어느 때라도 일어날 수 있다고 불만을 나타냈다. 이 시기에 폴란드 지주들은 우크라이나 땅을 자신들의 영역으로 나누고, 농노제를 대규모로 실시하려고 하였다. 폴란드 귀족들이 왕으로부터 소유권을 인정받은 땅에 거주하는 코자크들은 지주들에 '반항'하였을 뿐만 아니라, 농민들과 도시 주민들에게 무장 봉기를 하여 이 '외국 침략자들'을 물리치자고 선동했다. 이러한 민중 동요 때문에 지주들은 등록코자크들의 숫자를 줄이고 나머지 주민을 농노로 만들기 원했다.

모스크바공국과 터키와의 전쟁을 치른 후, 폴란드가 코자크를 억누를 수 있는 유일한 방법은 루브니 전투에서와 마찬가지로 코자크들을 무력으로 진압하는 것이었다. 그러나 폴란드가 코자크의 자유를 박탈할 충분한 힘을 가지고 있지 못하였고, 터키와의 전쟁에 종사한 폴란드 군인들이 전투 참가에 대한 보상을 받지 못하였으므로 아무도 폴란드군에 가담하려 하지 않았다. 폴란드 정부도 폴란드 왕도 정의를 행하지 않자, 우크라이나인들은 여러 행동 계획을 세우고, 폴란드 정부의 양보를 받아내기 위해 민족의식을 일깨우거나, 독립을 위한 전쟁을 치를 생각을 하였다. 키에프의 사제들은 모스크바공국의 도움을 받는 이전 정책을 고수했다. 민족 투쟁 자체가 종교적 성격이 강했고, 모스크바공국이 우크라이나 문제에 간섭을 하지 않는다는 약속을 폴란드에 한 적이 없기 때문에, 이러한 정책은 어느 정도 현실성이 있었다. 모스크바공국이 내분을 극복했기 때문에, 여러 그룹들이 종교 문제에 대한 도움을 요청하기 시작했다. 국경 근처의 비쉬네베츠키 영지에 위치한 후스틴스키(Hustinsky) 수도원의 수도사들도 이러한 그룹 중 하나였다. 후스틴스키 수도원장과 인근 두 수도원의 원장을 겸하고 있던 이사야 코핀스키Isaiah Kopinsky는 큰 존경을 받는 사제였고, 폴란드 정부나 그리스 가톨릭교회에 복종하는 자세를 보이지 않았기 때문에 중요한 수도원의 책임을 맡기에 충분한 자격을 가진 인물이었다. 그는 큰 권력을 가지 라이나 모힐랸카Raina Mohilianka 공주와 비쉬네베츠키의 대공들과의 친분 관계를 활용하여 수도원의 수를 늘려나갔다. 코핀스키 원장과 사제들은 모스크바공국의 도움을 받자는 입장을 취하였고, 키예프의 다른 종교 지도자들도 같은 입장이었다. 대주교는 주교 한 명을 모스크바로 보내 다가오는 폴란드와의 전쟁에서 패하는 경우 우크라이나와 코자크를 보호하는 후원자가 되어 줄 것을 요청하였다. 그러나 내분을 완전히 극복하지 못한 모스크바공국은 폴란드와 적대 관계에 들어가는 것을 두려워하여 결정적인 답을 회피하였다. 모스크바 지도자들은 코자크가 자신의 진정한 적인 폴란드와 대결하는 문제보다 해상 원정과 모험에 더 큰 힘을 쏟는 점을 비난하고, 우크라이나 주민들이 모스크바공국과의 합병을 결정하고, 이를 공표하면, 차르와 총대주교는 문제를 검토할 용의가 있다고 답했다.[17] 이 당시 정교도들은 아주 어려운 시기를 맞고 있었다. 벨라루스에서는 1623년 비텝스크 시 주민들이 그리스

가톨릭 주교 요사파트 쿤체비치Iosafat Kuncevich에 대항해 반란을 일으키고 그를 살해한 후 정교도에 대한 탄압이 훨씬 가혹해졌다. 가해자뿐만 아니라 많은 무고한 시민들이 투옥되거나 처형되었다. 정교회 신자들에게 가해진 탄압도 거셌지만, 주교에 대한 탄압은 특히 심했다. 정교회 신앙을 고수하는 사람들은 관청과 수도원과 살고 있던 도시에서 쫓겨났다. 모스크바 대주교는 '탄압자들은 정교회 교도의 피를 찾고 있다'라고 썼다. 주교들은 '그리스도를 사랑하는 코자크 영웅들의' 보호를 받기 위해 키예프로 피신해 왔다. 그들은 폴란드와의 전쟁의 결과를 기다리며, 만일 30년 전 루브니 전투에서처럼 폴란드에 패하면 모스크바로 피난처를 옮길 생각이었다.

자신들의 힘과 세력을 믿고 있는 코자크들은 이러한 상황에 크게 동요하지 않고, 터키에 대한 해상 원정을 계속했다. 크림타타르 칸인 마흐메트-게라이Mahmet Gerai가 터키에 반란을 일으키고, 코자크와 연합하여 터키와 전쟁에 나설 것을 요청하자 코자크들은 크게 기뻐했다. 코자크는 이러한 요청에 기민하게 응하고, 1624년 터키의 함대가 새로운 칸을 임명하기 위해 크림으로 항해하자, 콘스탄티노플을 기습적으로 공격했다. 만 하루 동안 코자크들은 보스포러스 해협의 양안을 공격하여 부촌과 화려한 별장을 약탈하여 전리품을 챙기고, 터키인들이 반격에 나서기 전에 이곳을 떠났다. 터키 함대가 급하게 추격해 왔으나, 맞바람 때문에 반격이 불가능해진 코자크들이 침착하게 전투를 기다리자, 코자크들의 용기에 겁먹은 터키 함대는

---

17) 차르(Tsar, Царь) - 로마의 시저 황제에서 따온 러시아 군주의 명칭. 라틴어 어원은 '카이제르'이고, 917년 불가리아에서, 1346년 세르비아에서 군주의 칭호가 됨. 러시아에서는 이반 3세가 이 칭호를 처음 사용하였고, 이반 4세가 대관식에서 이 칭호를 정식으로 사용함.

공격을 가하지 못하고 철수하였다. 코자크들도 피해를 입지 않고 무사히 귀환했다. 2주 뒤 더 많은 병력을 데리고 코자크들은 콘스탄티노플 공격을 준비했으나, 드니프로 강어귀에서 25척의 갤리선과 300척의 소형 선박으로 구성된 터키 함대의 저지를 받아 해상으로 나오지 못했다. 몇 일 간의 전투 끝에 코자크들은 방어선을 뚫고 해상으로 나와 콘스탄티노플로 진격하여, 3일 간 보스포러스 해안가를 약탈하고 아무 방해도 받지 않고 귀환했다. 대경실색한 술탄은 크림에 파견된 터키군 사령관에게 전령을 보내서, 타타르를 그대로 두고 빨리 귀환하여 코자크의 공격으로부터 수도를 방어하라고 명령을 내렸다. 크림에서 타타르군 뿐만 아니라 코자크군을 상대하여 아무런 전공을 올리지 못한 그는 겁에 질려 먼저 협상을 제안하였다. 그러나 타타르와 코자크 연합군은 터키군을 공격하여 격파하였고, 카파까지 서둘러 퇴각한 터키군은 그곳에서 항복하였다. 터키군 사령관은 마흐메트-게라이를 크림의 칸으로 인정하고, 타타르와 코자크군이 생포한 포로들과 빼앗긴 대포를 돌려받은 다음 콘스탄티노플로 출발하였다.

터키와의 전쟁을 승리로 이끈 크림 칸은 터키가 자신을 그대로 내버려두지 않고, 다시 퇴위시키려 시도할 것이라고 생각하고 코자크와 항구적인 동맹관계를 맺기를 원했다. 그는 폴란드에 사절을 보내 코자크가 앞으로도 터키와의 전쟁에 타타르를 도울 것을 설득하도록 부탁했고, 코자크와도 직접 협상을 벌여서 1624년 크리스마스 전날 크림 칸 샤긴-게라이Shahin-Gerai는 코자크와 동맹을 맺었다. 코자크들은 크림타타르와의 동맹을 전적으로 신뢰하여 앞으로 터키와의 전쟁뿐만 아니라 폴란드와의 피할 수 없는 전쟁에서도 필요한 지원을 받을 수 있다고 확신했다. 코자크들은 이 동맹으로 더 큰 확신을 갖게 되었고, 앞으로 코자크뿐만 아니라 우크라이나를 위해서도 황금이 시대가 열릴 것으로 기대했다.

3. 우크라이나의 계획과 1625년 전쟁

1624년 가을 알렉산드르 야히야Aleksandr Yakhea가 키예프에 나타나 대주교를 만나고, 자신을 1606년 사망한 술탄 마호메트 3세의 아들이라고 소개했다. 그의 얘기에 따르면, 그리스계 모친이 자신을 술탄에게서 빼앗아 와 정교회 신자로 키웠다고 했다. 터키 제국의 모든 정교회들은 그가 돌아와 터키의 왕좌를 차지하기를 기다린다고도 했다. 그는 자신을 터키의 합법적 지도자로 인정하는 불가리아, 세르비아, 알바니아와 그리스가 13만 명의 병력을 지원하기로 약속했다고 말했다. 그는 터키 제국을 분쇄하는데 우크라이나와 모스크바공국의 지원을 받기를 원했다. 그는 스페인이나 투스카니 같은 서유럽의 터키의 적국에게서도 지원을 받을 기대를 했다. 대주교는 이 모든 말을 믿지는 않았지만, 상황을 정확히 모르기는 해도 야히야를 지원하면 뭔가 이익을 얻을 수 있을 것으로 판단했다. 그래서 대주교는 그를 자포로지아 지역으로 보내 코자크와 크림 칸 샤긴-게라이가 연합하여 콘스탄티노플을 즉각 공격할 계획을 세우게 했다. 대주교는 이 계획에 대해 모스크바공국의 관심을 끌어들이고, 우크라이나 문제에 대해서도 관심을 갖게 하기 위해 직접 자포로지아 코자크에게 가서 몇 명의 코자크와 마케도니아 출신 마르코(Marko the Macedonian)로 구성된 사절단을 조직했다. 사절단은 모스크바로 가서 차르에게 야히야의 계획을 설명하고 동맹과 지원을 요청했다. 그러나 이 계획은 무산되었다. 차르는 이 계획에 관심이 있는 듯 보였고, 비밀스럽게 직접 만난 사절을 통해 야히야에게 선물도 보냈지만, 우크라이나의 봉기와 터키와의 분쟁을 원하지 않았다.

키예프의 지도자들이 계획한 우크라이나, 크림, 모스크바의 동맹이라는 야심찬 계획은 실현되지 않았지만, 이것은 이전의 드미트로 비쉬네프스키의 계획과 이후 보그단 흐멜니츠키의 노력을 연상시키는 일관된 우크라이나 정책의 근간을 보여준 것이었다. 동맹에 대한 기대가 무산되자 우크라이나는 단독으로 폴란드를 상대로 전쟁을 벌여야 했다. 모스크바의 입장에서 코자크가 자신들의 이익만을 따라 행동하는 한은 간섭할 필요가 없다고 한 것은 사태를 냉정하게 본 것이었다. 코자크들은 크림 칸이 자신들과 동맹을 유지하는 상황에서는 폴란드가 공격을 해 올 수 없을 것이라고 보고, 겁 없이 해상 원정을 계속하였고, 행동을 자제하라는 폴란드의 명령과 위협을 무시했다. 그해 늦은 가을 폴란드 장군 코네츠폴스키가 대규모 군대를 모병하기까지 코자크는 세 번이나 대규모 해상 원정에 나섰다. 코네츠폴스키는 코자크들에게 자주 약탈을 당한 우크라이나 영지의 지주였으므로 코자크를 개인적으로 미워하였고, 멀지 않아 폴란드와 스웨덴 사이에 전쟁이 발발할 위험이 있었으므로 바로 군사 작전에 돌입할 수밖에 없는 입장에 놓여 있었다. 이 전쟁이 발발하면 그는 우크라이나를 코자크 수중에 남겨두고 스웨덴과 싸우러 가야 했다. 폴란드의 계획을 막는 한 가지 장애물은 코자크와 크림 칸과의 동맹이었다. 코네츠폴스키는 샤긴-게라이와 그의 동생을 매수하여 폴란드와의 전쟁에서 코자크를 지원하지 않는다는 약속을 받아내었다. 그런 다음 코자크들이 해상 원정에서 돌아오기 전에 폴란드군을 우크라이나로 진격시켰고, 자신은 의회 대표단과 함께 그 뒤를 따랐다.

코자크는 완전히 방심한 상태에서 폴란드의 공격을 받았다. 코네츠폴스키는 우크라이나를 가로질러 카니프까지 아무런 저항도 받지 않고 진군하였다. 카니프에 남아 있던 3천 명의 코자크도 대규모의 폴란드군을 막을 수 없어 체르카시로 후퇴하여 급류 남쪽 지방에서 올라오기로 되어 있는 주력군과 합류하려 하였다. 코네츠폴스키의 신속한 진격으로 북부 지역의 우크라이나인들은 현지의 코자크들을 소집할 시간을 갖지 못했고, 자포로지아 코자크 헤트만인 즈마일로Zhmailo는 해상 원정을 나간 코자크들이 돌아오기를 기다리고 크림 칸에게 동맹 조약에 따라 군사 지원을 제공할 것을 교신하면서 시간을 낭비했다. 이러는 동안 코네츠폴스키를 돕기 위해 새로운 연대가 도착하면서 폴란드군은 병력과 장비에서 코자크부대보다 강해지게 되었다. 폴란드군들은 코자크들이 해상 원정의 지휘관들과 전리품을 자신들에게 넘기고, 야히야와 러시아에 파견되었던 사절들도 넘기고, 기타 요구 조건을 받아들이는 조건으로 항복할 것을 요구하였다. 그러나 코자크들은 이러한 조건을 받아들이기보다는 싸우는 쪽을 택하여, 치불닉Tsibulnik 강변의 크릴로프Krilov 근교에서 전투가 벌어졌다. 코자크들은 나름대로 잘 버티었으나, 전세가 불리한 것을 깨닫고 폴란드군을 묶어두기 위해 일부 부대만 남겨놓고, 쿠루키프Kurukiv 호수 근처의 남쪽으로 은밀히 이동하려 하였다. 폴란드군은 남겨진 부대를 격파하고 코자크 주력군들이 방어 진지를 구축하기 전에 이들에게 접근해 왔다. 그러나 기습 공격으로도 서둘러 지어진 방어진지를 격파하지 못하고 전투가 장기화할 조짐을 보이자, 폴란드군은 코자크군과 강화 협상에 들어갔다. 긴 협상과 수많은 서신

교환 끝에 폴란드군은 코자크들이 강화안에 협상하도록 하는데 성공했다. 이 안에 따르면 코자크의 상비군은 6천 명으로 제한되며, 이들은 코자크로서의 모든 특권을 누리고, 12주 안에 코자크로서 등록을 하게 되었다. '등록코자크'가 되지 못하는 나머지 인원은 지주들에게 예속되어 다시 농노가 되어야 했다.

코자크들은 이 협정을 지키려 해도 지킬 수가 없었다. 코네츠폴스키와 의회 사절단들은 이 조건이 지켜지지 않으면 전쟁이 종결되지 않을 것이고, 폴란드군도 어떠한 경우를 막론하고 우크라이나를 떠나지 않을 것이라고 코자크들을 설득했다. 코자크 장교들은 병사

도로셴코 초상

들에게 폴란드가 스웨덴과의 전쟁 때문에 코자크군의 도움을 받아야 함으로 이 조약을 강제할 수 없을 것이라고 병사들을 위로했다. 실제로 폴란드는 스웨덴과의 전쟁을 이미 시작했고, 코자크의 지원을 요청했기 때문에 협상안은 문서로만 남게 되었다. 코자크 장교들의 추대를 받아 전쟁 중에 즈마일로의 뒤를 이어 헤트만으로 선출된 미하일 도로셴코Mikhail Doroshenko는 내부 분열 없이 코자크들을 설득하여 폴란드 사절단의 요구대로 코자크들을 등록하게 하는데 성공했다. 그러나 모든 수단을 동원해 등록 명부에서 제외된 코자크들이 지주들의 영지로 돌아가는 것을 지연시켰고, 쿠루키프 조약의 다른 서약들도 이행을 미루었다.

4. 1630년 전쟁

도로셴코는 코자크 장교들의 전폭적 지지를 받는 지성 있고 유능한 행정가였다. 그는 새로운 전쟁을 피하기 위해 우크라이나 주민들이 어려운 시기를 잘 견뎌내도록 하고, 미등록코자크들이 해상 원정에 다시 나서지 않도록 설득하였다. 다행히도 크림타타르와 터키 사이에 전쟁이 발발하여, 코자크들은 크림타타르와 동맹을 맺고 싶어하는 폴란드의 암묵적 동의하에 전쟁에 참여하였다. 코자크들은 크림타타르군을 지원하기 위해 카파, 바흐치사라이Bakhchisarai에서 벌어진 전투에 참여하였고, 도로셴코 자신도 이 전투 중에 전사하였다. 그의 죽음은 우크라이나에 큰 손실이었다. 그의 후계자들은 코자크군을 통솔하거나, 특히 폴란드 정부와 원만한 관계 유지하는 능력이 훨씬 떨어졌다. 그러나 폴란드와의 평화는 그럭저럭 유지되었다.

이 시기에 코자크들뿐만 아니라, 교회 지도자들과 시민들 사이에는 폴란드와 타협에 나설 분위기가 형성되었다. 결실이 없는 전투에 지쳐서, 일부 사제들과 시민들은 폴란드와 좋은 관계를 유지하기 위해 양보를 할 준비가 되어있었다. 이러한 운동을 이끈 것은 저명한 저술가이며 신학자인 멜레티 스모크리츠키였다.[18] 그는 폴로츠크의 주교로 있다가, 정교회 사제들에게 가해진 탄압 때문에 비잔티움으로 피신했었다. 우크라이나로 돌아온 후로는 정교회 사제들이 가톨릭교회와 타협을 하도록 유도하였으나, 일이 뜻대로 되지 않자 자신이 직접 그리스 가톨릭으로 개종하였다. 정교회에서 파문을 당한 그는 볼히냐의 데르만스키(Dermansky) 수도원에서 사망하였다. 폴란드

---

18) 멜레티 스모트리츠키는 신학자인 동시에 당대 최고의 언어학자로 1619년 저술한 《Slavonic Grammar with Correct Syntax》은 18세기까지 교회슬라브어 문법의 전범으로 사용되었음.

정부와 가톨릭과 타협할 것을 주장한 사람은 그 외에도 여럿 있었다. 당시에 이러한 정책이 최선이라고 주장한 지도자로는 페트로 모힐라 Petro Mohila와 대주교 보레츠키가 있었다.[19] 그러나 대부분의 사람들은 극단적 정교회 옹호자인 코핀스키를 추종하였고, 결국 주교들이 타협 정책을 포기하도록 만들었다. 코자크 지도자들은 폴란드 정부가 자신들의 군사적 봉사에 대한 적절한 보상을 하지 않는다고 불평하였다. 그러나 코네츠폴스키의 보좌관인 스테판 츠멜레츠키 Chmielecki는 코자크들과 좋은 관계를 유지하며, 조약을 이행하지 않는 정책을 취하면서 평화를 유지하려 하였다.

츠멜레츠키가 사망하자 상황은 다시 악화되었다. 1629년 우크라이나의 숙적이 코네츠폴스키가 스웨덴과의 전쟁을 마치고 돌아왔다. 그와 함께 돌아온 폴란드 병사들은 전투 참가에 대한 급여를 받지 못한 채 우크라이나 여러 지역에 주둔하며, 코자크들과 주민들을 동요시켰다. 코네츠폴스키가 쿠루키프 협약의 이행을 요구하자, 많은 반란이 일어나고 점점 빈도가 잦게 되었다. 반란이 일어날 때마다 '농노들의 피가 흐르도록'하라는 명령이 내려졌다. 폴란드 정부의 인정을 받은 신임 헤트만 흐리츠코 초르니Hritsko Chorny는 정부의 명령을 따라 자포로지아의 코자크들이 드니프로 상류의 도시 지역으로 와서 '전쟁 복무'를 위해 등록할 것을 요구하였다. 자포로지아 코자크들이 이 명령을 거부하자, 등록에서 이들을 제외시켜 버렸다. 그러자 자포로지아 코자크들은 1630년 봄에 타라스 페도로비치Taras Fedorovich의

---

19) 페트로 모힐라는 키예프 동굴수도원장과 키예프 대주교직을 수행하며 교육에 힘을 써서 그가 세운 동굴수도원학교와 키예프 형제단 학교가 통합되어 키예프 모힐라아카데미가 됨. 모힐라아카데미는 당대 동유럽 최고의 교육기관으로서 동슬라브지역의 사제와 학자 양성의 중심기관 역할을 함. 현재에도 그의 이름을 딴 키예프 모힐라 대학은 우크라이나의 최고 명문 대학 중 하나임.

지휘 아래 도시로 행진해 왔다. 이들은 초르니의 요구에 응하기 위해 오는 것처럼 속이고 와서 헤트만을 체포한 후 군사 법정에 세워 유죄를 선고한 뒤 그를 참수하였다. 이 사건을 알게 된 등록코자크들은 코르순의 폴란드군 진영으로 도망쳤다. 자포로지아 코자크들이 코르순을 공격하자. 코자크 병사들은 장교들을 버리고 진영을 이탈하여 자포로지아 코자크와 합세했다. 코르순 주민들도 자발적으로 후방에서 폴란드군을 공격하자 폴란드군은 목숨을 구하기 위해 도망을 칠 수 밖에 없었다.

이 사건을 신호로 본격적 반란이 시작되었다. 자포로지아 코자크들은 우크라이나 전체에 무장 봉기를 선동하여 코자크의 권리와 종교를 수호하기 위해 나설 것을 촉구하였다. 이 시기 이전에도 주민들 사이에는 종교 문제에 대해 폴란드 정부가 사악한 계획을 세우고 있다는 소문이 돌았다. 1629년 폴란드 정부가 종교회의(synod)를 소집하자 주민들은 폴란드 정부뿐만 아니라, 이 회의에 응한 정교회 관리들에게 대해서도 적개심을 품게 되었다. 우크라이나의 주민들은 정교회에 대한 폴란드의 압제 소문에 크게 자극되었지만, 코자크들은 민족적 권리의 수호를 위해 봉기했다. 폴란드군은 정교회를 완전히 말살하기 위해 우크라이나에 주둔하고 있고, 헤트만 초르니는 그리스 가톨릭으로 개종했기 때문에 처형당했다는 소문이 돌았다. 그리스 가톨릭교회 관계자들은 학교 설립을 위해 모금된 돈을 폴란드군 주둔 비용으로 코네츠폴스키에게 넘겨주었다는 소문도 돌았다. 이렇게 해서 코자크의 반란은 종교를 수호하기 위한 전쟁이 되었다. 코자크들과 봉기에 나선 농민들은 폴란드 병사들을 발견하는대로 살해했다. 이번에는 1625년의 상황이 역전되었다. 새로운 사태에 준비가

안 된 것은 코자크가 아니라 코네츠폴스키였다. 그가 여러 지역에 산재한 병력들을 모으기 전에 반란이 우크라이나 동부 지역 전역으로 확산되었고, 코자크군이 엄청나게 빠른 속도로 병력을 증가시켜 나갔다.

병력을 즉각 소집하지 못한 코네츠폴스키는 그의 부관인 사메일로 라시치Sameilo Lasch를 전선으로 보냈고, 라시치는 '주민들을 무마시키려' 했다. 라시치는 우크라이나 귀족들 사이에서도 도적이나 불한당으로 인식되어 있었다. 그가 200건 이상의 범죄에 연루되어 있고, 37번이나 귀족 지위를 박탈당했었다는 기록이 돌아다닐 정도였다. 코네츠폴스키가 살아 있는 동안은 그를 보호해 줄 것이라고 믿고 있어서, 그의 일당은 만행을 계속했다. 그에 대한 증오가 너무 커서, 코네츠폴스키가 죽자마자 키예프 지역의 귀족들은 12,000명의 병력을 모아서 라시치와 그의 일당을 공격하여 그들을 가족과 함께 우크라이나에서 추방시켰다.

코네츠폴스키가 이런 사람을 반란 진압을 위해 파견하였으니, 그가 어떤 행동을 하였을지는 쉽게 상상할 수 있다. 당시 한 키예프 주민은 라시치가 부활절 아침에 리샨카Lisianka 마을로 와서 교회에서 예배를 보고 있던 사람들을 사제, 어른, 아이 할 것 없이 모두 죽였다고 증언했다. 디미르Dimir 시에서는 폴란드인들이 주민 전체를 학살하였다. 이러한 일이 모두 사실인지 아닌지를 떠나서, 이런 일화는 당시 우크라이나 사람들이 폴란드인들에 대해 어떤 감정을 가지고 있는지를 잘 말해주고, 우크라이나 사람들은 폴란드 군인을 보면 그대로 앙갚음을 하였다.

4월 한 달 동안 소규모 충돌이 계속되었다. 코자크들은 페레야슬라프에 병력을 집중시켜 결정적 공격을 준비하였고, 드니프로 강변의 통행을 봉쇄했다. 코네츠폴스키는 가능한대로 많은 병력을 모아 키예프 근처에서 드니프로 강을 건너서 코자크를 공격했지만, 포로가 되는 신세를 간신히 면하고 전속력으로 퇴주했다. 두 번째는 좀더 신중하게 도강 작전을 펼치고, 코자크들이 후방에서 공격할 것을 두려워하여 드니프로 강과 페레야슬라프 사이에 진을 쳤다. 그는 폴란드 왕으로부터의 지원을 기다렸지만, 지원 병력은 결코 오지 않았다. 산재해 있던 코네츠폴스키의 병력 일부가 그와 합류하기 위해 이동해 오다가 반란군에게 격퇴당했다. 반란군은 우크라이나의 심장부에 해당하는 드니프로 강 유역 전체를 장악하고 있었다. 약 2주간의 페레야슬라프에서의 소규모 충돌 후 결전이 치러졌다.

키예프 연대기는 다음과 같이 설명하고 있다. 라시치와 코네츠폴스키는 코자크 선발대를 보고 이들을 추격하느라 진영에서 멀리 벗어났다. 폴란드 진영의 하인 두 명은 코자크 진영으로 달려와 코네츠폴스키가 진영을 비운 것을 알렸다. 코자크군은 폴란드 진영을 기습 공격하여 진영을 수비하던 소규모 병력을 진압하고, 모든 것을 파괴한 다음 대포와 탄약을 노획하여 자신들의 진영으로 돌아왔다. 절망에 빠진 코네츠폴스키는 강화를 요청하였다.

당시 목격자들의 말에 의하면 폴란드군은 궤멸하여 진지가 완전히 파괴되었고, 드니프로 강을 다시 건널 수가 없게 되자 코네츠폴스키는 강화를 요청할 수밖에 없었다. 코자크들은 코네츠폴스키군을 완전히 격파하지 않는 것이 자신들에게 이익이 된다는 것을 알고, 강화 요청을 받아들였다. 코자크들은 폴란드군에 가담하여 싸운 2천 명을 처벌하지 않고, 등록코자크의 수를 8천 명으로 늘리기로 하였다. 그러나 실제로는 등록 과정이 진행되지 않았기 때문에 모든 코자크가 동등한 권리를 누렸다.

5. 폴란드 왕의 궐위 기간

코자크가 페레야슬라프에서 거둔 승리로 우크라이나 민족운동은 큰 이익을 얻게 되었다. 우크라이나인들이 폴란드 의회에서 민족 권리 확보를 위해 나설 수 있는 시간이 다가왔다. 귀족들만이 의회에 나갈 수 있었으므로, 소수민족의 정체성을 유지하고 있는 사람은 몇 되지 않았지만, 이런 소수의 의원들은 자신들의 뒤에 우크라이나 주민들과 코자크들이 있다는 것을 깨닫는 것이 중요했고, 폴란드인들이 이러한 사실을 아는 것도 중요했다.

우크라이나의 민족적 희망을 가로막는 큰 적이었던 지기문트왕이 연로하여 그의 권좌가 끝날 시간이 곧 다가오게 되었다. 우크라이나와 벨라루스에서는 모든 사람이 후계자 선출과 '국정협약(Pacta conventa)'을 둘러싼 투쟁에 준비했다. 폴란드 헌법에 의하면 새로 선출되는 왕은 왕위에 오르기 전 이 협약에 동의하게 되어 있다.[20] 지기문트왕이 생존하고 있던 기간에도 왕으로부터 아무 것도 얻어낼 수 없다는 것을 깨달은 의회의 우크라이나계 의원들은 그리스 가톨릭교회에게 '왕이 살아 있는 동안에는 아무 권리도 얻을 수 없지만, 국왕 선출 기간에 우리는 모든 힘을 동원해 일어날 것이다.'라고 말했다. 왕에게 죽음이 다가오고 있다는 소식을 들은 모든 폴란드인들은, 귀족, 사제, 형제단, 도시민, 코자크 장교를 막론하고 자신들과

---

20) '국정협약'은 1573년부터 1764년까지 새로 선출된 폴란드 왕과 귀족들이 '소집의회'에서 체결한 협약으로서 국왕의 내정, 외정에서의 권한을 명시함.

정교회, 민족문화에 대한 부당한 대접을 종식시킬 것을 새로운 왕에게 설득할 준비를 했다.

지기문트왕은 1632년 4월에 사망했다. 그에게는 여러 명의 아들이 있었는데, 맏아들인 브와디스와프가 자신을 법적 후계자로 생각했다. 그러나 폴란드 헌법에 의하면 그는 의회에 의하여 선출되어야 했다. 선출 과정은 세 단계로 진행이 된다. 먼저 '소집의회(convocational parliament)'가 소집되어 국왕 부재기간 동안의 국정을 담당한다. 다음에 '선출의회(electoral parliament)'가 소집되어 국왕을 선출하고, '국정협약(Pacta conventa)'을 만든다. 마지막으로 '대관식의회(crown parliament)'가 소집되어 왕관을 수여한다. '소집의회'는 1632년 회의를 가졌다. 우크라이나 의원들 중, 특히 원로 의원인 드레빈스키Drevinsky와 크로피브니츠키Kropoovnitsky, 젊은 지도자로는 아담 키실Adam Kisil이 우크라이나 문제를 먼저 해결하기 위해 노력하였고, 이 문제가 해결되기 전까지는 국왕 선출 절차를 미루려고 하였다. 이러한 노력은 헤트만 페트라지츠키-쿨라하Petrazhitsky-Kylaha가 파견한 코자크 대표단의 지지를 받았다. 코자크 대표단은 정교회의 신앙 자유 보장을 요구하고, 코자크 대표단도 폴란드 귀족과 마찬가지로 국왕 선출 과정에 참여하게 할 것을 요구하였다. 코자크가 의회에 참여하고 앞으로 폴란드 정치에 역할을 담당하는 것에 대해서 폴란드 귀족들은 강하게 반대했다. 그러자 헤트만 페트라지츠키-쿨라하는 군대를 이끌고 볼히냐 지방으로 진격하여 지역의 폴란드 귀족 영지들을 약탈하기 시작했다. 정교회 문제는 '선출의회'가 소집될 때까지 해결을 미루기로 했다. 그러나 폴란드 귀족들의 적대적 태도는 가을에 소집되는 의회에서 자신들의 입장을 강력하게 개진하려 한 우크라이나인들을 적대적으로 만들었다.

정교회 문제에서 가장 중요한 것은 주교 문제였다. 정교회측은 그리스 가톨릭교회에 빼앗긴 교구와, 수도원들, 교회들을 되찾으려 했다. 일부 권리를 제공할 용의가 있는 다른 귀족들과 마찬가지로 황태자인 브와디스와프는 이 정도까지의 양보를 할 의사는 없었다. 양보할 준비가 되어 있는 권리에 대해서도 폴란드 귀족들과 의회의 가톨릭 의원들의 반대와 싸워야 하는 입장이었다. 최종적으로 이전의 정교회 교구를 분리하고, 정교회 재산 전체를 정교회와 그리스 가톨릭교회에게 배분하기로 결정되었다. 이러한 조정안에 따르면, 정교회 대주교 관구, 그리스 가톨릭 대주교 관구로 나누어지는 두 개의 대주교 교구가 만들어지고, 두 교구가 동등하게 교구를 나누는 것으로 되어 있었다. 정교회는 르비프, 페레야므이슬, 루츠크 교구를 관할하고, 벨라루스에 새로운 관구를 만들기로 하였다. 그리스 가톨릭교회는 벨라루스의 폴로츠크 관구와 우크라이나의 볼로디미르, 홀름, 투로프-핀스크를 갖게 된다. 교회와 수도원도 국왕의 사절단에 의해 배분되도록 되었다. 정교회측은 이러한 양보에 만족하지 않았지만, 이러한 조정안을 받아들일 수밖에 없었다. 브와디스와프 자신도 가톨릭 사제들의 강한 반대와 교황의 동의가 없는 상태에서 이러한 조정안에 찬성하려 하지 않는 상원의원들의 반대를 극복하고 조정안을 실행하기 위해 자신의 모든 영향력을 동원해야 했다. 그는 우크라이나인들, 특히 코자크들을 만족시켜야 할 필요를 설득의 근거로 내세웠다. 그는 모스크바와의 조약이 만료되는대로 모스크바공국을 공격할 계획을 가지고 있었다. 만일 정교회가 만족하지 않으면, 그는 코자크의 군사적 지원을 기대할 수 없을뿐만 아니라, 오히려 코자크가 폴란드에 대항하여 모스크바와 연합할 가능성이 있었다. 대주교 코핀스키도 우크라이나 사람들이 폴란드로부터 더 이상 양보를 받아낼 수 없다고 보고, 러시아 차르의 보호를 요청할 가능성이 높다는 암시를 주었다. 결국 브와디스와프는 충분한 숫자의 상원의원들이 이 양보안에 동의하고, 정교회에 동등한 권리를 인정하는 법안을 제정하도록 유도하는데 성공하였다. 그러나 이 법안은 만들어지지 않았기 때문에 더 이상의 논의는 필요가 없게 되었다. 우크라이나인들이 얻은 것은 대단한 것이 아니었지만, 의회에서의 강력한 반대를 고려하면 무엇인가를 얻어냈다는 것이 중요했다. 이러한 합의는 큰 승리로 간주할 수 있지만, 의회에 진출한 우크라이나 출신 귀족들이 쟁취한 마지막 승리가 되었다. 우크라이나인들은 기회가 왔을 때 기회를 잡기로 했다.

6. 술리마와 파블륙

폴란드 귀족들이 새로 왕이 된 브와디스와프 4세의 계획을 지원하지 않았기 때문에 그는 군사적 승리에 대한 열망이 컸다. 그는 코자크들에게 큰 희망을 걸고 우호적 관계를 유지하려 했다. 왕이 된 직후 그는 모스크바공국과 전쟁을 벌였다. 본격적인 전쟁 이전 이미 그는 코자크를 당시 모스크바에 속해 있던 세베리아 지역에 파견했고, 스몰렌스크를 공격했다. 그러나 폴란드 의회는 그의 전쟁 계획을 지원하지 않고, 전쟁 발발 다음 해에 전쟁을 종결하도록 만들었다. 이번에는 브와디스와프가 터키와 전쟁을 벌이기를 원했으나, 폴란드 의회는 이를 저지하고 코네츠폴스키에게 터키를 적대시하지 말고 우호적 관계를 유지하도록 지시했다. 의회는 코자크의 활동을 견제하기 위해 드니프로 강 급류지역에 요새를 만들기로 결정을 하고 프랑스의 공학자 보프랑을 초빙해 적절한 입지를 고르도록 했다. 이 계획은 즉시 실행에 옮겨져 몇 달 뒤 급류지역인 코다크Kodak에 요새가 만들어지고 폴란드 부대가 주둔하여 코자크들이 자포로지아 지역과 하류 지역으로 진출하는 것을 막았다. 급류지역으로의 이동뿐만 아니라 스텝 지역에서의 모든 통상적 활동을 저지하는 이러한 조치에 코자크는 크게 분노하였다. 코자크의 자유를 제한하는 이러한 조치뿐만 아니라 지난 번 전쟁에 참여한 급여를 받지 못한 코자크들은 크게 화가 나서 새 요새를 파괴할 기회가 오기만을 기다렸다.

1635년 스웨덴과의 전쟁이 임박하면서 코자크들에게 좋은 기회가 왔다. 브와디스와프의 선친은 스웨덴 왕위 계승자로 지명되어 한 동안 스웨덴을 통치했었기 때문에 스웨덴 왕위에 대한 권리가 있다고 생각한 브와디스와프는 스웨덴과의 전쟁을 반겼다. 그는 스웨덴에 해상 공격을 가하기로 하고, 코자크를 여기에 가담시키기로 하였다. 그는 코자크들을 동원하여 30척의 배를 만들고, 등록코자크 수보다 훨씬 많은 15,000명의 코자크를 전투에 동원했다. 이러한 준비가 끝나자 코자크는 흑해에서 보여준 용맹성을 발트해에서도 유감없이 발휘했다. 스웨덴군은 코자크들에게 무수한 포탄을 날렸지만 코자크의 배는 이를 피해 나갔다. 반격에 나선 코자크는 적진 중앙으로 돌진하여 스웨덴군들을 공포에 빠뜨렸다. 스웨덴군은 바람과 폭풍에도 아랑곳하지 않는 코자크의 용맹성을 보고 크게 놀랐다. 그러나 전쟁은 오래 지속되지 않아 코자크는 자신들의 용맹성을 제대로 발휘할 수 없었다. 폴란드 왕의 명령으로 코자크들은 전투를 중지하고 우크라이나로 돌아왔고, 자신들이 만든 배는 앞으로의 전쟁을 위해 보관해 놓았다.

폴란드가 비밀리에 스웨덴과 강화협상을 벌이고 있다는 사실을 모른 우크라이나의 코자크들은 드니프로 강변에 새로 세워진 폴란드군의 코다크 요새를 공격했다. 헤트만 이반 술리마Ivan Sulima가 이끄는 코자크들은 야밤에 요새를 공격하여 요새를 점령하고 주둔군 지휘자와 병사들은 살육한 다음 요새를 완전히 파괴했다. 폴란드 수뇌부는 이 공격에 크게 격앙하였고, 스웨덴과의 전쟁에서 돌아온 코네츠폴스키는 이에 대해 철저한 복수를 할 것이라고 공언했다. 폴란드와의 전쟁을 피하기 위해 등록코자크들은 술리마와 측근 고위장교들을 체포하여 폴란드에 넘겼다. 그러나 폴란드의 코자크 파견관인 아담 키실Amam Kisil은 자신의 전임자인 루카스 조우케비치(조우케비치 장군의 형제)가 등록코자크들을 매수하여 이러한 일을 벌이도록 사주했다고 언급했다. 등록코자크들은 술리마와 다섯 명의 측근 장교를 체포하여 쇠사슬에 결박한 채 바르샤바로 보냈다. 폴란드 의회는 이들에게 사형 선고를 내렸는데, 이러한 결정에 대해서 일부 폴란드 주민들도 안타깝게 생각했다. 술리만은 헤트만에 여러 번 선출된 적이 있는 코자크의 뛰어난 지도자였다. 그는 터키와의 전투에 수도 없이 참여하였으나 한 번도 부상을 입지 않았다. 그는 터키 갤리선을 생포하여 많은 포로를 잡고, 이중 300명을 로마로 압송한 공로로 교황으로부터 황금 훈장을 받기도 했다. 폴란드 왕이 직접 나서 술리마의 목숨을 지켜주려 하였지만 소용이 없었다. 그를 가톨릭으로 개종시켜 목숨을 보존시키려는 시도도 무위로 돌아갔다. 그는 참수형을 당했고, 그의 사지는 절단되어 바르샤바 시내 네 곳에 매달아졌다.

술리마와 측근들을 폴란드에 잡아 넘긴 등록코자크들은 폴란드 총독들(governors)의 학정으로부터 자신들을 보호하고 이전의 원정에 대한 급여를 지불해줄 것을 폴란드 왕에게 요청했다. 폴란드 왕은 그렇게 하기로 약속했지만, 폴란드 국고는 비어있었고 파괴된 코다크 요새를 다시 지을 돈도 없었다. 이런 상황에서 코자크들에게는 해상 원정을 중지하고, 복종하지 않는 코자크들을 통제할 것을 요구했다. 그러나 등록코자크, 비등록코자크를 막론하고 불만이 계속 쌓여 반란의 기운이 커졌다. 폴란드 정부 파견관인 키실은 일부 장교들을 회유하여 코자크를 통제하도록 사주했다. 헤트만 토밀렌코Tomilenko와 서기장교 오누쉬케비치Onushkivich는 반란을 선동하는 코자크들을 통제하려고 최선을 다했지만 반란이 계속 일어났다. 특히 서부 지역인 체르카시와 치기린 연대가 반란에 앞장섰고 파블륙 부트Pavliuk But가 이들의 지도자로 나섰다.

이러는 와중에 코자크는 잠시 크림 문제에 매달렸다. 크림타타르의 지도자인 이나에테—게라이Inaete—Gerai는 전임자 샤긴—게라이에 이어 오스만 터키에 반기를 들었고, 코자크에게 지원을 요청했다. 파블륙이 이끄는 코자크부대는 크림반도로 출정했고, 이들이 원정 중인 동안 우크라이나에는 평화 상태가 잠시 지속되었다. 그러나 1637년 봄 전쟁을 마치고 이들이 돌아오자 파블륙은 불만에 찬 코자크들을 다시 선동했다. 왕의 사절단이 돈을 가져왔지만 이것으로도 사태는 진정되지 않았다. 등록코자크들도 폴란드 정부에 대해 많은 불만을 표시했고, 파블륙은 이들도 반란에 나서도록 선동했다. 파블륙은 등록코자크에 대항하는 내전이 일어나는 경우 이들에게 일체 지원이나 자비를 베풀지 않을 것이라고 위협했다. 파블륙을 따르는 코자크들은 코자크의 대포를 가지고 자포로지아로 갔다. 헤트만 토밀렌코는 이들에게 반란을 일으키지 말라고만 요청했지, 이들의 행동을 막아서지는 않았다. 토밀렌코가 파블륙의 편을 들고 있다는 의심을 갖게 된 등록코자크들은 그를 헤트만직에서 끌어내리고 페레야슬라프 연대장인 사바 코노노비치Sava Kononovich를 새 헤트만으로 선출했다. 그러나 이 사건은 반란에 불을 당겼다. 파블륙은 자신의 두 연대장, 키르포 스키단Kirpo Skidan과 세멘 비쇼베츠Semen Bichovets를 농촌지역으로 보내 주민들을 반란에 나서도록 선동하게 했다. 이들은 등록코자크의 코노노비치, 오누쉬케비치와 여러 장교들을 체포하여 보로비차Borovitsia에 머물고 있던 파블륙에게 보냈고, 반란 세력은 이들을 재판한 후 처형했다.

파블륙은 바로 드니프로 상류 도시 지역으로 진군하는 대신 자포로지아로 돌아왔다. 그는 크림 칸과 돈 코자크의 지원을 받기 위해 협상을 시작했다는 소문도 돌았다. 파블륙은 자신의 부관인 스키단을 드니프로 상류 지역에 보내 주민들을 선동하도록 했다. 그는 정교회 신자는 모두 일어나 폴란드인들에게 대항하라고 선동했고, 여기저기서 봉기가 일어나 주민들은 폴란드 귀족들을 공격하고 코자크군에 가담했다. 특히 좌안 지역의 거의 모든 농민들이 반란 코자크에 가담하여 폴란드인들은 '모든 사람이 코자크이다'라고 보고할 지경이었다. 그러나 파블륙은 자포로지아에서 너무 오래 지체하며 직접 반란을 지휘하지 않는 치명적 실수를 저질렀다. 1625년의 실수가 다시 반복되었다. 니콜라스 포토츠키Nicholas Potochki가 이끄는 폴란드군이 파블륙이 도착하게 전에 체르카시 지방을 쓸고 지나가며 반란의 열기를 가라앉혔다. 당시 코르순Korsun에 머물고 있던 스키단은 포토츠키를 공격할 생각을 하지 못하고 모쉬니Moshny로 후퇴했다. 그는 도시 지역의 다른 부대들이 반란에 가담하도록 선동했지만, 키짐이 이끄는 우안 지역의 코자크들은 이 예상 못한 전쟁에 뛰어들 생각을 하지 못했다. 파블륙이 모쉬니에 도착하여 모든 코자크들이 정교회 신앙의 수호와 코자크의 '황금의 권리'를 옹호하기 위해 반란에 가담하도록 선동하였지만, 모든 반란군이 집결하기 전인 1637년 12월 6일 모쉬니와 로스 강 사이의 지점에서 폴란드군과 결전이 벌어졌다. 코자크군은 쿠메이코Kumeyko 마을 근처의 폴란드군 진영을 공격했지만, 폴란드군은 늪과 잘 배치된 포대의 방어력을 이용하여 코자크군의 공격을 격퇴했다. 폴란드군은 반격에 나서서 자신들 진영의 화약 마차가 폭발하면서 대혼란에 빠진 코자크군을 격파했다. 그러나 폴란드군도 많은 희생을 치른 다음 승리를 얻을 수 있었다.

전투에서 패배한 파블륙과 스키단은 대포를 챙겨 서둘러 보로비차로 퇴각했다. 이곳에서 이들이 새 부대를 조직했고, 주력 부대는 드미트로 후나이Dmitro Hunai의 지휘 아래 질서를 지키며 퇴각하고 있었다. 후나이는 병든 병사들과 부상자들을 남겨두고 퇴각할 수밖에 없었는데 이들은 폴란드군에 잡혀 모두 무자비하게 처형당했다. 후나이는 보로비차에서 파블륙과 합류하여 폴란드군과 강화 협상을 시작하려고 시도했다. 그러나 포토츠키는 파블륙, 토밀렌코, 스키단을 넘겨받는 것 이외의 어떠한 조건으로도 강화협상을 하려고 하지 않았다. 키실과 다른 정부 파견관들이 반란군 수뇌부의 신변 안전을 보장하자 등록코자크들은 파블륙과 토밀렌코를 폴란드군에게 넘겨주었다. 당시 치기린에 있지 않아 체포를 피한 스키단과 후나이는 자포로지아로 피신했다. 포토츠키는 일리야쉬 카라이모비치를 임시 헤트만으로 임명하였고, 그는 포토츠키 명령에 복종하고 코자크의 배를 파괴하며 '불복종' 코자크들을 자포로지아에서 몰아낸다는 선언에 서명했다. 이 선언은 당시 서기장교였던 보그단 흐멜니츠키Bogdan Khmelnitsky에 의해 작성되었다. 반란을 성공적으로 진압한 포토츠키는 등록코자크들이 자포로지아를 관리하여 통제하도록 만들고, 자신은 키예프, 페레야슬라프, 니진 지역을 돌며 반란에 참여한 코자크들을 처벌하고 각지에 폴란드군을 주둔시켰다.

7. 오스트랴닌 전투와 코자크에 대한 압제

포토츠키는 드니프로 강 상류 지역의 코자크들을 제압하는 데는 성공했지만, 자포로지아의 코자크들은 통제하지 못했다. 그곳에서 코자크는 계속 세를 불렸고, 등록코자크에서 이탈한 자들이 스키단과 키짐의 추종자로 합류했다. 카라이모비치가 이끄는 코자크군이 포토츠키의 명을 수행하기 위해 자포로지아에 도착하자, 자포로지아 코자크들의 지도자인 후나이는 항복을 거부했다. 카라이모비치 밑에 있는 등록코자크들이 진영을 이탈하여 자포로지아측에 가담하기 시작하자 카라이모비치는 병력 전체를 잃기 전에 서둘러 상류 지역으로 되돌아왔다.

자포로지아 코자크들은 지난 번 전쟁의 복수를 위해 봄이 오기만을 기다렸다. 이들은 각 지방에 사람을 보내 반란을 선동하고 노련한 코자크 연대장인 야츠코 오스트랴닌Yatsko Ostrinian을 새 사령관으로 추대했다. 오스트랴닌은 좌안 지역을 돌아다니며 주민들을 선동했다. 폴란드군은 그의 진로를 차단하려 하였으나, 그는 폴란드군을 피해 크레멘축Kremenchuk 북쪽으로 올라가 프숄Psiol 강 근처 홀타바 Holtava에 진영을 구축했다. 그는 절벽과 계곡 사이 유리한 지점을 택해 진지를 구축한 후 다가올 전투에 대비했다. 폴란드군이 먼저 오스트랴닌을 공격했으나 실패했고, 반격에 나선 코자크군은 양면에서 폴란드군을 공격하여 폴란드군을 격파했다. 남은 폴란드군은 서둘러 퇴각할 수밖에 없었다. 승리에 도취한 오스트랴닌은 치명적 실수를 저질렀다. 그는 전투에 유리한 진지를 고수하며 나머지 연대들이 합류하여 전투력을 강화하는 대신 폴란드군을 추격하여 루브니Lubny까지 진격했다. 그는 진군해 나가면서 스키단이 이끄는 체르니히프 연대, 푸티블Putivl이 이끄는 키예프 연대, 솔로마가 이끄는 나머지 지역의 연대들과 합류할 계획을 세웠다. 그러나 오스트랴닌은 이들과 합류하는데 실패하고, 루브니에서 단독으로 폴란드군과 전투를 치러 크게 패배했다. 오스트랴닌은 도네츠 강 상류 유역으로 서둘러 퇴각했다. 돈 강 지역과 자로포지아에서 출병한 코자크군은 개별적으로 폴란드군과 맞닥뜨리게 되자 항복을 할 수 밖에 없었다. 항복 협상을 진행시키면서 폴란드군은 코자크군들을 공격하여 살육했다. 오스트랴닌은 로멘Romen 지역의 주민들로 병력을 보충한 후 이번에는 스니포로드Sniporod 남쪽으로부터 폴란드군을 공격했다. 그러나 이번에도 전투에서 패배하여 폴란드군의 추격을 받으며 술라 강변을 따라 다급히 후퇴를 했다. 조브닌Zhovnin에서 다시 한 번 전투를 벌였으나 다시 패배한 오스트랴닌은 자신의 반란이 완전히 실패한 것을 깨닫고, 소수의 병력과 함께 모스크바공국 영역인 하르키프 근처의 '자유 공동체' 지역으로 넘어갔다. 이곳에는 폴란드 정부가 좌안(左岸) 지역[21]에도 농노제를 실시한 이후 많은 주민들이 이주해 와서 살았는데,

---

21) 러시아 방향에서 바라보면 드니프로 강 동쪽이 좌안(左岸) 지역이 되고, 서쪽이 우안(右岸) 지역이 됨.

매번 반란이 실패할 때마다 더 많은 주민이 이주해 왔다. 이들은 이 지역에서도 우크라이나 지역에서와 동일한 행정 조직을 구축했다.

오스트랴닌이 이끌던 코자크군의 패잔병들은 후니아의 군대에 합류했다. 후니아는 전에도 코자크군이 전멸하는 것을 막은 적이 있었다. 포토츠키가 군대를 보강하여 진군해 온다는 소식을 들은 후니아는 드니프로 강 상류 지역으로 퇴각했다. 그는 전에 체르카스 총독을 물리친 스타르치Startsi 지역에 방어진지를 쌓고 수비에 들어갔다. 진지를 공격하여 코자크군을 제압할 수 없다고 판단한 폴란드군은 코자크군을 포위하여 굶주리게 할 수밖에 없다는 결론에 도달했다. 포토츠키는 코자크군 진영을 포위한 후 협상을 시작했다. 후나이는 쿠메이코에서와 같은 방식으로 강화협상을 할 수 없다고 선언하고, 이전의 코자크의 권리를 모두 회복시켜주는 조건으로 협상에 임한다는 조건을 내걸었다. 오스트랴닌은 일부러 시간을 끌며 증원군이 오기를 기다렸다. 그러나 보급품을 가지고 도우러 오던 연대장 필렌코가 중간에 폴란드군에게 잡혀 모든 보급품을 잃자 오스트랴닌의 부대는 굶주리기 시작했다. 할 수 없이 오스트랴닌은 이전 전투에서와 같이 굴욕적인 조건으로 항복할 수밖에 없었다. 그러나 반란 지휘관들은 폴란드군에 넘겨지지 않았고, 전투에 참가한 모든 병사들은 사면을 받았다.

코자크군은 결국 완전히 제압되었고, 코자크군의 숫자는 몇 천 명으로 줄어들었다. 규정상으로는 6천 명의 병력을 유지할 수 있었으나, 새로 코자크에 가담하려는 사람이 거의 없어서 이 숫자도 채우지 못했다. 새로 군에 등록한 사람들은 코자크들이 아니라 폴란드 사람들이었다. 병사들에 의해 선출된 장교들은 모두 해임되고 폴란드 정부가 임명한 장교들이 코자크의 지휘를 맡았다. 폴란드 귀족들이 연대장을 비롯한 모든 고위 장교로 임명되었다. 폴란드 지주들이 코자크의 재산을 관리했고, 코자크들은 체르카시, 코르순, 치기린으로 거주지역의 제한되었다. 비등록코자크들은 지주들과 장교들에게 완전히 복속되었다.

코자크는 폴란드 왕에게 이러한 가혹한 코자크 권리의 제한을 풀어줄 것을 요청했으나 아무 결과도 얻지 못했다. 다시 한 번 반란을 일으키자는 논의도 있었으나 두 번의 전쟁에서 패한 코자크들은 감히 세 번째 반란을 일으킬 엄두를 내지 못하였다. 포토츠크는 새로운 반란이 일어나지 못하도록 감시를 강화했다. 1638년 폴란드 왕에게 청원을 하러 갔던 대표단이 아무 결과도 얻지 못하고 돌아오자 코자크는 다시 한 번 재조직되었다. 새로운 장교회의가 구성되어 '태어날 때부터 귀족'들이 파견관과 연대장을 비롯한 모든 고위 장교직을 맡았다. 단지 두 명의 부관과 대위만이 코자크였다. 이 중 한명이 치기린 연대의 흐멜니츠키였다. 파괴된 코자크 요새가 다시 건설되었고, 건설 작업이 진행되는 동안 코네츠폴스키가 직접 공사 방어를 맡았다. 요새가 완성되자 폴란드군이 상주하며 어느 누구도 자포로지아로 가지 못하도록 막았다. 자포로지아에서는 2개 등록코자크 연대가 교대로 경비를 서며 타타르의 공격에 대비했고, 비등록코자크들이 자포로지아로 모이는 것을 막았다. 상류 지역에서는 폴란드군이 상시 주둔하며 주민들을 위협했다.

이 시기에 폴란드는 어느 전쟁에도 관여하고 있지 않아 코자크의 도움을 필요로 하지 않았다. 1638년에 정해진 규정은 10년 간 효력을 발휘했다. '코자크 괴물(Kozak hydra)'을 완전히 제압했다고 생각한 폴란드 지주들은 우크라이나에 아무 걱정 없이 정착했다. 폴란드 지주들이 호화로운 생활을 누리는 동안 나머지 주민들은 농노로 전락했다.

14장   흐멜니츠키 봉기와 우크라이나의 해방

1. 1648년 혁명

우크라이나인들에 대한 가혹한 압제로 지속적인 정착 생활이 어려웠다. 불만이 가득 찬 주민들은 침묵 속에 고통을 참고 견뎌냈지만, 폴란드의 압제를 벗어날 기회만 기다리고 있었다. 여러 계층의 사람들이 불만에 차 있었다. 등록코자크들은 이전에 누리던 자치권을 상실하고 고압적인 폴란드 장교들의 지휘 아래 들어갔으며, 군에서 배제된 비등록코자크들은 폴란드 지주들의 압제로 농민 수준의 대접을 받았고, 지역에 주둔 중인 폴란드 병사들의 학대와 모욕을 견뎌야 했다. 소위 '지주가 없는 땅'에 이주한 농민들은 폴란드 지주들의 압제가 이주한 지역에까지 따라왔다는 슬픈 사실을 발견해야 했다. 우크라이나 도시민들과 성직자들은 자신들의 동료이자 후원자인 코자크의 보호를 받을 수 없었다. 이 모든 새로운 상황의 기초는 폴란드의 평화 유지였다. 이를 위해서는 폴란드군을 우크라이나에 주둔시키고 코자크의 군사적 도움을 받지 않는 것이 중요했다. 전쟁이 발발하면 이 모든 질서가 단번에 깨질 우려가 있었다. 폴란드군은 출병을 해야 하고, 코자크의 군사적 지원을 받을 수밖에 없었다. 이렇게 긴 기간이 전쟁이 없이 지나간 것은 아주 예외적인 일이었다. 폴란드 귀족들은 왕을 철저히 통제해 이웃국가들을 자극시키지 못하게 했다. 그러나 우크라이나에서는 위험한 요소가 산재해 있어 전쟁 자체가 아니라, 폴란드 왕이 전쟁을 준비하고 있다는 소문만으로도 폭발이 일어났다.

브와디스와프는 터키와 전쟁을 한다는 생각을 키워갔고, 비잔틴 궁정과 적대 관계에 처해서 다른 나라들을 전쟁에 끌어들이려는 베네치아 공국의 부추김을 받고 있었다. 폴란드 귀족들이 전쟁에 참가하지 않으려 한다는 사실을 잘 아는 폴란드 국왕은 코자크로 하여금 터키와의 분쟁을 일으키게 할 생각으로 1646년 코자크 장교들과 비밀 협상을 벌였다. 폴란드 귀족들은 국왕의 이러한 의도를 알아차리고, 국왕이 이 계획을 포기하도록 압력을 가하였다. 그러나 폴란드 국왕의 의도가 다시 살아나는 데는 오랜 시간이 걸리지 않았다. 이 시기에 앞에 치키린 연대의 중대장으로 언급되었던 보그단 흐멜니츠키는 폴란드 관리들에 의해 억울한 일을 겪었다. 수보티프Subotiv의 가족 영지가 몰수당하고 개인집도 파괴되었고, 가족들도 큰 모욕을 겪었다. 흐멜니츠키가 탄원을 제기하자, 관리들은 그를 감옥에 구금시켰고, 친구의 도움으로 그는 겨우 감옥에서 나올 수 있었다. 모든 재산을 빼앗기고 분노에 찬 흐멜니츠키는 봉기를 주도하기로 결정하였다. 폴란드 국왕의 비밀 서신에 접근할 수 있는 지위에 있던 그는, 귀족들의 통제를 덜 받는 강한 코자크군대를 원하는 브와디스와프왕은 봉기를 적극 저지하지 않을 것이라는 것을 알았다. 이러한 그의 예측은 폴란드 국왕의 힘을 과신하고 있었던 코자크 장교들의 태도를 전형적으로 나타낸다. 그러나 실상 당시의 폴란드 헌법은 국왕에게 큰 권한을 부여하고 있지 않았다. 한 기록에 따르면, 1647년 가을 흐멜니츠키는 폴란드 장교가 소지하고 있던 국왕의 편지를 훔쳐서 자포로지아 코자크들에게 가서 폴란드 왕의 코자크들에게 동정적이라는 편지의 내용을 근거로 혁명에 나설 것을 선동했다고 한다. 그는 타타르족 지인들을 통해 크림 칸과 접촉하여 코자크군과 같이 우크라이나땅을 침공할 것을 제의했다. 폴란드가 정기적 보상금을 지불하지 않고 있었기 때문에 칸은 폴란드와 마찰이 있었고, 크림 지역이 기근에 시달리고 있어서 전쟁을 바라고 있었다. 크림과 폴란드 사이에 평화가 유지되는 상황에서는 그는 필요한 보급품을 조달할 수 없었다. 이러한 배경에서 그는 흐멜니츠키를 지원하겠다고 약속했고, 투가이베이Tugai-bey와 타타르족에게 흐멜니츠키와 연합할 것을 지시했다.

이러한 동맹 사실을 알게 된 자포로지아 코자크들은 혁명을 일으키기로 결정하고 흐멜니츠키를 헤트만으로 선출했다. 봄이 오면 전쟁이 시작될 것이라는 소문이 돌자, 드니프로 상류 지역에서 자포로지아로 오는 길은 코자크군에 참여하고자 오는 지원자들로 넘쳐났다.

반란이 임박한 것을 안 폴란드 귀족들은 우크라이나 방어를 임무로 파견된 폴란드군 사령관인 포토츠키에게 서둘러 탄원을 냈다. 포토츠키가 출정을 준비하자, 폴란드 국왕은 코자크들이 해상 원정에 나설 것이라는 이유를 들어 그를 만류하려고 했다. 그러나 의회를 무서워한 포토츠키는 왕의 충고를 거절하고 흐멜니츠키에게 우크라이나로 회군할 것을 요구하는 서한을 보냈다. 답신에서 흐멜니츠키는 1638년 조약의 무효를 선언하고, 이전의 코자크 권리를 회복해 줄 것을 요구했다. 그러나 의회의 동의 없이 이러한 요구를 수용할 수 없는 포토츠키는 출정을 준비하고 부활절 직후 공격을 개시했다.

포토츠키는 아들 스테판을 기병대와 등록코자크 병사들과 함께 선발대로 보내고, 다른 등록코자크 병사들은 배를 타고 드니프로 강을 내려가도록 했다. 포토츠키 자신은 칼리노프스키와 폴란드군 주력 부대를 이끌고 천천히 진군해 나가며, 주변의 병영들을 하나씩 점령했다. 아무런 저항도 받지 않고 적진 깊숙이 들어온 스테판 포토츠키는 조브티 보디Zovty vody 계곡에서 흐멜리츠키군에 포위되고 말았다. 흐멜니츠키를 공격하기 위해 드니프로 강을 타고 내려오는 등록코자크들 중 많은 숫자는 반란군에 동조적이었다. 이들은 카민니 자톤Kaminni Zaton에서 폴란드 장교들을 살해하고 흐멜니츠키 진영으로 넘어왔다. 이러한 상황을 지켜보던 타타르군은 흐멜니츠키군과 합류했고, 연합군은 스테판 포토츠키를 공격했다. 스테판 포토츠키 휘하의 코자크 병사들도 이탈하여 폴란드군과 싸웠다. 1648년 5월 6일 크냐제이 바이락Kniazhey Bairak 전투에서 폴란드군은 완전히 궤멸되었다. 폴란드의 주력군이 치기린까지 전진하자, 흐멜니츠키는 시간을 지체하지 않고 드니프로 상류로 진격했다. 아들 스테판과 연락이 두절된 포토츠키와 칼리노프스키는 최악의 상황을 염려하여 빈 촌락과 농장들을 남기고 회군했다. 코르순을 지났을 때, 코자크와 타타르 연합군이 접근하고 있다는 소식을 들은 포토츠키는 코르순과 스텝리프Stebliv 사이에서 허술한 진영을 치고 이들을 기다렸다. 그러나 대규모 코자크와 타타르 부대를 보고 겁을 먹은 폴란드군은 진영을 버리고 서둘러 후퇴했지만 코자크군의 매복에 걸려 주력군은 전멸하였다. 두 지휘관을 포함하여 모든 장교가 포로로 잡히고, 두 장군은 투가이베이에게 넘겨졌다.

폴란드는 장교와 군대가 없는 상황에서 코자크군을 상대해야 했다. 설상가상으로 이때 브와디스와프왕까지 사망했다. 브와디스와프 왕은 코자크들의 신망을 받아, 그의 중재를 통해 폴란드와 코자크 사이의 평화가 유지될 수 있다는 기대를 받았었다. 흐멜니츠키뿐만 아니라 다른 장교들도 반란을 통해 완전한 독립을 얻는다는 생각은 없었고, 부당한 1638년 조약을 취소하고, 코자크의 권리를 회복하며, 코자크군의 숫자를 12,000명까지 늘린다는 목표를 가지고 있었다. 코자크군의 숫자를 늘리는 데에 대해서는 브와디스와프왕도 이견이 없었다. 코르순 전투 이후 흐멜니츠키는 폴란드 왕과 의회에 사절단을 보내, 반란을 일으킨 것에 대해 용서를 구하고 폴란드를 자극하지 않기 위해 빌라 체르크바Vila Tserkva에서 진군을 멈추었다. 이러한 노력을 기울이는 동시에 흐멜니츠키는 우크라이나 전역에 봉기를 선동했다. 그러나 선동의 필요도 없이 봉기는 확대되었다. 폴란드군이 패퇴하였다는 소식에 폴란드인들과 유대인들은 목숨을 보전하기 위해 짐을 챙겨 도망쳤다. 봉기에 나선 주민들은 지주의 저택을 공격하고 남아있던 귀족들과 유대인들을 살해하고, 영지를 접수하여 코자크 자치를 시작했다. 흐멜니츠키에게는 우크라이나, 벨라루스, 리투아니아, 폴란드로 진격하는 길이 활짝 열렸다. 폴란드 지주들의 압제에 종지부를 찍기 위해 반란군에 가담하려는 농민들과 주민들이 그를 맞았다. 우크라이나의 여러 지역에서는 흐멜니츠키라는 이름 하나만으로도 봉기를 유발할 수 있었다. 그러나 흐멜니츠키 자신은 다른 생각을 하고 있었고 폴란드를 자극시켜 총동원되면 코자크군을 완전히 섬멸할 수 있다는 두려움을 갖고 있었다.

자신의 탄원에 대한 답신을 기다리는 동안, 흐멜니츠키는 브와디스와프왕이 죽었고 폴란드에는 지도자가 부재 상태라는 소식을 전해

들었다. 왕의 선의에 기대를 걸었고, 혼란기의 권력을 장악한 귀족들의 의도를 경계하고 있었던 흐멜니츠키는 평화조약을 중재할 사람이 없는 상황에서는 협상을 통한 해결의 기대를 크게 할 수 없었다. 새 국왕을 선출하기 위해 소집된 폴란드 의회는 코자크의 평화적 사태 해결 의도는 믿었지만, 그들의 요구를 들어주기 위한 조치는 취하지 않았다. 아담 키실이 협상 사절로 흐멜니츠키에게 파견되었지만, 이와 동시에 그를 공격하기 위한 새로운 군대도 동원되고 있었다. 폴란드가 양보를 할 의사를 없다는 것을 안 흐멜니츠키는 협상 대표들로부터의 소식을 기다리는 척 하면서 아주 조심스럽게 진군했다. 이 사이 코자크 장교들은 시골 지역을 돌며 병사들을 모집했다. 특히 키예프와 브라츨라브에서는 이 선동이 성공적으로 진행되어, 이 지역의 대지주이자 코자크의 숙적인 제레미야 비쉬네베츠키Jeremiah Vishnevetsky가 키예프를 버리고 포돌랴로 도망쳐야 했다. 그는 볼히냐로 도망가서 크리보노스Krybonos라는 이름을 가진 지도자(후에 페레비이니스 Perebiynis라고 알려짐) 밑에 모인 코자크군을 섬멸하려고 시도했다.

흐멜니츠키는 사절단의 귀환을 기다리며 볼히냐로 서서히 진군해 나갔다. 그러나 사절단이 도착하기 전에 남부 볼히냐 지방에 집결한 폴란드군은 흐멜니츠키군을 공격했다. 폴란드군의 공격을 맞아 흐멜니츠키는 타타르군이 도착할 때까지 결정적 전투를 피했다. 타타르군이 필랴치Piliavtsi에서 합류하자, 흐멜니츠키는 폴란드군을 필랴치 강변의 성으로 유인한 후 코자크와 타타르 연합군의 모든 병력을 동원하여 공격했다. 폴란드군은 전투에서 크게 패했지만, 전열을 지켜 자신들의 진영으로 퇴각했다. 그러나 밤중에 폴란드군 장교들이 군대를 버리고 도망쳤다는 소문이 돌자, 폴란드군은 공포에 빠져 사방으로 도망쳤다. 다음날 폴란드군 진영이 텅 빈 것을 발견한 흐멜니츠키군은 도망친 폴란드군들을 쫓아 많은 병사를 죽이거나 생포했다. 이들이 거둔 전리품은 이전의 전투에서 얻는 것을 합친 것보다 많았다.

남은 폴란드 병사들은 르비프에 집결하여 비쉬네베츠키를 총사령관으로 추대했다. 그는 주민들과 교회, 수도원 등에서 군자금을 모았지만, 르비프를 방어할 자신이 없는 비쉬네베츠키는 자모스티아 Zamostia로 퇴각했다. 흐멜니츠키는 새로운 왕이 선출되어 전쟁을 끝내주기를 희망하며 느린 속도로 서쪽으로 나아갔다. 르비프에 도착하여 폴란드군이 퇴각한 것을 알고 공격을 시작하기 전 2주일을 기다렸다. 우크라이나 주민들을 걱정하여 도시를 살려두기로 하고, 대신 공물을 받고 자모스티아로 향했다. 그는 성을 쉽게 함락할 수 있었으나, 느슨하게 포위만 한 채 새 왕이 선출되기를 기다렸다. 브와디스와프의 동생인 얀 카지미예스Jan Cazimierz가 왕으로 선출되자 코자크들은 이를 환영했다. 새 왕이 처음으로 한 일은 코자크 헤트만에게 편지를 보내 선거의 결과를 통지하고, 코자크와 정교회 신자들에게 여러 혜택을 베풀 것을 약속하고, 자신이 보낸 사절이 도착할 때까지 더 이상의 군사 행동을 하지 않도록 부탁했다. 흐멜니츠키는 왕의 뜻에 따르겠다는 답신을 보내고 키예프로 돌아갔다.

2. 우크라이나의 독립 전쟁

흐멜니츠키는 적대 행위가 종식되면 전쟁을 한 목적인 권리들이 회복되어 코자크들에게 밝은 미래가 기다리고 있을 것으로 기대했다. 이전의 헤트만들과 같이 흐멜니츠키는 더 이상의 야망을 가지고 있지 않았다. 그는 우크라이나 주민들을 코자크의 권리 회복을 위한 수단으로 여겼고, 반대로 주민들은 코자크들이 그들의 짐을 덜어 줄 것으로 기대했다. 흐멜니츠키의 생각에 유일하게 중요한 민족적인 과제는 종교적 자유였다. 아마도 이 문제 역시 그에게는 결정적으로 중요한 것은 아니었다. 그러나 민족운동의 중심지가 된 키예프에 도착한 후 그는 처음으로 지식인 그룹과 접촉을 하고, 우크라이나 주민 전체의 계획과 열망 및 필요를 연구하기 시작하였다. 이보다 몇 년 전 대주교 보레츠키Boretsky 시절에 키예프의 지도자들은 민족을 위한 고귀한 정치적 목적을 가지고 있었지만 코자크가 작은 조직에 불과하였으므로 이를 실행에 옮길 힘을 가지고 있지 못하였다. 그러나 흐멜니츠키의 영도아래 코자크군은 강한 군대로 성장하였다. 당시 우크라이나를 방문하고 있던 예루살렘 총주교(patriarch) 파이시우스는 흐멜니츠키에게 몇 가지 과감한 제안을 하였다. 파이시우스에게 고무되어 흐멜니츠키는 자신의 위치와 책임을 새로운 각도에서 바라보기 시작했고, 자신의 군대를 강화시키는 것과 코자크의 권리를 얻는 것 뿐 아니라, 우크라이나 국민과 영토 전체의 이익을 증진시키는 계획을 세우기 시작했다. 이러한 목적을 그는 폴란드 국왕의 사절에게 설명하였고, 사절 중 한 사람은 이를 다음과 같이 기록했다.

"나는 내가 미리 생각하지 않았던 과제를 맡게 되었다. 이제부터 나는 내가 신중히 고려한 목표를 추구할 것이다. 나는 루스인(우크라이나인) 전체를 폴란드인들(Liakhs)로부터 해방시킬 것이다. 지금까지는 나에게 가해진 부당한 행위만을 생각했지만, 이제부터는 정교회 신앙을 위해 싸울 것이다. 루블린과 크라코우까지 거주하고 있는 모든 우크라이나인들이 나를 도울 것이고, 나는 나의 오른손이나 마찬가지인 우리 국민들을 저버리지 않을 것이다. 나는 당신들이 우리 농민들을 복속시키고, 코자크를 공격하지 못하게 하기 위해 20만에서 30만의 병력을 보유할 것이다. 나는 터키와 타타르에게 칼을 겨누지 않을 것이며, 다른 나라와도 전쟁을 벌이지 않을 것이다. 나는 우크라이나 땅인 포돌랴와 볼히냐에서만도 할 일이 많다. 내가 비스툴라 강까지 진격하면, 나는 폴란드인들에게 '항복하라!'고 선언할 것이다. 나는 공후들과 왕자들을 내 앞에서 쫓아낼 것이며, 이들이 비스툴라 강 너머에서 제멋대로 행동하면, 그곳에서도 이들을 쫓아낼 것이다. 단 한 명의 공후나 귀족도 우크라이나 땅에 발을 들이게 하지 않을 것이다. 누구든 우리의 빵을 먹고 싶으면, 자포로지아 코자크에게 충성하고 복종해야 한다. 나는 작고 보잘것없는 사람이지만, 신의 뜻에 의해 루스의 지배자가 되었다."

이 말은 흐멜니츠키의 정치적 목적을 분명히 보여준다. 그의 구체적 계획은 명확하지 않지만, 그의 새로운 정책의 근본은 우크라이나 주민 전체를 보호하고, 우크라이나의 독립을 위한 투쟁까지도 포함하고 있다. 이러한 관점에서 보면 전년도의 모든 전투는 에너지를 낭비한 것이었다. 우크라이나를 독립시킬 절호의 기회를 놓친 상황에서는 지난 실책을 만회할 조심스런 계획을 세울 필요가 있었다. 1649년 폴란드 사절단이 도착하였을 때, 이들은 우크라이나가 완전히 전쟁 준비를 끝낸 상태인 것을 발견했다. 흐멜니츠키는 폴란드와 코자크군의 장래에 대한 논의 자체를 거부했다. 그는 우크라이나의 독립을 위해서는 폴란드를 근본부터 파괴해야 한다는 것을 알고 있었다.

그러나 처음에 거둔 성공에 비하면 이번에는 전년도보다 운이 따르지 않았다. 국왕의 사절단이 흐멜니츠키의 전쟁 의도를 전달하자, 폴란드 귀족들에게 군대 동원령이 내려지고 귀족들은 전쟁 준비를 하였다. 이러는 사이 폴란드 정규군은 볼히냐의 코자크군을 공격하기 위해 출발했다. 흐멜니츠키는 폴란드군을 맞기 위해 진격했고, 코자크군의 우세한 전력을 본 폴란드군은 즈바라지Zbarazh의 요새로 후퇴했다. 그곳에서 비쉬네베츠키의 군대와 합류한 후 그를 사령관으로 임명했다. 흐멜니츠키는 요새를 포위하고, 반복적 공격과 포격으로 이들을 압박했다. 절망적 상황에 처한 폴란드군은 국왕에게 지원군 파병을 요청하였으나 귀족들이 아직 모병이 끝나지 않아 국왕도 이들을 도울 방법이 없었다. 포위된 폴란드군을 구하기 위해 국왕은 마침내 휘하의 많지 않은 병력을 이끌고 즈바라지 요새로 진군했다. 흐멜니츠키와 타타르군은 국왕의 진로에 잠복해 있다가 국왕 부대를 완전히 포위했다. 적군에 완전히 포위된 국왕은 조금도 움직일 수 없었고, 빌랴스치 전투에서와 마찬가지로 공포에 쌓여 도망갈 준비를 하였다. 그들은 타타르군과 코자크군의 동맹을 끊음으로써 탈출구를 찾기로 했다. 폴란드 국왕은 타타르 부대와 함께 와 있는 칸에게 편지를 보내 이들이 흐멜니츠키와 동맹을 끊으면 어떠한 요구도 들어주겠다고 제안했다. 타타르 칸은 이 제안을 받아들이고, 흐멜니츠키에게 폴란드와 강화를 할 것을 촉구했다. 흐멜니츠키는 타타르와의 동맹이 얼마나 위험한 것인가를 깨닫고, 타타르군이 폴란드군과 연합하여 코자크군을 공격하는 것을 막기 위해 그의 요구를 받아들였다.

즈보리프에서 양측 사이에 협상이 시작되었고, 1649년 8월 초 강화 조건이 합의되었다. 당시 상황에서는 흐멜니츠키는 우크라이나의 독립을 요구할 수는 없었다. 그래서 강화 조약은 이전의 협상과 마찬가지로 등록코자크 문제와 정교회 문제만을 다루게 되었다. 그러나 새 조약은 이전 것보다 한 단계 더 진전된 내용을 담고 있었다. 등록코자크의 숫자는 40,000명으로 늘어났고, 등록코자크들은 가족과 함께 폴란드 국왕과 귀족들의 소유인 키예프, 체르니히프, 브라츨라브 영지에서 살 수 있게 되었다. 이들은 폴란드 정부나 귀족의 간섭을 받지 않고 살게 되었고, 폴란드군은 인근에 주둔할 수 없게 되었다. 이 지역에서 모든 고위직은 정교회 신자들이 맡았고, 코자크 헤트만은 치기린을 직접 통치하게 되었다. 정교회와 가톨릭교회의 연합을 철폐되고, 정교회의 대주교는 폴란드 상원의 의석을 차지하게 되었다.

이러한 양보는 흐멜니츠키가 전년도에 폴란드를 공격한 후 기대했던 것보다 큰 것이었지만 우크라이나의 독립이라는 새로운 목표에는 훨씬 못미치는 것이었다. 동부 우크라이나 전체가 코자크와 헤트만의 통치 아래 들어오게 되기는 하였지만, 폴란드 귀족의 권력과 특권이 철폐된 것은 아니었다. 등록코자크가 되지 못한 많은 주민들은 지주의 농노로 남을 수밖에 없었다. 이것은 농민들이 흐멜니츠키의 선동에 의하여 봉기에 가담할 때 기대했던 것이 아니었다. 농노제가 지속되게 된 것을 안 폴란드 귀족들은 우크라이나의 영지로 서둘러 돌아왔고, 흐멜니츠키는 농민들에게 지주들에게 복종할 것을 명령함으로써 주민들의 지지를 크게 잃게 되었다. 다른 사건들도 불만을 확산시키는 데 일조하였다. 타타르군은 폴란드의 허가 아래

보그단 흐멜니츠키 동상

우크라이나 지역을 공격하여 주민들을 노예로 팔았는데, 이것이 흐멜니츠키의 동조 하에 진행되었다는 소문도 돌았다. 이전의 반란에 참여한 주민들을 사형에 처한 것도 큰 불만을 야기시켰다.

흐멜니츠키는 큰 야망을 가지고 출발한 혁명이 목표에 크게 미치지 못하는 결과를 가지고 끝났으므로 주민들이 그에게 대항하여 일어날 수 있다는 것을 잘 알았다. 독립을 위한 투쟁이 허무하게 끝나자 실망한 많은 주민들이 국경을 넘어 러시아 지배 아래 있는 현재의 하르키프와 보로네즈가 위치한 자유공동체 지역으로 이주해 갔다. 폴란드 지배의 우크라이나 지역에 남은 사람들은 그들이 큰 실책을 저질렀다고 느끼고 슬픔과 분노에 빠졌다. 누군가 용감한 사람이 있었다면 폴란드 귀족과 이들의 귀환을 허용한 흐멜니츠키를 상대로 반란을 일으킬 수도 있었다.

이러한 불만 때문에 오랜 시간이 흐른 후에야 흐멜니츠키는 코자크의 등록 작업에 착수할 수 있었다. 그는 등록하는 코자크 가족은 인근의 친척도 등록을 할 수 있게 하여, 허용된 숫자인 4만 명이 훨씬 넘는 사람을 등록시켰다. 그러나 이러한 방편도 주민들을 만족시키지는 못하였다. 그는 즈보리프 조약을 이행하려 해도, 우크라이나 주민들이 이를 허용하지 않을 것이라는 것을 알고 있었다. 다른 한편으로는 폴란드도 이 조약을 완전히 인정하지 않고, 조약 내용을 실행하지 않았다는 것을 알았다. 일례로 폴란드는 정교회 수장에게 폴란드 상원 의석을 주지도 않았고, 교회의 연합을 철폐하지도 않았다. 폴란드가 조약 자체를 무효화할 기회를 기다리고 있다는 것을 깨달은 흐멜니츠키와 부하들은 자신들이 결실을 거두지 못하고 투쟁한 우크라이나 독립을 위해서는 다시 한 번 무력 항쟁에 나서야 한다는 것을 확신했다.

3. 외국과의 동맹

흐멜니츠키는 타타르 칸과의 동맹에서 당한 쓰라린 경험에서 교훈을 얻지 못하고, 다시 우크라이나 주민들의 힘이 아니라 외국의 힘을 빌려 자신의 목표를 실행하려 했다. 그는 타타르 칸에게 폴란드를 공격하도록 촉구하고, 동시에 터키의 술탄에게 충성을 서약하고 그의 지배권을 인정하는 대신 칸을 전쟁에 나서게 만들 것을 부탁했다. 그는 동시에 모스크바와도 접촉하여 러시아와 폴란드가 전쟁에 나서도록 노력을 기울였다. 모스크바를 설득하기 위해 그는 우크라이나에 대한 러시아의 종주권을 인정할 것을 약속했다. 흐멜니츠키는 터키의 종주권 아래 있는 몰다비아의 공후와 트란실바니아의 대공도 자신의 계획에 끌어들였다. 흐멜니츠키는 몰다비아의 지도자인 바실 루풀Vasyl Lupul과 동맹을 맺었다. 루풀은 자신의 딸을 흐멜니츠키의 장남인 티모시Timosh와 결혼시키기로 하였다. 그러나 루풀이 동맹의 실행을 미루자 흐멜니츠키는 몰다비아를 공격하여 수도 야시를 공략하여 루풀로 하여금 큰 액수의 공물을 받고, 자녀들의 결혼을 기정사실화했다.

이러한 모든 협상 중 우크라이나의 장래 정책에 가장 큰 영향을 준 것은 모스크바와의 협상이었다. 코자크들은 때로는 우호적 관계로, 때로는 전쟁을 치루며 오랜 기간 이 북방의 이웃과 밀접한 관계를 맺어왔다. 두 나라는 크림에 대한 공격을 같이 했고, 1530년부터 크림 칸은 리투아니아 대공에게 리투아니아의 속민인 코자크들이 적국에 지원을 제공하고 있다고 불평을 하기도 했다. 이후에 비쉬네베츠키는 모스크바와 우크라이나가 연합하여 공동의 적이 된 크림 칸에 대항할 것을 제안했다. 여러 코자크 대장들은 리투아니아와 폴란드 뿐아니라 모스크바의 이익을 위하여 이슬람과 싸웠다고 공을 내세우고, 폴란드와 모스크바공국 양국에 보상을 요구했다.[22] 그러나 이런 우호적 관계에도 불구하고, 코자크군은 폴란드의 요청에 응하거나 자신들이 스스로 결정해서 모스크바를 공격하기도 했다. 코자크 지휘관들은 전투를 자신들의 직업으로 여겼고, 누구나 보상을 해주기만 하면 군사적 지원을 제공했다. 이러한 것은 당시 유럽 장교들의 일반적 관행이었다. 코자크는 폴란드가 종주권을 주장하는 우크라이나 변경을 수비하고 있었으므로, 이들은 폴란드 정부의 명령에 우선 따랐다. 1620년대에 키예프 지도자들이 모스크바와 진행한 협상은 이전과 많이 달랐다. 지금은 코자크군과 우크라이나라고 부르는 드니프로 강 유역을 폴란드의 지배에서 벗어나게 하고 모스크바의 보호령으로 만드는 것이 목적이었다. 이것이 15세기와 16세기 초에 우크라이나 반란 지도자들이 목표한 것이었고, 이후에도 모스크바의 보호에 들어가는 계획이 키예프와 코자크 지도자들 사이에 논의된 것은 사실이다. 처음에 크림타타르와의 동맹에 의존했던 흐멜니츠키는 모스크바 정부와 접촉을 하며, 코자크에 대한 지원과 전 루스, 즉 전 우크라이나에 대한 보호를 요청했다. 모스크바의 지도자들은 이러한 요청을 볼로디미르(Volodimir) 왕조가 지배했던 옛 루스 국가인 우크라이나 루스가 모스크바의 차르 체제와 통합하여, 볼로디미르의 후계자를 자처하는 "모스크바의 차르(Tsar of Muscovy)'를 자신들의 '차

---

22) 이반 4세가 1547년 '러시아 차르제국(Царство Русское, Tsarstvo Russkoe)'을 선언하면서 모스크바공국은 러시아라는 명칭을 채택함.

르와 통치자(Tsar and autocrat)'로 인정하는 것으로 받아들였다. 모스크바의 이러한 생각을 간파한 흐멜니츠키는 그의 사절을 통해 가능한 많은 것을 제안했다. 오랫동안 그는 옛 코자크 방식으로 계획을 짜서 가능한 많은 주변 국가들에게 그들이 원하는 것을 제공하면서 폴란드와의 전쟁에 끌어들이려 하였다. 모스크바의 차르에게는 기꺼이 그를 '차르와 통치자'로 인정하겠다는 메시지를 보냈다. 모스크바의 사절이 아마도 이러한 호칭을 쓰면 쉽게 원하는 목표를 달성할 수 있다고 조언을 한 듯하다. 그러나 흐멜니츠키는 터키의 술탄의 우위도 인정하고 자신을 술탄의 가신(Vassal)으로 호칭하였다. 1650년에 쓴 편지에서 술탄은 이러한 사실을 상기시키고 보호권와 종주권의 상징으로 카프탄을 선물하였다. 흐멜니츠키는 트란실바니아의 대공과의 교신에서도 그를 우크라이나의 왕이 되어달라고 부탁했다. 후에 흐멜니츠키는 스웨덴 왕의 보호에 자신을 맡긴다고도 하였고, 이와 동시에 폴란드 왕에게는 주군으로 인정한다는 조약을 체결하였다.

흐멜니츠키는 외교적 재능을 가지고 있었고, 우크라이나를 깊이 사랑하여 우크라이나의 이익에 헌신하였으나, 그는 너무 자유롭고 경솔하게 계획과 계략을 짰다. 앞에서 말한 바와 같이 그는 국민들의 힘과 열정을 깨우는 대신 과도하게 외국 세력에 의존했다. 1649년 행한 연설들에서는 우크라이나 전체를 자유롭게 만드는 것이 자신의 목표라고 밝혔으나, 이를 자신의 행동계획의 제일 우선되는 것으로 하지는 않고, 새로운 우크라이나의 민족적 목표와 이상 대신 코자크의 목표와 이익을 먼저 생각했다. 시간이 지나면서 그의 이상은 성숙해지고 선명해졌다. 그러나 주변 환경이 그대로 변하지 않고 있지는 않았고, 우크라이나의 운명은 바로 결정될 상황에 놓이게 되었다. 무식한 대중과 몇 달마다 헤트만을 바꾸는 제멋대로인 코자크들을 이끄는 것은 쉬운 일이 아니었다. 또한 중요한 민족적 문제를 코자크 회의의 결정에 맡길 수도 없었다. 흐멜니츠키는 철권으로 코자크를 통치하였지만, 그들의 인내를 믿지는 않았고, 주민들은 더 믿지 않았다. 이러한 이유 때문에 그는 외국의 도움을 청하게 되었다. 흐멜니츠키 개인적으로나 우크라이나 전체로나 민족적 의식이 최고조에 달했을 때 타타르의 배신으로 인해 불리한 즈보리프 조약을 맺게 된 것은 아주 불행한 일이다. 이 조약에 대한 주민들의 실망과 낙담이 너무 커서, 더 이상 혁명에 대한 열의를 고무시킬 수 없게 되었다. 반란군의 주력은 직업적 병사들이었지만, 농민들은 폴란드의 지배로부터 벗어나고, 자신들의 노력의 대가로 얻은 농사의 주인이 될 희망에 차 있었다. 혁명이 자신들이 기대한 자유를 가져다주지 않자, 많은 농민들은 드니프로 강을 건너 러시아와의 국경 지역으로 이주하였고, 민중의 지지를 잃은 흐멜니츠키는 우크라이나 독립을 위해 외국의 힘을 빌릴 수밖에 없었다.

흐멜니츠키가 벌이는 외국과의 교섭을 주의 깊게 지켜보면서 폴란드 정부는 즈보로프 조약이 서명되자마자 전쟁 준비에 착수했다. 폴란드의 첫 공격은 예상치 않은 패배로 끝났다. 칼리노프스키 장군은 1650년 겨울 브라츨라프 지역의 코자크군을 공격했으나 빈니차 전투에서 코르순 전투의 패배에 버금가는 패배를 맛보았다. 폴란드는 아직 제대로 전쟁 준비가 되어 있지 않았다. 그러나 흐멜니츠키는 승기를 계속 살리지 않고 타타르 지원군이 도착하기를 기다리며 시간을 낭비했다. 흐멜니츠키의 요청을 받은 터키의 술탄의 강요에 의해 억지로 전투에 참가한 타타르 칸은 화가 나서 베레스테츠코

Berestechko의 첫 전투에서 흐멜니츠키의 진영에서 이탈하여 도망쳐 버렸다. 흐멜니츠키는 뒤따라가서 타타르군이 다시 돌아오도록 노력하였으나 타타르군에 포위되어 공격을 받았다. 코자크 장교들은 흐멜니츠키가 자신들을 떠나자, 그의 권위에 대한 두려움으로 더 이상 자체적으로 진격을 하지 못하고 후퇴하기 시작했다. 진영을 뒤로 하고 후퇴하다가 깊은 늪지에 다다랐을 때, 코자크군은 전열이 흩어졌고, 이때를 노려 폴란드군이 공격을 하여 이들을 제압했다. 포토츠키는 폴란드 주력군을 이끌고 북쪽에서부터 볼히냐를 공격해왔고, 리투아니아군도 남으로 진격하여 키예프를 점령하였다. 흐멜니츠키는 타타르 칸의 포위를 벗어나 코르순에서 군대를 재집결시켰다. 그러나 코자크들은 더 이상의 전투 의욕을 잃고 농민들도 희망을 잃어 버렸다. 폴란드도 우크라이나 주민들의 권리에 대한 동경을 제대로 평가하고 휴전을 제안해 왔다. 키실이 다시 한 번 우크라이나와의 강화 조건을 협상하기 위해 파견되었다. 1651년 7월 빌라 체르크바에서 새로운 조약이 체결되었다.

이 두 번째 조약에서는 즈보리프 조약에서 우크라이나에 제공된 권리가 축소되었다. 등록코자크 수는 이만명으로 줄어들었고, 오직 키예프 지역에서만 거주하며 코자크 특권을 누릴 수 있었다. 교회 통합의 철폐에 대해서는 아무 언급이 없었다. 폴란드 귀족들과 관리들은 자신들의 영지로 돌아오게 되었고, 조세 징수는 몇 달만 연기되었다. 흐멜니츠키는 타타르군을 크림으로 귀환시켜야 하고, 더 이상 외국과 동맹 협상을 할 수 없었다. 흐멜니츠키는 새 조약이 준수 의무가 있다고 생각하지 않고, 자신과 병사들이 원기를 회복하는 시간을 벌기 위해 이를 받아들였다. 1652년 흐멜니츠키는 다시 타타르군을 소집하여 자신과 아들 티모시를 수행하여 몰다비아로 가게 하였다. 몰다비아에서는 티모시의 결혼식이 열릴 예정이었다. 흐멜니츠키는 폴란드군이 티모시가 국경을 건너는 것을 막을 것이라고 예상했다. 포돌랴에서 폴란드군을 이끌고 티모시의 진로를 막기 위해 기다리고 있던 칼리노프스키는 흐멜니츠키를 기습 공격해서 코자크군 주력과 타타르군에게 큰 패배를 안기었다. 그러나 베레스테츠코 전투의 패배에 대한 복수를 벼르고 있던 코자크군에 의해 칼리노프스키 자신도 살해되었다. 이 전투 이후 전쟁이 장기전의 양상을 띠면서, 양측 군대는 지쳐갔고, 오랜 전투로 인해 아사 직전에까지 몰렸다. 폴란드가 침공한 몰다비아가 주전장이 되었다. 폴란드군은 수차바Suchava 시에서 티모시의 군대를 포위하였고, 티모시는 이 전장에서 부상을 당해 사망하게 된다. 아들을 구하기 위해 제때에 달려오지 못한 흐멜니츠키는 포돌랴의 즈바네츠Zvaniets 인근에서 폴란드군과 맞닥트렸다. 그러나 양측 군대는 오랜 기간 회전을 하지 않고 대치하였다. 타타르 칸은 다시 한 번 코자크군에서 이탈하여 폴란드군과 별도의 강화조약을 맺었다. 이 조약에서는 즈보리프 조약에 약속된 모든 코자크의 권리를 인정하기로 하였다. 그러나 흐멜니츠키는 자신이 참가하지 않은 강화 조약을 거부하였다. 그는 모스크바가 폴란드와의 전쟁을 준비하고 있다는 소식을 들었다. 러시아는 장고 끝에 우크라이나를 보호령으로 삼기로 결정했다.

4. 모스크바의 보호령

러시아는 '혼란의 시기'에 상실한 영토를 되찾고, 가능하면 추가로 영토를 획득하기 위해 코자크 전쟁에 참가하기로 하였다. 그러나 과거에 폴란드에게 당한 패배를 의식해서 오랜 기간 결정을 하지 못하고 시간을 끌었다. 그러나 러시아 지도부는 폴란드가 흐멜니츠키를 제압하면 다음에는 코자크군과 타타르군을 동원하여 모스크바를 공격할 것이라고 믿었다. 1651년 흐멜니츠키가 패배하자, 차르는 참전을 결정하고 정교회 신앙과 정교회 주민들을 보호한다는 오래된 상투적인 명분을 내세웠다. 형식을 갖추기 위해 사절을 폴란드에 보내 즈보리프 조약에서 약속한 코자크의 모든 권리를 보장할 것을 요구하였다. 폴란드가 이를 거절하자, 1653년 가을에 열린 귀족회의(Zemskii sobor)는 차르가 '그의 휘하에 헤트만 보그단 흐멜니츠키와 자포로지아 코자크를 그들에 속한 모든 도시와 토지와 함께 받아주기로' 결정하였다. 모스크바는 흐멜니츠키에게 그가 원하는 보호를 제공하고, 다음해 봄 폴란드를 공격할 군사를 파병한다고 통보했다. 터키도 지원할 의향이 없고, 타타르와의 협상도 무위로 끝나고, 몰다비아와 트란실바니아와의 협상도 결과가 없어서 우방을 찾지 못한 흐멜니츠키는 이 제안을 받아들였다. 폴란드와 적대관계에 있던 스웨덴은 1620년대부터 코자크와 가까운 관계를 맺기 위해 노력하였으나 폴란드와 전쟁에 돌입할 의사는 없었다. 상황이 어떻든 코자크는 이제 폴란드와 완전히 관계를 끊을 결심을 하였다. 러시아 귀족들로 구성된 사절단이 충성 서약을 받기 위해 내려온다는 말을 들은 흐멜니츠키는 폴란드와 타타르에 대해 더 이상 신경을 쓰지 않았다. 그는 페레야슬라프Pereyaslav를 협상 장소로 정하고 전장을 떠나 사절을 만나러 갔다.

1654년 1월 초 흐멜니츠키가 사절을 만나자, 그들은 코자크 전체를 소집하여 모스크바의 종주권을 인정하는 서약을 할 것을 요구하였다. 아쉽게도 전체회의에 대한 기록이 남아있지 않지만, 러시아 사절의 한 사람이었던 부투를린Buturlin의 기록에 따르면 흐멜니츠키는 차르에게의 복종 문제를 코자크들에게 물어서 이들의 동의를 받았다고 한다. 그러자 우크라이나와의 우호 관계를 약속하고 어떤 적으로부터도 보호할 것을 약속하는 차르의 선언문이 낭독되었다. 러시아 사절단은 전체 회중이 성당으로 가서 차르에 대한 충성을 맹세할 것을 제안하였다. 그러나 흐멜니츠키가 사절단이 먼저 차르의 이름으로 우크라이나를 폴란드에 넘기지 않고, 다른 적으로부터도 보호하고, 우크라이나의 권리와 특권을 존중하는 서약을 할 것을 요구하면서 분쟁이 일어났다. 이러한 서약은 폴란드 왕이 즉위하며 '국정협약'에서 서약하는 것과 동일한 내용이었다. 그러나 사절단은 차르는 자신의 뜻에 따라 통치하는 지도자이므로 자신의 신하들에게 어떠한 서약도 하지 않는다는 사실을 들며 이를 거부하였다. 이러한 대답은 코자크들에게 큰 불만을 불러일으켰지만, 협상의 결렬을 염려한 코자크들은 결국 차르에 대한 무조건적인 충성을 맹세하였다. 이들이 충성을 맹세한 후 주민들의 충성도 받아내기 위해 각 지역에 대표와 관리들이 파견되었다.

흐멜니츠키는 충성 서약 문제가 제기되자 환상에서 깨어나기 시작했다. 그는 자신의 사절을 차르에게 보내 앞으로의 러시아와 우크라이나 관계에 대한 청원을 코자크 전체의 이름으로 제출했다. 다행히 차르는 청원의 모든 조항을 받아들였다. 청원 조항 중 가장 중요한 것은 다음과 같다. 우크라이나에 거주하는 모든 주민의 권리와 자유를 보장하고, 코자크 판사들과 선출된 도시 행정관은 어떠한 간섭도 받지 않고 자율적 행정을 펼친다. 코자크는 자신들의 헤트만을 선출하고 그 결과를 차르에게 통보한다. 헤트만과 자포로지아 코자크는 외국 사절을 접수할 권리를 갖으나, 무력 분쟁이 발생할 가능성이 있는 경우에는 차르 정부에 통지한다. 마지막으로 코자크군은 60,000명의 병력을 보유한다. 바로 이 보그단 흐멜니츠키 조약 또는 페레야슬라프 조약이 이후의 우크라이나 자치에 대한 모든 요구의 기초가 되었다.

이러한 조건들, 특히 외국 사절을 접수할 권리를 갖는 것은 우크라이나가 독립 내지 자치 국가로 인정되고, 차르를 통해서만 러시아에 예속되는 결과를 가져올 수 있었다. 그러나 차르는 실제로의 조약 이행과정에서 우크라이나 국민들에게 완전한 자치권을 주지 않았다. 우크라이나인들은 고위직 관리를 민주적 방식으로 선출할 수 없었고, 지역에서 선출된 세무관리가 세금을 걷어 우크라이나 재정과 지역 재정을 위해 사용할 수 없었다. 우크라이나 주민들은 자치에 대한 간섭을 싫어했지만, 차르가 우크라이나 문제에 흥미를 잃고 폴란드와의 전쟁에 나서지 않을 것을 두려워하여 강하게 반대하지는 못하였다. 그러나 우크라이나의 자치와 민주제도에 대한 모스크바의 반대는 큰 후유증을 남겼다. 특히 모스크바가 혐오의 대상인 폴란드 관리 대신 자신들의 관리를 보내면서 이는 더욱 분명해졌다. 키예프에는 바로 몇 명의 관리가 파견되었고, 이들은 요새를 새로 만들고, 군대를 주둔시키며 완전히 군주처럼 행동했다. 시간이 지나면서 다른 지역에도 러시아 군대 지휘관들이 주둔했다. 모스크바는 교회의 자치도 인정하지 않고, 키예프 대주교와 주교들을 모스크바 총대주교의 관할 하에 두려고 노력했다.

흐멜니츠키와 장교회의는 이러한 조치가 그들이 애초에 모스크바로부터 기대했던 것과 얼마나 다른지, 또 앞으로 어느 방향으로 그들이 끌려갈지를 깨달았다. 그들이 원한 것은 폴란드로부터 독립을 얻고 지주들로부터 자유를 찾는데 필요한 지원을 받는 것이었다. 그러나 모스크바는 우크라이나를 새로 얻은 영토로 간주하여 완전한 통제를 하려 했다. 러시아가 폴란드와 전쟁에 돌입한 것은 사실이었지만, 이러한 행동에는 오랫동안 탐내오던 벨라루스 영토를 획득하는 목적이 있었다. 이제 러시아는 흐멜니츠키에게 러시아를 돕기 위해 벨라루스로 군대를 파견할 것을 요청하였다. 흐멜니츠키는 이 요청을 받아들였지만, 이에 상응하여 벨라루스 작전 이후 최종적으로 볼히냐 진격을 위해 우크라이나에 러시아군을 파견하여 줄 것을 요청했다. 흐멜니츠키는 러시아군이 우크라이나에 굳게 진을 치고 온갖 자의적인 언행과 제멋대로의 행동으로 우크라이나 주민들을 자신들의 통제 하에 두려고 시도하는 것을 보고 러시아의 지원에 대한 기대를 포기했다. 그는 러시아군의 파병으로 우크라이나 지배에 대한 새로운 요구가 뒤따를 것으로 염려했다.

군사 작전은 실망스런 실패로 끝났다. 러시아 정부의 비난에도 불구하고 흐멜니츠키는 키예프에서 한발짝도 벗어나지 않았다. 이제 그의 가장 중요한 과제는 그가 러시아를 불러들임으로써 자초한 어려운 상황에서 벗어나는 일이었다. 그는 이제 새로운 양상을 띠기 시작한 국제 정세의 변화에 온 신경을 집중했다.

5. 러시아와 스웨덴 사이에서

벨라루스 원정 초기 대부분의 도시가 스스로 항복을 해 와서 러시아군과 코자크군은 쉬운 승리를 거두었다. 코자크군은 코자크 땅과 접경하고 있는 지역을 점령하여 새로운 코자크 연대를 편성하였고, 러시아군은 국토 전체를 유린하여 북쪽으로 빌나까지 진격하였다. 러시아와 코자크가 폴란드를 상대로 대승을 거두자 다른 나라들로 이 상황을 이용하였다. 새로 즉위한 스웨덴 왕 찰스 10세는 폴란드와의 전쟁을 재개하였다. 찰스 10세는 트란실바니아의 대공과 연합하여 작전을 펼쳤다. 기독교 국가인 트란실바니아는 가톨릭 국가인 오스트리아와 폴란드에 대항하여 스웨덴과 오래전부터 동맹관계를 맺어왔다. 폴란드 공격을 계획하면서 두 나라는 정교회 신자들과 마찬가지로 가톨릭 지주와 정부의 학정에 시달리고 있는 신교도 지주들의 지원을 기대했고, 오랜 기간 동안 트란실바니아와 스웨덴을 폴란드와의 전쟁에 끌어들이려고 노력한 흐멜니츠키에게도 기대를 걸었다. 지금까지 흐멜니츠키의 노력은 결실을 거두지 못하여 모스크바의 지원에 의존할 수밖에 없었지만, 모스크바의 강압적 태도에 실망을 크게 느끼고 있던 시점에 스웨덴과 트란실바니아가 폴란드를 공격할 준비를 하고, 자발적으로 우크라이나와 동맹을 맺으려는 상황이 전개된 것이다. 흐멜니츠키는 새로운 동맹을 우크라이나가 폴란드의 압제에서 벗어나는 것뿐만 아니라 러시아와 동맹을 끊는데 이용하기로 하였다. 그는 폴란드와의 전쟁에 연합하여 참여하고, 러시아군의 원정에서 발을 빼라는 스웨덴 왕의 요청을 기꺼이 받아들이기로 하였지만, 당분간 러시아군을 계속 자신의 옆에 붙잡아 두었다.

1654년-1655년 사이 겨울 동안 흐멜니츠키는 폴란드를 상대로 방어적 전투를 펼쳤다. 코자크가 러시아와 동맹을 맺으면서 폴란드는 크림 칸을 동맹국으로 얻을 수 있었다. 폴란드군과 타타르군은 먼저 브라츨라브 지역을 침공하였고, 이어서 키예프 지역을 공격하였다.

흐멜니츠키군과 러시아군은 이들을 빌라 체르크바 지역의 오흐마티프Okhmativ 근교에서 만나 싸웠다. 러시아군은 약했지만, 위기의 순간에 보훈Bohun 대령이 코자크 연대를 이끌고 와서 폴란드-타타르 연합군을 격퇴했다. 타타르군은 다시 동맹을 끊고 떠났고, 흐멜니츠키는 추가 공격을 멈추었다. 1655년 봄 스웨덴 왕으로부터 폴란드 공격 준비가 끝났으니 동시에 폴란드를 공격하자는 연락이 왔다. 흐멜니츠키는 카메네츠-포돌스키Kamenets-Podolsk로 진격한 후, 르비프와 루블린까지 진격해 나갔다. 그러나 그는 부투를린이 지휘하는 러시아군과 함께 있어서 자유롭지가 않았다. 그는 자신의 병력을 마음대로 지휘할 수가 없었다. 포토츠키가 호로독Horodok에서 패배하자, 할리치아 전체가 그 앞에 놓여있었다. 그러나 그는 러시아 군대가 점령할 것을 염려하여 할리치아의 도시들을 점령하기를 꺼렸다. 르비프에서 그는 공물을 받고, 주민들과의 협상 과정에서 흐멜니츠키의 측근이고 코자크 행정관인 비홉스키Vyhovsky는 부투를린을 상대하지 말고, 차르의 종주권을 인정하지 않도록 요구했다. 흐멜니츠키 자신도 스웨덴 왕에게 보낸 편지에서 러시아군을 서부 우크라이나에서 몰아내기 위해 그 지역을 점령하지 않았다고 설명했다. 스웨덴 왕은 전제적 정부를 가진 러시아는 '자유를 가진 국민'을 인정하지 않을 것이고, 우크라이나의 독립 약속을 지키지 않고 코자크들을 노예화할 것이기 때문에 러시아와의 동맹을 끊으라고 충고했다. 흐멜니츠키는 스웨덴 왕을 설득하여 러시아와의 분쟁을 피하고, 우크라이나를 스웨덴과 러시아뿐 아니라 터키의 보호를 받는 중립국으로 만들 생각임을 밝혔다. 러시아에 대한 신뢰를 상실한 후 우크라이나는 최근에 터키와 외교 관계를 다시 맺었다. 그러나 스웨덴과 러시아 사이에서 중립을 지키는 것이 불가능했으므로 흐멜니츠키는 양국 중에서 동맹국을 선택해야 할 상황에 몰렸다. 스웨덴이 전투에서 승리하면서 폴란드 북부 지역을 차지하자, 폴란드는 차르를 폴란드의 왕으로 인정하고 폴란드를 러시아와 합병하려 한다는 믿음을 주어 러시아와 스웨덴 사이의 분쟁을 일으키기 위해 노력했다. 결국 차르는 폴란드와 휴전을 하고 스웨덴을 공격했다. 폴란드에게 유리한 상황이 전개되자 흐멜니츠키는 크게 경계하며 러시아가 약속을 깨고 우크라이나를 다시 폴란드 손에 넘겨주려 한다고 불평했다. 그를 화나게 만든 것은 러시아와 폴란드가 코자크 대표 참여 없이 무슨 목적이 있는지 알리지도 않은 채, 우크라이나에 나쁜 징조가 될 수 있는 협상을 비밀스럽게 진행한 것이었다.

　폴란드 왕은 모스크바와 강화를 맺자마자 우크라이나를 되찾기 위해 외교술과 기만을 비롯하여 심지어는 완전한 자치를 보장하는 그럴듯한 약속 등을 동원하였다. 흐멜니츠키는 어느 것도 받아들이지 않았다. 러시아는 흐멜니츠키가 스웨덴과의 동맹을 끊고 러시아 편에서 전쟁에 참가할 것을 요구하였다. 그러나 헤트만은 점점 제국주의적 성향을 노골적으로 나타내는 러시아와의 동맹보다 스웨덴과의 동맹을 더 중시했다. 그는 자신의 행동을 통제하려는 모스크바의 강압적 태도와 군사총독을 내려 보냄으로써 우크라이나의 자유를 제한하려는 시도에 분노하여 러시아와의 관계를 끊는 것이 우크라이나의 이익에 부합된다고 생각했다. 비홉스키가 러시아 귀족들의 환심을 사기 위해 그들에게 설명한 바에 따르면, 장교 회의에서 러시아에 대한 코자크 장교들의 불만 토로에 극도로 화가 난 흐멜니츠키는 마치 '미친 사람처럼 소리를 치며' 차르와 관계를 끊고 다른데서 도움을 찾는 길 밖에 없다고 했다고 한다.

　1656년 흐멜니츠키는 스웨덴, 트란실바니아와 동맹을 맺고, 러시아를 비롯한 스웨덴의 적과의 전쟁에서 스웨덴을 지원하고, 이 국가들과 같이 폴란드를 분할하기로 약속했다. 1657년 초 차르의 반대를 무시하고 스웨덴, 트란실바니아, 코자크군은 폴란드를 공격했다. 병이 들어 군대를 지휘할 수가 없게 된 흐멜니츠키는 키예프 지역 연대장인 즈다노비치Zhdanovich에게 3개 연대를 주어 할리치아로 진격하게 했다. 트란실바니아의 조지 라코치George Rakoczy 공이 보낸 부대와 합류한 코자크 부대는 스웨덴군과 합류하기 위해 바르샤바로 진격했다. 이 작전이 성공적으로 끝났으면, 폴란드는 멸망하고 서부 우크라이나 지역은 코자크에게 할양되어 모스크바와의 종속 관계도 끝낼 수 있었다. 그러나 이 원정은 실패로 끝나고 말았다. 폴란드군은 라코치를 패퇴시키고 타타르군도 그를 공격하게 만들어서 그는 강화협상에 나설 수밖에 없었다. 즈다노비치도 전투에서 패배를 하여 진영 내부에서의 반란을 걱정할 상황에까지 이르렀다. 자신들의 헤트만이 죽어가고 있다는 것을 안 코자크 병사들은 그의 죽음 후에 전개될 어려운 상황을 염려하여 차르의 동의 없이는 폴란드에 대한 공격에 나설 수 없다고 선언하였다. 진군 중에 러시아의 사절을 만난 병사들은 차르에게 자신들의 결정을 알려달라고 부탁하였고, 반란을 염려한 즈다노비치는 행군을 중단하고 키예프로 귀환하였다. 이러한 충격적 소식이 전해지기 전에 흐멜니츠키는 깊은 중병에 들었다. 전투 패배 소식을 듣고 즈다노비치를 부른 흐멜니츠키는 격노하여 발작을 일으켰고, 이로 인해 엿새 뒤인 1657년 7월 27일 사망하였다. 미래의 운명이 결정되는 순간 우크라이나는 이 모든 일을 감당할 수 있는 유일한 지도자를 잃고 말았다. 흐멜니츠키 생전에 아버지의 후광으로 이미 헤트만에 선출된 경험과 능력이 떨어지는 게오르기가 보그단 흐멜니츠키의 후계자가 되었다.

6. 헤트만 국가

흐멜니츠키에 의해 시작된 위대한 민족운동은 헤트만국가(Hetmanshchina)라는 새로운 정부 형태를 탄생시켰다. 17세기 초반에 코자크 병사들은 농지에 정착했고, 정부의 시민인 일반 주민인 농민과 도시민들도 코자크의 규칙을 받아들이고, 코자크 조직의 일원이 되었다. 연대로 구성된 코자크군대는 토지도 연대 지역으로 분할했다. 1630년대에 이미 치기린, 체르카시, 카니프, 코르순, 빌라 체르크바, 페레야슬라프, 루브니 연대가 존재했다. 이 중 루브니 지역은 폴란드 왕이 아니라 귀족들의 직할령이었다. 코자크 연대장, 중대장, 소대장은 전쟁 기간에는 군대 지휘자였지만, 평화 시에는 각 연대 지역에서 행정과 사법 업무를 관장하면서 정부 기관의 역할을 대신하였다.

흐멜니츠키가 지도자로 있는 동안 코자크들은 동부 우크라이나의 광대한 지역에 자신들의 행정 제도를 정착시켰다. 특히 키예프, 브라츨라프, 체르니히프에서는 구관리들 중에서 선출된 도시 행정관과 수도원과 성당의 관리자를 제외한 다른 모든 정부 기관을 몰아내었다. 이 지역 밖에 거주하는 주민들은 자유인들이 되어 대부분 코자크가 되었다. 코자크 병사가 되지 않은 사람은 도시나 촌락에 거주하는 것에 상관하지 않고 주민이 되어 코자크의 재정이 되는 세금을 냈다. 코자크들은 세금에서 면제되었지만 군역의 의무를 지었다. 전쟁 기간에 코자크는 가능한 많은 사람을 코자크 병사로 징병하려고 노력했고, 자유민들도 농노가 되지 않기 위해서는 코자크 병사로 등록하는 것이 현명하다고 생각했다.

흐멜니츠키 휘하의 코자크 연대의 병력 수는 일정하지 않았다. 그러나 1649년-1650년의 등록 기록에 따르면 드니프로 강 서안에 9개 연대(치기린, 체르카시, 카니프, 토르순, 빌라 체르크바, 우만, 브라츨라프, 칼닉, 키예프)가 있었고, 강 동부에 7개 연대(페레야슬라프, 크로피브나Kropivna, 미르호로드Mirhorod, 폴타바, 프릴루키Priluki, 니진Nizhin, 체르니히프)가 있었다. 각 연대는 100명의 병력을 가진 중대로 구성되었는데 규모는 일정하지 않았다. 10개 중대로 구성된 연대도 있었고, 많게는 20개 중대로 구성되기도 하였다. 각 중대의 병력도 일정하지 않았다. 1649년-1650년 기록에 따르면 200명에서 300명의 병력을 가진 중대도 몇 있었고, 100명 이하의 병력을 가진 중대도 있었다. 연대장(polkovnik)은 참모들의 보좌를 받으며 연대 지역을 관할하였다. 참모로는 수석 포병 장교, 연대 법관, 연대장 부관, 연대 서기가 있었다. 중대장(sotnik)은 각 중대 지역을 관할하였고, 소대장(otaman)은 코자크 마을을 관할하였다. 이론적으로 따지면 군대는 코자크 주민만 관할하게 되어 있지만, 실제로는 주민 전체에 대한 통제권을 가지고 있었다. 대도시나 귀족과 교회의 영지는 하급 코자크 장교들의 관할에서 벗어나 헤트만의 직접 관할을 받았다. 처음에는 귀족들의 통제 하에 있는 영지들도 있었으나, 반란 중에 많은 귀족들이 영지를 버리고 떠나버렸다.

코자크군대만을 관할하게 된 군대식 행정 조직은 흐멜니츠키가 오랜 기간 헤트만을 맡으면서 지방 정부의 역할을 떠맡았다. 모스크바와 협상을 하면서 흐멜니츠키는 오랜 전통에 따라 코자크군대가 우크라이나를 통치하고, 러시아 정부는 이전에 폴란드 관리들이 담당한 기능만 수행할 것을 요구했다. 그러나 러시아가 우크라이나에 군사총독(voyevoda)를 파견하면서 코자크가 아닌 일반 주민들로부터 세금을 거둬들였고 이들을 통제하기 시작했다. 오랜 기간 동안 주민들을 관할해 온 코자크 장교들은 코자크 조직의 권위를 약화시키는 외국 세력을 배척할 필요를 느꼈다. 새로운 제도 하에서 헤트만은 우크라이나의 진정한 지도자이자 우크라이나 정부의 최고 행정관이 되었다. 우크라이나 땅에 있는 사람은 누구나 그의 권위에 복종해야 했다. 헤트만이 군사 조직의 최고 지휘관이었기 때문에 그의 군대 부하들도 주민들에 대한 일반적 통제권을 갖게 되었다. 군대 참모진은 헤트만 정부의 내각이 되었다. 수석 포병 장교, 법관, 부관, 서기들로 구성된 참모 장교회의는 헤트만의 정부위원회의 역할을 하여 모든 일반 업무와 정치적 업무에 대한 논의를 하였다. 각 참모 장교들은 각 연대의 참모진을 감독하였다. 참모 장교와 연대장으로 구성된 장교회의는 중요한 사안을 논의하기 위해 소집되었고, 우크라이나의 이익과 관련된 문제에 대한 결정을 내렸다.

코자크 장교들과 민간인들은 전 지역에서 모든 계층의 주민을 위해 일할 자치적 행정기구의 필요성을 느꼈고 코자크군대 조직이 이 기능을 수행했다. 우크라이나의 새로운 자치를 위한 헌법의 기본 원칙들이 확정되지 않았고, 공식적 효력을 발휘하지도 못했다. 1659년 폴란드와의 하디아치 연합(Hadiach Union) 조약이 성립되었을 때 이러한 노력이 시도되었으나, 헌법의 통과는 이루어지지 않았다. 민간 정부와 코자크 조직 사이의 관계에 대한 명확한 규정이 없었기 때문에 외국 세력의 자의적 요구에 문을 열어 놓았다. 특히 러시아는 자의적 간섭을 하여 혼란과 불만을 가중시켰다. 나라 전체를 관할하는 회의를 코자크 장교들만으로 구성하고 성직자, 도시민, 농민, 귀족 등 여러 계층의 이익을 대변하는 주민들의 참여를 봉쇄한 것은 현명하지 못한 정책이었다. 이들에게 생소한 코자크식의 조직은 여러 오해와 불만을 야기시켰다.

군대 조직과 유사한 새로운 행정 제도는 계급적 통치를 가져왔고, 이러한 제도적 특성은 새로운 지역적, 민족적 정부 기구로의 이행을 가로막았다. 어떤 사안에 대해서도 코자크 구성원 아무나 소집할 수 있고, 헤트만과 다른 장교들을 큰 절차를 거치지 않고 해임할 수 있는 구식 군사 자치제도인 병사회의(rada)는 강력하고 지속적인 권위를 요구하는 새로운 환경에 맞지 않았고, 어렵고 중요한 시기의 국가의 운명을 결정할 수 있는 능력을 갖고 있지 않았다. 재능을 갖추고 운이 따른 흐멜니츠키는 개인적 카리스마를 활용하여 헤트만의 권위를 행사하였고, 그가 헤트만으로 있는 동안에는 그가 필요하다고 느낄 때만 병사 의회를 소집하였으나 몇 번에 불과했고, 형식을 갖추기 위해 의회를 소집한 것이 대부분이었다. 헤트만이 필요에 의해 의제를 상정할 때만 '장교회의'가 열렸는데, 이렇게 장교회의의 자율권이 제약된 것은 새로운 변화였다. 이러한 변화는 일부 장교 계층, 특히 자포로지아 코자크 장교들의 불만을 야기시켰다. 흐멜니츠키의 후계자들은 전체 병사회의를 통제하는데 실패했다. 헤트만의 권위가 약화되면서 헤트만직 자체의 중요성을 감소시켰을 뿐 아니라, 토착 정부로서의 코자크 제도 자체의 효율성도 약화시켰다.

코자크의 오랜 전통에 뿌리를 둔 관행과 인식을 제거하는 것이 불가능해지면서, 코자크 활동과 조직의 중심지는 드니프로 하류의 자포로지아 지역의 중앙 요새인 시치가 되었다. 이곳에서는 선거에 의해 헤트만이 선출되고 정책이 결정되었다. 그러나 1620년대-1630년대부터 코자크들이 드니프로 상류 지역에서도 주인으로 자리 잡고 강한 조직을 만들면서 시치는 코자크 수도로서의 의미를 잃게 되었다. 새로운 제도 하에서는 헤트만 궁정과 그의 참모들이 우크라이나 정부의 중심이 되었다. 이곳에서 모든 중요한 문제는 군사 법정이나 군사 정부에서 다루어졌고 자포로지아 시치의 옛 권리에 대한 요구는 무의미해졌다. 흐멜니츠키 시대에 시치는 전방 경계부대 병사의 피난처가 되었고, 정치적 중요성을 상실했다. 그러나 흐멜니츠키가 죽자, 자포로지아 코자크들은 헤트만과 장교들을 선출할 권리를 다시 요구하였고, 시치 대신 장교회의가 권력을 행사하는 것에 불만을 제기했다.

이러한 내부적 분열은 쇠망의 씨앗이 되었다. 만일 흐멜니츠키가 좀 더 오래 살았거나, 아니면 그의 사후 평화가 몇 년 간만 유지되었어도 우크라이나인들은 뛰어난 조직력을 가지고 있었기 때문에 불만과 분열이 그렇게 빠르게 진행되지는 않았을 것이다. 정치적 진보가 빠르게 진행되고 있었고, 외부의 영향을 받지 않았으면 내분을 극복하고 헤트만국가 제도에 적응하면서 안정적이고 지속적인 새로운 통치 제도를 만드는 것이 가능했을 것이다. 코자크들의 불운은 새로운 정부 조직의 기초를 튼튼히 할 시간적 여유를 가질 만큼 평화가 지속되지 않은 것이었다. 우크라이나는 내정을 간섭하고 정치 제도의 근간을 흔드는 이기적인 이웃국가들에 포위되어 끊임없이 전쟁의 위험에 노출되어 있었다.

이 모든 어려움 이외에도 한 가지 문제가 더 있었다. 그것은 일반 민중과 코자크 장교단 사이의 날카로운 사회적 대립이었다. 일반 주민들은 귀족들의 압제에서 벗어나고, 지주들을 쫓아내고 자신들의 노동으로 얻은 농산물의 주인이 되기 위해 반란에 가담했다. 다른 주민들은 무엇보다도 귀족들이 우크라이나로 돌아와 옛 농노제를 부활시키는 것을 두려워했다. 이러한 이유 때문에 폴란드와 타협을 하지 않으려 했고, 과거의 귀족적 전통을 되살리려는 어떠한 노력도 의심의 눈으로 바라보았다. 반면에 코자크 장교들은 정치적 권력을 획득한 후 구 귀족들의 자리를 대신하여 버려진 영지를 차지하고, 촌락을 차지하여 농노들로 이를 채우려고 하였다. 귀족적 제도 아래에서 성장한 이들은 다른 방법으로 자신들의 물질적 이익을 채우는 방법을 알지 못했다. 이들은 가장 빠른 기회를 잡기 위해 1654년 모스크바 사절을 보냈을 때 자신들에게 영지 소유권을 주고, 영지를 농노로 채울 권리를 달라고 요구했다. 그러나 이들은 주민들이 크게 적대적으로 나올 것이라는 것을 잘 알고 있어서 우크라이나 내에서는 자신들의 영지소유권을 제시하지도 못하였다. 그러나 과거의 귀족 제도를 되살리려는 코자크 장교와 새로운 관리들의 의도는 주민들 사이에 적개심을 키웠다. 흐멜니츠키의 죽음 이후, 코자크 장교들에 대한 적개심이 널리 퍼져서, 낮은 계급의 코자크와 민간인들은 코자크 장교들을 더욱 더 신뢰하지 않게 되었다. 대중들의 지지가 없어지면서, 장교들의 권위도 약화되고 정책 수행이 어려워진 것은 매우 불행한 일이었다. 장교들이 모든 계급의 정치적 이익을 이해하고, 우크라이나의 해방을 위해 일하고 있는 상황에서는 더욱 그랬다.

7. 하디아치 연합

어려움이 산적한 상황에서 유약하고 경험 없는 흐멜니츠키의 아들 게오르기를 후계자로 선출한 것은 치명적 실수였다. 그러나 코자크 장교들은 죽어가는 흐멜니츠키 앞에서 감히 후계자 지명에 반대할 수 없었고, 이 문제는 나중에 다시 바로잡기로 했다. 보그단 흐멜니츠키가 죽자 게오르기의 지명은 철회되었고 이반 비홉스키Ivan Vyhovsky가 헤트만이 되었다. 그는 오랜 기간 동안 코자크군 서기를 맡았고, 흐멜니츠크의 가까운 친구였다. 비홉스키는 게오르기가 공부를 마치고 성년의 될 때까지만 한시적으로 일하는 임시 헤트만으로 선출되었지만, 그가 부정적 방법으로 헤트만의 지휘봉(불라바)을 차지하고 정식 헤트만이 되었다는 주장이 후에 제기되었다. 그러나 당시의 기록 중 어느 것도 이러한 음모에 대해 언급한 것이 없고, 그는 처음부터 정식 헤트만으로 선출된 것이 사실인 듯 보인다. 그러나 '코자크 일반병사들'의 소요를 두려워한 장교들은 그를 전체 병사회의가 아니라 장교회의에서 헤트만으로 선출했다.

새로 선출된 헤트만 비홉스키는 게오르기보다 지적으로 뛰어났고, 경험이나 지혜도 갖춘 지도자였다. 그는 정치가로도 무난했고 의심의 여지없는 우크라이나 애국자였으며, 우크라이나 자치의 확고한 신봉자였다. 이런 면에서 그는 코자크 장교들을 정면으로 상대할 수 있었지만 보그단 흐멜니츠키 같은 대중적 인기는 누리지

비홉스키 초상

못하였다. 그는 키예프 폴레샤 지방의 소귀족 집안 출신이었다. 젊은 시절 여러 사무직을 맡았었고, 군사적 지도자가 될 꿈은 꾸지 않았다. 그는 소문에 의하면 조브티 보디 전투에서 타타르군의 포로가 되었으나, 흐멜니츠키가 인질금을 주고 석방시켰다고 한다. 그가 코자크 전체회의에서 민의에 의해 선출되지 않은 것은 우크라이나 역사에서 중요한 시기에 지도자의 역할을 떠맡은 그의 입장을 더욱 어렵게 만들었다.

초기에 그는 흐멜니츠키가 추구한 정책을 계승하여 스웨덴, 러시아, 크림칸국, 폴란드 사이에서 중립을 지키며 우크라이나의 평화와 질서를 지키고, 정부를 유지하며 자신의 위치를 확고히 하려 했다. 그는 전에 폴란드 편에 선 크림타타르와 동맹을 유지하고, 스웨덴과 진행 중인 협상을 마무리지었다. 협상의 결과로 스웨덴 왕은 '자포로지아 코자크의 영토와 주민의 권리를 인정하고, 아무에게도 복속되지 않는다는 사실을 공표'하였다. 또한 다른 적대 세력에 의해 이들의 권리가 침해될 경우 이를 방어하기로 하였다. 폴란드에게는 자포로지아, 즉 동부 우크라이나의 자유와 독립을 인정하고, 이들의 영역을 서부 우크라이나 지역으로 확대시킬 것을 요구했다. 이것은 매우 중요한 합의였지만, 스웨덴이 이미 영향력을 상실하고 있었기 때문에 때늦은 조치가 되었다. 이미 이때 스웨덴은 덴마크와 전쟁에 돌입하면서, 폴란드에 진출한 병력을 철수시켜서 우크라이나를 지원할 수가 없었다. 폴란드와 러시아와의 협상도 남아있었다. 폴란드는 우크라이나가 다시 폴란드에 복종하면 자치를 포함한 여러 특권을 부여할 것을 약속하며 회유를 계속했다. 러시아는 흐멜니츠키가 죽은 상황을 이용하여 우크라이나에 대한 영향력을 확대하려고 시도했다.

이를 위해 세금을 징수하고 키예프 지역 이외에도 군사 총독을 파견하고, 우크라이나의 정교회의 독립성을 철폐시키려고 노력했다. 우크라이나의 권리를 침해하는 이러한 행위는 코자크 장교와 주민들의 강한 반발을 일으켰다. 하지만 모스크바의 영향력 아래 있는 헤트만 비홉스키는 자신의 위치를 지키기 위해 러시아에 강하게 항의를 하지 못하였고, 충성의 대가로 러시아가 비홉스키의 적들로부터 자신을 보호해줄 것으로 믿었지만, 이러한 희망은 실현되지 않았다.

비홉스키가 코자크 전체 병사회의가 아니라 장교회의에 의해 선출되었기 때문에 그를 반대하는 여러 파벌들은 이 약점을 자신들의 이익을 위해 이용하였다. 특히 비홉스키를 가장 반대한 자포로지아 코자크들은 이전의 민주적 관습을 선호하고, 자포로지아 시치에 있는 코자크 전체 군사회의가 최고의 권위를 갖는다고 내세웠다. 자포로지아와 인접해 있고, 사이가 밀접한 폴타바와 미르호로드 연대도 자포로지아 코자크를 후원했다. 이 연대들에서 비홉스키에 대한 반감이 증대하자, 폴타바 연대장은 호기를 이용하여 비홉스키를 하야시키고 자신이 그 자리를 차지할 생각을 하였다. 비홉스키과 코자크 전체회의의 투표 없이 부정한 방법으로 선출되었다는 비난 외에도, 그가 코자크가 아니고 폴란드인이라 주민들과 코자크의 이익을 위해 일하는 것이 아니라, 우크라이나를 폴란드에 팔아넘기려 한다는 소문도 돌았다. 이러한 모함을 제거하기 위해 비홉스키는 각 연대의 대표들을 소집하여 새 코자크 전체회의를 열었다. 비홉스키는 헤트만으로 다시 선출되었고, 러시아에 의해 추인이 되었지만, 그의 반대자들은 행동을 멈추지 않았다. 푸쉬카르Pushkar는 자포로지아 시치의 대장인 바라바쉬Barabash와 함께 모스크바에 계속 사람을 보내 비홉스키가 부정한 방법으로 선출되었고, 그는 반역자이며 코자크가 지지하지도 않는다는 식의 항의를 하였다. 비홉스키는 자신의 충성 때문에 러시아는 반대자들로부터 자신을 보호할 것이며, 군대를 보내 이들을 진압할 것이라는 기대를 하였다. 그러나 차르는 모스크바에 충성을 하고 있는 척하는 비고츠키 반대자들과 접촉을 지속하였다. 차르는 이들의 비밀 사절을 접수하고 답신을 보내며 여러 혜택을 베풀었다. 반대자들은 모스크바가 자신들 편을 들고 있다는 소문을 퍼뜨리며, 비홉스키를 진정한 헤트만으로 인정하지 않았다.

모스크바가 자신을 지원하지 않는다는 것을 깨달은 비홉스키는 반대파들을 숙청할 조치를 취하기로 결심했다. 비록 모스크바가 군사 행동을 자제하고 반대자들을 설득할 때까지 기다릴 것을 권고하였지만, 비홉스키는 행동을 더 늦출 수 없었다. 봄이 되자 비홉스키는 타타르 군대의 지원을 받아 드니프로 강을 건너 폴타바 연대를 공격하였다. 푸쉬카르는 살해되었고, 폴타바 지역은 점령되었다. 새로운 연대장이 임명되었고, 반란 참가자들은 모두 가혹히 처벌되었다. 이 공격 이후 비홉스키와 그의 추종자들은 모스크바와의 관계는 끝난 것으로 여겼다. 모스크바의 허락 없이 취임한 대주교 디오니시 발라반 Dionysy Balaban은 헤트만 궁정이 있는 치기린으로 거처를 옮겼다. 우크라이나 자치 옹호자들은 일단 러시아가 우크라이나를 복속시키면 벨라루스에서처럼 주민들을 러시아와 시베리아로 강제 이주시키고, 우크라이나 사제들도 추방하고 러시아 사제들이 이 자리를 채울 것이라는 선전을 하였다.

우크라이나와 동맹하여 모스크바와 전쟁을 벌인 스웨덴은 무력한 국가가 되어버렸다. 1660년대 스웨덴은 전쟁을 중지하고 폴란드와 모스크바공국과 각각 공식 강화협정을 맺었다. 크림칸국 이외에 다른 동맹국을 확보하게 위해 비홉스키는 폴란드와 오랜 협상을 벌였다. 페레야슬라프 연대의 테테랴Pavel Teteria 대령은 폴란드의 비에넵스키Staniław Bienewski 대령과 협상을 벌여 9월 6일 하디아치에서 조약을 체결했다.[23] 이 조약에 의하면 우크라이나는 폴란드에 다시 귀속되지만, '루스 대공국'(Grand Duke of Rus)이라는 명칭을 가지고 자치국으로 남는 것으로 되어 있다. 이 조약은 '하디아치 연합'(Union of Hadiach)이라고 알려져 있다. 이 조약은 실행에 옮겨지지는 않았지만, 당시 우크라이나를 이끈 지도자였던 비홉스키와 그의 동료들의 목표가 무엇이었는지를 보여주는 흥미 있는 내용을 담고 있다. '하디아치 연합'조약에 의하면 키예프, 브라츨라브, 체르니히프 3개주로 구성된 동부 우크라이나는 독립 국가가 되어 리투아니아공국과 같이 고유의 내각과 재정, 화폐를 가지게 되어 있다. 폴란드-리투아니아와 연합의회를 가지되 직접 선출한 헤트만의 통치를 받고, 모든 지역과 계층의 주민들이 선거에 의해 복수의 헤트만 후보들을 폴란드 국왕에게 제출하면 국왕은 이중 한 명을 헤트만으로 지명하게 되어 있었다. 코자크 부대는 3만 명의 병력을 보유하며, 헤트만은 자신의 휘하에 만 명의 용병을 별도로 둘 수 있었다. 정교회 신앙은 가톨릭과 동일한 권리를 가지며 주교와 총대주교는 연합의회에 의석을 확보하게 되어 있었다. 키예프 아카데미는 크라코우 아카데미와 동등한 특권을 누리며, 다른 우크라이나의 도시 한 곳에 또 하나의 아카데미를 창설하게 되어 있었다. 하디아치 조약은 서둘러 만들어져서, 조약의

---

23) 그레고리안 달력으로는 9월 19일. 이 시점부터 저자는 율리우스력에 따라 날짜를 기록함.

구체적 사항들이 주의깊게 검토되거나 설명되지 않았다. 루스 대공국에 동부 우크라이나뿐 아니라 서부 우크라이나도 포함시켜 달라는 청원이 조약을 비준할 의회에 보내졌다. 비홉스키는 모스크바와의 전쟁에 폴란드의 지원을 받기 위해 서둘러 조약에 서명했다.

8. 모스크바와의 전쟁

모스크바와의 전쟁은 키예프에서 모스크바 군사총독을 몰아내려는 시도로부터 시작되었다. 이 시도는 성공하지 못하였지만 모스크바는 비홉스키를 배신자로 선언하고 새 헤트만을 선출하도록 코자크들에게 요구하였다. 그러나 폴란드와의 조약 체결을 알고 난 후 모스크바공국은 충격을 받아 이전의 공격적 정책을 포기하고 트루베츠코이공을 보내 비홉스키와 협상을 시작했다. 모스크바는 비홉스키의 이전의 모든 잘못을 용서할 뿐만 아니라, 키예프 군사총독직의 철폐 등 많은 양보를 약속했다. 그러나 차르가 진정성이 없다고 생각한 비홉스키는 자신의 결정을 번복할 생각을 하지 않았다.

1659년 초 비홉스키는 모스크바의 의도를 간파하고 자신에게 대항하는 반대자들을 진압하기 위해 드니프로 강을 건너 동쪽으로 진격했다. 모스크바 군대가 그를 제지하기 위해 출동하자 그는 다시 드니프로 강을 건너 후퇴했다. 그러나 모스크바 군대는 시베르스크(현재 수미주 지역)을 공격하고 코노토프Konotop의 훌랴니츠키Hulianistky 대령의 연대를 포위했다. 비홉스키는 타타르 지원군의 도착을 기다리다가 그들이 도착하자 코노토프를 해방시키기 위해 동쪽으로 진군했다. 비홉스키 연합군의 전력을 과소평가해서 비고츠키군과 맞서 싸우러 나왔다. 모스크바군은 비홉스키군과 타타르군의 협공에 걸려들어 괴멸되었고, 두 명의 지휘관은 포로가 되었다. 트루베츠코이는 코노토프를 버리고 우크라이나를 떠났다. 비홉스키는 우크라이나를 장악하였으나, 자신의 승리를 제대로 활용하지 못하였다. 그는 동부 우크라이나에 남아 있는 모스크바군의 주둔지를 몰아내지 않은 채 드니프로 강을 건너 서쪽으로 돌아왔다. 자포로지아 시치의 대장인 시르코Sirko가 크림을 공격하자 크림타타르군은 급하게 철수했고, 치기린의 비홉스키 본거지를 공격하기에 이르렀다. 동부 지역의 친모스크바 성향의 세력들은 다시 고개를 들고 비홉스키가 폴란드에 예속되기로 하였다고 공격하기 시작했다. 하디아치 조약의 내용이 잘 알려지지 않은 상태에서 이 소문은 쉽게 믿어졌고, 폴란드 지주들에게 지긋지긋하게 시달린 주민들은 폴란드와의 어떠한 접촉도 받아들이려 하지 않았다. 시베리아 지역에 주둔하고 있던 폴란드 지원군도 폴란드에 대한 구원을 되살아나게 했고, 비홉스키에 적대하는 연대들이 반란을 일으켜 폴란드인뿐 아니라 네미리치Georgii Nemirich도 살해했다. 비홉스키의 노선을 지지하는 덕망 있는 지주였던 네미리치는 하디아치 조약을 작성한 사람으로 알려져 있었다. 반란은 서부 지역으로도 확산되어, 그곳 주민들도 더 이상의 폴란드 지배는 받아들일 수 없다고 했다. 우만 연대의 하넨코Mikhailo Khanenko 대령은 자포로지아의 시르코와 연합하여 비홉스키 대신에 게오르기 흐멜니츠키를 헤트만으로 인정한다고 선언했다.

1659년 가을 게오르기 흐멜니츠키 부대와 비홉스키 부대가 게르마니브카Hermanivka에서 만났으나 비홉스키 진영의 코자크들이 흐멜니츠키 진영으로 넘어가 버리고 말았다. 비홉스키에게는 소수의 용병과 폴란드 지원군만 남았다. 코자크들은 회의를 열어 격론을 벌이며 폴란드에게 다시 복종하지 않을 것이며 모스크바에 대항해서도 싸울 것이라고 외쳤다. 비홉스키에 대한 적개심이 폭발해, 비홉스키는 현장에서 살해당할 것을 염려해 도망쳐 나왔다. 반대자들은 들뜬 분위기 속에서 게오르기 흐멜니츠키를 헤트만으로 선출하고, 비홉스키에게 헤트만 지휘봉(블라바)과 기장들을 내놓을 것을 요구했다.

비홉스키 지지자들로 구성된 장교회의는 병사들의 극렬한 반대 때문에 하디아치 연합이 불가능하고 모스크바에 다시 복속하는 길밖에 없다는 것을 깨달았다. 이들은 상황을 최대한 유리하게 전개시키기 위해 모스크바가 우크라이나의 내정에 간섭하지 않겠다는 약속을 받아내려고 했다. 장교들은 새 헤트만에게 모스크바와의 협상을 서두를 필요가 없다고 설득했다.

코자크들은 드니프로 강 유역의 르지시체프Rzhishchev에 진영을 친 채로 모스크바의 행동을 기다렸다. 트루베츠코이가 옛 조약에 근거해서 모스크바공국의 지배권을 인정할 것을 요구하자, 장교들의 조언을 받아들여 헤트만은 표트르 도로셴코Petro Doroshenko를 대표로 보내 새로운 협상안을 제시하게 했다. 새 협상안에는 키예프 이외 지역에서 모스크바 군사총독을 철수시키고, 파병되는 모스크바의 군대는 헤트만의 지휘를 받을 것을 요구했다. 또한 모스크바의 군사총독은 코자크 장교들과 직접 교신해서는 안 되고 전반적으로 헤트만의 권한은 침해되지 않아야 한다고 요구했다. 헤트만은 다른 국가와 독립적으로 외교서신을 교환할 권한을 갖고, 모스크바가 다른 나라와 우크라이나가 관련된 문제를 논의할 때는 우크라이나 대표단이 협상에 참여하도록 했다. 우크라이나 정교회 사제들은 발라반 대주교 선출 때 결정된 것처럼 콘스탄티노플 총대주교 관할을 받을 것도 요구했다.

코자크의 요구와는 완전히 다른 모스크바의 훈령을 받은 트루베츠코이는 요구 사항에 대해서는 당장 답을 하지 않고 대신 헤트만과 장교들에게 협상을 마무리하기 위해 그의 사령부로 올 것을 요청했다. 이 요구를 받아들여 코자크 수뇌부가 페레야슬라프에 왔고, 이들은 함정에 빠진 것을 깨달았다. 트루베츠코이는 코자크 전체회의를 소집했기 때문에 수뇌부와 별도로 협상할 필요가 없다고 선언했다. 그는 장교들에게 적대감을 가지고 있던 코자크 병사들만을 소집한 것이 아니라 모스크바 군대도 데려왔다. 상황이 이렇게 되자 장교들은 자신들의 요구 사항을 꺼내 놓지도 못하고, 트루베츠코이는 이전의 '보그단 흐멜니츠키 조약'을 되살리고 이를 보완하라는 정부의 지시를 받았다고 선언했다. 새로운 협정에 의하면 코자크 부대는 차르가 명령하는 대로 어느 곳이나 파견될 수 있고, 차르의 뜻에 거슬러 이동하지는 못하였다. 그리고 헤트만은 차르의 허가를 받아 임명할 수 있게 되었다. 친모스크바 인사들을 모스크바의 조사 없이 징계할 수 없고, 비홉스키 추종자들은 전체회의와 공직에 참여할 수 없었다. 마지막으로 페레야슬라프, 니진, 체르니히프, 브라츨라프, 우만, 키예프에 군사총독이 파견되기로 하였다.

이러한 변경 내용은 우크라이나 자치를 제한하는 정도가 아니라 사실상 파괴하는 것이었지만, 적대적인 전체회의와 모스크바 군대의 위협 앞에 헤트만과 그의 참모들은 감히 저항할 생각을 못하고, 트루베츠코이가 원하는 대로 할 수밖에 없었다. 모스크바는 이들의 계획을 다 무효화시켰지만, 수치를 감수하고 모스크바의 기만에 굴복하는 길 이외의 선택은 없었다. 수뇌부들은 자신들이 패한 원인과 모스크바가 승리한 이유에 대해 깊이 생각해 보려고 하지 않았다. 이 원인은 지도자들이 민중과 동떨어져 생활했고, 보그단 흐멜니츠키가 그랬던 것처럼 교활하고 기만적인 모스크바의 정책을 만나면 폴란드의 지원을 요청하고, 주민들이 폴란드 지주에 대항해 반란을 일으키면 모스크바의 지원을 요청한 실수를 반복했기 때문이다. 매번 헛된 노력이 실패로 돌아간 다음에는 새로운 문제가 우크라이나 국민들에게 다가왔고, 국민들은 계속 투쟁할 용기를 잃고 수뇌부와 그들의 정책에 대해 신뢰를 하지 않았고, 동시에 모스크바와 폴란드의 위협 앞에 자신들의 목숨을 걱정하게 되었다.

반 년도 지나지 않아 폴란드와 모스크바 사이에 다시 분쟁이 발생하고, 1660년 여름 모스크바는 폴란드로 하여금 벨라루스 지역에서 철수하게 하기 위해 할리치아를 침공했다. 모스크바군의 지휘관인 셰레메체프Sheremetiev 공은 우크라이나 연대들을 이끌고 볼리니아로 진격했다. 헤트만 게오르기 흐멜니츠키는 타타르의 공격을 저지하기 위해 볼리니아 남부 지역으로 출정했다. 폴란드군은 타타르 부대의 지원을 받아서 쿠바르Kubar에서 셰레메체프 부대를 공격했다. 셰레메체프 부대는 완전히 포위되어 흐멜니츠키 부대에 전령을 보낼 수도 없었다. 며칠 후 곤경에 처한 셰레메체프공은 우크라이나 부대를 만나 힘을 합치기 위해 추드노프Chudnov까지 후퇴했다. 폴란드군은 흐멜니츠키에게 모스크바와의 동맹을 끊고 하디아치 연합을 부활시킬 것을 설득했다. 비홉스키도 이 조약을 되살리기 위해 헤트만에게 제안에 동의할 것을 요청했다. 헤트만은 셰레메체프군과 연락도 되지 않고, 폴란드와 타타르 연합군의 월등한 군사력에 겁먹기는 하였지만 쉽게 결정을 내리지 못하고 주저했다. 1년 전의 모스크바의 기만에 대한 분노를 간직하고 있던 코자크 장교들도 이 제안에 반대를 하지 않았다. 그러나 폴란드는 모스크바만큼이나 단견을 보였다. 폴란드는 우크라이나가 처한 위기 상황을 보고, 하디아치 조약의 원안을 되살리지 않고 '루스 대공국'관 관련된 모든 조항을 빼버렸다. 코자크들은 처음에는 이러한 변경을 받아들이려 하지 않았으나, 반대할 만큼 여유 있는 상황이 아니었기 때문에 결국 동의하고 말았다. 셰레메체프군은 무기와 보급품을 폴란드군에 넘기고 우크라이나에서 모든 병력을 철수하기로 하였다. 자신이 지휘하는 코자크 부대의 운명을 생각하지 않고, 이들이 러시아 병력을 습격하거나 포로로 잡는 것을 막기 위해 코자크 병사들을 폴란드군과 타타르에게 넘겼다. 이러한 비열한 행동 때문에 우크라이나에서는 모스크바에 대한 의분과 적개심이 일어났다.

15장 분해와 쇠퇴

1. 우크라이나의 양분

모스크바의 지도자들은 옛 정책을 빨리 버리고 우크라이나인들의 몇 가지 요구를 들어줌으로써 이들을 우호 세력으로 만들고 폴란드보다 우위에 선다는 생각을 할 정도로 식견이 있지 않았다. 차르는 오히려 옛 정책을 고수하여 주민들의 권리를 박탈하고, 도시마다 부대를 주둔시키며 우크라이나를 완전히 장악할 여러 방법을 썼다. 폴란드가 추드노프의 승리를 충분히 이용하여 우크라이나 내의 러시아 주둔 부대를 몰아내지 않은 것은 모스크바에게 큰 행운이었다. 추드노프 전투 이후 모스크바에 대항해 일어난 여러 봉기를 이 부대들이 나서서 진압했다. 후에 폴란드가 드니프로 지역에 다시 원정했을 때는 주민들의 환영을 받지 못했고, 오히려 주민들이 폴란드에 등을 돌리게 만들었다. 마침내 야곱 솜코Jacob Somko의 지휘를 받는 동부 우크라이나의 코자크들과 페레야슬라프 연대장 바실 졸로타렌코Vasyl Zolotarenko는 러시아에 복종을 약속하고 게오르기 흐멜니츠키를 대신할 헤트만을 선출할 수 있도록 허용해 줄 것을 요청했다. 두 사람은 모두 자신이 헤트만이 될 것으로 기대했다.

차르는 서부 지역의 코자크들도 자신의 권위 아래 복종하기를 바라며 헤트만 선출을 미루었다. 코자크 장교들은 자치 부여 약속을 지키지 않은 모스크바의 '굴레'에 다시 들어가기를 거부했고, 주민들과 코자크 병사들은 폴란드의 지배를 원치 않았기 때문에 젊은 헤트만 게오르기 흐멜니츠키는 아무 행동도 취할 수 없었다. 젊은 헤트만은 폴란드가 큰 부대를 보내 자신의 입지를 강화해 주도록 요청했지만, 재정이 열악한 폴란드는 강한 부대를 보낼 여력이 없었고, 소규모 부대만을 간헐적으로 파견했다. 이러한 상황에서 폴란드 지주들이 우크라이나 땅으로 몰려들어와 코자크 가족들이 소유한 땅을 자신들의 땅이라고 요구하며 이를 내놓을 것을 요구했다. 이러한 요구는 코자크들을 격분시켰고, 게오르기 흐멜니츠키는 코자크들에게 폴란드 귀족들을 쫓아내고 다시는 돌아오지 못하게 하라고 명령했다. 이런 상황에서 크림타타르들은 변경지역을 약탈하고 심지어는 우크라이나가 자신들의 보호령이 되어야 한다고 주장하며 헤트만을 당황하게 만들었다. 일부 고위 장교들은 폴란드와 모스크바에 모두 실망하여 크림칸국의 종주권을 인정하는데 반대하지 않았다. 그러나 일반 주민들은 이런 움직임에 대해 격렬히 반대했다.

얼마 지나지 않아 게오르기 흐멜니츠키는 모든 지역의 우크라이나인들이 자신의 정책에 실망하고 있다는 것을 깨닫고 1663년 헤트만직을 스스로 사임하고 수도사가 되었다. 코자크들은 게오르기의 매형인 파벨 테테랴Pavel Teteria를 새 헤트만으로 선출했다. 테테랴는 수완이 뛰어난 인물이었고, 장교회의에 값비싼 선물을 돌려 헤트만에 선출되었다는 소문도 돌았다. 새 헤트만이 철저하게 폴란드편에 서자, 모스크바공국은 서부 우크라이나를 합병할 계획을 잠시 연기했다.

솜코와 졸로타렌코가 헤트만 자리를 노리고 경합하고 있던 동부지역은 모스크바가 두 사람을 편의에 따라 지지하였기 때문에 무정부 상태와 같이 되어버리고 말았다. 얼마 지나지 않아 제3의 후보자가 나타나 두 사람의 야망을 심각하게 위협했다. 새 인물은 자포로지아 시치의 대장(koshovy)인 이반 브루호베츠키Ivan Brukhovetsky였다. 자포로지아 코자크들은 코자크 고위 장교들을 혐오했다. 1659년 그는 헤트만직은 자포로지아 시치에서 맡아야 하고 자포로지아 코자크들이 선출과정에서 중요한 역할을 맡아야한다고 선동하여, 그때까지 없던 코쇼비-헤트만(kosovy-hetman)이라는 새로운 명칭을 얻었다. 그는 자포로지아 시치의 혼란 상태를 최대한 이용하여 자신의 이익을 취했고, 가난한 코자크들과 섞여 살며, 솜코나 졸로타렌코 같은 '귀족 코자크'들의 반대자라고 선전했다. 그는 '자포로지아의 헤트만 - 페스코 한자 안디베르(Fesko Hanza Andiber)'라는 서사시의 주인공이 되기도 하였다. 이 주인공은 가난한 코자크로 변장하고 시골지역을 떠돌아다니다가 한번은 귀족 코자크 셋(이들은 연대장인 솜코, 졸로타렌코 등을 지칭한다)이 모여 있는 술집에 들어가 이들로부터 모욕을 당한다. 그러나 주인공이 주머니에서 금화를 꺼내 테이블 가득 쏟아 놓자 귀족 코자크들은 바로 태도를 바꾸어 굽실거린다. 그러나 그는 이들과 어울리려 하지 않고 동료들에게 이 귀족 코자크들을 흠씬 두드려 패서 보통 코자크들을 존경하는 법을 배우게 하라고 명령한다. 이 서사시는 자신들의 코소비-헤트만이 도시 지역의 코자크 고위 장교들과 투쟁하여 이기는 것을 바라는 자포로지아 시치 코자크들의 바람을 보여준다. 결국 브루호베츠키는 경쟁의 승리자가 되었지만, 이 승리는 정정당당한 승부를 통해 얻어진 것이 아니라, 자신의 적들을 반역자로 모는 술수를 통해 얻어졌다. 그러나 이러한 술수로 인해 그는 우크라이나인들의 자유를 빼앗기는 무덤을 판 것이나 마찬가지였다.

그는 자신을 모스크바의 정책을 수행할 가장 순종적인 지도자로 내세웠고, 이로 인해 그의 정적인 숨코의 권위와 영향력에 타격을 가했다. 상황의 심각성을 깨달은 졸로타렌코는 1663년 니진의 전체회의와 자포로지아 코자크들과 자신을 따르는 비등록코자크들을 데리고 참여했다. 숨코도 자신의 병력과 대포를 데리고 왔고, 곧 싸움이 시작되었다. 브루호베츠키가 숨코 부대의 병사들을 선동하여 장교들에게 반기를 들게 하는데 성공하자, 숨코와 장교들은 모스크바 부대로 피신하였지만 거기서 바로 반란자로 체포되었다. 소동이 진정되자 전체회의는 방해 없이 진행되었고, 브루호베츠키가 헤트만으로 선출되어 모스크바 사절단의 인준을 받았다. 숨코와 졸로타렌코는 체포되어 반역자란 죄목이 씌어졌고, 참수형에 처해졌다. 브루호베츠키의 측근들은 자신들 쪽에 가담한 숨코의 장교들을 처벌했고, 연대기에 따르면 일반 주민들도 많은 박해를 받았다.

2. 도로셴코의 구상

테테랴와 브루호베츠키가 각각 헤트만에 선출되면서 헤트만 정부도 분열되었다. 우안은 폴란드의 보호를 받는 헤트만이 통제했고, 좌안은 모스크바의 비호를 받는 헤트만이 다스리는 2인 헤트만 체제가 시작된 것이다. 이 분열로 인해 우크라이나 세력은 결정적으로 약화되어 민족 해방을 꿈꾸기조차 어려워졌다. 코자크들이 한 명의 헤트만을 중심으로 단합하여도 독립을 얻기가 어려운 상황에서 코자크 세력이 양분되었을 뿐만 아니라, 서로 싸우는 상황이 벌어졌다. 엎친 데 덮친격으로 각처에서 반란과 봉기가 일어나 무정부상태 같은 상황이 이어졌다. 봉기의 지도자들은 우크라이나 주민들의 이익보다는 자신의 개인적 이익을 취하는데 힘을 기울였다.

권모술수로 헤트만의 자리에 오는 두 지도자도 자신들의 위치를 유지하기가 어렵다는 것을 깨닫기 시작했다. 테테랴가 먼저 자신의 취약한 입지를 깨닫고 폴란드 왕에게 대규모 군대를 파견하여 좌안 지역과 병합할 것을 요청했다. 폴란드 왕은 마지막으로 좌안 점령을 시도해보기로 했다. 1663년 말 타타르군의 지원을 받은 폴란드군이 드니프로 강을 건너 좌안으로 진격하여 도시 지역은 피하고 시골 지역을 공격하고 약탈했다. 테테랴와 폴란드군은 흘루히프Hlukhiv까지 진격하여 도시를 포위하려 하였으나, 모스크바군이 다가온다는 소식을 듣고 바로 퇴각하였다. 좌안의 우크라이나 주민들은 폴란드군에게 강한 적대감을 보였고, 동부 우크라이나를 점령해 보려는 폴란드의 시도는 목표를 달성하지 못하고 큰 희생만 치룬 채 끝났다. 폴란드군은 드니프로 강을 건너 자신들의 본거지로 돌아왔다.

폴란드군이 동부 우크라이나를 공격하는 동안, 서부 우크라이나에서도 반폴란드 운동이 거세게 일어났다. 비홉스키가 이 움직임을 주도한 것으로 죄가 씌워져, 그는 군사법원에 회부되어 억울하게 처형되었다. 그러나 그의 사후에도 반란은 계속 이어졌다. 퇴각하는 폴란드군을 추격해 서부 지역으로 온 러시아 부대와 함께 브루호베츠키는 서부 지역을 어렵지 않게 점령할 수 있었지만 그는 이 기회를 놓치고 말았다. 서부 지역을 점령할 가망성이 없다고 본 모스크바 정부도 그렇게 적극적으로 나서지 않았다. 폴란드군 중, 보그단 흐멜니츠키의 유해를 불태우게 한 잔악한 자르네츠키 장군의 부대는 우크라이나인들의 반란을 무자비하게 진압했다. 그러나 이에 아랑곳하지 않고 반란은 더 넓은 지역으로 퍼져 나갔다. 폴란드군이 다른 지역의 전투에 투입되기 위해 철수하자, 헤트만 테테랴는 더욱 어려운 곤경에 처했다. 1665년 초 테테랴는 반군 지도자 드로즈드Drozd에게 치욕적 패배를 당하고, 가산을 정리해 나라를 떠났다.

서부 우크라이나의 주민들은 폴란드의 압제에서 벗어났지만 이전의 경험 때문에 모스크바의 통치를 받아들일 생각은 없었다. 그러자 대안으로 크림칸국의 보호를 받는 안이 다시 한 번 제시되었다. 이 방향으로 행동을 취한 것은 오파라Opara라는 코자크 장교였다. 1665년 여름 그는 크림타타르의 허락을 받아 헤트만에 취임했다. 그러나 그는 얼마 있지 않아 크림타타르들에게 체포되어 헤트만직을 박탈당했다. 크림칸국이 지지한 새로운 후보는 표트르 도로셴코Petro Doroshenko였다. 그는 1665년 여름 코자크들의 지지를 받아 헤트만에 취임했다. 도로셴코는 코자크 병사들 사이에 이름이 널리 알려진 존경받는 지휘관이었다. 그는 보그단 흐멜니츠키 아래서 연대장으로 복무했고, 지난 수 년 동안 우크라이나 독립 투쟁에서 중요한 역할을 맡아왔었다.

열정이 넘치는 지도자인 도로셴코는 혼신의 힘을 다해 우크라이나의 독립 쟁취를 위해 노력했다. 비록 크림칸국의 지지를 받아 헤트만이 되기는 했지만, 그는 폴란드와 러시아, 터키 세력 사이에서 중립을 유지하며 우크라이나의 자유와 완전한 자치를 확보하려고 노력했다. 그는 크림칸국의 보호에 만족하지 않고 보그단 흐멜니츠키와 마찬가지로 칸을 설득하여 터키의 지배자 술탄과 직접 협상하는 길을 열었다. 도로셴코가 술탄을 자신의 보호자로 인정하자 터키는 그를 지원하여 우크라이나인들이 거주하는 인종적 경계를 인정해 주기로 했다. 터키와는 페레므이슬과 삼비르를 연결하는 선이 경계가 되었고, 폴란드와는 비스툴라 강에서 니멘Niemen까지의 경계선을, 모스크바공국과는 셉스크Sevsk에서 푸티블론Putivlon을 잇는 선을 경계로 인정하였다. 크림의 칸은 터키의 술탄으로부터 도로셴코를 지원하라는 명령을 받았다. 도로셴코는 바로 폴란드를 공격하지는 않았지만, 우크라이나 지역에 남아 있는 폴란드 부대들을 발견할 때마다 몰아내었다. 브라츨라프 지역은 폴란드군을 완전히 몰아내고 점령했다.

우안 지역은 자유를 되찾았고 중립 지역이 되었다. 우안 지역에 확고하게 자리를 잡은 도로셴코는 당시 우크라이나 지역 대주교였던 투칼스키Ioship Nelubovich Tukalsky의 지지도 획득했다. 투칼스키 대주교는 마렌부르그Marenburg의 폴란드 감옥에 2년이나 갇혀 있다가 풀려난 사람이었다. 도로셴코는 이제 좌안 지역을 모스크바의 지배로부터 해방시키기로 결정했다. 좌안의 헤트만인 브루호베츠키가 영향력을 잃은 것을 간파한 도로셴코와 투칼스키는 그와 협상을 시작했다. 도로셴코는 드니프로 강을 넘어 좌안을 공격할 준비를 하고 있는 한편, 둘로 나누어진 헤트만직을 다시 복원하기 위해 우안 지역 헤트만직을 내놓을 의향이 있다는 것을 알렸다. 브루호베츠키는 희망이 없는 상황에 처했음에도 불구하고, 도로셴코와 타타르의 지원을 받을 생각으로 모스크바에 대항한 반란을 사주했다.

테테랴와 마찬가지로 권모술수에 의해 헤트만에 오른 브루호베츠키는 자신의 자리를 지키는 것이 쉽지 않다는 것을 깨닫고 모스크바의 호의를 사기 위해 노력했다. 1665년 그는 차르에게 충성을 맹세하기 위해 직접 모스크바를 방문했다. 이전의 헤트만들도 유사한 일을 시도하였으나 성공하지는 못하였다. 그는 모스크바의 고관 딸과 결혼할 의사를 밝히고 이에 대한 호의적 반응을 얻어내어 귀족인 고관인 살티코프의 딸과 화려한 결혼식을 올렸다. 그는 모스크바의 자신의 관저를 마련해 줄 것을 요구하였고, 자신의 조카를 인질로 남겨 두었다. 그는 모스크바 수뇌부의 바람에 맞춰서 자신과 장교회의의 이름으로 차르가 우크라이나를 통치해 줄 것을 요청했다. 그는 모스크바가 세금 징수권을 갖고, 군사총독과 주둔 부대를 파견하며, 우크라이나 교회들을 관장할 러시아인 대주교를 임명해 줄 것도 요청했다. 이러한 아부의 결과로 그는 러시아의 귀족 칭호를 받았고, 시베리아의 거대한 영지를 포함한 많은 선물을 받았다. 그러나 그는 우크라이나에 돌아오자마자 주민들의 엄청난 적개심에 부딪쳐야 했다. 사제들과 장교들, 일반 주민들뿐 아니라 자포로지아 코자크들도 그에 대항해서 일어났다. 사제들은 자신들의 교회를 러시아 대주교의 관할 하에 둔 것에 항의했고, 장교들은 우크라이나의 자치를 파기한 것에 분노했다. 더욱이 브루호베츠키는 자신에게 반대하는 장교들을 모두 모스크바에 넘겨주어 유형에 처해지도록 했기 때문에 더 큰 분노를 샀다. 주민들은 그가 모스크바에 징세권을 넘겨주고, 모스크바 징세원들이 도착하기 전에 가능한 많은 세금을 거두어들이려고 했기 때문에 불만이 가득 찼다. 헤트만의 부패에 대해 불만의 열기는 한번에 폭발했다. 자포로지아 코자크들도 불만에 차서 자신들이 뽑은 헤트만에 반기를 들었다. 헤트만은 옛날 방식대로 코자크들을 반란자라고 몰아세우고 모스크바에 알렸다. 세금 부과를 위한 전단계로 모스크바에서 인구 조사 관리들이 내려와서 인구와 재산을 조사하고, 곧이어 세금 징수관들이 내려오자 브루호베츠키와 모스크바에 대한 불만은 크게 치솟았다. 주민들은 그때까지 그렇게 높은 세금을 징수당한 적이 없었다. 1667년 모스크바가 안드루소보 조약에서 서부 우크라이나를 폴란드에 넘겨주자 불만이 더 고조되었다. 우크라이나의 분할은 차르의 보호를 믿고 주권을 맡긴 우크라이나에 대한 배신이었다.

여기저기서 반란이 일어나기 시작했다. 브루호베츠키는 모스크바가 군대를 보내 반란을 일으킨 도시와 부락들을 쓸어버리고 불태우라고 요구했다. 그러나 모스크바조차도 이러한 헤트만의 잔학한 요구를 들어주기를 꺼려했다. 브루호베츠키는 반란이 계속되면 자신이 힘들게 얻은 차르의 후원을 상실할 수도 있다는 것을 깨달았다. 그는 도로셴코의 요청을 받아들여 모스크바에 반기를 듦으로써 인기를 만회하기로 결정했다. 그러나 그는 도로셴코의 원모심려를 알아차리지 못했다. 도로셴코는 브루호베츠키에게 모스크바와 싸울 것을 부추기면서, 다른 한편으로는 모스크바와 협상을 진행하고 있었다. 도로셴코는 이미 폴란드 정부와 협상하여 폴란드 주둔부대들이 철수하는 대신 우안 지역에 대한 폴란드의 지배권을 인정하기로 하였다. 도로셴코는 모스크바와 협상하여 좌안 지역에 대한 모스크바의 명목적 지배권은 인정하되 자신이 사실상 좌안 지역을 통치하는 것을 인정받으려고 하였다. 도로셴코의 계획을 모르는 브루호베츠키는 1668년 초 모스크바에 대한 반란을 일으켰다. 장교회의도 그의 반란을 지지하였고 모든 지역에서 학정을 펼치는 모스크바 관리들을 살해하고 추방하기 시작했다. 브루호베츠키는 주민들에게 포고문을 보내 모스크바 관리들을 몰아낼 것을 명령하고, 모스크바 주둔 부대는 철수하지 않는 경우 공격을 받을 것이라고 위협했다. 모스크바는 키에프와 체르니히프 두 곳을 빼고 나머지 지역에서 주둔 부대를 철수했다. 봄이 되자 브루호베츠키는 로모단스키Romodansky가 지휘하는 러시아군에 대한 방어에 들어갔다. 타타르군도 그를 도우러 나섰고, 도로셴코는 자신의 군대를 이끌고 드니프로 강 도강 준비를 하였다. 도로셴코는 브루호베츠키에게 전령을 보내 헤트만직을 사직하고 헤트만 휘장을 내놓을 것을 요구했다. 브루호베츠키가 이 요구를 받아들이면 그의 본거지인 하디아치를 평생 통치할 수 있게 해주겠다는 조건도 달았다. 브루호베츠키는 맑은 하늘에 날벼락을 맞은 것처럼 놀라서 이를 거부하기로 하고 도로셴코의 전령을 체포했다. 그러나 도로셴코의 부대가 오피쉬냐Opishinia에 도착하자 브루호베츠키에 대한 주민들의 적개심이 폭발하였다. 모스크바에 대항한 그의 봉기도 주민들의 마음을 돌이키지는 못한 것이다. 타타르군도 그를 버렸다. 코자크 병사들은 도로셴코에 대항해 싸우지 않을 것을 결의하고 브루호베츠키의 보급품 수송대를 습격했다. 이들은 결국 브루호베츠키를 체포하여 도로셴코에게 넘겼다. 도로셴코가 브루호베츠키를 대포에 묶도록 명령하자 코자크들은 그를 '마치 미친 개 패듯이' 팼다. 도로셴코는 그의 시신을 그가 직접 지은 하디아치에 묻도록 지시했다. 도로셴코는 모스크바군을 공격하기 위해 동쪽으로 진군했다. 그러나 로모다놉스키의 러시아 부대는 전투를 하지 않고 우크라이나에서 철수했다.

1668년 봄에 이전의 헤트만 정부가 관할하였던 모든 지역이 도로셴코의 수중에 들어왔다. 행운도 그와 함께 했다. 강한 코자크 부대를 지휘하며 그는 차르로 하여금 우크라이나의 자치를 인정하도록 만들었다. 폴란드와 터키와의 동맹도 거의 성사될 단계에 와 있었다. 그러나 그의 운명은 코노토프 전투 승리 후의 비홉스키의 운명과 비슷하게 전개되었다. 집안 내부의 싸움으로 추측되는 문제 때문에 치기린으로 귀환해야 했던 도로셴코는 체르니히프 연대장인 므노호그리쉬니Demmio Mnohohrishny를 동부 지역 임시 헤트만으로 임명하고 동부 지역을 떠났다. 그러나 이 출발은 그에게 큰 대가를 치르게 했다.

도로셴코가 떠나자마자 모스크바군은 접경지역인 시베리아 지역을 침공했고, 친러시아 세력들이 다시 발호했다. 주민들은 모스크바군 자발적으로 그 지역을 떠나지는 않지만 주민들을 압제할 능력도 없다고 보고 아무런 행동도 취하지 않았다. 동부 지역 교회들을 관할하고 있던 체르니히프 대주교 바라노비치Lazar Baranovich는 열렬한 모스크바 지지자가 되었다. 그는 자신의 영향력을 이용하여 임시 헤트만 므노호그리쉬니에게 모스크바군에 항복할 것을 설득했다. 임시 헤트만은 도로셴코에게 지원군을 보내달라고 요청하며 한동안 기다렸으나, 지원군이 오지 않자 체르니히프를 모스크바군에게 넘겼다. 코자크들은 노브호로드−세베르스키로 소집되어 거기에서 므노호그리쉬니를 정식 헤트만으로 선출하고 자치를 보장받는 조건으로 모스크바의 보호령이 될 것을 결의했다. 므노호그리쉬니는 시베리아의 헤트만으로 명칭을 받고 바라노비치 대주교에게 모스크바와 그 사이의 중재 역할을 해주기를 요청했다. 므노호그리쉬니는 1654년의 페레야슬라프 조약을 부활시켜 모스크바군이 우크라이나에서 철수하는 대신 코자크들이 모스크바의 지배권을 인정하고 크림타타르와의 동맹을 끊는다는 조건을 제시했다. 그는 만일 이 제안이 받아들여지지 않으면 권리 확보를 위해 폴란드로 밀려날 때까지 끝까지 투쟁할 것이라고 선언했다. 그의 말은 용감했지만 이미 때가 늦은 말이었다. 므노호그리쉬니는 도로셴코에 충성하며 모스크바와 협상을 벌일 수 있었는데, 모스크바는 이미 동부 지역을 점령하고 계속 보유할 생각을 한 상태였다. 그들은 자신들의 목표 달성을 위해 모략을 계속 꾸며갔다.

3. 도로셴코의 몰락

므노호그리쉬니가 헤트만으로 선출됨으로써 도로셴코는 큰 타격을 입었다. 그는 새로운 사태에 어떤 입장을 취해야 할 지 몰라 므노호그리쉬니와 타협을 하지 않았다. 처음에 그는 므노호그리쉬니를 완전히 무시했다. 도로셴코에게 인정을 받지 못한 므노호그리쉬니의 위치는 더욱 불안정해졌고, 그는 모스크바에 더욱 굴종적이 될 수밖에 없었다. 모스크바는 두 헤트만 중 누가 더 순종적인지를 시험하며 양측과 협상을 이끌어 갔다. 두 헤트만은 우크라이나의 자치 확보에 대해 잠시 동안 같은 생각을 가졌지만, 므노호그리쉬니의 입장이 어려워지고, 자신이 헤트만으로 인정받는 세베르스크 지역이 사실상 러시아군의 점령 하에 있었기 때문에 그는 자신의 주장을 강하게 내세울 수 없었다. 그러나 그는 우크라이나의 이익 확보를 위해 집요하고 진지하게 노력했다.

우크라이나 주민들은 러시아군대나 군사총독이나 관리를 비롯하여 어떠한 러시아의 행정 통제를 원치 않고 있기 때문에 도로셴코와 므노호그리쉬니의 요구가 우크라이나 전체 주민의 생각과 일치한다는 보고를 러시아 정부는 받았다. 이러한 보고는 키예프의 군사총독이며 가장 권위 있는 러시아 사절인 셰레메체프가 보낸 것이었다. 이런 이유로 므노호그리쉬니는 자신의 입장을 집요하게 주장할 수 있었다. 그러나 모스크바의 지도자들은 우크라이나 주민들의 의사를 무시하고 이들을 러시아에 복속시키려는 계획에서 물러나려 하지 않았고, 우크라이나의 어려운 상황을 놓치지 않고 이용하여 우크라이나 문제에 직접 관여하려고 하였다. 러시아는 므노호그리쉬니에게 양보를 강요하기로 하였고, 결국 그는 이 압력에 굴복하고 말았다. 1669년 3월 흘루히프에서는 병사회의가 열려 흐멜니츠키의 조약을 대신하는 새로운 조약이 제시되었다. 전체회의에 참석한 므노호그리쉬니와 장교들, 바라노비치는 러시아 군사총독 제도의 도입과 조약의 내용을 받아들이기를 강하게 거부했다. 그렇게 며칠이 지났지만 결국 3월 6일에 이들의 반대는 묵살되었고, 키예프 이외에 페레야슬라프, 니진, 체르니히프와 오스트르Ostr에 군사총독이 주둔하기로 결정되었다. 그러나 이들은 우크라이나 법정과 행정에 관여하지 않고 순수하게 주둔 부대의 지휘관 역할만 하게 되었다. 이런 면에서 보면 소위 흘루히프 조약은 두 개별 국가 사이에 체결된 것과 같은 국제조약의 성격을 띠었다. 이 조약 체결 이후 므노호그리쉬니는 정식으로 헤트만으로 인정되었다.

처음에 므노호그리쉬니는 세베르스키와 키예프만을 관할하였으나 후에 프릴루키와 페레야슬라프의 연대도 그의 수하로 들어왔다. 남부의 이 두 연대는 처음에는 도로셴코 휘하에 있었다. 자포로지아 시치에서도 헤트만들이 나왔다. 먼저 1668년에 브도비첸코라고도 불린 페트로 수호비엔코Petro Sukhovienko가 나왔고, 도로셴코가 그를 제거하자 미하일로 하넨코Mykhailo Khanenko가 1670년에 헤트만으로 선출되었다. 이 자포로지아 시치의 헤트만들은 국경지역의 연대에 동요를 가져왔고, 타타르를 자기편에 끌어들이고 서부 지역에서도 도로셴코의 권위에 타격을 주려고 시도하면서 그를 매우 성가시게 했다. 1669년부터 도로셴코는 이들과 작은 접전을 치러야 했다. 도로셴코가 폴란드에게 하디아치 조약의 효력을 인정하고 서부 지역에서도 코자크군의 배타적 권위를 인정할 것을 요구하면서 폴란드와의 관계가 틀어지자, 하넨코가 대신 폴란드와 협상을 시작하였다. 하넨코는 폴란드에 어떤 양보도 요구하지 않았기 때문에 폴란드 정부는 도로셴코 대신에 하넨코를 헤트만으로 인정했다. 폴란드가 하넨코를 지원할 여력이 없었고 하넨코의 세력이 크지는 않았지만, 이러한 움직임은 가뜩이나 힘든 도로셴코의 상황을 더욱 어렵게 만들었다.

한편 므노호그리쉬니가 헤트만으로 인정되자 도로셴코는 그를 '전선의 작은 헤트만들(pokutnyi hetmanchik)'이라고 비하하면서도 그와 화해하고 다시 좋은 관계를 맺었다. 두 사람은 모스크바에 대한 정책에서 같은 노선을 걸었기 때문에 서로를 방해하지 않았다. 두 사람은 1667년 안드루소보 조약에 의해 우크라이나가 러시아령과 폴란드령으로 양분된 것에 대해 크게 분노하였다. 특히 2년 간 러시아의 통제를 받은 후 폴란드 손으로 넘어가는 키예프 문제에 대해 크게 염려했다. 러시아는 키예프를 폴란드에 넘겨주지는 않았지만 이 문제는 우크라이나의 모든 사람을 근심하게 했고, 러시아의 정책에 대해 큰 불만을 야기했다. 므노호그리쉬니가 러시아의 정책을 비판하자, 러시아는 이것을 그를 제거하는 구실로 이용했다.

러시아와 폴란드 어느 쪽과도 확고한 관계를 맺을 수 없게 되자 도로셴코는 터키의 도움에 기대를 걸었다. 그러나 이슬람교도에 복종하는 것을 주민들이 극도로 싫어하였기 때문에 도로셴코는 술탄과의 협상을 비밀리에 진행해야 했다. 도로셴코는 터키의 동맹국인 타타르가 우크라이나를 약탈하는 것에 큰 불만을 가졌지만, 터키 이외에는 우크라이나를 곤경에서 구할 나라가 없었기 때문에 술탄에게 우크라이나를 폴란드에서 해방시킨다는 약속을 이행할 것을 촉구했다. 한동안 도로셴코의 요구는 받아들여지지 않다가 1671년 술탄 마호메드 4세는 자신의 약속을 지키기 위해 우크라이나로 출정했다. 이해 말에 술탄은 자신의 보호자인 도로셴코의 땅을 침범했다는 이유로 폴란드에 전쟁을 선포하고 1672년 봄에 큰 병력을 이끌고 우크라이나로 들어왔다. 자신보다 먼저 크림 칸의 군대를 보내 도로셴코 부대와 함께 폴란드 주둔군과 하넨코의 부대를 몰아내기 시작했다. 술탄은 카메네츠-포돌스키를 포위했다. 허술하게 방어되고 있던 도시는 바로 점령되었다. 코자크와 터키의 대군을 대적할 용기가 없었던 폴란드는 서둘러 강화조약(1672년 7월 2일 부차츠Buchach 조약)을 맺고 포돌랴를 터키에 넘겨주고 매년 공물을 보내기로 했다. 도로셴코에게 '이전의 국경을 가진 우크라이나'를 인정하였고, 그곳에 남아있던 폴란드 주둔군은 철수하기로 하였다.

이렇게 해서 도로셴코의 계획의 절반이 완성되어 우크라이나는 폴란드의 예속에서 벗어나게 되었다. 계획의 나머지 절반인 동부, 서부 우크라이나를 통합하여 완전한 자치를 보장받는 러시아와 터키의 보호령으로 만드는 것은 문제가 없는 듯이 보였다. 왜냐하면 터키의 원정에 놀란 러시아 정부는 터키가 동부 우크라이나를 점령하는 것을 염려해서 도로셴코에게 양보할 준비가 되어 있었기 때문이다. 다음 해에 터키가 동부 우크라이나(左岸)를 공격할 것이라는 소문이 이미 돌고 있었다. 차르에 의해 소집된 전국주민회의는 폴란드가 부차츠 조약에 의해 포기한 서부 우크라이나(右岸) 지역을 차르의 보호령으로 인정하기로 하였다. 이를 위해서는 도로셴코의 모든 요구를 들어주어야 한다는 것을 러시아는 잘 알고 있었다. 도로셴코는 1668년의 조약을 다시 유효화시켜 한 명의 헤트만이 우크라이나 전체를 통제해야 하며, 자포로지아 시치도 헤트만에게 복종해야 하고, 군사총독은 키예프를 포함하여 어디에도 주둔할 수 없으며, 러시아는 우크라이나를 보호하되 내정에는 간섭하지 말 것을 요구했다. 러시아는 이러한 요구를 받아들일 준비가 되어 있었지만 이러한 분위기는 오래 지속되지 않았다.

우선 우안 지역에는 므노호그리쉬니처럼 도로셴코와 같은 정치 노선을 걷고 있는 동맹이 더 이상 없었다. 장교회의는 므노호그리쉬니를 '농부의 아들'이라며 무시했고, 므노호그리쉬니는 장교회의가 모략을 꾸밀까봐 경계하며 종종 이들을 강압적으로 다루었다. 이러한 상황이 므노호그리쉬니의 몰락을 재촉했다. 불만에 찬 장교들은 지역 주둔 러시아군 수뇌와 결탁하여 1672년 3월 므노호그리쉬니를 체포하여 모스크바로 압송했다. 므노호그리쉬니는 아무 잘못도 없었지만 러시아는 그를 고문하고 재판에 회부해 그의 모든 재산을 압류하고 가족과 함께 시베리아로 유형을 보냈다. 그는 시베리아에서 가족과 어렵게 생활했지만 자신을 유형에 처한 사람들보다 훨씬 더 장수했다. 장교회의는 새 헤트만을 선출하기로 하였지만 므노호그리쉬니에게 동정적인 주민들의 반란을 염려해 러시아 국경 내에서 헤트만을 선출했다. 새 헤트만으로 이반 사모일로비치Ivan Samoilovich(일명 포포비치Popovich, '성직자의 아들'이라는 뜻의 별명)가 선출되었다. 장교회의는 그를 선출하는 조건으로 장교들은 군사 법정의 결정으로만 면직할 수 있다는 약속을 받아내었다. 러시아와의 관계는 흘루히프 조약을 되살리되 외국과의 협상에 우크라이나 대표가 참여하는 조항이 삭제됨으로써 우크라이나 정치적 자치 확보의 마지막 가능성은 사라져 버렸다.

사모일로비치는 자신을 지원해 준 모스크바에 너무 복종적이었기 때문에 도로셴코는 그와 우호적 관계를 맺을 수 없었다. 만일 모스크바가 도로셴코와 협상을 타결하면 자신의 헤트만 지위가 박탈될 것을 염려하여 그는 모든 힘을 기울여 협상이 진행되지 못하게 했고, 도로셴코를 무력으로 진압하도록 모스크바를 설득하여 결국 자신의 목적을 달성했다.

도로셴코는 다른 어려움도 만났다. 폴란드는 부차츠 협약을 이행할 생각이 전혀 없었다. 폴란드는 주둔군을 우크라이나에서 철수시키지도 않았고, 도로셴코 대신에 하넨코 편을 들었다. 폴란드는 만일 러시아가 도로셴코를 보호하면 양국 간의 안드루소보 조약을 파기하는 것과 마찬가지라고 위협하였고, 러시아는 폴란드와 전쟁을 재개할 생각이 없었다. 이렇게 해서 도로셴코와 모스크바 사이의 협상은 결렬되었다.

해가 바뀌어도 터키가 침공을 하지 않자 터키에 대한 공포도 가라 앉았다. 폴란드 군지휘관인 소비에스키Jan Sovieskii는 터키와 전투를 시작해 호틴 부근에서 터키군을 격파하였다.(그는 이 공로로 얼마 후 폴란드 국왕으로 선출된다) 터키가 그렇게 강하고 두려워할 대상이 아니며 도로셴코를 보호할 힘이 없다는 것이 드러나게 되었다. 1671년의 이 전투로 인해 도로셴코에게서 민심이 크게 이반되었고, 큰 악영향을 끼쳤다. 이제까지 비밀로 유지되어 왔던 터키와의 주종관계가 드러나면서 터키가 포돌랴 지역의 성당이 회교사원으로 바꾸고, 정교회 성물을 파괴하고 강제로 어린이들을 이슬람교도로 만들고 있다는 소문이 나돌았다. 도로셴코가 터키를 끌어들임으로써 이 모든 문제가 시작되었다는 비난이 쏟아졌다. 도로셴코의 적들은 이 상황을 이용하여 주민들이 그에게 반기를 들도록 선동했다. 도로셴코의 측근들도 터키와의 관계를 문제 삼아서 그에게 반기를 들었다.

사모일로비치는 이 기회를 이용하여 모스크바에 도로셴코와 협상을 하지 말고 힘으로 그를 굴복시키라고 설득했다. 러시아는 전쟁을 원치 않았으나 결국 로모다노비치로 하여금 군대를 이끌고 사모일로비치와 연합하여 좌안 지역으로 진격하되, 전쟁이 아니라 평화적으로 도로셴코와 문제를 해결하도록 하였다. 그러나 사모일로비치는 도로셴코가 앞으로 자신과 경쟁을 하지 못하도록 어떠한 대가를 치르고라도 그를 결정적으로 파멸시키기를 원했다. 사모일로비치는 협상을 하는 대신에 장교들과 주민들을 선동하여 로모다노비치와 함께 우안으로 진격했다. 원정은 카니프에서 시작되었다. 도로셴코에 대한 불만이 팽배한 장교들과 주민들은 사모일로비치를 지원했다. 도로셴코는 터키와 크림타타르의 지원을 요청했으나 헛수고로 끝나고 말았다. 흐멜니츠키 시절부터 술탄의 명령에 의해 원정에 나섰던 크림 칸은 도로셴코가 술탄을 통해 영향력을 행사하는 것을 싫어해서 출정을 서두르지 않았다. 거의 모든 사람이 도로셴코를 외면해서 그는 외롭게 치기린의 요새를 지켜야 했다. 사모일로비치도 치기린으로 진격하지 않았다. 그는 도로셴코를 철저히 무시하고 자신의 병력을 카니프와 체르카시에 주둔시켰다. 우안의 10개 연대(카니프, 빌라 체르크바, 코르순, 체르카시, 파볼로츠카, 칼니츠카, 우만, 브라츨라프, 포돌랴, 토르호비츠카)의 연대장들은 1674년 3월 15일 페레야슬라프에 모여 사모일로비치의 권위와 러시아의 보호권을 인정했다. 그들은 로모다노프스키의 제안에 대해 '자발적으로 조용하게'(모스크바에 보낸 보고에 따르면) 사모일로비치를 우안의 헤트만으로 인정했다. 이 모임에 참석한 하넨코도 자신의 헤트만 기장을 그에게 넘겼다. 이렇게 해서 사모일로비치는 전 우크라이나의 유일 헤트만으로 선포되었다.

4. '몰락(Ruina)'

도로셴코는 이러한 예기치 못한 자신의 몰락에 크게 의기소침하여 더 이상 투쟁을 지속할 의욕을 잃었다. 그는 이반 마제파Ivan Mazepa를 사모일로비치에게 축하사절로 보냈으나 협상에 참여하지 않고 자신에게 대항한 사모일로비치를 비난했다. 그러나 그는 사모일로비치를 헤트만으로 인정할 용의가 있었다. 이때 자포로지아 시치 대장 시르코가 보낸 전령이 도로셴코에게 왔다. 전에는 러시아 지지자였던 이 유명한 전사 코자크는 유형에서 돌아온 후 러시아의 적대자가 되었다. 그는 도로셴코에게 사모일로비치에게 굴복하지 말 것을 권유하고, 그렇게 할 경우 자포로지아 코자크가 그를 지원할 것이라고 말했다. 폴란드에서는 소비에스키가 왕으로 곧 선출될 것이라는 소식이 들어왔다. 오래전부터 도로셴코와 좋은 관계를 유지했던 그는 우크라이나가 터키를 버리고 폴란드의 보호 밑에 들어오면 이전의 권리를 회복시켜준다고 약속한 바 있었다. 타타르도 그를 지원하러 올 것이라는 소식도 들어왔다. 도로셴코는 다시 투쟁하기로 결정하였으나, 안타깝게도 이것은 그의 마지막 시도가 되고 말았다. 도로셴코는 마제파를 크림타타르에게 보내 지원을 독촉했고, 다른 사절들을 술탄에게 보내 크림 칸이 지원을 주저한다는 불평을 전달했다. 그는 터키가 빠른 시간 내에 그를 지원하지 않으면 그는 우크라이나를 떠나 터키로 올 것이라고 위협했다. 실제로 그는 더 이상 버틸 힘이 없었고, 우안 우크라이나를 포기해야 할 상황이었다. 터키의 부대가 도착하였고 도로셴코는 위협을 동원하여 우안 지역의 도시들을 다시 통제하기 시작하였고, 반대자들은 타타르에게 넘겼다. 그러나 타타르가 귀환하자마자 사모일로비치는 우안으로 군대를 보냈고, 주민들은 대거 도로셴코를 버리고 떠났다. 사모일로비치가 치기린을 포위하고 도로셴코는 절망적인 상황에 빠졌다. 많은 코자크가 적 진영으로 넘어가 그에게는 겨우 5,000명 정도의 병력만 남아있었고 이들 중 상당수가 도로셴코의 터키 정책에 불만을 가지고 있었다. 도로셴코는 작은 성에서 농성하며 극단적 경우 화약통을 스스로 터뜨려 자살할 생각을 가지고 있었다는 얘기가 전해온다. 이때 터키와 타타르가 그를 도우러 온다는 소식이 전해졌다. 사모일로비치는 모든 것을 포기하고 강을 넘어 돌아갔다. 도로셴코는 위기는 넘겼지만 이것이 큰 도움이 되지는 못하였다. 터키군은 포돌랴와 브라츨라프 지역에서 반대자들을 처벌했고, 이들의 원정은 도로셴코를 돕기는커녕 큰 해를 끼쳤다. 터키에 대한 공포는 전 지역으로 퍼져서 이후에 어떠한 행동도 할 힘을 다 소진시켰다. 사모일로비치도 우안 지역을 통제할 의욕을 잃었다. 작은 접전만 벌어지며 1675년 1년이 지나갔다. 도로셴코는 징벌적인 원정을 계속하며 마을들을 공격하고 주민들에게 형벌을 내리며 강제로 복종시켰다. 사모일로비치의 부대도 나타나 이와 유사한 행동을 했으며 폴란드 부대도 주민들을 폴란드에 복종시키기 위해 악행을 계속했다.

이 모든 원정과 강요와 타타르, 터키, 폴란드, 러시아에 의해 초래된 '몰락(ruina)'을 우크라이나 주민들은 더 이상 견디지 못하고 우안 지역을 버리고 떠나기 시작했다. 주로 우안 지역에서 진행된 초기 코자크 전쟁으로 인해 많은 주민들이 강을 건너 이주했었다. 1648년-1649년의 흐멜니츠키의 봉기가 실패로 끝난 후 이주하는 주민의 숫자는 크게 늘어났다. 폴란드 지주들이 다시 돌아오는 것과 앞으로도 끝날 전망이 보이지 않는 전란을 피해 마을 전체가 우안 지역을 떠나기도 하였다.

드니프로 강을 건넌 유민들의 행렬은 내륙 깊숙이 들어가 러시아와의 경계를 넘었고, '자유 공동체지역(Slobozhanshchina)'에까지 이르렀다. 지난 수십 년간 지속된 이주는 1660년대 더욱 증가하였고, 1674-1676년 사이에 절정에 이르렀다. 키예프 지역과 브라츨라브 지역은 완전히 황폐화되었고, 벽촌 구석의 주민들까지 강을 건너 이주했다. 도로셴코는 이러한 이주가 계속되면 그의 계획은 수포로 돌아가고 그는 통치할 주민도 없게 될 것을 알았다. 그는 가능한 모든 조치를 취했다. 헤트만 포고령인 우니베르살(Universal)을 선포하고,

감언으로 설득하고, 위협하고 무력을 쓰기도 하며 이주를 막아보려 했다. 이주 집단을 직접 공격하기도 하고 타타르에 넘겨줌으로써 공포 분위기를 조성하려 하였으나 모두 허사였다. 1675년 사모일로비치는 우안 지역에 주민이 얼마 남아있지 않다고 모스크바에 보고하였다. 좌안 지역에도 여유 농지가 거의 없어서 주민들은 국경을 넘어 러시아 지역으로 가서 현재의 하르키프나 보로네즈 지역으로까지 이동했다.

도로셴코는 사태가 되돌릴 수 없을 정도로 진행되었지만 러시아로부터 조금이라도 양보를 얻어내어 우크라이나의 일부 지역에서라도 헤트만 지위를 유지하기를 원했다. 이 '마지막 코자크'는 황폐한 지역 가운데에 조금 남은 코자크 용병들과 함께 치기린 요새의 산에 올라가 자신의 처지를 '한탄'했다. 그러나 그는 투쟁할 힘을 점점 잃어갔다. 사모일로비치는 어떠한 양보도 하지 않으려 했다. 러시아도 우크라이나 전체의 헤트만은 사모일로비치 한 사람이어야 하고 도로셴코는 그의 밑으로 들어와야 한다는 생각을 가지고 있었다. 협상은 시간을 끌기만 하였고, 러시아는 가능한 평화적으로 사태를 해결하기를 원했다. 도로셴코는 터키와 타타르가 지원해 주기를 청했으나 아무 결과가 없었다. 시르코가 자신의 동맹자를 구하려 나섰다. 그는 자포로지아 시치가 사태를 해결해야 하며 새로운 헤트만은 자포로지아에서 선출되어야 한다는 옛 논리를 내세웠다. 도로셴코는 자신의 헤트만 기장(旗章)을 시르코에게 넘겨주었고 시르코는 새 헤트만을 선출하기 위해 병사회의를 소집했다. 사모일로비치는 당연히 이러한 자포로지아의 요구를 인정하지 않았다. 1676년 봄 그는 사태의 해결을 위해 체르니히프 연대장인 보로콥스키Borokovskii를 파견했다. 그러나 보로콥스키는 치기린으로 들어가지 못하였다. 이 해 가을 사모일로비치가 문제를 최종적으로 해결하기 위해 로모단스키의 부대를 포함하여 대부대를 이끌고 드니프로 강을 건넜다. 도로셴코는 다시 한 번 터키와 타타르에 도움을 청했으나 이들은 끝내 나타나지 않았다. 그러나 그는 때가 온 것을 알고 이 희망 없는 내란을 끝내기로 했다. 그는 치기린 요새에서 스스로 나와 사모일로비치 연대에게 자신의 헤트만 기장을 내놓았고, 이것은 사모일로비치에게 전달되었다. 이렇게 해서 1676년 9월의 도로셴코의 정치적 생명은 끝이 났다. 그는 남은 여생을 평온하고 자유롭게 보내게 해달라고 요청하였으나 러시아 장교들은 사모일로비치의 청원에도 불구하고 그를 모스크바로 보냈다. 그는 모스크바에서 몇 년 동안 연금 생활을 한 후 뱌트카Viatka의 군사총독으로 보내졌다.(1679-1682년) 이후에는 야로폴체Yaropolche와 볼로코람스키Volokoramskii의 영지에서 평온하게 여생을 마쳤고 결코 우크라이나로 돌아오지 못했다. 그는 1680년에 죽은 동맹자 시르코와 시베리아 유형 생활에서 죽은 사모일로비치보다 더 오래 살다가 1698년에 죽었다.

5. '대추방'과 서부 우크라이나의 새 헤트만 국가

도로셴코의 항복으로 우안 지역의 모든 문제가 풀린 것은 아니었다. 사모일로비치는 드니프로 양안(兩岸)의 통합 헤트만이 될 것을 기대했으나 이 희망이 실현되지는 않았다. 터키는 적절한 때에 도로셴코를 지원하지는 않았지만 우안 우크라이나에서 물러날 생각을 하지 않았다. 폴란드도 거의 황폐화된 우안 지역의 권리를 되찾으려고 했다.

도로셴코의 몰락을 알고 난 후 터키는 그의 자리에 자신들의 가신으로 게오르기(유리) 흐멜니츠키를 앉힐 계획을 세웠다. 게오르기는 1672년 터키가 원정을 왔을 때 포로로 잡아 코스탄티노플로 데려가셔 구금을 한 바 있었다. 술탄은 총대주교로 하여금 그의 수도사직을 면하게 하고 그를 헤트만으로 만들어 터키군과 함께 파견했다. 1677년 여름 터키군은 게오르기 흐멜니츠키와 함께 러시아군이 주둔하고 있는 치기린으로 다가왔다. 로모다놉스키와 사모일로비치는 그를 맞아 출정을 했고, 터키군은 후퇴를 했다. 다음해 터키는 다시 출정 준비를 하며 러시아 정부에게 우안 지역에서 손을 뗄 것을 요구했다. 이 요구에 매우 동요된 러시아는 터키와의 전쟁을 피하기 위해 우안 지역을 떠날 의사를 가지고 있었으나 사모일로비치가 이에 반대했다. 로모다놉스키에게는 터키군이 진공해 오는 경우 사모일로비치와 함께 출정하되 전투를 하지 말고 터키가 드니프로 강을 넘어 요새를 건설하지 않는다면 치기린에서 주민들을 철수 시킨 후 치기린 요새를 파괴한다는 협상을 시작하라는 훈령이 전달되었다. 1678년 여름 터키군이 다시 침공해 와서 치기린 요새를 포위하자, 모스크바의 비밀 훈령을 알지 못하는 치기린 주둔부대는 처음에 완강하게 저항했다. 로모다놉스키로부터 치기린에서 빠져나와 요새를 파괴하라는 명령이 내려왔다. 요새에 폭발물을 설치하고 수비대는 빠져 나왔고 요새는 폭파되었다. 이 과정에서 요새를 점령하려고 서둘러 진입했던 많은 터키 병사들이 폭사했다. 남아있던 주민들은 강제적으로 좌안으로 이주시켰다.

　우크라이나 주민들은 큰 불만에 쌓여 자신들을 보호하는 대신 나라를 터키에 경솔하게 넘겨준 러시아를 비난했다. 우안 지역에서 밀려난 사모일로비치는 자유공동체 지역에 주민들을 이주시키고 우안 지역 대신에 이 지역을 헤트만 관할령으로 병합시키기를 원했다. 그러나 러시아 정부는 자유공동체 지역은 러시아의 직접 관할을 받는 지역이었기 때문에 이러한 보상을 생각하지 않았다. 사모일로비치는 우안 지역 주민들을 오렐Orel 강 유역에 정착시켰다. 우안 주민들의 강제적인 이주는 주민들 사이에 '대추방(Zgin)'으로 기억되어 전해져 왔다.

우안 지역의 공백은 오래 지속되지 않았다. 1676년 폴란드 국왕으로 선출된 얀 소비에스키는 포돌랴 지역을 다시 차지하기 위해 터키와의 전쟁을 준비했다. 이를 위해 그는 키예프를 러시아에 넘겨주고 매년 20만 루블을 지불하는 조건으로 1680년 러시아와 조약을 맺고 공동으로 터키와의 전쟁을 준비했다. 러시아는 터키와 평화 조약을 맺기 위한 협상을 동시에 진행했다. 러시아의 지도자들은 이 문제에 대해 사모일로비치의 의견을 구했다. 그는 폴란드를 믿고 동맹을 맺어서는 안된다고 강하게 경고했고, 터키와는 드니프로 강에서 드네스트르 강까지, 아니면 최소한 부흐 강까지의 지역을 양보 받는 조건으로 협상에 나설 것을 권고했다. 크림 칸은 이에 반대했고, 결국은 드니프로 강을 경계로 하기로 결정되었다. 1681년 러시아와 터키 사이에는 드니프로 강과 부흐 강 사이를 주인 없는 땅으로 하는 이러한 협상안이 마련되었으나, 이 땅을 차지할 생각을 하고 있었던 콘스탄티노플의 터키 정부는 이 협상안을 인정하지 않았다.

터키의 이러한 목표는 쉽게 달성되지 않았다. 1677-1678년의 치기린 원정 이후 터키는 게오르기 흐멜니츠키 덕에 주민의 지지를 받을 것으로 기대하며 우안 지역을 그에게 맡겼으나, 아버지의 후광 이외에는 아무 것도 없는 흐멜니츠키는 이런 어려운 여건에서 아무것도 달성할 수 없었다. 1681년 터키는 게오르기 흐멜니츠키를 불러들이고, 우안 지역의 관리를 몰다비아 군사총독 두카Duka에게 맡겼다. 그는 오랜 기간 세금 면제 혜택을 내세우며 주민들을 끌어들이려고 노력하였다. 좌안 지역의 생활 여건도 어려웠으므로 이 혜택에 귀가 솔깃한 주민들이 다시 우안 지역으로 돌아오기 시작하였다. 그러나 1683년 폴란드가 두카를 체포하면서 그의 재식민화 정책은 종결되었다. 이후 터키는 다양한 시도를 하기는 하였지만 우안 지역 식민화 정책에 별다른 성공을 거두지 못하였다.

  폴란드의 지시를 받아 우안 지역 식민화를 시도한 여러 지도자들은 훨씬 큰 성공을 거두었다. 터키와의 전쟁을 준비하며 코자크군의 지원이 필요했던 소비에스키는 여러 장교들에게 코자크군의 동원임무를 부여했다. 1683년 소비에스키가 비엔나를 포위하고 있던 터키군을 격퇴하기 위해 출정하였을 때 코자크군은 그를 도와 큰 공훈을 세웠다. 소비에스키는 드니프로 지역에 많은 주민을 거주시켜 코자크 병력 충원에 활용하는 것이 바람직하다고 생각했다. 1684년 소비에스키는 로스Ros 강 이남의 지역을 코자크 정착 지역으로 정하고 여러 가지 권리와 혜택을 제공하기로 하였고, 1685년 폴란드 의회는 이 조치를 승인했다. 여러 코자크 장교가 이 지역의 연대장으로 임명되었다. 코르순 연대에는 이스크라Iskra, 보구슬라브(Boguslav) 연대에는 사무스Samus, 포부제(Pobuzhe) 연대에는 아바진Abazin이 연대장으로 임명되었다. 그러나 이 중 일명 팔리이Paliy라고도 불린 세멘 그루코Semen Gurko가 가장 유명했다. 그는 로스 강과 헤트만령 사이의 지역인 파스티브(Fastiv) 요새를 관할했다. 폴레샤, 볼히냐, 포돌랴

등 우안 지역의 주민 뿐 아니라 좌안 지역, 특히 지리적으로 인접한 하디아치, 루벤스키, 미르호로드 연대 지역의 주민들이 대거 그의 지역으로 이주해 왔다. 전에는 우안 지역에서 좌안 지역으로 주민들이 대거 이주해 갔지만, 지금은 그 반대 상황이 되었다. 주민들이 떠나는 지역의 지도자들은 이주를 막아보려고 애를 썼지만 성공을 거두지 못하였다. 당시 좌안 지역의 코자크 장교들은 새 이주민들에게 높은 세금을 부과하며 농민들과 농지 소유자들을 압박했다. 불만에 가득 찬 주민들은 팔리이와 다른 연대장들의 호의적 제안을 받아들여 자유가 있는 우안 지역으로 대규모로 이주했다. 3-4년이 지나자 우안 지역에 상당히 많은 코자크 주민들과 코자크군들이 정착했다. 이러한 변화는 터키와의 전쟁을 준비 중이던 소비에스키에게 아주 유리하게 작용했으나, 새 이주민들은 폴란드 정부와 협력할 생각이 전혀 없었다. 1688년부터 팔리이와 우안 지역의 다른 연대장들은 좌안의 헤트만령과 연합하기 위한 노력을 시작하였다.

6. 헤트만 국가의 상황

우안 지역의 지배자가 폴란드에서 러시아로, 러시아에서 터키로 바뀌면서 주민들이 이주하였다가 다시 돌아오고, 파괴되었다가 다시 살아나고, 처형을 당했다가 다시 자유를 되찾는 험한 변화를 겪는 동안, 좌안 지역은 단계적으로 정치적, 사회적 자유를 잃어가면서 조용히 쇠락해 가고 있었다. 1688년 브루호베츠키의 반란이 진압된 이후 십수년 동안 아무런 혼란과 소요가 없었다. 은밀하게 음모를 동원해 자신들이 원치 않았던 '농부의 아들' 도로셴코를 제거한 장교들은 그 대신에 조심스럽고 약삭빠른 '성직자의 아들'인 사모일로비치를 헤트만으로 내세웠지만, 15년 뒤에는 그를 제거하고 이반 마제파를 헤트만으로 만들었다. 장교회의는 모스크바가 우크라이나의 정치적 권리를 계속 침해하는 것을 묵인하며 모스크바의 요구에 순종적으로 따랐다. 시베리아로 추방되어 '문전걸식을 하며 목숨을 이어가고 있다'며 자신의 사면을 요청하는 편지를 보낸 므노호그리쉬니의 전철을 밟지 않기 위해 조심성이 많은 사모일로비치는 모스크바의 비위를 건드리는 일을 조금이라도 하지 않으려고 애를 썼다. 그는 아들들을 모스크바로 보내 러시아 정부의 환심을 사서 아버지의 충성심을 증명하게 만들었다. 사모일로비치의 아들들은 후에 연대장으로 임명되었다. 한 명은 스타로두프의 연대장이 되었고, 다른 한 명은 체르니히프의 연대장이 되었다. 사모일로비치의 조카는 하디아치의 연대장으로 임명하였다. 사모일로비치는 자신의 딸을 러시아 귀족 표도르 세레메체프에게 시집을 보내고, 자신을 키예프의 군사총독으로 임명해 달라고 모스크바에 요청했다. 러시아는 이 충성스러운 헤트만을 높이 평가하고 때때로 전달되는 그에 대한 비난을 무시하며 사모일로비치의 의견을 따랐다. 자신의 적들을 모두 굴복시키고 주위에 친척들을 배치하고 차르의 신임을 확보해서 겉으로 보기에 사모일로비치의 헤트만 지위는 안전한 것처럼 보였다.

러시아의 신임에 보답하기 위해 사모일로비치는 때로는 내키지 않는 일도 해야 했고, 러시아의 우크라이나 정책에 대한 그의 건의는 무시되었다. 이미 알고 있는 바와 같이, 자유공동체 지역을 자신의 관할 하에 두게 해 달라는 그의 건의는 무시되었고, 이와 유사한 일들은 많이 벌어졌다. 사모일로비치는 러시아 정부의 정책에 맞춰 이제까지 누구도 하기 원치 않았던 일을 해야 하는 상황이 벌어졌다.

그것은 키예프 대주교를 모스크바 총대주교 관할에 복속시키는 것이었다. 1684년 투칼스키가 사망하자, 러시아 정부는 사모일로비치로 하여금 모스크바 총대주교의 축복을 받고, 그의 권위를 인정하는 후계자를 찾도록 했다. 그는 스뱌토폴크-체트베르친스키Sviatopolk-Chetvertinskii의 대공이자, 루츠크의 주교인 자신의 친척 게데온Gedeon을 후계자로 지명했다. 사모일로비치는 자신이 싫어하는 체르니히프 대주교 바라노비치의 동의를 구하지 않고 일을 진행했다. 키예프 대주교 관구는 체르니히프 대주교 관할에서 모스크바 총대주교 관할로 이전되게 되어 있었다. 러시아 정부는 콘스탄티노플의 총대주교에게 문제를 해결하도록 의뢰하였는데, 총대주교는 다른 총대주교들의 동의 없이는 일을 진행할 수 없다는 예상치 못한 답을 했다. 이렇게 되자 러시아는 터키의 총리대신이 나서서 총대주교들을 설득하도록 '압력'을 가했다. 당시 터키는 폴란드왕 얀 소비에스키가 러시아와 연합하여 터키에 대항하려 하고 있었기 때문에 러시아와 좋은 관계를 유지하기를 원하고 있었다. 이렇게 우크라이나 교회가 모스크바 총대주교 관할에 들어가면서 자치권을 잃게 되었고, 이와 함께 종교적, 문화적 자치성도 상실하게 되었다.

그러나 러시아에 대한 사모일로비치의 모든 굴종적 봉사와 공헌도 그의 비극적 종말을 막지는 못했다. 모스크바에 지나치게 의존하게 되면서 한때 '선량하고 모든 주민에게 자애로운 사제의 아들'도 초심을 잃기 시작했다. 그는 장교들의 충언을 무시하고 자의적으로 통치하기 시작하고, 장교들을 경멸적으로 대했으며 뇌물을 받고 관직을 나누어주었다. 그는 자신의 자리를 아들에게 넘겨주기 위해 헤트만직을 세습제로 만들 생각도 했다. 그에게 완전히 등을 돌린 장교들은 전임자를 제거할 때처럼 그를 음모로 제거하기로 하고 반란을 일으킬 기회가 오기만을 기다렸다. 이 기회는 전혀 예상하지 못한 상황에서 다가왔다.

사모일로비치의 조언에도 불구하고 러시아는 결국 터키에 대항하기 위해 폴란드와 동맹을 맺었다. 1686년 러시아는 폴란드와 영구 평화 협정을 맺었다. 러시아는 키예프를 넘겨받는 대가로 146,000루블을 다시 폴란드에 지불하고, 폴란드, 오스트리아, 베네치아가 터키를 공격하면 러시아는 크림 칸과 전쟁에 돌입하기로 약속했다. 사모일로비치는 자기 대신에 폴란드가 우안 지역을 차지하는 것을 원하지 않았기 때문에 이 협정에 강하게 반대했다. 그러나 사모일로비치는 사태를 되돌릴 수 없었다. 그는 표트르 대제의 섭정인 소피아 황녀가 가장 신임하는 러시아의 골리친Golitsyn 대공의 지휘를 받으며 러시아군과 함께 크림 원정에 나섰다.

초원에서의 전투 경험이 풍부한 사모일로비치는 초봄에 대군이 원정에 나설 것을 주장했으나 그의 의견은 무시되었고, 초원의 풀이 마른 여름에 원정이 시작되었다. 크림타타르군이 초원에 불을 지르자, 골리친은 아무 공격도 하지 못하고 후퇴할 수밖에 없었다. 원정의 실패로 자신의 입지가 흔들릴 것을 염려한 골리친은 책임을 전가할 사람을 찾았다. 이러한 상황을 파악한 코자크 장교들은 회군하는 골리친을 찾아가, 러시아에 호의적이지 않고, 특히 러시아와 폴란드의 동맹에 불만을 가진 사모일로비치가 고의적으로 모든 일을 꾸몄다고 고소했다. 이것은 명백한 거짓이었지만 여제와 골리친은 늙은 헤트만의 그간의 충성을 무시하고 그에게 책임을 묻기로 했다. 골리친은 장교들의 불만을 근거로 사모일로비치를 헤트만직에서 해임하고, 그와 가족을 모스크바로 압송하고 새 헤트만을 뽑는 권한을 위임받았다. 사모일로비치와 맏아들은 재판도 받지 않고 모스크바로 압송되어 시베리아 유형에 처해졌다. 그의 전 재산은 압류되어 절반은 차르의 재정으로 귀속되고, 나머지 절반은 코자크 군사 금고로 보내졌다. 체르니히프 연대장이었던 둘째 아들은 체포에 저항한 죄로 재판에 회부되어 사형이 언도되었고, 셉스크에서 무참히 처형되었다. 사모일로비치는 2년 뒤 유형지인 시베리아의 토볼스크에서 사망했다.

사모일로비치가 체포되었다는 소식이 전해지자 여러 코자크 연대에서 코자크 병사들이 장교들에게 반란을 일으켰다. 코다크 요새의 프릴류키 연대에서는 연대장과 연대 판사를 불에 던져 넣고 흙으로 매장하였다. 하디아치 연대에서도 몇 명의 장교가 살해되었다. 다른 연대에서는 '헤트만(사모일로비치)의 친구'인 장교들까지도 공격을 받았다. 이런 상황이 벌어지자 장교들은 임시 헤트만 보르콥스키 Borkovskii 대신에 새 헤트만을 빨리 선출할 수 있도록 해 줄 것을 요청했다. 헤트만 선출 문제는 이반 마제파가 이미 손을 써놓았던 것으로 보인다. 그는 헤트만으로 선출되면 만 루블을 골리친에게 주기로 약속했고, 무소불위의 골리친의 권위 앞에 마제파가 선출되는 것을 반대할 사람은 없었다. 병사회의에서는 1669년의 흘루히프 조약의 몇몇 조항이 개정되었다. 장교들은 차르나 헤트만으로부터 영지를 할당받으며, 헤트만은 차르의 동의 없이 장교들을 해임할 수 없고, 우크라이나와 러시아의 관계를 밀접하게 하기 위해 러시아인과 우크라이나인의 결혼과 우크라이나인들의 러시아 도시로의 이주를 장려하기로 하였다. 그러나 이 마지막 조항들은 공식 문서에 포함되지는 않았다. 이러한 조항 개정 후 골리친은 장교회의가 마제파를 신임 헤트만으로 선출하도록 요청하였고, 장교회의는 1687년 7월 25일 그를 헤트만으로 선출하였다.

새로 헤트만에 선출된 이반 마제파는 빌라 체르크바의 소귀족 출신이었다. 그는 1640년경에 태어났고, 청소년 시절을 폴란드 궁정에서 보냈다. 1659년-1663년 사이 그는 여러 일을 맡아 우크라이나에 파견된 경험이 있었다. 이후 그는 폴란드 궁정을 떠나 우크라이나로 왔다. 그가 떠난 이유는 치정(癡情) 문제 때문인 것으로 알려졌는데, 수많은 시인들이 이를 소재로 시를 썼다.[24] 마제파는 우크라이나로 이주한 뒤 코자크군에 가담하여 도로셴코의 측근이 되었다. 1675년에는 도로셴코의 명을 받아 크림으로 가던 중 동부 우크라이나에서 체포되어 그 지역에 억류되었다. 여기서 그는 사모일로비치와 러시아의 신임을 받았고, 사모일로비치가 체포될 당시 참모장직을 맡고 있었다.

16장   이반 마제파

1. 장교회의와 코자크 사회

헤트만의 교체는 우크라이나의 생활에 큰 변화를 가져오지 않았다. 마제파는 전임 헤트만들의 정책을 추종했다. 10년간의 열매 없는 전쟁에 지쳐 평화를 원한 동부 우크라이나 헤트만 장교들도 같은

---

24) 바이런은 1818년 '마제파'란 시를 지었고, 1829년 빅토르 위고도 그에 대한 시를 썼다. 푸쉬킨은 1829년 '폴타바'를 썼고, 프란츠 리스트(1851년)와 차이코프스키(1881-1883년)는 '마제파'라는 오페라를 만들었다.

길을 갔다. 도로셴코의 패배는 이들에게 교훈을 가르쳐 주었고, 새로운 상황에 대한 표지판 역할을 했다. 도로셴코는 우크라이나의 진정한 독립을 위해 투쟁한 흐멜니츠키 타입의 마지막 지도자였다. 그가 목적을 이루기 위해 취한 극단적 수단들과 그에게 덮친 불행, 모든 사람이 그를 떠나버리고 민중들도 그를 미워한 사실은 동시대인들에게 우크라이나는 모스크바의 통치를 벗어날 수 없다는 생각을 갖게 했다. 그리고 민중들이 장교회의를 적대적으로 바라보고, 가장 순순한 정치적 동기도 의심스런 눈으로 바라보는 상황에서는 러시아에 대항해 항쟁하는 것은 불가능하다고 보았다. 자포로지아 코자크조차도 적대적이고 믿을 수 없는 상황에서는 더욱이 그랬다. 러시아가 이끄는 대로 따라가고, 개인적 영화를 위해 러시아 정부의 은전을 구하는 것이 훨씬 편한 길이라고 보았다.

정치적 문제에서 장교회의에서 계속 양보를 받아가며 우크라이나의 정치적 자유를 제한하는데 성공한 러시아 정부는 영지와 관직에 대한 장교들의 바람과 요구를 들어주며 장교회의의 이해관계도 자신들이 원하는 방향으로 이끌어갔다. 우크라이나에 지주와 영지 소유 귀족층을 만들고, 주민들의 농노화를 가속화시키는 것은 우크라이나를 귀족제와 농노사회가 확고한 러시아와 유사하게 만드는 것이었다. 이런 정책은 우크라이나 민중들과 정치 지도자들 사이의 적대감을 조성시켰고, 이 적대감은 시간이 갈수록 골이 깊어졌다. 자유를 좋아하는 민중들은 절망했다. 원로 바라노비치Baranovich는 '우크라이나 사람들은 자유를 갈망했다'라고 썼다. 이러한 민중들의 불만은 1669년 반란으로 표현되었다. 러시아는 민중들을 장교들에게 복속시킨 후, 장교들은 러시아 정부의 손아귀에 넣었다. 러시아의 지배자들은 장교들의 경제 문제의 열쇠는 정부가 쥐고 있고, 러시아 정부는 일반 민중들을 언제라도 장교들에 대항하여 일어날 수 있게 만들 수 있다는 것을 잘 알았다.

러시아 정부는 코자크 장교들의 충성스런 복종의 대가로 땅을 후하게 나누어 주었고, 헤트만의 요구도 들어주었다. 이런 식으로 정부는 장교들을 포섭해 나갔다. 장교들에게 이것은 달콤한 미끼가 되었고, 기꺼이 선물을 받아먹으며 러시아 정부가 지시하는 대로 따랐다. 장교들은 주인이 없는 땅과 이전에 군대에 속했던 땅을 사유화하며 영주로 변해갔고, 코자크들과 농민들을 농노로 만들며 러시아의 정책을 충실히 따랐다. 장교회의에서 선출된 헤트만인 사모일로비치와 마제파도 이 노선을 따랐다. 러시아 정부에 순종하고, 그 정책을 따르며 그들은 장교회의의 이익에 봉사했다. 그들은 우크라이나에서 진행되는 군대 토지 사유화와 농노화 정책이 위험한 반목을 조성하고, 우크라이나인들의 모든 정치적 활동을 파괴한다는 것을 깨닫지 못했다. 헤트만 사모일리비치와 마제파의 시대는 40년간 지속되었다. 이 기간은 1648년-1649년의 위대한 봉기에 의해 형성된 자유적 제도의 운명을 결정하는 시기였다. 그러나 불행하게도 불완전하게 형성된 자유적 제도는 귀족주의로 대체되었고, 이것은 자유적 유산을 모두 파괴해 버렸다.

이 과정에서 두 가지 일이 진행되었다. 하나는 토지의 탈취이고 다른 하나는 주민의 농노화였다. 1648년-1649년 흐멜니츠키의 봉기로 지주들이 추방된 우크라이나 동부 지역에서는 엄청난 면적의 땅이 자유농민들의 차지가 되었다. 그들은 촌락을 건설하며 경작이 가능한 만큼의 땅을 차지했다. 이러한 사태는 새로운 경제적 상황과 질서를 만들어 냈다. 이전의 모든 지주 제도가 '코자크의 칼'에 의해 파괴되었어도, 옛 제도의 일부는 봉기 속에도 살아남았다. 혁명의 첫 폭풍이 지나자 이것들은 다시 생명력을 되찾아 자라서 새로운 제도가 싹을 피우지 못하게 방해했다. 정교회 수도원과 교회는 토지를 보유한 채 이전처럼 운영을 했고, 코자크 장교단에 참여한 일부 지주들은 러시아 정부에 토지 소유권을 인정받아 영지를 계속 소유했다. 이들의 본을 따서 다른 장교들도 토지 소유 허가를 요청하기 시작했다.

폴란드 지주들의 영지를 차지하고 통치를 시작한 우크라이나 장교들은 이미 언급한 것처럼 자신들을 새로운 특권 귀족계급으로 생각하고, 사회, 경제적 영역에서 폴란드 지주 귀족과 같은 행세를 했다. 장교 귀족들은 귀족 문양을 채택하고, 자신들의 혈통을 폴란드나 리투아니아의 귀족 가문과 연관지으며 가문의 계보를 만들어 내었다. 도시나 코자크 법원에 새로운 사회적, 경제적 특권을 인정하는 법률 체계가 없었으므로, 이들은 리투아니아의 법률과 독일의 마르덴부르그 시 법률을 뒤져서 과거의 소유권을 새로운 경제 상황에 적용하고, 새로운 제도에 스며들게 하였다. 이러한 옛 법규를 근거로 장교들의 토지 사유와 농노화 권리가 강화되었다.

코자크 장교들은 일반 코자크들과 농민들과 같은 방법으로 주인 없는 토지를 사유화하였으나, 토지 규모는 훨씬 컸고, 이 토지는 농노나 농민들을 동원해 경작시켰다. 땅을 차지하는 것만으로는 부족하여, 장교들은 자유농민들이 거주하고 있는 부락을 소유할 수 있게 해달라고 헤트만과 연대장뿐 아니라 차르에게까지 청원하였다. 농민들은 갑자기 자신들과 재산이 '귀족'이라고 자칭하는 장교 손에 들어간 것을 알았다. 만일 어떠한 공훈에 대한 대가로 귀족이 황제로부터 허가를 받으면 마을의 사람과 모든 재산은 영구히 그에게 귀속되었다. 이러한 제도는 재산과 자유로운 주민들을 귀족들에게 나눠주는 폴란드 왕정의 제도와 유사했다. 1687년에는 그때까지 장교들이 헤트만으로부터 받은 모든 재산에 대한 소유권이 인정되었다. 장교회의는 러시아 정부가 앞으로도 헤트만이나 장교회의에 의해 분할된 모든 땅과 직접 구매한 땅에 대한 권리도 포괄적으로 인정해 줄 것을 요구했다. 그러나 러시아 정부는 이러한 포괄적 허가를 주지 않고, 각 경우마다 허가를 받게 했으며, 이런 방법을 통해 정부에 대한 특별한 공로를 만들어 땅을 얻도록 유도했다.

황제 정부에 대한 큰 공을 내세울 수 없는 하급 장교들은 농민들과 코자크들에게 명목적 가격으로 토지를 구입했다. 그러나 농민들의 곤궁을 이용하거나, 여러 수단을 동원해 강제로 땅을 팔게 해서 '구매'라는 말이 어떤 때는 강탈을 의미하기도 했다. 코자크들은 자신들의 땅을 팔 권리가 없어서, 이들은 자신들의 의사에 반해 농노가 되기도 하였다. 마제파 사망 이후 자유로운 땅이 더 없게 되자 고급 장교들은 토지를 획득하는데 이 방법을 많이 썼다. 이러한 방법을 통해 우크라이나 장교들은 엄청난 규모의 토지를 소유하게 되었다. 이렇게 되자, 가난한 코자크는 옛 민요가 말하듯이 '말에 꼴을 먹일 땅을 찾을 수 없는' 상태가 되었다. 1660년대와 1670년대의 혼란기에 많은 농민들이 우안(右岸)에서 헤트만 지역으로 넘어왔으나, 농사를 지을 수 있는 땅을 찾을 수 없는 이들은 귀족의 영지에 정착하거나, 교회 영지, 장교들의 땅을 여러 노역과 의무를 지며 경작했다. 처음에는 이들을 '공동영농자(pidsusidki)'로 불렀으나 곧 완전한 농노로 부르게 되었다.

헤트만 사모일로비치 시대에 장교들은 당당하게 자신들의 땅에 거주하는 농민들의 노역의 의무를 언급하기 시작했다. 새 이주자들에게 적용되기 시작한 이 특별한 의무는 곧 자신이 소유한 땅에 거주하는 농민들에게도 부과되었다. 소위 '군민 관리(rankovye)'라고 불리는 관직을 소유하고 있는 모든 사람의 소유지에도 이 제도가 적용되었다. 장교들은 흐멜니츠키 봉기 이전의 폴란드 지주들처럼 농민들이 코자크가 되는 것을 막으려고 노력했다. 1648년 봉기 이후에는 코자크가 되는 것이 자유로웠다. 누구나 자신의 비용을 부담하여 군대에 등록할 수 있는 사람은 코자크가 될 수 있었다. 지금은 등록제도가 시행되어 등록을 하지 않은 사람은 코자크가 될 수 없었고, 일반 농민으로 분류되었다. 이들에게는 여러 세금이 부과되었고, 세금 납부를 거부하면 토지를 몰수하여 새로운 정착자에게 주었다. 이런 방법으로 모든 농민들은 점차적으로 농노제의 굴레에 빠지게 되었다.

헤트만 사모일로비치 시대에 많은 농민들이 우안에서 좌안으로 이주해왔고, 이후에는 강제적으로 우안으로 이주되어 살았다. 헤트만 정부는 농민들에게 소위 〈정기적 노역〉을 부과하였다. 처음에는 이 의무가 그렇게 힘들지 않았다. 건초를 만들거나 방앗간 옆의 제방 쌓는 것을 돕는다든가 하는 일 정도였다. 그러나 지주들이 농민들을 장악하고, 우안으로 재이주하는 것이 금지되자 지주들은 신속하게 새 제도를 도입했다. 이미 1701년 헤트만 마제파가 공포한 '우니베르살(universal)'에서는 강제 노역이 합법화되고, 농민들은 일주일에 이틀을 지주를 위해 노역을 제공해야 하고, 귀리로 지주에게 공물을 바쳐야 했다. 이것은 소위 '공동영농자'로 불린 농노들이 아니라 자신의 땅을 소유한 일반 농민들에게 적용되었다.

이 새로운 농노제는 당연히 지주 없이 자유롭게 땅을 경작하던 시대를 기억하는 농민들의 적대감을 불러 일으켰다. 농민들에게는 모든 것을 교활하고 신속하게 차지한 장교들에 대한 격한 분노가 일었다. 그들은 특히 우크라이나에 장원제도를 도입한 지주이자 '폴란드인'이라고 불린 마제파를 미워했다. 그들은 마제파와 그의 장교들의 행동을 의심했지만, 러시아 정부의 조종하는 손은 보지를 못했다. 오히려 그들은 이러한 모든 학정이 황제의 의사에 반해서 일어나고 있다고 믿었다. 그들은 우안의 코자크 리더인 팔리이를 존경했는데, 그는 마제파와 달리 자유를 사랑하는 코자크의 믿음직한 대표로 추앙되었다.

마제파와 장교회의는 농민들의 이러한 감정을 알지 못하였거나 상황을 개선할 능력이 없었다. 그들은 민중들의 불만을 불신을 인지하고 있었을 뿐 아니라 코자크 부하들도 믿지를 못하게 되었다. 그래서 코자크 병사 이외에 '보병(serdiuki)' '보조병(kompaneitsi)'으로 불리는 용병부대를 조직했을 뿐 아니라, 러시아 정부에 러시아 부대의 주둔을 요청하였다. 그들은 주민들의 불만의 원인을 제거하고, 민중과 코자크들과 소원해 진 관계를 개선하기 위해 아무 일도 하지 않았고, 이것은 후일 그들이 오랫동안 순종적으로 끌려 다니던 러시아 정부와 대결을 할 때 심각한 결과를 가져왔다.

2. 마제파의 통치

마제파 통치의 초기 시기는 사모일로비치 시대의 연장이었다. 러시아 정부의 지원으로 헤트만과 장교들의 영지제도가 정착되었고, 장교들은 헤트만과 마찬가지로 모스크바의 정책을 정확히 따랐다.

당시 모스크바의 정치적 혼란은 여러 가지 예상하지 못한 상황을 만들었다. 표트르 대제와 그의 누이인 소피아 황녀 그룹간의 권력 투쟁이 벌어지면서 누가 차르가 될 지 예측하고, 누구를 지원해야 할 지 입장을 정하기가 어려웠다. 그러나 마제파는 운 좋게도 이 어려운 상황을 잘 벗어나는데 성공했다. 마제파의 후원자인 골리친은 다음해 2차 크림 원정의 실패에 대한 책임을 지고 해임되었으나, 2차 원정에 같이 참여한 마제파는 아무런 피해도 입지 않았다. 오히려 그는 젊은 차르로부터 호의를 사서 헤트만 선출 때 골리친에게 뇌물로 준 돈을 골리친에게서 압수한 재산에서 다 회수하였고, 새로운 황제의 취임을 기회로 자신의 가족과 측근들을 위한 많은 영지를 확보하고 장교들을 위한 영지도 확보해서 이 선물들을 봄비처럼 하사했다. 이렇게 해서 그는 장교들의 돈독한 신뢰와 '위대한 군주에 대한 충성'을 확보했다.

이러한 상황은 마제파의 입장을 아주 강화시켰다. 마제파는 사모일로비치에게서 물려받은 재정과 군대 수입을 활용하여 정력적으로 교회 건축을 시작하고 종교, 교육에 많은 돈을 희사했다. 이러한 사업을 펼친 배경에는 마제파가 가톨릭이며 '폴란드인'이라는 적들의 비난을 일소하기 위한 목적도 있었다. 마제파는 당시로는 아주 웅장한 교회 건물의 건축에 착수하고, 가장 중요한 수도원과 교회에 호화로운 장식과 성상화와 집기들을 만들어 주었다. 주민들 눈에 자신의 신앙심과 우크라이나 민중과 문화에 대한 헌신을 보여주고, 동시에 자신의 영예와 힘과 부를 과시하는 목적도 있었다. 후에 마제파에 의해 많은 도움을 받은 우크라이나 교회들이 차르의 명령에 의해 그를 저주하고 모든 장식에서 그의 이름을 제거해야 하는 상황이 벌어졌지만, 지금까지도 사람들은 기념비적 건축물을 보며 교회와 우크라이나 민족문화에 대한 마제파의 헌신에 대해 기억한다.

동굴수도원 정문

마제파는 동굴수도원을 증축하였고, 지금도 방문객들의 눈을 놀라게 하는 수도원 주위의 돌담을 축성했으며, 상부에 작은 교회들로 장식된 '성스러운 형제와 관리자의 문'이라고 불리는 수도원의 출입문을 만들었다. 동굴수도원 교회의 다락방에 마제파의 초상이 보관되어 있는 것도 다 이런 이유에서이다. 그는 푸스틴-니콜라예프 Pustino—Nikolaevskii 수도원에 성 니콜라이 교회를 건축했다.(이 건물은 1831년 몰수되어 군인 교회가 되었다) 구세주 현현(顯現) 형제 교회와 아카데미의 새 건물도 지었다. 페레야슬라프에는 타라스 셰브첸코가 자신의 시 '우크라이나의 파노라마'에서 묘사한 예수 승천 교회를 지었다.

마제파가 우크라이나 땅에 지은 모든 기념비적 건축물을 일일이 열거하자면 오랜 시간이 걸린다. 예루살렘의 예수 무덤 교회에서는 지금까지도 중요한 종교 축일에 성찬보 대신에 아름답게 부조가 된 은쟁반(이탈리아에서 제작된 것으로 추정)이 쓰이는데, 여기에는 '루스(Rossiskii)의 헤트만, 귀인 이반 마제파의 헌물'이라고 쓰여 있다.[25]

성직자들과 장교들, 당시의 우크라이나 인텔리겐차들은 의심의 여지없이 이 자비롭고 대범한 헤트만을 칭송했다. 후일의 불운만 없었어도 헤트만은 우크라이나 국민들의 기억 속에 우크라이나 종교와 문화의 불후의 후원자로 남았을 것이다. 이러한 기념물들이 주민들에게 헤트만의 힘과 위대성에 대한 강한 인상을 남긴 것도 틀림없는 사실이다. 그러나 이러한 모든 공적도 헤트만에 대한 불만을 완화시키지는 못하였다. 왜냐하면 주민들은 자신들이 불만과 분노를 품은 어려운 경제적, 사회적 상황을 만든 장본인이 헤트만이라고 생각했기 때문이었다. 코자크군 내에서 일어난 반란과 사모일로비치를 해임시킨 장교회의에 대한 반란 등 여러 사건으로 인해 마제파는 주민들의 불만에 관심을 기울였지만, 이들의 마음을 뚫고 들어가 민심을 얻는 데는 실패했다. 마제파와 수하 장교들은 공포 정책에 많이 의존했다. 질서를 파괴하는데 연루된 사람은 체포되어 곤장형에서 사형에 이르기까지 여러 중벌에 처해졌다. 당시의 연대기 저자인 벨리츠코는 '지역 주민들 사이에 침묵과 두려움이 가득 찼다'라고 기록했다. 장교회의가 주민들의 불만에 주의를 기울이지 않은 것은 아니었다. 그러나 사모일로비치가 1678년 불만에 찬 주민들과 코자크 병사들로부터 자신과 장교들을 보호하려고 고용한 용병들을 유지하기 위해 차르의 동의를 얻어 부과한 특별세를 철폐한 것 이외에는 마제파는 다른 방법을 찾지 못했다. 그는 주정 제조와 술 판매권, 담배 판매와 타르[26] 제조권 등을 민간에 넘겼다. 그러나 이중 주정 제조는 집에서 필요한 경우에만 허용되었다. 농민들은 집에서 필요한 경우에만 일년에 한 솥(kotel)의 호릴카(horilka, 보드카의 우크라이나 이름) 제조가

25) (저자 주) 지금 우크라이나를 뜻하는 '루스키(Ruskii)'란 뜻으로 쓰인 '로시스키(Rossiskii)'라는 형용사는 혼동된 용어이다. 당시에는 지금 우리가 느끼는 정도로 크게 잘못된 것으로 받아들여지지 않았다.
26) 타르 – 마차 바퀴용 윤활유 역할을 함

허용되었고, 코자크에게는 두 배가 허용되었고, 맥주와 꿀은 제한 없이 만들 수 있었다. 그러나 이러한 특권(orandy) 할당은 주민들의 큰 불만을 야기했다. 그래서 특권 할당을 중지하고 새로운 수입원을 찾기로 결정되었다. 그러나 새 수입원을 찾지 못했고, 일반 주민세 부과는 주민들을 더욱 자극할 것이 염려되었으므로 특권 할당은 계속되었고 몇 가지 조세만 철폐되었다. 이렇게 된 이유는 장교들과 헤트만은 용병 없이는 자신들의 주거를 안전하게 지킬 수가 없었기 때문이다.

헤트만과 장교들은 잠잠히 지냈지만 주민들은 그렇지 못했다. 그러나 그렇다고 주민들이 용병과 러시아 군대의 지원을 받는 지배층에 대항하는 반란을 일으킬 수도 없었다.

1692년-1693년 페트륙 이반녠코(이바녠코)Petriuk Ivanenko가 일으킨 반란에 대해 당시 러시아 정부가 취한 태도는 흥미롭다. 페트륙은 코자크의 재정 담당 장교였다. 그는 어떤 동기에서인지 1691년 자포로지아를 찾아가 우크라이나의 자유를 말살하고 '새로운 지주'들에게 복종시킨 마제파에 대항하여 봉기를 일으킬 것을 선동했다. 자포로지아 코자크는 러시아 정부에 의존한 사모일로비치와 마제파의 통치와 러시아에 대해 적대감을 가지고 있었다. 자포로지아 시치의 대장인 후삭Husak은 마제파에게 보낸 편지에서 가난한 주민들은 폴란드 지배 때보다도 더 빈궁에 처했고, 농노처럼 건초를 거두어들이고, 나무를 해오고, 불을 피우고, 마구간을 청소하는 일을 해야 한다고 불평했다. 자포로지아 코자크의 불만을 잘 알고 있던 페튜륙은 이들을 봉기에 나서게 선동할 수 있다고 기대를 걸었다. 러시아 정부는 헤트만 정부와 같이 크림 칸과 터키에 대해 군사적 적대 노선을 밟고 있었다. 크림 칸은 페트릭을 우크라이나의 헤트만으로 인정하고 우크라이나의 해방을 위한 군사적 지원을 약속하고, 키예프와 치기린과 자포로지아 뿐 아니라 자유공동체 지역과 우안 지역을 독립된 국가로 인정한다고 약속했다. 크림 칸은 우크라이나를 적으로부터 보호할 것이며 이를 위해 크림 칸이 러시아 영토를 공격하는 것을 막지 말 것을 요구했다.

페트릭은 자포로지아 코자크에게 '나는 일반 주민들과 가난하고 비천한 사람들 편에 섰다. 보그단 흐멜니츠키는 폴란드의 압제에서 우크라이나를 해방시켰다. 나는 우크라이나를 러시아놈들과 그들의 지주들로부터 다시 한 번 해방시킬 것이다.'라고 선언했다. 그는 모든 우크라이나인들이 그와 함께 봉기에 나설 것이라고 약속하며 다음과 같이 선언했다.

'나는 나의 목을 자포로지아 지도자에게 맡긴다. 만일 폴타바로부터 시작하여 전 우크라이나가 당신에게 복종하지 않으면 나를 조각내도 좋다. 6,000명의 병사만 있으면 우리는 나갈 수 있다. 우리의 굶주린 형제들과 가난한 사람들이 우리를 도울 것이라고 당신은 믿지 않는가? 차르가 마음대로 나누어준 전매권을 가진 놈들과 지주놈들은 겨우 죽지 않을 만큼만 주민들에게 먹을 것을 주었다. 당신이 시치에서 병사를 끌고 나온다는 소식을 들으면, 이들은 직접 나서서 저주받을 지주놈들을 처형할 것이고 우리는 이미 얻어진 승리를 향해 가기만 하면 될 것이다. 헤트만은 자신의 영혼을 보관해 둔 모스크바로 정신없이 도망 칠 것이다. 여기 자포로지아 코자크들에게는 오직 그의 망령만이 떠돈다...'

페트릭이 봉기를 일으켰다는 소문이 우크라이나에 돌자 헤트만과 장교회의는 크게 당황했다. 주민들은 다음과 같이 봉기에 열렬히 호응했다. '페트릭이 자포로지아 코자크와 함께 진군해 오면 우리들도 일어나 장교들과 전매권자들을 처단하고 이전처럼 모두가 코자크가 될 것이고 지주들을 소탕할 것이다.' 마제파는 크게 초조하여 모스크바에 군사적 지원을 요청했다. 만일 그가 스스로 나서면 봉기가 바로 일어날 수도 있었기 때문이다. 그러나 이러한 염려는 근거가 없는 것으로 드러났다. 자포로지아 코자크는 마제파와 장교들에 대해 똑같이 적대감을 가지고 있었지만 페트릭과 같이 움직일 생각은 없었고, 크림 칸과 동맹을 맺을 생각도 없었다. 1692년 여름 페트릭은 크림 칸의 지원을 받아 타타르군과 함께 우크라이나로 진격했다. 그는 우크라이나를 러시아의 압제에서 해방시키기 위해 자포로지아 코자크도 반란에 동참하기를 촉구했다. 러시아는 우크라이나 주민들을 농노로 예속시킬 계획을 가지고 있고 이를 위해 주민들을 장교들의 농노가 되게 하여 고난을 당하게 하고, '러시아는 군사총독을 보내 우리를 영구히 농노제에 묶어두려는 자신들의 계획을 실행하려고 한다'고 했다. 그러나 자포로지아의 '동지들(tovaristvo)'은 페트릭의 봉기에 동참하지 않고 자원하는 병사들만 보내기로 하였지만, 적은 숫자만 자원자로 나섰다. 페트릭의 봉기 가담 호소는 국경 지역의 도시들에 퍼졌으나, 이미 헤트만 군대가 국경 지역에 배치되고, 페트릭의 군사력이 보잘 것 없는 것을 본 주민들은 감히 봉기에 가담할 생각을 하지 못하였다. 페트릭은 하는 수 없이 후퇴하여 국경 너머로 퇴각했다. 이후에는 봉기의 성공 가능성에 대한 주민들의 믿음이 더욱 약화되었다. 페트릭은 1693년과 1696년 다시 봉기를 선동했으나 타타르군만이 그를 따라나섰고, 마지막 원정에서 마제파가 그의 목에 건 상금 천 루블을 노린 코자크에 의해 죽임을 당하였다.

이러한 사건 이후에도 민심은 나아지지 않았다. 가난하고 가진 것 없는 불만에 찬 주민들은 대규모로 자포로지아 시치로 이주했다. 헤트만은 자신의 용병들에게 이들의 이주를 막고 자포로지아로 가는 것을 허용하지 말 것을 명령했으나 별 효과가 없었다. 자포로지아 시치에서는 코자크군이 지주들과 전매권자들을 제거하기 위해 원정에 나설 것이라는 위협이 계속 왔다. 마제파는 차르에게 보낸 편지에서 '자포로지아 코자크보다 일반 주민들이 훨씬 더' 자유정신으로 무장되고, 헤트만의 통제 아래 있기를 원치 않으며, 아무 때라도 자포로지아로 이주할 준비가 되어 있다고 인정했다. 1702년 자포로지아 시치의 새 지도자 호르디엔코Hordienko가 '새로운 주인'을 찾기 위해 반란을 일으킬 것이라는 위협을 받은 마제파가 진압군을 보내려 하자, 연대가 출병하면 새로운 반란이 일어날 것을 염려한 연대장들은 이 원정 계획을 반대했다.

주민들은 우안 지역으로도 대거 이주하여 팔리이의 코자크군에 가담했다. 팔리이는 1689년부터 '폴란드놈들을 비스툴라 강 너머로 쫓아내고, 한 발자국도 우크라이나 땅에 들여놓지 못하게 할 것'이라고 위협하며 주변의 지주들을 공격하기 시작했고, 실제로 빠른 시간 안에 코자크의 영토를 크게 확장했다. 폴란드는 이를 진압하기로 하고 1699년 터키와의 전쟁이 끝나자 팔리이를 완전히 제거할 준비를 했다. 팔리이와 연대장들은 이에 굴복하지 않고 이 지역에서 가장 중요한 네미라Nemira와 빌라 체르크바를 점령했고 폴란드와의 일전을 준비했다. 이렇게 되자 헤트만령 내의 농노 제도에 불만을 가지고 있던 많은 주민들이 우안으로 이주해 왔다. 팔리이는 민중의 영웅이 되었다. 마제파는 팔리이가 우크라이나 전체에 봉기를 일어나게 할 수 있다고 보고, 그를 페트륙보다 더 위험하게 생각했다. '모든 주민들에게는 강을 건너 이주한다는 한 가지 생각 밖에 없었고, 이렇게 되면 큰 재앙이 벌어질 수 있습니다. 코자크와 일반 주민들은 나에 대해 불만을 가지고 '우리는 결국 파멸할 것이고, 모스크바놈들이 우리를 집어 삼킬 것이다'라고 한 목소리로 외치고 있습니다.'라고 마제파는 모스크바에 보고했다.

3. 파열 직전

마제파는 '경솔하고 변덕 많은 주민들'의 불만은 자신의 러시아에 대한 충실한 봉사의 결과라고 현란한 문체로 모스크바에 보고했다. 그는 모스크바에 충실한 자신에게 향한 불만을 제거하고 자신의 봉사에 대한 감사의 마음을 갖게 할 생각으로 이런 편지를 썼다. 그러나 모스크바는 헤트만의 충성스런 봉사를 자주 망각하며, 우크라이나 내에서 헤트만에 대한 불만이 팽배하면 러시아 정부는 헤트만을 보호하려고 하지 않았던 과거의 관례를 생각해 보면 이런 시도는 현명하지 않은 전술이었다. 마제파는 상황을 안일하게 판단해서 러시아의 지원과 용병들의 도움이 있으면 민심이 이반되어도 자신의 통치를 계속해 나갈 수 있다고 낙관적으로 생각했다. 모스크바에 대한 그의 충성스런 봉사는 코자크와 우크라이나 주민들에게 감당할 수 없는 부담을 안겨 주었고, 이로 인해 주민들은 당대 사람들이 말한 것처럼 '위대한 군주에 대한 모든 믿음이 사라지고', 모스크바 정부에 대한 신뢰와 호의도 사라졌다. 또한 앞에 평가한 바와 본 바와 같이 모스크바의 충성스런 신하 역할을 하는 헤트만에 대한 불만과 분노가 일어났다.

러시아의 새로운 차르 표트르 대제는 1695년 터키와 크림 칸과의 전쟁을 재개했다. 전쟁이 지속된 4년 동안 코자크군은 우크라이나 땅이 타타르의 공격을 받고 있는데도 불구하고, 매년 차르가 지시한 대로 터키의 도시나 크림타타르를 공격하러 나서야 했다. 그러나 이 것은 후에 일어난 일에 비하면 아무 것도 아니었다. 터키와의 전쟁을 끝낸 표트르 대제는 발트해로 진출하기 위해 폴란드와 연합하여 스웨덴과의 전쟁을 시작했다. 1700년부터 코자크군은 아무 보상도 없이 자신들이 비용을 담당하면서 먼 북쪽 지방으로의 원정에 나서야 했다. 그곳에서 혹독한 날씨 때문에 많은 코자크 병사들이 죽었고, 살아남은 병사들은 옷도 제대로 못 걸치고 맨발로 귀환해야 했다. 설상가상으로 코자크는 러시아 장교들의 가혹한 학대에 시달려야 했다. 러시아 장교들은 욕을 퍼붓고 때리고, 사람을 불구로 만들고, 자신들이 원하는 대로 학대 행위를 했다. 코자크는 전투에 나서는 것 말고도 여러 가지 중노동에 시달려야 했다. 요새를 건설하는데 코자크가 동원되었으며 1706년-1707년에는 표트르 대제가 스웨덴이 우크라이나를 침공할 것에 대비해 건설한 키예프의 페체르스키 요새 축성에 많은 수의 코자크 병사가 동원되었다. 코자크는 자신들을 험악하고 혹독하게 다루는 러시아 장교들의 감독을 받으며 여름, 겨울 계절을 가리지 않고 노동에 시달려

이반 마제파 초상

야 했다. 러시아 군대는 우크라이나 땅을 수시로 통과했고, 일반 주민들뿐만 아니라 코자크 장교들도 괴롭히며 보급 용품을 조달했다. 이렇게 되자 모든 지역에서 일반 주민과 코자크의 '눈물과 탄식'이 터져 나왔고, 러시아 정부에 가장 순종적인 사람들도 이런 식으로는 더 이상 계속 견딜 수 없다는 불만이 나왔다.

헤트만 궁정의 서기이며 마제파가 신뢰하는 부하인 필립 오를릭 Filipp Orlik은 편지에서 이 시기의 어려움에 대해 다음과 같이 썼다. '페체르스키 요새의 건설이 시작되자, 신병들과 감독관들이 여러 도시를 통과하여 모여들었다. 요새 건설을 감독하는 모스크바의 관리자들이 코자크의 머리를 몽둥이로 때리고, 귀를 자르며, 모욕적인 방법으로 학대한다고 장교들과 연대장들이 헤트만을 찾아와 불만을 제기했다. 건초 모으기와 추수를 멈추고 집을 떠난 코자크는 더위에 고통을 받으며 위대한 차르를 위한 중노동에 극도로 지쳐갔다. 러시아인들은 이들의 집을 찾아가 약탈과 방화를 하며 부인과 딸들을 공격하고, 말과 소를 끌고 가고, 돈 될 만한 것을 다 가져가며 우크라이나 장교들을 죽도록 매질했다.' 마제파에게 용감하게 말할 수 있는 영향력 있는 연대장인 미르호로드 연대의 아포스톨Apostol과 프릴류키 연대의 호를렌코Horlenko는 마제파에게 이렇게 말했다. '주민들 모두가 신께서 당신이 죽지 않기를 기원하고 있습니다. 만일 그렇게 되면 우리는 노예가 되어 파멸하고, 오직 닭들만이 우리의 뼈를 묻어줄 것이기 때문입니다.' 프릴류키의 연대장이 이에 덧붙였다. '우리는 항상 흐멜니츠키의 혼령을 위해 신께 기도합니다. 만일 당신이 우리를 노예 상태에 남겨둔다면 우리와 자손들은 대대손손 당신의 혼과 뼈를 저주할 것입니다.'

마제파 자신도 이러한 상황을 크게 걱정했다. 그러나 이외에도 모스크바에 전적으로 의존한 그에게 염려되는 여러 일이 발생했다. 1705년 말 러시아와 스웨덴의 전쟁은 러시아에게 크게 불리하게 전개되었다. 아주 용감하고 진취적인 스웨덴 왕 칼 12세는 전쟁에 참여한 다른 적인 덴마크와 폴란드를 격파했다. 폴란드의 왕 아우구스투스 2세 지지파를 격파한 칼 12세는 1706년 자신의 지지자를 새로운 왕으로 선출하고 아우구스투스 2세를 퇴위시켰다. 표트르 대제는 불패의 왕이라는 명예로운 칭호를 가진 무서운 대적을 혼자 상대해야 했다.

스웨덴군이 언제라도 우크라이나 땅에 들어올 수 있었으나 모스크바의 보호를 기대하기는 힘들었다. 마제파가 표트르 대제에게 점증되는 스웨덴의 위협에 대해 얘기를 했을 때, 표트르 대제는 스스로를 방어하는데도 정신이 없으므로 러시아의 군사적 지원은 기대하지 말라고 단호하게 말했다. 마제파 스스로의 힘으로 칼 12세를 상대하는 것은 생각조차 할 수 없는 일이었다. 모스크바가 보호하지 않는 우크라이나를 스웨덴이 침공하면, 바로 봉기가 일어날 것이 분명했다. 러시아의 압제에 신음하던 주민들이 스웨덴군과 연합하여 봉기를 일으키게 되면 코자크 장교들도 이에 가담할 가능성이 컸다.

흐멜니츠키와 비홉스키 시대에 스웨덴과는 우크라이나의 자유와 독립을 보장한다는 조약이 맺어진

칼 12세 초상

것을 기억할 필요가 있다. 스웨덴이 폴란드와의 전쟁에서 이탈함으로써 이 조약은 이행되지는 않았지만, 완전히 소멸되거나 파기되지는 않고 있었다. 스웨덴군이 우크라이나로 다시 진출하게 되자, 장교회의는 조상들이 시작한 과제를 끝까지 마무리해야 한다고 느꼈다. 이 과제는 스웨덴의 도움으로 지난 몇 년간 우크라이나의 삶에 고통스럽고 무자비한 압제를 가한 러시아의 지배에서 벗어나 우크라이나의 독립을 얻는 일을 시도하는 일이었다.

다른 한편으로는 마제파는 모스크바의 자비가 믿을만한 것이 아니라는 것을 확신할 기회가 여러 번 있었다. 표트르 대제의 동요가 심한 머리 속에서는 늘 새로운 프로젝트들이 떠올랐고, 이 중 여러 프로젝트는 우크라이나의 운명을 좌우하는 것이었다. 그는 한 번은 코자크군대를 없애고 징병제로 대체할 생각을 하였다. 또는 우크라이나에 귀족제도를 만들어 자신이 필요한 사람을 대공을 만들어 섭정을 시키는 생각도 하였다. 표트르 대제는 마제파가 코자크 헤트만 지위를 잃는 것에 대한 보상으로 대공 타이틀을 주는 것을 독일 황제에게 요청하기도 하였다. 마제파를 위해 황제의 증서와 문장(紋章)도 이미 만들어졌다. 표트르 대제를 잘 아는 마제파는 차르가 우크라이나에 대한 유리한 계획을 찾으면 이를 실행에 옮길 것이라는 것을 알고 있었다. 표트르 대제는 코자크의 공헌을 아쉬워하지도 않고, 이미 입증된 코자크의 충성도 필요없었다. 마제파는 표트르 대제를 전적으로 믿을 수는 없었고, 자신을 위한 계획을 세워야 했다.

여러 예민한 문제에 한 가지 문제가 더해졌는데, 그것은 우안 지역 문제였다. 폴란드와의 투쟁을 염두에 둔 우안 지역의 연대장들은 헤트만령의 지원을 확보하기 위해 좌안과 통합하려고 노력하고 있었다.

1688년부터 팔리이와 다른 연대장들은 마제파에게 자신들의 부대를 그의 휘하로 받아들일 것을 여러 번 요청했다. 마제파는 우안(右岸)과 드니프로 지역(Podneprove)을 자신의 통치 아래 두는 것을 기뻐했으나, 폴란드와 동맹 관계에 있는 표트르 대제는 폴란드가 자신들의 땅이라고 생각하는 지역을 헤트만이 획득하게 허락할 수가 없었다. 이때 우안 지역 코자크에게는 큰 위협이 생겨났다. 1703년 폴란드 지휘관 시에냡스키Sieniavskii가 코자크 군사력이 약한 블라츨라프와 포돌랴 등 남부 지역의 코자크 부대를 공격하여 이 지역의 연대장들을 격파하고 현지의 반란을 무자비하게 진압했다. 그는 군사력이 강한 팔리이의 부대는 공격하지 못하였다. 팔리이는 자신도 안전하다고 안심하지 못하고 마제파에게 보호를 요청했다. 표트르 대제는 이에 동의하지 않았을 뿐만 아니라, 자신의 군사력으로 팔리이를 제압하겠다고 폴란드에게 약속했다. 마제파는 우안 지역을 포기하지 않기로 하고, 차르의 의사에 상관없이 직접 행동하기로 결심했다.

1704년 여름 표트르 대제는 마제파에게 우안 지역으로 가서 스웨덴에 동조적인 지주들을 제압하라고 명령했다. 마제파는 이 기회를 이용하여 우안 지역을 통합하기로 했다. 그러나 코자크에게 신망이 높은 팔리이가 자신의 강력한 경쟁자가 되는 것을 경계한 마제파는 전혀 예상 못한 속임수를 썼다. 그는 팔리이를 초청한 후 체포하였고, 자신의 조카인 오멜첸코Omelchenko를 빌라 체르크바에 연대장으로 보내 팔리이의 자리를 차지하도록 했다. 팔리이 휘하의 많은 코자크는 한 때 마제파의 부하들이었다. 빌라 체르크바의 코자크는 스스로를 방어하기로 하였으나 새로운 내란이 일어나는 것을 원치 않은 지역 주민들은 도시를 스스로 내주었고, 오멜첸코가 이 지역을 통제하게 되었다. 마제파는 표트르 대제에게 팔리이가 스웨덴과 내통하고 있었다고 뒤집어 씌웠다. 이것은 전혀 근거가 없었으나 팔리이는 시베리아 유형에 처해졌다. 팔리이가 당한 불행은 주민들에게 큰 반향을 일으켜서, 이 이야기는 민요에 담겨 불려졌고 민중들 사이에 팔리이에 대한 여러 가지 민담과 동화가 널리 퍼졌다.

　이렇게 해서 마제파는 우크라이나 동부 지역을 통합했고, 처음으로 당차게 차르의 뜻을 거슬러 행동하였다. 그러나 당분간은 이것이 큰 문제를 일으키지는 않았다. 마제파는 폴란드에 아직 스웨덴에 동조하는 세력이 있어서 우안 지역을 폴란드에 넘겨주는 것은 위험하다며 자신의 행동을 합리화했고, 표트르 대제는 이 설명을 받아들였다. 마제파의 통제 아래 우안 지역 코자크의 세력도 성장해 갔다. 그러나 1707년 표트르 대제는 우안 지역을 폴란드에 넘겨주도록 마제파에게 명령했다. 마제파는 이 명령에 따르지 않고 여러 핑계를 대며 우안 지역을 계속 자신의 손 안에 넣고 통치했다. 그는 우안 지역을 소중히 생각하고 계속 헤트만령에 통합한 상태로 보존하려고 했다.

4. 스웨덴과의 동맹

　마제파는 장교회의의 지지에 바탕을 둔 강한 헤트만 권력을 만들기를 원했다. 그는 우크라이나 사회와 주민들 앞에 헤트만의 권위를 높이고, 분열적인 코자크 민주주의를 헤트만 한 사람의 권위로 구현되는 통합적 전제정으로 바꾸기를 원했다. 마제파는 20여 년 간을 이 목표를 이루기 위해 노력했다. 그러나 결정적 순간이 왔을 때, 연로한 마제파는 용감하게 공개적으로 행동에 나서서 우크라이나 민중들을 봉기에 나서게 선동하지 못했다. 그는 계속 기다렸고 마지막 순간까지 심사숙고를 계속했다. 위험이 매우 큰 것은 사실이었고, 실패할 경우 당할 징벌은 아주 컸다.

칼 12세의 군사적 성공을 눈여겨보면서 마제파는 이미 오래 전부터 양다리를 걸치기 시작했다. 러시아에 충성스런 정책을 계속 지속하며, 다른 한편으로는 자신의 지인을 통해 폴란드의 친스웨덴파와 관계를 맺었다. 1707년 그는 칼 12세에 의해 폴란드 왕이 된 스타니슬라브 레슈친스키와 협상을 시작했다. 이 협상의 자세한 내용은 지금까지도 전혀 알려져 있지 않지만, 마제파는 극도의 보안 속에 협상을 진행시켜서 그의 가까운 측근이나 그가 신임하는 부하들에게도 협상 진행 사실을 알리지 않았다. 이들 중 몇 명은 이미 협상이 진행 중인 것을 모르고, 마제파에게 칼 12세와 협상을 할 것을 건의하기도 했다. 그러나 이런 극도의 보안은 마제파의 계획에 불리하게 작용했다. 마제파는 마지막 순간까지 자신의 계획을 밝히지 않고, 자신이 직접 나서지 않아도 문제가 스스로 해결되기를 기다렸다. 이런 극도의 조심성으로 인해 마제파는 크게 도움이 될 수 있는 기회를 스스로 파괴했다. 그는 자신이 모스크바에 종속되지 않았다는 것을 국민들에게 알리지 못한 것이다. 마제파는 차르가 명령하는 곳이면 어느 곳이든 코자크 부대를 보냈다. 1707년 우크라이나 접경인 돈 강 유역에서 돈 코자크가 반란을 일으켜 모스크바가 크게 위험에 처했을 때, 자신은 모스크바에 대항해 봉기를 일으킬 준비를 하고 있으면서도, 그는 돈 코자크를 돕기는커녕 모스크바를 도와 이들의 반란을 제압하는데 나섰다.

이런 행동 덕분에 마제파는 마지막 순간까지도 모스크바에 자신의 계획이 발각되지 않았고, 차르가 그를 계속 신뢰하게 만들었다.

1708년 봄 코자크 판사인 코추베이가 마제파와 자신의 딸의 애정행각을 발견하고 친척인 연대장 이스크라Iskra를 통해 마제파가 스웨덴과 내통하고 있다는 탄원을 제출했지만, 표트르 대제는 이를 믿지 않고 두 사람을 군법회의에 회부하여 사형을 선고했다. 그러나 이러한 모든 일이 마제파의 계획 실행에 도움을 주지 않았다. 마제파는 브루호베츠키가 그랬던 것처럼, 우크라이나 주민들은 러시아의 학정에 반감이 컸으므로 봉기를 선동하면 바로 가담할 것이라고 믿었다. 그러나 봉기가 일어날 충분한 토양을 만들지 않음으로써 마제파는 좋은 기회를 스스로 파괴하고 말았다.

1708년 가을 칼 12세는 우크라이나와 러시아 접경 지역인 리투아니아 지역에서의 군사 행동에 몰두해 있었다. 앞으로의 전쟁에서 스웨덴이 러시아로 진격할 것인지 우크라이나로 진격할 것인지 불분명했다. 만일 스웨덴이 국경을 넘어 러시아로 진격하면 마제파는 관찰자의 입장을 지키며 어느 쪽이 우위에 서는 지를 보고 나서, 어느 쪽을 지원할 지를 결정하면 되었다. 마제파가 직접 스웨덴군을 우크라이나로 끌어 들였다는 말은 신빙성이 떨어진다고 볼 수 밖에 없다. 왜냐하면 이것은 마제파의 계획과 상충되기 때문이다. 마제파와 스웨덴과의 협상의 내용은 지금까지도 전혀 알려진 것이 없다. 칼 12세는 러시아 영토인 스몰렌스크로 진격하려 하였으나 겨울에 황량한 곳에서 군대의 식량을 조달할 수가 없어서 9월에 방향을 바꿔 우크라이나의 스타로두프Starodub로 들어왔다.

이 소식을 들은 마제파는 깜짝 놀랐다. 왜냐하면 얼마 전 그는 차르의 명령에 따라 코자크 부대를 리투아니아(벨라루스) 지역으로 파견했고, 폴란드에 대항하기 위해 우안으로도 부대를 파견했다. 정작 우크라이나 중앙에는 흉흉한 민심을 염려한 마제파의 요청에 의해 러시아군이 파견되어 있었다. 스웨덴군의 진격 소식을 듣고 표트르 대제는 러시아군을 보내 스타로두프를 탈환하고, 마제파에게는 코자크 지원군을 보낼 것을 명령했다. 이렇게 한 후 표트르 대제 자신이 우크라이나로 출정해 마제파가 직접 나타날 것을 명령했다. 어느 쪽을 선택해야 하는지 선택해야 할 결정적인 순간이 다가온 것이다. 정확히 말하자면 마제파는 모스크바에 대항해 일어날 형편이 아니었다. 그러나 마제파와 장교들에게 우크라이나를 독립시킬 수 있는 기회를 놓치지 말아야 한다는 열망이 타올랐다. 이 열망이 그들의 머리 속에 워낙 강하게 자리 잡고 있어서, 상황이 자신들에게 유리하지 않다는 것을 깨닫지 못하였다. 그들은 스웨덴 진영으로 편을 바꿈으로써 자신들이 성공할 확률을 높일 수 있다고 생각했다. 장교들은 날마다 마제파를 찾아와 스웨덴과 동맹을 맺고 러시아에 대항할 것을 촉구했다. 마제파는 마침내 이들의 건의를 받아들이기로 하고 스웨덴과 공개적 협상에 들어가기로 했다. 오를릭의 말에 따르면 마제파는 스웨덴군이 데스나Desna 강까지 진출할 것을 요청했다. 10월 하순 마제파와 장교들은 남아 있는 코자크 병사들을 이끌고 바투린의 코자크 궁정을 출발해 마침 데스나 강에 설치된 스웨덴군 진영으로 향했다. 당시 두 진영 사이의 협상이 어떤 내용으로 진행되었는지에 대해서는 정확한 정보가 없지만, 이후의 문헌에서 마제파와 장교회의가 스웨덴 왕과 동맹을 맺으며 얻고자 한 것이 무엇인지 알 수 있다.

  '자포로지아와 소러시아의 국민을 포함해 드니프로 양안(兩岸)의 우크라이나는 어떤 외국의 지배도 받지 않고 영구히 독립국이 된다.' 스웨덴과 다른 동맹국들은 '독립이나 후원, 기타 다른 이유를 구실로 우크라이나와 자포로지아 군사들에게 자신들의 지배권을 내세우지 않고, 어떠한 수입과 공물도 거두지 않는다. 동맹국들은 무력이나 조약을 통해 러시아로부터 탈환한 우크라이나 요새들을 점령하거나 주둔군을 두지 않는다. 동맹국들은 통합된 우크라이나를 보존하며 다른 세력이 예속하는 것을 허락하지 않는다. 우크라이나가 영구히 자신의 권리와 자유를 어떠한 손실도 없이 자유롭게 향유하게 하기 위하여 우크라이나의 자유와 법률, 특권의 불가침성과 국경선을 성스럽게 보호한다.' 이런 문구가 당시의 마제파와 장교회의의 희망과 염원을 나타낸다고 볼 수 있다. 그러나 이들은 곧 자신들이 결과적으로 큰 실수를 했다는 것을 깨닫게 된다.

5. 마제파의 패배

마제파는 극도의 보안 속에 협상을 진행했기 때문에 칼 12세의 스웨덴군과 연합하러 가는 병사들도 이 계획을 몰랐고, 행군을 출발한 다음에야 이를 알았다. 표트르 대제는 우크라이나 주민들보다 먼저 이 동맹에 대해 알았다. 그는 마제파가 우크라이나 주민들에게 동맹 사실을 알리기 전에 우크라이나에 대한 강한 압박을 하여 주민들을 움직이지 못하게 했다. 러시아군은 바투린을 바로 포위한 다음 내부 배신을 이용해 점령했고, 마제파의 보급품과 귀중품을 압류했다. 모든 대포와 군보급품도 압류되었고 주민들에게 가장 가혹한 징벌을 가했다. 주민들을 학살하고, 도시를 파괴하고, 장교들을 참혹하게 고문했다. 다른 도시에서도 마제파와 스웨덴에 동조하는 것으로 의심되는 사람들은 가혹한 형벌에 처했다. 그러나 장교회의 멤버들에 대해서는 이후에 모스크바에 대한 충성을 확보하기 위해 어느 정도 자비를 베풀었다. 주민들에게는 차르의 선전문이 돌려졌다. 여기에는 마제파가 우크라이나를 폴란드에 넘기기 위해 스웨덴과 동맹을 맺었고, 그가 무신론자이고 비밀스런 가톨릭 신자이므로 연합교회를 도입할 것이며, 그는 우크라이나 주민의 적으로서 주민들에게 무거운 세금을 부과하였다고 선전하였다. 러시아 정부는 주민들에게 온갖 특혜와 자비를 베풀 것을 약속했고, 장교들은 마제파 대신에 새 헤트만을 선출하기 위해 흘루히프로 모일 것을 명령했다.

마제파와 칼 12세도 이에 맞서서 우크라이나 주민들에게 선전문을 돌렸다. 여기에서는 스웨덴 왕이 어떤 나쁜 의도도 가지고 있지 않으며, 우크라이나를 '모스크바의 폭정으로부터 보호'하고 이전의 권리와 자유를 회복시켜 줄 것이지만, 러시아는 우크라이나를 노예화할 것이고, 지금 행동을 취하지 않으면 우크라이나는 파멸할 것이라고 하며 주민들이 자기편에 가담할 것을 호소했다.

만일 우크라이나 주민들과 장교들이 선택의 자유가 있었다면 차르와 마제파 중 어느 쪽을 따랐을 지를 예측하기는 어렵다. 모스크바와 러시아 사람들에 대해 많은 불만이 있었던 것은 사실이지만, 주민들이 마제파를 좋아했던 것도 아니었다. 주민들은 마제파를 믿지 않았고, 그를 모스크바의 충실한 앞잡이로 보았다. 그러나 당시 상황에서는 선택을 할 여지가 없었다. 러시아 군대가 우크라이나의 가장 중심부에 들어와서 마제파 추종자들에게 가혹한 형벌을 내리고, 스웨덴과 마제파에게 조금이라도 동조적인 사람들에게는 징벌을 내리고 있었다. 코자크 주력부대는 러시아군과 같이 있었고, 마제파에게는 4,000명의 병력만 남아있었다. 우크라이나는 러시아에 대항해서 행동할 수 있는 상황이 아니었다.

장교들은 순순히 흘루히프로 모여 들었다. 이곳에서는 다른 행사에 앞서 마제파의 헤트만직 파면을 선언하고, 그의 인형 화형식을 진행하며 모든 사람이 그를 저주했다. 다음으로 헤트만 선출이 진행되었는데, 모스크바의 지시대로 순종적이고 힘이 약한 스타로두프 연대장 이반 스코로파드스키Ivan Skoropadskii가 새 헤트만으로 선출되었다. 성직자들도 순순히 다른 어느 헤트만보다 우크라이나의 교회를 위해 많은 일을 한 마제파에 대한 교회적 파문을 선언했다. 장교회의 멤버들은 자신에 대한 의구의 눈초리를 서둘러 벗어버리기 위해 차르에 대한 충성을 선언했다. 또한 이런 기회를 이용하여 모스크바에 충성하는 신하들에게 하사된 토지와 마제파 추종자들로부터 몰수한 재산을 탈취하려고 노력했다. 마제파와 함께 칼 12세에게로 갔던 고위 장교들도 여러 명 돌아왔다. 루벤의 연대장 아포스톨, 총기수(khorunzhii) 술리마, 갈라간과 다른 장교들이 회군했다. 마제파도 동요하기 시작하여 표트르 대제와 교신을 하였으나, 표트르의 말을 믿을 수 없다고 판단했다. 스웨덴군은 방심하지 않고 마제파를 감시했다.

마제파의 계획은 실패로 돌아갔으나 그는 상황이 자신에게 유리하게 전개될 것이라는 희망을 가지고 스스로를 위안했다. 그래서 칼 12세에게 우크라이나에서 겨울을 나도록 설득했지만, 이것은 스웨덴군을 매우 지치게 했다. 우크라이나에서의 겨울 숙영은 스웨덴군을 짜증나게 했고, 사기를 크게 떨어뜨렸다. 마제파가 거둔 유일한 성과는 자포로지아 코자크를 스웨덴 편으로 끌어들인 것이다. 자포로지아 코자크는 전에는 마제파를 모스크바의 하수인으로 보고 그에 대해 매우 적대적이었다. 홀로브카Holovka라는 별명을 가진 자포로지아 시치 지도자 코스치 호르디엔코Kost Hordienko는 1701년부터 러시아와 장교들의 지주제를 반대하여 마제파에게 크게 반발하고 나섰다. 그러나 마제파가 스웨덴 측으로 넘어가자 호르디엔코는 그의 동맹자가 되었다. 호르디엔코가 자포로지아 코자크를 설득하여 자신과 같이 행동하도록 하는 데는 몇 달이 걸렸다. 자포로지아 코자크는 마제파와 스코로파드스키 사이에서 한동안 거취를 결정하지 못하다가 1709년 초가 되어서야 결정적으로 스웨덴 편으로 기울었고, 자신들의 사절을 마제파에게 보냈다. 3월에 호르디엔코는 자포로지아 병사들을 이끌고 스웨덴 진영으로 와서 칼 12세에게 라틴어로 인사말을 했다. 스웨덴군은 사기가 높고, 풍부한 전투 경력을 가진 자포로지아 코자크가 합류한 것에 크게 기뻐했으나, 결과적으로 이러한 지원도 그들에게 큰 도움이 되지 못하였고, 자포로지아 코자크에게는 더 불리하게 작용했다. 자포로지아 코자크와의 관계를 더욱 밀접하게 하기 위해 칼 12세는 우크라이나 내륙으로 더욱 깊숙이 들어왔다. 그러나 폴타바에서 길이 봉쇄되어 자포로지아 시치로 가지 못하였다. 이 사이 러시아군이 자포로지아 시치로 파견되어, 전에 시치 장교였고, 마제파 부대를 이탈하여 표트르 대제에게 충성을 바치고 있던 갈라간Galagan의 도움으로 시치를 점령했다. 그는 자포로지아 시치에 이르는 모든 도로와 숨겨진 길을 알고 있었다. 자포로지아 코자크는 갈라반과 러시아군의 말을 믿고 항복했다. 그러나 러시아군은 자신들의 약속을 지키지 않았고 반란에 참가한 코자크를 무자비하게 살해했다. '머리를 베고, 단두대에서 목이 잘리고, 교수형에 처하고, 온갖 포악한 방법으로 죽임을 당했다. 이미 죽은 코자크뿐 아니라 성직자들도 무덤에서 끌어내어 머리를 베고, 살을 벗기고, 교수대에 목을 달았다.' 여기서 살아남은 코자크는 드니프로 강어귀에 있는 알레쉬카Aleshka로 이동하여 거기에 새 진영(kish)를 차렸고, 여기에서 19년을 보냈다.

자포로지아 시치가 3월에 점령된 한 달 뒤, 스웨덴군은 폴타바 교외에서 큰 패배를 당했다.[27] 스웨덴군의 패잔병들은 드니프로 강을 건너 터키 영토로 도망쳤다. 러시아군은 이들을 추격하였다. 마제파와 칼 12세는 소규모 병력과 함께 도망에 성공해 드니프로 강을 건넜다. 나머지 병사들은 드니프로 강까지 추격해 온 러시아군의 포로가 되었다. 마제파 진영에 있던 대부분의 장교들은 폴타바 전투 이후 표트르 대제에게 복종을 맹세했다. 몇 명의 장교들은 마제파를 따랐다. 총서기 필립 오를릭과 마제파의 조카 안드리이 보이나롭스키Andrii Voinarovskii, 프릴류키의 연대장 드미트로 호를렌코Dmitro Horlenko, 군수장교 이반 로미콥스키Ivan Lomikovskii, 총참모장 게르칙Gertsik, 군악대장 표도르 미로비치Fedor Mirovich와 다른 장교들이 마제파를 따랐다.

이들은 칼 12세와 마제파와 함께 스텝을 횡단해 탸긴(Tiagin, Bendery)으로 도망가서 터키 영토인 그곳에서 몇 년을 보냈다. 칼 12세는 터키가 러시아와 전쟁에 나서도록 설득했고, 결국은 뜻을 달성했다. 그러나 마제파는 이것을 보지 못하고 죽었다. 낙담하고, 긴장에 휩싸이고 자신의 생존에 대한 불안에 휩싸여 와병하였고, 1709년

---

27) 폴타바 전투 - 6월 28일 1만 8천 명의 스웨덴군은 병력이 두 배 정도인 러시아군 요새에 선제공격을 가했다. 전투 초기에는 러시아군 좌익과 중앙이 무너져 후퇴했으나, 주력군이 무리하게 능보에 포진한 러시아군에 돌격하다가 다수의 사상자가 발생했고, 러시아군이 진지에서 나와 반격을 하면서 스웨덴군이 패배했다. 이 전투에서 러시아군은 약 1,400명이 전사한 데 반해, 스웨덴군은 8,000명이 전사했다. 낙마로 부상을 입은 칼 12세가 직접 전투를 지휘하지 못함으로써 스웨덴군은 전투력을 제대로 발휘하지 못했다.

8월 22일 사망했다. 표트르 대제는 마제파를 잡으려고 계속 노력했고, 터키 총리대신에게는 그를 넘겨주면 30만 탈러를 주겠다고 약속했다. 마제파의 유해는 두나이 강가의 갈라츠(Galats) 수도원에 안장되었다.

6. 오를릭의 시도

마제파와 함께 남았던 장교들과 코자크, 호르디엔코 휘하의 자포로지아 시치 코자크는 폴란드와 터키의 지원을 받아 모스크바의 압제에서 벗어나 우크라이나의 자유를 찾는 희망을 포기하지 않았다. 이것은 이들의 일생의 과제가 되었다. 오랜 논의 끝에 1710년 4월 이들은 오를릭을 새 헤트만으로 선출했다. 이 과정에서 헤트만 정부에 대한 매우 흥미로운 규정들이 만들어졌다. 이들의 정부가 계획대로 구성되지 않아 이 규정은 실현에 옮겨지지 않았지만, 우크라이나 독립을 염원하던 사람들의 정치적 견해와 희망을 담은 이 규정은 매우 흥미롭다. 새 규정에는 우크라이나의 삶을 한 걸음 앞으로 더 전진하게 하는 중요한 내용들이 담겨 있었다. 여기에는 분명한 대의(代議)제도의 시초가 담겨 있었다. 근년에 헤트만들이 "전제적인 통치권을 확보하고, '나의 희망은 나의 명령이다'라는 구호 아래 전제적 권한을 합법화했다"고 지적한 다음, 앞으로는 이런 일이 발생하지 않도록 이 새 헌법은 다음과 같은 규정을 두었다. 전체회의는 일 년에 세 번, 크리스마스, 부활절, 성모제(Pokrov, 구력으로 10월 1일) 정기적으로 소집된다. 이 전체회의에는 장교회의의 모든 장교, 연대장, 연대장교들, 중대장, 연대장이 지명한 자문관들, 자포로지아 시치의 대표들이 참석한다. 만일 헤트만의 조치나 행위 중에 주민의 복지에 위배되는 사항이 있으면, 장교회의와 자문관들은 헤트만을 비판할 수 있고, 헤트만은 이에 대해 항의하거나 이를 근거로 처벌을 할 수가 없다. 전체회의의 동의 없이 헤트만은 지체하기 어려운 급한 업무를 처리할 수 있지만, 이 경우에도 장교회의와 협의를 해야 한다. 헤트만은 어떠한 비밀 협상이나 교신도 할 수 없다. 그는 군자금을 자의적으로 사용할 수 없고, 재무관(generalnyi podskarbii)을 선출하여야 한다. 헤트만은 '헤트만의 공적 업무 비용과 개인 비용'으로 미리 지정된 항목에 대해서만 재정을 집행할 수 있다. 헤트만은 코자크 병사와 일반 주민을 학대로부터 보호해야 하며, 이들이 집을 버리고 외국으로 떠나게 만들었던 학정으로부터도 보호해야 한다. 장교와 군사, 민간 관리들은 코자크를 자신들의 영농에 동원할 수 없고, 농지를 뺏거나 판매하도록 강제하지 못하고, 범법 행위를 근거로 노예로 만들어서도 안 되며, 노동으로 죗값을 치르게 해서도 안 되었다. 이 모든 규정은 훌륭했지만, 이 규정이 실현되지는 않았다. 이 규정을 만든 사람들도 우크라이나에 돌아오지 못하였기 때문에 새로운 질서를 만들지는 못했다.

희망의 서광이 비치고, 목표한 바가 이루어질 시간이 가까워 온 것처럼 보였던 시기도 있었다. 스웨덴 왕은 우크라이나의 자치를 회복시킬 때까지는 러시아와 강화를 하지 않는다고 약속했다. 크림 칸도 자포로지아 코자크에게 같은 약속을 했다. 러시아가 강대해지는 것을 두려워한 터키는 1710년 스웨덴과 동맹을 맺고 러시아와의 관계를 단절했으며, 1710년 봄부터 군사 행동을 시작했다. 1711년 봄 오를릭은 자신의 병사들과, 타타르군, 스웨덴에 동조하는 폴란드 지주들의 부대와 함께 1704년부터 러시아의 종주권을 인정한 우크라이나 우안 지역과 지역 연대들을 공격했다. 지역 주민들도 그를 지원했다. 우만Uman, 보구슬라브Boguslav, 코르순을 점령했고, 오를릭은 좌안 지역에서 파견된 총참모장 부토비치Butovich를 격파했다. 그러나 빌라 체르크바 공격은 실패로 끝났고, 오를릭은 많은 병사를 잃었다. 타타르는 농촌 지역을 약탈하기 시작했고, 주민들의 민심도 돌아서게 되어 오를릭은 후퇴할 수밖에 없었다.

1711년 여름 표트르 대제는 터키를 공격했다. 몰다비아군의 지원을 믿고 스웨덴군이 그랬던 것처럼 그는 경솔하게 프루트 강 지역으로 진입했다. 여기에서 그는 터키군에게 포위되어 절망적인 상황에 빠지게 되었다. 오를릭은 표트르 대제가 우크라이나에 대한 모든 권리를 포기하게 강요할 수 있는 기회가 왔다고 보았다. 그러나 표트르 대제는 큰 돈을 동원해 터키의 총리대신을 매수하였고, 그는 몇 가지 가벼운 조건을 내걸고 표트르 대제와 그의 부대를 놓아주도록 명령했다. 그러나 우크라이나에 대한 조항은 너무나 애매하게 설정되어 모든 당사자가 자의적으로 해석하는 것이 가능했다. 오를릭은 이 합의에 의해 러시아가 우크라이나 양안 지역 모두에 대한 권리를 포기해야 한다고 주장했다. 러시아의 관리들은 그런 의무가 없다고 주장했다. 터키는 오를릭 편을 들어 러시아가 우크라이나를 떠나지 않은 것을 문제 삼아 다시 전쟁을 시작했으나, 이번에도 큰 뇌물이 상황을 바꾸었다. 전년도의 조약이 다시 인정되었지만, 우크라이나에 대한 조항은 차르가 키예프를 제외한 우안과 자포로지아 시치에 대한 권리는 포기하되, 좌안은 계속 보유하는 것으로 명시되었다. 이 조약으로 표트르 대제는 10만 금화루블(chervonets)을 터키에 지불해야 했다. 오를릭은 터키 정부가 코자크에게 약속한대로 러시아가 좌안 지역에 대한 권리도 포기하도록 터키 정부에 요청을 했지만 뜻을 이루지 못하였다. 폴란드가 우안 지역에 대한 옛 권리를 다시 주장하고 나서서, 우안 지역의 상황도 순조롭게 전개되지 못하였다.

표트르 대제가 우안 지역에서 군대를 철수하지 않아서 몇 년 간 혼란이 계속되었다. 표트르 대제는 1711년 봄 우안 지역 주민들을 좌안 지역으로 이주시키도록 명령하여, 4년 동안 주민들의 이주가 진행되었다. 1714년 말에야 러시아군이 빌라 체르크바를 떠나 좌안 지역으로 이동하였다. 오를릭은 1712년 자포로지아 코자크와 함께 우안 지역을 무력으로 장악하려고 하였으나, 그의 군사력은 이를 달성하기에 너무 약했다. 폴란드 지휘관 세냡스키Seniavskii가 우안 지역을 점령하기 위해 파견되자, 폴란드군은 오를릭의 부대를 쉽게 몰아냈다. 러시아와 터키가 1713년 공식 강화조약을 맺자 칼 12세는 터키를 떠나야 했다. 오를릭도 얼마 남지 않은 병사들과 함께 터키를 떠나 도망을 계속해야 했고, 나머지 코자크는 우크라이나로 돌아왔다. 자포로지아 코자크는 시치로 귀환할 수 있게 허락해 줄 것을 요청했으나, 러시아와 터키와의 1712년 조약 때문에 부대 전체가 아니라 개별 소부대만 귀향하는 것이 허용되었다. 터키와 다시 한 번 전쟁이 일어나고, 1713년 새 조약이 체결된 다음에야 많은 수의 자포로지아 코자크가 시치로 귀환할 수 있었다. 오를릭과 호르디엔코는 자포로지아 코자크의 귀환을 막아보려고 노력하였으나 허사로 끝났다. 오를릭은 여러 해 동안 러시아에 대항하여 우크라이나 문제에 대해 이해를 같이하는 동맹국을 찾아보려고 시도하였으나 이 또한 아무 성과 없이 끝났다.

5부 코자크와 우크라이나 자치의 종결

17장 헤트만 국가와 우크라이나 자치의 종결

1. 헤트만 자치의 제한

　마제파와 스웨덴 왕 칼 12세의 동맹은 우크라이나의 자치에 큰 영향을 가져왔다. 이것은 모스크바의 표트르 대제와 그의 신하들에게 우크라이나의 자치를 더욱 적극적으로 종결시킬 수 있는 근거를 만들어 주었다. 러시아 정부는 이런 정책을 이미 시작하고 있었다. 이때까지는 공식적으로 헤트만과 원로회의(starshiny)가 우크라이나의 관리를 맡았으나, 헤트만 권력과 우크라이나 자치는 점점 더 제한을 받기 시작하였다. 헤트만이 바뀌거나, 우크라이나에 어려운 고비가 올 때마다 러시아는 이를 이용하여 자치 제한이라는 목적을 이루어나갔고, 이때마다 '보그단 흐멜니츠키 협약'의 이행이라는 구실을 내세웠다. 우크라이나는 1654년 러시아와 연합한 상태에 머물러 있는 것처럼 보였지만, 실제적으로는 보그단 흐멜니츠키 시대와는 상황이 달라졌다. 브루호베츠키 반란 이후 러시아의 조세와 행정 제도를 바로 도입하지 않고 이를 잠시 미루고 있었고, 우크라이나는 헤트만과 원로회의의 통치에 맡겨두고 있었다. 그러나 주요 도시마다 러시아 총독들이 부대와 함께 주둔하고 있어서, 헤트만은 손과 발이 묶여 있는 상태나 마찬가지였다. 모스크바의 동의 없이는 어떠한 중요한 결정도 내려질 수 없었다. 러시아는 우크라이나에서 일어나는 모든 일을 주시하고, 코자크 원로회의 멤버들이 바라고 있던 영지 분배를 통해 이들의 충성심을 확보하고, 이들을 통해 코자크 장교들의 충성을 얻으려고 하였다. 그러나 러시아는 이러한 통제에 만족을 못하고, 우크라이나의 정체성을 완전히 파괴하고, 우크라이나를 러시아의 한 지방 주로 만들려고 노력하였다. 마제파의 반란은 이러한 목적을 이루는데 아주 좋은 구실이 되었다. 우크라이나는 갑자기 마제파의 작전에 가담했으나, 민중들은 헤트만을 따르지는 않았었다. 그러나 러시아는 이 반란을 최대한 이용했다. 소위 '마제파의 배신'은 우크라이나 사람들에게 불리하게 작용하여 우크라이나 사람 전체를 배신자로 간주하게 했다. 러시아는 앞으로 유사한 '배신'을 막기 위해 우크라이나와의 관계를 완전히 바꾸기 시작했다. 그러나 당분간 우크라이나 사람들이 마제파와 스웨덴으로 기우는 것을 막을 필요가 있었기 때문에 이를 공표하지 않았다. 마제파에 대항하여 새로운 헤트만으로 스코로파드스키를 선출하였지만, 우크라이나의 권리 회복은 평화로운 시기가 올 때까지 연기되었다. 그러나 위기가 지나고 스웨덴군이 패배한 다음에 스코로파드스키와 원로회의는 차르에게 유보된 자치 권리 회복을 요청하고, 전쟁을 구실로 코자크 장교들과 헤트만조차도 무시하고 있던 러시아 장군들의 전횡으로부터 우크라이나를 보호해 줄 것도 청원하였다. 표트르 대제는 이 요청을 받아들여 헤트만의 과거의 권한을 회복해 준다고 동의하였으나 이것은 말로만 끝났고, 그는 이전 권한을 회복해 줄 의사가 없었다. 오히려 1709년

7월 31일 그는 우크라이나와 자포로지아의 반란을 구실로 러시아 귀족 이즈마일로프Izmailov를 헤트만 정부의 상주 사절로 임명하여 모든 업무에 전반적 자문을 하게 하였다. 이즈마일로프는 우크라이나의 평온을 유지하고, 헤트만과 원로회의의 행정을 감독하며, 이들을 감시하는 임무를 맡았다. 1년 뒤 또 한 명의 상주 사절이 임명되어 헤트만 업무를 감독하는 사람이 둘이 되었다. 헤트만의 숙소는 바투린Baturin에서 러시아 국경 옆의 흘루히프로 이주되고, 2개 러시아 연대가 주둔하여 의심스러운 상황이 발생하면 바로 숙소를 점령할 수 있도록 하였다. 이러한 조치들은 헤트만의 권한을 심각히 제한하여 헤트만의 중요성은 사라져 버렸다. 그는 차르의 사절들에게 통보하지 않고는, 좀 더 정확히는 그들의 허락 없이는 어떠한 결정도 내릴 수 없었으며, 우크라이나의 모든 사람들은 이제 권력이 헤트만에게 있는 것이 아니라, 차르의 사절들과 장관들, 측근들에게 있다는 것을 알았다. 그들은 자신들의 뜻에 따라 우크라이나를 지배했다. 차르가 우크라이나에 주둔시킨 러시아 부대는 주민들이 부담하는 경비로 운영되었으며, 대신 코자크들은 먼 지역으로 보내져서 운하를 파거나, 페테르부르그, 아스트라한 주변의 요새를 건설하거나, 당시 '방어선' 이라고 불린 코카사스 산맥의 요새들을 건설하였다. 코자크들은 파견된 곳에서 수천 명씩 죽거나, 운이 좋아 돌아온 사람도 건강을 잃거나 아무 보상도 받지 못하고 가난에 시달렸다.

　1722년 라도가 운하 건설 현장에 있었던 체르냑Cherniak 대령은 러시아 상원(Senate)에 보낸 보고에서 코자크들의 고통에 대해 다음과 같이 묘사했다

　"라도가 운하 건설 현장에서는 많은 코자크들이 병들었거나 죽어

가고 있습니다. 무서운 질병이 아주 빠른 속도로 퍼지고 있고, 가장 흔한 병은 고열과 다리의 부종으로 이로 인한 사망률이 아주 높습니다. 작업을 감독하는 장교들은 레온티에프Leontief 여단장의 지시로 불쌍한 코자크들의 고통을 무시하고, 곤봉으로 그들을 구타하고, 낮과 밤 휴일을 가리지 않고 휴식 없이 노역을 시키고 있습니다. 나는 코자크의 1/3만이 살아서 귀향한 작년처럼 많은 코자크들이 현장에서 죽을 것으로 염려됩니다. 그래서 저는 상원에 이런 조심스런 보고를 올리며 부디 자비를 베풀어 내가 감독하는 코자크들이 운하 작업에서 사망하지 않고, 다른 지역으로 보내져 새로운 노역에 투입되지 않기를 청원합니다. 이 불쌍한 사람들이 더 이상 노역을 할 수 없고, 건강과 기력을 잃어 간신히 살아있다는 것을 신이 보고 있습니다. 그들을 늦가을 우기가 오기 전인 9월 초에 고향으로 보내기를 청원합니다."

오를릭은 자포로지아 코자크들에게 이 비극에 대해 회상하며 "모스크바는 의도적으로 코자크부대의 파멸을 계획했고, 이러한 의도로 수천 명의 코자크를 죽음에 이르는 중노동에 동원하고 굶어죽게 했으며, 나머지는 독이 든 라임과 도마뱀을 섞은 밀가루로 만든 빵을 먹고 독사했다…"고 말했다. 의도적이었건, 비의도적이었건 이 모든 것은 우크라이나에 매우 고통스런 질고가 되었다. 그러나 누구도 무서운 차르의 의사에 거슬려 항의를 할 수가 없었다. 아무도 자신의 생명이나 자리에 대해 안심할 수 없었기 때문이다.

표트르 대제는 헤트만을 구속적인 감시 상태에 두는 것에 만족을 못하고, 헤트만의 동의를 구하거나 통보도 하지 않은 채, 연대장들과 원로들을 임명하며 우크라이나 업무에 직접 관여했다. 여러 부류의 사기꾼들이 러시아 장군들이나 장관들에게 뇌물을 주고 우크라이나의 관직을 차지하고 헤트만을 완전히 무시했다. 얼마 지나지 않아 관직이 우크라이나인뿐 아니라 러시아인들에게 배분되기 시작했다. 표트르 대제는 헤트만 스코로파드스키에게 딸을 러시아 사람에게 시집보낼 것을 권고했고, 신랑감으로 그의 측근 표트르 톨스토이 Petr Tolstoy를 추천했다. 차르는 스코로파드스키의 봉사에 대한 보상으로 톨스토이를 우크라이나의 가장 큰 영지인 스타로두프의 연대장으로 임명했다. 이후 점점 더 많은 영지가 러시아 장교들과 주둔 사령관(kommendant)에게 주어졌다. 그 결과 표트르 대제가 죽을 때인 1725년에는 우크라이나인 연대장이 몇 명 남아있지를 않았다. 표트르 대제는 우크라이나의 크고 작은 일에 관여를 하며, 잘못된 일이 일어나면 그는 헤트만과 원로회의를 비난하고 이들의 권한을 축소시키는 구실로 삼았다. 표트르 대제는 스코로파드스키가 노령이고 약하며, 영리하지가 않아 조종하기가 쉬웠기 때문에 헤트만에 임명했다. 원로회의는 폴루보토크Polubotko를 헤트만으로 선출하려 하였으나, 전해지는 바로는 그가 너무 똑똑하여 또 한 명의 마제파가 나올까봐 표트르 대제는 그의 임명을 반대했다. 스코로파드스키는 친척들로 둘러싸였는데, 마르코비치가 출신인 젊고 아름다운 아내 나스차는 특별히 언급할 필요가 있다. 전해지기로는 그녀는 철퇴를 들고 있었고, 스코로파드스키는 여성 복장을 했다고 한다. 헤트만의 사위 차르니쉬Charnysh는 재판 담당 장군이었는데, 부패와 뇌물로 궁정을 어지럽혔다. 차르는 헤트만 정부의 이런 실정을 문제 삼아 1722년 우크라이나에 주둔하고 있는 러시아 부대의 여섯 명의 지휘관들로 구성되고, 여단장 벨랴미노프Veliaminov가 이끄는 '소러시아위원회'(malorossisakia kollegiia)를 만들었다. 이 위원회는 판사들을 감독하고, 우크라이나 법정에 행정뿐만 아니라, 최고 군사 재판과 헤트만 궁정에 대한 소청을 다뤘다. 위원회는 원로회의가 코자크들과 일반인들을 박해하지 않고, 만일 그런 일이 발생하면 필요한 조치를 취할 수 있었다. 또한 헤트만 궁정을 감찰하고, 헤트만의 모든 통신을 검열하며, 우크라이나의 재정 수입을 감독하여, 지방 세무원으로부터 돈을 받아 군대와 다른 지출에 사용할 수 있었다. 그리고 이상 상황이 발생하면 바로 상원에 직접 보고하게 되어 있었다. 표트르 대제는 헤트만 행정과 궁정, 조세제도를 파괴시킨 죄와, 코자크와 일반인에게 토지를 빼앗고 이들을 농노로 만든 원로회의의 비리를 구실로 내세워 자신의 조치를 정당화했다. 스코로파드스키가 '모든 소러시아인들의 이름으로' 이러한 부당한 비난을 믿지 말고, 권한과 관행을 박탈하지 말 것을 눈물로 차르에게 호소하여도 아무 소용이 없었다. 차르는 헤트만의 청원에 귀를 기울이지 않고 새로운 조치를 인쇄하여 전 우크라이나에 돌리고, 원로회의가 국민들을 박해하지 못하게 하고, 그런 일이 발생하는 경우 소청을 다루기 위해 '소러시아위원회'를 만들었다고 주장했다.

2. 헤트만 정부 1차 해체와 폴루보토크

스코로파드스키는 차르의 부당한 행위에 큰 충격을 받아 와병하였고, 1722년 7월에 사망했다. 헤트만의 죽음은 표트르 대제로 하여금 우크라이나의 자치를 완전히 없애는 결정적 초지를 취할 근거를 만들어 주었다. 그는 폴루보토크 연대장과 원로회의가 헤트만 직위를 대행하고, 벨랴미노프와 협의하여 업무를 처리할 것을 지시했다. 그는 동시에 이제까지 외무성에서 담당하던 우크라이나 업무를 일반 지방주 업무를 담당하는 상원으로 이관시켰다. 우크라이나 원로회의는 차르에게 사절단을 보내 새로운 헤트만 선출을 허락해 줄 것을 요청하였으나, 오랫동안 아무런 답을 듣지 못하였다. 원로회의가 청원을 반복하자 1723년 여름 차르는 헤트만 선출은 무기한 연기한다고 답하였다. 그는 이러한 조치의 근거로 보그단 흐멜니츠키부터 스코로파드스키까지 모든 헤트만이 배신자로 드러났기 때문에 러시아 정부는 자격을 갖춘 충성스러운 사람을 찾고 있고, 또한 현재로서 우크라이나 정부가 정상적으로 잘 운영이 되고 있기 때문이라고 답했다. 차르는 헤트만 선출을 연기했을 뿐 아니라, 이에 대한 청원도 더 이상 하지 말도록 명령함으로써 헤트만 정부는 영구히 해체된 것이나 다름없었다.

헤트만 정부가 해체되고 일어난 일들은 우크라이나 사람들이 헤트만 시대를 아주 그리워하게 만들었다. 러시아 사람들이 우크라이나에 가해진 모든 제약은 부패한 원로회의의 박해로부터 주민들의 이익을 지키기 위한 것이라고 강변하였지만, 실제로는 새로운 러시아 행정관들이 아무런 질서를 가져오지 못하고, 주민들의 고통을 덜어주지도 않았으며, 오히려 박해와 압제를 강화하였다. 모든 사람은 우크라이나 사람들을 지켜 줄 지도자와 헤트만이 없는 것을 탄식했다.

소러시아위원회의 수장인 벨랴미노프는 지도자 행세를 하며 모든 일을 명령하고, 임시 헤트만인 폴루보토크에게 "너는 나에 비하면 무엇이냐, 나는 여단장이고 위원장이다, 너는 아무것도 아니다"라고 소리치고는 했다. 그는 원로들에게 그들이 부서지도록 굽혀 버릴 수 있다고 위협하고, 그들의 예전의 권한에 대해 언급하면 "당신들의 옛

날 체제는 해체되도록 명령을 받았고, 당신들은 새로운 체제에 적응해야 하며, 내가 법이다"라고 응수했다. 러시아 장교들이 임시 헤트만과 원로들 앞에서 이렇게 행동했다면 하급 장교들과 평민들을 어떻게 다뤘을지는 쉽게 상상할 수 있다. 위원회는 기존의 제도를 무시하고 새로운 고율의 세금을 도입했고 재정 지출을 장악했다. 러시아 정부의 후원을 받은 러시아 연대장들은 우크라이나 연대장들 때 보다 훨씬 더 주민들을 압제했고, 우크라이나에 주둔한 러시아 병사들은 법을 마음대로 어겼고, 숙영을 하며 민간인을 괴롭혔다. 이런 상황에서 코자크들은 대규모로 징용되어 먼 오지에서 강제노동에 시달리며 파리처럼 죽어갔다. 5천 명에서 만 명씩 징용되어 1/3에서 1/2이 현지에서 죽고, 나머지는 건강을 상한 채로 귀향했다. 1721년에서 1725년까지 5년 동안 라도가 운하 건설과 코카사스, 볼가 강 유역에서 죽은 우크라이나 병사 수는 20만 명에 이르는 것으로 추정된다.

활력적이고 애국심이 넘친 폴루보토크는 동족들에게 가해지는 처참한 고통을 참을 수가 없었다. 표트르 대제가 우크라이나 자치권 박탈의 구실로 우크라이나 장교들의 부패를 구실로 삼은 것을 깨달은 그는 깨끗한 정부를 다시 세우고, 차르에게 구실을 준 압제를 제거하기 위해 노력했다. 그는 장교들이 개인적 목적으로 코자크들을 동원하는 것을 금지시키고, 뇌물수수와 하층민 착취를 중지시키는 개혁 조치를 취했다. 이를 위해 각 부락과 부대에 복수의 재판관을 두어 서로를 감시할 수 있게 했다. 그는 하위 법원에서 항소심으로 올라오는 제도를 마련하고, 최고 군사 법원의 질서를 바로잡았다.

러시아 정부는 톨스토이가 표트르 대제의 정책을 평가한 대로 '소러시아를 손에 장악하는' 구실로 부패 문제를 계속 이용했다. 행정

체계를 개선하려는 폴루보토크의 노력은 러시아 정부로부터 반대를 받았다. 그와 장교회의가 계속해서 헤트만 선출 허가와 러시아 장교들의 전횡과 폭압을 문제 삼고, 1654년의 보그단 흐멜니츠키와 러시아 사이의 페레야슬라프 조약의 위반을 계속 문제 삼자 반대와 적대감은 더욱 커졌다. 벨랴미노프가 임시 헤트만 폴루보토크가 자기와 이견을 보이는 것에 대해 불만을 제기하자, 표트르 대제는 우크라이나의 장교와 병사수를 감소시키기 위해 폴루보토크와 그의 고위 장교들을 상트 페테르부르그로 소환했다. 또한 코자크 부대는 타타르 방어를 구실로 남쪽 국경으로 이동하도록 명령했다.

상트 페테르부르그에 도착한 폴루보토크와 그의 장교들은 우크라이나 재판에 간섭하는 것이 금지된 보그단 흐멜니츠키의 조약을 상기시키고, 현재 소러시아위원회와 러시아 장교들이 소청을 받아들이고 있는 사실을 지적하며 이전 권리의 복원을 차르에게 청원했다. 그러나 같은 시기에 스타로두프 연대로부터 러시아 법원의 설립과 러시아 연대장의 임명을 요청하는 청원서가 접수되었다. 폴루보토크는 벨랴미노프가 자신들이 청원을 무력화하고 우크라이나 사람들의 권리를 박탈하기 위한 목적으로 이 청원서를 위조했다고 항의했다. 청원을 받고 표트르 대제는 루먄체프Rumiantsov를 비밀 사절로 파견해 우크라이나 사람들이 폴루보토크가 청원한대로 예전 제도의 복원을 원하는지 아니면 스타로두프 연대가 주장한대로 러시아 제도를 원하는지를 탐문하도록 했다. 그러나 사절을 파견한 진짜 목적은 코자크 장교들에 대한 불만을 수집하기 위해서였다.

폴루보토크는 이러한 계획을 알게 되자 표트르 대제가 원하는 것이 무엇인지, 결과가 어떻게 될 것인지를 짐작할 수 있었다. 루먄체프와 벨랴미노프는 쉽게 주민들로부터 그들이 원하는 정보를 얻을 수 있었다. 왜냐하면 우크라이나에는 장교들이 남아있지 않아, 주민들을 협박하는 것을 막을 사람이 없었기 때문이다. 주민들은 무서운 러시아 장교들이 원하는 대로 답을 하여 주민 대부분이 러시아 제도를 원하고 있다는 여론을 만드는 것은 어려운 일이 아니었다. 특히 우크라이나 장교들에게 배분된 토지를 주민들에게 다시 나누어준다는 조건을 걸면 더욱 그럴 것이 분명했다. 상트 페테르부르그를 떠날 수 없었던 폴루보토크는 사절을 우크라이나로 보내 루먄체프의 탐문에 어떻게 대처하고 답을 해야 할 지를 지시했다. 남쪽 국경인 콜로막 강가에 주둔하고 있던 코자크들은 임시 헤트만의 지시를 따라 러시아 지배자들의 학정과 불법적 징용, 우크라이나에 주둔하고 있는 러시아 부대와 그들의 만행에 대한 불만을 소청하고, 이전 관례대로 헤트만 선출이 이루어지도록 청원했다. 이 과정에 아무런 불법적 요소가 없었는데도 불구하고, 표트르 대제는 폴루보토크가 자신의 계획을 망친 것에 격분해서 그와 장교들을 체포하여 감옥에 구금하였다. 아울러 청원서를 준비한 모든 사람을 체포할 것을 지시했다. 청렴하고 효과적으로 일한 폴루보토크의 민간 정부를 상대로 죄를 묻는 것이 불가능하자, 그의 연대와 자금 운영에 대한 조사가 시작되었다. 조사가 진행되는 동안 폴루보토크는 몇 달을 감옥에서 보냈다. 그는 조사가 종결되기도 전에 1724년 가을 상트 페테르부르그 페트로파블롭스키 요새의 감옥에서 세상을 떠났다. 우크라이나 전체가 폴루보토크의 죽음을 애도했고, 우크라이나 장교들은 그를 민족의 영웅이자 순교자로 추앙했다. 전해지기로는 그는 우크라이나의 권리를 탈취한 것에 대해 차르를 비난하고, 우크라이나에 대한 압박은 그에게 아무런 영예도 가져다주지 못한다는 것과, 강제적으로 압박하는 것보다는 주민들이 감사할 수 있게 자유로 통치하는 것이 더 큰 영예를 가져온다는 것을 보여주었다. 우크라이나인들의 신뢰와 충성스런 봉사를 상기시키며, 차르는 피를 흘리게 하는 노역으로 분노와 적의를 불러일으킨다고 비난했다. "이 모든 것의 대가로 우리는 감사가 아니라, 모욕과 의심을 받으며 힘든 노역에 동원되고, 감당할 수 없는 세금에 시달리고, 쓸데없는 제방과 운하를 만들고, 사람이 다닐 수 없는 늪지를 메우고, 과로와 기근과 혹한으로 사망한 사람들의 시신이 이 늪의 거름이 되고 있다. 이 모든 불행과 치욕은 새로운 지배자들 밑에서 더 심해지고, 우리의 권리와 관습을 전혀 모르는 모스크바의 관리들이 우리를 통치하고 있다. 일자무식인 그들은 마음대로 우리를 다룰 수 있다는 사실 한 가지만 알고 있다." 분노한 표트르 대제는 폴루보토크를 사형에 처할 수도 있다고 위협하며 소리치며, 무례한 행동의 대가로 그를 감옥에 투옥했다. 그러나 폴루보토크가 감옥에서 중병이 든 것을 알고는 표트르 대제는 그에게 와서 용서를 구하고 치료를 받을 것을 권했다. 폴루보토크는 때늦은 차르의 자비를 거부하고 대답하기를 "나와 동포들의 억울한 고난에 대해서는 공정한 심판자인 우리의 하나님이 심판할 것입니다. 우리는 곧 그의 앞에 갈 것이고, 그는 표트르와 파벨(폴루보토크의 이름, 감옥이 표트르-파벨 요새에 있는 것도 비유)을 심판할 것입니다."라고 말했다. 실제로 얼마 있지 않아 표트르 대제도 죽음을 맞았다. 우크라이나에서는 이 얘기가 많이 회자된다. 우크라이나 가정에는 폴루보토크 초상화가 많이 걸려 있으며, 그 아래에는 '폴루보토크가 표트르 대제에게 한 말: 조국을 위하여 일어서며, 나는 운하나 감옥을 두려워하지 않고, 동포들의 떼죽음을 보느니 내가 가장 잔혹한 죽임을 당하는 것이 낫다'라고 쓰여 있다. 그러나 초상화의 폴루보토크의 얼굴은 파벨 폴루보토크의 실제 얼굴과 다르다. 초상화의 얼굴은 훨씬 나이든 모습인데, 사람들은 아버지 레온티이Leontii와 파벨을 혼동한 것 같다.

3. 헤트만 정부의 부활과 헤트만 아포스톨

폴루보토크가 죽은 이후 우크라이나에는 소러시아위원회와 벨랴미노프의 전횡을 막아줄 사람이 없었다. 우크라이나 장교들은 상트페테르부르그 감옥에 수감되었고, 나머지는 무서운 차르의 처벌을 두려워하며 숨을 죽이고 있었다. 막강한 권력을 가진 벨랴미노프에게 감히 대항할 생각을 하지 못했고, 일부 기회주의자들은 러시아 행정 제도가 자리를 잡는 것을 돕기도 했다. 코코시킨Kokoshkin 중령이 스타로두프의 연대장으로 임명되었고, 보그다노프는 체르니히프 연대의 책임자가 되었다. 약 20년 동안 우크라이나는 러시아 병사들로 넘쳐났다. 이들은 불법적으로 주둔하며 우크라이나 주민들의 세금으로 생활했다. 1722년 러시아 정부는 4만5천 루블의 세금과 많은 식량을 거둬들였고, 1724년에는 14만 루블의 세금과 4만 푸드(1푸드 =16.38㎏)의 식량을 징발했다. 이와 더불어 러시아 정부는 강제 노역으로 코자크들을 빈곤상태에 빠지게 했다. 1723년 카스피해의 술락 강의 '성 십자가요새'(krepost Sviatogo Kresta) 건설을 위해 만 명을 징발해 보내고, 다음해 이들과 교대시키기 위해 만 명을 다시 보냈다.

참혹한 파멸이 우크라이나에 다가왔으나 주민들은 어디에서 도움을 받아야 할 지 알 수 없었다. 1725년 초 표트르 대제의 사망은 변화를 가져왔다. 후계자가 된 표트르 대제의 부인 예카체리나 1세와 수석 장관(pospeshnik) 멘쉬코프Menshikov는 표트르 대제와 같은 권력과 권위를 갖지 못해 불안해했고, 우크라이나에 유화정책을 취할 필요를 느꼈다. 특히 터키와의 전쟁을 예상하고 있는 상황이라 코자크의 군사적 도움이 필요했다. 러시아 정부는 마제파가 터키와 동맹을 맺은 것을 새삼 기억하며 우크라이나 장교들이 그간의 학정에 반항하여 반란을 일으킬 수도 있다고 우려했다. 이러한 여러 상황을 고려하여, 예카체리나 1세와 멘쉬코프는 헤트만 선출을 허용하고, 러시아소위원회를 폐지하며, 새로 부과된 세금을 취소하는 등 우크라이나에 이전의 권리를 회복해 줄 것을 약속했다. 그러나 이러한 변화에 적극 반대하고 표트르 대제의 정책을 지지하는 관리들도 있었다. 대표적인 예가 톨스토이Petr Toltoy였다. 그는 위대한 차르 표트르 대제가 '소러시아를 그의 손에 넣기 위해' 헤트만 선출을 끝까지 허용하지 않은 것과 연대장들과 장교들의 권한을 축소시킨 것을 상기시켰다. 새 정책의 시행을 저지하기 위해 많은 노력이 기울여졌고, 다른 한편으로 '연대장들과 장교들은 주민들과 큰 싸움을 벌였다'라는 표현처럼 코자크 장교들은 주민들의 반발을 사고 있었다. 표트르 대제의 정책이 폐지되고 이전 제도가 복원될 가능성은 없다는 전망이 우세한 가운데, 몇 가지 정책이 완화되는 선에서 그쳤다. 투옥된 코자크 장교들이 석방되었고, 세금이 잠시 동안 감면되었으며, 술락 강의 요새 건설에 노역 동원은 현금 지불로 대체되었다.

1727년 예카체리나 1세가 사망하자, 표트르 대제의 손자인 젊은 표트르 2세가 멘쉬코프의 도움으로 제위에 올랐다. 우크라이나에 많은 영지를 가지고 있었던 멘쉬코프는 소러시아위원회의 폐지와 구제도와 자치의 복원을 옹호하고 나섰다. 표트르 2세 즉위 직후 돌고루키

Dolgoruki 측근들은 멘쉬코프를 낙마시키고 젊은 황제를 자신들의 영향 하에 두었다. 그러나 이들도 표트르 대제의 정책에 반대하고 나섰기 때문에 우크라이나에도 이전 제도를 복원시키려는 의사가 강했다.

우크라이나 업무는 상원에서 다시 외무성으로 이관되었고, 소러시아위원회는 폐지되었다. 세금도 감면되었고, 아직 상트 페테르부르그 감옥에 남아 있던 코자크 장교들은 석방되어 귀향했다. 벨랴미노프는 그간의 전횡으로 코자크 장교들의 고소를 받아 재판에 회부되었다. 그러나 가장 중요한 변화는 새로운 헤트만을 선출하도록 허용한 것이다. 1727년 여름 비밀 사절 나우모프Naumov를 우크라이나로 파견해 헤트만 선거를 감독하고, 헤트만 궁정에 머물도록 했다. 그는 정부로부터 미르호로드 연대장인 고령의 다닐로 아포스톨Danilo Apostol이 헤트만에 선출되도록 하라는 비밀 지령을 받았다.

코자크 장교들은 옛 제도가 복원되는 것만으로도 크게 만족하여 차르의 뜻을 거부할 생각이 없었고, 누가 헤트만이 되는가는 큰 문제가 되지 않았다. 아포스톨은 러시아가 지명한 사람이기는 하였지만 우크라이나 주민들에게도 환영받는 인물이었다. 70세에 이른 그는 오랫동안 코자크 장교로 복무하였고, 우크라이나가의 힘이 아직 꺾이지 않고, 자유와 자치를 갈망하던 시대에 성장했다. 그는 마제파가 스웨덴과 동맹을 맺고 우크라이나를 해방시키려 할 때 그의 측근이었으나, 마제파의 계획이 실패로 끝날 것을 예측하고, 이 비운의 헤트만을 떠난 사람이었다. 그는 현명한 전술로 정부에 호감을 주었지만 반우크라이나 정책에 가담하지는 않았다. 그는 나름대로 분명한 우크라이나 통치 계획을 가지고 있었다. 그는 또한 민중들을 압제한 전력이 없어서 모든 사람이 지지할 수 있는 헤트만이었다.

코자크 장교회의는 아포스톨을 헤트만으로 기꺼이 받아들인다고 선언하고, 1727년 10월 1일 그는 큰 축하를 받으며 흘루히프에서 헤트만에 취임했다. 나우모프가 코자크 부대와 주민들이 모여 있는 교회에 도착하고, 그의 뒤를 헤트만 휘장이 따라왔다. 헤트만 선출을 허용한다는 황제의 칙령이 낭독되고, 마지막으로 나우모프는 누구를 헤트만으로 선출하기를 원하는가를 물었다. 모든 사람은 한 목소리로 '아포스톨'을 외치고, 이 절차가 세 번 반복된 다음 나우모프는 아포스톨이 헤트만으로 선출되었음을 선언했다. 선출된 사람은 처음에는 고사를 하지만, 사람들의 추천이 이어지자 자기 뜻을 접고 황제에게 충성 선서를 하였다. 나우모프는 그의 보고서에 국민들이 크게 기뻐하였다고 적었다. 헤트만 선출 과정에 대한 보고를 보면, 이전의 우크라이나의 권리가 완전히 복원되지 않았음을 분명히 알 수 있다. 헤트만 선출 과정에서 우크라이나의 헌법과 같은 역할을 하는 헤트만 권한 조항에 대한 언급이 전혀 없었다. 우크라이나의 이전의 권리가 황제의 영으로 복원된다는 선언도 없었다. 이후로 러시아 정부의 상주 사절인 나우모프는 헤트만과 함께 모든 업무를 감독했다. 이때부터 우크라이나 본부 법원은 세 명의 우크라이나 장교와 세 명의 러시아 장교가 운영하였고, 군사 재무는 우크라이나 장교 한 명과 러시아 장교 한 명이 공동 관리했다.

군사 문제에 있어서 헤트만과 장교회의는 러시아 최고 사령관의 지휘를 받았다. 러시아 정부는 아포스톨을 다른 헤트만보다 훨씬 신뢰했음에도 불구하고, 그의 아들 중 한 명은 상트 페테르부르그에 인질로 체류했다. 표트르 대제의 옛 정책은 다시 살아났고, 일부는 새 정부에 의해 계속 유지되었다.

그러나 우크라이나인들은 벨랴미노프의 지배에서 벗어나 제한적이기는 하지만 어느 정도 자유를 회복하였다. 아포스톨은 서두르지 않고, 조심스럽게 헤트만의 권위와 권한을 회복하려 노력하였고, 러시아 군인과 행정관리들의 간섭과 영향을 줄이기 위해 노력했다. 이를 위해 모든 부문에서 좋은 행정을 펼치고 장교들의 착취로부터 주민들을 보호하려고 노력했다. 그는 뇌물과 전횡을 제거해 러시아 정부가 간섭할 구실을 주지 않으려고 애썼다. 그는 상트 페테르부르그와 좋은 관계를 유지하며 충성을 보였고, 보그단 흐멜니츠키 협약에 보장된 우크라이나의 자치라는 옛 권리를 조금씩 회복해 갔다.

1728년 젊은 황제의 대관식에 참석하기 아포스톨과 장교회의는 상트 페테르부르그로 갔다. 그들은 궁정에 반 년 이상을 머물며 황제와 주변 인물들의 호의를 사서 우크라이나의 자치를 다시 얻기 위해 노력했다. 1728년 8월 헤트만의 청원을 받아들여 차르와 나오모프는 소위 '결정적 조항들(reshitelnye punty)'을 승인했다. 흐멜니츠키의 협약이 완전히 준수된 것은 아니지만, 표트르 대제의 정책의 일부는 철회되었고, 일반적이기는 하지만 우크라이나의 권리 일부는 회복되었고, 앞으로의 추가적 양보에 대해서도 기대를 갖게 만들었다. 그러나 실제로 우크라이나의 자치는 결정적으로 제한된 상태에 머물렀다. 예를 들어 헤트만 선출에 대한 간섭은 없다고 선언하면서도, 선출 자체가 차르의 동의 없이 이루어질 수 없다고 규정한 것이다. 장교회의 멤버 선출은 코자크 부대에 일임한 것으로 되어있지만 실제로는 하급 장교들에게만 선출권이 주어졌다. 각 중대는 중대장 후보 여럿을 추천할 수 있었으나, 헤트만의 허가를 전제로 했다. 연대의 장교들은 중대장들 중에서 선발되었고, 중요한 보직을 맡는 병사들도 헤트만이 임명했다. 연대장이나 장교회의 멤버 명단은 차르의 승인을 받아야 했다. 우크라이나 법원은 흐멜니츠키 협약에 의해 구성되었으나, 본부 법원은 세 명의 우크라이나인과 세 명의 러시아인으로 구성되었다. 그러나 문제는 이러한 양보가 여러 번의 청원 끝에 받아들여졌고, 러시아 정부가 베푼 혜택이었기 때문에 아무 때라도 필요하면 취소가 될 수 있다는 사실이었다. 실제로 이 혜택은 얼마 가지 않아 취소되었다. 그러나 자신들의 권리를 위해 투쟁할 힘이 없었기 때문에 상황을 바꿀 특별한 방법이 없었다. 이때까지의 사태 진전은 우크라이나 사람들에게 투쟁할 힘이 더 이상 남아 있지 않다는 것을 보여주었고, 아포스톨은 청원하고, 애원하고, 글자 그대로 차르의 은전을 받기 위해 머리를 땅에 조아리는 것이 자신의 임무라고 생각했다.

'결정적 조항'에 따라 우크라이나의 몇 관직에 새로운 사람들이 선출되고, 일부 공석 중인 자리에는 우크라이나 사람들이 임명되었다. 우크라이나 법률가들로 구성된 위원회가 우크라이나의 법령을 수집하고 법률 체계를 수립하였다. 장교들이 더 이상 군대와 코자크 토지를 취득하는 것을 막기 위해 장교들이 소유한 토지에 대한 조사가 진행되었다. 코자크 연대의 살림을 담당하는 연대 행정국(kantseliariia)도 재편되었다. 1730년에는 폴루보토크가 만든 것과 유사한 법원 제도 개선안이 시달되었다. 부락 법원부터 최고 본부 법원까지 단독 판사 운영을 없애고 여러 명의 판사에 의한 집단심을 도입한 것이다. 중대 법원에서 연대 법원까지, 연대 법원에서 본부 최고 법원까지의 항소 제도도 정비되어, 본부 최고 법원은 항소심만 관할하게 했다.

또 다른 중요한 사건은 자포로지아 코자크인들이 돌아온 것이다. 앞에 설명한 대로 그들은 터키의 보호 아래로 들어간 이후로 시치주민에 불과한 것을 느끼고 러시아 정부에 우크라이나로 돌아오는 것을 허용해 줄 것을 청원했다. 호르디엔코와 오를릭은 이것을 막으려 했으나, 호르디엔코 사망 후 자포로지아 시치의 코자크들은 귀향 허가를 더 강력히 청원했다. 러시아와 터키 간 평화 상태가 유지되는 상황에서는 러시아 정부는 코자크를 다시 받아들이는 것이 가능하다고 생각하지 않았다. 이것은 자로포자야 코자크를 터키의 신민으로 인정한 조약을 위배하는 것이었다. 그러나 러시아 정부는 터키에 대한 공격 준비가 되면 그들이 귀환할 수 있다고 약속했다. 1720년 대 초 전운이 감돌자 코자크들도 머지않아 귀환할 것으로 기대했다. 1733년 폴란드에 궐위가 발생하자 여름에 전쟁을 개시하기로 결정되었다. 차르는 자포로지아 시치에 공문을 보내 그들이 차르의 보호를 받게 될 것이고 곧 귀환할 수 있을 것이라고 통보했다. 코자크들은 크림 칸이 그들을 폴란드와의 전쟁에 동원한 상태였으므로 1734년 초 지체하지 않고 올레스키(Olesky, Aleshek)를 떠나 드니프로 강을 따라 북상하여 바자블룩Bazavluk의 옛 기지로 돌아왔다. 그리고 루브니에서 자포로지아 코자크 대표단은 러시아와 협정에 서명해, 1709년 그들이 점령한 옛 영토에 거주하고, 자유롭게 생활을 영위하게 되었다. 그들은 선출된 지도자들에 의해 통치되며, 우크라이나에 주둔한 러시아 부대 지휘관들로부터는 간접적으로만 관리를 받게 되었다. 그들은 국경을 방어하는 대신, 러시아 정부로부터 매년 2만 루블을 지급받기로 하였다. 이러한 혜택을 받는 대가로 그들은 러시아 황제에게 충성을 맹세하기로 하였다. 당시 자포로지아 코자크 병사는 7천 명을 넘어섰다.

이렇게 함으로써 마제파의 반란으로 인한 모든 뒤처리가 끝난 셈이 되었다. 단지 뜻을 굽히지 않은 오를릭만이 폴란드의 혼란, 왕위를 둘러싼 러시아의 간섭, 러시아와 터키의 전쟁을 이용하여 러시아에 적대적인 국가들이 우크라이나 문제에 나서기를 바랐으나 무위로 끝났다.

오를릭의 이러한 기도와 폴란드, 크림, 몰도바에서의 동시다발적 전쟁으로 러시아 정부는 우크라이나 문제를 아주 조심스럽게 다루었다. 1730년 표트르 2세가 사망하자, 황제 자리는 그의 숙모인 안나 여제가 차지했고, 그녀의 삼촌인 표트르 대제의 강압적 정책이 다시 부활되었다. 1733년 헤트만 아포스톨이 와병하여 거동을 할 수 없게 되자, 안나 여제는 우크라이나 장교들이 나라를 운영하는 것을 허용하지 않고, 그녀의 사절인 샤콥스코이Shakovsky 공에게 행정을 맡겼다. 그리고 러시아 사람과 우크라이나 사람이 동수로 구성된 위원회를 만들어 헤트만 사후 행정권을 이어받을 준비를 하게 했다. 이러한 부당한 조치에 대한 보상으로 세금을 일부 감면하였고, 우크라이나 주둔 병력을 줄였다. 헤트만 아포스톨은 1734년 1월 사망했다. 그의 죽음은 우크라이나로서는 큰 손실이었다. 그는 우크라이나의 권익 증진을 진정으로 바랐고, 이를 위해 일하는 방법도 알았던 사람이었다. 그의 정책이 미온적이고 타협적으로 보였을 수도 있지만, 러시아의 영향에 길들여져서, 권리 회복을 위한 투쟁의 의지도 없고, 최소한의 저항으로 러시아 사람들의 환심을 사려는 사람들에 둘러싸인 채 의미 있는 일을 하는 것은 너무 어려웠다. 그는 우크라이나와 아무 관련도 없으면서 러시아 정부의 은전으로 고위직을 맡고, 민중의 희생을 대가로 자신의 부를 채우려는 사람들과 부단히 싸워야 했다.

4. 제 2차 헤트만 정부 철폐

러시아 정부는 헤트만 아포스톨의 죽음을 기회로 헤트만 정부를 철폐하였다. 그의 죽음이 알려지자, '중요한 직책을 감당할 수 있는 능력 있고, 충성스러운' 사람을 선출하기 위해 신중한 고려가 필요하며, 그런 믿을만한 사람이 나타날 때까지 6인위원회가 행정을 담당한다고 발표했다. 6인위원회는 황제 사절 샤콥스코이와 두 명의 러시아 관리, 우크라이나 수송부대장 리조후프Lizohub와 두 명의 코자크 장교로 구성되었다. 그들은 '결정적 조항'에 의거해 공동으로 헤트만 정부를 운영하며, '회의 때 대등한 지위를 가지고 오른쪽에는 러시아 대표가, 왼쪽에는 우크라이나 대표가 앉았다'. 안나 여제는 보그단 흐멜니츠키 협약에 보장된 우크라이나 국민들에 대한 보호를 약속했다. 여제의 선언 자체가 표트르 대제의 정책을 상기시키고, 흐멜리츠키 협약을 언급한 것은 우크라이나 사람들을 호도하기 위한 것이었다. 샤콥스코이에게 전달된 비밀 훈령에는 헤트만 선출에 대한 언급은 코자크의 반란을 막기 위한 것이며 실제로는 앞으로 어떠한 헤트만도 선출할 의도가 없다고 말했다. 상원은 우크라이나를 일반 주와 마찬가지로 직접 관할하기 시작하였으며, 우크라이나의 실제 통치자는 위원회 수장인 샤콥스코이 공이였다. 위원회 멤버들 간의 평등 지위는 빈말에 지나지 않았다는 것은 권위 있는 샤콥스코이의 복장에도 나타났다. 그는 우크라이나 위원들에게서 의심스러운 점을 발견하면 바로 그들을 체포하고, 위원을 다른 사람으로 교체할 수 있었다. 긴급한 경우에는 지시를 받지 않고, 독자적 권한으로 결정을 내릴 수 있었다.

이런 방식으로 위원회의 수장은 표트르 대제의 '소러시아위원회'와 마찬가지로 우크라이나의 통치자가 되었다. 러시아 정부는 자신들이 여러 고위직에 임명한 러시아 사람들 때문에 스스로 실망해야 했다. 왜냐하면 그들은 정부의 힘만 믿고 권위적이고, 무법적이고, 압제적으로 행동했기 때문이다. 이들의 전횡뿐 아니라, 행정 개혁이 있을 때마다 반복되는 정의와 권리의 보호에 대한 기만적 말은 러시아의 행정과 러시아 관리들에 대한 우크라이나 사람들의 신뢰를 무너뜨렸다. 샤콥스코이 공은 새 행정부와 군사 법원에 능력 있는 러시아인을 임명하여 우크라이나 사람들이 러시아 관리들과 행정 제도를 선호하게 하라는 지시를 받았다. 그는 모든 실정의 책임을 헤트만 정부에 돌리고, 이러한 조치가 우크라이나 장교들의 전횡으로부터 주민들을 보호하고 위한 것이라고 기만했다. 우크라이나 상층부를 러시아로 동화시키기 위해 폴란드와 다른 외국인들과의 접촉을 막고, 러시아 사람과의 혼인을 권장했다.

우크라이나 국민들이 새 제도에 어떻게 반응했을지는 쉽게 상상할 수 있다. 러시아 정부가 관리들에게 이러한 조치를 '비밀스럽고' '은밀하고' '교묘하게' 수행하도록 지시하였으나 공포에 질린 우크라이나 장교는 물론이고, 고위직 사람들까지 불만을 표시할 수 없는 상태가 되자 정부는 섬세한 정책을 포기했다. 키예프 대주교 바나토비치 Vanatovich와 수도원장들은 차르들의 명명일 기념 예배를 드리지 않는다는 이유로 체포되어 유형에 처해졌다. 장교들에게 온갖 근거 없는 의심을 품고 모든 문서와 편지를 검열했다. 리조구프같은 고위 장교도 그 대상이 될 정도였다. 이런 상황에서 샤콥스코이와 그의 부하들이 일반 사람들을 어떻게 다루었을 지는 쉽게 상상할 수 있다. 샤콥스코이는 자신의 정부가 코자크 장교들을 너무 젊잖게 대하고 있다고 생각하고, 이들이 행정 업무에 일체 관여하지 못하게 하고, 대신 한 사람의 총독이 우크라이나를 통치하도록 건의했다. 물론 그는 자신을 그 후보자로 생각했다. 러시아 정부는 이 건의를 받아들이지 않는 대신, 위원회는 상징적인 존재에 지나지 않으며, 이들을 행정에서 배제시키면 우크라이나 사람들의 의심을 불러일으킬 수 있다고 이 열정적인 황제 사절을 진정시켰다. 러시아가 얼마나 우크라이나인들의 권리를 잘 보장했는지 보여주는 사건이 있다. 키예프 행정관들이 잔혹한 러시아 장교들의 학정과 불법 행위로부터 자신들의 권리를 보호하려고 시도하자, 1737년 바랴틴스키Bariatinskii 공은 키예프시 헌장과 문서들을 압수하고 시 위원 전원을 체포하였다. 그는 시위원회는 자신들의 권리와 특권을 주장할 아무런 법적 근거를 가지고 있지 않다고 정부에 설명하였다.

우크라이나 사람들은 러시아 행정관리들뿐 아니라 러시아 군인들의 학정에도 시달렸다. 군사총독을 대신하여 파견된 키예프의 군지휘관들과 터키와 크림 원정, 폴란드와의 전쟁에 출정한 러시아 지휘관들은 우크라이나 연대와 장교들에게 명령을 내리며 아무런 법적 구속을 받지 않고 마음대로 행동했다. 러시아의 가혹한 지배에 겁을 먹은 우크라이나 장교들은 자신들의 권리를 주장하거나, 헤트만 선출이나 과거 특권의 복원을 요구조차 하지 못하고 침묵을 지켰다. 그들은 목숨을 부지하는 것으로 만족하여 '물보다 고요하고, 풀보다 낮게' 숨을 죽이며 지냈다. 비론Biron의 폭정 하의 러시아 통치가 너무 잔혹하여서 러시아의 새로운 행정책임자로 영국 장군 케이스Keith가 부임했을 때 우크라이나 사람들은 큰 안도의 숨을 쉬었다. 이 준엄한 장군은 고문과 잔혹한 형벌을 중지시키고, 징벌을 내리는 것을 자제함으로써 좋은 인상을 남겼다. 정부 관리들에게서 쉽게 찾아볼 수 없었던 그의 공의롭고 자비로운 태도는 많은 사람들에게 놀라움을 불러일으켰다.

상류층 사람들이 러시아의 모욕과 박해를 견디는 동안, 일반 주민들은 코자크 장교들의 학정에 시달렸다. 정치적 영향력을 잃은 이들은 러시아 정책에 항의할 용기는 가지지 못하고, 러시아 정책을 받아들이고, 그 시행에 조력함으로써 러시아 정부의 호의를 얻어 자신들의 재산을 늘리고, 러시아 정부가 그들에 대한 불평에 귀를 기울이지 않을 것을 알고 코자크들과 농민들을 농노로 만들었다. 주민들이 법적 절차를 통해 자신들의 권리를 지키는 것은 불가능했다.

러시아 정부는 종종 주민들을 보호하기 위해 새로운 포고령을 준비 중이라는 소문을 흘림으로써 코자크 장교들을 적절히 위협했다. 그러나 실제로 러시아 행정 책임자들은 코자크 장교들의 학정을 견제하기 위한 어떠한 노력도 기울이지 않았고, 러시아식 부패와 농노 제도를 확산시켜서 우크라이나 귀족들로부터 뇌물을 받고 주민들이 아니라 이들 편에 섰다.

우크라이나 주민들은 러시아 관리들이 공의롭고 성실한 행정관이 아니라, 불법을 일삼으며, 이기적이고, 민중들을 혹독하고 잔혹하게 다루는 폭정적 지배자라고 생각했다. '말과 행동'(slovo I delo)이라는 공포의 구절을 언급하며 주민들을 고소하고, 감옥이나 쇠사슬형, 유형에 보낸다고 위협하는 악한들도 있었다. '차르에 불순한 말과 행동'이라는 고소가 접수되면 정치 사찰을 담당하는 비밀경찰에게로 넘겨졌다. 이와 관련된 유명한 일화가 있다. 우크라이나 귀족 집에 머문 러시아 장교와 병사들은 주인의 대접에 불만을 품고, 그가

'모종의 의도를 가지고' 황제 문양인 쌍독수리 문양이 새겨진 난로 뚜껑을 태웠다는 이유로 주인을 체포하여 그를 비밀경찰에 넘겼다. 이것이 전형적인 '말과 행동'과 관련된 고소 방식이다. 비밀경찰은 무슨 목적으로 그가 황제문양을 태웠는지를 심문했고, 주인은 쌍독수리 문양이 있는, 시장에서 파는 일반 제품을 사다가 사용한 것이라고 항변했다. 그러나 그는 현금뿐 아니라 많은 수의 말과 소를 배상으로 지불한 다음에야 석방될 수 있었다.

자신들의 행위가 우크라이나 사람들에게 혐오스럽게 받아들여지는 것을 잘 알고 있었던 러시아 관리들은 온갖 음모와 반역을 의심하며 주민들을 대하고, 범죄자 뿐 아니라 무고한 사람까지 체포하여 고문에 처함으로써 불구자를 만들었다. 무서운 고문에 대한 소문은 오랫동안 우크라이나에 돌았다. 후에《루스와 소러시아의 역사》를 쓴 우크라이나 저자는 다음과 같이 기술했다.

"비밀 경찰은 캐고, 심문하고, 여러 기구를 이용한 고문을 반복했고, 그들 손아귀에 들어온 불행한 사람들에게 쇠바퀴로 낙인을 찍는 형벌을 가하였다. 오늘날 같으면 소름을 끼치게 하는 미친 행동으로 보이는 이런 처벌이 당시에는 비밀리에 시행되는 중요한 심문 과정이었고, 큰 보상까지 받았다. 주민들은 이동 중이거나 주둔 중인 병사나, 탈영병, 기타 불한당들의 고소나 악의에 찬 소문에 의해 잔혹한 고문에 처해졌다. 고소의 방식은 간단해서 '황제에 관한 불순한 말과 행동'의 법칙에 의해 고소한다면 그만이었다. 이 황제와 그 가족의 생명, 명예, 안녕에 불순한 모든 요소를 일컫는 이 '말과 행동' 고소는 악한들과 불한당들에게 표어와 부적과 같은 역할을 했다. 아무리 사회적 평판이 좋은 사람이라도 도둑에게도 고소를 당할 수 있고, 고소를 당하면 고문에 처해졌다. 러시아 병사나 부랑자에 대한 사소한 실수나 잘못된 대접은 이런 문제를 일으킬 수 있었다. 모욕을 당했다고 생각하는 악한은 부락이나 시의 관리에게 달려가 '말과 행동'을 외치고 '우리 둘을 쇠고랑 채우십시오!'라고 요청한다. 관리들은 고소인과 피고소인을 쇠고랑을 채워 비밀경찰로 보내고, 비밀경찰은 두 사람의 관계나 고소의 이유를 묻지도 않고, 멀리 떨어져 사는 평범한 평민이 한 번도 본 적이 없는 황제와 그의 가족에게 위해를 가한다는 것이 이치에 닿지 않는다는 것을 잘 알면서도 지시받은 대로 무조건 심문 절차를 진행한다. 피고소인이 세 단계의 절차를 통과하면 범죄가 입증된 것으로 간주하고 고문에 처하고 죽음에 이르게 한다." 이러한 가혹한 학정과 더불어 코자크들은 터키, 크림, 폴란드의 전쟁에 동원되었다. 농민들은 아무 대가없이 수송을 담당하거나 보급 물자를 공급했다.

《루스와 소러시아의 역사》의 저자는 당시 우크라이나 사람들이 '터키와의 전쟁에 출정하는 러시아 부대를 얼마나 잘 대해주었는지를 자랑했다'라고 적었고, 육군 병참부대장인 야콥 마로코비치Iakov Markovich의 기록에 따르면, 수천 마리의 소를 '후에 보상한다'라는 조건으로 징발한 것으로 되어있다. 대규모로 가축과 곡물을 징발당한 농민들은 파탄 상태에 빠지게 되었다. 군대 보급품 수송을 맡은 농민들은 마지막 소까지 다 빼앗기고, 아무 보상 없이 채찍만 들고 집으로 돌아왔다.

18장 동부 우크라이나의 러시아 예속

1. 로주몹스키 헤트만 정부

이러한 참혹한 상황은 주민들의 생활에 그대로 반영되었다. 우크라이나는 극도로 황폐해져갔다. 1737년 우크라이나를 여행한 러시아의 볼린스키Bolynksii 장관은 당시 실권자인 비론Biron에게 보고하기를, 우크라이나가 얼마나 황폐하고, 얼마나 많은 사람들이 죽었는지를 현지에 와서야 알게 되었다고 했다. 많은 사람들이 전쟁에 동원되어 씨를 뿌리고 농사를 지을 노동력이 남아 있지 않다고 했다. 우크라이나 농민들의 고집으로 많은 땅이 경작이 되지 않고 있다고 생각할 수도 있지만, 농지를 경작할 사람과 가축이 남아 있지 않다는 것을 양심적으로 인정하지 않을 수 없다고 보고했다. 전년에 군사 보급품을 수송하며 많은 소들이 죽었고, 니진 연대에서만 14,000마리의 소가 징발되었고, 다른 연대에서는 얼마가 징발되었는지 알 수가 없다고 보고했다. 1764년 우크라이나 장교회의는 여제에게 올린 보고에서 징발 문제에 대해 다음과 같이 썼다. "최근의 터키와의 전쟁에서 우크라이나는 몇 년 간 러시아 군대를 주둔시키고, 보급품을 공급하느라 가장 큰 부담을 졌다. 말과 소를 공급한 것은 물론 농민들도 군사 물자 보급을 위해 강제로 동원되었다. 이것 말고도 여러 세금이 부과되었고, 수십만 마리의 말과 소가 군대에 징발되었으나, 일부 주인만 후에 보상을 한다는 약속을 받았고, 나머지는 아무 것도 받지 못하였다. 현재의 프러시아와의 전쟁에도 미래에 보상을 받는다는 조건으로 많은 가축이 우크라이나로부터 징발되고 있고, 몇 연대가 주둔하고 있다. 그러나 터키와의 전쟁에서 징발된 말과 소에 대해 적은 돈이 지불된 극히 일부 경우를 제외하고는 아무런 보상도 이루어지지 않았고, 이러한 상황으로 인해 우크라이나 사람들, 특히 코자크들과 농민들은 가난과 기아에 시달리고 있다."

이러한 상황은 큰 불만을 야기했고, 헤트만 제도의 부활에 대한 바람을 부채질했다. 헤트만 제도의 부활의 가능성이 열렸을 때 주민들은 크게 기뻐했다. 1740년 터키와의 전쟁이 끝난 몇 달 후 안나 여제가 죽었다. 1741년 궁정 혁명을 거쳐 표트르 대제의 딸인 엘리자베타 여제가 황제가 되었다. 그녀의 황제 즉위는 러시아와 우크라이나 관계에 큰 변화를 가져왔다. 엘리자베타 여제는 부친의 정책을 따랐으나, 우크라이나 관계에서만은 개인적 연민으로 사려 깊은 정책을 펼쳤다. 그녀가 아직 공주이고 영향력이나 권위가 없을 때, 그녀는 우크라이나 출신 궁정 가수인 알렉세이 로주몹스키Aleksei Rozymovskii와 사랑에 빠졌다. 체르니히프 주의 레메쉬프(Lemeshiv 현재 Kozeletskii 마을)의 등록코자크의 아들인 로주몹스키는 좋은 목소리를 가진 덕분에 마을 교회의 성가대에서 노래를 부르다가, 상트페테르부르그로 보내져 궁정 합창단의 가수가 되었고, 공주의 관심을 받아 사랑에 빠지게 되었다. 엘리자베타 여제는 그를 개인 영지의 관리인으로 만들었으나, 황제가 되자마자 그와 비밀리에 결혼을 하고, 생애 내내 그에게 여러 혜택을 베풀었다. 그녀는 그에게 육군 원수와 성로마 제국의 공작 직위를 주었다. 알렉세이 로주몹스키는 교육을 받지 못하였고, 큰 능력을 소유하지는 못했어도, 타고난 기지와 따듯한 마음, 진지함을 활용해 자신에게 주어진 비범한 직책을 잘 수행했다. 그는 정치에는 관여하지 않았지만 조국에 충성하여 여제의 호의를 얻어냈다. 우크라이나는 처음에 그를 통해 몇 가지 중요하지 않은 혜택을 받았지만, 원칙적으로 헤트만 정부와 이전 제도가 부활되기로 결정되었다. 1744년 엘리자베타 여제는 우크라이나를 방문하여 역사적 장소들을 방문하고, 그를 따뜻하게 환영하는 주민들에게 화답하여 사려와 동정심 깊은 정책을 펼 것을 약속했다. 여제의 이런 태도는 우크라이나 장교들에게 큰 환영을 받았고, 이런 상호적인 동정과 신뢰의 표시는 새로운 우크라이나 정책이 시행될 수 있는 토양을 만들어 놓았다. 젊은 여제의 호의를 확신한 장교회의와 연대장들은 헤트만 정부의 복원을 청원했다. 여제는 이 청원에 기본적으로 동의하고, 황태자의 결혼식(신부는 후에 예카체리나 2세가 됨)에 공식 대표단을 상트 페테르부르그에 파견할 것을 요청했다. 대표단은 따뜻한 환영을 받았고, 청원에 대한 긍정적 답변도 받았다. 그러나 헤트만이 될 후보자가 아직 준비가 갖추어지지가 않아서 실제 헤트만 선거는 미루어졌다. 후보자는 알렉세이 로주몹스키의 동생인 키릴이었다. 그는 1724년에 태어나 이제 막 스무 살이 되었고, 아직 외국에서 공부를 하고 있었다. 대표단은 이를 잘 알고 있었고, 상트 페테르부르그에서 키릴이 돌아올 때까지 차분하게 기다렸다. 1746년 키릴 로주몹스키는 돌아왔고 여제의 친척인 예카테리나 나리쉬킨Ekateraina Naryshkin과 결혼했다. 키릴에게는 명예로운 관직과 훈장이 여러 개 주어졌다. 그는 러시아 과학아카데미원장이 되었다. 이러한 명예를 얻은 후 그는 우크라이나 장교회의에 헤트만 후보로 추천되었다. 1747년 러시아 상원은 우크라이나에 헤트만 정부를 부활시키라는 황제의 명령을 받았고, 1749년 말 엘리자베타 여제는 상트 페테르부르그에 체류 중인 대표단에 여제의 친척인 헨드리코프Hendrikov 공이 헤트만 선거 관리를 위해 파견될 것이라고 통보했다. 이 소식을 듣고 대표단은 우크라이나로 돌아왔다.

1750년 2월 황제의 사절 헨드리코프가 흘루히프에 도착하여 큰 환영을 받았다. 그는 우크라이나 장교회의 뿐 아니라, 장교단 전체와 사제들의 공식 환영을 받았다. 헤트만 선출은 2월 22일 성대하게 진행되었다. 대열의 맨 앞에는 코자크군대 악단이 섰고, 그 뒤를 러시아 외무성의 대표가 도열한 우크라이나 연대들의 경례를 받으며 황제의 칙령을 들고 따랐다. 그 뒤에는 우크라이나 장교들의 긴 행렬이 이어졌고, 뒤에는 '분축 고관(bunchukovye tovarishi)'[28]들이 나타났다. 가말리리Gamalii는 헤트만 깃발을 들었고, 그 뒤에 총기수인 하넨코Khanenko가 '분축 고관'들과 행진했다. 분축 고관 마르코비치Markovich와 쉬랴이Shiriai가 붉은 방석 위에 헤트만 지휘봉인 불라바Bulava를 받치고 따라왔고, 다음에 장교회의 대표 위원인 수석 재판관 호를렌코Gorlenko, 스코로파드스키Skoropadskii, 서기관 베즈보로드코Bezborodko, 다음으로 스물 네 명의 '분축 고관'이 따랐다. 분축 고관 리조구프Lizoguv와 초르노루즈스키Chornoluzskii가 벨벳 방석에 헤트만 '분축'을 받쳐 들고 행진했고, 그 뒤를 '수석 분축 고관' 오볼론스키Obolonskii와 '분축 고관'들과 장교회의 멤버들이 따랐다. '분축 고관' 호르덴코는 벨벳 방석에 헤트만 어인(御印)을 받치고 들어왔고, 그 뒤에 법원 수석서기관 피코베츠Pikovets가 정부와 법원 서기들과 따라왔다. '분축 고관' 모크리예비치Mokriech는 당연히 코자크 군기를 들고 행진했고, 황제 사절 헨드리코프는 마차를 타고 행진에 합류했다.

행진이 교회에 다다르자, 황제의 칙령이 '군과 국민들'에게 큰 소리

---

28) 분축고관 – 우크라이나의 스무 가족에 주어진 명예관직으로 이들은 실제 관직은 보유하고 있지 않았다. 분축(bunchuk)은 고위직을 나타내기 위해 말꼬리 다는 붉은 장식을 뜻한다.

로주몹스키 초상

로 낭독되고, 스스로 헤트만을 선출할 것을 제안했다. 이 제안에 화답하여 모든 사람은 키릴 로주몹스키를 외쳤고, 이 질문과 답은 세 번 반복되었다. 황제의 사절은 로주몹스키를 우크라이나의 헤트만으로 선포하고, 전체 행렬은 성 니콜라이 교회로 이동하여 경사스런 선거를 기념하는 축하 예배를 드렸다. 장교 회의는 그 당시로는 엄청난 금액인 10만 루블을 황제 사절에게 선물로 주었고, 그의 수행원들은 3천 루블씩을 받았다. 코자크 연대들은 900상자의 보드카를 선물로 받았다.

헤트만의 선출을 황제에게 보고하기 위해 대표가 파견되었고, 엘리자베타 여제는 로주몹스키의 헤트만 공식 취임을 인준하였다. 여제는 그에게 러시아 원수(Feldmarshal) 지위를 부여하고, 성 안드레이 최고 훈장을 서훈했다. 우크라이나의 모든 러시아 관직은 철폐되고, 자포로지아 시치도 헤트만 휘하로 들어왔다. 이렇게 해서 헤트만 정부는 '소러시아위원회'가 설치되기 전인 1722년 이전 상태로 회복되었다. 러시아에서 우크라이나 업무는 다시 한 번 외무성으로 이관되었지만, 로주몹스키가 외무성과 대립을 하게 되면서 다시 상원으로 업무가 돌아왔다. 이렇게 해서 마지막 헤트만 통치는 15년 간 지속되었다.

1751년 봄 로주몹스키는 황제로부터 스코로파드스키가 받은 것과 유사한 헤트만 공식 문양과 헌장을 부여받았다. 그는 이것을 소지하고 우크라이나에 부임해 거주했다. 그는 공식 업무 취임행사를 가졌다. 모든 행사는 헤트만 선출 때와 비슷했지만, 좀 더 품위가 있었다. 그는 황제가 하사한 문양 뒤를 말에 탄 고위 장교들이 따라오게 하고, 시종들의 호위 속에 여섯 마리의 말이 끄는 마차를 타고, '분축 고관'과 장교들, 자포로지아 코자크들이 뒤따르는 가운데 입장하였다. 교회에서는 황제의 헤트만 인준이 선언되고, 헤트만 문장은 관저로 이동하고, 거기에서 새 헤트만은 장교들과 관리들에게 큰 연회를 베풀었다. 우크라이나 연대기는 우크라이나 자치가 완전히 철폐되기 전의 마지막 행사인 이 취임식을 자세히 기록하고 있다.

상트 페테르부르그에서 성장한 새 헤트만은 우크라이나 생활이 완전히 낯설었다. 그가 가장 신뢰하는 측근은 그의 가정교사였던 테플로프Teplov였다. 그는 간교한 '모사꾼'(kovarnik)이었다. 그는 우크라이나 제도와 민생에 대한 이해가 없었다. 그가 후에 쓴 보고서 '소러시아의 무질서에 대해'는 예카체리나 2세가 우크라이나 헤트만 자치를 철폐시키는 중요한 자료가 되었다. 우크라이나에서는 그를 헤트만 자치 철폐의 원흉으로 여긴다. 헤트만 로주몹스키가 첫 지방 여행을 했을 때의 일화가 전해지고 있다. 체르니히프 여행 중 바람이 불어 로주몹스키의 성 안드레이 훈장의 리본이 땅에 떨어지자, 테플로브가 이를 줍게 된다. 로주몹스키의 나이든 모친은 이 사건에서 테플로프에 의해 재앙이 아들에게 미칠 것을 예견하고, 테플로프를 해임시킬 것을 권하였으나, 아들은 이 충고를 듣지 않았다. 모친의 경고를 무시한 아들은 결국 죽게 된다.

로주몹스키는 우크라이나 생활이 단조로워 자주 상트 페테르부르그로 여행했다. 그는 자신을 장교회의의 일원으로 생각하지 않고, 신의 자비를 베푸는 사람으로 보았다. 그는 흐루히브의 관저도 페테르부르그 궁전을 모방하여 변형했다. 그는 우크라이나 업무에 깊이 관여하지 않고, 장교회의가 자신들의 뜻대로 행정을 수행하고, 러시아 상원과 행정관청과 직접 접촉하도록 허용했다. 로주몹스키의 권위와 궁정 내부에서의 영향력 덕분에 러시아의 군사 및 행정 관청은 우크라이나 업무를 이전처럼 간섭할 생각을 하지 못하였다. 그러나 자포로지아 문제는 계속 말썽이 되었다. 자포로지아 코자크들이 새 요새를 짓고, 옛 요새를 다시 탈취하고, 크림, 터키, 폴란드의 영역을 자주 침범하자 이들에 대한 불평이 잦아졌다. 페테르부르그에서는 헤트만에게 자포로지아 시치를 통제하라는 지시가 자주 내려왔으나, 이것은 현실적으로 불가능하였고, 이것이 결국 시치의 종말을 가져오는 원인이 되었다. 마지막 헤트만에 대한 엘리자베타 여제의 배려로 우크라이나는 평온한 나날을 보내게 되었고, 장교회의는 간섭을 받지 않고 행정을 펼쳤다. 이때의 일부 제도는 헤트만 정부 철폐 이후에도 살아남아 뒤에까지 지속되었다. 헤트만 자체는 행정에 큰 관심을 두지 않았지만, 마지막 헤트만 시대의 중요성은 이런 의미에서 컸다.

2. 헤트만 정부의 구조와 사회적 관계

앞의 서술에서 우크라이나 헤트만국가 구조의 기본 성격과 18세기 후반에 이것이 어떻게 변화해 왔는지에 대해 언급한 바 있다. 연대와 중대로 나눈 군대 구조는 시간이 지나면서 토지 분할에도 적용되어 연대와 중대 구역이 생겨났다. 폴란드의 행정 제도가 철폐되자 이 새로운 코자크 제도가 대신 자리를 차지하게 되었고, 새로운 행정제도가 되었다. 그러나 군사 동원체제에 맞게 만들어진 이러한 군대식 조직을 민간 토지 제도로 전환시키는 일은 쉬운 과제가 아니었다. 전환 과정에 많은 노력이 기울여졌고, 장교회의의 가장 뛰어난 대표들이 나서서 민간 행정에 필요한 방향으로 제도를 고치기 위해 성심껏 일했다. 그러나 행정의 난맥상을 구실로 내세워 우크라이나의 자치를 완전히 철폐시키고, 상황을 호전시키지 않을 의도를 가지고 있던 러시아 정부가 중간에 방해를 하고 나서면서 얼마나 많은 어려움에 부딪쳤는지를 알 수 있다. 임시 헤트만 폴루보토크는 행정 개혁을 시도하다 실각하였고, 헤트만 아포스톨도 짧은 재임 기간 동안 몇 가지 작은 성과를 이루었을 뿐이었다. 뒤이어 군사, 행정 부문에서 러시아의 엄격한 통치가 시작되자, 간섭과 전횡으로 우크라이나의 행정 체제를 결정적으로 마비시켜 버렸다.

헤트만국가의 중앙 행정은 두 개의 최고 행정기관인 군사 행정청과 최고 법원이 담당했다. 군사 행정청은 군대와 군대 수석행정관이 담당하는 일반 업무를 맡았으며, 아포스톨 사후에는 이 기관은 행정위원회(kollegiia)와 통합되어 최고군사행정청이란 이름으로 행정 업무를 담당하는 최고 기관이 되었다. 군사 법원은 최고 판사 관할 하에 있었다. 처음에는 단독으로 법원을 관할하였으나, 앞에서 본 바와 같이 집단심이 되었다. 아포스톨이 헤트만에 취임하면서 재무성(skarb)은 두 명의 재무관이 관할하는 두 개의 하위기관(podskarb)으로 나누어졌다. 특별 재무관이 담당하는 회계국도 별도로 있었고, 감사위원회가 같이 활동했다. 마지막으로 '오보즈니이'(oboznii)라고 불리는 병기 장교가 관할하는 별도의 포병대도 있었는데, 이 기관은 무기와 토지, 이에 관련된 수입을 담당했다.

병사회의(Voiskovaia Rada)는 헤트만 사모일로비치 시대부터 이미 소집되지 않았다. 병사회의와 관련된 옛 전통은 헤트만 선출 때만 오직 의전을 목적으로 부활되었다. 모든 중요한 안건은 헤트만이 소집하는 장교회의에서 결정되었다. 일상적 업무와 긴급하지 않은 사안은 헤트만과 당직 장교와 연대장들이 참석한 회의에서 논의되었다.

우안 지역이 폴란드 영역이 된 이후, 헤트만국가는 10개의 연대로 구성되었다. 스타로두프, 체르니히프, 키예프, 니진, 프릴류키, 페레야슬라프, 루브니, 하디아치, 미르호로드, 폴타바 연대가 10개의 연대이다. 각 연대는 상이한 수의 병력을 보유하고 있었다. 1723년 니진 연대는 19개 중대에 만 명의 코자크가 있었다. 이 중 6,566명은 기병이고, 3,379명은 보병이다. 키예프 연대는 8개 중대에, 병력은 1,657명의 기병과 1,259명의 보병으로 구성되어 3,000명이 안되었다. 10개 연대를 다 합치면 114개 중대에 약 5만 명의 코자크 병력이 있었다. 1735년 러시아 정부는 경제 형편이 좋은 '선발된' 코자크들을 실제 코자크 복무병으로 선발하여 연대별로 고르게 배치했다. 나머지 코자크는 '보조병'으로 분류되어 부유한 '선발' 코자크의 재정 부담으로 복무했다.

연대장이 연대의 최고 지휘자였다. 각 연대에는 전체 부대의 행정에 맞춰 여러 포병장교(oboznyi), 법무장교(sudia), 서기장교(pisar), 참모장(esaul) 같은 직위가 있었으나 큰 중요성이 있지는 않았다. 18세기에 들어서서 연대장의 권력과 힘은 상당히 강화되었다. 이 시기부터 러시아 정부는 연대장 임명권을 행사하기 시작했고, 헤트만도 러시아 정부의 허가 없이는 연대장을 경질하지 못했다. 연대장의 권위는 점점 강화되어 헤트만과 장교회의의 연대장 통제권은 제한되었다. 다른 한편으로 군사와 행정 업무에서 일반 장교와 관리의 권한은 점점 축소되었다. 자치는 코자크 부락에서만 시행되었다. 연대장이 전권으로 중대장을 임명하는 경우도 많았다. 원래 규정은 중대장이나 중대장 후보는 중대원들이 선발하도록 되어 있었다.

이런 식으로 코자크의 민주적 전통은 사라졌다. 그러나 자치 제도가 조금 남아 있었다 해도 부락이나 도시 지역에 한정되었고, 시골은 장교 가족의 개인 사유지 같이 운영되었다.

그들은 '분축 고관'이나 '고관'(znachkovye), '군사 고관'(znachkovye voiskovye)이란 직함을 가지고, 스스로를 '귀족'이라 부르며 세습적 특권 계급을 형성했다. 이런 방식으로 모든 행정구역은 이들이 장악하게 되었다. 작은 도시들은 연대나 중대 행정에 귀속되었다. '마그데부르그법'에 의해 인정된 큰 도시는 일부 업무를 빼고는 연대장이나 헤트만으로부터 독립된 것으로 여겨졌다. 18세기 중반에는 그러한 도시가 열 곳 정도 있었다. 그러나 연대장들은 이 도시들도 자의적으로 운영을 했다. 사제들은 주교를 통해 교구의 관리를 받도록 되어 있었으나, 이들도 장교회의의 영향 하에 있었다. 일반 관리와 지주의 농민들은 장교의 권력에 완전히 종속되었다. 이러한 장교회의의 통치의 마지막 시기가 된 헤트만 로주몹스키 시대에는 17세기 말에 시작된 이러한 경향이 극단적으로 강화되었다. 장교들은 헤트만 정부의 사회·정치적 기반을 강화한다며 지주제를 강화하고 지주 장교들의 권한을 강조함으로써, 이전의 민주적 제도의 흔적을 없애 버렸다. 이를 위해 지주들은 옛 법규를 뒤져 찾아낸 법적 근거를 이용해 법적 권한을 확보하였다.

앞에 서술한 대로, 법원의 심리에 적용되어야 할 우크라이나 법들은 명문화되어 있지 않아, 마그데부르그 도시법이나 리투아니아의 법전을 참조하였으나, 초기 법규가 아니라 폴란드법과 귀족 규정의 영향을 크게 받은 1566년이나 1568년의 법규를 자주 원용했다. 원래 이 법전은 민사와 형사 재판에 많이 적용되었으나, 귀족들에게 유리한 봉건적 요소가 많아 유용하였고, 리투아니아 법률로 헤트만국가 법률의 근거로 영향력이 커졌다.

  1727년 헤트만 제도가 부활되었을 때, '결정적 조항'에 근거하여 우크라이나 법률을 성문화하기 위하여 우크라이나 법률가들로 구성된 위원회가 조직되었다. 이 위원회는 일반 주민들 사이에 관행으로 채택된 보통법을 수집하여 성문화하기보다는 우크라이나 법원이 적용하고 있는 리투아니아 법률이나 마그데부르그법을 연구하는데 노력을 기울였다. 이러한 노력의 결실로 1743년 '소러시아 사람들에게 적용되는 법률'이라는 법전을 완성했다. 이 법은 정부에 의해 공식 인정이 되지 않았지만, 리투아니아 법률과 마그데부르그법의 중요성을 강화시키는 역할을 하였다. 로주몹스키 정부는 법원의 조직과 소송 절차에 리투아니아 법의 원칙을 적용했다. 1750년 우크라이나 법률가 페디르 추이케비치Fedir Chuikevich는 '소러시아 법에서의 법원과 소송'이라는 보고서를 작성하여 헤트만에게 제출했다. 여기서 그는 우크라이나의 성문법 부재와 소송에서의 오류를 비판하고, 리투아니아 법에 근거한 개혁안을 제시했다. 로주몹스키 정부 말기의 법원 개혁은 이 방향으로 진행되었다. 폴란드 법원 형식을 따라 일반 법원에 연대에서 파견된 대표가 참석하였으며, 연대 법원은 폴란드의 지방 법원처럼 도시 법원이 되었고, 민사 및 토지 소송 담당을 위해 군(郡) 법원이 설치되고 판사는 귀족 장교들 중에 선출되었다. 헤트만국가에는 20개의 군법원이 있었다.

　오래 지속되지는 않았지만, 이 개혁은 우크라이나 장교들이 기도하는 바가 무엇인지를 잘 보여준다. 리투아니아 법을 근간으로 삼음으로써, 이 법에 보장된 영지 귀족 특권을 모든 경우에 적용하려고 했다. 그들은 자신들을 '소러시아의 지주'라고 부르고, 이 말은 18세기 모든 재판에서 점점 널리 쓰여 졌다. 장교들은 리투아니아 법에 보장된 귀족의 권리와 특권을 모든 공적, 사적 영역에서 원용하려고 했다. 헤트만국가의 군대 제도가 귀족제에 바탕을 둔 폴란드 행정 시스템을 모방하여 변형된 것을 계기로 귀족들의 권한이 토지 소유권, 주민과 지주 관계, 농민의 권리, 좀 더 정확히 말하면, 농민 권리의 부정 등에 광범위하게 적용되었다. 리투아니아 민법에서 채택된 여러 원리들은 헤트만국가의 영역이었던 체르니히프나 폴타바 지역에 현재(20세기 초)까지 남아 있다. 지주 장교들의 주민들에 대한 법적 우월권은 헤트만국가의 사회 제도에 강한 영향을 남겼다.

3. 자유공동체(Slobozhanshchina)

　하르키프, 쿠르스크, 보로네즈에 자리 잡은 '자유공동체'의 상황은 헤트만국가와 대동소이했다. 폴란드 지배를 벗어나고자 우크라이나 지역에서 러시아 국경을 넘어 이주한 농민들에 대해서는 앞에 언급한 적이 있다. 이들은 타타르가 러시아에 진입하는 것을 막기 위해 세운 러시아 요새들로 연결된 소위 '빌호로드(Bilhorod)라인' 너머로 이주했다. 타타르 도로를 따라 정착하며 국경 방어 임무를 수행한 이주자들은 그 대가로 러시아 정부로부터 여러 권리와 특권을 인정받았다.

16후반기와 17세기 초에 이미 이러한 이주자들에 대한 기록이 있다. 1638년 헤트만 야츠코 오스트랴닌Iatsko Ostrianin의 인도 하에 부녀자와 아이들을 빼고도 800명에 이르는 코자크들이 추구예프 Chuhuev에 정착하여 코자크 부대를 조직했다. 그러나 얼마 지나지 않아 정착지가 마음에 들지 않자, 반란을 일으켜 오스트랴닌을 살해하고 국경을 넘어 되돌아왔다. 1651년부터는 흐멜니츠키 통치에 불만을 품은 많은 코자크들이 크고 작은 규모로 이주하기 시작하여 국경 지역에 정착했다. 그들은 부락을 건설하고 코자크군대를 조직했다. 예를 들어 1652년 진콥스키Dzinkovskii 대령과 천 명의 코자크는 가족들과 함께 이주하여 소스나Sosna 강변에 정착하였다. 그들은 거기에 오스트로고즈스크Ostrohozhsk 시를 건설하고 연대를 창설하였다. 같은 시기에 다른 코자크 이주자들은 프슬로Pslo 강변에 수미Sumy 시를 건설하고 수미 연대를 창설하였다. 1654년 첫 이주자들이 하르키프에 도착하였고, 이들은 이듬해 이곳에 도시를 건설하였다. 1660년부터 1680년대까지 이주가 계속되어 광활한 지역을 차지하고 정착하였다. 이러한 새 이주 지역의 면적은 헤트만국가의 절반 정도에 이르렀다.

이주자들은 군사 복무를 제공하는 대가로 세금과 다른 의무를 면제받았고, '자신들의 관습에 따른' 자치 행정이 허용되었다. 그들은 헤트만국가 방식을 따라 다섯 개의 코자크 연대를 만들었다. 수미, 아흐티르카Akhtirka, 하르키프Kharkiv, 오스트로고즈스크, 이지움Izium 연대가 그것이다. 연대는 중대로 구성되고, 선출된 장교들로 구성된 장교회의가 행정을 담당했다. 이들은 러시아 정부의 직접 통제를 받았다. 이들은 헤트만국가의 연대보다 러시아 정부의 통제를 많이 받았다. 헤트만은 새 연대들을 자신의 지휘 아래 둘 것을 러시아에 요청하였다. 헤트만 사모일로비치는 러시아가 폴란드에 양보하여 우안 지역을 포기하였을 때, 특히 이 목적을 달성하려고 노력했다. 그러나 시간이 가면 헤트만국가도 자유공동체 연대처럼 직접 관할할 의도를 가지고 있었던 러시아 정부는 이 요청을 무시했다. 자유공동체에는 러시아인들도 다수 섞여 살았기 때문에 새 정착지에는 정착 초기부터 러시아 법률 제도가 적용되었다. 새 정착지의 장교들은 헤트만 지역보다 쉽고 빠르게 러시아로 동화되었다. 러시아 정부는 자유공동체를 헤트만 제도 철폐를 위한 시험대로 이용했고, 이러한 목적을 위해 개혁 제도들을 헤트만 지역보다 몇 십 년 앞서 자유공동체에 적용해 보았다. 이미 1732년에 자유공동체에서 코자크군대 제도를 철폐하려는 시도가 있었다. 이를 위해 코자크 연대를 용기병(龍騎兵)(dragun) 연대로 개편하였다. 쓸모 있는 코자크들은 용기병연대로 흡수하고, 나머지는 농민으로 만들었고, 러시아 장교들이 지휘를 맡았다. 이 개혁이 많은 불만을 야기하자, 1743년 엘리자베타여제는 코자크 조직을 다시 부활시키도록 지시했다. 그러나 민간 행정에서는 자유공동체의 주민들이 빌호로드 주지사의 명령을 받도록했다. 이 제도는 1763년과 1764년 자유공동체 연대들이 경기병(輕騎兵)(gusar) 연대로 완전히 대체될 때까지 지속되었다.

자유공동체의 사회적 상황은 헤트만국가와 비슷했으나, 러시아 방식이 좀 더 일찍 도입되었다. 오래된 요새와 군대 영지를 대신하여 장교들이 소유한 영지와 농노들이 등장했다. 장교들은 러시아 지주(pomeshniki)로 변해갔고, 비코자크 주민들은 농노화되었다. 러시아에 큰 충성과 복종을 한 코자크 장교들에게 광대한 토지를 하사해주자 이러한 변화는 가속화되었다. 1780년 수미 연대의 콘드라티예프 Kondratiev 대령은 그의 충성에 대한 보답으로 12만 데샤티나[29]의 토지를 하사받았다. 1767년 러시아에서 법률 개정에 대한 논의가 진행되었을 때, 일부 자유공동체의 대표들은 장교들로부터 토지와 농노를 환수할 것을 요구하기도 하였으나, 뜻을 이루지 못하였다. 지주제도와 농노제는 이미 그만큼 깊은 뿌리를 내리고 있었다.

4. 동부 우크라이나의 문화 – 문학과 교육

사회적 관점에서 보면, 헤트만국가와 자유공동체는 중요성을 잃어갔다. 러시아 정부에 의해 자치 행정권과 코자크군사 자치권을 점점 잃어갔고, 남아 있는 요소도 장교들의 지주 귀족 제도에 물들어갔다. 시 행정과 교회 자치도 약화되었고, 농민들은 농노화되었다. 일반 코자크들은 행정 업무에 대한 참여권을 잃고, 여러 방법으로 코자크라는 지위마저 박탈당해 농민이나 심지어는 농노 상태로 전락했다. 우크라이나 기관에는 불법적으로 박탈당한 '코자크 권리를 찾으려는' 수많은 청원이 몰렸고, 법적 절차를 통해 이를 해결할 수 없게 되자, 귀족들의 압제에 대한 봉기가 자주 일어났다.

민족문화 발달의 관점에서 보아도 동부 우크라이나의 중요성은 점점 상실되어 갔다. 17세기와 18세기 초에 우크라이나 문화의 가장 중요한 요소는 교회이므로, 우크라이나 교회 권력이 모스크바 총대주교 관할로 이관된 것은 큰 변화를 가져왔다. 이 시기 전까지는 우크라이나 교회는 형식적으로 콘스탄티노플 총대주교 관할에 있었지

---

29) 데샤티나(desiatina) – 제정 러시아 시대의 면적 단위. 1데샤티나는 1,092헥타르로 약 3,300평 (11,000m²)임.

만, 사실상 완전한 자치를 향유했고, 주민들의 직접적인 참여 하에 모든 일이 진행되고 주요 직책은 투표에 의해 선출되었다. 1685년 헤트만 사모일로비치의 도움으로 키예프 교구가 '모스크바 총대주교의 축복'을 받도록 이관되자, 콘스탄티노플 총대주교는 1687년 터키 정부의 강권에 의해 이를 인정해야 했다. 우크라이나의 종교 지도자들은 바로 러시아의 통제를 받아야 했다. 우크라이나어 출판이나 우크라이나어 교육은 깊은 의심을 받으며 엄격한 러시아의 검열 대상이 되었다. 이 시기 이전에도 우크라이나 교회와 출판물, 학교는 호의적으로 받아들여지지 않았다. 1860년대 정치적 혼란과 문화 활동과 교육의 쇠퇴를 기회삼아 키예프 모힐라아카데미를 폐쇄하려 하였으나, 우크라이나 사람들의 큰 불만이 폭발할 것을 염려하여 계획을 실행에 옮기지 못하였다. 러시아 정부는 키예프아카데미의 출판 활동을 종종 중지시켰다. 그러나 1670년대와 1680년대 총대주교 요아킴Ioakim 시기에는 우크라이나 출판물 억제를 위한 새로운 운동이 펼쳐졌다. 우크라이나 교회가 모스크바 총대주교 관할에 들어간 이후로 러시아 정부는 모스크바에서뿐만 아니라 우크라이나에서도 우크라이나어 출판을 금지시킬 정도로 적대감을 표현했다. 처음에는 우크라이나 책들이 비정교회적인 내용을 담고 있다는 구실을 내세웠다. 그러나 우크라이나어로 쓰였고 민족적 내용을 담고 있다는 것도 출판 금지의 이유가 되었다. 1720년에는 종교 서적을 제외한 모든 우크라이나어 서적의 출판을 금지하는 명령이 내려졌다. 종교 서적도 이전의 고서적과 러시아 판본을 재출판하는 조건으로 출판이 허용되었다. 우크라이나어 흔적이 없어야 하고 '어떠한 반목이나 방언적 요소도 없어야 한다'고 요구되었다. 이것을 위해 엄격한 감시가 시행되었고, 특별 검열관이 우크라이나 책의 교정을 맡았다. 이러한 검열과 수정 과정을 거친 다음에야 책이 출판될 수 있었다. 1726년 키예프 대주교가 자신이 직접 쓴 '성 바바라(St. Barbara)에 대한 기도서'를 출판하려 하였을 때, 이것을 출판하려면 먼저 '위대한 러시아어로 번역'이 되어야한다고 했다. 출판 허가를 받는 일은 아주 어려워졌으며, 책이 조금이라도 우크라이나적 요소를 가지고 있으면 출판이 불가능했다. 1769년 키예프의 라브라(Lavra 대수도원)는 우크라이나 사람들이 러시아어 문법책을 사용하기 원치 않기 때문에 우크라이나 문법책을 출판하게 허용해 줄 것은 종무원에 신청하였지만, 이를 허가받지 못했다. 오히려 종무원은 교회에서 옛 우크라이나 서적들을 모두 없애고, 러시아어로 된 책을 사용하도록 명령했다.

이러한 상황은 동부 우크라이나에서의 문학 창작과 출판 활동을 심각하게 위축시켰다. 이러한 제약이 없었어도, 16세기-17세기의 우크라이나 문학에서는 민족적 요소가 강하지 못하였다. 16세기에 많은 사람들이 이해할 수 있게 민중어가 종교적 서적에 일부 사용되기도 하였지만, 민중어 사용에 반대하는 사람들도 많았다. 민중어 사용을 옹호하는 사람들도 민중어가 교회슬라브어에 비해 열등한 언어라고 보았다. 신학교에서는 학생들이 교회슬라브어로 올바르게 쓰는 것에만 신경을 썼지, 민중어의 순수성이나 정확성에 대해서는 주의를 기울이지 않았다. 17세기-18세기에 우크라이나 작가들은 교회슬라브어 문체로만 치장을 했고 민중어는 일상생활과 개인 서한, 가벼운 시에만 이용했다. 이와 같이 문학적 주제와 내용에 따라 문체를 구별하여 사용했다.

우크라이나 학교 제도는 종교적 투쟁의 영향 아래 발전했다. 모든 주의가 신학적 주제인 교조적 논쟁과 변증법 논증에 집중되었고, 역사, 문학은 말할 것도 없고 과학, 수학은 부차적 학문 취급을 받았다. 서적 출판은 교회와 신학에 집중되었다. 일부 필사본을 보면, 당시 사람들이 자신들 거주 지역의 역사에 관심이 많았던 것을 알 수 있다. 옛 연대기를 필사하고, 최근 사건에 대한 연대기와 역사서를 작성했다. 다수의 키예프와 할리치아-볼히냐 연대기가 보존되었지만 시놉시스(Sinopsis) 한 권을 빼고는 이것들 어느 것도 출판되지 않았다. 페체르스키 라브라에서 편찬된 '루스의 소역사'는 아주 단조롭고 불완전하다. 코자크시대, 폴란드와의 투쟁, 우크라이나의 최근 역사가 완전히 빠져버렸지만 다른 책이 없어서인지 아니면 이 책의 '진지성' 때문인지 이 책은 1674년 초판이 나온 이후 여러 번 출판되었다. 훨씬 중요하고 재미있는 책들은 필사본으로만 남았다. 역사책은 많이 써졌다. 오늘날까지 전해 내려오는 책을 보면, 17세기 전반을 기록한 르비프 연대기, 흐멜니츠키 전쟁과 17세기 말은 코자크 제도의 운명을 기록한 증언 기록, 그리고 수프랄스키 연대기(Supralskaia), 후스틴스키 연대기(Hustinskaia), 사포노피치(Safonovich) 연표, 보보린스키(Bobolinskii) 연표와 같은 여러 종류의 연대기와 연표들이 있다. 코자크 연표로는 그랴반카(Graviaka), 리조구프(Lizoguv), 루콤스키(Lukomskii) 연표 등이 있고, 부정확하기는 하지만 가장 흥미로운 것으로는 벨리치(Belich) 연표를 꼽을 수 있다. 이러한 저작들은 당시 사람들 생활의 생생한 모습을 담고 있지만, 출판 수단을 장악하고 있던 신학자들은 이러한 저작들이 출판할 가치가 있다고 보지 않았다. 아름다운 우크라이나 서사 가요들도 인쇄되지 않았다. '두미'(dumy)라고 불리는 이러한 노래들은 17세기에 단계적으로 특별한 정형을 갖추었는데, 문어적 요소와 민중적 시가의 기초를 잘 결합했다. 역사적 또는 일상적 주제를 담은 순수한 문어체 시도 출판되지 않았다. 단지 특정한 인물을 찬양하는 시는 흥미가 떨어져도 재정적 수입을 위해 출간되었다. 신학 관련 서적과 종교적 내용을 담은 책은 꾸준히 출판되었다. 그러나 17세기 후반 종교에 대한 논쟁이 수그러들면서, 순수 종교 서적에 대한 관심도 줄어들었다. 독자들은 생생하고 새롭고, 당대 생활과 관심을 반영한 책을 원했으나, 이러한 책들은 출판되지 않았다. 우선 당시 인쇄기는 교회만 소유하고 있었고, 러시아 정부가 우크라이나 책, 특히 당대의 주제를 담은 책은 출판을 금지시켰기 때문이다.

러시아 정부의 의심스런 눈초리와 엄격한 통제로 작가들은 당대 생활과 정치적 주제를 다룬 글을 쓰기를 두려워했지만, 역사적 서사시와 학교 드라마 분야에서 18세기 전반에 쓰인 흥미로운 책들이 전해 내려온다. '보그단 지노비이 흐멜니츠키를 통해 폴란드의 압제에서 우크라이나를 구원하신 신의 은혜'라는 작자 미상의 희곡이 1728년 헤트만 제도의 부활을 기념하여 쓰여졌다. 이 작품은 흐멜니츠키 시대에 대한 기억을 되살리게 할뿐만 아니라, 당대의 우크라이나와 러시아 관계에 대한 여러 문제를 언급하고 있다. 1747년에 게오르기 코니스키Georgii Konisskii가 쓴 '죽은 자의 부활'은 당시의 사회 문제와 농노제를 다루고 있다. 연극 막간에 청중에게 재미를 주기 위해 상연된 일상과 민중 생활을 다룬 막간극(intermediia)과 희극소극(stenka)도 민중어로 쓰였다. 현재까지도 전해 내려오는 1730대 미트로판 도브갈렙스키Mitrofan Dovgalevskii, 1740년대의 코니스키의 희극은 아주 흥미롭다. 이 작품들은 당대 우크라이나와 여러 민족의 다양한 인간상들을 희극적으로 다루고 있다. 후대의 평론가들은 이들의 작품이 플로베르나 몰리에르의 작품에 비견되는 세계적 수준의 작품이라고 평가하였으나, 당대에는 엄격한 러시아의 검열 때문에 출간될 수가 없었다. 필사본으로 전파된 우크라이나 문학 작품은 많이 상실되었고, 검열과 러시아어 서적과의 경쟁 때문에 우크라이나어 출판은 죽어갔다. 우크라이나어 문학이 영향력을 잃어 간 대신 러시아어 출판은 점점 영향력을 더해 갔다.

교육도 같은 상황에 처했다. 우크라이나 교육과 문화의 중심은 키예프 모힐라아카데미였다. 1660년대 러시아에 의해 거의 폐쇄될 위기에서 부활하여, 교육 활동을 늘리고, 유럽의 예수회 대학들을 모델로 교육 프로그램을 확장했고, 1694년에는 러시아 정부로부터 인가장을 받았다. 문화 진흥의 후원자로 나선 헤트만 마제파 시대에 아카

모힐라아카데미 건물

데미 역사상 가장 큰 발전이 이루어졌다. 아카데미 졸업생들은 우크라이나와 러시아의 문학, 종교, 정치계의 리더로 활동했다. 18세기 중반까지 모힐라아카데미는 신학생과 일반 학생들을 양성하는 가장 대표적 교육기관 역할을 했다. 헤트만 아포스톨은 모힐라아카데미의 재단을 만들고, 이 대학이 '모든 소러시아 자녀들이 무료 교육을 받을 수 있는, 가난한 사람들을 위한 교육기관'이 될 것을 주문했다. 1727년의 학교 등록부를 보면, 우크라이나의 모든 유명한 관리들의 자식들이 등록되어 있고, 신학생보다 일반 학생의 숫자가 많았고, 졸업생들은 비성직 분야에서 중요한 위치에 올랐다. 모힐라아카데미의 학문적 명성이 높아, 체르니히프, 페레야슬라프, 르비프, 폴타바에 세워진 다른 대학들도 이를 모방하였다.

　1730년에서 1740년까지의 10년은 모힐라아카데미의 마지막 황금기였다. 1731년부터 1747년까지 우크라이나 정교회의 대주교를 역임한 라파엘 자보롭스키Rafael Zaborovksii는 아카데미의 후원자가 되어 대학 운영에 큰 관심을 가졌고, 학교 건물, 기숙사, 교회 건축을 위한 기금을 모금하였다. 그의 주도하에 새로운 강의동과 기숙사, 교회들이 지어졌다. 그의 공적은 높이 평가되어 그의 이름이 대학명에 부가되어 '모힐라-자보롭스키아카데미'로 불리기 시작했다. 교수진에는 미트로판 도브갈렙스키, 코니스키, 미하일 코자친스키Mikhail Kozachinskii가 포진하였고, 당시 학생 중에는 후에 저명한 지도자와 작가들이 포함되어 있었다. 흐레고리 스코보로다Gregorii Skovoroda와 유명한 러시아 학자 로마노소프Romanosov도 수학했다. 재학생은 천 명이 넘었다.(1742년 1,243명, 1751년 1,193명, 1765년 1,059명)

　마지막 융성기를 지나자 모힐라아카데미는 쇠퇴하기 시작했다. 교회의 관심에 부합해서 교과과정은 신학적 색채를 띠었다. 교수법도 고답적이고 따분한 스토아학파적 성격을 띠어 당대의 유럽 다른 대학에 뒤떨어졌다. 대학은 실제적인 교육을 제공하지 못하고, 고답적인 교육방법은 현실과 동떨어졌다. 그 결과 상트 페테르부르그와 모스크바에 세속적 대학이 설립되자 모힐라아카데미와 이를 모방한 대학들은 경쟁에서 밀려나기 시작했다. 부유한 우크라이나 집안과 관리들은 자식들을 러시아의 수도나 다른 외국 대학으로 보냈다. 모힐라아카데미와 유사한 대학들은 신학교로 남게 되었고, 문화적 중요성을 상실해 갔다. 교육의 수요가 커진 우크라이나에서는 새로운 대학 설립 계획이 추진되었다. 새 황제 예카체리나 2세에게 모힐라신학교의 대학 전환과 바투린과 다른 도시에 일반대학을 설립해 줄 것을 신청하였다. 그러나 러시아 정부는 이 계획에 호의적이지 않았다. 단지 19세기 초에 하르키프에 지역 유지들의 주도로 대학이 설립됨으로써 일반 고등교육기관이 처음으로 탄생했다.

5. 동부 우크라이나의 민족 생활

앞에 서술한 우크라이나의 정치, 문화 상황은 우크라이나의 민족 자치 생활의 몰락을 부추겼다. 이것은 동부 우크라이나, 특히 헤트만 국가가 다른 지역에 비해 문화 발전과 자치를 수행할 가능성이 높았던 것을 고려하면 애석한 일이다. 우크라이나의 새로운 지배자의 엄격하고 의심스런 눈초리 밑에서는 모든 코자크 사회생활이 움추러들고 새로운 사회 운동의 길도 닫혀 버렸다. 사람들은 점점 더 개인과 가족의 이익에만 매달렸고, 사회적 활동에는 관심이 없었다. 개방적이고 활기찬 코자크 생활이 파괴되고, 정치적 자유가 철폐된 상황에서는 가족의 부를 늘리고, 더 넓은 영지를 차지하고, 좀 더 수입을 올리는데 관심이 커졌다. 흐멜니츠키의 봉기에 가담하여 지주들을 몰아내고 폴란드의 지배를 종식시킨 코자크들의 자손과 손자들은 스스로가 합법적이거나 불법적 방법으로 큰 영지를 차지하고, 농노들을 거느림으로써 스스로가 영주가 되었다. 러시아에 대항하여 우크라이나의 독립을 쟁취한다는 것은 불가능하다고 결론지은 그들은 자신들이 획득한 영지와 계급적 특권, 토지에 대한 권한을 강화하여, 러시아 귀족과 대등한 위치를 차지하고, 제국의 귀족계급의 일원이 되려고 더욱 노력을 기울였다. 200-300년 전에는 우크라이나 귀족들은 폴란드 법률 체계를 받아들이고, 폴란드말을 배우고 가톨릭화함으로써 폴란드 지배에 적응하려 했지만, 지금은 같은 열정과 조급함으로 러시아 정부의 통치에 복종하고, 새로운 행정 체계에 적응할 뿐 아니라, 새로운 국가의 문화와 언어, 업무 방식, 관습을 받아들이는데 노력을 기울였다. 러시아 문화가 아직 저급한 수준이라는 사실은 큰 문제가 되지 않았다. 몇 십 년 전인 도로셴코와 마제파 시대만해도 우크라이나 사람들은 러시아에서 교육의 선구자 역할을 하였고, 우크라이나 문화를 수도에 전파했다. 표트르 대제 시대에도 러시아의 모든 고위 성직은 모힐라아카데미 출신들이 차지했고, 이들은 러시아 학교에 우크라이나어 교육을 시도했고, 자신들의 학생들에게 우크라이나어를 가르쳤다. 그러나 15세기와 16세기와 마찬가지로 가장 결정적인 것은 문화 수준이 높고 낮음이 아니라, 국가의 힘이었다. 민중들과 단절되고, 민중들의 확고한 지지에 대한 신뢰가 없는 상태에서 우크라이나 지식층들은 정치나 민족문화에 대한 태도가 우왕좌왕했고, 경솔하게 우크라이나의 운명을 지배하는 사람들이 강요한 관습과 언어, 문화를 받아들였다. 우크라이나 지식층은 러시아 사람을 야만적이고 반쯤 문명화된 사람들로 보았지만, 그럼에도 불구하고 러시아 언어와 관습을 받아들였다. 표트르 대제 시대를 시발로 러시아어는 러시아 정부와의 교신뿐 아니라, 우크라이나 내부 행정 업무에도 쓰이기 시작했고 개인 생활과 문학에도 침투했다.

이전까지 민중어는 교회슬라브어와 우크라이나어-슬라브어-폴란드어 혼합어에 밀려 2등 언어에 머물렀다. 지금은 검열로 인해 우크라이나어 민중어 출판이 금지되었고, 교회슬라브어와 문어에서조차 비러시아어적인 요소는 의심스런 시선을 받았고, 우크라이나어 흔적이 출판물에 나타나서는 안 되고, 러시아어만 사용하게 강요되었다. 이러한 압박을 받아 이전의 우크라이나어 문어로 쓰인 서적들은 사용되지 않고, 러시아어가 이 자리를 차지했다. 러시아에 의해 문화가 진흥되면서, 17세기 중반 러시아어와 문화는 우크라이나 사회를 점점 강하고 깊게 장악해 갔다. 우크라이나 사람들은 러시아어로 글을 쓰고 러시아 문학 부흥에 기여하여, 뛰어나고 명예로운 자리를 차지하기도 하였지만, 우크라이나 문화와 문학의 발전을 위해서는 아무 일도 하지 않았다.

우크라이나의 자유와 독립을 위해 싸운 투사들의 자손들이 이렇게 나약해졌다고 볼 수만은 없다. 우크라이나의 자치가 약화되고 러시아의 영향 아래 떨어져서, 민족문화조차도 같은 상황에 처했다고 말할 수는 없다. 프랑스식 파마머리 아래에 화려한 자수를 놓은 드레스를 입은 젊은 우크라이나 세대와 러시아 말과 정치에 대한 추종 속에서도, 독자적인 우크라이나 애국주의는 보존되었고, 이것은 시간이 지나면 좀 더 활기차고 아름다운 모습으로 스스로를 나타낼 능력을 가지고 있었다. 헤트만 로주몹스키를 대신하여 우크라이나 통치자가 된 루먄체프는 우크라이나 사회의 엘리트층에 대해 경이로움을 가지고 다음과 같이 썼다. "그들은 교육을 받고, 다른 곳에 관심이 많지만, 그들은 코자크로 남았고, 스스로 '달콤한 조국'이라고 부르는 자신의 민족에 깊은 애정을 가지고 있었다." 러시아에 종속되어 있기는 하지만, 그들은 우크라이나 국민들에 대해 아주 높은 평가를 했다. "이 소수의 사람들은 다른 말을 하지 않는다. 그들은 세계에서 가장 뛰어난 민족이고, 이들보다 더 강하거나, 더 용감하거나, 더 영리하거나, 더 유용하고, 더 자유로운 민족은 없으며, 그들은 가지고 있는 모든 것이 무엇보다 좋다는 것을 자랑스러워한다." 루먄체프는 여제에게 보낸 편지에서 우크라이나의 민족정신에 대해 이렇게 불만을 나타냈다. 1767년 새 법제도를 만드는 위원회의 지시에, 모든 계층의 우크라이나 국민들은 우크라이나의 자치와 자치 행정, 이전의 권리와 특권을 가능한 빨리 회복시켜 줄 것을 예상 못한 강도로 강력히 요구했다.

우크라이나의 자치는 심각히 제한되고 파괴되었지만, 우크라이나 사람들은 루먄체프가 '공화정 사상'이라고 부른 자치와 애국주의에 대한 감정이 강하게 남아있었다. 이러한 의미에서 이전 질서와 권리를 보유한 헤트만 제도의 보존은 중요한 의미를 갖는다. 우크라이나 사회는 정치적으로 성숙되지 않았고, 민족문화에 대한 자각도 약했으며 문화에 민중적 요소도 제한적으로 반영되어 있었기 때문에, 조금이라도 남아 있는 정치적 자치를 보존하는 일은 민족적 감정을 고양시키는 데 매우 중요했다. 만일 우크라이나 자치가 사라지지 않고 보존되었더라면, 정치적 자치가 철폐된 다음 등장한 도시 상류층과 지식층이 러시아 문화의 바다에 침몰되지는 않았을 것이다. 시간이 지남에 따라 새로운 유럽의 정치, 문화 사조가 우크라이나 사회에 새로운 내용과 관심을 유입시켰을 것이고, 이것은 민족 생활에 대한 새로운 태도를 탄생시켰을 것이다. 민족적 생활양식이 옛 우크라이나 질서와 같이 사라지지 않고 잘 보존되었다면, 기회가 성숙하면 우크라이나의 새로운 문화적, 진보적 운동이 민중 속에서 전개되었을 것이다. 이렇게 되었다면, 후에 19세기 민족운동가들이 빈 땅에서 우크라이나 문화 부흥 운동을 펼칠 필요가 없었을 것이다.

'민족 생활'(nationalnaia zizn', national life)의 관점에서 보면 18세기 중반의 우크라이나의 자치는 파손된 상태에서라도 매우 소중한 것이었다. 그래서 이 부분에 대해 자세히 서술하게 되었다. 아무리 약화되고, 부서지고, 민족적 성격이 강하지 않았다 하더라도, 자치에 대한 기억은 후에 일어나는 우크라이나의 부흥 운동을 위해 매우 큰 가치를 갖는다.

19장   코자크의 마지막 봉기들

1. 서부 우크라이나의 문화 쇠퇴

헤트만국가의 자치의 제한은 우크라이나 전체에 큰 영향을 미쳤다. 왜냐하면 키예프가 이미 17세기 중반 문화적 중심지가 되었기 때문이다. 서부 우크라이나는 키예프의 교육과 문화 자원을 활용하려 하였으나, 중심부로부터 고립된 상황을 벗어날 수 없었다. 1667년 러시아와 폴란드의 조약(안드루소보 조약)은 서부 우크라이나를 동부 우크라이나와 키예프로부터 물리적으로 단절시켜 버림으로써 우크라이나 자치에 큰 타격을 주었다. 러시아가 우크라이나를 배신하고 나라를 폴란드와 나눠가진데 대해 분노와 비애가 커지면서 우크라이나 사람들은 문화적, 민족적 통합성과 단일성을 유지하기 위해 노력하였지만, 이 과제는 쉬운 일이 아니었다. 정치적으로 분리된 다음 두 지역은 여러 면에서 점점 멀어졌다. 서부는 폴란드의 영향 하에 들어가고, 동부는 러시아의 영향을 피할 수 없었다. 교회 지도자들과 국민들의 의사와 희망을 무시하고 키예프 교구가 모스크바 총대주교 관할에 들어가면서 교회 행정 질서도 무너졌다. 서부 우크라이나에는 연합교회가 쉽게 침투되고, 동부에서는 신학교와 출판 사업이 러시아화함으로써 서부 지역과 더욱 거리가 멀어졌다. 이 시기에 서부 우크라이나의 민족문화 자원이 약화되고 소진됨으로써, 동부 지역과의 거리가 멀어지고 민족문화도 쇠퇴되었다.

우리가 아는 바와 같이 16세기 서부 우크라이나의 문화적 중심지는 르비프였고, '형제단'이 구심적 역할을 했다. 이 단체는 르비프뿐만 아니라 동부 할리치아의 우크라이나 주민들과 우크라이나 민족적 요소(element)를 조직화했다. 그러나 르비프의 우크라이나 주민들도 폴란드화되어 민족적 힘은 점점 약화되었다. 정치적 평등과 문화적 발전을 이루려는 노력은 결실을 보지 못했다. 폴란드 정부는 우크라이나 사람들을 철저히 소외시켰고, 민족적 활동뿐 아니라 경제적 활동도 제한했다. 우크라이나 사람들의 불만도 전혀 상황을 개선시키지 못하였다. 17세기 폴란드의 잘못된 경제 정책 때문에 르비프는 경제적으로 몰락했고, 우크라이나 지역 공동체도 곤궁에 빠져 약화되었다. 상황이 개선될 기미를 보이지 않자, 활기있고 역동적인 우크라이나 민족주의자들은 르비프와 할리치아를 떠나 동부 우크라이나로 이주하여 코자크 보호 아래 새로운 민족운동을 시작했다. 1720년대와 1730년대의 키예프의 민족운동을 르비프와 할리치아 이주민들이 주도한 것은 잘 알려진 사실이다. 그들은 키예프를 민족운동의 중심지로 만들었지만, 대신 르비프와 할리치아는 가장 역동적인 민족운동가들을 잃고 점점 더 쇠락해 갔다. '형제단'도 그 중요성을 잃어갔다. 17세기 중반 그들의 자랑이었던 학교가 쇠퇴하자, 그들은 서부 지역에서 사용되는 모든 교회, 신학 서적의 출판을 독점하였다. 이것은 가장 중요한 수입원이었기 때문에 르비프에서의 신학 서적 독점 유지에 많은 노력을 기울였고, 다른 출판사들의 활동을 허용하지 않았다.

17세기 후반이 되면서 서부 우크라이나의 민족운동은 더욱 쇠퇴해 갔다. 흐멜니츠키의 봉기로 동부 우크라이나에 새로운 시대가 열리자, 많은 사람들이 동부로 이주해 가서 서부 지역은 결정적으로 약화되었다. 1648년 흐멜니츠키 봉기 때, 볼린, 포돌랴, 할리치아 주민들은 코자크의 도움으로 폴란드의 지배에서 벗어나기 위해 일어났다. 도시 주민들, 농민들, 소지주들은 코자크와 힘을 합쳐, 폴란드 사람들을 죽이거나 추방하고 우크라이나 자치 제도를 확립하였다. 소칼Sokal, 테르노필Ternopil, 로하틴, 토브마체Tovmache, 자볼로티프Zabolotiv, 르비프 근교의 야니프Ianiv, 호로독, 야보리프Yavoriv, 드로고비치Drogobich, 카르파치아 산맥의 칼루샤Kalusha에서는 크고 작은 봉기가 일어나서 다른 지역으로 확산되었다. 우크라이나 귀족들과 도시 지도자들은 농민들을 군대식으로 조직하여 폴란드 귀족들의 영지를 공격했다. 그러나 코자크 문제에 열중한 흐멜니츠키는 이러한 운동을 지원하지 않고 서부 우크라이나를 운명의 손에 맡기는 바람에 이 지역의 민족운동의 불꽃은 사그라지고 말았다. 봉기를 주도한 활력있고 용감한 사람들은 코자크 부대와 함께 동부로 이주해 갔고, 남은 사람들은 폴란드 지배에 더욱 머리를 수그려야 했다. 폴란드 정부는 흐멜니츠키 봉기 때 나타난 민족적 열기에 놀라서 우크라이나 민족운동을 철저히 탄압하려고 노력했다. 할리치아와 볼히냐뿐 아니라 코자크 영향권 밖의 폴레샤에 남아있던 정교회 귀족들은 아주 빠른 속도로 가톨릭화되었다. 이곳 지방 의회(sejm)에서는 정교회 신앙과 우크라이나 사람들을 보호하는 목소리가 점점 약화되었고, 17세기 후반에는 완전히 사그라졌다. 우크라이나 지주들의 도움을 받지 못하고, 폴란드 지주의 압제적 통치가 시작되자 '형제단' 운동도 소멸되었다. 폴란드 정부는 우크라이나 주민들이 동부 우크라이나와 다른 정교회 국가들과 연계하는 것을 막기 위해 노력을 기울였다. 1767년 폴란드 의회는 정교회 신자들이 국외로 이주하거나, 외국에서 이주해 오는 것, 종교적 문제를 해결하기 위해 총대주교에게 청원하는 것을 금지시키고, 이를 위반하면 사형이나 재산몰수형에 처할 수 있게 했다. '형제단'은 각 지역 가톨릭 주교의 감독을 받게 했고, 문제가 생기면 대주교가 아닌 폴란드 법원이 판결을 내리도록 했다. 이와 동시에 폴란드 정부는 정교회 주교들과 성직자들을 연합교회로 개정시키려고 노력했다.

르비프 주교인 요십 슘랸스키Iosif Shumrianskii가 폴란드 정부의 조력자로 나섰다. 그는 젊은 시절 연합교회로 개종하였는데, 후에 르비프 주교가 되기 위해 정교회로 돌아왔다. 그러나 주교가 된 다음에는 다른 성직자들과 연합교회로 다시 돌아가기 위한 협상을 시작했다. 그의 계획에 동조하는 사람들이 있었다. 페레므이슬 교구의 주교가 되지 못한 이노켄티 빈니츠키Innokentii Vinntskii와 홀름Kholm의 주교가 되기를 바라고 있던 바를람 셉티츠키Varlaam Sheptitskii가 계획에 동참하고 나섰고, 슘랸스키 자신은 폴란드 정부가 이유 없이 대주교 투칼스키Tukalskii를 추방하고 투옥하여 공석이 된 대주교 자리를 차지하려고 하였다. 이러한 음모를 알게 된 폴란드 국왕은 1680년 종교회의를 르비프에 소집하여 정교회 사제들과 연합교회 사제들을 모이게 하였다. 슘랸스키와 추종자들은 브레스트연합의 경험을 교훈삼아 일을 공개적으로 추진하지 않으려 했다. 그들은 종교회의에 참석하지 않고, 정부의 이러한 계획에 관심이 없는 척 했다. 루츠크 '형제단' 단원들은 회의에 참석해서 공개적으로 비난했고, 주교들이 불참한 상태에서는 아무 결론도 나오지 않았다. 그러나 슘랸스키는 폴란드 국왕과 정부에 개종 문제는 비밀스럽게 진행되어야 하며, 교회 통합과 연합교회에 호의적인 사제들을 주교직에 임명하고, 연합교회에 특혜와 특권을 부여할 것을 건의했다.

  폴란드 정부는 이러한 교활한 계획을 받아들이고, 슘랸스키가 건의한대로 연합교회를 받아들이기로 약속한 사람들에게 정교회 교구를 나누어 주었다. 슘랸스키는 대주교가 되었고, 외국 정교회에 소속된 교구와 수도원을 몰수하여 슘랸스키와 추종자들에게 주었다. 정교회는 모든 면에서 위축되었다. 연합교회 신자에게만 허용되는 권리가 많았다. 예를 들어 1699년 폴란드 의회는 연합교회 신자만 도시의 관직에 오를 수 있다는 법을 통과시켰다. 터키에서 반환된 카미네츠Kaminets에는 정교회 신자와 유대교 신자가 거주할 수 없게 했다. 폴란드 정부와 주교들은 공개적으로 연합교회 편을 들지는 않았지만, 모든 영향력 있는 고위직은 연합교회 신자에게만 배분해 주었다. 이들은 이런 식으로 10년 이상 정교회의 밑바닥까지 침투했다. 1700년 슙란스키는 마침내 교회 통합 문제가 충분히 성숙되었다고 보고 자신의 대교구에서의 교회 통합을 선언했다. 그는 20년 전 비밀리에 행한 연합교회에 대한 선서를 공개적으로 반복했다. 그리고 자신의 대교구인 할리치아와 포돌랴에 연합교회를 공개적으로 도입했다. 정교회는 너무 약화되어 정교회 사제들은 연합교회에 반대할 힘이 없었다. 르비프 형제단은 이러한 조치에 반대하고 나섰으나 슙란스키는 폴란드군과 함께 나타나, 형제단 교회의 문을 부수고 연합교회 예배를 드렸다. 그럼에도 불구하고 형제단은 연합교회를 받아들이지 않고, 폴란드 왕에게 슙란스키의 만행에 대해 불만을 제출하여, 왕으로부터 형제단의 권리를 인정받았다. 그러나 형제단도 폴란드의 기세와 자신들의 대주교에 대항할만한 힘이 없었다. 1704년 스웨덴군이 르비프를 포위하고 배상금을 요구하자, 폴란드 정부는 형제단이 이를 지불하게 하였다. 형제단은 12만 즐로티에 해당하는 현금과 귀중품을 모아 이 돈을 마련하느라 파산 상태에 이르게 되었다. 슙란스키는 형제단의 유일한 수입원인 출판 사업을 도산시키기 위해, 자신의 서기국에 출판사를 설립했다. 형제단은 이러한 타격을 견디지 못하고 1708년 슙란스키에게 굴복하고 연합교회를 받아들였다. 할리치아와 포돌랴의 모든 지역을 연합교회가 지배했다. 유일한 예와는 카르파치아 산맥에 마냐바Maniava(현재의 보호로드찬스키 군)의 벨리키 스키트(Veliki Skit) 수도원이었다. 이 수도원은 폴란드 분할로 폴란드가 사라질 때까지 정교회로 남아있었다가 1785년 오스트리아 정부에 의해 폐쇄되었다. 1691년 페레므이슬의 주교 빈니츠키는 자신의 교구의 교회연합을 선언하고, 지역 성직자들 연합교회를 받아들이도록 강제했고, 여기에 반발하는 사람은 정부 기관에 고발하여 복종하게 했다. 이러한 압제로 교회 통합에 반대하는 사람들은 해가 갈수록 줄어들어 1761년 빈니츠키의 후계자는 자신의 교구 안에 단 하나의 정교회도 존재하지 않는다고 자랑했다.

1771년에는 볼린(루츠크) 교구가 연합교회의 손에 떨어지자 성직자들을 강제적으로 연합교회로 개종시켰다. 18세기 전반 서부 우크라이나 전체가 연합교회로 개종되자, 연합교회는 키예프까지 영향력을 넓히기 시작했다. 그러나 정교회 반대 세력을 제압한 현지의 긴장된 상황 때문에 성공을 거두지 못하였다. 드니프로 우안의 상황을 살펴보기 전에 할리치아와 같이 연합교회에 대한 찬반 투쟁이 벌어진 자카르파치아, 소위 '헝가리 루스' 지역부터 살펴보도록 하자.

2. 자카르파치아 지역

오래전부터 카르파치아 산맥 전면 지역과 정치적으로 격리된 자카르파치아(카르파치아 산맥 후면)의 주민들은 우리들에게 별로 알려지지 않은 나름대로의 독자적 생활을 하고 있었다. 카르파치아의 험지의 생활은 조용하고 눈에 띠지 않아서, 이곳에 어떻게 주민들이 정착하게 되었는지도 잘 알려져 있지 않다. 오랜 세월 동안 목동들만이 여름 동안 가축을 돌보다가 시간이 가면서 사람들이 정착하기 시작했다. 11-12세기경에 정착이 시작된 것으로 생각되지만, 9세기 말 이 지역을 침략한 헝가리인들은 카르파치아 산맥에 살고 있는 루신-우크라이나인들을 발견했다. 카르파치아 북쪽에 퍼진 우크라이나 사람들과 접경해 살고 있는 이 사람들은 산맥 다른 쪽에 살고 있는 할리치아 주민들과 밀접한 관련이 있어 보이지만, 이런 관계에 대해 우리는 많은 것을 알고 있지 못하다. 이 산악 지역을 둘러싸고 오랫동안 할리치아와 헝가리 사이에 투쟁이 전개되었다. 헝가리의 왕들은 국경을 카르파치아 산맥까지 확장한 후 산맥 넘어 북쪽 지역까지 정복하려 했다. 12세기 말과 13세기 초에는 이러한 시도가 성공되어 잠시 이 지역을 점령하기도 하였다. 할리치아의 왕들은 트란스카르파치아 지역을 정복하려 시도했다. 헝가리 왕 류도비크 1세가 1370년대 할리치아를 헝가리로 복속시키는데 실패하자, 1380년대에 경계가 확정되어 최근까지 이어져왔다.

카르파치아 우크라이나가 정치적으로 독립된 단위가 되었던 적이 있었는지는 확실하지가 않다. 한때 그러한 단위가 존재했었다는 것을 보여주는 오랜 전설이 있기는 하지만, 12세기와 13세기에는 헝가리의 행정 구역과 마찬가지로 이미 여러 개의 군(郡)으로 나누어졌다. 카르파치아 우크라이나는 강과 산줄기를 따라 여러 주와 군으로 나누어졌고, 우크라이나 주민들은 주로 샤리쉬Sharish, 젬린Zemlin, 우즈Uzh, 베레그Bereg, 마라마로시Maramarosh 다섯 군에 흩어져 살았다. 이렇게 행정 단위로도 분리됨으로써 이미 지리적으로 서로 격리되어 살고 있던 카르파치아 우크라이나인들을 더욱 분산시켜서, 주변의 슬로박, 헝가리, 루마니아 등 비우크라이나계 주민들과 섞이게 만들었다. 카르파치아 우크라이나인들이 하나의 공동체를 이루고 살았다는 증거는 찾을 수 없다. 이러한 단결을 가로막는 장애물이 많았다. 16세기와 17세기의 할리치아에서처럼 이곳의 우크라이나인들은 농노나 압제받는 농민과 빈궁하고 무식한 성직자들이 대부분이어서, 다른 우크라이나 지역의 민족 부흥 운동이 이 먼 지역까지 도달하지 못하였다. 이 지역의 상류층은 일찍부터 헝가리인이나, 독일인, 가톨릭 사제들과 같은 외국인들이었고, 우크라이나 주민들은 농노로 살았다. 부락 사제들도 부역 노동이 면제되지 않아 교회에서 끌려나와 지주를 위해 봉건적 노역을 제공하며 농노와 마찬가지로 생활했다. 일반 하층민 생활을 벗어난 사람들은 동족들과의 연계를 잃고, 헝가리 귀족 계급에 가담했다.

이웃한 할리치아와 마찬가지로 이 지역의 유일한 민족적 상징과 다른 지역 우크라이나인들과의 민족적 유대는 정교회였다. 오랜 기간 동안 카르파치아 산맥 너머의 지역은 조직화된 자체 정교회를 갖고 있지 못했고, 페레므이슬 교구의 주교들의 관할 하에 있었다. 오래 전 지역 주민들의 종교 생활에 대해서는 알려진 바가 별로 없고, 연합교회가 도입된 후에야 지역의 종교 사정이 대해 좀 더 자세히 알려지게 되었다. 17세기와 18세기 기록을 보면, 카르파치아 산악 지역 주민들은 이웃한 할리치아와 같은 신앙생활을 영위했다. 같은 종교 서적과 필사본이 두 지역에서 사용되었다. 베레그 지역 주도인 무카체보의 체르네치 산의 '성 니콜라이 교회'와, 마라마로쉬 지역 수도인 흐루시프의 '성 미하일 수도원'이 신앙의 중심지 역할을 하였다. 무카체보 수도원의 설립자는 페도르 코랴토비치Fedor Koriatovich인 것으로 믿어진다. 비토브트Vitovt가 그에게서 포돌랴를 뺏은 후, 그는 헝가리로 이주하여 무카체보를 하사받았고, 베레그의 총독이 되었다. 우크라이나와 헝가리의 전설에 의하면 그는 가장 유명한 인물로서 여러 민족 기관의 창시자가 되었을 뿐 아니라, 카르파치아에 우크라이나인들을 정착시킨 주인공으로 나온다. 카르파치아 우크라이나인들의 기원은 그와 그의 신하들인 것으로 전승되었다. 그러나 주민 정착뿐 아니라 수도원은 '기억할 수 없는' 오래전에 기원들 둔 것으로 보인다. 그러나 민간 전설은 1360년에 코랴토비치을 기원으로 삼는다. 흐루시프 수도원이 언제 설립되었는지에 대한 기록도 남아있지 않지만, 수도원의 역사는 몽골 침입 이전으로 거슬러 올라간다. 14세기 말에 되어서야 대주교로부터 '직할 수도원'(stvropigialnyi) 인정을 받았고, 수도원장들은 주교가 없는 마라마로시와 우즈의 교회들을 감독할 권한을 받았다. 15세기 말이 되어서야 무카체보 수도원에 카르파치아 지역 최초의 주교가 파견되었다. 이러한 기록은 1490년대부터 나오지만, 최초의 교구가 조직된 것은 16세기 후반이다. 교구가 만들어지기는 하였지만, 이 교구의 수입이 나오는 수도원 영지를 17세기 혼란기에 빼앗기는 바람에, 유일한 수입원은 사제서품비와 그들이 구역 헌금으로부터 나오는 기부금밖에 없었다. 한 교구가 20만 명의 정교회 신자가 있는 카르파치아 전 지역을 관할하였으며, 약 400명의 사제가 산악지역 여기저기 흩어져 시무했다. 사제가 전혀 없는 마을도 많았고, 반대로 어떤 마을에는 여러 명의 사제가 일했다. 제대로 된 신학교가 없었으므로 사제들의 지적 수준은 떨어졌고, 할리치아와 몰다비아에서 사제들을 데려와야 하는 상황이었다. 16세기 말의 우크라이나의 교육 부흥 운동은 카르파치아까지 미치지 못하였다. 흐루시프 수도원에 인쇄소가 있었다는 설도 있으나, 이것을 증명하는 기록은 아무것도 남아 있지 않다. 17세기 연합교회가 도입되었을 때 가톨릭 사제들은 이곳 주민들이 종교적 지식이 없어서, 사제들이 연합교회를 받아들이면 아무 생각 없이 이를 따를 것이라고 보고했다. 이것은 상당 부분 사실이었다. 연합교회에 대한 마지막 반대 운동이 일어난 1760년에 주민들은 자신들이 연합교회에 속한 것을 몰랐고, 연합교회가 나쁜 종교인 것을 깨닫고는 다시 이전의 진실한 신앙으로 돌아가겠다고 말할 정도였다. 그들에게 정교회 신앙은 어둡고, 비인간적이고, 노예에 가까운 생활에서 유일한 성스러운 대상이었기 때문에, 종교를 개종하려는 어떠한 시도에 대해서도 모든 힘을 다해 적대적으로 대항했다. "이들은 연합교회라는 이름을 뱀보다도 혐오하고, 이 교회가 무언가를 숨기고 있다고 생각했다. 그들은 주교를 따라 연합교회의 교리를 큰 의식없이 믿고 있지만, 연합교회라는 명칭은 멸시한다"라고 마라마로시 총독이 기록하고 있다. 이 말을 보면 이 노예같이 가난하고, 일자무식인 사람들이 자신들의 옛 신앙을 지키기 위해 어떤 투쟁을 했는지 이해할 수 있다.

신앙을 둘러싼 투쟁은 1720년대에 처음 발생하였다. 70개의 구역(prixod)을 가지고 있는 고모나이Homonai라는 지주가 자신의 영지에 연합교회를 도입하려고 페레므이슬의 크루페츠키Krupetskii 주교를 초빙하였다. 영주의 압력을 받은 사제와 수도사들은 연합교회를 받아들이기로 동의하였으나, 농민들은 반란을 일으켜 갈퀴와 몽둥이를 들고 주교를 공격하여 치명적 부상을 입힘으로써 영주의 개종 시도는 무산되었다. 그러나 이후에도 연합교회를 확산시키는 노력은 중단되지 않았다. 지역의 가톨릭 지주와 사제들은 정교회 사제들에게 개종하는 경우 자신들처럼 세금과 농노 부역에서 면제받을 수 있다는 것을 내세워 이들의 개종을 유도했다. 이것은 학대받고 물질적 곤궁에 처한 정교회 사제들에게는 거부하기 힘든 유혹이었다. 그들은 주민들 모르게 연합교회로 개종했다 1640년대가 되자 개종을 한 사제들 숫자가 매우 커졌고, 1649년에는 우즈호로드에서 연합교회로의 개종을 공식 선언하고, 1652년에는 로마교황청에 정식 사제 승인을 요청했다.

그러나 이러한 조치 이후에도 연합교회는 쉽게 뿌리를 내리지 못하였다. 한편으로는 연합교회에 적대적인 많은 사제들이 신자들과 함께 정교회 신앙을 고수했고, 다른 한편으로는 17세기 후반 동부 헝가리에 봉기와 내홍에 휩싸였다. 반오스트리아 노선의 기독교 정당도 연합교회를 정착시키려는 가톨릭교회의 시도에 제동을 걸고 나섰다. 이러한 결과 한 교구에 정교회 주교와 연합교회 주교가 동시에 존재하는 상황이 발생했다. 사제들은 이 사이에서 왔다갔다하며 주관을 지키지 못했다. 무카체보 수도원은 오랜 기간 정교회의 관할로 남아 있었다.

오스트리아가 동부 헝가리 지역에도 영향력을 확보한 1860년대가 되어서야 오스트리아 정부의 도움으로 헝가리와 접경한 카르파치아 우크라이나인들에게 연합교회가 활발히 침투하기 시작했다. 그러나 평화적 방법을 쓰지 않고, 군대를 동원하고, 정교회 신앙을 고수하는 주민들에 대한 압력을 동원하는 등의 방법을 썼다. 18세기가 되자 결국 연합교회는 완전히 뿌리를 내리고, 카르파치아 우크라이나의 서부 지역은 연합교회 주교들의 관할 하에 들어갔다. 그러나 몰다비아와 접경한 마르마로시에서는 1735년까지 정교회가 살아남았고, 이 지역의 사제들은 이후에도 몰다비아와 세르비아 정교회 주교들로부터 사제 서품을 받았다. 1760년대 마르마로시 지역의 우크라이나인들과 루마니아인들 사이에서는 연합교회에 반대하는 마지막 저항 운동이 일어났다. 정교회 신자 사이에는 오스트리아 정부가 연합교회로의 개종을 강요하지 않고, 정교회나 연합교회를 자유롭게 선택하게 한다는 소문이 돌았다. 그리고 '동방의 권력자들'(vostochnyi vladelets)은 정교회 신앙을 지키는 사람들을 특별히 보호할 것이라는 소문도 돌았다. 이런 내용을 담은 서신과 소문은 주민들에게 큰 영향을 미쳤다. 주민들은 연합교회를 버리고 이전 신앙으로 돌아가기를 원했다. 마르마로시뿐만 아니라 카르파치아 서부 지역에서도 정교회 주교에게 서품을 받은 사제들을 원했다. 사제들도 연합교회가 자신들의 상황을 크게 개선시켜줄 것이라는 기대가 실망으로 끝나고, 오히려 가톨릭 사제들에게 굴욕적으로 복종해야 하는 상황이 되자, 더 이상 연합교회에 희망을 걸지 않았다.

이러한 사태에 자극받은 오스트리아 정부는 연합교회 거부 운동에 대한 조사에 착수했다. 연합교회와 정부 조사반은 사제들의 낮은 교육 수준과 어려운 경제적 여건을 원인으로 지적했다. 오스트리아의 마리아 테레사 여제는 반교회 운동을 제압하기는 했지만, 사제들의 교육과 경제 개선에 큰 관심을 갖게 되었다. 이러한 정책 변화가 후에 우크라이나 민족운동의 부활에 큰 영향을 끼치게 되었다.

3. 우안 지역

키예프의 남부 지역과 브라츨라프의 접경 지역을 포함하는 우안 지역에서는, 우리가 앞에서 본 바와 같이 팔리이와 여타 연대장들에 의한 코자크 제도의 짧은 부활 이후 폴란드 귀족들의 지배와 농노제가 18세기 후반 다시 시작되었다.

1714년 러시아가 드니프로 강 서안 지역의 우크라이나인들을 추방하고 이 땅을 폴란드에 다시 넘겨준 후, 흐멜니츠키 봉기 때 쫓겨난 폴란드 지주들이 직접 다시 돌아오거나, 이들로부터 토지 소유권을 구입한 새로운 사람들이 키예프, 브라츨라프, 포돌랴의 버려진 땅에 돌아왔고, 폴란드 정부는 15년 내지 20년의 세금과 기타 의무 면제를 내세워 새 정착민을 유입시키려고 노력했다. 이들은 사람들이 많이 모여 사는 지역에 선전꾼들을 보내 새로운 정착촌으로 이주를 유도하고, '발굴꾼'(vykopets)이라고 불린 이 사람들은 많은 도망자들을 우안 지역으로 이주시켰다. 약 150년 전에 폴레샤와 볼히냐와 더 먼 지역에서 농민들이 이주해 온 것처럼, 몇 년이 지나자 황량했던 우안 지역은 마을과 집들로 넘쳐났고, 곳곳에 지주들의 저택과 성과 도시들이 생겨났다. 가톨릭 성당과 수도원도 곳곳에 생겼다. 폴란드식 장원들이 생겨났고, 특혜 기간이 끝나자 농민들은 지주에게 여러 세금과 노역을 제공해야 했다. 그러나 당시 여건이 힘들었고 위험성도 많았으므로, 모든 정책은 도가 넘지 않게 조심스럽게 추진되었다. 폴란드 지주들은 동부 지역에 러시아의 농노제가 완전히 도입될 때까지 이 지역에 확고히 뿌리를 내릴 수 없었다.

소베스키Sobesskii의 경솔한 시도 이후, 폴란드 정부는 코자크 제도를 다시 부활시킬 생각이 없었다. 사실 사람들도 그를 기억하고 있지 않았다. 마제파의 측근이었던 팔리이가 시베리아 유형에서 돌아온 후 사망하자, 주민들은 그의 사위인 탄스키 연대장에게 희망을 걸었다. 팔리이는 죽기 전 사위에게 빌라 체르크바연대를 물려주었다. 그리고 활동적인 내조자였던 팔리이의 미망인이 판스키와 같이 살았다. 빌라 체르크바 연대가 폴란드에 넘겨진 다음, 탄스키는 키예프 연대의 지휘권을 받았다. 우안 지역 주민들은 탄스키가 오래지 않아 폴란드의 압제로부터 자신들을 해방시키고, 코자크 제도를 부활할 것으로 기대했다. 그러나 이러한 기대는 실현되지 않았다. 적은 수의 코자크 병사가 시청과 장교회의의 경호를 섰고, 부역으로부터 면제되는 대가로 병사가 된 농민들이 대부분이었기 때문에 이 지역에서 아무 중요성도 갖지 못했다. 힘이 너무 약해 아무런 독자적 영향력을 갖지 못하고 폴란드 지주에게 전적으로 예속되었다. 이들은 지역의 봉기에 여러 번 가담하기는 하였지만, 봉기를 시작한 적은 없었다. 봉기는 지역 주민들이 아니라, 러시아, 몰다비아, 특히 1730년대에 터키 관할에서 벗어난 후 폴란드 점령 지역 접경에 정착한 자포로지아 코자크들에 의해 자주 주도되었다. 폴란드 지주가 없는 자유로운 코자크 자치에 대한 기억이 생생하였기 때문에, 농노제 실시를 위한 지주들의 강제적 압제는 주민들을 자극하여, 이 지역과 다른 국경지대에서 봉기가 끊이지 않았다. 코자크는 약화되어 이전과 같은 국민적 저항을 조직할 수는 없었지만, 흐멜니츠키 봉기 이후 폴란드 정부가 영향력을 크게 잃은 상황임을 감안하면, 민중 운동은 큰 효과를 발휘할 수도 있었다. 우크라이나는 지역의 귀족 지주가 지배하는 나라가 되었고, 영주들은 큰 영지를 소유하고 지방을 통치하였지만, 자신들의 영지 경영에 큰 관심을 기울이지 않았고, 영주들 사이에도 화합이나 단결이 이루어지지 않았다.

서부 우크라이나와 우안 지역이 폴란드의 지배 하에 있었던 18세기에는(폴란드 분할 전까지) 민중 봉기가 끊이지 않았다. 도적들의 봉기처럼 소규모로 일어나 일시적으로 지속된 것들도 있었지만, 어떤 봉기는 국민적 반란으로 발전되어 넓은 지역으로 확산되어서 외국 군대의 도움 없이는 폴란드가 독자적으로 진압하기가 어려운 경우도 있었다. 대규모 반란뿐 아니라 비적들의 준동조차도 주민들의 열렬한 지지와 도움을 받으며 주로 러시아, 몰다비아, 헝가리지역에서 일어났다. 공격의 대상은 주로 폴란드 지주와 그들의 앞잡이로 간주되고, 영지 임차 지주, 세금 징수인, 독점권을 가진 유대인이었다. 민중들은 이런 비적들을 자신들의 보호자이며 복수자로 보았고, 비적들도 자신들을 그렇게 내세운 것은 의문의 여지가 없다. 이들은 민중의 민요와, 설화에 민중의 영웅으로 묘사되며, 초인간적 전설적 인물들로 묘사되고, 민중들을 고난에서 구한 투사들로 그려진다. 할리치아 지방의 '후출족 거주지역'(Gutsulshchina)에는 현재까지도 카르파치아, 몰다비다, 헝가리, 폴란드 접경 지역, 푸르그Prug, 체레모시Cheremosh에 근거지를 두고 지주들과 지주 대리인들, 상인들, 지나가는 대상들을 공격한 '의적 두목'(oprishik)에 대한 이야기가 넘쳐난다. 이 의적 대장 중 가장 유명한 사람은 올렉스 돈부쉬Oleks Donbush였다. 페체니진Pechenizhin 출신의 가난한 품팔이 농부의 아들이었던 그는 1738년부터 코스마치Kosmach에서 매복에 걸려 사망한 1745년까지 의적단의 총두목 역할을 한 것으로 기록에 남아있다. 사건의 짧은 스토리를 담은 민요에는 도부쉬는 연인으로 둔 여자의 남편의 질투에 의해 죽은 것으로 나와 있다.

할리치아와 접경한 포돌랴에서는 '레벤치'(Leventsi), '데이네키'(Deineki)라고 불리는 의적단이 활동했다. 이들은 드네스트르 강 주변에서 활동하다가 위험이 닥치면 국경을 넘어 몰다비아, 브라츨라프 또는 키예프 남부로 도망쳤다. 이들은 드니프로 강 유역, 특히 자포로지아에서 활동하는 비적들과 합세하기도 하였다. 이들은 통칭적으로 '하이다마키'(Haidamaki)라고 불렸는데, 이 명칭은 터키어의 '의적, 도적'을 뜻하는 단어에서 유래한 것으로 보인다. 하이다마키 조직은 러시아 영토나 자포로지아 평원지역에 근거를 두었다. 러시아 국경이 삼각형을 이루는 키예프 근교의 우안 지역에서는 수도사들이 관할하는 많은 교회와 수도원이 있었다. 이곳에서 하이다마키들은 습격을 준비하고, 공격 후 은신처로 삼았다. 수도사들과 주민들, 심지어 러시아 장교들까지도 하이다마키를 폴란드 압제에 대항해 싸우는 전사로 보았고, 우크라이나 민중과 정교회를 위해 싸우는 정의의 용사로 보았다. 그래서 이들을 돕거나, 아니면 최소한 이들의 활동을 방해하지 않는 것이 옳은 일이라고 보았다. 하이다마키들이 우안 지역에 나타나면, 많은 지역 주민들이 이에 가담했고, 다른 이들은 폴란드 지주들과 싸우는 이들을 모든 방법을 동원해 도왔다. 이러한 도움 덕분에 하이다마키들은 우안 지역에 깊이 침투할 수 있었고, 대규모 인원을 결집해 폴란드 지주들 영지를 초토화했다. 때에 따라서는 이들이 핵심이 되어 전 우크라이나를 휩쓴 대규모 반란이 조직되기도 했다.

4. 하이다마키 봉기

1734년 폴란드에 국왕 궐위가 발생하자, 드니프로 우안 지역에 처음으로 대규모 반란이 일어났다. 폴란드 사람들은 왕위 계승을 둘러싸고 두 파로 나뉘어 대립했다. 한 파는 서거한 왕의 아들인 삭소니 공 아우구스트 3세를 지지했고, 다른 파는 스웨덴 왕 찰스 12세가 왕위에 앉히려다 실패한 레슈친스키Stanisław Leszczynski를 왕으로 밀었다. 러시아가 삭소니 공을 지원하자, 그의 추종자들은 러시아 군대의 파병을 요청했다. 러시아 군대는 레슈친스키를 제거하고자 폴란드를 침공하여 그의 근거지인 단지히를 포위했다. 이와 때를 맞춰 1733년 러시아와 코자크 부대는 레슈친스키와 군사동맹(Konfederatsiia)을 맺은 동안 지역의 폴란드 귀족들을 공격했다. '동맹'에 가담한 폴란드 귀족들은 반대편에 속한 귀족들과 싸움을 벌였지만, 러시아와 코자크 부대는 폴란드 귀족 전체를 공격 대상으로 해서 싸웠다. 이러한 혼란기와 무정부 상태를 이용해서 하이다마키는 통치권을 확보했고, 민중들도 흐멜니츠키 시대와 같이 우크라이나 땅에서 폴란드 귀족들을 완전히 쫓아낼 수 있는 기회가 왔다고 생각하고 대규모로 봉기에 가담했다. 주민들은 러시아와 코자크군대가 폴란드 사람들을 몰아내고, 우크라이나 사람들을 해방시키려 왔고, 안나 여제가 주민들이 봉기에 가담하도록 명령을 내렸다는 소문이 돌았다. 오랜 전 죽은 팔리이의 동료였던 사무스 대령과 팔리이의 사위인 판스키 대령도 새로운 코자크 봉기를 준비하고 있다는 풍문도 나돌았다.

가장 큰 봉기가 브라츨라프에서 일어났다. 이곳에 파견된 러시아 연대장은 우만을 점령한 후 삭소니 공파인 귀족들에게 편지를 보내 그들 휘하의 코자크와 주민들을 보내 레슈친스키 일당을 소탕하는데 힘을 합치자고 요청했다. 이러한 격문을 받고, 류보미르스키Liubomisrskii 공 휘하의 코자크 부대 지휘관인 베를란Verlan은 다음과 같은 소문을 냈다. 즉 안나 여제는 민중들이 봉기에 가담하여 폴란드인들과 유대인들을 몰살하고 코자크 병사가 될 것을 촉구했고, 이러한 목적을 위해 러시아 부대와 코자크 부대가 파견되었으며, 우안 지역이 폴란드로부터 해방되면, 좌안의 헤트만국가와 통합한다는 것이었다. 이 루머는 주민들을 크게 자극하여 이들은 바로 봉기에 가담하여 자원해서 코자크 병사가 되었고, 분대(10인대) 중대(100인대) 같은 코자크군대 조직을 만들었다. 베를란은 스스로 연대장의 지위에 올랐고, 중대장들과 다른 지휘관들을 임명했다. 많은 주민들과 영지 코자크(dvopnyi)와 왈라키아인들이 봉기에 가담했다. 많은 수의 병사를 모은 베를란은 브라츨라프 지역으로 진군하여 폴란드인과 유대인들의 영지를 약탈하고, 주민들을 봉기에 가담하여 여제에게 충성을 맹세하도록 명령했다. 브라츨라프 다음으로는 포돌랴로 이동하여 같은 일을 하고 다음으로 볼히냐로 진군하여, 소류모 폴란드 군대를 격파했다. 그는 서쪽으로 계속 나아가 르비프와 카메네츠 주변의 즈바네츠Zhvanets와 브로디Brody를 점령했다.

그러나 이 시점에서 봉기의 단초를 제공했던 상황이 종결되었다. 1734년 러시아 군대는 단지히를 점령하고, 레슈친스키는 도망을 가 버렸다. 레슈친스키 추종파인 지주귀족들은 삭소니공 아우구스트 3세의 왕위 계승을 인정하고, 러시아군이 봉기를 진압하고 서부 우크라이나 지역의 질서를 회복해 줄 것을 요청했다. 러시아 관리들도 민중 봉기를 더 이상 지원할 이유가 없어졌다고 판단했다. 몇 달 전만해도 민중들의 봉기 가담을 선동했던 러시아 군대는 폴란드 귀족들이 농민들을 '진압하는' 것을 돕기 위해 농민들을 체포하고, 재판에 회복하고, 저항하는 사람들을 처형했다. 러시아 군대의 도움으로 영주들은 빠른 시간 안에 주민들을 다시 복종시킬 수 있었다. 대부분의 농민들과 코자크들은 더 이상 러시아의 도움을 기대할 수 없다는 것을 깨닫고 영주들에게 다시 복종하였지만, 다시 농노가 되는 것을 거부한 일부 저항자들은 의적단에 가담하여 자포로지아나 몰다비아로 갔고, 후에 간헐적으로 하이다마키와 함께 폴란드인들을 습격했다.

봉기의 결과로 무장 의적단의 수는 크게 늘어났다. 시간이 지나면서 이들은 자포로지아 겨울 숙영지에서 나와 우안 지역 깊숙이 들어가 폴란드의 성과 영지를 공격했다. 1735년과 1736년 하이다마키 리더인 흐리바Hriva, 메드베드Medved, 하르코Kharko, 그나트 고골Gnat

Gogol은 폴란드 귀족들에게 공포의 대상이 되었다. 그들은 도시와 촌락, 성을 정복하고, 이전에 봉기에 가담한 것을 참회하고 귀족 편에서서 하이다마키의 적이 된 배신자들을 처단했다. 가장 극적인 사건은 하이다마키에 의한 배신자 사바 찰리이Savva Chalyi의 처단이었다. 이 사건은 민요로 불리며 일반 국민들에게 널리 퍼져서, 이 평범한 사람을 유명하게 만들었다. 이 사람은 코마르호로드Komargorod 영지의 평민 출신이었다. 류보미르 공의 궁정 코자크의 중대장으로 있다가 베를란의 봉기에 가담했는데, 러시아 군에 의한 소탕이 시작되자 이전 주인에게 용서를 빌고, 귀족들에게 다시 복종한 코자크들의 연대장이 되어, 이전 동료인 하이다마키 토벌에 투입되었다. 하이다마키들은 배신자를 처벌하기로 하고, 그나트 고골이 1741년 성탄절에 찰리의 영지를 공격하여 그를 죽이고, 그의 재산을 탈취하였다.

1734년의 봉기를 시작으로 하이다마키의 폴란드 귀족에 대한 공격은 1740년대와 1750년대까지 이어졌다. 많은 수의 사람들이 직업적인 노략꾼이 되어 해마다 습격에 나섰다. 지방 영주들과 궁정 군대도 이들을 진압하지 못했다. 곧 혁명이 있을 것이라는 소문이 계속 나돌아서 농민들은 들떠 있었고, 모든 방법을 동원해 하이다마키를 도왔다. 좀 더 용감한 사람들은 하이다마키에 직접 가담했고, 한 번 가담하면 끝까지 하이다마키로 남는 경우가 많았다. 서부 지역을 성공적으로 개종시킨 다음 드니프로 강 유역 지역에 연합교회를 전파하려는 폴란드 정부의 시도는 정교도 교도들을 자극하여 하이다마키 운동에 불을 붙였다. 하이다마키 지도자들은 폴란드 귀족이 데려온 연합교회 사제들과 투쟁하는 농민들을 지원했다. 그들은 정교회를 보호했고, 역으로 지역과 러시아 국경 너머와 드니프로 강 유역의 수도원들은 정교회의 보호자인 하이다마키를 돕는 것을 신앙적 의무로 여겼다. 하이다마키의 가장 중요한 목적은 약탈이었지만, 16세기와 17세기의 코자크 운동처럼 농민들과 민족운동에 큰 영향을 미쳤다. 이들은 서부 지역에서처럼 폴란드 지주들이 우크라이나를 지배하고, 농노제를 도입하고, 유일한 민족적 자치 조직 형태인 '진실한 신앙'의 정교회를 파괴하는 것을 막았으므로, 하이다마키가 비적 같은 방법을 쓰는데도 불구하고 민중들의 호응을 받는 것은 근거가 있었다. 폴란드인들은 우크라이나 주민들이 이전이나 지금이나 하이다마키를 단순한 비적 이상으로 보는 것을 이해하지 못했다. 할리치아 우크라이나인들의 적들은 이들을 자주 초기 의적단을 흉내 낸 하이다마키라고 비하하여 불렀다. 그러나 이들은 이러한 명칭에 아랑곳하지 않고, 민요에서 이 명칭에 대해 이렇게 대답한다 – "우리는 모두 하이다마키고, 우리는 모두 같다."

　1734년 봉기 이후 하이다마키는 계속 가담자 숫자와 영향력이 늘어나 1750년경에는 그 활동이 절정에 이르렀다. 브라츨라프, 동부 포돌랴, 폴레샤까지의 키예프 경계는 거의 1년 동안 하이다마키가 장악했다. 많은 도시와 부락과 성이 정복되고 파괴되었으며, 우만, 빈니차Vinntsia, 레티치프Letichiv 라도므이슬Radomysl 같은 큰 도시도 하이다마키 수중에 떨어졌다. 그러나 하이다마키나 농민 운동은 제대로 조직되지 않았다. 우안 지역에서 이들은 운동의 구심점을 만들지 못했다. 정부나 지주들이 대대적인 진

셰브첸코의 '하이다마키' 작품

압 노력을 기울이지 않았는데도, 한 해가 지나자 하이다마키와 농민 운동은 사그러들었다. 하이다마키 지도자들은 서로 반목했고, 농민들도 반란에서 아무런 결과를 얻지 못하자 열의가 식어갔다. 이후에는 초기처럼 간헐적이고 독립적인 공격만이 시도되었다.

5. 콜리이 봉기

1750년의 봉기 이후 하이다마키 운동은 1760년 다시 부활되었다. 이번에는 종교 문제가 주 원인이었다. 라도므이슬에 시무하는 연합교회 대주교는 키예프지역에 연합교회를 전파하기 위해 많은 노력을 기울였다. 키예프 지역 정교회 교구들을 관할하고 있던 페레야슬라프의 정교회 주교들은 러시아의 통제 하에 있었기 때문에 국경 너머에서 세력을 확장해 들어오는 연합교회에 효과적으로 대항할 수 없었다. 그러나 1753년 자보틴Zabotin 근교 모트로닌Motronin 수도원을 맡고 있던 멜치세덱 즈나츠코 야보르스키Melkhisedek Znachko Yavorskii라는 능력이 뛰어난 투사를 찾아내게 되었다. 키예프 남부지역의 교회들을 감독하게 된 그는 열정을 가지고 정교회 공동체를 조직해 나가며 연합교회 사제를 받아들이지 말고, 정교회 사제들을 지원할 것을 독려했다. 모트로닌 수도원과 인근의 자보틴, 모시노호리Moshnohory, 메드베디프Medvediv, 레베딘Lebedin의 수도원은 정교회 추종자들의 피난처가 되었다. 이런 상태에서 1760년 정교회와 연합교회의 충돌이 시작되었다. 폴란드 군대의 도움을 받은 연합교회 사제들은 주민들을 강제적으로 연합교회로 개종시키려 했다.

그러나 정교회 마을 주민들은 연합교회 사제들을 받아들이지 않고, 그들에게 정교회 신앙을 받아들일 것을 요구하고, 이를 거부하면 이들을 추방하고 그 자리에 정교회 사제를 앉혔다. 연합교회 지도자들은 이러한 저항을 무력으로 분쇄하기 시작했고, 개종에 저항하는 사람들을 투옥하거나 다른 방법으로 처벌했다. 이러한 폴란드 연합교회의 강제적 수단에 대항하기 위해 정교회는 오랜 전부터 정교회 보호자 역할을 한 러시아에 지원을 요청했다. 안나 여제에게 청원을 하러 간 야보로스크는 여러 지원 약속을 받고 돌아왔다. 바르샤바의 러시아 대사는 정교회를 대신하여 폴란드 정부와 중재 협상을 하라는 훈령을 받았다. 그러나 이것이 상황을 특별히 개선시키지는 못하였다. 한편 여제의 지원 약속에 대한 소문을 들은 주민들은 크게 고무가 되어 연합교회 사제들을 추방하거나, 이들을 정교회로 개종시켰다. 그러자 연합교회는 위협과 처벌을 더욱 강화했다. 이런 혼란스러운 상황 속에서 비인간적이고 끔찍한 사건들이 자주 발생했다. 한 예로 믈리이프Mliiv의 장교가 살해되는 사건이 일어났다. 이 사건은 타라스 셰브첸코의 시의 주제가 되기도 했다. 그는 전해 내려오는 얘기를 바탕으로 시를 썼다. 그러나 당시 사건을 목격한 사람들의 설명은 다르게 나타난다. 믈리이프의 장로인 다닐로 쿠쉬니르Danilo Kushnir라는 신실한 사람이었고, 연합교회에 성찬용기를 내주려 하지 않았던 마을 주민들의 부탁을 받고 이를 숨겼다가 처형당한다. 그는 성찬용기를 정성스럽게 보관했지만, 그가 이것을 술집으로 가져가서 술을 마셨다는 오명을 쓰고 처형당했다. 연합교회 권력자들은 먼저 그의 손을 불태운 다음, 주민들이 보는 앞에서 머리를 잘라 처형해 버렸다. 이와 유사한 여러 투옥, 구타, 고문 이야기가 많이 전해져 온다. 이러한 가혹 행위는 주민들을 극도로 자극시켜서 많은 봉기가 일어났다. 자포로지아 코자크와 하이다마키가 이 봉기에 적극 가담했다. 1768년 봄 소위 '콜리이 봉기'(Koliivshchina)라고 불리는 대규모 민중 반란이 일어났다. 1734년의 봉기처럼 러시아 군대의 진주가 봉기의 직접적 원인을 제공했다. 1768년 포돌랴의 바르Bar에서 폴란드 정부가 러시아에 양보적 조치를 취하자 지주들은 폴란드를 상대로 봉기를 일으켰다. 폴란드 정부는 봉기 진압을 위해 러시아군의 파견을 요청하였고, 러시아군이 도착하였다는 소식을 들은 주민들은 이들이 폴란드의 압제로부터 자신들을 해방시키려고 온 것으로 믿었다. 다시 한 번 예카체리나 여제가 내렸다는 칙령에 대한 소문이 돌았다. 후에 '황금 칙서'(Golden Charter)라고 불린 문서 사본들이 돌아다녔는데, 여기에는 국민들과 정교회를 학대하는 폴란드인들과 유대인들을 처단하라는 내용이 들어있었다. 물론 이 사본은 가짜였다. 그러나 반란지도자들과 주민들은 이 칙령을 진짜로 믿었다.

 '콜리이 봉기'의 지도자는 자포로지아 코자크인 막심 잘리즈냑 Maksim Zalizniak이었다. 그는 여러 해 동안 수도원에서 생활하였는데, 처음에는 자보틴, 다음에는 모트로닌의 수도원에서 지냈다. 이곳으로 자포로지아 코자크들이 모여들어 반란을 계획했다. 1768년 4월 말, 잘리즈냑과 추종자들은 모트로닌 숲에서 출병하여 메드베디카로 가서, 주민들을 봉기에 가담하도록 선동하고, 많은 자원자들로 연대를 구성했다. 여기서부터 반란군은 키예프 남부 지역인 자보틴, 스밀라Smila, 체르카시, 코르순, 보구슬라프Boguslav, 리샨카Lisianka를 거쳐 우만으로 진격했다. 이 지역을 지나면서 반란군은 폴란드 지주들의 영지를 뺏고, 농민들이 연합교회 사제들과 유대인, 폴란드인들을 공격했다. 우만에서는 우만 방어를 담당하고 있던 포토츠키(Potochki) 영지 코자크 중대장인 이반 혼타Ivan Honta가 반란에 가담했다. 그는 유명한 장교였고, 지주들로부터 많은 혜택을 받으며 봉사하였는데, 봉기가 일어나자 지주들을 버리고 하이다마키에 가담하기로 결정했다. 그는 잘리즈냑과 연락을 취하고 있다가, 봉기군이 우만에 도착하자 그들과 합세했다. 잘리즈냑은 혼타와 다른 장교들의 도움을 얻어 귀족들이 피신해 집결해 있던 우만을 점령하고 이들을 살해했다. 우만 학살은 당시 폴란드인들에 의해 진한 색채로 과장되어 전해 내려오고 있다. 그러나 실제로 이런 대규모 학살은 없었다. 다른 하이다마키 지도자들은 다른 지역을 공격했다. 세멘 네지브이Semen Nezivyi는 체르카시의 폴란드인들과 연합교회 사제들을 공격했고, 모쉬나에서 출병한 이반 본다렌코Ivan Bondarenko는 폴레샤와 라도므이슬 지역을, 야콥 쉬바치카Iakov Shvachka는 러시아와의 접경 지역인 바실키프Vasilkiv와 빌라 체르크바를 공격했는데 그 잔혹성으로 유명해졌다. 그의 활동 중심지는 파스티프였다. 이곳에서 붙잡혀 온 폴란드인들과 유대인들은 그에게서 재판을 받고 처형되었다. 후의 조사단의 보고에 의하면 약 700명이 이런 식으로 처단된 것으로 전해진다.

그러나 이번에도 반란은 오래 가지 못하였다. 1734년과 같은 상황이 반복되었다. 6월 초에 바르에서 결성된 반란연합군은 진압되었다. 폴란드 정부는 하이다마키 진압에 러시아의 도움을 요청했다. 예카체리나 2세는 반란의 원인을 제공한 '칙령' 소문이 염려가 되어, 자신은 이 칙령이나 하이다마키와 아무 관련이 없다고 선언하였다. 그녀는 러시아 군대가 반란군을 진압하도록 명령했다. 러시아군을 아군으로 생각하고 아무 준비도 하고 있지 않던 하이다마키는 쉽게 진압당하고 해산당했다. 우만에 도착한 러시아군 연대장은 혼타와 잘

리즈냑을 초대하여 바로 체포하였다. 네지브이와 본다렌코도 같은 방법으로 체포되었다. 러시아 주민들은 키예프에서 재판을 받았고, 폴란드인들은 폴란드 당국에 인계되었다. 이들은 혹독한 고문과 체벌에 처해졌다. 혼타와 다른 지도자들도 고문을 받았다. 당시 폴란드 사람들은 재판관 스템프콥스키의 잔학성에 대해 특별히 언급하고 있다. 현장에서 처형당하지 않은 사람들은 콘도Kondo에서 재판에 회부되어 대부분 사형에 처해졌다.

폴란드 지주들은 한동안 불안에 휩싸였다. 특히 혼타의 아들이 아버지의 죽음에 대한 복수로 지주들을 학살할 계획을 세우고 있다는 소문이 돌았던 1788년 볼히냐 지역에서는 더욱 불안해했다. 그러나 이런 반란은 일어나지 않았다. 자포로지아 시치가 파괴되고, 동부 우크라이나 지역에서의 민족운동이 진압되면서 우안 지역은 폴란드 지주들의 강력한 압제에 굴복했다.

20장   코자크의 해산

1. 헤트만 제도의 최종적 해체

예카체리나 2세 정부는 출범하자마자 헤트만 제도와 우크라이나 자치를 종식시키기로 결정하였다. 1762년 짧게 재위한 남편의 뒤를 이어 황제로 즉위한 예카체리나 2세는 우크라이나, 발트 지역, 핀란드처럼 자체 법률과 행정조직을 가지고 있는 모든 지역을 러시아의 행정과 법률 체제로 통합하도록 상원에 제도개혁을 명령했다. 예카체리나 2세는 '나약한 사람을 헤트만으로 임명할 것이 아니라 헤트만

이란 호칭 자체를 없애버려야 한다'고 생각했다.

그러나 키릴 로주몹스키는 젊은 여제의 가장 가깝고 충성스런 측근 중 한 사람이었고, 여제는 그에게 크게 고마워하고 있었다. 이러한 개인적 관계 때문에 정치적 계획은 수정될 수밖에 없었다. 그러나 예카체리나 2세가 이 충실한 신하에게 행동을 취해야 하는 상황이 발생했다. 1763년 말 아들에게 헤트만 지위가 상속된 흐멜니츠키의 예를 따라 로주몹스키 가족을 헤트만 계승 가계로 만들기 위한 황제 청원을 위해 장교회의가 서명을 받고 있다는 소문이 키예프로부터 들려왔다. 장교회의가 헤트만 제도의 보존을 위해 이러한 청원을 스스로 준비했는지, 아니면 헤트만 직위 상속을 원한 헤트만의 의사를 따라서 이러한 일을 했는지는 정확하게 알 수가 없다. 우크라이나에서는 이 모든 일이 테플로프의 음모라는 소문이 돌았다. 이 소문에 의하면 그는 헤트만을 설득하여 장교회의가 이러한 청원을 준비하도록 조치하고, 이것을 로주몹스키에 대한 참소의 근거로 이용했다는 것이다. 여하튼간 그는 장교회의 멤버들에게 청원의 서명을 부탁하였고, 이 일의 책임은 그가 져야했다. 그러나 이 청원서는 실제로는 여제에게 전달되지 않았다. 많은 장교회의 멤버들이 이 청원서에 서명하는 것을 두려워했고, 연대장들만 서명을 하였기 때문에 청원서 작성은 중단되었다. 그러나 예카체리나 2세는 이 사건을 헤트만 제도를 철폐시키는 기회로 사용했다. 테를로프는 헤트만 정부의 부패와 무능에 대한 보고서를 때맞춰 올렸다. 그러나 이것은 러시아 정부의 사주에 의한 것이었을 가능성이 컸고, 이러한 계략은 후에 자포로지아 시치 철폐 때에도 이용되었다. 테플로프는 코자크 관리들의 부정에 대한 여러 증거를 수집하였고, 동시에 우크라이나 사람들이 러시아 사람과 크게 다르지 않은 '러시아인'이며, 키예프 루스 공후들의 잘못으로 러시아와 분리되었으므로, 이들을 다른 러시아에 복속된 민족과 같이 만드는 것은 어렵지 않다고 주장했다.

이러한 상황을 이용하여 예카체리나 2세는 로주몹스키에게 헤트만으로 계속 머무는 것이 불가능하니 자진해서 사퇴할 것을 설득했다. 그러나 사퇴를 원하지 않은 로주몹스키는 시간을 끌었다. 그러자 여제는 그가 고집을 피울 경우, 헤트만 자리를 잃게 될 뿐 아니라, 여제의 신임을 잃게 될 것이라고 위협했다. 로주몹스키는 결국 굴복하고, 자신을 '힘들고 위험한' 직무에서부터 면직시켜 줄 것과 그와 그의 권솔들에게 은혜를 베풀어 줄 것을 청원하였다. 그의 청원은 바로 받아들여졌고, 1764년 11월 10일 '소러시아 주민들'에게 공포한 칙령에서 로주몹스키가 헤트만에서 면직되었음을 선포하였지만, 후임 헤트만의 선출 문제에 대해서는 언급이 없었다. 여제는 단지 소러시아 주민들의 생활이 개선될 것이라고만 언급했다. 우크라이나는 다시 '소러시아위원회'가 통치하게 되었고, 루먄체프가 총독이 되었다. 로주몹스키는 순종의 대가로 연 6만 루블이라는 큰 연금과 헤트만 궁정에 부속된 하디아치 궁전과 비키프(Bikiv) 군을 거대한 영지로 하사받았다. 이러한 관대한 은전을 보고, 장교회의 멤버들과 연대장들도 헤트만 제도의 폐지와 함께 소위 '직업 관료 영지'(rangovye pomeshchenie)로 큰 보상을 받게 될 것으로 믿었다. 《소러시아의 역사》의 저자는 이러한 이유 때문에 이들이 새 헤트만의 선출을 요구하지 않았다고 지적했다. 그러나 이러한 희망은 잘못된 것이었다. 로주몹스키는 이후로 40년들 더 살았는데, 헤트만으로서는 큰 일을 하지 않았지만, 우크라이나의 자치라는 관점에서 보면 그가 19세기 초 사망할 때까지 코자크의 지도자 역할을 하였더라면 훨씬 좋았을 것이다.

새 '소러시아위원회'는 러시아인 4명과 우크라이나인 4명으로 구성되고, 위원장과 재판관은 러시아인이 맡았다. 회의 때는 안나 여제 시절처럼 좌우로 나누어 착석하지 않고, 나이순으로 앉았다. 예카체리나 2세는 옛 제도가 '소러시아 주민들로 하여금 자신들이 대단한 존재인 양 오만하게' 만들었다고 생각했다. 소위원회는 형식적으로 만들어졌기 때문에 아무런 중요성을 갖지 못했고, 실질적 통치자는 루먄체프였다. 예카체리나 2세는 그를 통해 우크라이나의 자치 제도를 없애고 대신 러시아의 제도를 이식하는 자신의 프로그램을 진행시켜 나갔다.

예카체리나는 우크라이나 상황의 몇 가지 부문에 루먄체프가 특별한 관심을 기울이도록 지시했다. 우선 우크라이나의 부를 조사하고, 조세 제도를 개혁하여 황실 재무국의 수입이 늘게 했다. 러시아에 맞지 않는 우크라이나의 제도 몇 가지도 철폐되었다. 특히 농민들이 농노제에 편입되지 않아 주인을 바꿀 수 있었는데, 이러한 자유는 러시아에서 오래전에 철폐되었다. 여제는 이러한 특권을 인정할 수 없어서, 루먄체프에게 이것을 바로 폐지하도록 명령했다. 다른 무엇보다도 러시아에 대해 우크라이나 주민들, 특히 코자크 장교들이 갖고 있는 '내부적 적대감'에 특별히 주의를 기울이도록 지시를 내렸다. 이 문제를 잘 살피고, 러시아 정부에 대해 주민들이 신뢰와 호감을 갖고, 특히 코자크 장교들이 주민들의 지지를 받지 못하도록 모든 수단을 찾을 것을 지시하였다. 이를 위해 러시아 정부가 주민들을 지주와 장교의 학대로부터 보호하고, 헤트만 시대 때보다 상황이 좋아질 수 있을 것으로 믿도록 조치를 취하라고 루먄체프에게 명령했다. 주민들로 하여금 장교들에 대해 적대감을 갖도록 만드는 것은 이미 구식 전략이었다. 농민들이 남은 자유마저 박탈당하고, 장교들은 러시아 정부로부터 여러 특권을 받고, 러시아식 농노제가 도입되고 민권이 제한되는 상황에서 새로운 제도가 더 낫다고 주민들을 설득하는 것은 어려운 일이었다. 그러나 루먄체프가 실시한 '종합 인구조사'는 옛 헤트만국가의 상황에 대한 중요한 정보를 제공해 주었지만, 주민들의 생활을 개선하는 데는 아무 도움이 되지 않았다. 거대한 영지를 소유한 영주이기도 했던 루먄체프는 우크라이나의 지주의 입장에서 통치를 해나갔기 때문에, 농민들은 그와 다른 러시아 지주들로부터 어떤 혜택도 받지 못했다. 오히려 반대로 코자크 장교들이 러시아의 도움을 받아 자신들의 영지에 농노제를 도입함에 따라 농노제는 대규모로 확산되었고, 황실의 법으로 공식 인가를 받게 되었다. 새로운 행정제도와 러시아식 농노제에 숙달된 관리들의 강제적 집행으로 우크라이나 농민들의 생활은 훨씬 악화되었다.

루먄체프에게 코자크 장교들과 후에 '우크라이나 분리주의'로 일컬어진 '내부적 적대감'에 대해 감시하라는 여제의 지시를 따르는 일은 훨씬 쉬웠다. 이 일에 대해 그가 너무 열성을 보이는 바람에 여제가 나서서 그의 흥분을 가라앉혀야 할 정도가 되었다. 루먄체프는 1767년 입법위원회에 참가하는 우크라이나 대표단을 선발하면서도 파문을 일으켰다. 예카체리나 여제는 우크라이나를 포함한 모든 지방에 모든 주민계층을 망라하여 선발한 대표단을 구성할 것을 지시했다. 이들은 법과 행정제도에 관한 지방의 모든 청원을 서면으로 작성하여 러시아에서 새로 제정되는 법률에 참고하도록 하였다. 코자크 장교들뿐 아니라, 일반 주민과 사제 등 우크라이나 주민 전체는 흐멜니츠키의 협약과 헤트만 선출권 등 옛 권리와 제도의 부활을 원하였다. 이러한 희망은 루먄체프를 매우 불안하게 했다. 루먄체프와 측근들은 주민들이 이러한 희망을 표현하지 못하게 하고, '합리적인' 사람을 대표로 뽑도록 강요했다. 그는 청원서들을 직접 검열하여 자치에 대한 청원이 강한 곳은 이를 삭제시키고, 자치를 강력히 주장하는 사람들은 재판에 회부했다. 니진 연대에서는 장교회의 멤버인 장교 '지주'들이 셀레츠키Seletskii라는 소위 '합리적인' 사람을 대표로 선발했다. 그러나 그는 자치와 헤트만 제도를 비롯해 이전 권리의 부활을 요구하는 청원서를 접수하기를 거부했다. 장교회의는 다른 사람을 대표로 선발했고, 루먄체프는 이 사건을 빌미로 청원을 쓰는데 가담한 사람과 셀레츠키를 교체하는데 나선 사람을 전부 군법회의에 회부했다. 검사는 36명에게 사형을 구형했으나, 최종 판결에서 8개월 징역형으로 감형되었다. 루먄체프의 이런 행위와 엄한 형벌에도 불구하고, 우크라이나 주민들은 우크라이나 자치 요구를 청원서의 기본 내용으로 담았다. 주민들은 결정적인 행동의 때가 왔다고 보고, 권력이 막강한 총독의 분노와 징벌에 상관없이 자신들의 의사를 표현했다. 그러나 이 청원으로 얻은 결과는 아무것도 없었다. 우크라이나로부터 올라온 청원들은 당시 주민들의 바람을 선명하게 담고 있으면서 동시에 러시아 통치 하의 당시 상황을 잘 나타내 주고 있다. 특기할 일은 예카체리나 2세는 이러한 청원들을 총독보다는 덜 걱정스런 마음으로 받아들였다는 것이다. 우크라이나인들의 '간교함과 방자함'에 대해 격렬한 불만을 털어놓는 루먄체프에게 너무 신경을 쓰지 말 것을 충고하고, 시간이 지나면 이 사람들이 여러 '직위와 봉급'에 대한 열망이 옛날 사고방식을 바꿀 것이라고 내다보았다. 자치와 분리주의에 대한 욕구는 정부의 압력과, 충성하고 복종하는 사람들에 대한 혜택 앞에 오래 버텨내지 못할 것이라고 기대했고, 그녀의 생각은 틀린 것이 아니었다.

자유공동체에서도 헤트만국가에서와 마찬가지로 옛 권리의 회복을 원했다. 1763년-64년에 헤트만국가에서 헤트만 제도가 철폐되었을 때, 자유공동체의 연대 헤트만 제도도 철폐되었다. 자유공동체 지역에는 슬라비드스카 주(Slavidska guberniia)가 만들어졌고, 코자크 연대는 기병연대로 대체되었다. 코자크들은 군대 복무 대신 농민들처럼 인두세를 내어야 했다. 코자크들은 불만이 팽배해서 입법위원회 대표를 선출할 때 새 제도의 도입에 항의를 표하고 이전 권리의 회복을 주장했지만, 헤트만국가에서와 마찬가지로 목적을 이루지 못했다. 자유공동체에서의 항의는 헤트만국가 지역보다 훨씬 약했다.

2. 자포로지아 시치의 파괴

러시아 정부의 새로운 정책과 마찬가지로 자포로지아 시치의 파괴는 큰 파문을 가져왔다. 1730년대 다시 터키 관할에서 러시아 관할로 돌아온 시치는 옛 시치의 잔영에 불과했다. 러시아 정부에 귀환 허용을 요청하면서, 자포로지아 코자크들은 러시아 정부의 명령에 충실히 따를 것을 약속하였다. 러시아 정부는 이들을 도시 용병 코자크처럼 다루었다. 정부를 거스를 힘이 없다는 것을 깨달은 코자크 장교들은 정부의 명령과 관리들의 지시를 충실히 따랐다. 자포로지아 코자크들은 터키와 크림 원정에서 많은 희생을 치루고, 러시아 정부가 부과하는 여러 명령을 이행했다. 1730년대의 1차 대터키전쟁과 1768년의 2차 대터키전쟁에 자포로지아 코자크들이 처음부터 끝까지 참가했다. 수천 명의 코자크들이 러시아군과 원정에 참가했고, 다른 코자크들은 게릴라전에 참여하거나, 흑해의 터키의 함선을 공격하거나 경비 임무를 수행했고, 여제로부터 이러한 전공에 대한 표창을 받았다. 그러나 이러한 사실에도 불구하고 코자크들은 정부의 압제와 학대에서 벗어나지 못하였다. 이러한 압제의 한 가지 구실은 러시아가 터키, 크림칸국, 폴란드와 평화 상태에 있을 때, 코자크들이 이들 국가를 공격하는 것을 장교회의가 막지 못했다는 것이었다. 또다른 문제는 영토를 둘러싼 분쟁이었다.

1720년대-30년대 우크라이나 스텝 지역에 건설된 '국경 라인'(Liniia)이라고 불리는 요새들은 '옛 자포로지아 자유 지대'를 차지하고 있었다. 1730년대에 이미 러시아 정부는 세르비아 사람들과 다른 이주민들을 정착시켜서 이 '국경 라인'을 식민화하기 시작했다. 1차로 1730년에 대규모 정착촌이 만들어졌고, 1751년-1752년에 2차로 정착촌이 건설되었다. '새로운 세르비아'로 불린 정착촌은 자포로지아의 북쪽 지역을 차지했다. 정착촌은 군대와 같은 조직을 가지고 있어서, 연대, 중대, 보병, 기병, 창기병 등으로 구성되어 있었고, 이들은 자포로지아 코자크에게 큰 부담이 되었다. 1750년대 새로 만든 엘리자베트그라드Elizabetgrad 동쪽 지역에 여러 지역에서 온 이주민을 정착시키면서 자포로지아 코자크의 땅을 차지했다. 자포로지아 코자크들은 당연히 크게 동요했다. 그들은 조상 때부터 소유한 자신들의 땅에 불청객 이주민들이 들어와 성과 길을 차지하고 그들의 수렵권을 빼앗고, 자포로지아 시치와 그 권위를 전혀 존중하지 않는 것을 무심하게 방관할 수만은 없었다. 자포로지아 코자크들은 러시아 정부에 그들의 역사적 권리를 증명하는 문서를 제출하고, 새 이주자들을 무력으로 쫓아내려 했다. 그러나 이러한 행동은 상황을 개선시키기는커녕, 러시아 정부를 더욱 자극하여, 스텝지역의 식민화와 '새로운 러시아'에 장애가 되는 자포로지아 코자크에 대한 압제를 강화하게 만들었다. 예카체리나 여제가 헤트만 해체와 자유공동체의 철폐와 동시에 이 '국경 라인'에 헤트만국가 지역과 자포로지아 땅을 추가하여 노보러시아 주(Novorossiskaia guberniia)를 만들자 상황은 더욱 악화되었다. 자포로지아 코자크들은 새 행정주의 경계가 자신들의 땅 안으로 들어오는 것을 허용하지 않고, 이주민 정착을 방해하며 그들을 쫓아내거나, 자기편으로 회유했다. 이러한 움직임은 스텝지역을 식민화한 후 흑해 연안을 정복하고, 발칸지역과 콘스탄티노플 정복 계획까지 가지고 있던 예카체리나 여제를 더욱 자극했다.

자포로지아 시치는 멸망하기 전 마지막 10년 동안 양상이 많이 달라졌다. 1762년부터 자포로지아 시치가 망하는 날까지 간격을 두고 시치 지도자(Koshevoi) 역할을 한 표트르 칼니쉡스키Kalnishevskii는 책략이 뛰어나고 사려가 깊은 사람이었다. 시대 상황을 잘 살핀 그는 자포로지아 코자크들이 러시아 정부와 충돌하는 것을 자제시키고, 자포로지아 스텝지역에 농사꾼들이 정착하도록 힘써서 대규모 농사를 일으키고, 많은 이주민을 불러들였다. 시치뿐만 아니라 다른 스텝지역에도 정착촌과 교회들이 새로 생겼다. 러시아 정부는 스텝의 흑토 지역이 자포로지아 코자크들 수중에서 황량하게 버려져서 아무에게도 유용하게 쓰이지 않는다고 불평을 할 수가 없었다. 칼니쉡스키의 경영 덕분에 코자크가 소유한 스텝도 사람들이 정착하고 생산적으로 활용된다는 것을 보여주었다. 그러나 러시아 정부는 이 땅을 직접 관할하기를 원했다. 다른 한편으로는 코자크 자치가 해체된 마당에 호르디엔코 시기보다 아무리 약화되었다고 해도 시치와 같은 자유의 중심지를 남겨놓을 수가 없었다.

1760년대 말이 되면서 러시아 정부와 자포로지아 시치의 관계는 악화되었다. 이 시기에 터키와의 전쟁이 시작되었는데, 자포로지아 코자크들이 터키 국경 도시 발타Balta를 공격한 것이 전쟁의 원인이 되었다. '콜리의 반란'에도 자포로지아 코자크들이 많이 가담하였는데, 러시아 정부는 폴란드 지주들을 도와 하이다마키를 토벌했고, 이를 위해 하이다마키의 폴란드 지역을 공격하는 하이다마키의 출병장소가 되는 자포로지아 시치를 제압해야 했다. 그리고 러시아 관리들의 보고에 따르면 자포로지아 코자크들은 '새로운 러시아' 지역의 이주민들을 쫓아내고 자신들의 정착촌을 만들고 있었다. 러시아 정부는 마침내 자포로지아 시치를 파괴하기로 결정했다. 그러나 반란을 염려하여 자포로지아 코자크들이 준비가 되지 않은 상태에서 은밀하게 작전을 전개하기로 했다. 터키와의 전쟁이 막바지에 이른 1775년 스텝지역의 자포로지아 코자크를 무장 해제시키라는 비밀 명령이 하달되었다. 무장해제가 완료되자 테켈리Tekeli 장군이 대규모 러시아 부대와 내려와 자포로지아 전 지역을 장악하고, 시치요새를 기습 포위했다. 포대를 배치한 다음 6월 5일 요새 주민들에게 자포로지아 시치는 더 이상 존재하지 않으니, 시치 주민들은 항복하고 요새를 떠나 흩어지라고 명령했다. 만일 이를 이행하지 않으면 러시아군은 무력으로 시치를 점령할 것이라고 위협했다. 전혀 예상치 못한 사태에 자포로지아 코자크들은 크게 당황했다. 항복하기보다는 싸우겠다는 사람들이 많았지만, 칼니쉡스키와 장교들, 사제들은 러시아군을 꺾을 수 없으므로 항복해야한다고 부하들을 설득했다.

자포로지아 코자크들은 항복했고 시치는 파괴되었다. 8월 3일 여제는 '자로포지야 코자크 이름이 없어졌음'을 선언하는 칙령을 발표했다. 칙령에는 갑작스런 자포로지아 시치의 파괴에 대한 이유들이 나열되었지만, 이 칙령을 작성한 사람들은 시치 파괴 동기에 나타나는 모순점을 감추려 하지 않았다. 한편으로는 자포로지아 사람들이 토지를 제대로 이용하지 않고 버려두고 있어서 농업과 상업이 발달하는 것을 막고 있다고 지적했다. 그러나 다른 한 편으로는 최근에 코자크들이 이전의 생활 방식을 버리고 약 5만 명의 농민들이 정착하여 농사를 하도록 허용하였으며 농업을 크게 확대시켜, 이들이 더 이상 러시아 정부에 의존하지 않고 자신들의 농산물을 활용하여 '자신들의 반항적 정부' 아래서 독립적으로 살아가려 한다고 비난하였다.

가장 놀라운 일은 황제의 의사에 저항하지 않고 순종한 장교들이 체포되어 유형지로 보내져 중노동형에 처해진 것이다. 이 사람들의 운명에 대해서는 오랫동안 아무것도 알려진 바가 없어서 다 사망한 것으로 짐작되었었다. 그러나 칼니쉡스키가 백해(White Sea) 지역의 솔로베츠키 수도원에 유배되어, 작은 방에 25년간 수감되었다는 사실이 알려졌다. 19세기 초반 그를 목격한 순례자들에 따르면, 그는 1년에 세 번, 수도원의 축일인 성탄절, 부활절, 그리스도변용절(Preobrazhenie)에 독방을 나오는 것이 허용되었고, 현재 누가 황제인지, 러시아는 평온한지를 물었고, 감호병은 그가 오래 말하는 것을 허용하지 않았다고 한다. 그는 고령으로 허약해 보였고, 머리가 희었으며, 두 줄의 빛나는 단추가 달린 파란색 코자크 장교복 상의를 입고 있었다. 그는 1803년 112세의 나이에 사망했다. 북쪽 지방의 수도원에 보내진 코자크군 서기관 흘로바Hloba는 이보다 앞서 1790년에 사망했다. 시베리아의 토볼스키 수도원에 유형된 군사재판관 파벨 골로바트이Pavel Golovatyi도 같은 해에 사망했다.

광대한 코자크 토지가 자포로지아 지배자들에게 분배되었다. 자포로지아 시치 사람들은 러시아군의 소총병이 되거나, 도시민 또는 농민이 되었다. 포템킨 총리는 1776년 자포로지아 문제가 해결되었다고 예카체리나 여제에게 보고했다. 그의 보고에 의하면 자포로지아 사람들 일부는 도시나 촌락으로 이주하였고, 나머지는 러시아군에 편입되었는데, 이 소총병들로 두 개의 연대가 구성되었다. 코자크 장교들의 재산은 몰수되어 정착민들을 돕는 재원과 기타 용도로 쓰였다. 실제 상황은 이것과 많이 달랐다. 대다수의 자포로지아 코자크들은 농노가 되는 것을 원하지 않았기 때문에, 시치가 처음 파괴되었을 때와 마찬가지로 터키로 이주하기로 했다. 미키타 코르쥐Mikita Korzh라는 늙은 코자크는 자포로지아 사람들이 어떻게 '러시아 사람들을 속였는지' 얘기하고 있다. 자포로지아에서 외부로 통하는 모든 길과 국경은 러시아 병사들이 경비하고 있었기 때문에, 코자크들은 틸리굴Tiligul로 사냥을 간다고 테켈리에게 이동 허가를 받았다. 50명의 여행허가를 받을 때마다, 실제로는 수백 명의 코자크들이 국경 너머로 이주했다. 이런 식으로 자포로지아 코자크 절반 정도가 터키 땅으로 이주했다. 1776년 여름 약 7천 명의 코자크가 오차키프Ochakiv에 정착했다.

이 소식이 페테르부르그에 알려지자, 일대 소동이 일어났다. 러시아 정부는 여러 사람을 보내 코자크들을 설득하는 한편, 터키 정부에 이들의 인도를 요청했다. 그러나 자포로지아 코자크들은 귀환을 거부했고, 터키도 이들을 넘겨줄 생각이 없었다. 러시아 정부가 자포로지아 코자크들을 박해하지 않도록 터키의 술탄은 다뉴브 강 하구의 땅을 제공하도록 명령했다. 그러나 코자크들은 이 땅으로 이주하는 것을 서두르지 않고 몇 년 동안 '양 하구(河口)'라고 불린 오차키프 근처에 머물렀다. 1778년 이들은 터키 정부로부터 공식 허가를 받아 요새를 짓고 아무 제약 없이 상업에 종사하는 것이 허용되었다. 대신 술탄의 보병과 기병으로 복무할 의무가 주어졌다. 그러나 러시아 정부가 이들이 러시아 국경 근처에 정착하는 것을 반대하자, 술탄은 이들을 다뉴브 강 하구로 이주시키도록 명령했다. 그러나 이 조치는 코자크들의 의사에 반하는 것이었으므로, 일부 코자크는 러시아 지역으로 귀환하였다. 코자크가 더 이상 국외로 빠져나가는 것을 막기 위해 포템킨은 '흑해 부대'라는 이름으로 코자크를 재조직하기로 했다. 1783년 안톤 홀로바티Anton Holovaty, 체피가Chepiga와 다른 장교들은 자원병들을 모아 새로운 부대를 조직했고, 국경 너머로 이주했던 코자크 일부도 이 부대로 들어왔다.

다른 코자크들은 오스트리아 황제 요셉 2세에게 자신들을 받아줄 것을 요청했다. 이들은 티스(Theiss, Tiss)의 하구 바나트Banat에 시치를 새로 건설해도 된다는 허가를 받았다. 8천 명의 코자크가 그곳으로 이주하였지만 오래 머무르지는 못하였다. 이들이 최종적으로 어디로 갔는지는 정확한 정보가 없지만, 일부는 터키로 돌아가고, 나머지는 우크라이나로 돌아온 것으로 보인다. 터키에서는 네크라소프 지휘 하에 이주해 온 돈 코자크들을 쫓아내고 이들이 살고 있던 다뉴브 강 하구 두바네츠에 정착하였다. 러시아-터키 전쟁이 끝나가던 1792년 러시아 정부는 '흑해 부대'의 전공에 대한 보상으로 쿠반 강과 아조프해 사이의 쿠반 분지 땅을 하사하였다. 코자크들은 이곳에서 예전 시치 제도를 실시하는 것을 허락받았다. 군대 조직, 군영, 40개의 막사, 자체 법원이 허용되었고, 상업과 수공업도 제약 없이 영위할 수 있었다. '흑해 부대'의 총 인원은 17,000명에 이르렀고, 이들이 쿠반 지역의 우크라이나 정착촌의 기반을 만들었다. '흑해 부대'의 사령관은 하르코 체피가Kharko Chepiga였다.

다뉴브 강 하구의 코자크 시치는 1828년까지 존속했다. 터키 정부와의 관계는 좋았으나, 코자크들은 기독교인들을 적대하고 이슬람을 돕는 것이 꺼림칙했다. 러시아 정부는 나름대로 다뉴브 지역 코자크들을 러시아로 귀환시키려는 공작을 중단하지 않았다. 때로는 대규모로, 때로는 소수의 코자크들이 귀환하였다. 간헐적으로 귀환하였지만 전체적으로 큰 숫자는 아니었다. 1828년 러시아와 터키 사이에 전쟁이 발발하자 코자크 지도자 오십 흘라드키Osip Hladkii는 다뉴브 코자크 전체를 러시아로 귀환시킬 생각을 했다. 그는 터키 정부가 코자크들을 이집트로 이주시켜 배치할 계획을 가지고 있다는 소문을 퍼뜨렸다. 이를 구실 삼아 그는 코자크들에게 러시아로 귀환할 것을 설득했지만, 모두가 이에 동의하지는 않았다. 흘라드키는 자신의 의도는 숨긴 채, 러시아군에 항전하기 위해 출동한다며 코자크를 러시아 국경까지 이동시킨 후, 러시아군에 항복할 것을 요구했고, 이미 되돌아가는 것이 불가능했다. 러시아군에 투항한 다음 흘라드키는 여제에게로 가서 코자크의 투항을 선언했다. 이후 그는 자신의 연대를 이끌고 터키와의 전쟁에 참가했고, 전쟁 후에는 베르쟌스키Berianskii와 마리우폴Mariupol 사이의 아조프해 연안에 정착했다. 이곳에서 소규모의 '아조프 부대'는 1860년까지 존속되었고, 이후에는 쿠반으로 이주되었다. 흘라드키의 배신은 다뉴브 강 하구에 남아있던 코자크에게 큰 불행을 가져왔다. 터키 정부는 이들을 해산하고 군영을 파괴하고, 다뉴브 코자크들을 여러 지역으로 분산 이주시켰다. 이 과정에서 많은 코자크가 죽임을 당했다고 전해지고, 살아남은 사람들을 흘라드키를 저주했다고 한다.

3. 헤트만 국가의 종말

자포로지아 시치를 멸망시킨 후, 러시아 정부는 헤트만 국가를 최종적으로 제거하는 일에 착수하였다. 1780년 우크라이나에 러시아와 같은 주(州)행정체제를 설립한다는 황제 칙령이 발표되었다. 이미 이 칙령 전에 폴타바 연대지역과 미르호로드 연대 지역의 일부는 노보로시스키 주와 아조프 주에 포함되었다. 이제는 전 우크라이나 지역이 러시아 주 체제로 편입되어야 했고, 루먄체프는 이 행정개혁의 책임을 맡았다. 1781년에는 소러시아위원회와 최고 법원, 중앙군사 및 연대 지휘체제가 폐지되었다. 헤트만 국가는 키예프, 체르니히프, 노브호로드―세베르스키 세 지역으로 나뉬었다. 세 지역에는 주지사가 임명되었고, 러시아 방식의 법원과 행정기관이 만들어졌다. 이전의 군사법원을 대신해서 러시아 민사법원과 형사법원이 들어섰다. 지방법원은 순회법원으로 대체되었다. 군사재무부 대신 국세국이 설립되었고, 시와 촌락의 행정은 시장, 시행정관(magistry)이 담당하였다. 소러시아위원회와 군사법원은 업무 정리를 위해 잠시 존속되었고, 연대 행정부도 개혁이 완성되기 전까지 연대 사무를 돌보기 위해 존속되었다. 대표를 선발하는 여러 제도들도 코자크 장교회의의 '귀족적 권한의 판단'이 종료될 때까지만 존속되었다.

이후의 후속 조치는 우크라이나를 러시아 제국의 모델로 바꾸는 과제를 완성시켰다. 1783년에는 코자크 복무제도와 코자크 부대가 해체되어 경기병 연대로 대체되었다. 연대장들은 여단장 호칭을 부여받고 현역에서 물러났고, 다른 장교들은 본인들 희망에 따라 정규군 장교가 되거나 군역에서 은퇴하였다. 코자크 제도는 자유농민들을 새 연대에 동원하기 위한 특별 단위로 남겨졌다. 다른 농민들은 제국의 농노제도에 편입되었다. 1763년에 이미 러시아 정부는 우크라이나 농민들이 지주를 바꾸는 것을 금지시키는 칙령을 발표했다. 지주를 바꾸면 농민들이 성공적으로 영농을 할 수 없다는 것이 그 이유였다. 농민들은 지주의 서면 동의 없이는 다른 지주에게 가는 것이 봉쇄되었다. 이 제도로 인해 지주들이 농민들을 통제할 수 있는 권한이 크게 강화되었다. 농노제가 완전히 정착될 것을 두려워한 많은 농민들은 지주를 바꾸거나 지주에게서 도망쳤다. 1783년 우크라이나에 새 조세제도가 도입되면서 농민들은 징세 혼란 방지를 위해 조세가 부과된 영지에서 이주하는 것이 금지되었다. 이렇게 해서 우크라이나의 농노제도가 완결되었다. 농노제는 '국가의 보편 제도'의 관할을 받게 되었고, 러시아 제국의 농노제를 규율해 온 법률의 지배를 받게 되었다.

같은 해에 우크라이나 도시의 행정도 러시아 도시의 방식으로 바뀌었고, 장교회의 멤버들은 러시아 귀족과 같은 권리를 부여받았다. 귀족 권리를 부여받는 계급과 직급이 명확히 규정되어 이들을 정규 코자크군 장교체제와 분리시켰다. 1786년에는 교구와 수도원의 재산이 몰수됨으로써 얼마 남아 있지 않던 우크라이나 정교회의 자치권도 박탈되었다. 각 수도원은 정부의 급여를 받는 수도사를 할당받았고, 수도원 영지는 정부 재산으로 귀속되었다.

우크라이나 사람들은 그들의 제도가 최종적으로 폐기되는 것을 아무 저항 없이 받아들였다.

귀족 권한의 부여라든가 농노제의 공고화 등 일부 제도를 코자크 장교들은 환영하기도 했다. 많은 장교들은 탐욕스럽게 새 권리와 혜택을 받아들였고, 새 제도에서 노른자위 자리를 차지하기 위해 노력하였다. 이 새로운 귀족 코자크들은 점차 헤트만 국가를 잊어버렸고, 농노제가 가져오는 새로운 부를 축적하는데 골몰하고, 옛 제도에 향수를 가지고 있는 사람들도 새 정부에서 새로운 경력을 쌓는데서 위로를 찾았다. 예카체리나 여제가 예상했던 대로 새로운 직책을 찾느라 자유와 정치적 권리를 되찾기 위한 노력의 열기는 증발되어 버렸다.

농노제에 편입된 우크라이나 민중들은 아무런 위로를 찾을 수 없었다. 러시아 정부는 코자크 장교들의 학정과 '작은 독재자'인 지주들로부터 새로운 자유를 주겠다고 약속했으나, 실상은 새 제도는 이전에 존재하던 어떤 제도보다 더 억압적으로 농민들을 지주의 지배 아래 놓이게 했다. 이제는 어떤 출구나 '희망'도 보이지 않았다.

6부 우크라이나의 소생

21장 민족적 부흥

1. 할리치아와 부코비나의 오스트리아 합병

18세기 후반 동부 우크라이나 지역에서 우크라이나 제도가 파괴된 반면, 서부 우크라이나에서는 새로운 환경이 조성되고 우크라이나 생활의 기초가 형성되었다. 폴란드는 서부 우크라이나 지역에 그리스 가톨릭교회를 세워서 우크라이나인들의 민족운동을 파괴시키려고 하였지만, 폴란드의 독립 자체가 예상치 못한 종말을 맞게 되었다. 몇 년 만에 폴란드는 이웃국가들에 의해 분할되었고, 독립을 되찾으려는 폴란드 귀족들의 모든 노력은 결실을 거두지 못하였다.

폴란드가 점령하고자 했던 우크라이나와 리투아니아의 광범위한 지역은 장기적인 이익이 되지 못하는 것으로 드러났다. 왜냐하면 이 지역을 점령하고 복속시켜서 주민들을 농노화하려는 폴란드의 노력이 폴란드 자체를 약화시키고 국력을 극도로 소진시켜서, 폴란드가 공격적으로 더욱 강력한 이웃국가들의 사냥감이 되게 만들었다. 폴란드 궁정을 장악한 귀족들은 나머지 국민들을 농노화하고, 국왕의 권위와 중요성을 약화시켰을 뿐 아니라, 자신들의 독립성과 특권을 지키기 위해 정부의 권한을 박탈하여 버렸다. 폴란드는 국고도 바닥이 났고, 군대도 강한 정부도 없었다. 모든 권력은 국가를 생각하기보다는 자신들의 부귀영화와 이기적 이익만을 신경 쓰는 대지주들 손에 들어갔다. 이들은 종종 외국 세력에 매수되어 폴란드의 국익보다는 외국의 요구에 부합되는 방향으로 정책을 펼쳤다.

1648년의 흐멜니츠키의 봉기는 폴란드에게 회복할 수 없는 일격을 가하였다. 18세기 초부터 폴란드의 국사는 국가 지도자들이 아니라 외국 정부가 주도하였다. 외국 정부들은 폴란드를 강성하게 할 개혁이 실시되는 것을 막았고, 내정에 사사건건 간섭하였으며 부패한 지주들의 반란을 부추기며 자신들이 원하는 대로 모든 일을 하였다. 또한 크지만 약한 국가를 분할하려는 시도도 자주 있었다. 이러한 시도는 흐멜니츠키 시대에도 있었다.

1763년 폴란드 왕 아우구스투스 3세가 죽자 예카체리나 여제는 폴란드의 추종자들의 동의를 얻어 군대를 파병하여 자신의 친구인 스타니스와프 포냐토우스키Stanilav Poniatowski를 왕위에 앉히고 그의 이름을 빌려 폴란드를 통치하려 하였다. 폴란드의 정교회를 보호한다는 것을 이러한 내정 간섭의 명분으로 내세웠고, 이 명분을 합리화시키기 위해 폴란드의 정교회 사제들이 도움을 청한 사실을 내세웠다. 폴란드 정부는 러시아의 간섭에서 벗어나려고 애썼고, 1768년 러시아-터키 전쟁을 그 기회로 이용했다. 오스트리아는 러시아가 오스트리아 국경까지 영토를 확장하는 것을 막기 위해 터키를 지원하였다. 러시아는 크림과 몰다비아를 자신의 영향력 아래 두기 위해 터키에게 이 두 공국을 자유 독립국가로 인정할 것을 요구하였다. 그러나 몰다비아로 진출할 계획을 가지고 있던 오스트리아는 러시아의 정책을 인정하지 않았다. 폴란드는 주변국 사이에 고조된 긴장을 이용하기를 희망하였으나, 프러시아의 왕이 사태를 새롭게 전개시켰다. 그는 러시아와 폴란드 간의 갈등을 이용하기로 결정하고, 러시아에게 터키가 아니라 폴란드를 희생시켜 국토를 확장시킬 것을 제안하고, 동시에 프러시아와 오스트리아도 국경 근처의 폴란드 땅을 획득하는 안을 제안하였다. 폴란드를 통째로 자신의 영향력 아래 두려고 한 예카체리나 여제는 이 제안을 받아들이는 것을 주저했으나, 오스트리아가 터키 편을 들기 시작하자, 프러시아의 지원을 받기 위해 이 제안에 동의하였다. 협상의 결과 러시아는 몰다비아 병합 계획을 버리고 대신 오스트리아의 승인을 받아 터키가 독립을 인정한 크림을 1783년 전쟁을 치루지 않고 병합하였다. 러시아는 몰다비아 대신 폴란드로부터 벨라루스 지역 영토를 할양받았고, 오스트리아는 할리치아를 병합하고, 프러시아는 발트해 연안의 영토를 획득하기로 합의되었다. 1772년 8월 협정이 성립되자, 세 나라 군대는 전쟁 없이 각자 분배받은 영토로 진군하였고, 폴란드 의회와 정부는 공포와 회유로 인해 이러한 영토 상실을 인정할 수밖에 없었다.

오스트리아는 벨즈Belz 지역 전체와 포돌랴, 볼히냐, 홀름 지역의 일부로 구성된 서부 우크라이나 지역을 자치하였다. 이 지역 모두는 할리치아–볼히냐공국에 속하였고, 헝가리 왕들에게 한때 복속되었다고 주장했다. 앞에서 언급한 바와 같이, 할리치아가 헝가리에 속했던 시기는 다닐로 왕의 소년시대에 한정된 아주 짧은 기간이었다. 그러나 이후부터 헝가리 왕들은 자신을 '할리치아와 볼로도미라의 왕'이라고 칭하였다. 16세기에 헝가리 왕권이 합스부르그가 손에 떨어진 이후 마리아 테레사 여제는 '옛 헝가리 지방'인 할리치아를 합병할 권리를 주장했다. 마리아 테레사 여제는 우크라이나 지역을 인근 폴란드 지역으로 감싼 다음, 새로 편입된 전체 지역을 헝가리가 아니라 오스트리아 영토에 편입시켰다. 테레사 여제와 그의 아들인 요셉 2세는 프루트Pruth 강 상류 지역을 먼저 손에 넣고, 여기에 인근 몰도바 지역을 합병하려고 하였다. 1773년 인근의 트란실바니아 지역을 여행한 요셉 2세는 할리치아와 트란실바니아 지역을 도로로 연결하기 위해서는 오스트리아가 북부 몰다비아 지역을 차지하는 것이 매우 중요하다는 것을 깨닫고, 이 지역을 터키로부터 뺏기로 결정하였다. 1774년 오스트리아 군대는 몰다비아 국경을 넘어 진군하여 오늘날의 부코비나가 되는 체르놉치Chernovtsi, 세레트Seret, 수차바 Suchava를 점령하였다.

이번에도 오스트리아는 부코비나가 전에 할리치아에 속하였다는 논리를 내세워 자신들의 행동을 정당화하려 했다. 13세기에 프루트 강과 드네스트르 강 중류의 여러 촌락이 할리치아 공국에 속했던 것은 사실이었다. 후에 이 지역은 타타르족에게 점령당했고, 몰다비아 공국이 형성된 14세기 중엽에는 몰다비아 공후들이 소위 포쿠티아땅 (Land of Pokutia)과 쉬핀지역(Shipin District)이라 불리는 드네스트르 강 유역과 세레트 지역을 점령하였다. 이후에는 앞에서 설명한 바와 같이, 이 지역을 둘러싸고 폴란드와 몰다비아 사이에 여러 번 전쟁이 있었고, 이 지역은 결국은 분할되었다. 몰다비아는 1774년까지 오스트리아군에 의해 점령될 때까지 북부 부코비나를 차지하였다. 공후나 귀족, 교회가 소유한 땅을 우크라이나 농민들이 경작하였고, 농민의 의무와 부역이 가벼워 많은 농노들이 할리치아로부터 이주하여왔다. 이 북부 부코비나가 체르놉치 지역이 되었지만, 오스트리아는 루마니아인들이 주로 거주하는 남부 부코비나인 수차바도 점령하였다. 오스트리아가 점령한 할리치아가 우크라이나와 폴란드 땅을 동시에 포함한 것처럼, 새 부코비나 지역은 북쪽은 우크라이나, 남쪽은 루마니아 땅으로 이루어져 우크라이나-루마니아의 성격을 모두 갖게 되었다.

몰다비아 공후는 오스트리아의 침공에 대해 바로 항의하였으나, 그의 주군인 터키의 술탄은 그를 돕지 못했고, 1775년 오스트리아가 북부 몰다비아를 차지하는 것에 동의하였다. 국경을 확정짓기 위해 위원들이 임명되었고, 새 지역은 울창한 나무 너도밤나무 숲 덕분에 우크라이나어로 '부코비나'('너도밤나무 땅'이란 뜻)라는 이름으로 불려졌다. 이 지역은 1786년 할리치아에 통합될 때까지 잠시 군대의 관할을 받았고, 1849년 별도의 지역으로 분리되었다.

2. 폴란드의 종말과 우크라이나 우안 지역의 러시아 병합

1772년 국가 분할이라는 충격적 사태를 맞은 후, 많은 폴란드 사람들은 상황의 심각함을 깨닫고 폴란드를 구할 수 있는 개혁을 시도하였으나 때는 이미 너무 늦었다. 이웃국가들은 폴란드의 개혁에 적대적이었고, 특히 러시아 정부는 폴란드가 자신들의 동의 없이 개혁을 시도하는 것에 대해 경계를 했다. 그러나 러시아는 1787년 크림반도를 점령하면서 발발한 터키와의 전쟁 때문에 발이 묶였다. 폴란드의 개혁주의자들은 프러시아와의 동맹을 고려하였고, 오스트리아의 우호적 태도를 기대하며 러시아의 눈치를 보지 않았다. 그러나 이 계획은 무위로 돌아갔다. 1791년 폴란드가 새로운 헌법을 공포하자마자, 터키와의 전쟁에서 승리하여 크림과 흑해 연안지역을 차지한 러시아는 터키 전선의 군대를 폴란드로 보냈다. 개혁에 반대하는 폴란드 귀족들은 소위 '타르코비치 동맹'(Tarhovits Confederation)을 수립하여 반란을 일으켰고 러시아의 보호령이 될 것을 자처하여 러시아 군대가 바르샤바를 점령하였다. 새 의회가 소집되어 1791년 헌법을 무효화하고 구체제 복귀를 선언하도록 러시아에 의해 강요받았다. 프러시아는 폴란드를 희생하고 러시아 편을 들었다. 1792년의 2차 폴란드 분할에서 프러시아는 서부 폴란드 지역의 땅을 추가로 획득하였고, 러시아는 우크라이나의 키예프지역과 포돌랴, 볼히냐의 일부 지역을 획득하였다. 러시아는 추가적으로 쿠르랜드Courlands지역에서 오스트리아 국경에 이르는 벨라루스 지역도 추가적으로 얻었다. 폴란드 의회는 러시아의 영토 획득을 순종적으로 승인했다. 200년 전의 루블린 연합에서는 폴란드 지배자들이 우크라이나 주민들의 동의 없이 우크라이나 땅을 병합하고, 칼을 내세워 우크라이나 귀족들의 폴란드에 대한 충성을 받아내었었다. 이번에는 폴란드인들이 같은 방법으로 러시아에 의한 영토 합병을 인정하는 쓰라린 경험을 하게 되었다.

그러나 조금 남은 폴란드 국가도 오래 지속되지 못하였다. 국왕이 프러시아와 러시아에 너무 순종하자, 1794년 국왕에 대한 반란이 일어나 그로 하여금 잃어버린 영토를 다시 찾도록 요구하였다. 러시아와 프러시아 군대는 반란을 진압하고, 러시아는 바르샤바와 빌나를 점령하였다. 1795년의 3차 분할로 폴란드는 독립국가로서의 운명을 다하게 되었다. 러시아는 콜름과 피들랴쉐Pidliashe를 제외한 폴란드에 속한 우크라이나와 벨라루스 전 지역을 병합하였고, 오스트리아와 프러시아는 나머지 지역을 차지하였다. 1815년에는 세 나라 사이에 영토 분할에 대한 작은 조정이 있었다. 벨라루스 전 지역은 러시아 수중에 들어가고, 우크라이나는 러시아와 오스트리아에 의해 분할되었다. 폴란드의 고유 영토는 오스트리아, 러시아, 프러시아에 의해 분할되었다. 이 분할은 1914년 발발한 1차 대전 때까지 변경되지 않고 유지되었다.

18세기 말에 우크라이나는 고도로 중앙집권화되고 관료적인 두 국가인 러시아와 오스트리아에 의해 분할 점령되었다. 우크라이나 땅에 존재했던 고유의 정치 체제는 모두 철폐되었다. 자치제도는 철폐되거나 아주 제한되었고, 조금 남은 자치제도는 가난하고 교육받지 못한 농민들과 무식한 시골 사제들에게는 아무 의미도 없었다. 독립을 되찾기 위한 우크라이나인들의 모든 노력은 허사로 끝났다. 우크라이나 사람들과 외국인들이 전장에서 흘린 피의 강도 우크라이나에 자유와 독립을 가져다주지 못하였다.

'폴란드는 멸망하였지만, 폴란드는 우리도 또한 멸망시켰다'라고 타라스 셰브첸코는 썼다. 폴란드의 멸망은 우크라이나인들의 운명을 개선시키지 못하였다. 특히 러시아 제국의 일부가 되어버린 지역에서는 더욱 그러하였다. 오스트리아의 수중에 들어간 지역에서 오스트리아 정부는 우크라이나 농노들의 부담을 경감하고, 이제까지 거의 제약이 없었던 폴란드 지주들의 권한을 제한하고, 동시에 도시와 농촌 주민, 특히 사제들에게 좀 더 나은 교육 기회를 제공하기 시작하였다. 할리치아가 오스트리아령이 되면서 서부 우크라이나에서는 문화 르네상스가 시작되었다. 그러나 폴란드에서 러시아로 이양된 지역에서는 우크라이나인들의 운명이 개선되지 않고, 반대로 강력한 러시아 정부의 권력이 폴란드 지주를 대신하여 등장하였다. 약하고 권력이 분산된 폴란드 지배 시대에는 겪어보지 못한 권력으로 농노들을 지배하였다. 일반적으로 폴란드 지주들은 러시아 하급 관리를 자신의 수중에 넣고 뇌물로 회유하여 원하는 대로 이들을 이용하였다. 이전에는 하이다마키나 다른 민중 반란들이 지주들의 권력이 강화되는 것을 막았지만 막강한 러시아 군대와 경찰 제도의 보호를 받으면서 두려워할 것이 없어진 지주들은 농노들을 원하는대로 부려먹었다. 1848년 할리치아에서 봉기가 일어나자 러시아 정부는 우크라이나 농민들의 부담을 줄이려고 시도하였다. 그러나 농민들의 정신적, 지적 생활은 오랜 세월 동안 암흑 속에 방치되었다.

우크라이나의 '민족 생활'(national life)은 과거보다 더욱 희망이 없어졌다. 독립을 위한 민족적 투쟁의 기억 자체가 거의 사라져 버렸다. 주민들은 민요와 전설에서만 이 기억을 간직했다. 이 마을 저 마을을 유랑하는 콥자르(kobzar 유랑시인)들만이 독립 투쟁에 대한 많은 기억을 간직했다. 우크라이나 민족 자치를 위한 위대한 운동과 투쟁적 노력은 활자로 기록되어 보존되지 않았고, 교육을 받은 상류층 중 조국의 역사에 대한 분명한 인식을 가지고 있는 사람은 극히 적었다. 서부 우크라이나에서는 폴란드가 지배적 존재였다. 폴란드인과 폴란드화된 지주들, 부유한 도시인들, 그리고 폴란드화된 그리스 가톨릭 사제들은 폴란드 중심적 시각을 가지고 우크라이나의 과거와 현재를 폄하했다. 동부 우크라이나에서는 모든 상류층이 러시아화 되었다. 옛 문어는 완전히 사멸되지는 않았지만, 모국어는 일반 주민과 농촌에서만 보존되었다. 농노제의 부담에 짓눌린 민중들은 죽은 듯이 침묵 속에 생활했다. 마치 그들은 무감각한 잠에서 결코 깨어나지 못하고, 민족 자치 운동은 막을 내린 듯 했다.

3. 서부 우크라이나의 르네상스의 시작

우크라이나의 민족적 생존이 끝나가는 것처럼 보이던 18세기 말에 서부 우크라이나에서는 새로운 민족적 생명의 모습이 보이기 시작했다. 서부 우크라이나에서 이것은 종교 운동으로 나타났다. 그리스 가톨릭은 처음 도입되었을 때만 해도 우크라이나 민족주의의 발전을 방해했다. 많은 사람들은 귀족들에 대한 복종의 표시로 그리스 가톨릭을 아무 생각 없이 받아들였다. 새 종교에 반대하는 사람은 강제로 종교를 받아들이게 했다. 그러나 태어나면서부터 그리스 가톨릭 신자가 된 사람은 이 종교가 우크라이나 민족 종교가 되었다. 폴란드인들을 우크라이나에서 몰아낼 생각으로 교회 통합을 도입한 사람들은 자신들의 계획이 잘못된 것임을 깨달았다. 이는 그리스 가톨릭 사제들과 교회들은 가톨릭교회와 같은 권리를 향유하지 못하고, 새 종교는 열등한 종교, 농민들의 종교, 당대의 민족 종교로 여겨졌기 때문이다. 그러나 오래 지나지 않아 서부 우크라이나 지역에서 이 종교는 이전에 정교회와 마찬가지로 진정한 민족 종교가 되었다. 오스트리아 정부가 할리치아를 병합한 다음 우크라이나 사제들을 무식과 가난에서 해방시키기 위해 교육을 시작하자 우크라이나 민족주의를 잠에서 깨우는데 큰 영향을 미쳤다. 폴란드 귀족들이 우크라이나인들을 얼마나 농노제에 가두어 놓았는지 깨달은 오스트리아 정부는 이들을 도울 방도를 찾기 시작했다. 마리아 테레사 여제와 요셉 2세 치세 중에 지주들의 권한이 제한되고, 주민들과 농민들을 위해 '소수민족어'로 교육을 하는 학교들이 문을 열었다. 말로 할 수 없을 정도로 가난하고 무식한 사제들을 위한 고등교육기관도 개설되었다. 이러한 대중 교육 제도는 교회 통합에 강력한 반발을 보여 정부에 경종을 울린 카르파치아 지역에서 시작되었다. 무카체보 교구는 야하르Yahar 의 로마가톨릭 주교의 관할에서 벗어났고, 사제들을 위한 교유기관 이 무카체보에 설립되었다. 사제들의 경제적 여건을 향상시키기 위 한 조치도 시행되었다. 새 주교인 안드레이 바친스키Andrei Bachinski 는 사제의 양성과 교육을 위해 헌신하였다. 그는 학식이 있는 사람들 을 그의 주변으로 불러모았고, 이들 중 일부는 후에 르비프대학의 교 수가 되었다. 할리치아의 병합과 함께 오스트리아도 새 지역에서 활 동을 시작했다. 할리치아 병합 직후 마리아 테레사는 비엔나에 그리 스 가톨릭 교육을 위한 신학대학을 설립하였다. 이 신학대학은 서부 우크라이나인들에게 유럽으로 나가는 창의 역할을 하며 이들에게 큰 이익을 제공하였다. 후에는 르비프에도 신학교가 생겼다. 1784년 르 비프대학이 설립되자, 정부는 일부 과목이 우크라이나어로 강의되도 록 규정하였다. 대학 입학을 위한 예비학교로 별도의 리세움(lyseum) 이 설립되었다. 할리치아 지역에서도 사제들의 지위 향상을 위한 여 러 조치가 취해졌다. 공익화된 교회와 수도원 재산을 이용해 '종교재 단'을 설립하여 사제들의 지위 향상을 도왔고, 유사한 조치가 부코비 나에서도 취해졌다. 짧은 기간 지속된 군사 행정 시기에 초등세속교 육을 위한 기초가 마련되었고, 전 지역의 1/5을 관할한 '종교재단'이 문화적 발전을 위한 재정을 지원했다. 지방 특유의 문화를 제대로 이 해하지 못한 오스트리아 정부가 지방 업무에 관여하여 분쟁이 발생 하기도 하였다. 문화적 업무에서는 오스트리아 정부는 큰 힘을 쓰지 못하고, 우크라이나인들을 제대로 돌보지 못하였다. 예를 들어 민족 구성을 고려하지 않고 부코비나에서 '루마이나어'만을 현지어로 인정 한 것이 그런 실례이다.

할리치아에서는 정부가 좀 더 세심한 신경을 썼지만 이곳에서도 우크라이나어의 지위를 높이려는 노력은 폴란드 귀족들의 저항과 지역 사정에 대한 이해 부족으로 난관에 봉착했다. 불행하게도 새로 설립된 교육기관에서 새로운 환경을 우크라이나 민족문화 발전의 기회로 활용하는 사람은 없었다. 교육은 오래전 사라진 문어로 진행되었고, 실용적이고 문화적 가치와는 거리가 먼 과목들이 강의되어서 실질적 교육효과를 가져오지를 못했다. 시간이 지나면서 르비프대학과 리세움에서의 우크라이나어 교육은 폐지되었고, 일반 대학에 진학하는 학생들은 일반 고등학교(gymnasia)를 졸업하였다. 1790년 오스트리아의 개혁 군주 요셉 2세의 사망과 함께 반동의 시대가 시작되었다. 폴란드 귀족들이 궁정과 지방 행정에서 영향력을 회복하면서 우크라이나인들이 러시아와 정교회에 경도되고 있다는 거짓 비난을 들이대며 우크라이나인들을 위한 호의적 정책에서 정부가 발을 빼도록 유도하였다. 폴란드인들의 주장에 의해 처음에는 고등교육기관에서, 다음에는 지방 공립학교에서 우크라이나어는 폴란드어로 대체되었다. 우크라이나 사제들의 항의 덕분에 우크라이나 촌락들은 우크라이나어로 교육하는 사립학교를 세울 수 있었다. 그러나 추가적 재정 부담을 염려하여 사제들이 사립학교 설립을 권장하지 않도록 하기는 하였으나, 이러한 학교의 중요성을 간과한 사제들은 정부가 제공한 좋은 기회를 적극 활용하지 못하였다. 사제들이 주가 된 새로운 지식 계급(intelligentia)은 높은 문화적 수준에 도달하였으나 자신들보다 밑에 있는 민중들로부터 멀어졌고, 모국어를 무시하고 진보에 적합하지 않은 옛 문어에 집착하였으며 폴란드식 생활방식을 모방했다.

오스트리아 정부의 오류와 자신들의 의도를 실현시키지 못하는 우크라이나인들의 무능력에도 불구하고 긍정적 결과가 발생했다. 가장 중요한 것은 오스트리아 정부가 우크라이나인들에게 불어 넣어준 새로운 정신이었다. 학교들을 설립함으로써 좀 더 나은 미래에 대한 희망을 불어넣어 주었고 그것을 달성하기 위한 투쟁에 필요한 에너지를 주었다. 19세기 초반 좀 더 나은 문화적, 민족적 환경에서 육성된 그리스 가톨릭 사제들 중에는 좀 더 큰 비전을 가지고 교회의 복지뿐만 아니라 국가 전체의 이익을 생각하고 국민들의 교육, 경제 수준을 향상시키고, 민족문화를 발전시키기 위해 노력을 쏟는 사람들이 나타났다.

폴란드인들은 우크라이나의 새로운 애국자들이 자신들의 권리를 위한 노력을 좌절시키려고 하였지만, 오스트리아 정부로부터 지원을 받을 수 있다는 희망이 그들을 계속 싸우게 도와주었다. 학교에서 우크라이나어를 폴란드어로 대체하자 우크라이나 사제들은 자신들의 언어를 옹호하기 위해 처음으로 항의를 했다. 대주교 레비츠키 Levitsky는 젊은 사제 모힐니츠키Mohilnitsky의 영향을 받아 공립학교에서 우크라이나어 수업을 허용해 줄 것을 요청하는 청원서를 오스트리아 정부에 제출했다. 교육위원회가 우크라이나어 수업은 사립학교에서만 허용된다는 답변을 보내자, 대주교는 오스트리아 정부에 이 차별적 조치에 대한 항의를 다시 제기했다. 그는 우크라이나어의 가치를 지적한 팜플렛을 만들었고 차별 없는 대우를 요청했다. 후에 그는 우크라이나어의 가치를 설파한 '루테니아어(우크라이나어)에 대한 지식'이라는 긴 에세이를 썼다.[30] 이것은 우크라이나어를 방어한

---

30) 역주: 할리치아에서는 우크라이나어가 루테니아어로 불림.

최초의 대중 에세이였다. 그는 민중 교육을 위해 투쟁했고, 페레므이슬에 교육협회(educational society)를 세웠다. 그러나 폴란드 사제들과 폴란드화된 성바실 수도원(Order of St. Basil)을 중심으로 한 그리스가톨릭의 반대에 부딪쳐 이 교육회의 활동은 중단되었다. 그러나 그는 폴란드 공공기관이 된 문법학교를 설립하는 사업에서는 성공을 거두었다. 단기간 안에 많은 교구 학교들이 세워졌다. 교사 양성을 위해 페레므이슬에 신학교가 세워졌다. 새로운 교재들이 학교 교육을 위해 쓰였다. 이와 관련해 민중 속어와 고어체 문어의 관계에 대한 문제가 제기되었다. 1830년 이후에 민중 속어 옹호자와 교회슬라브어, 러시아어 옹호자 사이에 논쟁이 진행되었고, 이 논쟁은 민족주의 발전에 큰 중요성을 가지고 있었다.

이런 방법으로 서부 우크라이나에는 우크라이나 민족 생활이 서서히 나타나기 시작했다. 이러한 첫 현상은 대단하게 보이지 않을 수 있었지만, 폴란드에서 러시아에 할양된 지역에서는 이러한 조짐조차도 보이지 않았다. 이 지역에서 '폴란드의 멸망'은 큰 위로를 가져다 주지 않았다. 민중에 대한 지주의 권력은 이전보다 더 강화되었고, 러시아 정부는 오스트리아가 할리치아나 부코비나에 부여한 권리를 우크라이나인들에게 제공할 의사가 없었다. 상류층에서는 폴란드 문화가 계속 영향력을 발휘했고, 다른 한편으로는 러시아 정부에 의해 세워진 학교와 기관들이 주민들과 언어, 교회를 러시아화하는 역할을 했다. 러시아어가 우크라이나 신학교에 도입되었고, 러시아어로 만들어진 기도문을 사용하도록 명령이 내려왔다. 이전에 폴란드에 의해 압제를 받은 우크라이나 국민들은 이제 폴란드와 러시아 양쪽에 의해 압제를 받았다. 러시아 정부는 이전에 폴란드가 간섭하지 않았던 우크라이나 민족 생활의 부분도 파괴하려 시도했다. 이런 방식으로 우크라이나 문화는 계속 쇠락하고 점차 사라져갔다. 우크라이나 문화의 회생은 이 지역이 아니라, 헤트만국가와 자유공동체가 존재했던 드니프로 강 너머 옛 코자크 지역에서 시작되었다.

4. 동부 우크라이나의 르네상스

우크라이나 귀족 지주들은 농노제와 러시아 통치에서 개인적 이익을 얻을 수 있다고 생각하여 러시아에 충실하게 충성하고 있었지만, 옛 코자크 장교들과 사제들의 후손 사이에서 러시아화의 적극적 추진에도 불구하고 애국주의와 우크라이나 생활양식, 언어, 역사에 대한 사랑은 사라지지 않고 있었다. 그들은 슬픈 마음으로 코자크의 영광과 독립, 헤트만국가의 자치를 회상하고, 러시아에 의한 우크라이나의 권리와 전통의 파괴를 한탄했다. 이들은 항의와 투쟁이 소용없다는 것을 알고 대개는 자신들의 불만을 감추고 있었다. 그러나 일부 용감한 지도자들은 우크라이나의 해방을 위한 투쟁에 외국의 지원을 받는 이전 정책을 다시 취하기 시작했다. 러시아 정부 문서보관서 문서에서 발견된 바로는 1791년 러시아와 프러시아의 관계가 긴장 상태에 있을 때, 카프니스트Kapnist라는 우크라이나 지도자는 프러시아의 장관 헤르츠베르그Hertzberg를 만났다. 카프니스트는 유명한 가문 출신이었고, 미르호로드 연대장의 아들이었다. 그는 '러시아 정부와 포템킨 총리의 학정을 견딜 수 없는' 우크라이나 민중들에 의해 장관에게 파견되었다고 말했다. 그는 코자크들은 이전의 권리와 특권의 상실과, 일반 연대로 편입된 것을 슬퍼하고 있고, 이전 조직과 자유를 회복하기를 간절히 원하고 있다고 말했다. 동포들을 대신하여 카피니스트는 우크라이나가 때가 되어 러시아에 반란을 일으키면 프러시아의 도움을 기대할 수 있는지를 물었다. 헤르츠베르그는 프러시아와 러시아의 갈등이 전쟁에까지 이르지는 않을 것으로 믿었기 때문에 대답을 회피하였다. 카피니스트는 우크라이나로 돌아왔지만, 프러시아가 원하는 경우 유럽을 여행 중인 그의 동생을 통해 협상을 할 수 있다고 통보했다.

한 번은 옛 권리가 거의 회복되는 듯 했다. 1796년 예카체리나 여제가 사망하자, 그녀의 아들 파벨이 왕위를 계승하였다. 그는 어머니가 추진한 많은 개혁을 취소하고, 어머니 정책에 대한 반대의 표시로써 옛 질서를 다시 회복시켰다. 이 중 한 가지는 우크라이나 행정을 헤트만국가 폐지 이전으로 되돌리는 것이었다. 우크라이나 행정부가 다시 살아났고, 마지막 헤트만 로주몹스키 시대에 도입된 몇 가지 제도가 부활되었다. 황제의 측근이자 비밀 자문관이었던 우크라이나인 베즈보로드코Alexandr Bezborodko가 이러한 옛 권리 부활에 큰 역할을 하였다는 소문이 돌았다. 만일 러시아 정부가 자유 정책을 계속 펼쳤으면 코자크 정부의 부활할 수 있었을 것이라는 추측도 가능했다. 그러나 파벨 황제는 1801년 암살되었고, 그의 후계자인 알렉산드르 1세는 할머니인 예카체리나 여제의 정책을 계속 이어받기로 결정하고 우크라이나에 권위적 체제를 부활하였다.

1812년 코자크군대가 부활될 수 있다는 희망이 잠시 생겼고, 1831년 러시아 정부가 군사력을 강화하기 위해 지원 코자크 연대를 구성할 때, 병사 모집을 독려하기 위해 압제적 제도를 일부 경감하기로 약속하였다. 당시 우크라이나의 총독이자 로주몹스키의 친족이었던 렙프닌Repnin이 차기 헤트만이 되기 위해 준비하고 있다는 소문이 돌았다. 그러나 새로 구성한 연대를 코카사스 산악 지역으로 파견해 이 지역의 식민화를 시작하면서 이러한 희망은 환상으로 끝이 났다. 그러나 때로는 심각하고 때로는 진지했던 이러한 모든 희망과 좌절은 계몽된 우크라이나인들 사이에 민족주의 정신을 일깨우는 역할을 하였다. 그들은 자신들의 국가의 과거를 깨닫고 그들을 러시아인들과 구별하는 민족적 독자성에 대해 애착을 갖기 시작했다.

러시아화된 관리들은 러시아를 조국으로 여기고 나라를 위해 피를 흘리고, 공포에서가 아니라 야심에서 우러나와 우크라이나의 러시아 통치를 강화하기 위해 모든 노력을 기울였다. 그들은 러시아어와 문화의 확산을 위해 애쓰고, 러시아 작가로서 글을 썼지만, 우크라이나의 역사적 사실에 대한 자료를 모으고, 우크라이나 민요와 민담, 속담, 경구를 기록하고, 자신들의 수기나 편지에 이전의 우크라이나가 누렸던 자유와 이를 위해 투쟁한 영웅들에 대한 찬사를 담았다. 우크라이나 지식인들이 충성 대상은 달랐어도 시간이 가면서 민족주의 정신의 증거가 나타났고, 특히 민족의 살아있는 상징인 우크라이나어에 대한 존경이 일어났다.

동부 우크라이나에서 민중 속어(vernacular)는 출판물과 학교 교육에서 배제되었지만, 언어생활에서 완전히 사라지지는 않았다. 오히려 반대로 러시아의 검열기관이 우크라이나어와 고대슬라브어 결합인 우크라이나 문어(book language)의 사용을 금하자 속어(俗語)는 유일한 민족 언어로서의 위치를 확고히 했다. 자신의 글에 민족적 성격을 나타내고자 하는 사람은 민중어를 쓸 수밖에 없었고, 우크라이나의 민족적 요소를 중시하는 사람은 러시아어가 공식 표준어로 여겨지는 것과 상관없이 자신의 작품에 우크라이나 구어를 사용했다. 문학작품에 구어가 사용되면서 우크라이나어와 민요, 전통은 새로운 평가와 존경을 받았고, 일부 상류층 사람들도 다시 구어를 사용하기 시작했다. 우크라이나 지식인들 사이에 민족의식이 발달하면서 우크라이나 민족 부흥이 시작되었다.

코틀랴렙스키Kotlyalevsky의 '아에네이드'(Aeneid)의 모방작은 1798년 저자의 동의 없이 출판되었다.[31] 이 책은 우크라이나 사람들의 눈에 우크라이나어의 지위를 고양시킨 최초의 작품으로 보였다. 이 작품은 코자크의 영광스러운 과거와 농민들의 비참한 현실을 묘사하여 우크라이나 상류층에게 평민들의 삶에 대한 관심을 불러 일으켰다. 이 책은 특히 순수한 구어로 쓰여서 우크라이나 지식인들 사이에 널리 읽혀졌다. 옛 기록을 보면, 우크라이나의 역사적 문헌을 수집하는 것은 큰 노력이 들어가는 일이었다. 가장 흥미롭고 중요한 작품들도 인쇄되기보다는 필사본으로 전해져 와서 이들을 수집하는 것이 쉽지 않았다. 예를 들어 벨리츠코Velichko의 연대기는 단 한 권의 필사본이 읽혀졌다. '아에네이드'는 10년 만에 세 판본이 인쇄되었고, 각 판본은 바로 매진되었다. 이 책은 우크라이나 문학사뿐만 아니라 민족의식 각성의 역사에 새로운 시대의 출발을 의미한다. 이 책은 평범한 민중 속어로 쓰였지만, 높은 문학적 기법으로 서술되어 독자들의 찬사를 받았다. 이와 더불어 자포로지아 코자크의 흥미로운 경험을 풍자적으로 서술한 내용도 높은 가치가 있었다. 이러한 내용은 코자크의 문제와 상황, 기억에 대한 국민들의 관심을 일깨웠다. 이 시기에

---

31) 기원전 29–19년 사이 로마의 베르길리우스가 쓴 '아에네아스(Aeneas)' 원작은 이태리 반도로 이주하여 로마인의 조상이 된 트로이 전사의 이야기를 소재로 하고 있다. 코틀랴렙스키는 자포로지아 코자크를 주인공으로 원작을 변형하여 예카체리나 여제가 자포로지아 시치를 파괴한 것을 경쾌한 문체로 풍자했다.

자포로지아 코자크들은 정착지를 찾지 못하고 방황하고 있었다. 비질의 아에네이드에 서술된 트로이 병사들의 방황은 우크라이나 독자들에게 코자크들의 비슷한 운명을 상기시켜 주었다. 작가의 거친 풍자 뒤에는 '헤트만국가에 대한 영원한 기억'이 있었다. 민중들의 삶이 친밀하고도 애정 어린 마음으로 묘사되어 민족적 요소에 대한 동정과 사랑이 일게 만들었다. 타라스 셰브첸코를 비롯한 우크라이나 문예 부흥의 후기 작가들 모두 '아에네이드'의 작가에게 경의를 표하고, 그를 우크라이나 문학의 아버지로 추앙한 것은 이상한 일이 아니다.

'아에네이드'가 이런 전통의 마지막 작품은 아니었다. 우크라이나 구어의 가치에 대해 이 작품이 만들어 낸 인상은 다른 많은 뛰어난 작품들에 의해 보강되었다. 새로운 작품들은 좀 더 대담해졌고, 사실들을 공개적으로 다루었다. 이러한 작품으로는 1820년대, 30년대, 40년대에 각각 출간된 코틀랍스키의 '나탈타 폴타브카'(Natalka Poltavka), 훌락 아르테몹스키Hulak Artemovsky의 시들, 크비트카 Kvitka의 단편들을 들 수 있다. 체르텔레브Tsertelev, 막시모비치 Maximovich, 스레즈넵스키Sreznevsky가 수집한 '우크라이나 민요집'도 매우 중요한 가치가 있다. 이러한 민요집은 인쇄된 것이거나 필사된 것이거나를 막론하고 우크라이나 민요의 풍부한 보고(寶庫)를 노출시켰고, 지식인들이 우크라이나 문화에 관심을 돌리도록 만듦으로써 우크라이나어의 중요성을 고양시켰다. 중요한 역사서도 출간되었다. 그 중에서 '루스 또는 소러시아의 역사'(History of Rus or Little Russia)는 헤트만 시대 끝까지를 다루었는데, 이 역사서의 저자는 알려지지 않았다. 이 책은 오랫동안 게오르기 코니스키Georgii Konisky의 저작으로 간주되었지만, 최근에 역사학자들은 이 책이 게오르기 폴레티

카Georgii Poletika나 그의 아들에 의해 쓰인 것으로 보고 있다. 그러나 작자가 누구이건 아주 특별한 재능이 있는 사람이 쓴 것만은 분명하다. 이 역사서는 뜨거운 애국적 정서 덕에 1820년대 우크라이나 지식층 사이에 널리 돌아가며 읽혀졌다. 책 자체는 1840년 후반에 가서야 인쇄되었지만 많은 필사본으로 만들어져 널리 읽혀졌고, 우크라이나 문학의 발전에 큰 영향을 미쳤다. 얼마 후에 반티쉬-카멘스키Bantish-Kamensky가 쓴 코자크 역사에 대한 좀 더 자세하지만 무미건조한 역사서가 출간되었다. 그러나 이 책도 짧은 기간 안에 세 판이 출간되었다는 사실은 우크라이나 지식인들의 관심을 보여주는 좋은 지표이다. 우크라이나의 민족적 특성, 언어, 시에 대한 논쟁도 시작되었다. 이것은 민족주의의 중요성에 대한 일반적 관심과 우크라이나 땅에 도입된 슬라브 문예 부흥의 영향을 반영한 것이었다. 이러한 영향은 이제까지 잘 알려지지 않았고, 낮게 평가되었던 민족적 업적에 새로운 중요성을 부가시켜 주었다.

5. 민족주의 사상과 계몽적 민주주의의 태동

18세기에 서부 우크라이나에서는 서유럽에서 낭만적 민족주의로 알려진 민족운동이 시작되었다. 작가들은 그리스나 로마 시대 문학 대신 민족적이고 지방적 전통에 관심을 기울이고, 민간 전설을 수집하고 민족적 정신문화 자원에 집중하였다. 이전에는 이러한 작업이 가치가 없고 조잡하며, 세련되지 않은 것으로 여겨졌으나, 지금은 독특한 미가 평가를 받기 시작하였다. 작가들은 자신들의 나라를 연구하고, 민족 전통을 기록하며, 민족적 업적에 관심을 기울이기 시작하였다. 이 운동은 영국과 독일에서 시작되어 서슬라브 민족 사이에 먼저 퍼졌고, 민중의 창의성과 민족어에 대한 새로운 관심을 불러일으켰다. 후에 이 운동은 러시아와 러시아화된 우크라이나인들 사이에 널리 퍼졌다.

러시아 혹은 오스트리아 지배 아래 있는 것을 가리지 않고 우크라이나인들은 새로운 운동을 환영했다. 지식인들은 이전에 문화적 능력이 없는 무식한 대중으로 여기고, 문화적으로 보다 발달한 이웃 민족으로부터 정신적 자양분을 공급받아야 할 대상으로 생각한 자민족 민중들을 존중하기 시작했다. 이전에는 우크라이나의 언어, 관습, 전통이 이미 사라졌거나, 혹은 민중들에게 흥미롭고 소중한 것과 무관하게 이러한 것들이 사라질 운명에 처했기 때문에 우크라이나 민중들에게 장래가 없다고 보았었다. 러시아에서 출간된 우크라이나 문법책을 저술한 파블롭스키Pavlovsky는 19세기 전반에 우크라이나어를 '살아 있지 않지만 죽지도 않은, 그러나 사라져가는 방언'이라고 부르고, 이 언어가 완전히 사라지기 전에 문법책을 서둘러 쓰기도 하였다.

민중 언어와 민족적 창의성에 대한 시각이 이제는 바뀌었다. 우크라이나 민중들과 문학의 무진장한 보고(寶庫)는 책으로 만들어진 민요와 전설에 의해 드러났고, 민중들의 위대한 지적 재산과 창의적 에너지에 대한 증거를 제시해 주었다. 민요 수집가인 체르텔레프는 '당신들은 아는가? 나는 이 민중시를 러시아 낭만시나 발라드보다 더 높이 평가하는 것을'이라고 썼다. 독창성과 아름다움, 풍부함 덕에 우크라이나의 역사 민담과 전통은 폴란드인, 러시아인을 포함한 외국인들의 관심을 끌었고, 이러한 사실이 우크라이나인들로 하여금 자신들의 민족적 유산의 가치를 높이 평가하게 만들었다. 낭만적 민족주의의 새로운 관점에서 자신들의 과거와 현재의 민족적 존재에 대한 낮은 관심은 새로운 의미와 정당성을 찾았고, 민족과 역사에 대한 지식의 갈망을 불러 일으켰다. 슬라브 민족과 다른 민족 사이에 시작된 민족주의 사상과 민족의 각성 노력은 우크라이나인들에게 전범이 되었다. 우크라이나 주제를 우크라이나어로 문학적으로 표현하고자 하는 시도는 우크라이나 민족생활의 부흥에 새로운 길을 열어 주었다.

이러한 운동이 진행되면서 민중과 민중의 관심과 필요에 대한 태도를 바꿀 필요가 생겼다. 지난 세기에는 새로 탄생한 장교-귀족들이 자신들이 한 때 속했던 민중들과 가능한 최대의 거리를 두기 위해 귀족적 단장을 하는 노력이 전개되었었다. 경제적 투쟁은 농민들과 그들을 농노화하고 농지를 장악한 귀족들 사이에 큰 계곡이 생기게 만들었다. 이에 더해 문화적 이질화는 더 큰 소외감과 적대감을 조성했다. 우크라이나 국민은 무식하고, 농노화되고, 과도한 부담을 진, 아무 진보의 가능성도 없는 농민층과 자신들을 '우크라이나인(소러시아인)'이라고 부르기는 하지만, 우크라이나 땅과 분리되어 완전히 이질화된 귀족들로 양분되었다. 후자는 러시아의 지적, 민족적 생활에 동화되는 것 이외에는 아무 다른 미래를 바라볼 수 없었다. 그러나 우크라이나 언어와 민요에 대한 새로운 관심은 지식인들로 하여금 새로운 존경심을 가지고 우크라이나 민중을 대하게 만들었다.

귀족들이 경멸적으로 바라본 소위 농민들, 아니 농노들은 민요의 보고를 가지고 있었고 유럽의 시와 견줄 수 있는 문학의 창조자였던 것이 드러났다. 귀족들에게는 잊힌 우크라이나의 격랑의 역사와 코자크의 영광은 농민들의 기억과 그들의 언어에 그대로 보관되어 있었다. 새로운 지식인들의 눈에는 민중들이야말로 생의 아름다움과 비밀을 진정으로 보관하고 있는 존재였고, 이들로부터 문학적 창의성의 진정한 의미를 배우기 위해 이들과 가까워지기 위해 가능한 모든 방법을 동원할 필요가 있었다. 그러나 민중들과 접촉하면서 지식인들은 그들의 창작력뿐만 아니라 농민들의 삶과 그들이 겪고 있는 고통과 절망에 대해서도 주목했다. 코틀랍스키는 '나탈카 폴라브카'에서, 크비트카는 소설에서, 다른 덜 유명한 작가들은 각자의 작품에서 농민들의 실제적 생활상과 그들이 겪고 있는 고통, 귀족들의 생활, 이 두 계층을 나누고 있는 장벽을 보여주려고 노력하였다. 우크라이나 문학은 민주적 영향 아래 교육받은 상류층과 일반 농민들의 관심을 연합하였고, 농노의 인권 문제, 민중들의 경제적, 사회적 필요성을 이해하고, 이것들을 고양시킬 방법을 찾기 시작했다. 우크라이나 민중을 자유 시민의 수준으로 끌어올리는 것이 우크라이나 르네상스의 주요 과제가 되었다. 상류층은 민족의식을 상실하였고, 민중이 민족의 핵심이 되었으며 그들의 창의적 힘을 발전시키기 위해 자유를 찾는 일이 필요했다.

22장   민족주의의 고양

1. 러시아령 우크라이나의 우크라이나 문학서클과 키릴 – 메포디이 형제단

우크라이나 언어와 문학, 역사, 민속학에 관심이 있고, 민중들에 동정을 가진 개인들은 사람들을 조직하기 시작했다. 러시아령 동부 우크라이나에 결성된 가장 중요한 조직들은 1810년대부터 1830년대까지 우크라이나 문학 활동의 중심지 역할을 한 하르키프에 나타났다. 지역 귀족들과 자유공동체의 코자크 장교의 후손들이 하르키프 대학의 창설과 여학교, 극장의 설립을 재정적으로 도왔고, 책과 잡지의 발행을 포함한 문학 활동을 후원했다. 이러한 교육과 문학 활동은 러시아어로 진행되었지만 우크라이나 시와 러시아어 잡지에 게재된 기사에 '우크라이나적 경향'이 나타나기 시작했다. 때로는 2, 3년에 한 번 부정기적으로 발행되기는 했지만, 저명한 작가들이 작성하여 문학적 가치가 높은 우크라이나어 소책자를 이용하기도 했다. 우크라이나 문학에 관심이 있는 사람들은 학식과 명예가 높고, 가치 있는 일을 이루려고 노력을 기울이는 사람들이었다. 하르키프대학 교수였던 표트르 훌락 아르템스키는 경이로운 시들를 썼고, 외국문학 작품을 우크라이나어로 번역했다. 유명한 지역 코자크 가문의 후손이고 하르키프 시민들의 큰 존경을 받은 흐레고리 크비트카는 소오페라와 민중 주인공이 잘 그려진 최초의 소설들을 썼다. 유명한 언어학자인 스레즈넵스키는 일종의 시로 된 역사서인 우크라이나 역사민요

코스토마로프

모음집을 발간하여 사회에 큰 영향을 남기었다. 얼마 후에는 암브로시우스 메틀린스키Ambrosius Metlinsky교수가 시인과 인류학자로 명성을 남기었다. 젊은 하르키프대학 졸업생 미콜라 코스토마로프Mykola Kostomarov는 역사학자로서 이름을 날렸다. 우크라이나 문학은 낭만적 민족주의와 슬라브 문예 부흥 정신이 스며든 하르키프 문

학 그룹의 활동으로 큰 존경을 받게 되었다. 우크라이나 문학이 슬라브 문학의 새 멤버가 되었고, 이 재능 있는 새 식구는 시간과 기회가 주어지면서 그 능력을 발휘하기 시작했다.

코스토마로프의 우크라이나, 러시아, 폴란드 민족성 비교[32]
(1861년 '기초(Osnova)'지에 실린 '두 개의 루스 민족
(Dvie russkii narodnosti)'에서 발췌)

남루스인(Southern Rus', 우크라이나인)들은 개인주의, 대루스인(Great Rus', 러시아인)들은 집단주의가 특징적이다.... 정치 부문에서 남루스인들은 자신들의 생존에 필요한 정도만 통제하는 자유로운 사회체제를 스스로 만들어낼 능력이 있었다. 그러나 그들은 개인의 자유를 침해하지 않으면서도 강력함을 유지할 수 있었다. 대루스인들은 단단한 기초 위에 하나의 정신으로 충만한 집단적 구조를 건설하려고 노력했다. 남루스인들은 연방적 구조를 지향하는데 반해, 대루스인들은 전제제와 강력한 군주제를 지향한다.

대루스인들은 거대하고 창조적인 요소를 내포하고 있으며, 전체성과 통합적 의식, 실천적 이성의 지배가 특징이다. 대루스인들은 온갖 역경 속에서도 살아갈 수 있으며 행동이 가장 필요하고 여건이 가장 유리한 시간을 고를 줄 안다.

남루스인들은 이러한 자질을 가지고 있지 못하다. 이들의 자유분방한 즉흥성은 사회적 체제를 파괴하거나 민족적 노력을 온갖 방향으로 분산시키는 소용돌이로 귀결되었다. 두 민족에 대한 이러한 증언은 역사에 의해 증명되었다...

남루스인들과 폴란드인들의 관계는 매우 다르다. 언어적으로 남루스인은 폴란드인보다는 대루스인에 가깝지만, 민족적 특성에 있어서는 폴란드인에 더 가깝다.

물론 폴란드인들과 남루스인들을 구별하는 큰 간극이 있는 것은 사실이

---

32) 역자 주 - 이 부분은 원전에 없는 내용이지만, 러시아, 우크라이나, 폴란드의 민족성과 정치문화를 이해하는 데 아주 중요한 서술이므로 여기에 소개하였다.

다. 폴란드인들과 남루스인들은 반대 방향으로 자라는 나뭇가지와 같다. 한 가지는 가지치기가 되어 '귀족'이라는 우아한 열매를 맺었고, 다른 가지는 농민이라는 열매를 맺었다. 이것을 좀 더 직설적으로 말하면 폴란드인들은 전제(專制)적인데 반해 남루스인들은 민주적 민족이다. 그러나 이러한 정의가 두 민족의 역사를 반영하는 것은 아니다. 폴란드의 전제제는 매우 민주적이고, 남루스인의 민주제는 매우 전제적이다. 폴란드의 귀족은 계급의 범위 내에 머물려고 하는데 반해, 우크라이나에서 주민들은 동등한 지위와 권리를 가지고 있다가 다른 사람들보다 훨씬 높이 올라가고 많은 것을 획득하는 개인들을 자주 만들어내었다. 그러나 이들은 자신들이 뿌리를 둔 민중에 의해 다시 흡수된다. 이곳저곳에서 벌어지는 이러한 투쟁은 다른 민족이 높게 가치를 두는 강력한 공동체를 건설할 수 있는 기회를 마련해 주는 사회적 구조를 자주 약화시킨다.

허승철《우크라이나의 역사》문예림, 2015년, 98-99쪽
Magosci, Paul Robert, *A History of Ukraine: The Land and Its Peoples*, 2nd edition (Toronto: University of Toronto Press, 2010) p. 20에서 재인용

러시아의 수도인 모스크바와 상트 페테르부르그에서도 우크라이나 작가 그룹이 탄생했다. 1840년대에 재능 있는 시인인 흐레빈카 Hrebinka와 이미 시인으로서 주목을 받았던 젊은 타라스 셰브첸코가 나타났다. 셰브첸코의 첫 시들은 '유랑시인'(Kobzar)이라는 타이틀로 1840년대에 출간되었고 뒤이어 '하이다마키'(Haidamaki)가 출간되었다. 이 시들이 출간되자, 한 러시아 비평가는 우크라이나 문학에 셰브첸코가 나타났기 때문에 더 이

타라스 셰브첸코

상 우크라이나 문학의 존재에 대한 증거나 추천이 필요 없다고 말했다. 코틀럅스키의 '아에네이드' 출간 40년 만에 셰브첸코 같은 문학 천재가 나온 것은 젊은 우크라이나 문학에 큰 행운이었다. 그가 등장함으로써 우크라이나 문예 부흥은 가장 큰 후원자를 찾게 되었다.

셰브첸코는 우크라이나의 사상 발전에도 큰 역할을 하였다. 사상 분야에서는 막시모비치, 코스코마로프, 젊고 열정적인 언어학자 쿨리시Kulish를 포함한 키예프의 문학 그룹이 가장 큰 자리를 차지한다. 1845년 키예프에 온 셰브첸코가 이 그룹에 참여하면서 당대의 가장 뛰어난 우크라이나인들이 한 자리에 모이게 되었다. 이들은 뛰어난 재능과 민족의 새로운 탄생에 대한 풍부한 아이디어를 가진 사람들이었다. 셰브첸코, 코스토마로프, 쿨리시와 다른 젊은 지식인들은 가까운 친구가 되어 우크라이나의 과거와 농노제의 가혹한 환경, 민중의 해방을 위한 계획을 논의했다. 당시 코자크의 역사를 쓰고 있던 코스토마로프는 우크라이나 역사에 대한 그의 지식을 동료들과 나누었고, 셰브첸코는 코자크와 하이다마키의 역사에서 자신의 시의 주제를 찾은 최초의 우크라이나 시인이었다. 그는 소년시절부터 흡수한 민중의 전설에서 얻은 자유를 위한 민족적 투쟁과 민중의 권리에 대한 깊은 존경을 가지고 있었다. 그는 키예프 고고학위원회로부터 우크라이나의 역사적 기념물에 대한 연구를 하고 그림을 그리도록 허가를 받았다. 이 여행은 조국에 대한 따뜻한 사랑을 일깨웠고, 헤트만의 영광, 분쟁, 내전 뒤에 숨은 우크라이나 역사의 진정한 영웅들을 발견했다. 그들은 평범한 민중들이었다. 이들은 토지의 주인이 되기 위해 투쟁에 나서고, 그들이 생산한 것을 소유하려고 투쟁한 사람들이었다. 초유의 강한 열정으로 셰브첸코는 자신의 시에서 우크라이나에 존재하는 불의와 농노제를 공격하였고, 소심한 후손들에게 위대한 우크라이나 애국자들과 잊혀진 민족의 영광을 상기시켰다.

반대로 러시아는 정체되어 있었기 때문에 우크라이나 사회는 서구의 현대적 조류에 관심을 가졌다. 이들은 압제받는 다른 슬라브 민족들의 부흥과 폴란드인, 체코인, 크로아티아인, 세르비아인, 불가리아인, 슬로바크인, 슬로베니아인들 사이에 일어나고 있는 새로운 문화 운동을 주의 깊게 관찰하였다. 1825년의 '제까브리스트 반란'[33]을 일어나게 한 1820년대의 러시아의 진보적 운동 시기에 우크라이나에는 '범슬라브회'가 존재하였다. 이 모임의 목적은 모든 슬라브 민족을 연방으로 구성하는 것이었다. 일부 자료에 의하면 우크라이나의 독립을 목표로 한 '소러시아회'가 별도로 존재하였다. 셰브첸코와 그의 동료들은 이러한 조직에 대한 정보를 접하고, 유사한 조직을 만들어 성 키릴-메포디이의 이름을 따서 '슬라브의 사도들'이란 이름을 붙였다. 이 조직의 가장 중요한 목표는 보편적 자유와 정치적 평등의 확산이었고, 조직의 회원들은 러시아와 다른 슬라브 국가의 농노제를 철폐하고, 사상, 양심, 언론의 자유를 위해 투쟁하고, 종교의 압제에 대항해 싸우는 것이었다. 이들의 일반적 목표에는 민중 교육의 확산도 포함되어 있었고, 정치적 목표로는 슬라브 민족들로 구성되고 선출된 국가 원수를 수장으로 하는 연방을 구성하는 것이었다. 각 민족은 별도의 공화국으로 존재하되 공통의 문제는 각 국가의 대표들로 구성되는 의회에서 해결하는 방안들 내세웠다. 이 조직은 오래 존속

---

33) 1825년 12월 14일 니콜라이 1세 황제 즉위식에 맞춰 입헌군주제와 공화제를 신봉하는 청년 장교들이 일으킨 반란. 주모자 5명은 사형당하고 116명의 장교들이 이르쿠츠크와 시베리아 지역으로 유형 당했다.

되지 않았기 때문에 추구한 목표 중 어느 것도 실현되지 못하였다. 정책에 대한 조직원들 사이의 의견 차이가 커서 조화로운 협동도 불가능했다. 그러나 이 조직의 주요 사상은 젊은 회원들에게 큰 영향을 미쳤고 특히 셰브첸코와 그의 시에 큰 영향을 미쳐서 여기에서 후의 우크라이나 운동이 태동되었다.

형제단의 회원들은 과감한 사상 때문에 큰 대가를 치렀다. 1847년 한 학생에 의해 이들의 대화 내용이 비밀경찰에 보고가 되면서 이들은 체포되어 재판에 회부되었다. 이들은 중형을 선고받아 유형에 처해졌고, 글 쓰는 활동이 금지되었다. 1850년대 후반이 되어서야 이들은 귀향하여 문학 활동을 재개할 수 있었다. 모든 사람이 귀환을 허락받은 것도 아니고, 돌아온 사람들도 유형 전에 보여주었던 사상과 언론의 자유를 위한 투쟁의 용기를 잃고 말았다. 수십 년이 지난 다음에야 성 키릴-메포디이 형제단의 사상이 다시 부활되었는데, 이번에는 러시아령 우크라이나가 아니라 할리치아에서였다.

2. 할리치아의 민족 부흥 운동과 1848년

우크라이나의 민족운동에 헌신한 지식인들의 모임은 1820년대 말에 할리치아의 페레므이슬 신학교에 처음으로 나타났다. 이 모임의 목표는 대중 교육의 확산이었다. 이러한 노력의 결과 우크라이나어 권리와 문화적 가치를 옹호하는 책자가 나타났다. 그러나 이 페레므이슬 모임은 우크라이나 민족주의의 성격에 대한 분명한 개념을 가지고 있지 못했다. 일부 지식인은 고대 슬라브어 문어를 선호한 반면, 젊은 회원들은 우크라이나어 구어를 이용해 글을 썼다. 초기 우크라이나 문법 저술가들은 구어를 표준어로 채택하는 경향을 보였지만, 이 언어를 '순화'하고, 고대 교회슬라브어에 동화시키려는 노력을 기울였다. 1830년대에 두 문학 파벌이 전면에 나타났다. 한 그룹은 문어적 전통을 중시한 반면, 다른 그룹은 문어적 상투체와는 구별되는 구어의 순수성과 유연성, 문법적 정확성을 가진 민중들이 사용하는 언어를 옹호했다. 후자에 속하는 학자들은 슬라브 문화 부흥 운동에 영향을 받았고, 순수 우크라이나 민족어를 발전시키려는 동부 우크라이나의 문화적 노력에 영향을 받았다. 할리치아에서는 이전의 문어가 완전히 제거되지 않았기 때문에, 이것이 구어의 발달을 막는 역할을 했다. 요십 로진스키Iosip Lozinkskii는 미하일 루츠카이Mikhail Luchkai와 요십 레비츠키Iosip Levitskii를 강하게 비판했다. 루츠카이는 카라파치아-우크라이나어 문법을 저술했고, 레비츠키는 이전의 우크라이나어에 집착했을 뿐 아니라, 러시아어 문어에도 접근하려고 했다. 이들에 반대해서 로진스키는 순수 구어를 옹호했다. 우크라이나 민중 구어를 더욱 열렬히 옹호한 것은 1830년대의 르비프신학교 학생들이었다.

신학생들은 1820년대와 1830년대 동부 우크라이나에서 다시 살아난 우크라이나 문학의 영향을 받았다. 슬라브 문예 부흥 운동과 폴란드의 혁명 운동에 영향을 받아 이들은 진취적이고 애국적 방향으로 나아갔고, 동부 우크라이나의 낭만적 민족주의 운동의 정신에 영향을 받았다. 이들은 우크라이나 민속과 역사에 관심을 갖고 민요와 전설을 수집했고, 우크라이나어로 작품을 쓰면서 자신들의 문학적 영향력을 시험했다. 이들은 러시아-우크라이나 국경 양쪽에 흩어진 우크라이나 국민들의 통합의 전위대 역할을 자처했다. 마르키얀 사쉬케비치Markkian Sashkevich는 할리치아 최초의 민중 시인이었다. 이후의 우크라이나 민족운동가들은 그를 지도자와 후원자로 여겼다. 야콥 홀로바츠키Iakov Golovatsky는 르비프대학에 신설된 우크라이나어 교수직을 맡았다. 소위 '우크라이나 3두(triumvirate)'의 세 번째 학자인 이반 바힐레비치Ivan Vahilevich는 역사와 민속 연구에 노력을 쏟았다. 이 그룹의 활동은 오스트리아가 우크라이나 민족운동에 대한 태도를 바꾸면서 장애를 만났다. 폴란드의 혁명 독립 운동으로 인해 큰 어려움을 겪고 나서, 오스트리아 정부는 우크라이나 땅에서의 유사한 운동으로 새로운 짐을 지지 않으려 했다.

이러한 태도는 우크라이나 사제들 사이에서도 나타났다. 검열 권한을 가진 사제들은 반동적이고 폐쇄적인 신학적 관점을 가지고 문학에서의 민족적 경향을 비우호적이고 의심스런 눈으로 보았다. 종교적 서적과 오스트리아 왕조에 대한 송가 이외의 책은 검열 기준에 맞더라도 고대 슬라브어로 쓰이지 않았거나, 슬라브 주제가 아닌 민중적 주제를 담고 있다는 이유로 출판이 금지되었다. 3두의 문학적 노력은 이렇게 반대와 적대적 세력을 만났다. 교회 검열제도로 인해 샤쉬케비치와 제자들이 쓴 첫 우크라이나 연감인 '조리야'(Zoria '별'이란 뜻)는 출판되지 못하였다. 그러나 이들은 자신들이 쓴 시와 과학적 글과 수집한 민요와 전설을 담은 '드네스트르의 인어'(Rusalka of the Dniester)를 검열을 피해 헝가리의 페스트Pest에서 출간했다. 이 책이 르비프로 반입되자 모두 몰수되었으며, 1948년까지 반환이 되지 않았다. 저자들은 중형에 처해졌다. 병이 든 샤쉬키베치는 고문의 후유증을 극복하지 못하고 가난한 시골 사제로 지내다가 얼마 후 사망했다. 바힐레비치는 폴란드로 가서 일을 했고, 할리치아의 진보적 운동을 반대한 당국은 우크라이나의 민족운동을 종식시켰다고 생각했다.

이러는 와중에 모든 상황을 바꿔버린 폭풍 같은 혁명의 해인 1848년이 다가왔다. 1848년의 프랑스 혁명은 오스트리아 제국 내의 소수민족을 자극시켰다. 할리치아에서는 폴란드인들이 폴란드의 독립을 위한 혁명을 준비하기 시작했다. 오스트리아 정부는 할리치아의 우크라이나 민족운동을 이용해 폴란드인들을 약화시키려 했다. 할리치아를 우크라이나 지역과 폴란드 지역으로 나누는 안과 우크라이나어를 초등 및 고등 교육 기관에 도입하는 안, 우크라이나 농민들을 폴란드 지주들로부터 해방시키는 안들이 고려되었다. 이러한 안들은 1770년대-1780년대에 마리아 테레사와 요셉 2세가 우크라이나인들을 위해 계획하였으나, 폴란드 귀족들과 반동적 오스트리아 관리들의 반대로 포기되었었다. 할리치아의 우크라이나인들은 폴란드 압제자들에 대항해 일어나기 시작했다. 우크라이나인들은 폴란드의 독립을 바라지 않았다. 적은 수의 지식인들만 폴란드인들에 동조했고, 대부분의 사람들은 오스트리아 정부의 호의를 기대하며 반폴란드 그룹을 조직하기 시작했다. 오스트리아 총독인 스타디온Stadion 공작은 할리치아의 우크라이나 운동 조직가의 한 사람이었다. 이로 인해 후에 폴란드 사람들은 이전에는 우크라이나 민족운동이 존재하지 않았던 것처럼 스타디온이 이를 만들어 냈다고 주장했다. 우크라이나 민족운동 단체로 정치 단체인 '최고 루스 의회(Holovna Ruska Rada)'가 조직되었으나, 이 단체의 임무는 오스트리아에 우크라이나 대표자를 파견하여 이익을 대변하는 것이었다. '할리치아의 별'(Zoria Halitska)이란 잡지가 이 단체의 기관지로 창설되었으며, '우크라이나 방위대'(Ukrainian Guard)가 폴란드 혁명군을 막기 위해 창설되었다. 1848

년 '우크라이나 학자회의'(Congress of Ukrainian Scholars)가 주민들의 문화적 요구에 대해 논의하기 위해 소집되었으며 앞으로의 계획을 만들었다. 이 학자회의는 우크라이나 민족주의 입장을 확고하게 잡았다. 우크라이나 문화를 폴란드의 영향에서 벗어나게 하고, '슬라브−러시아 언어'의 옹호자들이 제대로 보지 못한 우크라이나어 구어와 러시아어의 차이를 강조했다. 이 회의에서는 러시아와 오스트리아에 거주하는 모든 루테니안(우크라이나인)을 위한 단일화된 문법과 철자법을 만들 것을 제안하였는데, 여기에서도 폴란드어와 러시아어 영향은 배제시켰다. 그리고 할리치아 지역의 모든 학교에서 우크라이나어 교육을 실시할 것을 결의하였다. 문학을 장려하기 위해 학자회의는 체코의 '마티차'(Matica)를 모방한 '계몽회'(Society of Enlightment)[34]를 결성하였다. 학자회의는 우크라이나 할리치아 지역을 폴란드 할리치아 지방과 분리하고 민족주의 발전을 위한 여러 계획을 세웠다. 학자회의는 할리치아 역사에서 중요한 이정표를 세웠고 당대의 우크라이나 학자들의 대표격이었던 안틴 모힐니츠키Antin Mohilnitsky로부터 큰 칭송을 받았다. 오스트리아 정부는 우크라이나의 요구를 호의적으로 검토했다. 정부는 모든 초등학교와 중등학교, 할리치아의 대학에서 우크라이나어 교육을 도입하기로 하고, 할리치아를 분할하는 안을 진지하게 검토하고 법안을 통과시켰지만, 이것이 실행에 옮겨지지는 않았다. 더욱 중요한 사실로는 1848년 농노제가 폐지되어 우크라이나인들은 마침내 지주들로부터 해방되었다.

---

34) 오스트리아–헝가리 제국 내의 슬라브 민족들이 민족문화와 언어 보존·발전을 위해 세운 문화운동 클럽.

3. 1848년의 부코비나와 카르파치아 우크라이나, 1850년대의 반동

운명적 1848년에 부코비나와 카르파치아인들도 행동에 나섰다. 오스트리아 제국 내에서 가장 변방에 속한 부코비나에서는 루마니아와의 동등한 권리를 요구하며 민족주의 운동이 시작되었다. 제국 의회에서 헝가리 의원들은 부코비나를 할리치아와 분리하여 헝가리의 인접 주와 병합하게 해 줄 것을 요구했다. 우크라이나인들은 부코비나와 할리치아의 통합성을 계속 유지할 것과 부코비나를 루마니아지역과 우크라이나지역으로 분리하는 것을 목표로 투쟁했다. 그러나 루마니아인들은 이러한 안에 당연히 반대했다. 부코비나의 우크라이나인들이 대부분 교육을 받지 못한 사람들이었던 관계로 루마니아 귀족들에 대항한 농민 운동은 제대로 결실을 맺지 못하였다. 1848년 카르파치아 우크라이나는 깊은 수렁에 빠졌고, 이 운명적인 해의 충격의 여파에서 벗어나지 못하였다. 오스트리아 정부는 러시아의 도움을 받아 헝가리의 혁명을 진압하였다. 혁명 진압 이후에는 헝가리인들이 지배하던 우크라이나인들을 포함한 여러 소수민족의 권리를 신장시켜서 헝가리의 영향력을 약화시키려고 시도하였다. 이 시기에 아돌프 도브랸스키Adolph Dobriansky라는 정력과 용기와 수완을 갖춘 인물이 나타나 카르파치아 지역의 우크라이나 역사에 새 장을 열었다. 그는 헝가리 혁명 중에 헝가리를 탈출하여 할리치아에 머물다가 러시아군이 오스트리아를 지원하기 위해 들어오자 황제 파견관으로 러시아군에 가담하였다. 그의 제안을 따라 카르파치아의 우크라이나인들은 자신들이 거주하는 지역을 별도의 행정구역으로 만들고 우크라이나인들이 공직에 취임하는 것을 허용하고 우크라이나어를 학교와 관공서에서 사용하게 하고, 우즈호로드에 우크라이나 아카데미를 설치할 것을 요구하였다. 이 요구는 호의적으로 검토되었고, 황제는 이를 승인할 것을 약속하였다. 도브랸스키는 우크라이나인 거주 지역의 총독으로 임명되었고, 관공서와 학교에서 우크라이나어를 사용하기 시작했다. 우크라이나인들의 미래는 밝아보였다. 그러나 도브랸스키의 '친러시아' 또는 '친모스크바' 경향이 그의 노력을 망쳤다. 그는 러시아와의 합병을 원했고, 소위 '범러시아 운동'(pan-Russian movement)을 벌여 우크라이나어 대신 러시아어의 사용을 권장하였고, 여러 부문에서 러시아의 영향력을 강화하였다. 러시아의 간섭 때문에 반러시아 감정이 격앙된 헝가리 귀족들은 정부에서의 영향력을 되찾았고, 도브랸스키를 총독에서 물러나게 했다. 이제 모든 친러시아적 조치는 강한 의심을 받는 상황이 되었다. 도브랸스키의 영향으로 친러시아 노선을 걷던 지역의 지식인들은 행동을 중지할 수밖에 없었다. 우크라이나어 구어를 사용할 의사가 없고, 러시아어를 사용하는 것을 금지당한 지식인들은 1849년 이후 오랜 기간 동안 별다른 활동을 하지 못하였고, 1849년 이후 카르파치아의 민족운동은 다른 지역에 비해 뒤처지게 되었다.

1848년의 희망적 민족운동 이후 할리치아와 부코비나에는 오래 지속되지는 않았지만 철저한 반동이 시작되었다. 일반 대중들은 오스트리아 정부에 충성하는 지역 지도자들에게 크게 실망하였다. 우크라이나인들을 돕겠다는 오스트리아 정부의 약속은 대부분 이행되지 않았다. 1848년의 혁명 운동이 진압되자 정부는 약속한 개혁 조치를 철회하였다. 우크라이나 대중들은 정부에 너무 큰 기대를 걸었다가, 정부가 약속을 지키지 않자 큰 실망에 빠졌다. 세력을 잡은 교회와 정부의 보수적 지도층들은 이렇다 할 만한 업적을 이루지 못하였다.

할리치아에서는 주도권이 대주교청(consistory)으로 넘어갔다. 할리치아의 지식층을 이루고 있던 것은 연합교회 사제들과 그 가족들이었다. 이들은 당연히 대주교와 측근들에게 자문을 구했다. 이 보주적인 지도자들은 일반적으로 진보적 운동에 비우호적이었고, 특히 우크라이나 민족운동에 대해서는 더욱 그랬다. 우크라이나 문헌에 구어를 사용하는 것에 반대하는 사람들이 다시 나타났다. 이들은 민중어와 문화를 천박하고 비교육적인 것으로 여겼다. 이러는 사이 폴란드 귀족들이 다시 할리치아에서 주도권을 잡기 시작했다. 총독 골루홉스키Golukhovksy 공작 밑에서 이들은 행정을 완전히 장악했다. 할리치아의 공직을 장악한 후 이들은 우크라이나인들을 러시아의 정책과 정교회 옹호자로 몰아세우면서 오스트리아 정부와 우크라이나인들 사이의 긴장을 조장했다.

1848년 혁명의 해는 할리치아에 새로운 시대를 열지를 못하고, 오히려 오랜 반동의 시절을 가져왔다. 우크라이나 사람들이 1848년에 세운 목표를 향해 다시 전진하고 이를 거의 이루기 직전까지 나가기에는 몇 년의 세월이 더 필요했다.

4. 러시아령 우크라이나에서 일어난 새로운 운동

1848년 혁명의 진압 이후 오스트리아 제국 내에서 반동의 세월이 시작된 것처럼, 러시아령 우크라이나에서도 성 키릴-메포디이회의 해산 이후 압제의 시기가 지속되었다. 러시아령에서는 반동의 시기가 더 일찍 시작되고, 더 빠르게 끝났다. 1854년-1856년의 크림 전쟁에서 패배한 후, 러시아 정부는 자체적으로 구식의 비효율적인 정부 개혁에 착수했다. 개혁 프로그램에는 농노제 철폐와 민중들을 구체제로부터 해방시키는 것이 포함되어 있었다. 사람들의 가슴에는 새로운 생활에 대한 희망이 생겼고, 우크라이나 민족운동도 부활하기 시작했다. 성 키릴-메포디이회의 멤버들은 유형에서 돌아와 상트 페테르부르그에 다시 모였고, 민족운동을 재개했다. 회원 중 한 사람인 쿨리쉬는 조직가와 작가로서 특별한 명성을 얻었다. 그는 민속자료를 출판하였고, 옛 우크라이나 작가들의 작품을 수집하였으며 1868년에 '하타'(khata, '오두막'이라는 뜻)라는 연대기를 발간하였다. 무엇보다도 큰 업적은 마리아 마르코비치Maria Markovich라는 젊은 작가를 발굴한 것이었다. 그녀의 작품은 마르코 보브촉Marko Vovchok 이라는 필명으로 간행되었다. 마지막으로 쿨리쉬와 그의 처남인 빌로제르스키Bilozersky는 월간지인 '기초'(Osnova)를 간행하였다. 약 2년 간 간행된 이 잡지는 우크라이나어와 러시아어로 인쇄되었다. 이 잡지는 러시아의 우크라이나 지식인 그룹을 통합시키는데 큰 역할을 하였다.

성 키릴-메포디이 형제단이 초창기에 제기하였던 급진적 정치적 사상들이 새 모임에서 다루어지지 않은 것은 사실이다. 이러한 이유가 멤버들에게 가해진 가혹한 형벌 때문이었는지, 아니면 그들이 현실과 멀리 떨어진 이러한 문제에 일반 대중의 관심을 끌어당기는 것이 어렵다고 판단해서인지는 확실하지 않다. 이러한 문제들은 검열을 받고 있는 잡지에서는 대략적으로 다루어질 수밖에 없었다. 당대 우크라이나인들에게 중요한 문제였던 농노해방, 새로운 시민 계급의 준비, 농민들의 경제 및 문화적 문제가 더욱 시급히 다루어야 할 주제였다. 농노 해방 직전에 이러한 문제를 다룸으로써 '기초'지는 매우 중요한 역할을 수행했다. 다음으로 제기된 문제는 대중 교육이었다. 도시에서는 '일요일학교'가 개설되고, 교과서가 저술되었으며 교과서 출판을 위한 기금이 모금되었다. 이러한 활동과 연계해서 우크라이나어 구어가 문학적 활동에 적합한지에 대한 논의가 일어났다. 우크라이나어는 러시아인뿐 아니라 무관심하거나 친러시아적인 사람들로부터 보호되어야 했다. 이들은 소위 '보편 러시아어'(universal Russian)라 불리던 러시아어 표준어를 사용하는 상황에서 우크라이나어 사용의 필요성을 느끼지 못하였다. 이와 동시에 우크라이나인들을 이전의 폴란드 체제로 끌어들이려는 폴란드인들에 대한 투쟁도 동시에 펼쳐야 했다.

이러한 당대의 논쟁거리 때문에 슬라브족의 통일을 위한 계획은 뒷전으로 밀려났다. 그 대신 러시아 진보 진영에서와 마찬가지로 농민들의 비참한 처지를 개선하는 과제가 가장 중요한 문제로 부상하였다. 과거에 우크라이나인들은 보수적 슬라브주의자와 같은 편을 들어 러시아 진보세력으로부터 경원시 되었다. 대표적 예로 1840년대의 러시아 진보 운동의 대표격인 벨린스키Belinsky[35]는 셰브첸코의 작품을 강하게 비판했었다. 그러나 지금은 러시아 진보주의자들이 여러 과제에서 우크라이나인들과 같은 입장에 처한 것을 느끼고 이들의 활동을 지원하였다. 1862년 상트 페테르부르그 교육위원회는 우크라이나어를 우크라이나의 공립학교에 도입할 것을 정부에 탄원하고, 대중 독서를 위한 추천 도서 목록을 작성하였다. 이 목록에는 러시아어로 된 책보다 우크라이나어로 쓰인 책이 더 많았다. 러시아 작

---

35) 1830–40년대 러시아의 대표적인 비평가이자 혁명적 지식인으로 '조국보'와 '동시대인'지의 편집장을 맡음.

가들은 할리치아 지역의 작가들에게 교회슬라브어를 버리고 우크라이나어 구어를 사용하여 작품 활동을 할 것을 권고하기도 하였다.

그러나 얼마 되지 않아 이러한 적극적이고 대중적인 우크라이나 민족운동은 정부의 반대에 부딪쳤다. 우크라이나인들이 폴란드 귀족들에게 대항하고, 폴란드 귀족들은 우크라이나 민족운동을 혐오하고 있는 상황임에도 불구하고, 러시아 행정 관청은 우크라이나인들이 비밀리에 우크라이나인들과 공모를 하고 있다는 거짓 고발을 믿었다. 이러한 상황에서 1863년 폴란드에서 반란이 일어났다. 러시아 정부는 우크라이나의 언론의 자유를 탄압했고, 1862년 말로 '기초'지의 간행을 중단시켰다. 다른 간행물들도 정부 명령에 의해 출간이 중단되었다. 우크라이나 지도자들은 체포되어 유형에 처해졌고, 이들의 책은 학교에서는 물론 사적으로 읽는 것도 금지되었다.

결국 러시아 내무장관인 발루예프Valuev는 우크라이나어 책의 간행을 전반적으로 중지시키는 포고령을 발표하였다. 이러한 조치의 유일한 근거로 내세운 것은 '대부분의 소러시아 사람들은 별도의 '소러시아어'가 과거에도 존재하지 않았고, 현재에도 존재하지 않으며, 미래에도 존재할 수 없다'는 것을 결정적으로 증명하였고, 우크라이나의 민족운동은 폴란드인들이 자신들의 이익을 위해 일으켰다는 것이다. 발루예프는 앞으로는 문학작품에 한해서만 우크라이나어 간행이 허용되고, 학문적 서적이나 대중에게 읽힐 목적의 책을 출판할 권리를 부정하였다. 교육부 장관 골로빈Golovin은 단지 내용을 검토하지 않고 언어 때문에 책의 출판을 금지하는 것은 잘못된 정책이라고 비판하며 우크라이나어 사용을 옹호하였지만 그의 노력은 성공을 거두지 못하였다. 출판 금지령은 곧 시행에 들어갔고, 러시아 정교회청

(Synod)는 우크라이나어로 성서를 간행하는 것을 금지시켰다. 정부의 의도를 간파한 검열당국은 순순 문학 작품을 포함한 모든 우크라이나어 출판을 금지시켰다.

이렇게 해서 새로운 우크라이나 민족운동은 출발부터 장애를 벗어나지 못하였다. 러시아령 우크라이나에서의 민족운동의 부활의 탄압 결과로 민족운동은 동부에서 서부의 할리치아로 옮겨가게 되었다. 폴란드의 압제로 동부로 이동했던 우크라이나 민족운동의 중심은 오랜 시간 만에 다시 서부로 돌아왔다.

5. 할리치아와 부코비나의 민족주의 운동과 친러시아 운동

몇 년 간의 동면기를 지나 1859년에 할리치아에서 민족운동이 재개되었다. 할리치아 총독이었던 골루촙스키Goluchovksy는 우크라이나인들에게 라틴 알파벳을 도입하려고 시도하였다가 거센 거국적 반대에 부딪쳤었다. 할리치아의 고위 행정을 장악한 폴란드인들은 할리치아와 오스트리아 정부 사이에서 애매한 입장을 취했다. 우크라이나인들은 라틴 알파벳 도입은 할리치아를 완전히 폴란드화하기 위한 시도로 받아들였다. 우크라이나인들은 단합하여 저항하였지만, 어떠한 방식으로 할리치아 우크라이나를 없애려는 폴란드인들의 기도에 대항해 싸울 것인가에 대해서는 의문이 있었다. 사제와 공무원들로 구성된 보수적 지역 유지들은 민족주의 운동을 되살리는 것이 어렵다는 것을 느끼고 있었다. 지금까지는 전적으로 오스트리아 정부의 전향적 조치에 의존해 왔으나, 오스트리아 정부가 할리치아를 폴란드인들에게 넘기고, 이에 대항하여 싸우려는 우크라이나인들을 도울 조치를 취하지 않을 것이라는 것을 알고 있었다. 이러한 인식의 결과로 이들은 러시아에 희망을 두기 시작했다.

할리치아의 보수적 우크라이나인들이 러시아와 밀접한 관련이 있는 고대교회슬라브어를 표준어로 채택한 18세기부터 친러시아적 경향은 존재했었다. 할리치아의 지도자들은 이 지역의 친러시아 운동을 전적으로 지원한 슬라브주의적 러시아 학자인 포고딘Pogodin과 협상을 시작했다. 러시아는 1848년에 헝가리의 혁명을 진압하기 위해 오스트리아에 군대를 파견했을 때 강력한 인상을 남기었다. 1831년 폴란드의 반란을 무자비하게 진압했을 때도 할리치아 사람들에게 이미 강한 인상을 남겼었다. 이후로 할리치아 사람들은 니콜라이 1세의 전제정을 이상적인 정치 형태로 여기기 시작했다. 이와 반대로 오스트리아는 1850년에 이탈리아에서 영향력을 잃었고, 1866년에는 프러시아에게 패배했다. 오스트리아제국은 곧 막을 내릴 것으로 여겨졌다. 오스트리아가 할리치아의 지배권을 폴란드 귀족들에게 넘기자 할리치아의 보수적 계층은 러시아에 구원의 희망을 걸었다.

그들은 러시아 황제가 곧 오스트리아로부터 할리치아를 빼앗아 러시아화 정책을 펼칠 것으로 기대했다. 1866년 오스트리아가 사도와 Sadowa 전투에서 패하자, 르비프에서 출판되는 보수층의 친러시아 잡지인 '슬로보'(Slovo, '말', '언어'라는 뜻)는 정치적 강령을 발표했다. 이 강령에서는 할리치아 루테니아인과 러시아인은 한 민족이고, 우크라이나어는 러시아어와 발음만 다른 러시아어의 방언이라고 선언했다. 러시아어 발음만 배우면, 할리치아 루테니아인들은 한 시간 안에 러시아어를 배울 수 있다고도 했다. 다른 말로 하면, 우크라이나인은 없고, 오직 한 '러시아 민족'(nation)만이 있다는 것이다. 또한 러시아 문학이 이미 존재하므로 별도의 우크라이나 문학을 발전시킬 필요도 없다고 했다.

오스트리아령 우크라이나 지역인 할리치아, 카르파치아 우크라이나, 부코비나에서 친러시아 운동이 강한 전염성을 가지고 확산되어, 1848년 혁명 시기에 민족주의자들을 포함하여 대부분의 지식인들에게 큰 영향을 주었다. 르비프대학교의 우크라이나어학과장인 야콥 홀로바츠키 같은 애국자도 러시아어의 열렬한 옹호자가 되었고, 후에 러시아로 이주하여 정착했다. 우크라이나 지도자들 입장에서는 러시아의 도움을 기다리며 최소 저항 노선을 취하고, 폴란드와 충돌 없이 지내는 것이 우크라이나 대중의 의식을 깨우고 새로운 생활을 위해 문화 및 다른 사회적 기초를 만드는 것보다 훨씬 쉬웠다. 그러나 우크라이나 소장층 중 좀 더 활력이 있는 사람들은 이전 세대 지도자들의 능숙한 지원을 받으며 우크라이나 민족주의 노선을 택하였다. 그들은 사제들과 친러시아 행정관리의 지지를 받는 니콜라이 1세 정부보다 러시아 내 우크라이나인들 사이에 퍼져가고 있는 민주적이고 애국적인 운동에 훨씬 가까이 있다고 생각했다. 러시아 내의 우크라이나 부흥 운동은 할리치아의 젊은 운동가들에게 투쟁을 계속할 힘을 주었다. 이들은 우크라이나의 위대한 천재 시인인 셰브첸코의 고무적인 언어에 힘을 얻었다. 이들에게 셰브첸코의 '유랑시인'(Kobzar)은 바이블이 되었고, 우크라이나는 성지가 되었다. 그들은 코자크의 영광에 대한 글을 읽는 것을 좋아하였다. 젊은이들은 코자크식 복장을 하였고, 지식인들은 폴란드어 사용을 중지하고 우크라이나어를 완벽하게 배우려고 노력했다. 이들이 창간한 '저녁사람들'(Vechernitsi, 1862년 창간), '메타'(Meta, 1863~1865년), '니바'(Niva, 1865년), '루살카'(Rusalka, 1866년) '프라브다'(Pravda, 1867년) 잡지를 통해 우크라이나 애국주의와 일반 대중에 대한 사랑, 그들을 문화적, 경제적, 정치적으로 각성시키려는 노력을 일깨웠다.

시간이 지나면서 민족주의 운동이 부코비나에서도 발전하기 시작하였다. 부코비나는 오스트리아의 행정 통제로 할리치아와 연결되어 있기는 하지만, 주변 지역과 정치적으로, 종교적으로, 문화적으로 분리되어 있었고 할리치아에서 발생한 여러 사건의 영향을 거의 받지 않았다. 그러나 1860년대에 시작된 할리치아의 문학적 민족운동은 부코비나에도 영향을 끼쳐 재능이 뛰어난 작가가 여러 명 나타났다. 보롭케비치Vorobkevich 형제와 대중적 인기를 모은 시인 이시도르Isidor, 오스트리아령 우크라이나에 탄생한 가장 뛰어난 시인인 오십 페드코비치Osip Fedkovich 등이 대표적인 작가이다. 자신의 시와 전설에서 페드코비치는 카르파치아 지역의 아름다움과 후줄(Hutsul)족의 산악 생활을 할리치아와 부코비나의 우크라이나인들에게 소개했다. 젊은 작가들은 문학지가 없는 부코비나에서 출판을 할 수 없었으므로 할리치아에서 출판을 했다. 부코비나에서 민족주의적 정치운동은 훨씬 뒤에야 시작되었다. 1869년에 설립된 지역 결사 '루테니아회'(Ruthenian Society)는 오랫동안 친러시아적 성향을 보였고, 1880년에 가서야 민족주의자들이 이 단체를 주도하였다.

부코비나의 재능 있는 젊은 작가들의 자극보다 할리치아의 민족운동의 사기를 더 높여 준 것은 러시아령 우크라이나의 작가들이었다.[36] 러시아 정부가 우크라이나 출판을 금지한 이후, 많은 작가들은 자신들의 작품을 할리치아에서 출판하였다. 할리치아의 문학 출판을

---

36) 역자주 – 저자는 1860년대 이후부터 동부 우크라이나를 러시아령 우크라이나 또는 러시아로 부르기 시작함.

풍요롭게 한 저명한 작가로는 쿨리쉬를 꼽을 수 있으며, 젊은 작가들 중에는 마르코 보브촉, 안토노비치, 코니스키Konisky, 네추이-레비츠키Netchuy-Levitsky가 있다. 1869년에 르비프에 문학지 '프라브다'(Pravda '진리'라는 뜻)가 창간되자 러시아령 우크라이나의 작가들이 적극적으로 기고에 참여하였다. 이 간행물은 당시 유일한 우크라이나 문학지였다.

　러시아령 우크라이나의 우크라이나 작가들의 도움은 오스트리아 지배하에 있는 우크라이나인들에게 큰 도움이 되었다. 할리치아의 우크라이나인들의 민족주의 운동은 젊은 지식인들에 의해 수행되었다. 장년 세대와 보수층은 처음부터 민족운동에 비우호적이었다. 친러시아 세력이 카르파치아는 물론 할리치아와 부코비나의 모든 기관을 통제하고 있었기 때문에 1870년대의 민족운동은 물질적, 문화적 자원이 빈한한 젊은 지식인들에 의해 수행되고 있었다. 이러한 상황에서 젊은 민족운동가들은 풍요롭고 광대한 러시아령 우크라이나로부터의 지원에 의존할 수밖에 없었다. 러시아령 우크라이나는 코자크 영웅들과 새로운 민족운동 지도자들의 근원지였다. 이러한 지원이 가져온 효과로는 할리치아의 민족운동을 민주적이고 진보적 방향으로 이끌어서 구시대의 종교적이고 보수적인 지도자들에게 대항할 수 있게 한 것을 지적할 수 있다. 러시아령 우크라이나의 압제받은 우크라이나인들에게 할리치아는 우크라이나 민족운동의 새로운 지평으로 열린 창의 역할을 하였고, 극단의 압제의 시대에 피난처 역할을 하였다.

23장 민족해방을 위한 투쟁

1. 키예프의 '흐로마다'(Hromada)와 1876년 칙령

1870년대에 우크라이나어 서적에 대한 러시아 정부의 검열이 다소 완화되면서 잠시 동안 문학 및 교육 활동이 가능하게 되었다. 키예프 대학의 젊은 지식인들의 활동에 힘입어 우크라이나의 문화생활의 중심은 키예프로 옮겨졌다. 새로운 키예프 단체 '흐로마다'(Hromada)의 활동 방향은 상트 페테르부르그의 우크라이나 민족주의자들과 달랐다. 이 단체의 회원들은 사회적 문제에 관심을 덜 쏟고, 우크라이나 민족의 독립성을 역사적 연구의 근간으로 하기 위한 학문적 연구에 집중하였다. 이러한 작업에 큰 업적을 남긴 인물은 안토노비치 Antonovich와 드라호마니프Drahomaniv, 민속학자 추빈스키Chubinsky, 루드첸코Rudchenko, 언어학자 지테츠키Zhitetsky와 미할축Mikhalchuk 이었다.[37] 이들은 1872년 우크라이나 민족문화 활동의 중심이 되는 러시아 지리학회(Geographical Society)의 지부 결성의 허가를 받아내는데 성공했다. 이러한 움직임과 함께 러시아령 우크라이나에서 우크라이나 문학도 다시 부활하기 시작했다. 1860년대 후반부터 1870년대를 통해 루단스키Rudansky, 네추이-레비츠키, 미르니Mirny, 코닌스키, 미하일 스타리츠키Mikhail Staristsky가 활동했다. 니콜라이 리센코Nikolai Lysenko는 우크라이나 음악의 기초를 만들기 시작했다. 우크라이나 민요를 수집하고 '크리스마스 밤'을 포함한 자신의 작품

---

37) 드라호마니프는 역사학자 안토노비치와 함께 '흐로마다'운동을 이끌고, 유럽 망명 중에도 오스트리아령 우크라이나의 자치 운동에 큰 영향을 미쳤다. 그는 '이상과 목표로는 세계주의, 기초와 형태로서는 민족주의'를 주창하며 러시아와 우크라이나의 연방 설립을 주창했다. 현재 우크라이나의 국립사범대학이 그의 이름을 딴 명칭을 가지고 있다.

과 환상적인 연주를 통해 그는 음악 분
야에서 주목을 받았다. 시간이 지나면
서 우크라이나 연극도 지식인들과 준지
식인들(semi-intellectuals)에게 큰 영향
을 끼치며 발달하기 시작했다.

드라호마니프

키예프의 우크라이나 지도자들은 이
런 방식으로 민중들의 관심을 문화와
학문 분야로 이끌었고, 정치와 특히 러
시아의 혁명 운동의 영향에서 관심을
돌리게 하였다. 문화에 대한 '일방적' 관심에 대해 불만을 토로하는
지도자들도 있었다. 키예프의 지도자들이 아무리 조심스럽게 행동
해도, 이들의 문화적 활동조차도 러시아 정부의 동의를 얻지 못하였
다. 체르니히프의 양대 러시아 지주인 리겔만Riegelmann과 유제포비
치Yuzepovich는 우크라이나의 러시아 이익을 대변하는 역할을 맡고
있었다. 키예프 문화계 지도자와 여러 번 싸운 후 유제포비치는 당
국에 우크라이나의 '분리주의' 운동을 고발하는 탄원을 보냈다. 그
는 우크라이나인들이 러시아와 분리 독립하기 위해 자신들의 언어
와 문학을 발전시키고 있다고 비난했다. 1875년 초반 러시아 정부는
사태를 조사하기 위해 정부 조사위원회를 구성하고, 유제포비치는
이 위원회에 소속되었다. 그는 우크라이나의 문화 운동을 러시아로
부터의 단절을 목적으로 한 폴란드와 오스트리아의 음모라고 위원
회에 진술하고, 검열주의자들인 위원회 위원들도 우크라이나 문학
운동이 비밀의 목적을 가지고 있다고 확인했다. 러시아 검열 당국의
통제에서 벗어나 있는 할리치아의 우크라이나인들의 위험성에 대한

경각심이 높아졌다. 러시아령 우크라이나의 지식인들에 대한 탄압 때문에 러시아 정부에 대한 할리치아의 태도는 더욱 적대적이 되었다. 정부위원회는 할리치아에서 출판되는 민족운동과 관련된 서적을 세밀히 관찰하고 이 책들을 러시아령 우크라이나에 금서로 만들고, 대신 친러시아 서적의 출판을 재정적으로 지원했다. 오스트리아령 우크라이나의 친러시아 운동을 지원하는 대신, 러시아령 우크라이나의 민족운동은 압제하기로 하였다. 러시아 지리학회의 키예프 지부는 즉시 폐지되었다. 1876년 봄 우크라이나어 사용을 금지시키는 칙령이 발표되었다. 우크라이나 연주회, 연극공연, 강연, 소설이 완전히 금지되었고, 오로지 역사적 서적과 순수 문학 중 시, 단편, 시를 포함한 스케치만 우크라이나어로 출판되는 것이 허용되었다. 그러나 이것도 러시아 정자법을 쓰고 엄격한 통제를 받는 것을 전제로 허용되었다.

2. 1890년대 할리치아의 정치 운동

1890년부터 1895년 기간 동안 할리치아에서는 활발한 정치 운동이 전개되었다. 우크라이나 민족주의 운동이 일단 기초를 확립하자 민족운동의 열기는 시골 지역까지 퍼져나갔고, 정치 정당이 형성되기 시작했으며 이에 따른 불가피한 분열과 대립도 발생했다.

러시아령 우크라이나와 다른 유럽 지역의 진보주의 그룹과 협력하며 정치 운동을 펼치기를 원하는 진보 그룹은 민족주의 운동의 성공을 위해서는 의회민주주의와 사회주의에 기반을 둔 사회, 정치, 경제 제도의 개혁이 필수적이라고 판단했다. 사제 계급과 다른 중산층이 중심이 된 좀 더 보수적인 그룹들은 민족어와 민족문화에 기초를 둔 민족적 형식의 발전을 선호하며 과거의 생활 방식을 유지하고 싶어 했다. 즉 이전의 사회관계와, 할리치아에서는 연합교회로 대표되는 우크라이나 민족주의 교회와 신앙적 정통성을 계속 유지하기를 바랐다. 드라호마니프는 당시 할리치아에 거주하지는 않았지만 할리치아 주민들을 이 방향으로 이끄는데 큰 영향력을 발휘했다.

1890년 할리치아의 보수적 민족주의자들은 할리치아의 의회와 오스트리아 의회에서 폴란드 세력과 투쟁하는데 힘을 모았던 친러주의자들(Russophiles)과의 관계를 끊고, 새로운 할리치아 총독인 바데니 Badeni 공과 이해를 같이 할 수 있다고 생각했다. 좀 더 진보적인 그룹들은 '급진주의자 정당'을 결성했다. 민족주의자들과 정부의 연대가 공표되자 '급진주의자들'은 이러한 행위를 '복종'이라고 비난하고, 이것은 정치적 연대가 아니라 사실상 폴란드귀족 지배에 대한 항복이라고 평가절하했다. 이러한 복종의 대가로 우크라이나인들이 얻은 것은 대학에 학과장직 하나와 중등학교 하나와 기타 보잘 것 없는 권리들이었다. 상황을 파악한 보수주의자들은 일부 성직자와 극보수주의자를 제외하고는 정부와의 연대를 파기하고 할리치아에서의 폴란드 지배에 저항하고, 할리치아를 폴란드인들의 손에 맡긴 오스트리아의 통치에 대해서도 반대하기로 했다.

3. 오스트리아령 우크라이나의 민족운동과 문화운동

1차 세계대전이 일어나기 전 20년 동안 할리치아의 우크라이나인들은 큰 전환기를 맞았다. 민족문화 분야에서는 무엇보다도 우크라이나 학문의 발전을 언급하지 않을 수 없다. 이 시기가 되어서야 우크라이나 학문은 본격적 학문이라고 말할 수 있었다. 1890년에 르비프를 중

심으로 형성된 세브첸코회(Tovarishchestvo imeni Shevchenko)는 1892
년 학술단체로 발전되었고, 1898년에는 과학 아카데미를 모델로 개
혁되었다. 이 단체의 간행물들에 연구자들은 관심을 보이기 시작하였
고, 우크라이나 학문은 학문 세계에 정식으로 자리를 잡았다. 중앙과
지방 정부의 미미한 지원에도 불구하고 학술단체는 폭넓은 출간 및
조직 활동을 벌였으며 이러한 활동은 4반세기 전만해도 아무도 상상
하지 못한 것이었다. 이와 함께 우크라이나 대학 설립 요구도 제기되
었다. 1848년 오스트리아 정부는 대학 설립을 약속하였지만, 후에 다
른 약속과 마찬가지로 이 약속을 망각했다. 르비프대학은 폴란드인들
이 장악했고, 단지 몇 학과에서만 우크라이나어 강의가 허용되었다.
이러한 상황으로 인해 우크라이나인들은 1890년대 별도의 우크라이
나 대학의 설립을 주장하였다. 1900년대가 되자 이 문제는 아주 예민
한 문제가 되어 르비프대학 내에 끊임없는 소요 사태가 일어났고, 우
크라이나 지식인 사회와 일반 대중조차도 여기에 적극 동조했다. 우
크라이나 대학의 설립 요구는 우크라이나 정책의 가장 시급한 문제가
되었고, 가까운 미래에 실현될 수 있는 문제였다.

　문학 분야에서는 순수 문학의 발전을 언급하지 않을 수 없다. 당시
까지 할리치아-부코비나 지역의 척박했던 문학 토양이 정치적, 사회
적 이해가 커지고, 여러 명의 새로운 재능이 뛰어난 작가들이 1890
년대 말에 나오면서 문학은 큰 발전을 이루었다. 시인이자, 소설가이
자 저술가인 이반 프란코Ivan Franko는 1880년대-1890대 할리치아
의 가장 뛰어난 작가였다. 월간지 '문학-학문 학보'가 창간되고 출판
협회인 '우크라이나-루스 출판회'가 설립되었으며 바실리이 스테파
닉Vasilii Stefanik과 올가 코빌랸스카Olga Kobylianska를 필두로 여러 명

의 재능 있는 작가들이 등장하여 이제 까지 볼 수 없었던 풍부한 내용을 우크라이나 사회에 제공했다. 교육과 대중 조직 분야에서는 일반 대중에게 매우 큰 영향을 끼친 독서회인 '계몽회'(Prosvit)와 체육 단체인 '시치'(Sich)와 '소콜'(Sokol)의 폭넓은 활동을 언급할 필요가 있다. 이 단체의 활동은 주민들이 지식과 계몽, 조직과 연대 형성에 대한 갈망을 일깨웠다.

이반 프란코

1차 대전 전 마지막 시기 동안에 중등학교 설립의 어려움을 고려하여 할리치아의 우크라이나인들은 사립 중등학교 설립에 나섰고, 전쟁 전 10년 동안 많은 사립학교를 세울 수 있었다. 마지막으로 이 기간 동안 경제 문제에 대해 큰 노력이 기울여졌다. 우크라이나 주민들을 악덕 중개업자나 외국의 재정, 농촌 기관의 고금리와 경제적 의존으로부터 해방시키기 위해 대부저축은행, 협동조합, 농민회 등이 설립되었다.

이 모든 활동은 할리치아 우크라이나 사회의 자신감을 높이고 민족적 권리 확장을 가능하게 했다. '선배' 세대들이 한 것처럼 지배층과 정부에 양보를 함으로써가 아니라, 할리치아의 폴란드 지배층이 동의할 것인가를 따지지 않고 민족적 권리 요구에 대한 우크라이나인들의 조직화된 투쟁의 결과로 이런 성과를 얻은 것이다. 가장 중요한 것은 정부의 태도에 관계없이 우크라이나 사회가 민족적 발전을 위한 힘과 수단을 스스로 발견했고, 우크라이나 사회와 민중의 사회—정치적 발전이 가장 크게 이루어지는 시기에 문화적, 민족적 운동과 민족적 창작 활동을 위한 수단을 내부에서 발견했다는 것이다. 이런 관점에서 보면 러시아령 우크라이나는 미약한 독자적 활동과 불리한 외부적 상황에 의해 할리치아에 비해 많이 낙후되어 있었다.

4. 러시아령 우크라이나의 첫 해방

1890년대 러시아에서도 우크라이나어 출판에 대한 검열이 다소 약화되어 문학과 출판 활동이 가능해졌다. '저가 도서 자선 출판후원회'가 지역 검열기관의 '열심'이 약화된 페테르부르크에 조직되어 다양한 분야의 대중 서적을 활발하게 출간하기 시작했다. 키예프에는 출판그룹 '세기'(bik)가 우크라이나 문학 서적 출판에 나섰다. 코츄빈스키Kotiubinskii, 흐린첸코Grinchenko, 사미일렌코Samiilenko, 크림스

폴타바 젬스트보(민회) 건물

키Krymskii 같은 여러 작가가 나타났다. 이들은 새로운 주제를 가지고 우크라이나 문학을 새로 장식했으며 우크라이나 표준어에 새로운 광채와 힘을 더했다. 연극도 눈에 띠게 발전했다. 카르펜코-카리(Karpenko-Karii, 일명 토빌레비치)의 여러 편의 뛰어난 희곡 덕분에 연극의 레퍼토리는 풍부해졌다. 그는 검열이 허용하는 범위 내에서 당시의 민중 생활의 사회적 모티브를 다루는데 성공했다. 우크라이나의 음악은 니콜라이 리센코가 그 영광을 유지했다. 1890년 초반에 이미 우크라이나 스타일과 양식이 나타났다. 이중 가장 의미 있는 것은 미술가이자 건축가인 바실리이 크리쳅스키Vasilii Krichevskii가 세운 폴타바 민회(zemstvo) 건물이다.

1899년과 1903년의 고고학 대회에서 우크라이나어 사용을 금지시킨 조치는 우크라이나의 문화적 권한과 우크라이나 문화의 범위와 과제에 대한 논쟁을 다시 불러일으켰다. 러시아령 우크라이나 지식인들이 할리치아의 문화, 민족운동에 참여하여 얻은 성공은 러시아에서의 투쟁 수준도 높였다. '우크라이나주의'(Ukrainstvo)는 우크라이나의 민족적 삶을 최고도로 포용하는 것을 목표로 삼았다. 할리치아에서 정치 정당이 생긴 것과 병행하여 러시아령 우크라이나에서도 정당이 결성되기 시작하고, 다양한 사회, 정치적 경향의 투쟁과 논쟁이 시작되었다.

드라호마니프의 사상과 할리치아 급진주의 운동은 1890년대부터 이미 젊은 지도자들에게 큰 호응을 얻었다. 장년 세대의 문화중심주의자들과 체제 충성파들은 반대의 목소리를 높였다. 그들의 입장에서 '우크라이나애호주의'(ukrainofilstvo)는 질책의 대상이었다. 이 단어는 피상적이고, 우크라이나 사회가 필요로 하는 것에 대한 고려가 충분하지 않고, 민족주의에서 연유하는 정치적, 사회적 과제에 대한 몰이해, 민족적 과제를 좁게 해석하는 것, 정부와의 관계에서의 기회주의를 뜻했다. 이런 연유로 '우크라이나인'들은 '친우크라이나주의자'들과 점차 멀어졌다. 1897년 이 모든 '우크라이나적 요소'를 우크라이나의 권리 획득을 위한 투쟁이라는 명분으로 통합하려는 첫 시도가 이루어졌다. 하나의 공통된 프로그램이나 행동 정책으로 연합하기에는 이 구성요소들이 너무 다양했지만, 이 시기부터 다양한 그룹들 간의 연계가 시작되어 혁명기인 지금까지 이어지고 있다. 1904년에 '민주주의 우크라이나당', 1905년에는 '급진민주주의 우크라이나당'이라는 간판을 달고 정당을 구성하려는 시도가 있었지만, 시민들을 조직하는 데 있어서 다양한 이질적 요소로 인해 통합 시도는 성공하지 못하였다. 통합 시도는 정당간의 연합을 추진하는 역할을 맡았는데, 러시아 연방 국가 내에서 우크라이나의 자치를 확보한다는 목표를 근간으로 내세웠다. 이 통합은 후에 '우크라이나 진보주의자 연합'(Tovarshchestvo ukrainskikh progressivov, TUP)으로 불리게 되었다. 정치적, 사회적 관점에서 좀 더 급진주의 진영의 통합 노력은 이만한 성공을 거두지 못하였다. 1900년에 결성된 '우크라이나 혁명당'(Revolutsionnaia ukrainskaia partia)은 급진파 젊은이들이 중심이 되었으나 내부 혼란이 컸다. 좀 더 온건한 민족·사회적 색채를 띤 '우크라이나 급진당'(Ukrainskaia radikalnaia partiia), 사회적 개혁을 사회민주주의 프로그램에 담은 1905년에 결성된 '우크라이나 사회민주당'(Ukrainskaia sotsio-demokraticheskaia narodnaia partiia) 등 많은 정당이 탄생했다. 그러나 당시 상황은 정치적 분열이나 경쟁으로 치닫지 않고, 우크라이나의 사회 운동 요소들이 전러시아 운동 속에 분산되어 흩어지지 않은 채 단일화된 구호 아래 통합되는 방향으로 진행되었다. 이러한 움직임 속에 우크라이나적 성격이 고양되고 역동하는 것은 확연하였다.

1900년대 초부터 사회 운동은 눈에 띄게 활발해졌다. 러일전쟁에서의 패배와 '사회에 대한 정부의 신뢰' 시기는 사회 운동을 더욱 자극하였고, 더 많은 우크라이나인들이 러시아의 해방이라는 소용돌이 속으로 끌려 들어갔다. 러시아의 개조를 위한 여러 문제가 차례로 제기되면서, 우크라이나 문제는 부차적 문제로 간주되었다. 러시아 정당들의 이합집산에 우크라이나의 유사 정당들도 같이 움직였다. 농민들에게는 토지 문제가 제일 큰 관심이었고, 지식인들에게는 정치적 문제가 중요했다. 전체적 소요 가운데, 우크라이나 운동가들에 의해 조직된 몇몇 그룹은 언론과 청원, 결의안 등을 통해 우크라이나 문제를 제기하려고 했다. 우크라이나인들에 대한 민족적 동등 대우, 그리고 무엇보다도 우크라이나어 금지 조치 철폐 등을 위해 모든 의식화된 운동가들을 연합하여 힘을 합치고 이 문제에 대한 주의를 환기시키려 했다.

1904년 12월 러시아 내각은 우크라이나 문제에 대한 특별 심의를 하였고, 우크라이나 사회 운동이 '심각한 위험을 제기하지는 않는다'는 결론을 내렸다. 이것은 정부에 의한 우크라이나어 금지 조치와 우크라이나 농민들이 자신들의 언어로 된 책을 읽지 못하는 피해를 정당화시킬 수도 있었다. 내각의 질의를 받은 정부 기관들도 유사한 견해를 내놓았다. 그러나 페테르부르그 과학아카데미는 직접 작성한 장문의 보고서에서 우크라이나어 문제를 다루었다. 이 보고서에는 러시아어 표준어는 모든 러시아인들의 언어이고, 러시아어가 우크라이나인들의 모국어로 사용될 수 있기 때문에 우크라이나어를 발전시켜야하는 필요성은 없다는 세간의 학설의 기만성을 파헤쳤다. 이러한 모든 해명에도 불구하고, 정부는 질질 끌며 아무 조치도 취하지 않았고, 우크라이나어 금지 조치를 해제하는 특별법을 제정하지 않고, 대신 문제들은 다른 일반 법률에 의해 해결되었다. 1905년 입안된 정기간행물법에 의해 우크라이나인들은 신문과 잡지를 우크라이나어로 발행할 수 있게 되었다. 1906년 4월에는 정기 간행물이 아닌 서적도 우크라이나어로 발행할 수 있게 되어, 우크라이나어를 포함하여 '외국어 및 모국어가 아닌' 언어의 발행을 제한하는 조치가 해제되었다.

실제로는 이러한 조치 이후에도 우크라이나 서적과 간행물에 대한 검열당국의 집요하고 의심하는 감시는 완화되지 않았다. 러시아어로 쓰인 서적들은 자유롭게 출판된데 반해 우크라이나어로 된 저술들은 정기적으로 제제를 받고 판매 금지 조치가 내려졌다. 정부는 우크라이나어를 반정부적이고 불순한 대상으로 여기고, 봉기나 반란을 선동하는 위협을 찾아내려고 노력하였다. 민중 깊숙이 파고들고, 의식을 일깨우며, 동감대를 형성할 수 있는 우크라이나어의 잠재력을 정부는 크게 두려워하였다. 지방에서 특히 널리 사용되는 우크라이나어는 정부에 대항할 수단이 없는 상황에 크게 구애받지 않았다. 다른 언어로 출간되는 잡지에는 적용되지 않은 특별한 압제 조치가 우크라이나어 잡지에 적용되었다. 공무원들은 우크라이나어 잡지를 구독할 수 없었고, 구독하는 경우 처벌을 받았으며, 이 잡지들이 구독자들에게 배달되지 못하게 우체국과 농촌기관에 지시하였다. 여러 가지 벌금 조치나 편집자의 체포, 활자판의 압수 등으로 잡지가 폐간되기도 하였고, 아무 이유도 없이 잡지를 폐간시키는 경우도 있었다. 그러나 중요한 사실은 우크라이나어 잡지들도 러시아어 잡지와 대등한 자리를 차지하였고, 독자층의 범위가 좁고 제재를 받을 위험에 늘 노출되었지만, 널리 확산되고 발전될 길이 열린 것이었다.

정치적 자유와 헌정 체제를 약속한 1905년 10월 17일의 황제 칙령은 정치, 사회 문제 해결에 큰 가능성을 열어놓았다.[38] 적은 것이 실현되리라고 회의적으로 기대하는 것이 오히려 힘들게 느껴졌다. 1906년 봄에 소집된 1차 두마에 큰 기대가 모아졌다. 두마의 농민 및 지식인 대표 중에는 우크라이나 문제에 호의적 관심을 가진 사람들이 적지 않았고, 이들을 중심으로 우크라이나 파벌도 형성되어 앞으로의 회의에서 중요한 역할을 할 수 있을 것으로 기대되었다. 그러나 이 그룹이 형성되기 전에 1차 두마는 해산되었다. 두마 대표들 중 우크라이나 문제를 잘 인식하고, 우크라이나의 필요를 심사숙고할 능력을 가진 사람은 많지 않았다. 그룹 형성의 기초를 제공한 의식 있는 우크라이나인들은 당시의 우크라이나 사회 운동 그룹들이 채택한 키릴-메포디이 형제단의 노선을 따랐다. 당시에 공표된 선언문에서 이들은 연방제를 가장 적절한 국가 형태로 보고, 현 시점에서는 우크라이나와 다른 소수 민족들이 민족적, 영토적 자치를 확보하고, 광범위한 입법 권한을 갖는 자치 의회를 두며, 이와 연계하여 폭넓은 권한을 가진 행정 기구를 설치하고, 재정 및 토지 재단을 운영하고, 교육 및 종교 문제를 관할하고, 치안과 경제 수단에 대한 자치권을 확보하는 것을 목표로 하였다. 이 프로그램은 1차 두마가 바로 해산되

---

38) 1905년 개혁 조치 – 소위 '10월 선언'을 통해 민권 보장과 입법 기능을 가진 두마 설치가 공표되어 러시아는 입헌군주국이 되었으나, 황제의 전제적 권력은 그대로 유지되었다.

면서 전혀 진전되지 못하였다. 2차 두마도 짧게 존속하였고, 우크라이나 그룹은 형성되지도 못하였다. 새로운 선거법에 의해 구성된 3차 두마에 농민들은 자신들의 대표를 파견할 수 없었고, 유일한 희망을 걸 수 있었던 우크라이나 농촌 사회는 두마에 전혀 대표성을 갖지 못하였다. 10년 간 지속된 두마의 입법 활동에서 우크라이나는 아무 것도 얻지 못했다. 3차 두마에서는 다른 소수 민족어 학교를 포함해 우크라이나 학교에서 민족어 교육을 허용하는 법안이 부결되었다.

　이런 결과는 우크라이나 사회 운동에 적대적 태도를 가진 정부 인사들의 태도를 잘 반영하고 있다. 의도적으로 조작된 1907년 선거법 개정으로 이들은 두마에서 친정부 다수파를 형성하였고, 입법 과정에 큰 영향을 미쳤다. 보수주의자, 자유주의자, 심지어는 사회주의자들까지도 우크라이나 문제에 대해 적대적인 태도를 보였다. 소수민족의 자유에 우호적인 세력은 이 적대적 세력에 파묻혀 흔적도 없이 사라졌다. 학교와 행정, 재판 업무에서 우크라이나어 사용을 금지시킨 것은 이런 적대적 태도를 잘 보여준다. 학교에서 민족어로 교육시키는 권리는 폴란드인, 리투아니아인, 라트비아인, 에스토니아인, 타타르인, 여러 카프카즈 소수민족에게는 인정되었지만(1910년), 우크라이나인들과 벨로루스인들에게는 이 권리가 인정되지 않았다.

　10월 17일의 황제 칙령 공포 후, 우크라이나 사회가 자유롭고 올바르게 발전할 것이라고 생각했던 사람들의 희망은 이렇게 사라져 버렸지만, 그러나 어떤 장애를 만나도 이 희망은 멈추지 않고 자라고 있었다.

　1905년부터 1914년까지 10년 동안 우크라이나에 대한 모든 압제와 탄압과 낙담에도 불구하고 의미 있는 진보가 이루어졌고, 중요하고 값진 성취가 달성되었다. 이러한 성취는 생활에 깊이 파고들어 어떠한 압제나 탄압도 이것을 떼어낼 수 없었다. 이것은 압제와 탄압에 대항하며 쟁취한 것이었다. 10월 17일 칙령으로 많은 간행물들이 발행될 수 있는 길을 열렸다. '흐리보로드'(Khrivorod, '그로마드스카 둠카'(Gromadska dumka) '자십'(Zasiv), '고향'(Ridnii krai), '마을'(Selo), '릴랴'(Rillia) 등의 신문과, '자유 우크라이나'(Vilna Ukraina), '새 흐로마다'(Nova gromada), '우크라이나 집'(Ukrainska khata), '문학―학문 잡지'(Literaturno-naukovyi vestnik) 같은 잡지가 발행되어 자신의 중요한 임무를 수행하였고, 모든 '채찍'과 행정적 탄압과 사법적 처벌과 방해에도 불구하고 이 잡지들의 구독자는 크게 증가했다. 이 언론은 여러 방향으로 분산된 우크라이나 지식인들을 하나로 통합하고, 우크라이나 사회에 필요한 기본적인 정치적, 사회적, 민족적 요구를 제기하였고, 이와 함께 경제적 과제도 처음으로 제시되었다. 1907년 설립된 '우크라이나 학술회'(Ukrainskaia nauchnaia obshchestvo)는 여러 학문 분야의 우크라이나 역량을 출판물을 통해 통합하였다. 이 단체의 활동은 이전 시대처럼 '일상 가사(家事)적'(domashnii obkhid) 수준이 아니라 문화 전 분야에서 문화계의 요구를 제시하였다. 우크라이나 학교에서의 우크라이나어 사용도 다시 진지하게 제기되었다. 교육 확산과 실용 학문 분야에서 큰 역할을 한 '계몽회'(Prosvit)는 큰 장애를 만났다. 여러 도시에 지회를 만들려고 하였던 계몽회는 한 군데도 지회 설립 허가를 받지 못하였고, 이미 있던 지회들도 폐쇄되고 결국에는 모든 지역에서 계몽회가 폐쇄되었다. 그러나 이 시기에 크게 발전한 대중 문학은 대중들에게 널리 퍼졌고, 이것은 곧 실체를 드러내었다.

5. 1차 대전 직전의 러시아령 우크라이나

1905년 러시아 혁명은 전 세계의 자유를 갈망하는 사람들에게 큰 축제와 같이 다가왔다. 혁명의 소식은 전류와 같이 전 세계로 퍼졌고, 정치적, 사회적 자유를 위해 투쟁하는 사람들을 고양시켰다. 러시아 혁명에 이어 터키, 중국, 페르시아인들이 혁명을 일으켰다. 전 세계가 자유와 정의의 터전으로 빠른 걸음으로 다가가는 것 같았다. 그러나 독립 운동의 성공은 적들을 당황하게 했고, 이들이 연합하여 단호한 조치를 취하게 자극했다. 러시아와 오스트리아뿐만 아니라 우크라이나 민중들도 이런 반작용을 강하게 감지할 수 있었다.

오스트리아령 우크라이나에서는 러시아 혁명의 여파가 매우 강했다. 오스트리아-헝가리 제국 내의 모든 민주주의, 사회주의, 민족주의 반대 세력들은 크게 당황했다. 오스트리아와 헝가리의 관계가 긴장되었을 때 이 사건이 발생하였고, 민주·사회적인 호소는 정치·민족적 호소와 혼동되었다. 모든 소요는 4대 선거 원칙(보통, 평등, 직접, 비밀 원칙)에 입각한 선거 제도 개선 운동으로 발전되었다. 여러 지역, 특히 할리치아의 우크라이나 지역에서는 격렬한 선동 활동이 전개되었다. 이 운동은 우크라이나인들에게 폴란드 귀족과 부르주아의 지배를 종식시킬 수 있는 희망을 불어 넣어주었다. 폴란드인들은 자신들의 지배적 위치 덕에 이 선거에서 특권적 상황을 유지하고 있었다. 러시아 혁명의 영향으로 보수주의자들은 양보적 조치를 취하는 것이 불가피하다고 여겼다. 노쇠한 오스트리아 황제는 선거와 의회제도 개혁에 동의했고 개혁 조치가 취해졌다. 그러나 선거권과 의회제도 개혁은 의회의 손에 맡겨졌다. 의회 내에서 영향력이 강한 독일인들과 폴란드인들은 새 개혁이 자신들의 민족적, 계급적 주도권에 해를 끼치지 않게 전략을 짰다. 선거구와 의회 대표권의 임의적 재단으로 평등 투표권은 의의가 훼손되었다. 우크라이나인 거주지역 선거구는 넓게 치고, 폴란드인 선거구는 좁게 만들어서, 우크라이나인들은 투표권을 완전히 행사한 것이 아니라 절반밖에 행사하지 못했다. 이것은 주민들의 열정을 크게 식게 만들었다. 1907년 '보통 및 평등' 선거를 기초로 1907년에 소집된 '최초의 민중의회'는 개혁에 걸었던 모든 희망이 완전히 좌절되었음을 보여주었다. 그간 크게 성장한 소수민족은 입법 과정에 어떤 영향력이나 목소리를 낼 수 있는 권리를 박탈당한 채 이전과 같은 비참한 상황에 놓였다. 의회에 제기된 사회적 과제의 해결은 민족 간의 논쟁으로 인해 해결될 가망 없이 중단되었다. 의회에서 우크라이나의 대표성은 많이 강화되기는 하였지만 폴란드 정당과 정치 단체의 단합된 민족적 노선 앞에 힘을 발휘하지 못했다. 할리치아의 지배력은 폴란드 부르주아들이 장악했다. 폴란드의 민족민주주의자들은 개혁 이후에 폴란드 귀족들을 제압하고 민족 문제에 더 큰 긴장 관계를 조성했다. 민족적 적대감은 극단적인 상황에까지 이르렀다. 1908년 우크라이나 대학생 시친스키Sichinskii는 자신의 민족에 대한 정치적 모욕에 대한 복수로 폴란드 총독 포토츠키Pototskii를 살해하였고, 1910년에는 르비프대학 내에서 우크라이나 학생들과 폴란드 학생들 간에 유혈 사격이 발생하면서 민족 간 적대감을 크게 악화시켰다.

힘든 경험과 낙담을 겪은 의회의 우크라이나 지도자들 중 많은 수는 곧 기회주의적 노선을 택했다. 이들은 정부와 상호교감을 추구하며 매번 폴란드인들에게 양보를 하였고, 우크라이나인들 사이에 이런 타협 정책이 지지를 전혀 받지 못했음에도 불구하고 할리치아와 부코비나의 지역 지도자들이 폴란드 주도권과 타협하도록 만들었다. 의회 선거 제도와 의회의 대의제도의 개선에 대한 협상을 한다는 것이 이들의 타협 정책의 구실이 되었다. 이것은 폴란드인들 다수의 동의 없이는 실현될 수 없는 것이었다. 오랜 기간의 격렬한 논쟁을 거치고 훼방과 반대를 받은 후에 우크라이나 정치 지도자들은 결정적 양보를 하였다. 오랜 지연과 지루한 협상 끝에 1914년 2월 14일 합의가 도출되었다. 우크라이나인들은 자신들의 핵심적 요구 사항을 철회했다. 즉 할리치아를 폴란드와 우크라이나 지역으로 양분하고, 이와 함께 의회와 지방 고위 행정기구(지방사무소, 교육위원회 등)를 양분한다는 요구를 철회한 것이다. 이 문제는 후일의 논의 사항으로 미루어졌고, 의회의 단일성을 인정하면서 일단 우크라이나인들은 의회 내에서 소수파로서 만족하기로 했다. 의회 대표권도 양보하여 27%의 대표권만 차지하고, 나머지는 폴란드인들과 유대인들이 차지했다. 지방 고위 공직도 다소 확대되기는 하였지만, 이와 같은 비율로 배분하기로 동의했다.

이런 조치는 당시 지방 행정에서 우크라이나인들의 영향력을 다소 강화시키기는 했지만, 기본적으로 폴란드인들 앞에서 '우크라이나적 요소'(ukrainskii element)를 굴복시키고, 폴란드인들을 이 지방의 주인으로 인정하는 것이었다. 그리고 우크라이나인들의 의식에 맞지 않는 정치적 노선을 택함으로써 우크라이나인들의 정치적 활동성을 크게 저하시켰다. 이 노선은 당시에 철저하게 이행되었다. 급진주의자들이 가담한 이후에 민족민주주의자들은 지역 정치의 주도권을 완전히 잡았다. 이들은 언론기관, 경제-재정기관을 손 안에 장악한 후주민들의 정치적 의식이나 독립성을 발전시키는 대신, 자신들에게의 복종과 의존을 확보하는데 주의를 기울였다. 다른 한편으로는 격렬한 민족 간 투쟁도 부정적 영향을 미쳤다. 투쟁의 열기 속에 기본적 원칙과 투쟁 방법을 조정하는 도덕적 기준은 잊혀졌다. 폴란드 귀족과 부르주아 계층이 만들어낸 투쟁 방법과 전략은 우크라이나 사회에 어떤 유용성이 있는지 검토되지도 않은 채 우크라이나 정치인들에게 채택되었다. 사상적, 문화적 이해는 모든 '현실적인' 정치와 정당 전략에 자리를 양보했다. 지난 10년 간 할리치아를 우크라이나 전체의 문화적 중심지로 만든 문화적 부흥은 이 시기에 급격히 퇴보했다. 서적 출판도 감소하였고, 학문적 관심도 부차적인 것이 되었고, 경제 단체나 협동조합, 은행들의 출현이 이런 손실을 보상하지 못하였다. 할리치아가 지금까지 우크라이나 전체를 위해 수행한 역할에 비하면 이런 것들은 중요하지 않거나 아무 의미도 없었다.

우크라이나의 해방 자체가 할리치아의 역할을 축소시켰지만, 할리치아의 문화 활동의 위축은 우크라이나에서 할리치아에 대한 관심을 축소시키는 결과를 가속화했다. 러시아령 우크라이나에서 신문과 잡지와 문화 단체가 나타나면서 할리치아로 찾아왔던 주요 인물들이 돌아간 것은 당연한 일이다. 그러나 할리치아의 출판 활동이 약화되고 할리치아 문제와 정치가 중요성을 잃은 것은 할리치아 사회 운동의 기본 내용이 빈약해진 데에도 원인이 있다. 할리치아 지식인들은 이제는 러시아령 우크라이나에서 자신들이 채택할 활동 모델을 찾기 시작하였다. 1907년부터 1914년까지의 우크라이나의 출판계를 보면 이런 현상이 잘 나타난다. 특히 르비프에서 시작된 '문학─학문 잡지'가 키예프로 이전해 간 것은 좋은 예다.

이 시기에 러시아에서의 모든 우크라이나 민족운동이 부딪친 장애와 어려움에도 불구하고, 러시아령 우크라이나에서의 우크라이나 민족 생활은 마찰이 많아졌다. 지하에서 해방된 민족운동은 매 걸음마다 장애를 만나게 되면서 마찰이 더욱 심해졌다. 1905년 황제 칙령이 발표된 바로 다음날부터 시작된 정부의 반응은 우크라이나 사회가 처한 실상을 명확히 깨닫게 했다. 중요하지 않은 압제 정책은 언급하지 않더라도, 이 분야의 정부 기관의 가장 기본적이고 선언적인 행동은 언급할 필요가 있다. '계몽회' 지부의 설치가 분리주의적 의도를 숨기고 있다는 구실로 이를 허가하지 않은 폴타바 지방 정부의 규정이 1908년 상원에 의해 추인된 것은 이런 성격을 잘 보여준다. 이런 관점은 1910년 1월 내무장관이 회람한 규정에 더 발전되어 나타났다. 모든 이론적인 '러시아 민족의 단일성'에도 불구하고 우크라이나 기관들을 유대인 기관과 같은 '이방민족'(inorodcheskii)적 기관으로 분류하고, 지방 관리들에게 설립 목적에 관계없이 어떠한 단체 설립도 허용하지 말도록 지시했다. 그는 여기에 '민족적 이해에 따라 민족을 통합하는 것은 민족적 상호 소외를 강화한다'는 이유를 덧붙였다.

1911년 2월 스톨리핀은 모스크바의 '우크라이나 동지회(tovarishchestvo)' 설립을 허가하지 말 것을 건의하면서 이러한 정부 정책에 대한 상세한 근거를 달았다. '러시아의 역사적 과제, 즉 우크라이나인들이 시도하는 민족적, 영토적 자치를 바탕으로 한 고대 우크라이나와 소러시아 우크라이나를 부활하려는 운동을 저지하는 투쟁'과 연계시켰다. 이런 식으로 정부는 우크라이나 운동의 역사성을 인정하면서도, 이 운동이 한 무리의 환상주의자들의 몽상이라고 폄하하고, 문화—민족운동이 어디에서 끝나고, 정치 운동이 어디에서 시작되는지를 구별하지 않고, 이것에 대해 완전히 적대적 입장을 고수했다. 정부는 '동슬라브민족'을 구별하는 모든 차이를 제거시키는 것을 자신들의 임무로 생각했다.

중앙정부의 지시를 충실히 따르면서 지방 정부는 전쟁 전 몇 년 동안 우크라이나 단체와 우크라이나어에 대한 탄압 정책을 지속해 나갔다. '계몽회'가 존속되던 지역에서 이 단체의 활동을 아무 근거 없이 완전히 금지시키고, 우크라이나 클럽, 강의, 콘서트, 포스터, 현수막을 압수하고, 도서관, 《유랑시인》(Kobzar)같은 창고 속의 책들, 종무원에서 간행한 우크라이나 성경도 몰수하는 등등의 조치가 취해졌다. 상황이 1876년 칙령 직후의 '얼마 전의 좋은 시대'로 회귀한 듯 하였다. 예를 들어 폴타바에서는 서점 창가에 진열된 《우크라이나 문법》책이 통행인을 선동한다며 치우게 했고, 학교 현수막의 코틀랴렙스키의 철자의 우크라이나어 철자 'i'와 'ъ'를 빼고 러시아식으로 바꾸게 하고, 우크라이나어 연극 포스터에 인쇄된 우크라이나어 문장도 러시아어로 바꾸게 하여 'Poshilis u durni' 대신에 러시아어 문장인 'Zapisalis v duraki'[39]를 써넣게 했다.

이 모든 우스꽝스러운 사건과 사소하거나 심각한 타격들, 예를 들어 러시아에 우크라이나어책이 들어오는 것을 막기 위해 외국에서 간행된 우크라이나 책을 반입하는 경우 엄청난 벌금을 물린 조치, 가장 중요한 단체인 '계몽회'를 해산시킨 일, 키예프의 '문자학습회'(Tovarstvo gramotnosti)를 철폐하고 잡지 '민중의 집'(Narodnyi dom)을 압수하는 일 등은 1870년대와 1880년대의 탄압처럼 우크라이나

---

39) 역자 주 – '속이다. 멍청이로 만들다'의 의미.

사회에 압제의 그림자를 드리우지 못하였다. 1905년의 혁명과 우크라이나어의 해방은 이미 사회와 민중의 의식에 깊은 영향을 남겨 놓았기 때문에 과거로의 회기는 불가능했다. 정부도 스스로 이러한 것을 느끼고 있었던 듯하다. 왜냐하면 1차 대전 발발 때까지 정부는 이 모든 압제 조치들을 하나의 체계로 통합하기로 결정하지 않았고, 용서할 수 없는 뻔뻔스러움에도 불구하고 이 조치들은 조각난 무기들처럼 남았다. 우크라이나 사회는 약해지거나 추락하지 않았다. 반대로 러시아 전체의 반동과 혁명 물결의 약화라는 배경을 고려하고, 러시아에서 시민운동의 적극성이 약화된 것에 비하면, 발전과 투쟁을 향한 위축되지 않은 의지를 가진 우크라이나 운동은 강렬하고 눈에 띄게 남아있었다. 1905년 혁명의 사회적 분수령에서 우크라이나 운동은 러시아라는 대양에 침몰되고 용해되는 하찮은 지방적 문제로 보였다. 그러나 이제 러시아 반동 정부는 우크라이나 운동의 힘과 의미를 제대로 평가하고, 심각하고 진지한 현상으로 받아들였다. 러시아의 진보 진영에서는 민족운동에 대한 전반적 시각을 바꾸었다. 가장 주의깊고 민감한 사람들은 민족운동을 반동적 세력이라고 보던 시각을 믿지 않기 시작했다. 그리고 이런 생각을 러시아 해방 운동이 의존하고 있던 사상들에 도입하고, 민족적 투쟁의 꺼져가는 열기를 되살리려고 했다. 다른 한편으로 우크라이나에 있던 러시아인 지식인들(민중자유당이나 카데트)은 우크라이나 민족운동의 힘과 의미에 대해 주의를 돌리기 시작했다. 이런 배경 하에 1912년에서 1914년 사이 러시아의 진보 진영과 우크라이나 진보 진영(우크라이나 진보주의 동맹, Tovarshchestvo ukrainskikh progressiv)이 접촉을 시작했다. 1차, 2차 두마가 해산된 이후 이 기간 동안 우크라이나 사회와 정당 조직은 목적을 상실하고, 오직 진보주의 동맹만이 우크라이나 단체들을 대표했다. 1차 대전 발발 1년 전에 비정부 인사 대표들로 민족·영토적 자치 노선을 따르는 자치주의-연방주의 연합이 결성되었다. 러시아의 연방주의자들이 여기에 참여했으나 주도적 역할을 맡은 것은 우크라이나 대표들이었다. 우크라이나 정당(TUP)과 우크라이나의 문화·민족 자결 요구를 지원하는 두마의 노동자, 카데트 그룹 사이에 상호이해가 성립되었다. 이러한 상호이해는 셰브첸코 탄생 100주년 기념행사(1914년 2월) 금지에 대한 두마의 토론에도 잘 드러나 있다. 두마의 진보적 그룹은 우크라이나 문제에 대한 해결책을 담은 연설을 해서 처음으로 진지한 토론이 벌어졌고, 이것은 키예프에서 기념행사 금지에 의해 야기된 커다란 소요만큼 큰 반향을 일으켰다. 우크라이나 사회는 처음으로 러시아에서 자신의 힘과 영향력을 보여주었다.

24장   우크라이나 독립[40]

1. 1차 세계 대전과 우크라이나

1차 대전 직전의 오스트리아령과 러시아령 우크라이나의 민족주의 운동의 괄목할만한 발전은 민족운동을 종식시킬 기회를 기다리고 있었던 우크라이나의 적인 폴란드와 러시아를 격분시켰다. 이 국가들은 오스트리아와 러시아가 전쟁에 돌입하면 그러한 기회가 올 것으로 기대했다. 두 나라는 1908년 오스트리아가 보스니아를 합병하면

---

40) 역자 주 – 이 장부터 저자는 우크라이나인들이 겪은 고난을 생생히 목격한 입장에서 객관적 서술보다는 감정적 표현을 많이 쓰기 시작함.

서 적대관계에 들어섰다. 우크라이나의 민족주의 발전에 강하게 불만을 품은 러시아의 반동주의자들은 전쟁이 일어나면 우크라이나 사람을 한 사람도 남기지 않고 교수형에 처하겠다고 위협하고 정부에는 민족주의를 탄압할 것을 요구했다. 친러시아 진영에 의해 탄압을 당한 할리치아에서는 폴란드인들이 많은 죄악의 책임을 우크라이나인들에게 덮어씌울 기회를 갖게 되었다. 러시아와 오스트리아 간에 적대 관계가 형성되자 폴란드인들은 전쟁의 위기 상황을 이용하여 우크라이나 지식인들을 공격했다. 폴란드인들은 친러시아파를 공격한다는 명목으로 무고한 우크라이나 사람들도 체포하여 구금하고, 저명한 지도자들을 의심스럽다는 이유만으로 추방시켰고, 몇 명은 재판도 없이 처형했다.

1차 대전 발발 초기, 러시아령 우크라이나에서 러시아 정부는 우크라이나 지도자들을 조직적으로 탄압하는 계획을 실행해 옮겼다. 러시아가 할리치아의 수도인 르비프를 점령한 다음에는 이러한 활동이 더욱 적극적으로 펼쳐졌다.[41] 우크라이나의 적들은 할리치아의 문화적 발전의 자원을 파괴함으로써 우크라이나 민족운동을 종식시킬 수 있다는 자신을 갖게 되었다. '우크라이나 운동(ukrainianism)에 죽음을'이 러시아 정부의 모토가 되었다. 전쟁 전에는 정부가 반계몽주의자인 반우크라이나 세력의 충고에 귀를 기울이지 않았지만, 지금 이들은 적극적 공세에 나섰다.

---

41) 1914년 8월 1차 대전이 발발하면서 동부 할리치아와 부코비나 지역은 바로 교전 지역이 되었다. 오스트리아군에는 약 25만 명의 우크라이나 청년들이 징집되어 있었고, 동부 우크라이나 지역의 젊은 이들은 러시아제국군에 징집되었다. 8월 초 오스트리아군이 선제공격을 가하며 러시아 영토에 진입하였으나 8월 5일부터 러시아군이 반격하면서 후퇴하기 시작하였고, 9월 3일 러시아군이 르비프를 점령하였다.

전쟁 초기 정치적 성격을 띤 모든 우크라이나어 서적은 출판이 금지되었고, 많은 수의 우크라이나 지도자들이 체포되어 유형에 처해졌다. 우크라이나인들에 적대적인 사람들의 지시를 받아 키예프의 검열 당국은 러시아어로 인쇄되지 않은 우크라이나 책은 종류를 막론하고 출판을 금지시켰다. 이것은 우크라이나어 신문의 발행만을 중지시킨 1876년 칙령을 명백히 위반하는 것이었다. 키예프에서의 우크라이나어 출판을 완전히 근절시키기 위하여 우크라이나 작가들에 대한 고소가 이어졌다. 키예프에서의 검열을 피하기 위해 편집자들과 작가들, 출판업자들은 다른 도시로 옮겨가려 하였으나, 가는 곳마다 관리들의 반대를 받아 출판이 완전히 금지되거나 부분적으로 제한되었다. 예를 들어 오데사에서는 저자들이 인쇄에 들어가기 전에 원본의 사본 3부를 제출하도록 요구하였다. 이 명령을 수용하지 않으면 원본이 몰수되거나 인쇄소가 폐쇄된다는 위협을 받았다. 이러한 요구는 시간과 노력, 돈의 낭비를 가져왔고, 결국 출판업자를 도산하게 만들었으므로 공개적 검열보다도 더 혹독한 것이었다. 이러한 출판 제한 조치는 1917년에 절정에 이르렀다. 로마노프 왕조가 무너진 2월 혁명이 일어나기 몇 주 전 러시아 정부는 우크라이나어로 된 것은 어떤 것도 출판하지 못하도록 하는 비밀 명령을 내려 보냈다.

러시아 정부는 러시아령 우크라이나에서의 민족운동을 무력화시키기 위한 교묘하고도 능숙한 전략을 펼쳤지만, 1914년 할리치아를 점령한 이후에는 이 지역의 우크라이나 문화를 순전히 무력으로 파괴하려 하였다. 러시아군이 르비프를 점령한 지 몇 주일 지나서 보브린스키Bobrinsky 공을 수반으로 하는 지역 정부를 조직하여 이제까지 이룩한 모든 우크라이나의 성과를 체계적으로 말살시키려 하였다. 보브린스키는 첫 단계로 모든 우크라이나어 신문을 탄압했고, 도서관과 독서실을 폐쇄하고 '계몽회'를 해산시켰다. 다음 단계로 모든 '위험하고' '의심스러운' 작가들을 체포하여 시베리아로 유형시켰다. 학교에서와 관공서에서의 우크라이나어 사용은 금지되었다. 각 지역의 그리스 가톨릭교회를 금지시키고, 정교회 신앙을 강요하는 조치가 취해졌다. 그리스 가톨릭 사제들이 도망가거나 유형에 처해져 사제들이 없는 곳에는 정교회 사제가 교회를 맡았고, 러시아의 침략에 대항하는 용감한 사제들은 정교회 신앙을 받아들일 것을 강요받았다. 관리들은 정교회 사제 파견을 요청하도록 주민들을 설득했다. 러시아인 배교자와 폴란드인들의 자문을 받는 할리치아의 러시아 행정부는 폴란드인들은 할리치아에 특별한 이해관계를 가지고 있는 반면, 우크라이나인과 유대인들은 특별한 대우를 받아서는 안 되고, 러시아어와 문화를 받아들여야 한다고 주장하였다. 1915년 봄 러시아를 방문한 보브린스키는 이러한 선언을 하였다. 러시아가 할리치아에서 최종적으로 승리하고 페레므이슬을 점령하자, 할리치아가 러시아에 병합되는 것은 확실해 진 것으로 보였다.

우크라이나 문화를 말살하고자 하는 러시아의 계획 자체가 잘못된 것이었지만, 이를 실행하는 방법은 더 나빴다. 후에 러시아 관리들은 할리치아 점령 기간 동안 이 지역은 러시아 정부에서 파견된 악질의 관리들 손에 넘어갔다고 인정했다. 이들은 전쟁 상황을 이용하여 무법자처럼 행동하고, 주민들의 집을 약탈하였으며, 우크라이나인들과 유대계 주민들을 탄압하고, 우크라이나 문화 기관을 파괴했다. 일부 지역에서는 우크라이나 사제들과 학자들과 지식인들이 가정이나

공동체에서 추방당했다. 이러한 일은 전형적으로 야만적인 방법으로 행해졌다. 사람들은 어디에 있던지 현장에서 체포되어 인권을 완전히 무시당한 채, 남녀노소, 장애자 가릴 것 없이 시베리아로 유형에 처해졌다. 엄청나게 많은 수의 사람들이 제거되었다. 키예프의 한 구호위원회의 집계에 따르면 15,000건의 유형이 있었는데, 이것은 전체의 작은 일부에 지나지 않았다. 러시아 관리들을 매수하는데 성공한 사람들을 대신해서 정신병자나 농아가 체포되어 '심판에 처해져' 시베리아로 보내진 경우도 있었다.

우크라이나 할리치아는 1914년부터 1915년 사이 러시아 점령 기간 동안 완전히 피폐해졌다. 러시아인들이 트란스카르파치아 지역에서 퇴각하게 되자, 이들은 가능한 많은 주민을 징발하여 데리고 떠났다. 폴란드인들의 탄압을 두려워한 많은 사람들은 헝가리군과 독일군이 진격하기 이전에 도망을 했다. 러시아인들의 화려한 약속에 현혹된 수 만 명의 농민들이 러시아군에 자원입대하여 러시아로 이동했다. 이후 독일군이 러시아 국경까지 진격하자, 다시 큰 고난을 겪은 것은 우크라이나인들이었다. 특히 흘름, 피들랴쉐, 볼히냐, 포돌랴에서는 러시아 군사당국이 주민들을 강제로 러시아 내륙 지방으로 이주시키려고 하였다. 1670년의 '대추방' 이후 우크라이나는 이러한 급격한 인구 감소를 겪은 적이 없었다. 사람들과 가축들은 이동 중에 죽었고, 기차는 카잔이나 페름, 우랄 산맥 동부로 실려 가는 무고한 사람들로 아수라장을 이루었다.[42] 제정 러시아 정부는 몰락하기 전, 아주 어리석은 정책을 펼쳤다. 이들이 의도한 것은 문화와 지도계급

---

42) 저자 주 – 한 의사가 저자에게 한 말에 의하면, 그는 화물칸과 동물칸에 가득 찬 추방당하는 어린이들을 보았는데, 거의 모두가 이동 중에 죽거나 정신이상이 되었다고 함.

을 파괴함으로써 우크라이나 민족을 말살하고, 인구를 급감시켜 폴란드인들의 통치를 받는 식민지가 되게 하는 것이었다.

우크라이나 유형자들은 전쟁위원회를 조직하는 것도 허락되지 않았고, 고통당하는 사람들을 지원하거나 도와주는 것이 허용되지 않았다. 러시아 정부는 우크라이나 어린이들을 특별히 관리하여, 폴란드인, 레트인(Letts), 리투아니아인과 다른 소수 민족에게도 허용된 것처럼 우크라이나 어린이를 위한 학교를 만드는 것을 허용하지 않았다. 유형지에서도 할리치아에서 온 우크라이나인들은 폴란드인들의 통제를 받아서 마치 먼 시베리아 땅에서도 할리치아에 있는 것과 느낌을 받게 만들어 주었다.

러시아 자유주의자들과 협력한 우크라이나인들은 이들의 도움을 바랐으나 헛된 기대로 끝나고 말았다. 러시아 정부의 압력 하에 모든 러시아의 그룹들은 '사상의 통일'을 이룬 듯 했다. 1915년 러시아 두마에서 외무장관 사조노프Sazonov가 우크라이나의 민족운동이 독일의 자금 지원을 받고 있다고 선언했을 때, 우크라이나의 '동지'들 중 누구도 이러한 명백한 거짓말에 항의한 사람이 없었다. 부패한 러시아 정부 아래서 고통을 받고 있는 할리치아를 위해 올린 청원은 모두 무시되었다. 우크라이나인들의 친구라고 자처하는 사람들도 현재 상황에서 우크라이나인들에 대한 '사소한' 행위 때문에 러시아 전제정에 대항하는 것은 위험하다고 의견을 견지했다. 러시아 자유주의 지도자인 스트루베Struve나 다른 적들도 우크라이나 민족의 독립성을 완전히 파괴시키려고 하였다.

러시아가 할리치아에서 철수하게 된 어두운 기간에 일부 러시아인들은 탄압 정책이 우크라이나 민족운동을 파괴하지도 못하고, 대신 러시아의 이익을 침해하는 행위가 되었다는 것을 깨달았다. 1915년 7월 19일, 짧은 두마 회기 동안에 밀류코프Miliukov는 할리치아에 대한 잔혹한 정책과 관련하여 정부의 정책을 호되게 비판했다. 그는 이러한 정책이 '우리의 형제인 우크라이나인들을 거부하고, 자유를 위해 전쟁을 치른다는 사상을 무시한' 것이라고 비판하고, 정부가 이에 대해 해명한 것을 요구하였다. 우크라이나인들은 처벌의 위험에도 불구하고, 학교에서 우크라이나어를 사용할 수 있게 해달라는 최소한의 요구를 내놓았다. 1915년 새로 구성된 진보적 정부 그룹은 이러한 우크라이나 요구를 정책에 공식 수용하는 것을 두려워하면서도, '우크라이나어 출판을 허용'하고 '할리치아에서 체포되어 감옥에서 고난을 겪고 있는 우크라이나인들의 사례를 지체 없이 조사할' 필요가 있다는 점을 인정했다. 그러나 두마는 행동을 취하기도 전에 해산되었고, 우크라이나 문제에 대한 검토는 뒤로 미루어졌다. 러시아 정부가 1년 반 이상 우크라이나 민족운동을 탄압하였지만, 러시아 진보주의자들조차도 이에 항의하는 목소리를 내지 않았다.

러시아 정부가 우크라이나 민족운동을 말살하기 위해 노력하는 동안, 할리치아에 새로운 위협이 나타났다. 폴란드의 장래 지위에 대한 오스트리아와 독일 사이의 오랜 협상 후 독일이 폴란드에 대한 관할권을 장악했다. 1915년 여름 브루실로프Brusilov 장군을 추방하고 양국 간의 협약은 실행에 옮겨졌다. 독일이 이전에 러시아가 장악했던 폴란드 지역을 포기하는 대신, 오스트리아령 폴란드는 오스트리아 수중에 남기기로 했다. 할리치아는 우크라이나인들이 원한대로 우크라이나 지역(동부)과 폴란드 지역(서부)으로 분리되는 대신, 한 지역으로 통치되게 되었다.[43] 이렇게 되면 이 지역은 폴란드인들이 다스리게 되고, 우크라이나 주민들은 오스트리아 정부와 직접 교통이 불가능해진다. 1916년 11월 5일 독일과 오스트리아는 공동으로 폴란드의 독립을 선포했다. 오스트리아 황제 프란시스 요셉 2세는 수상에게 할리치아에 최대의 자치를 허용하는 헌법을 마련하도록 지시했다. 폴란드가 독일의 보호를 받는 독립국이 되는 것과 마찬가지고 할리치아 지방도 사실상 독립되는 것으로 이해되었다.

　이러한 조치는 할리치아 우크라이나인들의 염원에 큰 타격이 되었다. 특히 전쟁 기간 중에 오스트리아에 충성하며 폴란드인들로부터 받은 반역자라는 누명을 벗고, 폴란드 지배를 벗어나 자유를 찾으려는 사람들에게는 더욱 그러하였다. 할리치아의 우크라이나 애국자들은 동족들에게 러시아와 싸우는 오스트리아를 지원하도록 독려하였었다. 이렇게 한 것은 러시아를 패퇴시키면, 러시아의 전제주의로부터 해방되어 자유를 찾을 것으로 기대했기 때문이다. 1905년 혁명이 실패로 끝난 후 러시아에서 할리치아로 이주해온 우크라이나 이민자들도 같은 생각이었다. 이들은 1914년 비엔나에서 '우크라이나 독립 연맹'(Soiuz Vizvoennia Ukrainy)을 결성하여 독일군에 점령된 우크라이나 지역을 따로 떼어 독립국을 건설할 생각을 하였다. 이들은 오스트리아로 넘어온 러시아군의 우크라이나 포로 전원에게 우크라이나 시민권을 준다는 계획도 세웠다. 할리치아의 우크라이나인들은 이들의 계획에 어느 정도 동조하였다. 특히 개전 초기에는 더욱 그러

---

43) 역자 주 – 1차 대전 승전국과 오스트리아 사이에 체결된 생제르만조약에 의해 오스트리아–헝가리 제국은 오스트리아, 헝가리, 폴란드, 체코슬로바키아, 유고슬라비아로 분열되고, 트란실바니아는 헝가리에서 대루마니아(Greater Romania)로 이양되고, 부코비나도 대루마니아에 편입되었다. 소련과 승전국 간에 맺어진 리가 조약으로 소련의 서부 지역의 상당 부분이 폴란드, 핀란드, 발트 3국에 편입되었다.

하였다. 이들은 점령 지역을 관할하고 있던 폴란드군의 요구에 동조하여 우크라이나 '시치소총부대'(Sichovi Striltsi)로 알려진 자경 연대를 조직하였다. 1915년에는 '우크라이나 전체회의'(Zahalna Ukrainska Rada)를 구성하였다. 우크라이나 독립연맹은 러시아로부터 탈환한 지역에 우크라이나 국가를 세워줄 것을 오스트리아 정부에 요청하였다. 홀름 지역을 폴란드에 할양하지 말 것과, 할리치아와 부코비나의 우크라이나 지역으로 우크라이나 국가를 만들 것을 요구하였다.

오스트리아 군부에 큰 영향력을 행사하고 있는 폴란드인들의 강한 반대에 부딪쳐서 이 요구는 실현되지 않았다. 그러나 우크라이나 지도자들은 이에 실망하지 않고 전쟁 종료 후에는 좀 더 유리한 조정이 이루어질 것이라 주민들을 안심시켰다. 이들은 오스트리아 수상 스트뤼르크Strürgkh와 독일의 조정 가능성에 기대를 걸고 있었다. 우크라이나 지도자들은 할리치아에 대한 오스트리아의 새로운 정책에 기대를 걸고 희망에 찼으나, 오스트리아는 다시 한 번 이들을 기만하였다. 오스트리아 노황제의 죽음과 새 황제의 즉위고 할리치아 우크라이나인들의 고난을 완화시키지 못하였다. 1917년 러시아 혁명만이 우크라이나에 좀 더 나은 날이 올 수도 있다는 징조가 되었다.

2. 러시아 혁명과 우크라이나의 해방

러시아에 의한 우크라이나 탄압은 셰브첸코 명명일 기념식에서 절정에 이르렀다. 1917년 2월 25일 페트로그라드(상트 페테르부르그의 당시 이름)에서 소위 2월 혁명이 일어날 때까지 탄압은 가혹하게 이루어졌다. 페트로그라드의 우크라이나 사회는 2월 혁명에 큰 역할을 했다. 몇 명의 우크라이나 인사들이 혁명을 주도한 연대의 지휘관들과 밀접한 관계를 유지했고, 우크라이나 병사들과 노동자들은 봉기 현장에서 중요한 역할을 했다. 로마노프 왕가의 붕괴 소식에 우크라이나 주민들은 즐거워했고, 이 사건을 조국의 해방을 가져올 기쁜 소식으로 받아들였다.

이때까지 비밀스럽게 움직였던 우크라이나의 진보 그룹은 자신들의 계획을 공개적으로 내세웠고, 3월에 키예프에 새로운 정부를 구성했다. 키예프의 모든 정치 정당 간의 연락 체계가 수립되었고, 새로운 정부 기관은 '우크라이나 중앙라다'(Ukrainska Tsentralna Rada)라고 이름 붙여졌다. 일반적으로 중앙라다로 알려진 이 기관은 정당과, 협동조합, 노동자 조합, 병사 조합, 직능 조합으로 구성된 협의체였다. 각 단체의 멤버들은 자신들의 정치 및 계급적 노선의 차이를 일단 접어두고, 러시아 연방 국가 내에서 우크라이나의 자치를 확보하는 공동의 목표를 위해 단결하였다.[44]

우크라이나 자체의 언론기관이 없는 상태에서 통일된 지지를 끌어내는 작업은 느리게 진척되었다. 출판사는 정부에 의해 기능이 마비되었고, 인쇄소들도 전쟁 중에 피해를 입었다. 이러한 상태에서 복구를 하는데 시간이 걸리기는 하였지만, 1917년 3월말에 이미 '새로운 라다'(Novaia Rada), '노동자 신문'(Robitnitsa gazeta), '인민의 의지'(Narodnaia volia) 3개 신문이 창간되었다. 이 기간 동안 정치 상황에 대한 뉴스는 러시아 신문, 우체국, 전보, 개인적 접촉을 통해 퍼져 나갔다. 이러한 방법은 불규칙하였고, 신뢰할 만하지 못하였지만, 주민들은 열의를 가지고 정치적 혁명 슬로건을 바로 받아들였다. 키

---

44) 역자 주 – 이 책의 저자인 흐루솁스키는 망명에서 돌아와 중앙라다에 의해 중앙라다 의장 겸 우크라이나 초대 대통령으로 선출되었다.

예프에 중앙라다가 수립되었다는 소식이 전해지자, 각 지역에 위원회가 설립되어 중앙라다를 우크라이나의 최고 민족 기관으로 인정하고, 각 지역의 대표를 인정하고, 지역 활동에 대한 지침을 내려 줄 것을 요구하였다. 우크라이나 민족주의가 어느 정도 대중적 기반을 가지고 있었는지를 확인하기 위해 새 정부는 4월 1일(구력 3월 19일)을 애국주의 민족 선언의 날로 정했다. 이 날 열린 거대한 민중 집회와 연이은 대회는 우크라이나 민족주의가 교사들에게 제한된 운동이 아니라 민족적 뜻이었다는 것을 증명해 주었다. 대규모 대중 집회에서 우크라이나의 자치는 러시아 정부의 동의를 기다릴 필요 없이 바로 선언되어야 한다는 결의안이 통과되었다. 아울러 임시 정부가 우크라이나의 협조를 얻으려면 광범위하게 우크라이나의 자치를 인정하는 선언을 즉각 발표할 것을 요구하였다.

키예프에서의 회합과 민중 집회에 이어, 우크라이나의 각 지역에서도 많은 집회와 회합이 열렸다. '우크라이나 진보주의그룹'은 '자치주의자-연방주의자 연맹'이라는 새 이름을 갖게 되었다. 부활절에는 우크라이나 교사 대회가 열렸고, 4월 6일-8일 사이 중앙라다는 우크라이나 민족회의를 소집하였다. 중앙라다를 국민대표기관으로 전환하고 그 활동에 대한 국민적 지지를 확보하기 위해 이 회의가 열렸다. 모든 우크라이나 정당과 민족 단체들은 이 회의에 대표를 보냈고, 민족회의는 대성공으로 끝났다.

민족회의에는 주로 농민과 병사들을 대표한 약 900명의 대의원이 참가하여, 항구적 정부 기관의 기초를 만들었다. 민족회의에서 새로 구성된 중앙라다는 각 지역, 병사, 농민, 노동자, 문화 및 직능 단체 대표들로 구성되었다. 중앙라다가 취한 첫 번째 행동은 러시아연방

(Russian Federal Republic) 내에서 우크라이나의 영토적 자치성을 선언한 것이었다. 논란의 여지가 많은 미묘한 문제들은 의도적으로 논의에서 제외시켰지만, 한 달이 지나자 경제 문제를 의제에서 제외시킬 수 없다는 것을 깨달았다. 러시아 임시 정부가 경제 문제에 많은 관심을 쏟았고, 모든 정당들도 중앙라다가 우크라이나의 경제와 노동자들의 이익을 보호해야 한다고 한 목소리로 선언했기 때문이다. 노동자 대표들이 대거 중앙라다에 추가로 참가하였으며, 기본 의제에 사회, 경제 문제를 본격적으로 다루었다. 중앙라다는 구성이 좀 더 민주적이 되었으며, 사회, 경제적 환경의 향상을 옹호하기 시작했다. 중앙라다는 이러한 포괄적인 프로그램으로 다른 그룹보다도 병사들에게 큰 영향을 끼쳤으며, 병사들은 이에 상응하여 민족운동에 큰 지원을 제공하였다.

병사들이 우크라이나 민족운동에 큰 관심을 가진 것은 의외의 일이 아니었다. 병사들은 우크라이나 주민들 중 가장 활동적인 그룹이었고, 러시아 혁명에 가장 적극적으로 참여한 집단도 병사들이었다. 우크라이나 병사들이 러시아군에 남지 않고 별도의 우크라이나 군사 조직과 국민군의 창설을 요구하고 나선 것은 놀라운 일이었다. 러시아 정부가 우크라이나 내의 별도의 폴란드 병단의 창설을 허용하였으므로, 이것이 우크라이나 주민들에게 경각심을 주는 동시에 자극제가 되어 별도의 군대를 창설하게 만들었다. 키예프 주변에 폴란드군이 주둔하게 되자 지역 주민들은 크게 동요하였다. 새로 조직된 우크라이나 군사 조직은 '폴루보토크 병단'(Polubotok legion)이라고 명명되었다. 독립적인 코자크 연대들을 창설하게 해달라는 요구도 제기되었고, 민간인들이 군사 조직을 창설하는 것을 허용해 줄 것도 요구하였다. 모집령이 공포되자 수 천 명이 병사가 모집에 응하였고, 1917년 4월 말에 키예프에 모인 수 천 명의 병사들은 우크라이나 연대 소속이 아니면 전선에 나가지 않겠다고 선언했다.

러시아 군부와 외국 당국은 이러한 움직임을 확대 해석하여 혁명주의자들이 전선의 러시아군 전력을 약화시키고 있다고 비난했다. 이러한 위협은 임시 정부에 대한 적대감을 키워, 병사들은 참호에서 혁명 사상을 퍼뜨리기 시작했다. 병사들을 대리한 여러 대표단이 중앙라다에 참여하여 여러 요구 사항을 내놓았다. 1917년 4월 18일(구력 4월 1일)에 열린 병사대회에는 약 100만 명의 병사를 대표하는 대표들이 모였다. 한 달 뒤 열린 병사대회에는 1,736,000명의 병사를 대표하는 대의원들이 모여, 우크라이나 병사 수는 한 달 전보다 거의 두 배나 늘어난 셈이 되었다. 병사대회는 임시 정부 전쟁 장관의 금지에도 불구하고 전선의 병사들이 파견한 대의원들로 대부분 구성되었다.

이러한 대회들은 우크라이나 민족운동의 동향을 잘 보여준다. 5월에 열린 농민대회에는 천 개 이상의 군(郡)을 대표한 대의원들이 모여 병사대회에 버금가는 세력을 보여주었다. 중앙라다는 우크라이나의 자치 확대를 위해서는 주민과 병사들의 지원에 의지해야 한다는 것을 잘 알았다. 전선의 우크라이나 병사들은 오스트리아-독일군을 잘 막아내고 있었지만, 이들은 중앙라다를 적극 지원한다는 결의를 분명히 보여주었다. 또한 중앙라다는 농민들의 전폭적 지지를 받고 있었다.

3. 러시아연방 내에서의 우크라이나 자치 확보를 위한 투쟁

러시아의 혁명 세력이나 임시 정부 모두 우크라이나의 상황을 제대로 파악하지 못했다. 러시아인들은 혁명 운동 초기 과정에서 형제애를 과시하기는 하였지만, 시간이 지나면서 우크라이나 민족운동을 의심스런 눈으로 바라보며, 중앙라다의 노선에 반대하기 시작했다. 우크라이나인들이 민족대회를 소집하여 우크라이나의 자치와 러시아 연방제를 선언한다는 소문이 돌자, 키예프의 혁명주의자들은 부활절 집회를 취소할 것이라고 위협했다. 우크라이나 지도자들과 비우크라이나 정치 단체들의 회합이 이루어진 후에 이러한 적대감은 사그라들었지만, 이후에도 여러 번 반복적으로 긴장이 조성되었다. 러시아 혁명 세력 신문들은 우크라이나 민족운동과의 투쟁을 위해 구시대 반동주의자들과 종종 손을 잡았다. 러시아 임시 정부는 우크라이나인들의 요구에 귀를 기울이기보다는 반우크라이나 운동에 더 신경을 썼다. 우크라이나 문제에 비우호적인 카데트(Cadets, 입헌민주당)와 중도 노선 계열이 상황을 주도했다. 사태를 바르게 이해시키려는 우크라이나 정부의 모든 노력은 실패로 돌아갔다.

긴장 상태가 지속되면서 중앙라다는 임시 정부와 공식 협상에 들어가는 것을 주저하고 있었다. 키예프 대회 이후 중앙라다는 페트로그라드에 공식 사절단을 보내거나, 결의문을 전달하지 않고 있었다. 그러나 '병사 대표회의'(Convention of Soldiers' Deputies)는 지난 회의에서 제기된 우크라이나 자치 요구를 중앙라다가 임시 정부에 전달할 것을 요구하였고, 중앙라다는 마침내 이에 동의했다. 그러나 임시 정부는 중앙라다 대표단을 무관심으로 대했고, 중앙라다의 법적 지위에 대해 의구심을 표하며 우크라이나인들에 대한 적개심을 드러냈다.

임시 정부의 이러한 거절은 6월 2일-10일(신력 19일-27일)에 열린 '우크라이나 병사-농민대회'(Ukrainian Convention of Soldiers and Peasants)에서 강한 반향을 일으켰다. 키예프 소피아 광장에 모인 수천 명의 병사 대표들은 중앙라다가 분명한 선언을 내지 않으면 자리를 뜨지 않을 것임을 선언하고, 러시아 연방 내의 우크라이나 자치를 요구하였다. 주민과 병사들의 강한 결의를 인식한 중앙라다는 스스로 우크라이나 자치 획득 과정을 시작하기로 하고, 6월 23일(구력 10일) '1차 우니베르살'(Universal)을 우크라이나 국민들에게 발표하였다. 우니베르살에는 '오늘부터 여러분들은 자신의 운명을 개척해 나간다.'라고 선언되었다. 우니베르살은 주민들이 중앙라다와 긴밀한 관계를 유지하고, 우크라이나 정부 유지를 위해 세금을 거둘 것을 요구하고, 우크라이나의 이익에 반대하는 사람은 공직에서 모두 추방할 것을 선언하였다.[45]

1차 우니베르살 선언은 국민들에게 큰 영향을 주었다. 잘 구성된 내용뿐만 아니라, 강하고 결의에 찬 어조도 감명을 주었다. 우크라이나 국민뿐 아니라, 외국인들도 미래 정부의 목소리를 들을 수 있었다. 1차 우니베르살 선포 직후 중앙라다는 내각에 해당하는 '중앙서기국'을 구성하여, 전 우크라이나를 위한 행정부의 역할을 수행하게 했다. 우크라이나에서 전개되는 사태와 주민들이 1차 우니베르살을 어떻게 받아들이는지를 본 러시아 임시 정부는 태도를 바꾸었다. 사회주의 계열 장관들은 우크라이나 정책과 관련해서 카데트의 정책을 따르지 않고, 양보를 하기로 결정하였다. 러시아인들은 처음에는

---

45) 1차 우니베르살에서는 러시아연방 내에서 우크라이나의 자치를 선언하고, 우크라이나 민중은 자신들의 땅에서 독자적인 생활을 영위할 권리를 갖는다고 언명하였다.

'우크라이나 시민들에게'라는 포고령에서처럼 유화 정책에 큰 진심을 담지 않았다. 그러나 우크라이나 상황을 직접 시찰하기 위해 조사단을 보내고, 7월 11일(구력 6월 28일)에는 우크라이나와 직접 협상할 권한을 가진 대표단을 파견했다.

　모든 진영 간에 협력의 분위기가 무르익었다. 중앙라다는 키예프의 비우크라이나계 주민들의 대표를 받아들이기로 했다. 러시아의 사회주의 내각이 중앙라다를 우크라이나의 정부로 인정하자, 이에 반대하는 사람이 없었다. 중앙라다와 러시아 내각은 2차 우니베르살을 공동으로 준비했고, 여기에서는 '중앙서기국'이 우크라이나의 공식 정부로 인정되었다. 전쟁이 계속 진행 중이었으므로 지엽적 문제에 시간을 끌 수가 없었고, 2차 우니베르살은 바로 공포되었다. 러시아 임시 정부의 카데트계 장관들은 이러한 협상에 반대했으나, 우니베르살은 결국은 통과되었다. 이로 인해 임시 정부 내각은 붕괴되고, 카데트가 내각에서 탈퇴하여 내각은 사회주의자들 수중에 들어가게 되었다. 새 내각은 우크라이나와의 협력 정책을 굳건하게 추진했다. 7월 16일(구력 7월 3일) 2차 우니베르살이 공포되었다.[46)

　우크라이나는 마침내 자치를 획득하게 되었고, 오직 세부적 사항에 대한 준비만 남아 있었다. 최소한 우크라이나 국민들과 협상에 참가한 임시 정부의 담당 장관인 체레텔리Tsereteli가 이해하기로는 그러했다. 협상이 완료되자 체레텔리는 우크라이나 정부의 앞날에 최선을 기원하고 페트로그라드로 떠났다. 전선 상황이 불리해져서 독일군과 오스트리아군이 볼히냐와 포돌랴를 향해 진격해 오고 있었으

---

46) 2차 우니베르살에서는 '중앙위원회'가 행정부 역할을 하고, 중앙라다는 의회 역할을 하며, 중앙위원회는 5개주(키예프, 체르니히프, 폴타바, 포돌랴, 볼리니아)의 행정권을 갖는다고 선언하였다.

므로, 우크라이나계나 다른 모든 소수민족을 막론하고 모두가 협력할 준비가 되어 있었다. 중앙라다는 비우크라이나계 대표를 라다뿐만 아니라 '중앙서기국'에도 받아들였다. 중앙서기국은 열렬한 후원 속에 '첫 우크라이나 헌법'을 마련하여 중앙라다에 동의를 받기 위해 제출하였다. 이때가 우크라이나 역사에서 행복하고도 미래가 밝은 순간이었다. 우크라이나 문제에 다른 해결책을 선호한 국외의 우크라이나 단체들도 중앙라다의 활동에 지지를 보내고, 그 지도를 따를 것을 약속했다.

이러는 동안 순조로운 정치 일정에 장애를 만든 정치적 변화가 발생했다. 러시아 임시 정부에서는 우크라이나 문제로 인한 갈등 때문에 카데트가 사임하면서 생긴 공백을 급진 진영과 반혁명주의자들이 채웠다. 페트로그라드에서 발생한 봉기는 곧 진압되었지만, 전선에서 다시 봉기가 발생하였고, 이로 인해 오스트리아-독일군의 우크라이나 진격이 빨라졌다. 며칠만에 동맹군은 할리치아와 부코비나를 점령하고, 볼히냐와 포돌랴를 침공하기 시작했다. 러시아군 내에 질서가 붕괴되며 군이 무너지기 시작했고, 후퇴하는 부대들의 학살은 공포 분위기를 만들어냈다. 전선을 붕괴시키려는 사람들은 우크라이나 민족주의에도 적대적이었다. 러시아 사회주의자들은 무력을 써서 이들을 진압하고, 질서를 회복하려는 용기를 갖지 못하였고, 중산층의 도움을 요청했다. 카데트는 내각에 복귀하여 주인 노릇을 하였고, 우크라이나에 대한 적대적 태도를 다시 보였다. 러시아 정부 내의 우크라이나 이익 옹호자들은 다시 의심과 적대적 눈초리를 받았다. 새 내각은 이전 내각이 약속한 우크라이나 자치를 없던 일로 하고, 중앙서기국의 권한을 제한하려 하였다. 중앙서기국이 관할하던 군대뿐만 아니라, 법원, 도로, 우편 및 전보 업무를 박탈하였다. 러시아 정부는 우크라이나의 영토를 키예프, 포돌랴, 볼히냐, 폴타바, 체르니히프 5개 주로 제한하고, 이 지역 내에서 조차 특별한 권한을 보유하려 하였다.

　이 시기에 소집된 중앙라다는 위기의 순간이 온 것을 알았다. 러시아 정부는 중앙라다의 활동의 자유를 제한하는 '지침'을 하달하여, 우크라이나뿐 아니라 비우크라이나계 대의원들을 자극시켰다. 러시아 정부는 이러한 방식으로 무질서 상태와 무정부 상태를 극복하는데 가장 중요한 민간 세력의 단합을 파괴하려 하였다. 7월 26일 전선으로 출발하는 최초의 우크라이나 연대가 습격을 당했을 때 주민들의 분노는 절정에 이르렀다. 이 사건은 전형적인 반 우크라이나 선동의 결과였다. 다른 한편으로는 우크라이나 주민들은 이 중요한 시기에 러시아 정부나 민주 세력과 관계를 악화시키지 않으려고 노력했다. 중앙라다는 당분간 러시아 정부의 지침에 순응하고 우크라이나의 장래를 결정지을 '우크라이나 제헌의회'(Pan-Ukrainian Congress)의 소집을 연기하고 있었다. 여러 번의 협상 끝에 9월 2일(구력 8월 20일) 중앙서기국은 일곱 명의 장관으로 재구성되고, 9월 14일 이 조직이 임시 정부의 승인을 받았다.

4. 우크라이나 민족공화국

　러시아 연정 정부는 당시의 긴박한 상황과 반혁명 움직임 때문에 우크라이나 자치를 인정하였다. 당시 코르닐로프Kornilov 장군의 반란은 정부를 거의 전복할 뻔 했다. 그러나 위기의 시간이 지나가자 케렌스키 정부는 우크라이나 자치 인정을 취소하고, 우크라이나 내각을 무시하고 직접 통치하려 하였다. 러시아 임시 정부는 우크라이나 담당 '고등행정관들'(High Commissioners)을 임명하고, 우크라이나 당국에 재정 지원을 중단하고, 정부의 포고령과 대의원들을 무시하였다. 중앙서기국 업무를 정면으로 반대하여 구체제의 잔재인 러시아 상원은 자신들의 존재를 나타내기 위해 중앙서기국의 결정을 출판하지 않음으로써 중앙서기국의 법적 지위를 박탈했다. 결국 케렌스키 정부는 우크라이나 정부를 완전히 적대시했다. 케렌스키 정부는 곧 소집될 '우크라이나 제헌의회'를 이용하여 중앙서기국과 중앙라다를 탄핵할 생각이었다. 키예프의 러시아 검찰로 하여금 두 기관을 수사하고 제재를 가하도록 명령했다. 중앙서기국의 장관들은 페트로그라드로 올라와 '우크라이나 제헌의회'에 대해 보고하도록 요구하였다.

러시아 정부의 이러한 태도에 대한 우크라이나의 반감은 10월 20일 열린 '3차 병사 대표자 회의'(the Third Legion Convention)와 중앙라다 가을 회의에서 강하게 표출되었다. 그러나 상황은 급격히 변해버렸다. 볼셰비키가 주도한 봉기로 임시 정부는 와해되고, 볼셰비키는 '인민위원회'(People's Commissars) 정부를 구성하였다. 우크라이나 주민과 군대는 새 정부를 인정할 준비가 되어 있지 않았다. 이때부터 오랜 기간 러시아는 무정부 상태에 빠져들었고, 핀란드와 우크라이나를 비롯한 일부 지역은 독자적인 길을 걷게 된다. 볼셰비키는 노동자, 병사, 농민 대표로 구성된 회의체인 '소비에트로 모든 권력'을 집중하라고 요구하였지만 우크라이나는 이를 받아들이지 않았다. 키예프에 있는 임시 정부 대표들은 중앙라다가 볼셰비키와 연대한다고 비난하고, 코자크와 체코 전쟁 포로, 사관학교 학생들을 이용해 중앙라다와 볼셰비키를 전복하려고 하였다. 그러나 사전에 이러한 모의가 발각되면서 구정권의 대표들과 관련자들은 키예프와 근교에서 모두 추방되어 음모는 불발로 끝나고 말았다. 이번에는 볼셰비키가 우크라이나 정부를 전복하려 하려고 하였다. 볼셰비키는 우크라이나 정부가 부르주아 정부라고 비난하고 중앙라다의 복종을 요구했다. 10월 말 우크라이나 정부는 위기의 상황에 처했다. 정부는 서로 적대하는 임시정부와 볼셰비키 양 진영으로부터 모두 압박을 받았다. 키예프와 다른 대도시들에서는 내전이 발생했고, 완전한 무정부 상태에 이를 위험에 처했다.

이러한 상황에서 강력하고, 권위 있는 단일적인 통치 기관을 만든다는 것은 쉽지 않은 일이었다. 그러나 이것은 매우 필요했다. 중앙라다는 정부기관의 창설을 촉구하는 결의안을 내었다. 그러나 이것만으로는 부족했다. 중앙서기국은 존재하지 않는 국가를 운영하는 기관으로 공중에 떠 있는 상황이었다. '중앙서기국'은 10월 대의원회의에서 결의되고, 중앙라다에서 인준된 우크라이나 국가의 정부가 되어야 했다. 중앙라다는 결국 우크라이나 공화국의 선포가 지체 없이 이루어져야 하고, 이 공화국은 민주적이고 사회주의적 성격의 국가가 되어야 한다는 확신을 갖게 되었다. 중앙서기국은 사회민주당과 사회혁명당과 접촉을 갖고 이들과 함께 3차 우니베르살을 만들었다. 3차 우니베르살은 중앙라다에서 논란 끝에 통과되어 1917년 11월 20일(구력 11월 7일) 통과되었다.

3차 우니베르살은 새로운 우크라이나 민족공화국의 창설을 선언하였다. 여기에서는 사유재산권의 제한, 8시간 노동제와 생산수단의 국가 통제, 전쟁 종료를 위한 노력, 정치범의 사면, 사형제의 폐지, 법원과 행정 개혁, 비우크라이나계 주민에 대한 인권 보장 등이 선언되었다. 이것은 뛰어난 제도들이었다. 중앙서기국과 중앙라다는 이 제도들을 일부라도 시행하기 위해 최선을 다하였다. 첫 작업은 국가를 혁명이 아니라, 제헌적 기초 위에 세우기 위한 '전우크라이나 인민대회'의 대표를 선출하는 일이었다. 이미 우크라이나 전역이 무정부 상태에 빠지고 있었으므로 이것은 쉬운 일이 아니었다. 볼셰비키 정부는 러시아에서 위치를 확고하게 하자마자, 독일군과 오스트리아군과 싸우기 위해 적군(赤軍)을 전선으로 보내는 대신, 우크라이나 정부와 싸우기 위해 군대를 보냈다. 우크라이나 정부는 모든 적대적 무장 세력을 나라 밖으로 내보내고 있었다. 우크라이나 정부가 전선에서 귀향하는 돈 코자크들이 우크라이나를 통과하는 것을 허용하면서, 볼셰비키 부대가 우크라이나를 통과하여 돈 강 지역으로 가는 것을 막자, 11월 말 인민위원회는 우크라이나에 선전포고를 하였다.

볼셰비키 정부는 우크라이나 정부가 돈 코자크 사령관인 칼레딘 Kaledin과 다른 반혁명 세력과 연합했다고 하며 반혁명 활동을 비난했다. 볼셰비키 정부는 우크라이나 정부가 적군(赤軍)의 우크라이나 통과, 돈 코자크에 대한 연합 작전 동의, 우크라이나 내의 소비에트 정부의 수립 등을 요구하며 우크라이나 정부에 최후통첩을 했다. 이러한 요구를 받아들이는 것은 우크라이나 자치를 포기하고, 국가를 무능한 집단의 손에 맡기는 것이 되므로 이를 받아들이지 않았다. 그러자 볼셰비키 정부는 중앙라다를 반혁명적인 자본주의 분파로 비난하고, 볼셰비키 선동원들을 나라 전역으로 보내고 모든 수단을 동원해서 우크라이나 정부에 대한 흑색선전을 시작하였다. 볼셰비키 정부는 러시아 화폐의 공급을 중단함으로써 우크라이나 정부의 재정을 공격했다. 이로 인해 우크라이나는 화폐주조소를 급하게 만들 수밖에 없었다. 마지막으로 볼셰비키 정부는 전선에 있던 군대를 우크라이나로 보내 중앙라다를 전복시키려고 하였다. 이와 동시에 12월 첫째 주에 키예프에서 볼셰비키 대회를 열어 기존의 모든 정부 조직을 전복하려고 하였다. 우크라이나 정부는 같은 시간, 같은 장소에서 농민대회를 개최함으로써 이러한 의도를 분쇄시켰다. 농민대회는 중앙라다에 대한 확고한 지지를 선언했다.

12월 중순에 소집된 중앙라다 8차 회의는 중앙라다의 권위와 독립우크라이나의 주권을 지킨다는 확고한 의지를 천명했다. 러시아와의 연방을 수립하는 이전의 계획은 완전히 철회되었다. 러시아 제국이 무정부상태에 빠져들자, 모든 소수민족은 독립을 선언했다. 이러한 움직임은 러시아 없이 별도의 연방을 수립하는 것이 불가능했고, 러시아 다음으로 가장 큰 국가인 우크라이나는 자신의 정치적 운명을 방어할 수밖에 없었다.

5. 독립 우크라이나

1917년 12월 후반기가 되면서 우크라이나의 상황은 더욱 심각하게 되었다. 볼셰비키 선동이 효과를 나타내면서 전방의 병사들이 군수품을 훔치고 전선을 이탈했다. 귀향하는 도중에는 닥치는 대로 약탈을 했다. 무정부주의자 무장 그룹들은 마을을 점령하고, 힘없는 주민들의 지지를 얻고 반항하는 주민들은 공격했다. 영지와 창고, 공장을 파괴하고 약탈하는 일이 일반화되어 국가의 자산이 급격히 줄어들고 생산력이 현저히 저하되었다.

경제적 곤경에 업친데 덥친격으로 정치적인 혼란이 확산되었다. 키예프에서의 당 대회 개최에 실패한 볼셰비키들은 1917년 12월 13

일 하르키프에서 집회를 열어 볼셰비키 정부 수립을 선언하고 현 정부에 반기를 들었다. 중앙라다가 우크라이나 노동자 계층의 이익을 대변하지 않는다고 선언하고 민중들이 일어나 중앙라다에 반대할 것을 촉구했다. 이러한 노력은 코메디극과 같은 결말을 가져왔지만, 병사와 수병, 부랑자로 구성된 무장 그룹은 돈 강 지역으로 나가는 길을 개척하는 길을 연다는 핑계를 대고 하르키프에 들어와 그곳에 눌러앉았다. 이들의 진입은 이미 선동에 의해 자극된 일부 주민들을 고무시켰고, 대다수 주민들은 공포에 떨게 되었다. 우크라이나 수비대는 이틀 동안 버텼지만, 결국 이들에게 굴복하고 말았다.

이후 볼셰비키 병사와 적군 전위대, 무장 노동자와 기타 친볼셰비키 세력으로 구성된 부대가 반혁명군과 싸우러 돈 강 지역으로 가는 대신, 철로를 따라 우크라이나 중심부로 이동해 왔다. 이들은 폴타바와 헤르손을 선동하며 통과했다. 하르키프 사태는 다른 도시에서도 발생했다. 볼셰비키군이 도착하면 주로 유대인과 러시아인들이 나서서 도시와 기차역에서 봉기를 일으켰다. 새로 구성된 우크라이나 연대도 선동에 넘어가 반란이 일어나거나, 애국자들에 의해 진압되었다. 이러한 투쟁은 자본주의적인 중앙라다에 대항하기 위한 것이라고 병사들을 선동했다. 많은 우크라이나 병사들과 코자크들은 선동에 넘어가 볼셰비키에 가담하거나, 중립을 선언하거나, 아니면 연대를 이탈하고 고향으로 귀환했다. 특히 크리스마스 기간 중에 이러한 일이 많이 일어났다.

볼셰비키 공작의 성공은 우크라이나 지도자들도 동요하게 만들었다. 러시아 볼셰비키들은 볼셰비즘이 사회주의 혁명의 논리적 발전 과정이라고 설득하며 우크라이나 급진주의자들에게 볼셰비즘을 전파했다. 사회주의자들이 볼셰비즘을 받아들이지 않으면, 볼셰비즘에 의해 소멸될 것이라고 선동했다. 이들은 병사와 노동자 대표로 구성되는 대회에서 중앙라다를 새로 선출하고, 모든 지방 권력을 지역소비에트에 넘길 것을 촉구했다. 급진적 하르키프 사회혁명단원들이 참석한 8차 중앙라다에서부터 볼셰비키 선전은 널리 확산되었다. 혁명 그룹은 페트로그라드로 가서 '우크라이나 제헌의회' 소집을 러시아 볼셰비키 정부에 설명했다. 이들은 볼셰비키와 사회혁명당원들이 정부를 장악하면, 러시아와 우크라이나의 전쟁과 우크라이나의 무정부 상태를 종식시킬 수 있을 것으로 희망했다.

이러한 사태들이 심각한 시기의 우크라이나 정치에 불확실성을 가중시켰다. 12월 말부터 1월 초 흑해 지역, 폴타바, 카테리노그라드(역주: 현 드니프로페트롭스크), 오데사, 크레멘축 같은 도시들이 볼셰비키의 수중에 들어갔다. 볼셰비키는 키예프 지역에 석탄 공급을 중단하고, 남쪽, 동쪽, 북쪽으로부터 중앙 지역으로 진격해 왔다. 키예프에서도 정부에 대한 악선전이 집요하게 전개되어, 조국을 방어하기 위해 얼마 전 도착한 우크라이나 연대를 완전히 와해시킬 정도였다. 우크라이나 정부 지도자들은 자신들의 어려운 상황을 깨달았고, 중앙라다는 4차 우니베르살에 따라 1918년 1월 9일 구성되는 새 내각에 권력을 이양하기를 희망했다.

우크라이나는 볼셰비키와의 전쟁 말고도 동맹국과 싸우는 전선을 계속 유지해야 했다. 혁명이 시작될 때부터 우크라이나 국민들은 모든 회의에서 자신들의 의사에 관계없이 차르에 의해 참전하게 된 전쟁의 즉각적 종식 의사를 표현했다. 그러나 독립을 선언하기 전까지 우크라이나는 국제 정치에 독립적 당사자로 참가할 수 없었다. 르보

프 공과 케렌스키의 러시아 임시 정부는 동맹국과 강화를 할 용기를
내지 못하고, 동부 전선에서 계속 전쟁을 수행하면서 연합국을 도왔
다. 전쟁을 계속 수행하는 것은 우크라이나 정부의 큰 실책이었다.
이것은 혁명으로 얻은 이익을 무산시킬 뿐 아니라, 우크라이나 자체
를 위험하게 만들었다. 볼셰비키는 케렌스키 정부를 전복하고 바로
전쟁을 종결할 것을 선언했다. 11월 말에 브레스트−리토브스크에서
종전 협상이 열렸다. 독립을 선언한 후부터 우크라이나 중앙라다 정
부는 이 협상에 참여하기를 희망했다. 연합국 중 처음에는 프랑스가,
다음으로 영국이 우크라이나 민족공화국을 서둘러 승인한 다음 동맹
국과의 종전 협상에 참여하지 말 것을 요청하였다. 우크라이나가 계
속해서 동맹국과 전쟁을 수행하면 큰 지원을 해줄 것을 약속하고, 만
일 별도의 강화 조약을 체결하면 불이익이 있을 것으로 위협했다. 그
러나 우크라이나 정부는 동맹국에 대항할 전쟁 보급품이 없었고, 나
라 자체가 독일의 침공 위협 아래 있어 국민들이 강화를 원하고 있었
다. 중앙라다는 브레스트−리토브스크에 사절단을 보내서 소비에트
사절단과 함께 강화조약을 맺었다. 소비에트 사절단이 처음에는 강
화를 요청하다가, 다음에는 볼셰비키 선전문구를 늘어놓는 등 일관
성을 보이지 않자, 중앙라다는 우크라이나 대표단에게 러시아의 행
동과 관계없이 동맹국과 별도의 강화협정을 맺을 권한을 주었다.

키예프가 볼셰비키에 포위된 상태에서 중앙라다는 각 정파 간의
끊임없는 토론과 논쟁 끝에, 최종적으로 다수의 대의원들의 결정으
로 볼셰비키에 대항하기로 결정을 내렸다. 1918년 1월 22일(구력 1월
9일)이 제헌의회 소집과 우크라이나 공화국 독립 선언일로 결정되었
다. 독립 선언으로 외교와 내정에서 자유를 얻고, 러시아가 우크라이

나의 내정에 간섭하는 근거를 제거하고, 인민위원회와 볼셰비키와의 전쟁은 우크라이나의 독립을 파괴하려는 러시아와의 투쟁이고, 적들이 위장하는 것처럼 이념적 갈등의 문제가 아님을 분명히 하려고 했다. 우크라이나 지도자들은 이론적으로 러시아와의 연방 유지가 미래를 위한 최선의 길임을 믿고 있었으나, 반우크라이나 세력들은 러시아와의 연방은 러시아 제국을 지속시키려고 비러시아계 민족에 대한 압제를 계속하려는 음모라고 비난했다. 연방 옹호자들은 정치적 연합뿐만 아니라, 경제와 기타 분야에서의 완전한 유대를 옹호했다. 이것은 우크라이나의 발전을 저해한 옛 정책의 연장이었다. 러시아 볼셰비키 정부는 정치 강령에서 '소수민족의 자치와 완전한 독립 옹호' 조항을 삭제하고, 연방을 공개적으로 옹호하며 우크라이나와 러시아의 프롤레타리아의 연합을 주장했다. 연합국들, 특히 프랑스는 우크라이나가 소비에트 러시아와 연합할 것으로 의심하고, 동맹국과 개별 강화조약을 맺으면 우크라이나 내의 모든 프랑스 자산을 철수시킬 것이라고 위협했다. 따라서 우크라이나는 외국들에게 자신의 정책을 분명히 밝힐 필요가 있었다. 이것이 우크라이나 민족공화국의 독립을 선언해야 하는 또 다른 이유가 되었다.

케렌스키 정부 전복 이후 우크라이나는 사실상 어느 정도 독립국가가 되었고, 중앙라다의 회의 이후에는 거의 완전한 독립국가가 되었다. 이러한 독립은 동맹국에 의해서 인정되었고, 1월 12일 브레스트-리토브스크의 러시아 인민위원회 대표단에 의해서도 인정되었다. 그러나 이것은 1월 22일 4차 우니베르살에 의해 공식 인정을 받는 절차가 남아 있었다. 4차 우니베르살은 '우크라이나는 독립국이고 주권국이며 다른 어느 권위에도 종속되지 않는다'라고 선언했다.[47]

'중앙서기국'은 '인민위원 내각'(Council of People's Ministers)으로 이름이 바뀌었다. 새 정부의 첫 과제는 제정 러시아 제국의 어떤 지역의 반대에도 불구하고, 동맹국과의 강화협상을 마무리하는 것과 볼셰비키를 몰아내고 우크라이나를 지키는 것이었다. 군대의 해산령이 내려지고, 전쟁 피해 지역의 복구, 공장과 상점의 전시 체제 해제와 정상 상태 복구, 귀환하는 병사들의 정치적 권리 회복에 필요한 조치 시행 등이 결정되었다. 노동자 계급을 위한 일련의 사회 개혁 조치들도 명령되었다. 이것은 3차 우니베르살에서 세워진 원칙에 의해서 시행되었다. 토지를 농민들에게 돌려주고, 산림, 수자원, 광물자원의 국유화, 실업자를 위한 일자리 창출, 노동자들의 생필품에 대한 독점화, 은행여신의 통제 등의 조치가 선언되었다.

4차 우니베르살의 최종 문안이 승인되었고, 1월 24일(구력 1월 11일) 중앙라다에 의해 출판되었지만, 1월 22일 날짜는 그대로 유지되었다. 우크라이나 내에서도 반대는 있었다. 러시아 문화와 정부에 예속된 일부 사람들은 통합된 러시아와의 전통적 연방 형태에 확신을 가지고 연방으로 가는 중간 단계로서의 독립에 대해서도 불만을 품었다. 이러한 경향은 우크라이나 땅을 떠나 스스로를 러시아인이라고 부르는 '탈우크라이나화'한 사람들에게 강하였다. 특히 유대인들은 우크라이나 거주 유대인들을 위한 진정한 이익이 무엇인지 잘 인식하지 못하고, 러시아 유대인들과의 연계가 단절된다고 생각하여 반대에 나섰다. 독립 우크라이나에 대한 이러한 적대적 태도는 상업 중심지나 특히 키예프를 비롯한 대도시에서 일정한 세력을 얻어서,

---

47) 역주—1월 22일이 첫 우크라이나의 독립 기념일로 기록됨.

우크라이나의 자유 획득을 위한 이 중요한 시기에 독립 선언에 대한 반대 투쟁은 키예프의 반란으로 절정에 이르렀다.

6. 키예프의 봉기

4차 우니베르살은 중앙라다에서 다수의 지지를 받아 통과되었다. 그러나 좀 더 급진적인 사회혁명당과 사회민주당 사이의 분열로 말미암아, 사회민주당은 내각에서 사퇴한다고 발표하였다. 이 사태로 우크라이나 불안정한 상황에서 위기가 증폭되었다.

러시아의 인민위원회는 좌파 사회혁명당이 중앙라다를 분열시킨 것을 알고, 키예프에 선동대를 새로 보내 중앙라다에 대한 반란을 준비시켰다. 동시에 키예프의 봉쇄를 강화하고, 중앙라다가 동맹국과 단독으로 강화를 맺는 것에 방해 공작을 했다. 그러나 볼셰비키도 독일과 전쟁을 지속하는 것을 반대하고, 독일의 강화조건을 받아들이는 것도 거부했다. 그들은 케렌스키 정부를 전복할 때 전쟁 종료를 가장 중요한 목표로 선언했기 때문에 강화를 거부할 수도 없었다. 볼셰비키는 브레스트–리토브스크에도 하르키프의 선동가들을 파견해 우크라이나 대표단을 무력화시키는 시도를 했다. 볼셰비키 선동대는 자신들이 러시아와 우크라이나의 연합과 러시아와 우크라이나 프롤레타리아의 연합을 선호하므로 자신들만이 우크라이나 민주주의 세력의 진정한 대표라고 주장했다. 그러나 이러한 시도가 실패로 돌아가고, 동맹국은 우크라이나 대표단과 교섭을 계속하자, 볼셰비키는 어떠한 대가를 치루더라도 중앙라다를 파괴하기로 했다.

러시아 볼셰비키의 이러한 전복 기도는 어느 정도 성공을 가져왔다. 1918년 1월 중순까지 사방에서 적들에 포위된 키예프는 위기 상황에 처해 있었다. 볼셰비키의 선동에 넘어간 키예프의 병사들은 중앙라다를 비방하는 연설을 시작하고, 중앙라다에 대한 지지 철회를 위협하며 볼셰비키와 협상할 것을 요구했다. 볼셰비키는 우크라이나 주민들에게 더 강한 인상을 주기 위해 자신들의 지도자로 저명한 작가의 아들인 흐레고리 코츄빈스키Gregorii Kotiubinsky를 내세웠다.[48] 소규모 우크라이나 군대는 볼셰비키군의 상대가 되지 못하였다. 우크라이나 정부군과 할리치아에서 온 지원병들, 고등학생 의용군은 흐레빈스카Hrebinska와 다르니차Darnitsa에서 볼셰비키군과 맞서 싸웠지만, 배신자와 도망자들의 활동을 저지할 수 없었다. 볼셰비키는 드니프로 강 건너 즈메린카Zhmerinka, 코쟈틴Koziatin, 파스티프에 병력을 집결하고 도강을 준비했다. 국방부는 키예프에 계엄령을 선포하고 사령관에게 도시를 방어할 전권을 주었다. 사령관은 자원병을 모집했으나, 키예프에는 반 우크라이나주의와 친볼셰비키 정서가 너무 강했다.

1월 28일(구력 1월 15일) 중앙라다는 9차 회의를 열어 8시간 노동제와 산업 통제 등의 문제를 논의하기로 하였다. 볼셰비키는 이 기회를 이용하여 키예프에 봉기를 일으키기로 하였다. 볼셰비키 선동에 넘어간 한 연대가 라다를 해산시킬 의도로 중앙라다가 열리고 있는 건물로 접근하였지만, 건물 진입은 감히 시도하지 못하고 '자유 코자크'라고 불린 노동자를 키예프 방어에 활용한 것에 대해 항의 집회를 하였다. 다음 날 밤 볼셰비키는 무기고(Arsnal)을 점령하고 도시에 봉기를 주도하였다. 이들은 페트로그라드에 소식을 보내 키예프가 볼셰

---

48) 역주 - 코츄빈스키는 '우크라이나는 아직도 죽지 않았다'로 시작되는 우크라이나 국가 작사가임.

비키 수중에 떨어졌고, 중앙라다가 해체되고, 우크라이나 정부가 혁명분자 수중에 떨어진 것을 세계에 알리려고 했다. 볼셰비키가 키예프의 전보 연결선을 차단하였기 때문에, 정확한 사정을 모르는 브레스트-리토브스크의 우크라이나 대표단은 어려운 상황에 처했다. 전보 연결선이 복구되어 상황을 파악한 대표단은 활동을 계속했다. 동맹국은 우크라이나의 독립을 인정했다. 동맹국은 우크라이나가 처한 위기를 이용할 생각을 하지 않고, 강화 조약을 서둘러 맺기 위해 많은 양보를 했다. 이들은 우크라이나의 독립을 인정했을 뿐만 아니라, 우크라이나에 유리한 강화조약에 서명했다. 우크라이나의 독립은 동맹국의 이익에도 매우 중요하였다.

우크라이나 정부는 키예프를 방어하기 위해 모든 노력을 기울였다. 키예프의 방어는 국제적으로 위신을 유지하고 강화를 유지하는데 필요했다. 동맹국과의 강화는 군대를 해산하고 질서를 회복하며, 긴급히 필요한 보급품을 구입하는 것을 가능하게 할 것이라고 기대했다. 잠시 동안 우크라이나 교관들 밑에 있었던 병사들이 전선에서 돌아오면 정부의 입장을 강화해 줄 것으로 믿었다. 우크라이나 정부는 전쟁 초기부터 포로들에게 우크라이나와 러시아가 전쟁을 하는 경우 자신들의 정치적 권리를 지킬 수 있게 하기 위해 우크라이나 민족주의의 교훈을 가르쳤다. 이런 충성스럽고 의식 있는 병사들이 우크라이나를 군사적 무질서 상태에서 구할 것으로 믿었다. 할리치아의 '시치 소총부대', 러시아의 오스트리아 전쟁 포로도 우크라이나와 러시아가 전쟁을 하는 경우 자신들의 정치적 권리를 지키기 위해 볼셰비키와의 투쟁에 필요한 지원을 제공해 주었다. 이러한 이유 때문에 우크라이나 정부의 지도자들은 어떠한 대가를 치르고라도 전쟁을 종결시키고, 강화 협정이 체결될 때까지 키예프를 사수하려고 하였다.

이러한 목표를 위해서는 중앙라다가 해산의 위기에서 벗어나 재조직될 필요가 있었다. 볼셰비키와 타협을 원하는 극단적 급진주의자들이 굴복했다. 키예프 군사령관은 중앙라다의 급진 대의원 몇 명을 체포하였다. 이들은 체포에 저항하고, 이 과정에 대한 조사를 위한 조사단을 구성했지만, 자신들의 존속을 위한 정부의 강경한 조치에 방해를 하지는 않았다. 현재 봉착한 위험한 상황을 알고 모든 정당은 단결하여 일했다. 2월 1일(구력 1월 18일) 키예프 공격의 신호로 대포 소리가 작렬하는 가운데, 토지 개혁법이 통과되었고 자세한 사항은 뒤에 논의하기로 했다. 사회혁명당원인 홀루보비치Holubovich에게 내각 조각권이 위임되면서, 위기의 순간은 지나가고 화합의 분위기가 조성되었다. 그러나 키예프는 여전히 풍전등화와 같은 위기 상태에 있었다. 볼셰비키는 키예프를 동부와 서부에서 공격하였고, 시가전이 계속되었다. 도시의 일부 지역은 하루 동안에도 몇 번 씩 주인이 바뀌었다. 몇 천 명의 정부군은 영웅적으로 싸웠지만, 시 외곽에서 포격을 가하고, 건물 지붕과 창문에서 저격을 하고 기만전술을 펴는 적군들에게 저항하기가 힘들었다.

이러한 공방전 속에 10일이 지나갔다. 볼셰비키는 '코츄빈스키 장군이 이끄는 소비에트군이 키예프를 점령했다.'는 뉴스와, 중앙라다가 해산되어 도망쳤고 권력이 '소비에트 공화국 수중에 들어왔다'는 뉴스를 세계 각국에 보냈다. 그러나 우크라이나 정부는 계속 키예프에 남았고, 동맹국과 강화조건에 대한 합의가 이루어진 2월 7일까지 투쟁을 계속했다. 키예프가 완전히 파괴되는 것을 막기 위해 2월 9일 정부는 지토미르로 이주하고, 정부군이 키예프에서 철수하면서 키예프는 우크라이나와 러시아 볼셰비키 손에 들어갔다. 며칠동안 볼셰비키는 잔인한 학살을 감행했다. 우크라이나 정부가 발행한 주민증을 가진 사람과, 우크라이나인으로 판단되는 사람을 처형했다. 볼셰비키는 5천 명을 처형했다고 스스로 자랑했다. 그러나 좀 더 믿을만한 기록에 의하면 2천 명을 처형한 것으로 보인다. 그러나 처형한 숫자에 관계없이 이러한 만행은 볼셰비키가 어떤 방식으로 전쟁을 수행하는가를 잘 보여준다. 자신들이 내세운 자본가와 반동 세력과 싸운다는 명분과 관계없이 이것은 러시아 제국주의와 민족적 독립 세력 간의 국민적 전쟁이었다. 그리고 제정 러시아의 제국을 계속 유지하려는 볼셰비키의 전쟁은 차르 시대의 어느 정부가 수행한 전쟁보다도 잔인했다.

7. 독립을 유지하기 위한 전쟁

우크라이나 정부가 동맹국과 강화조약을 맺은 것은 실책이 아니었다. 우크라이나 정부군이 키예프를 철수하는 바로 그 날, 동맹국과 강화조약이 체결되었다. 2월 7일(구력 1월 25일) 강화조약은 합의가 되었고, 2월 9일 저녁 양측에 의해 조약이 서명되었다. 조약에 의하면 전쟁 중 독일군이 점령한 서부 우크라이나 지역인 홀름, 베레스테, 핀스크의 일부 지역이 우크라이나에 반환되고, 전쟁 포로들이 교환되며, 상품의 교환과 제한적인 무역이 합의되었다. 독일 정부는 우크라이나 포로를 집결시켜 우크라이나로 보내 러시아 볼셰비키와의 전투에 참전하도록 했다. 또한 독일군을 파병하여 적군을 격퇴시키고, 조약에 합의된 식량을 징발하기를 원했다.

이러한 전망은 낙관적이지는 않은 것이었다. 독일군이 우크라이나로 진격하는 순간, 중앙라다는 이에 대해 비난을 받을 것이고, 농민들 사이에 큰 불만이 터져 나올 것이 분명했다. 다른 한편으로는 나라를 볼셰비키 수중에 무정부 상태로 더 이상 방치할 수 없었다. 주민들이 볼셰비키의 학정에 식상해서 우크라이나 정부의 귀환을 바라게 기다릴 수만도 없었다. 가장 중요한 것은 농민들이 평화와 질서의 회복을 원하고, 강한 정부가 볼셰비키 공포에서 자신들을 해방시켜주기를 바란다는 점이었다. 농민들은 아무 힘이 없고, 우크라이나 정부가 아무 조직이나 정부 없이 방치하면 무법 상태가 오래 지속될 것이 분명했다. 봄 파종기가 다가오면서 농민들이 들판에 나가 방해받지 않고 파종을 할 수 있게 해야 했다. 그러나 독일에서 전쟁 포로가 돌아오는데 시간이 걸리고, 오스트리아는 우크라이나를 지원하기 위해 할리치아의 우크라이나 연대와 의용군을 보내는 것을 주저하고 있었으므로, 우크라이나 군을 재조직하는데 시간이 필요했다. 볼셰비키의 선전에 동요된 이탈자로 인해 우크라이나 정규군의 지휘부는 약화되어서 새로운 군대를 소집하는 것도 시간이 걸렸다.

이러한 상황에서 우크라이나 정부는 독일이 제안한 군사 원조를 거절할 여유가 없었다. 독일이 조약에 약속된 식량 징발을 위한 이기적 목적으로 군대를 파견하는 것은 분명했다. 우크라이나 정부는 독일에 군사 원조를 정식으로 요청했고, 조약이 서명된 지 일주일 후에 독일군이 국경을 넘어 진격해 왔다. 그때까지 주저하는 태도를 보이던 오스트리아도 군사 원조에 동참했는데, 우크라이나 연대를 파견하는 대신, 체코, 폴란드, 헝가리 부대를 파견하여 우크라이나 지방 주민들의 원성을 샀다.

한편 소규모의 병력과 함께 지토미르로 철수한 우크라이나 정부는 전열을 재정비하고 볼히냐의 볼셰비키를 격퇴하기 위해 싸웠다. 우크라이나 정부가 지토미르로 철수하자 볼셰비키는 군대를 보내 이 도시를 공격하여, 수일 후 우크라이나 정부는 볼히냐 북부의 사르니 Sarny로 다시 이동했다. 독일군과 새로 조직된 우크라이나군이 주둔하고 있는 코벨Kovel 사이의 철도가 연결되었다. 이러한 증원군의 지원을 받아 2월 중순 볼히냐가 볼셰비키로부터 해방되었고, 우크라이나군은 키예프를 향하여 진격했다. 2월 16일 우크라이나 정부는 그레고리안 달력을 채택하였다. 볼셰비키군은 3주간 키예프를 약탈한 다음, 독일군과 우크라이나군이 도시를 포위한다고 위협하자, 전투를 벌이지 않고 키예프에서 철수했다. 3월 1일 독일군과 우크라이나군은 시민들의 열렬한 환영을 받으며 키예프에 입성하였다. 며칠 후 우크라이나 내각과 중앙라다도 키예프로 돌아왔다.

키예프를 떠나 지토미르로 이동했던 중앙라다는 계속 입법 활동을 했고, 매일 내각으로부터 중요한 사안에 대한 보고를 받았다. 우크라이나 옛 동전의 부활에 대한 법안과 국경 문제, 국기에 대한 법안이 통과되었다. 중앙라다 회의에 참석하지 않았던 일부 대의원들은 키예프로 귀환한 후, 그간의 입법안 중 일부에 대해 반대 의사를 나타냈다. 의회와 내각의 급진파는 정부가 사회주의 성격이 약하고, 너무 민족주의 경향인 것에 대해 비난하고, 홀루보비치 내각의 전복을 꾀했다.

중앙라다는 다시 분란에 휩싸였다. 우크라이나의 독립에 반대한 급진파들과 반우크라이나주의자들은 중앙라다와 내각을 계속 공격하며 정부 전복을 기도했다. 이들은 경찰을 지휘하고 있는 내각이 러시아 2월 혁명 기념일 행사와 집회를 금지한 것에 대해서도 항의했다. 또한 모든 선언과 법률이 우크라이나어로 인쇄되도록 한 법안에 대해서도 항의했다. 독일군의 진주를 허락한 것도 또 다른 항의의 대상이 되었다.

다른 한편에서는 1월 31일 통과된 토지개혁안이 부농들의 반감을 샀다. 이들은 독일군과 오스트리아군 앞에서 정부를 비난하고, 사회주의적 정책을 뒤집는데 지원을 기대했다. 포돌랴와 볼히냐의 폴란드 지주들은 오스트리아 정부에게 이 지역을 점령하고, 토지 개혁 법안을 취소시켜줄 것을 요청했다. 자신들의 힘으로 이들은 폴란드 용병대를 조직하고, 농민들의 농지를 빼앗으려고 했다. 드니프로 강 동부 지역의 지주들도 토지 개혁 법안에 조직적으로 저항했다. 이들은 부농들과 코자크들을 선동하여 중앙라다가 사회주의적 정책을 포기하고 사회주의 내각을 해산하고, '우크라이나 제헌의회' 소집에 반대하고, 독재정을 수립하며 라다가 자체 해산할 것을 촉구했다. 이들은 독일 군사 당국에 대표를 보내서 장교들을 선동하여 토지 개혁안을 취소시켜 줄 것과 사회주의 정부를 해산해 줄 것을 요청하고, 독일의 지원으로 우크라이나에 지주제를 부활시킬 계획을 짰다.

이러한 내홍 속에서 중앙라다는 볼셰비키군을 우크라이나에서 몰아내기 위한 싸움을 계속하고, 경제를 다시 살리고 질서를 회복하여 독립을 수호하려는 노력을 계속 하였다. 중앙라다는 안밖으로 여러 장애에 부딪쳤다. 우크라이나군은 강하지 못했고, 잘 훈련되지도 못했다. 모든 지역에 무정부주의자와 외국 군대, 반동적 무장 그룹이 돌아다녔고, 이들은 우크라이나 민족주의와 현 정부에 대항했다. 다른 한쪽에서는 스스로 장교로 자처하는 무리와 단체, 제멋대로 행동하는 여러 그룹들이 정부의 업무에 간섭했다. 독일군과 오스트리아군은 연합적으로 움직이지 않고 독자적으로 행동하여 우크라이나 군부의 군사 작전 수행에 많은 장애를 가져왔다.

이러한 상황에서도 볼셰비키 격퇴는 빠르게 진행되었다. 4월에는 드니프로 서부의 전 지역이 해방되었고, 오데사, 니콜라예프, 헤르손, 엘리자베드호로드(역주- 현재의 키로보그라드) 같은 큰 도시도 해방되었다. 4월 중 드니프로 강 동부 지역 중에서도 체르니히프, 폴타바에서도 적군을 몰아내었다. 그러나 이 지역의 작전은 그렇게 성공적이지 못했다. 서부의 프랑스 전선에 보내지는 대신 우크라이나에 파견된 체코 군단은 볼셰비키군에 가담하여 독일군에 대항하여 싸웠다. 볼셰비키군은 카테리노그라드에서 철수하기 전, 값어치 있는 모든 것을 러시아로 보내고 이 지역을 깨끗이 청소했다. 지난 1월 키예프에서 얼마나 많은 사람을 죽이고, 얼마나 많은 재산을 파괴했는지를 자랑했던 경찰청장 출신 볼셰비키군 지휘관 무라비요프Muraviev는 후퇴를 할 수밖에 없었고, 폴타바에서 퇴각한 후에는 사령관직에서 해임되었다. 1918년 4월 중에 우크라이나 동부 전역이 볼셰비키로부터 해방되었다. 하르키프와 카테리노그라드에서 더 이상 우크라이나-독일 연합군의 공세에 버틸 수 없었던 체코 병단은 돈 강 지역과 크림반도의 항구 지역을 사수하고 있었다.

볼셰비키군을 물리치는 것보다 국내 질서를 회복하는 일이 훨씬 힘들었다. 농지에 봄 농사가 시작될 수 있게 하고, 내부 교통망의 회복과 유통, 생산의 증가가 가능하도록 조치를 취해야 하고, 건실하고 '규율 있는' 우크라이나군을 만들어 국가 방위에 나서도록 하는 것도 중요한 과제였다.

중앙라다가 나라의 통치권을 되찾았을 당시, 우크라이나는 4년간의 전쟁과 러시아의 무정부 상태, 볼셰비키군의 파괴로 인해 비참한 상황에 처해 있었다. 볼셰비키군은 철수하면서 병사들에게 급여를 지급하기 위해 은행의 돈을 강탈하였고, 철도와 다리들을 파괴하였다. 오랜 기간 사용되지 않은 탄광들은 물에 잠겼다. 우크라이나 정부는 볼셰비키군이 사용한 상품과 징발한 노동력에 대해 보상해야 했다.

중앙라다에는 재정 지원과 질서 회복 요청이 사방에서 쇄도했다. 정부가 처한 열악한 상황을 이용해, 안과 밖의 적들은 정부를 약화시키려고 시도하였고, 일부 세력은 외국을 위한 특권을 얻어내려고 노력하였다. 지주들과 이들의 하수인들은 동맹국을 움직여서 전제정을 회복하려고 하였다. 정부에 적대적인 급진 세력들은 중앙라다의 정책을 세밀히 관찰하여, 반동적 정책을 찾아내어서 농민과 노동자들의 지지를 약화시키려 하였다. 이들은 농지 개혁안이 취소되어 지주들이 농지를 다시 차지하거나 개인의 자유가 박탈당할 것을 두려워하고 있었다.

중앙라다가 키예프에 돌아와서 처음으로 한 일은 셰브첸코 기념일을 선언하고, 3차, 4차 우니베르살에 선언된 사회주의적이고 민주적인 정책을 지속해 나간다고 선언한 것이었다. 이러한 정책을 수행하기 위해, 정부는 독일의 지원을 받아냈다. 골로보비치 연정 내각은 우크라이나의 모든 정파를 포함하여 정치 위기를 피해갔다. 이 와중에도 러시아계는 연정에 참여하지 않았다. 격렬하고 오랜 토의 끝에 중앙라다는 동맹국과의 강화조약을 비준했다. 우크라이나에 거주하는 외국인들은 우크라이나 민족주의에 비우호적이었지만, 제헌의회를 소집하는 것은 당시 가장 중요하고, 대중이 가장 크게 관심을 갖는 사안이었다.

　중앙라다는 과거에 제헌의회 소집 날짜를 두 번이나 잡았었지만, 볼셰비키의 침공으로 제헌의회 소집을 연기할 수밖에 없었다. 중앙라다는 전체 국민들에 의해 비례 원칙에 의해 선출되는 의원들로 구성되는 대의기관을 만들고 여기에 권력을 양도할 생각이었다.

　1월의 중앙라다 마지막 회의에서 제헌의회는 의원이 절반 이상 선출되는 대로 소집하기로 결정되었었다. 일부 주민들은 볼셰비키의 공포 정치가 지속되고, 무법 상태가 계속되는 상태에서 제헌의회 선거를 실시하는 것에 반대했다. 이러한 상황에서는 주민들의 의사가 제대로 반영된 의원 선거를 할 수 없다는 것이 그 이유였다. 그러나 결국 중앙라다 대의원 다수 동의로 선거 직후 제헌의회를 소집하기로 결정하였다. 주민들, 특히 농민들은 중앙라다가 약속한 대로 제헌의회가 소집되기를 진심으로 기다리고 있었다.

　우크라이나가 볼셰비키군으로부터 해방된 직후 제헌의회가 소집될 가능성이 컸다. 우크라이나 국민들은 전쟁에 지쳤고, 오랫동안 긴장에서 벗어나지 못하고 있었다. 국민들은 평화와 질서를 원했고, 좀더 밝은 미래를 위한 기회를 갖기를 원했기 때문에 새로 소집되는 제헌의회가 그들이 원하는 것을 가져다 주리라고 믿었다. 그래서 '우크라이나 제헌의회의 즉각 소집'이 국민들의 모토가 되었다. 중앙라다는 다수 의결로 1918년 7월 12일 제헌의회를 소집하기로 결의하였다.[49]

---

49) 저자인 흐루셉스키의 저술은 여기에서 끝남.

부 록 I

1918년부터 1991년까지의 역사
(편역자 정리)[50]

1. 스코로파드스키와 헤트만 정부

브레스트-리토브스크 강화조약 체결 이후 우크라이나 땅에 들어온 독일군은 1918년 4월 초 계엄령을 선포하여 사실상의 통치권을 장악했다. 중앙라다는 4월 23일 열린 회의에서 독일군에게 100만 톤의 식량과 달걀 6억 개 및 기타 물자를 제공하는 경제협정을 승인했다. 필요한 전쟁 물자를 확보하는데 성공한 독일군은 1918년 4월 28일 중앙라다 건물에 강제로 진입하여, 대통령인 흐루셉스키의 항의에도 불구하고 중앙라다를 해산시켰다. 다음날 독일군이 조직한 제헌회의가 소집되었다. 회의에 참가한 대표들의 대부분은 여러 민족을 대표한 지주들이었고, 중앙라다의 민족적 성향을 반대한 러시아계 지주도 다수 포함되어 있었다. 독일군은 코자크 헤트만이었던 이반 스코로파드스키의 후손인 파블로 스코로파드스키Pavlo Skoropadsky를 만나 몇 가지 조건을 제시하고 새로운 정부의 수반으로 임명했다. 주요 조건은 브레스트-리토브스크 조약을 인정하고, 제헌의회를 해산하며, 독일군의 승인을 받아 새 정부와 군대의 조직하고, 자원과 물자의 반출 금지를 해제하고, 대지주의 토지권을 인정할 것 등이었다. 독일군은 스코로파드시키에게 헤트만이라는 칭호를 부여함으로써 코자크 시대의 독립성을 회상시키려고 노력했지

---

50) 1918년부터 소련 해체 시기인 1991년까지의 우크라이나의 역사는 편역자의 저서 '우크라이나 현대사: 1914-2010'(고려대학교 출판부, 2011)'의 내용을 발췌하여 정리함.

파블로 스코로파드스키

만, 독일군은 우크라이나의 진정한 자치나 독립에는 아무 관심이 없고, 단지 브레스트-리토브스크에서 체결된 소위 '식량 강화조약'(Bread Peace)에만 관심이 있다는 것은 곧 드러났다. 외국 지주 지배와 독일군의 강제 식량 징발에 대한 저항과 봉기가 여기저기서 일어났다. 볼셰비키 점령 지역과 접한 체르니히프에서는 조직적 반란이 일어났고, 독일 점령군 사령관 아이히호른Eichhorn이 암살되고 키예프와 오데사의 화약고가 폭발했다. 오스트리아군의 사령부가 있던 오데사에서는 항구 노동자들이 봉기를 일으켰다.

스코로파드스키 정부는 독일군이 세운 임시정부의 성격이 강했지만 외교, 문화, 교육 분야에서는 몇 가지 치적을 남겼다. 중앙라다의 지도자로서 유일하게 헤트만 정부에 참여하여 외교 장관을 맡은 도로셴코는 6월 12일 소비에트 러시아와 종전 협상을 체결하였고, 주변국과의 외교 관계 수립에도 힘을 써서 키예프에는 11개국의 대사관이 설립되었다. 교육 부문에서는 우크라이나어 중시 정책이 펼쳐졌다. 1918년에 150개의 우크라이나어 학교가 설립되고, 키예프와 카메네츠-포돌스키에 2개 대학이 신설되었다. 1918년 가을에는 예술아카데미(Ukrainian Academy of Fine Arts)가 설립되었고, 11월 14일에는 과학아카데미(Ukrainian Academy of Sciences)가 설립되었다. 그러나 1918년 가을 동맹국의 패배가 임박하면서 헤트만 정부는 풍전등화와 같은 운명에 처했다. 11월 11일 독일이 연합국과 강화조약이 체결되면서 독일군의 우크라이나 점령은 갑자기 막을 내렸다. 연합국으로부터 퇴각 통로를 보장받은 독일군은 12월 14일 키예프에서 철수했다. 스코로파드스키도 부상당한 독일군 장교로 위장하여 베를린으로 도주하면서 헤트만 정부는 8개월 만에 와해되었다.

2. 러시아 내전 시기의 우크라이나

흐루셉스키 정부에서 가장 영향력이 컸던 군지휘관인 페틀류라 Petliura는 아직 주인이 분명하지 않았던 키예프와 할리치아 사이의 지역을 차지하고 할리치아에서 온 우크라이나 병사들을 포함하여 군대를 조직했다. 그는 빈니첸코Vinnicheko와 협력하여 빌라 체르크바에 사령부를 차리고 집정내각(Directory)이 관장하는 우크라이나 민족공화국 설립을 공표했다. 새 정부는 헤트만 정부에 반대하고 해산된 중앙라다의 법통을 잇는다고 선언했다. 이렇게 해서 1918년 12월 초에 우크라이나에는 다섯 개의 군사력이 동시에 존재했다. 도네츠 분지의 백군(白軍), 하르기프에 근거를 둔 적군(赤軍), 빌라 체르크바의 페틀류라의 민족공화국 군대, 할리치아의 서부 우크라이나공화국 군대, 르비프 인근의 폴란드군이 동시에 활동했다.

스코로파드스키군이 철수한 키예프를 페틀류라가 이끄는 민족진영 군대가 접수했다. 페틀류라의 주도 하에 우크라이나 지역이 통일될 가능성이 커졌다. 페틀류라는 곤경에 처한 서부우크라이나공화국 세력에 전령을 보내 통합을 요구했다. 테르노필에서 스타니슬라비프 Stanislaviv로 이주한 서부 우크라이나 정부는 서부 우크라이나와 동부 우크라이나의 통합을 발표했다. 이 제안을 받아들인 집정내각 정부는 1919년 1월 22일 서부와 동부 우크라이나를 통합한 '자유독립 우크라이나공화국'의 출범을 선언했다. 그러나 이 통합 정부는 오래

페틀류라

빈닌첸코

지속되지 못하였다. 이 시점에 볼셰비키 세력은 러시아에 소비에트 정부를 확고히 설립하고, 우크라이나 민족 세력과 백군으로부터 우크라이나를 탈환할 준비를 하고 있었다. 적군의 공세를 견디지 못한 백군은 루마니아 지역으로 도망갔고, 페틀류라 세력도 2월 4일 키예프를 탈출했다. 집정내각 정부의 수반과 군사령관을 겸직한 페틀류라는 폴란드군의 공세에 밀려 후퇴하는 서부 지역의 군대와 힘을 합쳐 카메네츠-포돌스키를 임시 수도로 정하고 세력을 유지했다.

볼셰비키 세력은 5월 5일 하르키프에서 제헌회의를 소집하여 '우크라이나 소비에트사회주의공화국'(Ukrainian Soviet Socialist Republic)의 설립을 선언했다. 그러나 키예프를 지키지 못한 적군은 8월 31일 키예프를 철수하고, 페틀류라 군대가 다시 키예프를 장악했다. 그러나 얼마 못가서 키예프는 연합국의 지원을 받은 데니킨Denikin이 이끄는 백군(白軍)의 손에 들어갔다. 그러나 이 시기에 발진티푸스가 발생하여 백군과 적군, 폴란드군에 큰 피해를 주었다. 적군에 밀린 페틀류라의 부대는 다시 서부로 후퇴하였고, 서부 우크라이나 집행부는 루마니아로 피신한 다음 최종적으로 비엔나로 망명했다.

우크라이나 남부 지역은 상황이 달랐다. 1차 대전 이전에 남부 지역에 많은 투자를 했던 프랑스는 강화 조약이 서명되고 오스트리아군이 철수하자 남부지역을 점령했다. 1918년 12월 18일 약 12,000명의 프랑스 병력이 루마니아를 거쳐 흑해 연안을 따라 진입하여 오데사를 점령했다. 프랑스군은 백군 장교를 치안 책임자로 임명했으나 곧 백군파의 지주들과 분쟁이 일어났고, 볼셰비키의 선동에 넘어간 프랑스군들은 전의를 상실했다. 결국 적군과의 싸움에 겁을 먹은 프랑스군은 1919년 4월 6일 남부지역에서 철수했고 적군이 오데사를 장악했다. 이 시기에 적군은 다시 키예프를 점령했다. 세력이 약화되어 도네츠 분지의 일부 지역만 장악한 백군은 1919년 내내 적군과 전투를 했으나 계속 패퇴했다. 백군은 우크라이나를 러시아의 일부 지방으로 편입시킨다는 의도를 포기하지 않았고, 우크라이나어의 사용도 금하고 학교에서는 러시아어만 사용하게 했다. 페틀류라의 민족진영 군대와 적군으로부터 협공을 받은 백군은 결국 완전히 붕괴했다. 무정부 상태인 남동부 지역에서 여러 군벌들이 나타났는데, 네스토르 마흐노Nestor Makhno가 이끄는 무정부주의 농민부대가 세력이 가장 강했다. 뛰어난 조직력을 발휘한 마흐노의 지도 아래 이 세력은 드니프로 하류 지역에서 돈 강 지역에 이르는 흑해 스텝지역을 장악했다.

백군이 와해되자 1920년 봄 볼셰비키 군대는 사실상 우크라이나 전체를 장악했다. 그러나 폴란드—리투아니아 연합 시대의 영토를 회복할 계획을 세운 폴란드는 페틀류라 부대와 손을 잡고 4월 25일 소위 '키예프로의 행진'을 시작했다. 5월 7일 베즈루츠코Bezruchko가 지휘하는 '시치소총부대'(Sichovi Streltsi)의 6병단은 키예프를 점령했다. 그러나 폴란드군과 연합한 것은 페틀류라의 치명적 실수였다. 우크라이나의 모든 세력은 반폴란드 전선을 형성하여 폴란드군을 몰아내기 위해 싸웠다. 보급선을 제대로 확보하지 않은 채 진격을 서두른 폴란드군은 적군의 공세를 막지 못하고 키예프를 버리고 바르샤바로 후퇴했다. 적군은 바르샤바 인근까지 폴란드군을 추격했으나, 이번에는 적군의 보급선이 길어져서 전투를 제대로 치를 수 없었다. 프랑스로부터 군수품을 보급 받고, 프랑스군의 웨이강Weygand 장군의 지휘를 받은 폴란드군은 적군의 공세를 잘 막아내었고, 양측은 서로 밀고 밀리는 전투를 벌였다.

1920년 10월 12일 폴란드와 볼셰비키는 예비 강화협정을 맺었고, 1921년 3월 18일 정식 강화조약을 체결했다. 폴란드가 공세를 벌이기 이전의 경계가 양측의 국경이 되어, 볼셰비키는 사실상 동부 우크라이나 전체를 장악했다. 폴란드와의 강화 이후 우크라이나에서는 여러 곳에서 무장 봉기가 일어났다. 무정부주의 농민군을 이끈 마흐노는 처음에는 적군을 도와 백군과 대항해 싸웠으나, 이번에는 적군을 상대로 전투를 벌였다. 그러나 1921년에 되자 마흐노의 농민군을 비롯한 대부분의 봉기는 진압되었다.

3. 1920년대의 우크라이나

1917년부터 1921년 사이의 내전 기간 동안 극심한 경제적 혼란과 침체를 겪은 볼셰비키 정권은 소위 '전시공산주의'(War Communism)를 실시했다. 곡물 강제징발, 산업국유화, 노동 강제동원, 식량과 공산품의 배급제도를 주요 내용으로 하는 전시공산주의 정책은 1919년 봄부터 우크라이나에 실시되었다. 볼셰비키는 농민간의 계급투쟁을 조작하기 위해 농민을 부농, 중농, 빈농으로 나누고 '빈농위원회'를 구성하였다. 빈농위원회의 회원은 농지를 무상으로 배분받고 세금이

면제되며, 부농, 중농으로부터 징발한 곡물의 10-25%를 보상으로 지급받았다. 그러나 곡물 징발과 배급제에 반대하는 대부분의 농민들은 자신들이 먹을 식량 경작 이외의 생산 활동을 중지했다. 1921과 1922년 사이 우크라이나와 러시아 남부에 광범위한 기근이 발생했다. 기근은 자연재해라기보다 영농 활동 중단으로 인한 인재(人災)의 성격이 컸다. 공식 통계에 의하면 우크라이나에서 235,000명이 기근으로 사망한 것으로 조사되었지만, 영아 사망을 포함하여 100만 명 가까이 희생된 것으로 추산하는 학자도 있다. '전시공산주의'의 실패를 인정한 볼셰비키 정권은 1921년 3월부터 '신경제정책'(NEP, New Economic Plan)을 실시했다. 신경제정책은 사회주의 경제체제를 일시적으로 중단하고, 시장경제 요소를 도입하여 경제를 활성화시키는 것이었다. 농민들은 일정량의 세납 후 남은 농산물을 시장에 내다 팔 수 있게 되었다. 상공업 분야에서도 기간산업은 국유화하되, 중소

NEP 시기에 건설된 자포로지아 댐

기업은 민영화하면서 소비재 산업과 서비스 분야가 빠르게 되살아났다. 신경제정책에 힘입어 1927년 우크라이나의 경제는 농업, 공업, 상업 모든 분야에서 1차 대전 이전 수준을 회복했다.

1922년 12월 러시아, 우크라이나, 벨라루스, 트란스코카시아 소비에트공화국을 구성원으로 하는 '소비에트사회주의공화국연방'(Union of Soviet Socialist Republics)이 출범하면서 우크라이나는 소연방의 일원으로 출발하게 되었다. 형식적으로는 4개 연방공화국이 대등한 입장에서 소연방을 구성하고 연방에서 탈퇴할 권리를 갖게 되었지만, 실질적으로는 모스크바의 통제를 받는 러시아 주도의 연방이 되었다. 우크라이나공화국은 45,000㎢의 면적에 2,600만 명이 조금 넘은 인구를 갖고 출발하였다. 내전 때 볼셰비키 세력의 거점이었던 하르키프가 수도가 되었다. 행정 단위로는 주(州)에 해당하는 12개 구베르니아(guberniia)를 갖고 있었으나 1935년 15개의 오블라스치(oblast')로 개편되었다.

1923년 모스크바에서 열린 12차 공산당대회에서는 민족공화국에 소위 '토착화'(korenizatsiia) 정책을 실시하기로 결정되었다. 이 정책의 근간은 각 민족공화국의 지도부와 행정부서의 인적 구성에 토착민족을 많이 등용하고 민족문화와 민족어를 장려하는 것이었다. 1923년 7월 우크라이나공화국의 수반으로 취임한 추바르Vlas Chubar는 공화국 내에서 우크라이나어 사용을 장려하는 포고령을 발표하였다. 1925년 카가노비치Lazar Kaganovich가 우크라이나 당서기장으로 임명되면서 우크라이나화 정책이 본격적으로 추진되었다. 그 결과 공산당과 정부 관리의 구성에서 우크라이나인이 차지하는 비율이 크게 늘어났다. 1924년 공산당원 중 우크라이나인이 차지하는 비율

은 33%였으나, 1927년에
는 52%, 1933년에는 60%
로 늘어났다. 정부 관리
중 우크라이나인이 차지
하는 비율도 1923년에는
35%에 불과했으나 1927
년에는 54%로 늘어났다.
교육 부문에서 우크라이

카가노비치와 스탈린

나화 정책은 큰 성과를 거두었다. 1923년 우
크라이나 학생이 다수를 차지하는 학교에서
는 우크라이나어로 수업이 이루어져야 하고,
소수민족이 집중되어 있는 학교에서는 해당
민족어로 수업이 진행되어야 한다는 포고령
이 발표되었다. 1927년 스크립니크Mykola
Skrypnyk가 교육 장관을 맡으면서 우크라이
나화 정책은 더욱 적극적으로 추진되었다.

스크립니크

1897년 조사에서 28%에 불과하던 인구 전체 문자해독률은 1926년
64%로 증가하였고, 우크라이나인들의 문자해독률은 42%로 늘었다.
1927-1928학년도에는 초등학교의 82%가 우크라이나어를 사용하
고, 전체 학생 중 우크라이나어 학교에 다니는 학생 비율은 76%가
되었다. 1920년 20% 정도에 불과한 공공기관에서의 우크라이나어
사용 비율도 1927년까지 70%로 높이도록 지시가 내려졌다.
　우크라이나화 시기에 과학아카데미의 위상과 활동도 크게 강화되
었다. 헤트만 정부 때 세워진 과학아카데미의 부흥에는 이 책의 저자

인 흐루셉스키가 큰 역할을 했고, 과학아카데미 초대 원장은 베르나드스키Volodymyr Bernadsky가 맡았다. 1922년부터 1928년까지 과학아카데미를 이끈 생물학자 립스키Volodymyr Lypskii는 과학아카데미 발전에 큰 기여를 하였다. 과학아카데미는 역사-언어학분과, 물리-수학분과, 사회-경제분과로 구성되었는데, 이중 흐루셉스키가 이끈 역사-언어학 분야가 가장 뛰어난 성과를 내었다. 1923년에 출간된 책은 26종에 불과했으나, 1929년에는 136종으로 늘어났다. 1920년대 후반이 되면서 우크라이나화 정책에 대한 우려와 비판이 시작되었다. 정치, 교육, 정교회 부문에서 우크라이나화를 이끈 카가노비치, 슘스키, 립스키 대주교가 차례로 경질되면서 우크라이나화 정책은 종결되고 모스크바 주도의 중앙집권화와 러시아화가 진행되었다.

4. 대기근과 1930년대의 우크라이나

4.1 공업화와 5개년 계획

레닌 사후 권력투쟁에서 정적들을 물리치고 1927년 1인자의 자리에 오른 스탈린은 농업집단화와 5개년 계획으로 대표되는 공업화를 추진하였다. 1928년 스탈린은 5개년 계획을 발표하면서 공업 생산을 250%, 중공업 생산을 330% 늘린다는 야심찬 계획을 발표했다. 우크라이나는 5개년 계획 추진 거점으로 부상하였다. 1차 5개년 계획 기간 중에 설립된 약 1,550개의 공장 중 400개가 우크라이나에 건설되었다. 우크라이나 내에서 중공업 건설이 집중적으로 이루어진 지역은 도네츠크, 루간스크를 중심으로 한 돈바스Donbas 지역과 드니프로페트롭스크-자포로지아-크리보이리그 삼각지역이다. 우크라이나는 석탄, 철광석, 철강의 주공급지로 부상했다. 1932년 기준으로 소련의 석탄, 철광석, 선철의 70%가 우크라이나에서 생산되었다. 그러나 공업화가 진행되면서 우크라이나 경제는 중앙에 점점 예속되어 갔다. 1927년 공화국 정부는 우크라이나 산업의 81%를 통제했으나, 1932년에는 38%로 통제율이 줄었다. 2차 5개년 계획 기간(1933-1937년)은 산업의 기술적 재편과 교통수송, 집단화를 통한 농업 생산 증대와 산업의 중앙통제 완성을 목표로 하였다. 2차 5개년 계획 기간 중 건설된 약 4,500개의 공장 중 우크라이나에 건설된 것은 약 1,000개였다. 2차 세계대전 발발로 3년 남짓 진행된 3차 5개년 계획 (1938-1941년)에서는 화학과 기계공업 육성이 우크라이나 공업화의 목표가 되었다. 공업화의 성공적 추진으로 1940년 기준으로 우크라이나의 공업 생산 능력은 1차 세계대전 전에 비해 약 7배 이상 늘어난 것으로 평가된다. 공업화로 인해 도시화도 빠르게 진행되어 1920년 20% 정도에 불과하던 도시 인구 비율은 1939년에는 58%로 늘어났다.

4.2 대기근의 발생

공업화와 병행하여 진행된 농업집단화는 강압적으로 추진되어 많은 희생을 가져왔고, 우크라이나 농촌 지역의 상황을 크게 변화시켰다. 스탈린은 신경제정책 기간 동안 농촌에 허용되었던 시장경제 체제를 하루빨리 집단 영농 방식으로 바꾸기 위해 강제적인 농업집단화를 추진하였고, 공업화를 위한 재원 마련을 위해 농산물을 해외에 수출하여 자본을 축적하는 방법을 썼고, 이를 위해 농촌에서 강제적 공출 방법을 동원했다. 또한 소련 내 두 번째로 큰 민족인 우크라이나에서의 강압적인 농업집단화 시행을 통해 다른 지역이 농업집단화에 반발하지 못하게 하는 효과도 노렸다. 1927-1928년 자발적 농업집단화에 참여한 우크라이나 농민은 6%에 불과했다. 1차 5개년 계획 기간 동안 경지 면적 비율로 농업집단화 목표를 25%로 잡은 소비에트 정권은 1929년부터 강제적인 집단화에 착수했다. 집단화 수행을 위해 도시 지역에서 강제집행 인력이 파견되었고, 소위 '부농 척결'이라는 이름의 계급투쟁 방법이 동원되었다. 1934년까지 약 20만 농가가 부농으로 분류되어 추방되거나 재산을 몰수당했다. 강제적 방법으로 진행된 집단화는 빠르게 진행되어 1932년에는 우크라이나 농민의 70%와 농지의 80%가 집단농장에 들어오게 되었다. 집단화의 형태는 국영농장(sovkhoz)과 집단농장(kolkhoz)으로 나누어진다. 국영농장은 2,000헥타르 이상의 땅과 자체 영농기계를 보유하고, 농민은 노동력을 제공하는 농업 노동자 역할을 한다. 집단농장에서는 수확물 중 정부 징발량을 제외한 농산물을 노동의 양에 따라 분배하였다. 그러나 농민들 사이에서는 농업집단화에 대한 반발이 거세게 일어나 1930년 2월에서 4월 사이에만 1,770건 이상의 소위 '반소비에트' 사건이 일어났고 무장 폭동도 발생하였다. 농민들은 농사를 포기하고 도시로 이주하거나 가축을 도살하는 방식으로 집단화에 반발했다. 1929년부터 1932년 사이 소는 41%, 말 33%, 돼지 62%, 양 74%가 감소했다. 이때 손실된 가축 수가 너무 커서 2차 대전이 지난 후에야 가축수가 1929년 수준으로 회복되었다.

농업집단화 과정에서 발생한 우크라이나의 대기근(holodomor)은 우크라이나 현대사의 가장 큰 비극 중 하나이다. 농업집단화에 대한 반발로 농업 생산량이 감소하여 1930년 2,110만 톤이던 곡물 생산

량은 1931년 1,830
만 톤으로 줄어들었
다. 우크라이나의 농
업 생산량은 전 소
련 생산량의 27%에
지나지 않았지만 전
체의 38%에 해당하
는 징발량이 부과되

대기근 희생자

었다. 1932년 작황은 1,420만 톤으로 급감했는데, 목표 징발량을 채
우기 위해 이듬해 파종할 씨앗까지 상당 부분 징발하면서 1933년 봄
부터 여름까지 광범위한 기근이 발생했다. 징발 목표량을 채우는 데
만 혈안이 된 관리들은 농민들이 곡물을 빼돌려 숨겨 놓고 있다고 전
제하고, 각 농가마다 철저히 수색해서 남아 있는 곡물을 모두 증발해
갔다. 기근 발생 사실은 외부에 철저히 비밀로 부쳐졌고, 우크라이
나 경계에는 특별 경비대가 파견되어 주민들의 이주를 막았다. 거주
지역을 탈출하려던 농민 19만 명이 체포되어 이송되었다. 1921년 기
근 때와는 다르게 외국의 구호 원조도 받지 않았고, 최악의 상황에서
도 식량 수출은 계속되었다. 대기근으로 희생된 인명은 학자에 따라
추산이 다르지만 적게는 250만 명에서 많게는 500만 명으로 보고 있
다. 대기근의 발생 원인을 공업화를 위한 재원 조달이라는 경제적 측
면만을 본 논리도 있지만, 1930년대 초 스탈린이 구상하고 있던 소
수민족 억압 정책과 중앙집권화를 위해서는 소련의 제2의 민족인 우
크라이나를 철저히 복종시키는 것이 필요했기 때문에 강압적 정책을
사용한 것으로 볼 수 있다. 농민들을 대상으로 한 공포 정치는 3-4

년 뒤 시작된 대숙청의 전조가 되었다.

4.3 대숙청

흐루시초프

브레즈네프

1933년을 기점으로 스탈린의 민족정책은 러시아 중심주의로 확연히 전환되었다. 우크라이나에는 1933년과 1937년 두 차례에 걸쳐 대규모 숙청이 진행되었다. 1933년 스탈린은 집단화 정책의 부실을 이유로 525명의 우크라이나 지역 공산당 책임자 중 237명을 경질하고 15,000명의 주요 기관 관리를 숙청하였다. 공산당에서는 약 10만 명의 당원이 축출되었다. 1937년 소련 전역에서 피의 숙청이 시작되면서 1937-1938년 사이 공식적으로 267,579명이 숙청되고, 이 중 122,237명이 처형된 것으로 나타났다. 62명의 당 중앙위원 중 55명이 처형되었고, 정치국원은 한 명을 제외한 10명이 처형되었다. 종교인들도 숙청에서 벗어나지 못해 대주교 2명, 주교 26명, 1,150명의 사제가 처형되거나 강제수용소로 보내졌다. 우크라이나의 숙청된 지도부를 대체해서 흐루시초프를 우크라이나 공산당 제1서기로 파견했다. 흐루시초프는 우크라이나에서 경력을 쌓고 모스크바 시당 간부로 빠르게 출세한 후 다시 우크라이나로 내려왔다. 대규모 숙청으로 공백 상태가 된 지도부를 채운 젊은 공산당원들을 소위 '38세대'라고 부르는데, 후에 소련 외상이 된 몰로토프도 이때 우크라이나에 왔고, 브레즈네프도 드니프로페트롭스크에서 당 간부로 성장하기 시작했다.

5. 2차 대전 전까지의 서부 우크라이나

1차 세계대전 종전으로 체결된 베르사이유 조약과 러시아와 폴란드 간의 강화 조약인 리가 조약(1921년 3월)으로 서부 우크라이나 지역은 부활된 폴란드와 신생 체코슬로바키아, 루마니아에 속하게 되었다. 폴란드는 동부 할리치아와 서부 볼히냐 지역 등 서부 우크라이나 지역의 대부분을 차지하게 되었다. 1931년의 인구 조사에 의하면 약 440만 명의 우크라이나인이 폴란드 내에 거주하여 전체 인구의 14%를 차지했다.

러시아 내전 기간인 1918년 11월 출범한 서부 우크라이나 민족공화국은 1919년 7월 폴란드군에 의해 붕괴되었지만, 산발적 저항은 계속 이어졌다. 1921년 코노발레츠Konovalets가 조직한 '우크라이나 군사단'은 르비프를 방문한 폴란드 지도자 피워수드스키Josef Piłsudski 원수를 암살하려다 실패하기도 했다. 할리치아 지역의 우크라이나 주민들은 1922년에 실시된 폴란드 총선거를 거부하였다. 1923년이 되면서 서부 우크라이나의 정치 운동은 몇 갈래로 갈라지게 되었다. 의회주의자들은 폴란드 의회에 진출하여 합법적인 틀 안에서 우크라이나의 자치권 획득을 위해 노력하였고, 좌익 계열 정치인들은 소련 정권의 지원을 받아 서부 우크라이나와 소비에트공화국의 합병을 모색했다. 극우민족주의자들은 무장 투쟁을 통한 독립 획득을 꾀했다. 1925년 자유, 민족주의 계열의 군소정당들은 '우크라이나 민족민주

연합'(UNDO)을 결성했다. UNDO는 할리치아 정치계의 중심 세력으로 부상하여 1928년 폴란드 총선에서 UNDO는 50%의 지지를 획득했다. 이 선거에서 우크라이나 대표 46명이 폴란드 의회에 진출했고, 이중 10명은 상원의원이 되었다. 1923년 공산주의자들은 '서부 우크라이나 공산당'(KPZU)를 결성했다. 공산당은 1928년 총선 때 서부 볼리니아에서는 농민들의 지지를 받아 48% 득표하였고, 동부 할리치아에서도 13%를 득표했다. 그러나 1928년 우크라이나에서 농업집단화가 시작되자 모스크바를 지지하는 파와 우크라이나화 정책 지지파 사이에 분열이 생겼다. 1930년대 중반 의회주의를 표방한 UNDO와 공산당이 영향력을 상실하자 극우 무장단체가 영향력을 확대했다. 1920년대부터 요인 암살 등 테러를 주도해온 우크라이나군사단과 급진 학생단체, 망명민족주의자들이 연합하여 '우크라이나 민족주의자회'(OUN: Organization of Ukrainian Nationalities)를 조직했다. 초기에서는 우크라이나군사단 지도자 코노발레츠가 OUN을 이끌었다. OUN은 단기간에 많은 추종자를 확보했다. 폴란드 당국이 OUN을 해산시키기 위해 가택수택과 추종자 연행에 나서자 오히려 OUN 가담자가 급격히 늘어났다. 1938년 코노발레츠가 로테르담에서 암살당하자 OUN은 반데라Bander가 이끄는 급진파 OUN-B와 멜닉Melnyk이 이끄는 온건파인 OUN-M으로 분열되었다.

동부 우크라이나 지역이 공업화와 농업집단화 등 급격한 경제적 변화를 겪은데 반해 서부 지역은 사회, 경제적 변화가 거의 없었다. 주산업은 농업이었고, 목재 산업과 식품가공업이 미약한 공업을 지탱했다. 1939년 통계에 따르면 500만 명이 넘는 인구 중 산업노동자는 44,000명에 불과했다. 1929년 미국발 대공황의 영향으로 경제상황은 더욱 악화되었다. 1925년 폴란드 의회는 대규모 농지를 분할하는 농지법을 통과시켰다. 그러나 분할된 농지는 우크라이나 농민보다 새로 이주해 들어온 폴란드 농민들에게 더 많이 돌아갔다. 1930년까지 폴란드 서부에서 할리치아로 약 30만 명의 폴란드인이 이주해왔다. 대부분의 우크라이나 농민들은 5헥타르 미만의 농지를 경작하는 빈농 상태를 벗어나지 못하였다. 경제 상황이 열악해지자 2차 세계대전 전까지 약 15만 명의 우크라이나 농민들이 미주나 유럽으로 이주해 갔다. 1924년 미국이 이민법을 강화하자 캐나다, 아르헨티나, 프랑스 등이 새로운 이주지가 되었다. 서부 우크라이나 경제의 특징의 하나는 협동조합(cooperatives)의 발달이다. 1차 대전 전 609개였던 협동조합의 수는 꾸준히 늘어나 1939년에는 3,455개에 이르게 되었다. 협동조합은 현대적 농사기법 전수와 농기계 보급 등 농업생산성 향상뿐 아니라, 신용공여 및 유통 등 여러 서비스를 제공했다. 협동조합 중 활동이 두드러진 것은 낙동조합(Maslosoiuz)이었다. 1939년 20만 가구를 회원으로 두고 있던 이 조합은 할리치아 전역에 낙농 및 유제품을 공급하였을 뿐 아니라 체코슬로바키아와 오스트리아로도 수출했다.

　교육 부문에서 폴란드 정부는 학교 확장에 노력을 기울였다. 북부 지역에서는 1912년 1,000여 개였던 학교의 수가 1938년에는 3,100여 개로 늘어났다. 동부 할리치아 지방은 4,030개에서 4,998개로 늘어났다. 학교 교육이 확산되면서 1921년 50%에 달했던 문맹률도 1939년 35%로 감소했다. 그러나 언어 교육에서는 우크라이나어 학교가 급격히 줄어든 대신 폴란드어-우크라이나어 학교가 늘어났다. 1924년 정부기관에서 우크라이나어 사용을 금지하는 법안이 통과되면서 폴란드어만이 공식 언어의 역할을 했다. 폴란드 정부는 우크라이나어 교육에 큰 역할을 담당한 계몽회(Prosvita Society)와 독서회도 2/3 이상 폐쇄시키고, 르비프대학의 우크라이나학과도 폐쇄했다. 우크라이나어 교육이 통제를 받자 우크라이나 주민들은 정부의 통제를 받지 않는 사립학교를 설립하기 시작했다. 1937-1938학년도에는 우크라이나 학교의 59%가 사립학교로 운영되었다.

교회 문제는 1925년 폴란드와 바티칸 사이에 '할리치아 그리스 가톨릭 대주교관구'를 인정하는 협약이 체결되어 가톨릭과 그리스 가톨릭교회의 관계가 정립되었다. 그리스 가톨릭교회는 셉티츠키 대주교의 주도 하에 독립성을 잃지 않고 다양한 신학 저널을 발행하고, 1928년에는 르비프에 신학원을 설립했다. 그러나 정교회 지역인 북부 지역은 정부의 심한 간섭을 받았고, 특히 포들라치아와 첼름의 정교회가 큰 타격을 받았다. 1929-1930년 사이 111개의 정교회가 폐쇄되었고, 50개가 파괴되었으며, 150개 교회가 가톨릭교회로 전환되었다.

1차 대전 종전으로 남부 베사라비아, 부코비나, 마라마로스 지역은 루마니아의 지배하에 들어가게 되었다. 인구로 보면 베사라비아 지역에 약 46만 명, 부코비나에 약 30만 명, 마라마로스에 17,000명의 우크라이나인이 거주하는 것으로 공식 통계에 나와 있다. 베사라비아 지역에 거주하는 우크라이나인들은 2차 대전 전까지 약 120개의 초등학교와 소수의 협동조합을 유지했고, 루마니아 의회에 대표를 보냈다. 북부 부코비나에서는 루마니아화 정책이 실시되었다. 루마니아 학교, 사회기관, 신문들이 바로 세워졌고, 1875년에 설립된 체르높치대학은 '체르높치 카롤왕(King Carol)대학'으로 개칭되어 루마니아어로 교육이 실시되었다. 체코슬로바키아에 포함된 트란스카르파치아는 할리치아나 부코비나보다 훨씬 좋은 여건에 처했다. 트란스카르파치아는 미국 교민 사회의 결정으로 체코슬로바키아에 들어가게 되었고, 1923년 생제르맹 조약(Treaty of St. Germain)에 의해 자치가 보장되었다. 체코슬로바키아 건국의 아버지로 불리는 마사리크Thomas Masaryk는 신생 국가가 슬라브 국가임을 분명히 하고, 루신(Rusyn)이라고 불리는 트란스카르파치아 주민들에 대한 우호적인 정책을 폈다. 교육 부문에서도 소수민족 우대정책이 이루어졌다. 1920년 475개이던 초등학교는 1938년 809개로 늘어났다. 교육 언어도 다양하게 인정하여 우크라이나어, 러시아어, 루신어 등 동슬라브어를 교육 언어로 쓰는 학교는 1920년 321개에서 1938년 469개로 늘어났다.

6. 2차 대전과 우크라이나

1939년 8월 23일 소련과 독일은 소위 독소불가침 조약을 체결하고 비밀 조항으로 폴란드 분할에 합의했다. 1939년 9월 1일 독일군이 폴란드를 전격 침공하고 영국과 프랑스가 9월 3일 대독일 선전포고를 하면서 2차 세계대전이 시작되었다. 독일군은 3주 만에 폴란드를 점령하였고, 9월 17일 소련군이 폴란드로 진격하여 독일군과 폴란드를 분할 점령했다. 산 강과 부크 강 동쪽의 동부 할리치아, 서부 폴리시아, 서부 볼히냐 등 서부 우크라이나 지역이 소련의 지배하에 들어가면서 우크라이나 땅 전체가 다시 소련 정권 하에 통합되게 되었다. 1940년 6월 소련은 발트 3국을 병합하여 연방공화국으로 만들었고, 전쟁 위협을 받은 루마니아는 베사라비아와 북부 부코비나 지역을 소련에 양도했다.

 1941년 6월 22일 나치 독일군은 소련을 전격적으로 침공했다. 독일군은 레닌그라드 방면과 모스크바 방면, 우크라이나 방면 세 곳을 주공격 지역으로 선택했다. 우크라이나를 침공한 남부방면군은 독일군 3개 군(軍) 외에도 루마니아 2개 군단, 슬로바키아, 헝가리 병단으로 구성되어 있었다. 독일군은 6월 30일 르비프를 함락하고 7월 9일에는 키예프 서부 지역인 지토미르를 함락시켰다. 8월에는 키예프 남부인 키로보그라드와 드니프로페트롭스크를 점령하였고, 9월 19일에는 키예프를 점령하였다. 오데사는 10월 16일 루마니아군에 의해 점령되었다. 10월 16일 하르키프가 독일군에 점령되었고, 1942년 7월에는 요새화된 세바스토폴을 점령하고 현 루간스크까지 함락함으로써 우크라이나 전역이 독일군 수중에 떨어졌다. 1941년 말까지 전 전선에서 독일군에게 생포된 360만 명의 소련군 포로 중 130만 명이 우크라이나인 병사일 정도로 우크라이나인들의 희생은 컸다. 후퇴하는 소련군도 대규모 인명살상을 자행해서 정치범들과 3년형 이상을 선고받은 죄수들을 처형했다. 소련 정부는 380만 명의 우크라이나 관리, 기술자, 노동자들은 시베리아나 중앙아시아 등 후방 지역으로 이주시켰고, 약 850개의 산업시설도 후방으로 이주시켰다. 우크라이나 대부분을 '제국정부'에 포함시킨 독일 점령당국은 가혹한 정책을 실시하였다. 특히 우크라이나 내 유대인을 색출하여 대규모로 학살했다. 1941년 7월과 8월에만 할리치아와 볼히냐에서 약 24,000명의 유대인이 학살되었고, 9월 29일에는 키예프 외곽의 바비야르(Babi Yar) 계곡에서 약 34,000명의 유대인을 총살했다. 점령 기간 중 독일군은 우크라이나 내에서 약 80-90만 명의 유대인을 처형

한 것으로 추정된다. 1차 대
전 중 독일군이 수립한 헤트
만 정부에 대한 기억이 부정
적이지 않았던 극우주의 무
장세력은 초기에 독일군을
해방군으로 받아들이고 같이
전투에 참가했으나, 독일군
의 가혹한 정책을 목격한 후
로는 무장저항운동을 벌였
다. OUN-B그룹과 OUN-M
그룹은 '우크라이나 저항
군'(UPA)을 조직하여 독일군

바비 야르 기념탑

과 싸웠다. 1943년 약 4만 명의 병력을 보유한 저항군은 독일군만을
상대로 싸운 것이 아니라, 후에 반격해 들어오는 소련군과도 전투를
벌였다. 1942-1943년 겨울 스탈린그라드(볼고그라드) 전투 승리로
반격에 나선 소련군은 1943년 봄 돈바스 지역 대부분을 탈환하였고,
11월 6일에는 키예프를 탈환하였다. 1944년 2월에는 동부 할리치아
지역 대부분을 탈환하고 7월 27일에는 르비프에 입성하였다. 후퇴하
는 독일군은 초토화작전을 펼쳐 많은 공장과 가옥을 파괴하였다.

　2차 대전으로 인한 인적, 물적 손실은 엄청났다. 특히 국토 전체가
전쟁터가 되었던 우크라이나는 독일군과 소련군이 번갈아 점령하고
후퇴하면서 가장 큰 피해를 입었다. 2차 대전 중 우크라이나에서는
약 410만 명의 민간인이 사방하고 140만 명의 군인이 전사하거나 전
쟁 포로가 되었다. 독일군 점령 기간 동안 약 220만 명의 주민이 '동

방노동자'(Ostarbeiter)로 독일 본토나 점령 지역으로 징발되었다. 2차 세계대전으로 우크라이나는 영토, 인구 면에서 크게 확장되었다. 폴란드 관할 하에 있던 서부 지역이 통합되고, 트란스카르파치아와 부코비나도 우크라이나 영토가 됨으로써 면적은 약 1/4(165,000km^2)이 늘어났고, 인구도 1,100만 명이 늘어났다.

7. 전후 복구와 1960-70년대의 우크라이나

2차 세계대전 종전 후 우크라이나는 전쟁에 의한 피해로 극심한 경제난을 겪었다. 1945년의 공업 생산은 전쟁 전의 26%, 농업 생산은 40% 수준에 머물렀다. 1946-1947년에는 기근이 발생하여 많은 사망자가 발생하고 약 100만 명이 영양실조 상태에 빠졌다. 전후 복구를 위해 1920년대 말과 같은 총동원체제가 가동되었고 4차 5개년 계획(1946-1950년)이 시작되었다. 1950년에는 공업 생산이 전쟁 전 수준을 회복하였고, 5차 5개년 계획이 끝난 1955년에는 공업 생산이 전쟁 전의 두 배로 늘어나게 되었다. 농업집단화도 다시 추진되어 1951년에는 우크라이나 농지의 91%가 집단화되었다. 1939년 3,170만 명이었던 우크라이나 인구는 영토 확장과 경제 회복으로 1959년 조사에서는 4,180만 명으로 늘어났다.

1953년 3월 5일 스탈린이 사망하자 치열한 권력투쟁 끝에 9월 흐루시초프가 당 1인자가 되었다. 1938-1949년까지 우크라이나의 지도자로 일한 흐루시초프는 우크라이나에서 자신과 같이 일했던 당 관료들을 모스크바로 불러들여 당과 정부의 요직을 맡겼다. 1957년 우크라이나 제1서기 키리첸코를 모스크바로 불러들여 정치국원에 임명하고, 후임에는 우크라이나 출신인 피드고르니Mykola Pidgorny

를 임명하였다. 피드고르니는 1963년 모
스크바로 진출하여 브레즈네프, 코시긴
과 함께 소위 '3두체제'(Troika)를 이루었
다. 1954년에는 페레야슬라프 조약 300
주년을 기념하여 러시아연방공화국의 한
주였던 크림반도를 우크라이나공화국에
편입시켰다. 1953년부터 1961년까지 진
행된 정치인들의 복권 운동으로 우크라
이나에서 약 29만 명의 정치범이 복권되

미콜라 피드고르니

었고, '우크라이나저항군'(UPA) 가족 약 6만 명이 추방에서 해금되어
서부 우크라이나로 돌아왔다.

　1964년 흐루시초프가 실각하고 브레즈네프와 코시긴이 실권을 장
악했다. 우크라이나에는 1963년부터 당 제1서기를 맡은 셀레스트
Petro Selest가 1972년까지 우크라이나 지도자로 군림하며 소위 '셀레
스트 시대'를 이끌었다. 브레즈네프가 이끄는 소련지도부는 소위 '안
정화'정책을 실시하였다. 흐루시초프의 경제 개혁 정책을 대신할 새
로운 정책으로 소위 '리베르만 방식'이 도입
되었다. 1962년 하리코프의 한 경제실험구
에서 실시한 실험을 바탕으로 자본주의적 요
소가 가미된 '리베르만 방식'은 원가 계산을
도입하여 이윤을 소득분대 요소로 채택하
고, 계약관계에 의한 기업 간 거래를 장려하
였다. 1965년에는 농업에도 이 방식이 도입
되었고 1967년에는 약 1천만 명의 노동자를

페트로 셀레스트

고용한 7,000개의 공장에서 새 시스템이 적용되었다. 1970년 우크라이나의 기업의 83%가 '리베르만 방식'을 채용했다.

1972년 브레즈네프가 3두체제에서 우위를 확보하고 1982년까지 소련의 1인자 자리를 지켰다. '브레즈네프 시대'라고 불린 이 시기 동안 소련은 다시 보수체제로 회귀하고 경제 성장이 급격히 둔화되었다. 우크라이나에서는 셸레스트가 물러나고 셰르비츠키Vyacheslav Shcherbitsky가 당 제1서기가 되어 페레스트로이카 시대까지 우크라이나를 이끌었다. 이 기간 동안 우크라이나의 인적, 물적, 재정 자원은 시베리아와 극동 개발에 동원되었다. 1960년부터 1980년 사이 우크라이나의 산업생산성 증가율을 15개 공화국 중 13위에 머물 정도로 경제 발전은 제자리걸음을 했다.

8. 1980년대의 우크라이나와 소련의 붕괴

1982년 브레즈네프가 사망하고 안드로포프와 체르넨코가 짧은 기간 동안 당서기장을 맡은 다음 1985년 3월 고르바초프가 당서기장에 오르게 되었다. 고르바초프는 사회, 경제의 정체를 타파하기 위해 소위 '페레스트로이카' 정책을 야심차게 추진하였다. 그러나 1986년 4월 26일 키예프 북쪽으로 약 150km 떨어진 체르노빌의 원전이 폭발하는 사고가 발생했다. 소련 당국은 스칸디나비아 지역 국가들이 비정상적으로 높아진 방사능 수치를 문제 삼기 전까지 사고를 비밀에 부쳤고, 5월 2일의 대규모 노동절 행사를 예정대로 진행했다. 당시 바람의 영향으로 방사능 낙진은 주로 벨라루스와 스칸디아비아 지역으로 퍼져나갔고, 우크라이나는 상대적으로 덜 피해를 입었다. 그러나 원전 폭발로 약 4,000명이 사망했지만, 각종 암 환자와 유아 사망

체르노빌 원전 사고

률 증가 등을 고려하면 사망자를 10만 명까지 볼 수 있다고 추정하는 환경단체도 있다.

 1987년 실시된 정치범 석방 및 사면조치로 우크라이나의 대표적 반체제 인사인 루키아넨코Levko Lukyanenko와 초르노빌Taras Chornovil 이 풀려나면서 우크라이나에도 정치의 봄이 시작되었다. 1989년 초 작가동맹, 헬싱키그룹, 녹색 세계 등 우크라이나 민주그룹은 발트 3국에서 민족주의 단체로 결성된 시민전선(People's Front)을 본 딴 루흐(Rukh)라는 통합단체를 결성했다. 루흐는 초기에는 자치독립 등의 정치적 목표보다는 언어, 문화, 국가 상징의 부활 등 문화민족주의에 집중했다. 루흐에는 서부의 민족주의자들과 중부의 온건파 인사들이 적극 참여하였고, 동부 지역 인사들은 거의 참여하지 않아 전국적 정치 조직으로 발전하는 데는 한계를 보였다. 1990년 1월 키예프와 르비프를 잇는 '인간사슬' 행사도 서부 지역과 중부 지역의 연대를 강조하는데 그쳤다.

1989년 가을 고르바초프는 개혁에 비협조적인 셰르비츠키를 해임하고 후임에 이바쉬코Volodymyr Ivashko를 임명했다. 1990년 3월 우크라이나의 의회 선거가 실시되어 루흐와 공화당이 108석을 차지하였고, 공산당은 373석을 차지했지만, 이 중 1/3은 소속만 공산당인 개혁 성향이 강한 후보들이었다. 루흐와 공화당은 서부와 중부 지역을 지지 기반으로 하는 민주블럭(Democratic Bloc)을 구성하였고, 공산당 세력은 동부와 남부를 지지 기반으로 함으로써 이후 우크라이나 정치 지형을 가르는 동과 서의 정치적 분할이 시작되었다. 1990년 고르바초프는 이바쉬코를 모스크바로 불러들였고, 후렌코Stanislav Hurenko를 당 제1서기로 임명하였고, 의회의장에는 당 2인자였던 크라프추크Leonid Kravchuk가 임명되었다. 후렌코는 구시대적인 당보수노선을 유지하다가 정치 무대에서 사라졌고, 크라프추크가 새로운 지도자로 부상했다.

1991년 3월 고르바초프는 새 연방안을 국민투표에 부쳤다. 우크라이나는 새 연방안을 70.5%의 찬성으로 통과시켰지만, 발트 3국과 몰도바, 조지아, 아르메이나는 연방안 국민투표를 거부했다. 연방 해체를 반대한 보수파들이 고르바초프의 휴가 기간을 이용해 8월 19일 모스크바에서 쿠데타를 일으켰지만 고르바초프가 귀환하면서 쿠데타는 무위로 끝났다. 우크라이나 의회는 8월 24일 찬성 361표, 반대 1표의 압도적 지지로 독립을 선언하였다. 8월 30일에는 공산당이 불법화되었다. 쿠데타 후 고르바초프는 빠르게 권력을 잃어갔고 옐친이 실세로 부상했다. 우크라이나 지도부는 12월 1일 독립 찬반의사를 묻는 국민투표를 12월 1일 실시하여 84%의 투표율에 90.3%의 압

도적 찬성으로 독립을 확정지었다. 독립 승인 투표와 같이 진행된 대
통령 선거에서 크라프추크가 61.6%를 얻어 초대 대통령으로 선출되
었다.

12월 8일 러시아의 옐친, 우크라이
나의 크라프추크, 벨라루스의 슈시케
비치Stanislav Shuchkevich는 벨라루스
의 사냥휴양지 벨로베즈스카야 푸쉬차
Belovezhskaia Pushcha에 모여 3국의 독립
과 독립국가연합(CIS: Commonwealth of
Independent States)의 창설을 선언하면서
소련은 사실상 와해되었다. 1991년 12
월 31일 고르바초프가 소연방의 해체를
공식 선언하고 크레믈의 국기게양대에서 소련기가 하강하면서 소련
은 공식 해체되었다.

크라프추크

부록 II

우크라이나 역사 연표

기원전 9–7세기	키메리아 문명
기원전 7–3세기	스키타이 문명
기원전 7–6세기	우크라이나 남부지역에 그리스 식민지 발생
기원후 4–7세기	동슬라브족 분화
기원후 8–9세기	정교회 문명 도입 시작
882–912년	올렉 공후 시대
912–945년	이고르 공후 시대
945–964년	올가 여제 시대
964–972년	스뱌토슬라브 시대
980–1015년	볼로디미르 대공 시대
988년	정교회 국교로 공인
1019–1054년	야로슬라브 현제 시대
1037년	소피아 사원 건립
1113년	네스토르 연대기《지나간 시대의 이야기》저술
1113년–1125년	볼로디미르 모노마흐 대공 시대
1187년	연대기에 키예프와 페레야슬라프 지역 명칭으로 '우크라이나' 최초로 언급
1199년	므스티슬라보비치 볼히냐와 할리치아 통합
1237–1240년	몽골군 키예프 루스 침공
1362년	리투아니아군 금칸국 격파, 키예프 해방
1385년	리투아니아–폴란드 왕조 연합(크레보 조약)
1387년	할리치아 폴란드에 병합

1449년	크림칸국 설립
1480년	금칸국 키예프 루스 지배 종료
1529년	1차 리투아니아 법전
1554-1556년	자포로지아 시치 건립
1566년	2차 리투아니아 법전
1569년	루블린 연합
1572년	폴란드국왕 지기문트 II세 아우구스트 코자크 등록 시작
1580년	오스트로흐에서 최초의 우크라이나어 성경 인쇄
1591-1593년	코신스키 주도 코자크-농민 반란
1594-1596년	날리바이코 주도 코자크-농민 반란
1596년	브레스트 연합
1616년	사하이다치니의 농민 해방 전쟁
1621년	코자크 대 폴란드군 호틴 전투
1648-1676년	헤트만국가 시대
1648년	흐멜니츠키 봉기
1649년	흐멜니츠키 폴란드와 즈보리프 강화 조약
1651년	흐멜니츠키 베레스테츠키 전투 패배, 빌라 체르크바 강화 조약
1654년	1월 8일 페레야슬라프 협약
1657년	흐멜니츠키 사망
1657-1659년	헤트만 비홉스키
1659-1663년	헤트만 유리 흐멜니츠키
1663-1668년	좌안 헤트만 브루호베츠키
1663-1665년	우안 헤트만 테테랴
1665년	좌안 자치 박탈

1665–1676년	우안 헤트만 도로셴코
1667년	안드루소보 조약
1668–1672년	좌안 헤트만 므노고흐리쉬니
1672–1687년	좌안 헤트만 사모일로비치
1676–1681년	우안 헤트만 흐멜니츠키
1677–1681년	모스크바–터키 전쟁, 바흐치사라이 강화 조약
1687–1708년	헤트만 마제파
1709년 6월	폴타바 전투
1708–1722년	헤트만 스코로파드스키
1722년	1차 헤트만 제도 철폐
1722–1724년	임시 헤트만 폴루보토크
1727–1734년	헤트만 아포스톨
1734년	2차 헤트만 제도 철폐
1750–1764년	헤트만 로주몹스키
1768년	우안 식민화 시작
1772년	1차 폴란드 분할
1775년	자포로지아 시치 철폐
1783년	크림반도 러시아 복속
1787–1791년	러시아–터키 전쟁
1793년	폴란드 2차 분할
1794년	오데사시 설립
1795년	폴란드 3차 분할
1798년	코틀랴렙스키 '에네이다' 출판
1802년	체르니히프주, 폴타바주 설치
1805년	하르키프대학 설립
1812년	6월 나폴레옹 러시아 침공

1814년	3월 9일 타라스 셰브첸코 탄생
1830–1831년	폴란드 독립 운동
1834년	성 볼로디미르 키예프대학 설립
1840년	타라스 셰브첸코 '유랑시인(Kobzar)' 출간
1646–1847년	키릴–메포디이 형제단 활동
1853–1856년	크림 전쟁
1861년 2월	러시아 농노해방 선언
1861년 3월 10일	타라스 셰브첸코 사망
1861–1862년	페테르부르그에서 우크라이나어 잡지 〈기초'(Osnova) 발간
1863년	발루예프 포고 – 우크라이나 서적 판매 금지 및 우크라이나어 교육 금지
1863년	추빈스키 시 '우크라이나는 아직 죽지 않았다…' 발표
1867년	오스트리아–헝가리제국 탄생
1868년	르비프에서 계몽회(Prosvita) 결성
1874년	'브 나로드' 운동 본격 시작
1876년	엠스 칙령 발표 – 모든 우크라이나 서적 출판 금지
1876–1879년	'토지와 자유'(Zemlia I Volia) 활동
1890년	러시아–우크라이나 급진당 창당
1891년	우크라이나인 캐나다 최초 이민
1900년	우크라이나혁명당 하르키프에서 창당
1902년	우크라이나인민당 창당
1904년	우크라이나민주당 창당
1905년 1월 9일	상트 페테르부르그 '피의 일요일'

1905년 1월 12일	사회민주당계 'Spilka' 창당
1906년 4월 27일	두마 1차 회기 시작
1907년 2월 20일	두마 2차 회기 시작
1911년	스톨리핀 수상 암살 키예프 오페라하우스에서 발생
1914년 7월	세계 1차 대전 발발
1917년 3월 4일	우크라이나 중앙라다 설립
1917년 3월 27일	중앙라다 우크라이나공화국 출범 선포, 흐루셉스키 대통령 취임
1917년 4월 5-7일	전우크라이나 국민의회 개최
1917년 6월 10일	1차 우니베르살 발표 – 우크라이나 자치 선언
1917년 6월 15일	빈니첸코 중앙라다 서기장 취임
1917년 7월 3일	2차 우니베르살 발표
1917년 10월 23일	우크라이나 과학아카데미 설립
1917년 10월 25일	러시아 임시 정부 전복, 볼셰비키 정권 장악
1917년 11월 7일	3차 우니베르살 – 우크라이나 국민공화국 선포
1917년 12월 4일	전우크라이나 노동자, 병사, 농민대회 개최
1917년 12월 12일	하리키프에서 볼셰비키 주도 우크라이나공화국 선포
1918년 1월	루마니아군 베사라비아 점령
1918년 1월 11일	4차 우니베르살 발표 – 우크라이나의 완전 독립 선언
1918년 3월 1일	우크라이나 국가문양, 화폐, 시민권에 대한 법안 통과
1918년 3월 3일	브레스트에서 러시아 강화 조약 체결
1918년 4월 29일	스코로파드스키 전우크라이나 헤트만 취임

1918년 10월 18일	르비프에서 우크라이나 국민회의 출범
1918년 12월 13일	서부우크라이나공화국 선포
1918년 12월 13-14일	빈니첸코 우크라이나공화국 집정정부 수반 취임
1918년 12월 14일	스코로파드스키 헤트만 정부 해체
1919년 1월	볼셰키비 병력 우크라이나 좌안 점령
1919년 2월 11일	페틀류라 집정정부 수반 취임
1919년 3월 6-10일	볼셰비키 우크라이나 사회주의공화국 선포
1919년 6월	데니킨 백군 우크라이나 진입
1919년 6월 25일	연합국 할리치아 폴란드 편입 결정
1919년 8월 30일	데니킨 백군 키예프 점령
1919년 8월	우크라이나 공산당(보로트비스트) 창당
1919년 12월 7일	볼셰비키군 우크라이나 3차 진군
1919년 12월 16일	볼셰비키군 키예프 진입
1920년 4월 15일	폴란드-우크라이나 혼성군 우크라이나 진군
1920년 5월 18일	전우크라이나 정교회 회의 독립교회(auto-cephalous church) 선언
1921년 6월 12일	볼셰비키군 키예프 재진입
1921년 10월 18일	러시아연방공화국 소속 크림자치공화국 선포
1922년 12월 30일	1차 우크라이나 소비에트 회의(Congress), 소연방 수립
1928-1932년	제 1차 5개년 계획
1929년	농업집단화 시작
1932-1933년	대기근
1933-1937년	제 2차 5개년 계획
1937년	스탈린 헌법 제정

1938년 10월 18일	트란스카르파치아 자치 획득
1939년 8월 23일	독-소 불가침 조약
1939년 9월 1일	2차 세계대전 발발
1940년 6월	북부 부코비나와 베사라비아 소련 병합
1941년 7월-9월	키예프 공방전
1942년 10월	우크라이나 저항군(UPA) 조직
1944년 10월	소비에트군 트란스카르파치아 탈환
1945년 2월	얄타회담
1945년 5월 6일	샌프란시스코 강화회의 시작
1945년 5월 9일	나치 독일 항복
1946-1947년	우크라이나 기근 발생
1949년	흐루시초프 후임으로 멜니코프 우크라이나공산당 제1서기 취임
1953년 3월 5일	스탈린 사망
1954년 2월 19일	우크라이나공화국에 크림 양도
1956년 2월 20차	공산당회의에서 흐루시초프 스탈린 비판 연설
1963년 2월	피드고르니 후임으로 셀레스트 우크라이나 공산당 제1서기 취임
1972년 2월	셀레스트 제1서기 해임, 후임 셰르비츠키 취임
1976년 10월	우크라이나 헬싱키그룹 결성
1985년 4월	페레스트로이카 시작
1986년 4월 26일	체르노빌 원전 사고
1989년 9월	루흐(Rukh) 결성
1990년 3월 18일	최고회의 선거
1990년 6월 4일	이바슈코 최고회의 의장 취임
1990년 7월 16일	최고회의 국가주권 선언

1990년 7월 23일	크라프추크 최고회의 의장 취임
1990년 10월 2-17일	대학생 단식 투쟁으로 마솔 총리 사임, 후임에 포킨 임명
1991년 3월 17일	소연방 유지에 대한 국민투표
1991년 8월 1일	부시 미국대통령 최고회의에서 독립 움직임에 대한 경고 연설
1991년 8월 19-21일	모스크바 좌파 쿠데타 실패
1991년 8월 24일	우크라이나 독립 선언
1991년 8월 30일	우크라이나 공산당 불법화
1991년 12월 1일	독립안에 대한 국민투표와 대통령 선거, 크라프추크 대통령 당선
1991년 12월 8일	러시아, 우크라이나, 벨로루스 3국 지도자 소연방 해체 선언
1991년 12월 21일	11개 공화국 지도자 CIS창설 선언(알마아타)
1991년 12월 31일	소련 해체